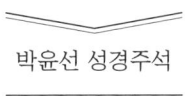

박윤선 성경주석

개역개정판

신약주석
사도행전

A Commentary on the ACTS OF THE APOSTLES

신약주석 사도행전

발 행 일　2022년 1월 17일

지 은 이　박윤선
펴 낸 이　김기영

펴 낸 곳　도서출판 영음사
주　　소　서울특별시 강남구 광평로 56길 8-13, 1406호
전　　화　02-3412-0901
팩　　스　02-3412-1409
이 메 일　biblecomen@daum.net
등　　록　2008년 4월 21일 제2021-000311호

디 자 인　디자인집(02-521-1474)

ISBN 978-89-7304-169-5 (03230)

※ 신저작권법에 의하여 보호받는 저작물이므로 무단 전재와 무단 복제를 금합니다.
※ 책 값은 뒷표지에 있습니다.
※ 잘못된 책은 구입처에서 교환하여 드립니다.

박윤선 성경주석

개역개정판

신약주석
사도행전

A Commentary on the ACTS OF THE APOSTLES

박윤선 지음

도서출판 영음사

오직 성령이 너희에게 임하시면
너희가 권능을 받고
예루살렘과 온 유대와 사마리아와 땅 끝까지 이르러
내 증인이 되리라 하시니라.

(행 1:8)

ἀλλὰ λήμψεσθε δύναμιν
ἐπελθόντος τοῦ ἁγίου πνεύματος ἐφ' ὑμᾶς
καὶ ἔσεσθέ μου μάρτυρες ἔν τε Ἰερουσαλὴμ
καὶ [ἐν] πάσῃ τῇ Ἰυυδαίᾳ καὶ Σαμαρείᾳ
καὶ ἕως ἐσχάτου τῆς γῆς.

머리말
(수정 증보판을 내면서)

사도행전 주석은 1962년도에 초판을 내놓았는데 그때는 필자가 너무 분주하여 원고를 자세히 다듬지 못한 관계로 유감스러운 점도 있었다. 그러므로 이 주석의 수정 증보판을 발행하기 위해 오랫동안 준비하여 이제 그 결실을 내어 놓으면서 하나님께 감사한다.

우리는 적어도 두 가지 이유에서 사도행전을 연구할 필요가 있다. 첫째, 이 책에는 예수님의 죽으심과 부활에 대하여 사도들이 알려주는 많은 설교가 있다. 그것이야말로 사도적 전도의 원본이다. 둘째, 이 책은 사도들을 통한 성령님의 역사가 어떠한 것인지를 보여준다. 여기에 나타난 성령님의 모든 역사들은 다 그리스도를 중심으로 한 것이다. 그러므로 그 모든 역사들은 그리스도로부터 독립된 별개의 현상이 아니다. 사도들의 설교는 은사 중심이 아니고 그리스도 중심이다.

이 주석에서는 칼빈주의 성경 해석 원리를 일률적으로 채택하였으며, 간혹 정통에서 벗어난 신학 사상을 가진 학자들의 학설도 비판적으로 소개하였다.

이 주석 사업을 위하여 각 방면으로 후원해 주시고 기도해 주시는 여러 성도들에게 감사하며, 이 주석을 읽는 이마다 영적 은사로 충만하게 되시기를 기도하는 바다.

1977년 1월
지은이 씀

목차

머리말 7

서론
  I. 신약 계시의 단일성 13
  II. 본서의 저작자 문제 18
  III. 본서의 저작 시기와 장소 19
  IV. 본서의 순정성을 부인한 학파들 23
  V. 사도행전의 내용 분해 34

본문주석
  제1장. 37
  제2장. 60
  제3장. 81
  제4장. 102
  제5장. 118
  제6장. 143
  제7장. 158
  제8장. 193
  제9장. 217
  제10장. 249

제11장.	272
제12장.	286
제13장.	300
제14장.	323
제15장.	338
제16장.	353
제17장.	367
제18장.	388
제19장.	404
제20장.	421
제21장.	441
제22장.	452
제23장.	460
제24장.	470
제25장.	481
제26장.	491
제27장.	506
제28장.	518

설교

설교_ 증인이 되라 1:6-8   47
설교_ 어찌하여 서서 하늘을 쳐다보느냐 1:9-11   50
설교_ 불의 혀처럼 나타나는 성령의 역사 2:1-4   66
설교_ 아브라함과 이삭과 야곱의 믿음 3:13   88
설교_ 하나님께서 홀로 세우신 사죄의 제도 3:14-15   90
설교_ 이적에 대한 사도들의 태도 3:1-26   99
설교_ 사도 베드로가 행한 전도의 특징 4:5-12   108
설교_ 초기 교회의 특징 5:12-42   140
설교_ 기도하는 일과 말씀 사역에 힘쓰자 6:1-4   147
설교_ 요셉의 신앙생활 7:9-13   168
설교_ 돌에 맞아 죽는 스데반 7:54-60   189
설교_ 속죄하여 주시는 구주 8:32-35   213
설교_ 사울의 개종 9:1-9   232
설교_ 교회 성장의 비결 9:31   244
설교_ 은혜를 사모하라 10:24-33   262
설교_ 서로돕는 교회들 11:1-30   283
설교_ 교역자로서의 바나바 11:19-30   284
설교_ 시련의 시기와 기도 12:1-11   294
설교_ 하나님 말씀의 위력 14:1-10   328
설교_ 자연계에 나타난 하나님의 계시를 깨달음에 대하여 14:14-18   332
설교_ 마음을 깨끗이 함에 대하여 15:9   345
설교_ 그리스도의 죽으심과 부활에 대하여 17:1-4   370
설교_ 바울이 고린도에서 받은 위로 18:1-17   399
설교_ 세력 있는 신앙 19:8-20   412
설교_ 그리스도의 피 20:28   432
설교_ 교역자가 삼가야 할 일들에 대하여 20:17-35   437
설교_ 환난 중에 확신을 가진 바울 21:27-40   450

설교 바울의 참된 신앙 24:14-15	475
설교 믿음과 생활 24:14-16	477
설교 종교와 언약 26:6-7	494
설교 베스도와 아그립바에게 전도하는 바울 26:24-29	502
설교 위로자 바울 27:22-44	513
설교 구금된 사도 바울의 자유 28:30-31	525

특주

방언에 대하여	527
동양 종교에 속죄제도가 존재하는가?	531
공산주의와 기독교	538

참고문헌 543

서론

I. 신약 계시의 단일성

우리가 신약성경에 대하여 생각할 때에 그것을 하나의 책으로 대하기보다는 단일성(unity)을 가진 여러 책들의 모음이라고 생각해야 한다. 그러면, 개혁주의 교회는 신약성경의 단일성에 대하여 어떻게 생각하는가? 이에 대하여 나는 크로샤이데(F. W. Grosheide)의 저서 『신약 계시의 단일성』(De Eenheid der Nieuwe Testamentische Godsopenbaring, J. H. Kok)을 다음과 같이 요약하여 소개하면서 나의 의견도 첨부하여 말하고자 한다.

1. 신약성경의 단일성에 대한 역사적 고찰

교회가 신약성경을 권위 있는 단일한 문집으로 받았다는 사실을 역사적으로 살펴보기로 하자. 먼저 생각할 것은 주후 200년경에 정경의 권위를 갖는 신약성경이 존재했다는 사실이다. 자키에(Jacquier)는 말하기를 "그 시대의 끝(200년경)에 기독교가 신적 권위를 가진 거룩한 문집을 소유했으며, 그것을 구약성경의 권위와 같은 수준의 것으로 여겼다."라고 하였다. 이 사실에 대한 증거는 다음과 같다.

1) 무라토리 정경 목록(Canon Muratorianus)이 이미 주후 2세기 말에 있었다는 사실을 들 수 있다. 이 목록은 신약성경에 포함된 책들에 대해 증거한다. 이 목록에서는 모든 복음서들이 그리스도의 생활에 대하여 동일한 성령으로 말미암아 말씀한다고 증언하며, 라오디게아서와 알렉산드리아서는 정통교회에서 받아들이지 않았다고 기록되어 있다.

2) 주후 200년 이전의 정경 목록에 대해서는 알 길이 없으나 몇몇 교부들의 단편적인 증거들이 존재한다.

이레나이우스(Irenaeus)의 증거

그는 발렌티누스파의 이단설을 반박하면서 말하기를, 그런 이단은 복음이나 사도의 서신에서 찾을 수 없는 그릇된 사상일 뿐만 아니라 율법과 선지서에도 없는 것이라고 주장하였다. 이것은 신약이 하나의 묶음으로서 구약의 권위와 병행하고 있음을 가리키는 말이다. 그는 또한 다른 저작에서도 이와 동일한 정신으로 말한 바 있다. 그가 신약의 단일성을 표현하기 위하여 하나의 고유한 명칭을 사용하지는 않았지만 신약성경이 내적으로 단일한 문서임을 역설하였다. 그가 제시하는 근거는 옛적에 선지자들을 통하여 말씀하신 성령께서 사도들을 통하여 말씀하셨음을 신약이 증거한다는 것이었다.

그는 신약을 인용할 때 존중의 의미를 담은 다양한 표현을 동원하여 그것이 하나님의 말씀이라는 사실을 강조했다. 그는 신약을 복음서와 바울의 서신으로 나누어 관찰하였다. 그는 사복음서에 관하여 말하기를, 네 권의 복음서가 권위 있는 이유는 그것이 사도들에게서 유래했기 때문이라고 하였다. 또한 그는 바울 서신들도 동일한 이유에서 복음서와 동등한 권위를 지닌 것으로 간주하였다.

테르툴리아누스(Tertullian)의 증거

그는 신약의 단일성과 정경으로서의 권위를 더욱 밝히 드러냈다. 그는 신약을 가리키는 고유한 명칭을 사용하여 그 단일성을 지적하였는데, 곧 "도구"(instrumentum) 혹은 "언약"이라는 명칭이다. 그중에서도 그는 도구라는 표현을 선호하여 신약성경을 "새로운 도구"라고 부르면서 신약이 구약보다 못하지 않은 권위 있는 하나님의 말씀이라고 여겼다. 이 같은 사실은 그가 자신의 저술에서 신약을 인용한 방법이나 혹은 그가 신약에 대하여 언급한 내용을 통해 드러난다. 그는 신약의 내적 단일성을 명백하게 지적하였으며 복음서 부분과 사도들의 서신 부분을 구분하고 그것을 하나의 도구로 여겼다.

알렉산드리아의 클레멘스(Clement of Alexandria)의 증거

그는 "새 언약"이란 말을 사용하여 신약의 단일성과 권위를 표시하였으며, 복음서와 사도들의 서신을 율법 및 선지서와 전적으로 동일하게 가치 있는 것으로 여기고서 이러한 부분들을 전부 다 주님의 경전(Lord's Scriptures)으로 받았다. 그는 "주님의 경전"이란 말을 사용할 때 구약과 신약을 구분하지 않았다. 그가 때때로 외경(Apocrypha) 복음서에 대해서 호의적인 태도를 보이기는 했지만, 그는 특별히 정경 복음서의 독특한 권위를 인정하는 의미에서, 예를 들어 마태복음을 인용할 때는 "경"(Scripture)이라는 표현을 사용하였다. 그가 종종 신약을 "복음과 사도"라고 한 것은 그것이 단일성을 가진 하나의 모음인 것을 나타내기 위함이었다. 에우세비오스(Eusebius)에 의하면, 알렉산드리아의 클레멘스는 신약의 모든 책에 대해 주석했다고 하는데, 이는 그가 신약의 단일성을 알고 있었던 증표라고 할 수 있다.

이처럼 주후 200년 이전에 신약성경을 가리키는 하나의 고유한 명칭이 사용되었다는 그 당시에 이미 단일성을 가진 하나의 정경 모음이 존재했다는 사실을 증거한다.

초기 교회는 신약성경의 단일성과 권위가 주님 자신에게서 근거한 것으로 받아들였다. 다시 말해 신약은 주님에 대해 증거하는 책들이며, 주님께서 보내신 사도들로 말미암아 기록된 책들이기 때문에 단일성을 갖는 하나의 책을 이룬다고 생각했다는 것이다. 여기서 신자들이 신약성경의 권위를 인지하게 된 근거는 그 책들이 자체적으로 하나님의 말씀임을 자증한다는 사실에 있으며, 또한 그들이 구약성경을 권위 있는 하나님의 말씀으로 받았다는 사실에서도 신약성경의 권위가 추론될 수 있었다. 구약이 하나님의 말씀으로서 권위를 갖는 단일한 문집이기 때문에 동일한 하나님을 중심으로 기록된 신약도 동일한 권위를 가지는 것으로 추론하는 일은 자연스러운 귀결이다.

이단자 마르키온(Marcion)의 그릇된 사상

그는 네 권의 복음서와 일부 서신들만을 권위 있는 하나님의 말씀으로 받아들였다. 마르키온 이전에는 신약성경의 범위에 대한 이견이 없었고, 교회는 신약 전체를 하나님의 말씀으로 받았으며, 정경의 역사적 단일성에 대해 이견을 제시하는 일이 없었다. 그런데 신약성경의 일부만이 권위 있는 하나님의 말씀이라고 주장한 마르키온 이단이 출현하자 교회는 신약성경 전체의 역사적 단일성에 대해 분명한 교훈을 제시하고 주장할 필요성을 느끼게 되었다.

2. 신약성경의 사상적 단일성에 대한 고찰

신약성경 전체는 내적 단일성도 가지고 있다. 다시 말해 그것은 모든 부분에서 전체의 요소를 포함하고 있는 통일성 있는 책이며, 이처럼 체계적으로 이루어진 신약 전체에서 어느 한 부분도 제거할 수 없다는 것이다. 그 이유는 신약성경의 각 책이 모두 다 그리스도를 중심으로 하기 때문이다.

1) 복음서 가운데 마태복음은 예수님을 약속된 메시아로 증거하고 그를 버린 유대인들의 죄악이 크다는 사실을 지적하였다. 마가복음은 그리스도의 행위에 대한 기록으로서 그리스도께서 인성을 취하신 사실과 그의 신성의 장엄함을 기술함으로써 그가 메시아이심을 증거하였고, 누가복음은 그리스도가 가지신 인성의 여러 측면을 충분히 나타내는 동시에 예수님이 모든 민족이 소망하는 그리스도이심을 지적하였다. 그리고 요한복음은 예수님이 하늘나라로부터 인간을 찾아오신 하나님의 아들이시며 그리스도시라는 사실을 밝혀 준다. 이같이 네 복음서가 다 함께 그리스도에 관하여 증거하고 있다.

2) 서신들을 주제별로 분류하자면 대표적으로 "교리 서신"과 "실제적 서신"이 있다.

교리 서신은 주로 그리스도의 사역과 교훈의 원리에 대하여 말하고 있다. 예를 들어 로마서는 죄인이 그리스도로 말미암아 의롭다 함을 받는 칭의의 원리를 가르치고, 히브리서는 그리스도의 중보 사역을 가르치고 있으며, 갈라디아서는 그리스도로 말미암아 자유함을 얻은 신자들을 의식적 법규가 속박하지 못한다는 사실에 대하여 말하고, 고린도후서는 교회 사역자의 직임에 대하여 가르친다.

실제적 서신인 고린도전서는 교회 안에서 발생하는 모든 실제적인 문제를 다루며, 빌립보서는 신자에게 있어서 그리스도가 생명이 되시며 희락과 화평이 되신다는 사실을 말하고, 요한 서신(특히 요한2, 3서)은 사도가 진리대로 행하는 신자들을 기뻐한다는 사실을 기록하고 있으며, 빌레몬서는 그리스도 안에서 종과 자유자가 차별이 없다는 사실을 가르치고, 데살로니가전·후서는 신앙생활이 주님의 재림에 대한 소망에 좌우된다고 교훈하며, 야고보서는 신자가 성경대로 행해야 할 것을 강조하고, 베드로후서와 유다서는 이단을 경계한다. 그리고 목회 서신(디모데전·후서, 디도서)은 교역자의 목회 방법과 행동 원리를 가르친다.

3) 전도 행적을 기록한 역사서인 사도행전은 영광을 얻으신 주님께서 교회 가운데서 일하신다는 사실을 가르쳐주며, 종말 계시를 담은 요한계시록은 주님의 재림에 대하여 말한다.

II. 본서의 저작자 문제

사도행전의 저자는 누가복음의 저자와 동일 인물이다(Knowling). 그렇게 생각하는 이유는, ① 두 책이 동일하게 의학 용어들을 많이 포함하고 있을 뿐 아니라(Hobart), ② 둘 다 데오빌로(Theophilus)라는 수신자에게 보낸 서신이며, ③ 이 두 책이 선후로 나뉘어 있기 때문이다(눅1:3; 행1:1). ④ 게다가 누가복음과 사도행전에서만 공통적으로 사용된 용어(신약의 다른 부분에는 사용되지 않은 용어)가 40개나 된다는 것도 역시 그 두 책의 저자가 동일한 사람임을 증명해 준다.

그런데 누가복음이 확실히 의사라는 직업을 가진 누가의 저술이라는 점은 파피아스(Papias)를 포함하는 고대의 전통이 증거하고 있다. 또한 사도행전의 저자는 바울의 선교여행에 동참했던 사람이다. 이 같은 사실은 "우리-단락"(We-section)이라고 불리는 본문들이 확실히 증거한다. "우리-단락"이란 것은 이 책의 저자가 바울의 수행원으로 동참했던 자로서 대명사 "우리"(ἡμεῖς)라는 표현을 사용한 단락들(16:10-17; 20:5-15; 21:1-18; 27:1-28:16)을 말한다. 이러한 단락들이 "우리"라는 대명사가 여러 번 사용된 것을 볼 때 그 저자가 바울의 선교여행 도중에 일어난 사건들에 참여했던 인물인 것이 분명하다(Grosheide). 그렇다면 의사이면서 바울의 선교여행에 동참했던 인물은 누가라는 사람일 수밖에 없다(골 4:14; 딤후 4:11; 몬1:24).

III. 본서의 저작 시기와 장소

1. 저술 시기

마이어(H. A. W. Meyer)는 본서가 예루살렘 멸망 후에 저술되었을 것이라고 추측하였다. 그러나 본서에 바울이 로마에서 재판받은 사건에 대한 기록이 없는 것으로 볼 때 본서는 바울이 로마에 2년 동안 연금되어 있던 시기에 기록되었을 것이다(Alford). 그렇다면 사도행전의 저술 시기는 주후 62년경이라고 생각된다. 비평 신학의 거두 하르나크(Adolf von Harnack)도 사도행전의 저술 시기를 주후 60년경이라고 하였다.

이와 같이 본서의 저술 시기가 주후 60년대라는 사실이 확실함에도 불구하고 튀빙겐 학파는 그 연대를 훨씬 후대로 늦추며, 저자도 사도 바울을 수행했던 누가가 아니고 다른 사람이라고 주장한다. 이 학파의 주장은 경향비판(Tendenzkritik)이라고 불리는데, 이 학파의 주요 인물은 바우어(F. C. Baur)다.

바우어의 주장은 초기 교회 시대에 바울파와 베드로파가 서로 대립하다가 2세기 말에 두 파가 화합했다는 것이다. 이 주장은 헤겔(Hegel)의 정반합이라는 역사철학 원리에 근거한 것이다. 헤겔은 역사의 진행이 서로 반대되는 두 가지 주장이 서로 화합하는 방향으로 이동된다고 하였는데, 바우어는 이 원리를 가지고서 기독교 역사를 풀어보려고 한 것이다.

바우어가 자신의 학설을 뒷받침하는 근거로 제시하는 것은 다음과 같다. 신약의 책들 가운데 논쟁적인 책들이 있는가 하면 종합적인 책들도 있으며, 논쟁적인 책들의 연대가 이르다는 것이다. 그는 주로 로마서, 갈라디아서, 고린도전·후서가 논쟁성을 지녔다고 하며 이 책들에는 초기 교회가 베드로파와 바울파로 나뉘었던 증거가 있다고 주장한다.[1] 반면에 사도행

---

1) H. N. Ridderbos, *Paulus en Jezus* (1966), 9.

전은 종합적인 성격을 띠고 있으며 따라서 비교적 늦은 시기인 주후 150년 경에 저술되었을 것이라고 추정한다. 이런 논법에 의하여 그는 사도행전을 의사 누가의 저작으로 인정하지 않는다.

필자는 여기서 바우어의 주장을 다음과 같이 비판한다.
바우어가 논쟁적인 성격을 띠고 있다고 말하는 신약의 책들은 과연 진정으로 바울파와 베드로파의 존재를 말해주는가?

갈라디아서 2:1-14의 말씀을 보면, 최초의 사도들(베드로를 수반으로 한 예루살렘 사도들)과 바울 사이에 갈등이 있었던 것처럼 보이기도 한다. 거기에 사용된 표현 중에 "유명한 자들"(τοῖς δοκοῦσιν), 또한 "유명하다는 이들"(τῶν δοκούντων εἶναί τι)이라고 한 풍자적인 지칭들(2, 6절)이 최초의 사도들을 직접 풍자한 듯하지만 실상은 그렇지 않다. 이 표현들은 최초의 사도들을 배경으로 바울을 반대하는 유대주의자들을 풍자하는 말이다. 바울은 원 사도들을 존중하였다(7-10절). 그가 베드로를 책망했다는 말(11절)도 얼핏 보면 그들 사이에 충돌이 계속되었음을 시사하는 듯하지만 사실은 그런 것이 아니다. 그 말은 도리어 두 사도 사이에 사상적 차이가 없음을 드러낸다. 그 이유는 그때 베드로가 일시적으로 본의 아니게 이방인을 차별하는 자로 처신하면서 외식했던 것을 책망한 말이기 때문이다(12-13절). 베드로의 본심도 바울과 동일하게 유대인이나 이방인이 차별 없이 믿음으로만 의를 얻게 된다는 복음을 주장하여 왔다는 점이 이 부분(7-9절)에서도 암시되고 있다. 그뿐 아니라 베드로는 바울을 가리켜서 "사랑하는 형제 바울"(벧후 3:15)이라고 불렀다.

튀빙겐 학파가 반대를 받은 역사는 다음과 같다.

존 라이트푸트(John Lightfoot)와 테오도르 찬(Theodor Zahn)의 반대

이들은 초기 교회의 두 문헌, 곧 알렉산드리아의 클레멘스와 안디옥의 이그나티오스(Ignatius)의 문헌을 연구했는데, 이 문헌들에서도 초기 교회에 두 파벌(베드로파와 바울파)이 존재하면서 서로 충돌한 흔적은 볼 수 없었다는 것이다. 라이트푸트의 갈라디아서 주석(1865)은 후에 다시 한 번 바우어의 학설을 완전히 무너뜨렸다.

윌리엄 램지(William Ramsay, 1851-1939)의 반대

램지는 사도행전을 후대의 위작이라고 말한 바우어의 학설을 반대하였다. 그가 젊었을 때는 바우어의 학설을 지지했으나 후에 소아시아에 가서 고고학을 연구한 후에는 바우어의 학설이 잘못되었음을 지적하였다. 그의 저서로는 『로마 시민이요 여행자인 바울』, 『바울의 도시들』, 『성경의 신빙성에 대한 근대 고고학의 증거』 등이 있다.[2]

램지는 사도행전이 역사적 문헌으로서 정확한 사료에 근거하고 있다고 평가하였다. 일례로 누가가 로마 행정부의 관직명들을 정확히 알고 있었다는 것이다. 누가는 데살로니가라는 도시의 통치자를 "읍장"(πολιτάρχης)이라고 묘사했는데(행 17:6-8), 한때는 그것이 로마의 관직명이 아니라는 비평을 받은 적도 있었다. 그러나 램지는 소아시아에서 발견한 비문에 기록된 관직의 이름이 누가의 기록과 같음을 발견하였다.

알브레히트 리츨(Albrecht Ritschl, 1822-1889)의 반대

그는 본래 바우어의 제자로서 1846년에 『마르키온과 누가복음』(Marcion and the Gospel of Luke)을 저술했는데 거기서 그는 바우어의 사상을 지지하였고, 또 1850년에 내놓은 『고대 가톨릭교회의 발흥』(The Rise

---

[2] William Ramsay, *St. Paul: The Traveller and Roman Citizen* (1966); idem, *The Cities of St. Paul* (1907); idem, *The Bearing of Recent Discoveries on the Trustworthiness of the Bible* (1925).

of the Old Catholic Church)이라는 저서에서도 그리하였다. 그런데 그가 1857년에는 바우어의 학설을 버렸다.

아돌프 폰 하르나크(Adolf von Harnack, 1851-1930)의 반대

그는 사도행전을 사도 이후 시대(AD 150년경)의 위작이라고 말한 바우어의 그릇된 학설을 반대하였다. 하르나크도 처음에는 누가가 사도행전의 저자임을 부인했었다. 그런데 그가 1907년에는 『의사 누가』(Luke, the Physician)라는 책을 내놓으면서, 사도행전의 "우리" 단락(16:10-17; 20:5-14; 21:1-18; 27:1-28:16)에 있는 67개의 단어가 다른 복음서에서는 찾아볼 수 없고 사도행전과 누가복음에서만 발견된다는 점을 지적하였다(p. 85). 그는 사도행전을 사도 시대 누가의 저술이라고 확언하면서 그것이 바울의 생전(AD 60년경)에 저술된 것으로 보았다.

2. 저작 장소

사도행전의 저작 장소에 대하여 내적으로나 외적으로 확실한 증거가 없기 때문에 학자들은 다양한 추측을 제시했다. 히에로니무스(Jerome) 이후로 전통적인 견해는 본서의 저작 장소를 로마로 간주하는 것이었으며, 플라이더러(Pfleiderer)는 에베소, 죄클러(Zöckler)는 수리아 안디옥이라고 하고, 어떤 학자들은 아가야, 마게도냐, 소아시아, 알렉산드리아, 빌립보 등을 꼽는다. 그러나 라이트푸트와 찬은 본서의 저작 장소를 알 수 없다고 말하였다(R. J. Knowling).

IV. 본서의 순정성을 부인한 학파들

1. 양식사학파

1) 도드(C. H. Dodd, 1884)는 1936년에 『사도적 설교와 그 발전』(The Apostolic Preaching and its Development)이라는 책을 저술하였다. 그는 이 책에서 사도행전을 설교와 교훈으로 분류하고 말하기를, 설교는 예수의 죽음과 부활을 선포함으로써 청중을 개종시키기 위한 것이며, 교훈은 개종자들의 윤리 생활을 위한 것이라고 하였다. 또한 그는 교훈들이 본래의 것이 아니라 후대(교회 시대)의 첨가라고 주장하였다.

그러나 도드의 이 같은 학설은 잘못된 것이다. 우리는 설교와 교훈을 서로 떼어놓을 수 없다. 이 둘은 전도의 두 방면일 뿐이다. 구속(redemption)은 윤리와 일체다.

2) 마르틴 디벨리우스(Martin Dibelius)는 1923년에 『사도행전 연구』(Aufsätze zur Apostelgeschichte)라는 책을 저술하였다. 그는 사도행전을 누가의 저작으로 인정하면서 누가를 역사가로 보기보다는 신학자로 간주한다. 따라서 그는 사도행전에 사용된 자료 중에는 저작자 자신에게서 나온 전설적인 것(예컨대 다비다에 관한 이야기와 여행 기사 같은 것)들이 포함되어 있다고 보았다. 그런 이유로 그는 "전설적인 부분인 여행 기사에 있어서 '우리'라는 것은 누가의 조작이고 역사에 근거한 것이 아니다"라고 하였다. 그리고 사도행전에 있는 설교들(스데반의 설교도 포함시킴)의 순정성을 부인하였다. 그는 사도행전에서 누가가 바울의 이름으로 발표한 설교가 모두 24편이며(Apostelgeschichte, 34), 그것들이 본래 바울의 것이 아니고 순전히 누가의 작품이라고 하였다.

디벨리우스의 이 같은 견해는 저자 누가가 사도 바울의 동역자로서 자기 마음대로 자료들을 창작하였다는 그릇된 주장이다. 그는 사도(바울)와 그를 시중들었던 누가가 갖는 복음의 증인으로서의 자격을 오해한 데서 이런 말을 한 것이다.

사도들은 어떠한 자격을 가졌던 것인가? 그들은 예수님께서 특수하게 세우신 증인들이었다. 그들은 특별한 훈련을 받되 그리스도 사건에 관한 "확실한 많은 증거"를 받은 제자들이다(행 1:3).

사도들의 신분에 대한 리델보스(H. N. Ridderbos)의 증거

① 그는 사도들을 종말론적 인물(een eschatologisch figuur)로 해석했다. 그리고 "사도들이 우연히 예수님과 동일한 시대에 나타나게 된 것이 아니고 그리스도께서 특별히 그의 권위와 능력을 주셔서 보내신 자들이다."[3] 라고 하였다.

② 그는 사도들의 숫자인 "열둘"도 우연한 것이 아니며 하나님의 백성을 예표하는 예정론적인 성격(praedestinatiaans Karakter)을 보여준다고 하였다. 그는 요한계시록 7:4의 "십사만 사천"이란 숫자도 12를 바탕으로 성립된 것이라고 주장한다.[4]

③ 그는 사도들이 그리스도 사건을 직접 듣고 본 자들로서 교회의 터전이 되는 증언을 제공한 것으로 보았다. 그래서 "사도들이 그리스도 사건을 직접 보고 들었다는 것은 구속사적으로 그 직분의 유일회성을 성립시킨다."라고 하였다.[5]

④ 그는 사도들의 증거가 성령의 증거와 하나라고 하였다. 이런 의미로 그는 다음과 같이 말한다. "성령의 증거는 사도의 증거와 다르지 않다. 그것은 그들의 증거로 표현되고, 또 그들의 증거와 연결되어 있다."[6] 그렇다면

---

3) H. N. Ridderbos, *De Apostolische Kerk* (1954), 46.
4) Ibid., 51.
5) Ibid., 54: "Hier light hun eigenlijke en einmaulige betekenis in de heils geschiedenis."
6) Ibid., 58: "Dit getuigenis van de Geest is echter niet iets anders den het getuigenis der apostel, maar vindt daarin juist zijn uitdrukking en verbindt zich daarmee."

사도의 수종자였던 누가가 사도들의 증거 원리를 위반하였을 리가 없다.

여기서는 사도행전에 포함된 설교 중 몇 편을 연구함으로써 그 말씀들의 순정성을 증명하고자 한다.

❋ 사도행전 7:2-53에 있는 스데반의 설교

디벨리우스는 스데반의 설교도 원작이 아니고 누가의 창작이라고 주장한다.7) 그가 이렇게 말하는 이유는 스데반의 "얼굴이 천사의 얼굴과 같더라"(6:15)라는 구절 직후에 "스데반이⋯ 하늘을 우러러 주목하여"(7:55)라는 말이 뒤따르지 않기 때문이다. 다시 말해 이 두 기록 사이에 그의 긴 설교가 개입된 것이 자연스럽지 않다는 것이다.

그러나 이 설교는 스데반이 자기를 고소한 거짓 증인들의 말(6:13-14)을 적절하게 반박하는 자연스러운 것이다. 이 설교는 그 당시 유대주의자들이 가지고 있던 성전에 대한 그릇된 관념을 교정시키고 그들을 그리스도께로 돌아오게 하려는 것이었다.

스데반은 아브라함이 갈대아 우르에서 하나님의 부르심을 받고 그곳을 떠난 때부터 솔로몬이 성전을 세운 때까지의 이스라엘의 구원사를 길게 말하였다. 이 설교에서 그가 강조한 것은 하나님께서는 이방 나라들에서도 역사하셨고(7:2, 9, 20, 30), 광야에서도 역사하셨으며(7:36-38), 광야 시대로부터 다윗 때까지 성막은 이동식 구조물이었기 때문에(7:44-45) 일정한 지역에 정착된 것이 아니었다는 점이다. 또한 그는 성전이 건축된 후에도 하나님이 손으로 지은 집에 갇혀 계시지 아니하신다는 사실을 강조하였다(7:47-50).

---

7) M. Dibelius, *Studies in the Acts of the Apostles* (1956), 168-69.

끝으로 스데반은 의인 예수를 죽인 유대인의 죄를 신랄하게 꾸짖었다 (51-53절). 이 같은 그의 책망은 그들의 마음을 예수님께로 돌이키려는 것이었다. 간단히 말하면 이때 스데반이 강조한 것은 성전 제도가 어떤 마술적인 힘을 가진 구원의 수단인 것처럼 맹신하지 말고(렘 7:4) 모든 예언이 목표로 삼은 의인이신 예수님께로 돌아오라는 것이었다.

❈ 사도행전 13:16-41에 있는 바울의 설교

이 설교도 물론 베드로의 설교들(2:14-36; 3:12-26)처럼 이스라엘 백성들에게 계시된 구원사와 구약의 메시아 예언을 근거로 하였다. 그것은 초기 교회의 전도를 특징짓는 공통적인 요소였다. 이때는 무엇보다도 그 당시 유대인들에게 그들이 대망하고 있는 메시아(하나님의 약속의 성취로 오신 메시아)가 예수님이시라는 사실을 증명하는 일이 당면 과제였던 것이다. 그러므로 바울은 그리스도 사건이 약속의 성취라는 것을 강조하기 위하여 "하나님이 우리 조상들을 택하시고"라는 말로 이 설교를 시작하였고 (13:17), 또한 약속 성취라는 표현을 명시적으로(33절) 혹은 암시적으로 사용하였다.

그런데 우리가 이 설교에서 과연 "바울의 특징적인 요소를 발견할 수 있는가?" 하는 점이 문제다. 유명한 주석가인 노울링(R. J. Knowling)은 이 설교에서 현저하게 바울적인 특징들이 발견된다고 강조하였다.[8] 여기에 동조한 주석가들도 많다.[9]

이 설교에 나타난 바울적인 표현들을 좀 더 구체적으로 언급하자면 다

---

8) R. J. Knowling, "The Acts of the Apostles", in *The Expositor's Greek Testament* (London: Hodder and Stoughton, 1912), 291.

9) Bethge, *Die paulinische Reden der Apostelgeschichte*, 19-22; Zökkler, *Apostelgeschichte*, 244-45; Lechler, *Das apostolische Zeitalter*, 272; Hilgenfeld, *Zeitschrift für Wissenschaft*, 46; Farrar, *St. Paul,I*, 369, note; Nösgen, *Apostelgeschichte*, 53; Ramsay, *Expositor* (December, 1898), 295-97.

음과 같다. ① 17절의 "높여"(ὕψωσεν)라는 표현(참조. 고후 11:7). ② 25절의 "달려갈 길"(δρόμον)이라는 표현(참조. 행 20:24; 갈 2:2; 딤후 4:7). ③ 27절의 "알지 못하므로"(ἀγνοήσαντες)라는 표현(참조. 딤전 1:13). ④ 31-32절에서 사도들의 복음 증거를 그와 동일한 권위를 지닌 바울 자신(Καὶ ἡμεῖς)의 증거와 병립시키는 표현. ⑤ 38-39절에서 그리스도의 부활로 말미암아 신자가 "의롭다"(δικαιωθῆναι)라고 표현한 용례 등이다. 이 같은 용례들은 바울신학의 특징을 보여준다(참조. 롬 4:25).

✻ 사도행전 17:22-31에 있는 바울의 설교

디벨리우스는 이 설교도 바울의 것이 아니라고 부인하였다. 그는 말하기를 "이 설교는 기독교 메시지가 아닌 것이 분명하다. 예수의 이름은 거의 사용되지 않다가 그저 최후 심판과 관련하여 설교 막바지에 언급될 뿐이다. 이 설교는 신을 철학적 개념으로 다루는 헬라식 강론이다. ⋯ 이것은 서신들에 나오는 바울의 교훈과 다르다."라고 하였다.[10] 그는 또한 이 설교가 바울적 특징을 보여주지 않는다고 주장하였으며,[11] 그 표현과 사상은 그 당시 다른 이들의 설교들에서도 발견되는 전형적인 것이며 후대 교회에서 유행하던 것이라고 하였다.

우리는 디벨리우스의 이와 같은 주장을 받아들일 수 없다. 바울은 이 설교(17:22-31)에서도 인간적 지식을 의뢰하지 않고 그리스도 중심적으로 설교하였다. 그는 그때 아덴의 철학자들을 대상으로 전도하였으나 철학적인 변론을 시도하지 않고, 다만 그리스도의 부활만을 단순하게 전했을 뿐이다. 이 같은 사실은 고린도전서 2:1-2 말씀도 증명한다.

---

10) M. Dibelius, *Studies in the Acts of the Apostles* (1956), 81-83.
11) Ibid., 79, 111, 165.

디벨리우스는 또한 여기 실린 바울의 설교가 순전히 자연신학에 근거한 것이라고 하였는데 그것은 그의 잘못된 관찰이다. 바울이 유대인의 회당에서는 직접 구약의 계시사에 근거하여 예수가 약속된 메시아라는 사실을 증거하였었다(행 13:16-41). 그러나 그가 구약을 모르는 이방인들에게 전도할 때는 그들의 우상숭배를 잘못된 것으로 지적하고, 참 하나님께로 돌아오라고 역설하면서 그들에게 익숙한 자연신학의 자료를 이용한 것뿐이다.

그러나 여기서 바울이 자연신학의 자료를 사용할 때 적용한 원리가 특수하다는 점에 주목해야 한다. 그는 자연신학의 자료를 사용하되 구약의 말씀이 뒷받침하는 범위 안에서만 그리하였다. 이러한 점으로 보아 그가 사용한 자연신학의 자료는 어떤 의미에서는 특수 계시(성경적 계시)에 속한다고 할 수 있다.

첫째, 바울은 우주의 근본에 대해 말할 때 이방 철학자들처럼(그때 바울은 이교 철학의 근거지인 아덴에서 설교하였음) 만물이 형성된 원리, 곧 생명 없는 추상적 원리를 말하지 않고 구약의 사고방식을 따라 하나님에 대하여 말한다. 17:24에서 "우주와 그 가운데 있는 만물을 지으신 하나님께서는 천지의 주재시니 손으로 지은 전에 계시지 아니하시고"라고 한 말씀은 구약 사상(왕상 8:27)에 근거한 것이다. 헬라 철학자 플라톤(Plato)에 의하면 만물은 이데아의 세계에서 타락하여 현상계의 모습이 된 것이라고 하였으며, 아리스토텔레스(Aristotle)는 질료를 바탕으로 하여 출현하는 형상이 곧 만물이라고 하였다. 이것은 일종의 진화론 철학이다. 특별히 바울 당시 에피쿠로스학파(Epicurian)는 우주 영원설을 주장하였고, 스토아학파(Stoic)는 감각세계의 배후에 대해서는 무관심한 유명론(唯名論)을 내세웠다. 다시 말해 이 철학은 만물의 근원에 대하여는 생각하지 않는다.

둘째, 인간론에 있어서 바울은 인간 시조의 단일성과 및 그 피조성(createdness)을 강조한다(행 17:26). 이것 역시 구약 계시에 근거한 것이며 동시대의 자연철학 사상에 근거한 것이 아니다. 바울 당시에 에피쿠로스 철학은 인간의 영혼이 원자(atom)들의 합성체라 하였고, 우리가 감각할 수 있는 부분은 이름을 알 수 없는 물질이라고 하였다. 그리고 스토아 철학은 인간 이성이 우주 이성의 일부분이라고 하면서 일종의 범신론을 주장하였다. 그렇다면 바울 당시의 아덴 철학은 단순히 내재주의이며 우주 창조의 진리를 전혀 모른 것이다. 다만 이 설교에서 바울이 단순히 자연신학을 인정하는 것처럼(자연신학을 그대로 취한다는 의미는 아님) 표현한 말들이 있으니, 그것은 22, 28-29절의 말씀이다.

먼저 22절에, "아덴 사람들아 너희를 보니 범사에 종교심이 많도다"라고 한 말이다. 이것은 얼핏 보면 바울이 그들의 미신적인 종교를 어느 정도 인정하는 말로 해석될 수 있다. 그러나 바울이 이방의 미신 종교를 정죄한다는 것은 너무도 분명한 사실이다. 우리는 바울이 루스드라 지방에서 토인들의 우상숭배를 금지한 사실로도 이것을 분명히 알 수 있다(14:8-18).

그뿐 아니라 여기 이른바 "종교성이 많도다"라는 표현($\delta\epsilon\iota\sigma\iota\delta\alpha\iota\mu o\nu\epsilon\sigma\tau\acute{\epsilon}\rho o\upsilon\varsigma$)은 "대단히 미신적이다."라는 의미로 해석될 수도 있다. 스톤하우스(Ned B. Stonehouse)는 한글성경의 번역이 취한 의미를 지지하여 말하기를 "여기서 바울이 그들의 종교적 성품은 인정하면서도 그들의 잘못된 종교를 옳게 여긴 것은 아니다."라고 하였다. 스톤하우스에 의하면 여기서 말하는 "종교성"은 칼빈이 인정한(Institutes Ⅱ, 3:1-3) 인간의 "신성에 대한 감각"(sensus divinitatis)과 같은 것이다.[12] 인간의 이와 같은 성품은 극히 형식적인 것인데, 그것이 복음의 진리로 성화되기 전에는 언제든지 미신으로 움직일 수밖에 없다.

바울이 28-29절에서 이방 시인의 시구를 인용하여 "너희 시인 중 어떤 사람들의 말과 같이 우리가 그의 소생이라 하니 이와 같이 신(개역한글)의

---

12) N. B. Stonehouse, *Paul Before the Areopagus* (1957), 16-17.

소생이 되었은즉 하나님을 금이나 은이나 돌에다 사람의 기술과 고안으로 새긴 것들과 같이 여길 것이 아니니라"라고 하면서 "신의 소생"이란 말을 사용했는데, 그가 여기서 "신"이라고 한 것은 여호와 하나님을 의미한 것이 아니고 제우스(Zeus) 신을 가리킨 것이다. 그러면 바울이 제우스 신을 여호와 하나님과 동등하게 보았겠는가? 그런 것이 아니다.

바울이 여기서 이방 시인[13]의 말을 인용한 것은, 그 시인의 말을 전적으로 옳게 여겼다는 의미가 아니라 그의 어구에서 어떤 한 측면을 인정한 것뿐이다. 여기 "너희 시인 중"이란 문구의 의미도 이 부분의 문맥에 있어서 바울이 그 시인의 사상에 전적으로 동조한다기보다는 최소한도로 동조한다는 뜻이다. 즉 기독교의 신관에 대하여 이교의 "신성에 대한 감각"이 어떤 면에서 형식적으로나마 공통점을 지니고 있다는 것을 의미한다. 이 공통점이란 다름 아니라 인류의 발원이 인간을 초월한 영역에서 이루어진 것으로 여긴다는 점이다. 여기서 바울이 이방인들의 신관을 그대로 받아들인다는 것은 결코 아니다. 바울의 신론은 결코 자연신학에서 멈출 수 없다. 그는 이방인들로 하여금 참 신이신 하나님께서 보내신 그의 아들(부활하신 그리스도)을 믿도록 하려는 것이다(17:18, 30-31).

2. 편집사학파(후기 불트만학파)

이 학파에는 케제만(E. Käsemann), 훅스(Ernst Fuchs), 보른캄(G. Bornkamm), 콘첼만(Hans Conzelmann), 행헨(E. Haenchen) 등이 속한다. 영국인 로빈슨(J. M Robinson)도 여기에 속한다. 이들의 연구 방법은 양식사학파(Formgeschichte)와 유사하다. 콘첼만의 대표 저작은 『시간의 중심』(Die Mitte der Zeit)이란 것이고, 행헨의 저서는 『사도행전 주석』(Die Apostelgeschichte)이다. 이 학파에서는 사도행전을 역사적 기록으로 보지

---

13) Aratus (BC 270), Phaenom, 5; Cleanthes (BC 300), Hymn to Jove, 5.

않고 누가의 신학적인 작품으로 간주한다.

필자는 행헨의 사도행전 주석에서 몇 가지를 비판한다.

1) 베드로의 설교(2:14-36)에 대한 행헨의 논평

① 행헨은 말하기를, 베드로의 구약 인용이 70인역(LXX)에 근거한 것이므로 그것은 초기 교회 베드로의 것일 수 없고, 후대에 누가가 70인역을 사용하면서 헬라 기독교의 풍습을 좇아 기록한 증표라고 하였다.[14]

그러나 바울도 이미 70인역을 사용하였고, 예수님 당시에도 팔레스타인에서는 아람어와 헬라어를 병용하였다.[15]

② 행헨은 또한 디벨리우스의 주장에 동조하면서 말하기를 "누가가 여기서 '유행전도형식'을 사용했으므로 이 부분의 설교는 후대의 저작이다."라고 하였다. 그가 말하는 소위 "유행전도형식"이라는 것은 구약성경의 장절들을 증거 본문으로 삼아 그리스도의 죽으심과 부활하심을 증명하는 형식(2:22-24; 3:13-15; 5:30; 10:36-42; 13:27-30)이나, 제자들의 증거 사명을 강조하는 형식(2:32; 3:15; 5:32; 10:39, 41-42; 13:31), 혹은 회개를 촉구하는 형식(2:38; 3:17-19; 5:31; 13:38-41)과 같은 것이라고 하였다.[16]

그러나 그리스도 사건을 증명함에 있어 구약을 인용하는 전도 방식은 그리스도 자신도 이미 사용하신 것이었다(마 26:24, 54; 눅 24:25 27, 44; 요 5:39; 8:56). 그러므로 초기 교회의 사도였던 베드로가 그와 같은 형식을 사용하는 것은 자연스러운 일이다.

③ 행헨은 베드로가 예수를 그리스도라고 하지 않고 단순한 인간을 의

---

14) E. Haenchen, *Die Apostelgeschichte* (1965), 148: "Dieser Schriftbeweis, den Petrus vorträgt, setzt den LXX-Text voraus. Dieser Schriftbeweis stammt darum erst aus dem hellenistischen Christentum."

15) J. G. Machen, T*he Origin of Paul's Religion* (1921), 307-308.

16) E. Haenchen, *Die Apostelgeschichte* (1965): "Dibelius hat darauf hingewiesen, dass Lukas hier sich später immer aufs neue wiederholenden Schema folgt."

미하는 "나사렛 예수"(행 2:22)라고 한 것을 보아, 초기 교회가 깨달은 예수는 누가의 그리스도론(2:36)과 다르다고 주장하였다.[17] 다시 말하면 누가 시대 이전의 초기 교회는 예수님을 단순히 인간으로만 알았다는 것이다.

그러나 베드로는 나사렛 예수께서 행하신 기적들을 들어 그것들은 하나님께서 예수님의 메시아 신분(하나님의 아들로서의 신분)을 확증하신 사건들(2:22하)이라고 증거하였다.[18]

④ 행헨은 비평가들의 말에 동조하면서 베드로의 설교를 듣고 회개한 자들의 수효를 "삼천 명"(2:41)이라고 밝힌 기록은 사실 그대로가 아니고 과장된 숫자라고 말하며 "누가는 개종자들의 많은 수효라는 사실을 사랑한 것이다."[19]라고 하였다.

그러나 행헨의 이 같은 말은 근거 없는 것이다. 오순절 성령 강림 사건에 대한 기록이 바울의 수종자였던 누가의 것이라는 점은 그 기록에 사용된 낱말들이 의학용어인 점으로도 증명된다. 사도행전 2:2의 "소리"($\hat{\eta}\chi o\varsigma$)라는 표현도 의학용어다.[20]

누가는 의사였고 역사에 대한 객관적 진술에 관심이 있었으며, 사도적 정신으로 사실 그대로 진리를 기술한 저자였으므로 숫자를 과장할 위인이 아니었다(눅 1:1-4). 그의 기록은 신학적이기 이전에 역사적이다. 누가복음 1:3의 "근원부터 자세히 미루어"($\kappa\alpha\theta\epsilon\xi\hat{\eta}\varsigma$)라는 표현은 "순서를 따라서 조직적으로 객관적 역사를 기록한다."라는 의미를 가진다. 브루스(A. B. Bruce)는 말하기를 "누가는 종교적 낭만을 일삼은 사람이 아니다."(Luke is no religious romancer)라고 하였으니[21] 이것은 지당한 말이다.

---

17) Ibid., 187.
18) H. N. Ridderbos, *The Speeches of Peter in the Acts of the Apostles*. London: The Tyndale Press (1962), 20-21.
19) E. Haenchen, *Die Apostelgeschichte* (1965), 152: "Lukas liebt die grosse Zahl der Bekehrten."
20) R. J. Knowling, "The Acts of the Apostles", in *The Expositor's Greek Testament* (London: Hodder and Stoughton, 1912), 72.
21) A. B. Bruce, "The Synoptic Gospels", in *The Expositor's Greek Testament* (London: Hodder and Stoughton), 459.

2) 아나니아와 삽비라의 죽음(5:1-11)에 대한 행헨의 논평

① 행헨은 이 사건에 대하여 회의를 품고 말하기를, 아나니아가 죽은 후 장사되기까지 그의 아내에게 아무 소식도 전해지지 않은 것이 이상하다고 하였다.[22]

그러나 우리가 아나니아 사건의 성격과 그 당시 교회의 처지를 알면 이 문제는 쉽게 이해된다. 구약 시대 역사에서도 승리로 일관되는 하나님의 사역에 방해가 되는 자들이 급작스러운 벌을 받았을 뿐만 아니라, 그 유족들이 슬픔을 표시하는 일도 금지되었었다.

예를 들면 아론의 두 아들 나답과 아비후가 여호와께서 명하시지 않은 다른 불을 담아 여호와 앞에 분향하다가 여호와의 불에 타 죽은 사건(레 10:1-2)과 같은 경우다. 그 두 사람의 시체는 모세의 명령에 따라 처리되었고, 그들의 아버지 아론은 그 일에 대하여 적극적으로 관여하는 일이 금지되었다(레 10:4-7).

② 행헨은 이 사건에 대하여 다른 비평가들의 말을 그대로 인용하여 다음과 같이 말하였다. "베드로는 삽비라의 죽음을 예언한 것이 아니라 그를 죽이고자 하였으며 사실상 죽였다(Bauernfeind, Rieu). 어째서 베드로는 그 부부를 개인적으로 만나서 그들에게 회개할 기회를 주지 않았을까?[예수님은 범죄자에게 회개할 기회를 주라(마 18:15-16)고 하셨는데 말이다] 그러한 베드로의 처사는 죄악이다. 예수님은 마지막 유월절 석상에서 가룟 유다를 죽이지 않으셨다(Rieu). 그러므로 아나니아와 삽비라의 사망 기사는 하나의 전설이다(Menoud)."[23]

그러나 행헨은 이 점에 관하여 자신의 영적 깨달음이 깊지 못하고 단순하다는 사실을 스스로 폭로했을 뿐이다. 본문에 의하면,

---

22) E. Haenchen, *Die Apostelgeschichte* (1965), 197: "Dass aber die Christen den verstorbenen Ananias einfach begraben, ohne seiner Frau auch nur ein Wort zu sagen, ist jede äussere und innere Möglichkeit."

23) Ibid., 196-97.

㉠ 베드로 자신이 아나니아와 삽비라를 죽이려고 한 것은 아니다. 그는 당시 성령으로 충만하여(행 2:4; 4:8, 31) 성령의 대언자로서 하나님의 권위 있는 처사를 드러내는 도구가 된 것이다. 이것이야말로 그가 모든 사도의 수반으로서 예수님이 주신 "열쇠"(마 16:19)의 권위를 먼저 시행하는 의미를 지닌 사건인 것이다. 이런 것을 가리켜서 "사도적 권징"이라고 한다. 바울도 이와 유사한 일을 행한 바 있다(행 13:11; 고전 5:1-5).

㉡ 베드로가 아나니아와 삽비라에게 회개할 수 있는 기회를 주지 않은 것은 문제 될 것이 없다. 하나님의 크신 역사의 초기에 그와 반대되는 요소가 제거되는 방식은 심판의 성격을 띤다. 구약 시대에 법궤가 운반될 때 범법한 웃사는 그 자리에서 곧바로 죽임을 당했던 것이다(삼하 6:6-7).

㉢ 예수님께서 마지막 유월절 석상에서 가룟 유다를 용납하신 것은 그의 초림이 심판을 위한 것이 아니었기 때문이다. 그는 그 자신(인자)을 거역하는 자보다는 성령을 거역하는 자가 용서받지 못할 것이라고 말씀하셨다(마 12:31).

㉣ 예수님의 교훈에 범죄한 신자를 징계할 때 먼저 그 범죄자를 은밀히 개인적으로 접촉하여 그에게 회개할 기회를 주라고 하신 것은 교회의 권징에서 적용할 표준으로서 일반적인 원칙을 말씀하신 것이다. 그것은 하나님께서 친히 역사하시는 기적적인 심판 행사의 원리와는 다르다.

V. 사도행전의 내용 분해

1. 부활하신 그리스도의 사역(1:1-11)
2. 예루살렘에서 실행된 제자들의 복음 증거(1:12-7:60)
3. 유다와 사마리아에서 이루어진 복음 증거(8:1-40)
4. 팔레스타인과 이방 각처(땅끝)에서 유대인들과 이방인들에게 복음

이 전파됨(9:1-28:31)

1) 사도 바울의 개종(9:1-31)

2) 베드로가 욥바와 가이사랴에서 복음을 증거함(9:32-11:18)

3) 개종한 헬라파 유대인들이 각국에 흩어진 유대인들에게 복음을 증거함(11:19-30)

4) 예루살렘 교회에 핍박이 일어남(12:1-23)

5) 사도 바울의 1차 선교여행(12:24-14:28)

6) 예루살렘 공의회(15:1-35)

7) 사도 바울의 2차 선교여행(15:36-18:22)

8) 사도 바울의 3차 선교여행(18:23-20:2)

9) 사도 바울이 예루살렘으로 올라가는 여행(20:3-21:26)

10) 사도 바울의 체포와 그의 복음 증거(21:27-26:32)

11) 사도 바울의 로마행(27:1-28:16)

12) 사도 바울이 로마에서 복음을 증거함(28:17-31)

제1장

⚜ 개요

1. 복음서들에 따르면 주님께서 부활하신 후에 제자들에게 나타나셔서 크게 두 가지를 가르치셨다. 하나는 그가 다시 살아나신 자신의 몸을 보여주시면서 가르치신 내용이고, 다른 하나는 성령이 오실 것이라는 약속에 대한 교훈이다. 그런데 사도행전에는 성령 강림을 주제로 다루기 때문에 1장 첫머리에 기록된 "40일 동안"의 교훈에서도 주로 성령이 임하실 것이라는 약속을 취급한다(4, 8절).

2. 예수님의 승천에 대해서 사도행전은 복음서보다 자세하게 실명한다(9-11절). 사도행전은 주님께서 승천하신 후에 감당하시는 사역을 다루기 때문에 주님의 승천 사건을 비교적 자세히 말하는 것이다. 주님의 승천과 성령의 강림은 사도행전의 주제인 복음 선교를 이끌어가는 두 가지 원동력이다.[1]

3. "감람원"은 감람산과 같은 곳인데, 예수님께서 십자가에 못 박히시

---

[1] F. W. Grosheide, *De Handelingen der Apostelen* II (1948), 28.

기 전(잡히시기 전)에 피땀을 흘리시며 기도하셨던 장소다(Bengel). 그곳은 예루살렘에서 "안식일에 가기 알맞은" 거리(2000규빗)라고 한다. 크리소스토모스(Chrysostom)는 이 말을 근거로 주님께서 승천하신 날이 안식일이었다고 주장하나 확실한 것은 아니다.

제자들이 감람원에서 예루살렘으로 돌아와 한 일은 합심기도였다. 이 기도회와 오순절 성령 강림은 서로 관련성을 가졌다. 그렇지만 이 기도회 때문에 성령이 강림하셨다고 말할 수는 없으니, 왜냐하면 오순절 성령 강림은 이미 하나님께서 약속하신 대로 이루어질 사건이었기 때문이다. 그들의 기도회는 다만 오순절 성령 강림을 영접하기 위한 준비에 불과하였다. 하나님은 우리에게 은혜를 주시고자 하실 때 우리를 감동하시어 미리 기도하도록 만들어 주신다(H. A. Ironside).

4. 초기 교회가 가룟 유다 대신에 맛디아를 택한 사건은 다른 사도의 죽음 이후에도 매번 새로운 인물을 사도로 세운다는 원칙을 가르치는 것이 아니다. 사도직은 단회성을 특징으로 하며 대대로 계승시키는 것이 아니었다.[2]

사도의 직분은 어떤 의미에서 예수님을 대리하며 성령과 함께 수행하는 권위 있는 성직이다. 그것은 일반 목사나 기타 사역자보다 탁월한 직분이었다. 동시에 사도의 직분은 영구한 복음의 기초 사역을 의미하는 것으로서 단회성을 특징으로 한 것이었다. 사도들은 새 예루살렘 성의 열두 초석이라고 불린다(계 21:14). 이처럼 사도의 직분이 단회성을 띤다는 것은,

1) 사도 바울의 증거로도 잘 알 수 있다. 그가 교회에 서신을 보낼 때마다 사도로서 자신의 직분이 확실하다는 점을 열성적으로 변증하였다. 만일 사도직이 일반 교역자 직분처럼 평범한 것이었다면 그와 같이 변증할 필

---

2) Ibid., 43.

요가 없었을 것이다.

2) 그뿐 아니라 그들에 대한 예수님의 말씀을 보더라도 사도직의 유일회적 중요성을 알 수 있다. 예수님께서 사도들에게 말씀하시기를 "진실로 너희에게 이르노니 무엇이든지 너희가 땅에서 매면 하늘에서도 매일 것이요 무엇이든지 땅에서 풀면 하늘에서도 풀리리라"(마 18:18)라고 하셨으니, 그들에게 주신 영적 권세가 얼마나 큰 것인가! 이 영적 권세가 베드로의 사역에 나타났으니, 곧 아나니아와 삽비라가 징계받은 사건이다(행 5:1-11). 이 영적 권세는 오직 사도들에게만 주신 것이다.

↓ 내용분해

1. 전에 기록한 책(누가복음)의 내용(1-2절).
2. 주님께서 부활하신 몸으로 40일 동안 지상에 계시면서 가르치신 내용(3-8절).
3. 승천하심(9-11절).
4. 제자들과 기타 성도들이 예루살렘의 한 다락에서 기도에 전력함(12-14절).
5. 맛디아를 사도로 택함(15-26절).

↓ 해석

1 **데오빌로여 내가 먼저 쓴 글에는 무릇 예수께서 행하시며 가르치시기를 시작하심부터.** "데오빌로"($\Theta\epsilon\acute{o}\phi\iota\lambda o\varsigma$)라는 이름은 "하나님께 사랑스러운 자"라는 뜻이다. 어떤 학자는 이것이 개인의 이름이 아니고 일반 그리스도 신자들에 대

한 통칭이라고 주장하지만 누가복음 1:3에서 "데오빌로"라는 이름에 "각하"(κράτιστος)라는 존칭까지 붙여 사용하는 것을 볼 때 이것은 개인의 이름인 것이 분명하다.

"먼저 쓴 글"(πρῶτον λόγον)은 "처음 말씀"이라는 뜻인데 정황상으로 누가복음을 가리킨다. 왜냐하면 데오빌로에게 보낸 책이 사도행전 외에는 누가복음뿐이기 때문이다. 본서가 누가의 저술인 것은 다음과 같은 사실로 증명된다. 곧 본서에 "우리"라는 말이 여러 번 나오는데[3] 그것은 집필자가 바울의 선교여행에 동참한 자라는 사실을 보여준다. 그뿐 아니라 사도행전과 누가복음에는 의학적인 용어가 자주 사용된 것으로 보아 그 저작자가 의사였음을 알 수 있다. 그렇다면 바울을 수행한 자들 중 누가만이 의사였으니(골 4:14), 그가 이 책들을 기록했다는 것이 자연스런 결론이다.

"무릇 예수께서 행하시며 가르치시기를 시작하심부터"라는 문구의 헬라어 원문(περὶ πάντων...ὧν ἤρξατο ὁ Ἰησοῦς ποιεῖν τε καὶ διδάσκειν)을 직역하면 "예수께서 행하시며 가르치시기를 시작하신 모든 것들에 관하여"이다. 우리 한글 번역 성경에는 이 문구 끝에 "~부터"라는 말이 있으나 헬라어 원문에는 없다.

그러면 이 문구가 의미하는 바는 누가복음에 기록된 예수님의 모든 행적과 교훈이 다만 그의 사역 가운데 시작에 불과하다는 것이다. 이 말은 얼핏 보면 이상한 것 같으나 사실이다. 예수님께서 땅에서 행하신 모든 일보다 승천하신 후에 행하실 일들이 더욱 많다. 사도행전은 특별히 그가 승천하신 이후의 행사, 곧 성령으로 말미암아 이루시는 구원 행사에 대하여 말하는 것이니, 이것은 적절한 표현이다. 이 점에 대하여 노울링(R. J. Knowling)은 "누가는 예수님의 땅 위에서의 삶 전체를 그의 승천으로 말미암아 완성되어 나타날 영광과 구원 역사를 향한 전주곡으로 생각한 것

---

[3] 16:16, 17; 20:5, 6, 7, 13, 14; 21:1, 5, 6, 11, 12, 16, 17, 18; 27:1, 2, 4, 6, 27; 28:1, 2, 7, 10, 11, 15, 16.

이다."라고 하였다.[4)]

그러면 우리가 이 점과 관련하여 기억할 것이 두어 가지 있다.

1) 그리스도께서 승천하셔서 행하시는 구속 사역의 분량이 무궁하다는 것이다. 히브리서 7:24-25에 말하기를 "예수는 영원히 계시므로 그 제사장 직분도 갈리지 아니하느니라 그러므로 자기를 힘입어 하나님께 나아가는 자들을 온전히 구원하실 수 있으니 이는 그가 항상 살아 계셔서 그들을 위하여 간구하심이라"라고 하였다. 이것을 보면 그는 승천하셔서 계속 우리를 위해 기도하시고 계신다. 기도는 이 세상에서도 가장 효과 있는 일이며, 내세에서도 주님이 영원히 하실 일이라는 것이다. 주님의 이같이 무궁한 사역에 대하여 사도 요한은 말하기를 "만일 낱낱이 기록된다면 이 세상이라도 이 기록된 책을 두기에 부족할 줄 아노라"(요 21:25)라고 하였다.

2) 인간들이 알지 못하는 중에도 일하시는 일꾼을 우리는 기억해야 한다. 이 세상에서도 참으로 일을 일답게 하는 이들은 사실상 대중들이 미처 알지 못하는 수고를 감당하는 일꾼들이다. 이 세상에서 일한 보수를 다 받아버리는 일꾼들은 사실 영적으로 큰 운동을 일으키지 못한다. 하나님은 아무 소리 없이 지구를 운행하시며 온 우주를 다스리신다. 예수 그리스도께서 승천하셔서 하시는 일 역시 그처럼 오묘하다.

"행하시며 가르치시기를." 복음서 기자들은 특별히 예수님께서 "행하신" 일과 "가르치신" 일을 중점으로 기록하였다. 누가는 예수님의 탄생 사건에 관해서는 비교적 자세하게 기록하였다. 그러나 그가 예수님의 유년 시절을 기록할 때는 탄생 기사로부터 갑자기 12세 때의 일로 건너뛰었고,

---

4) R. J. Knowling, "The Acts of the Apostles", in *The Expositor's Greek Testament* (London: Hodder and Stoughton, 1912), 51.

그 뒤로는 18년을 건너뛰어서 공생애에 대한 기록에 착수하였다. 이것을 보면 예수님의 생애의 요점은 공적인 사역, 곧 "행하심과 가르치심"이었다. 하나님은 예수님의 생애에서 공적 성격을 띠지 않는 부분은 대체로 드러내시지 않았다. 하나님께서는 그의 백성의 구원 성취를 목표로 계시를 진행하신다.

2 그가 택하신 사도들에게 성령으로 명하시고 승천하신 날까지의 일을 기록하였노라. 이것은 저자가 "먼저 쓴 글"(누가복음)의 종결로 기록한 것인데, 예수님의 지상에서의 행적 가운데 최종 단계를 소개한 말씀이다.

"성령으로 명하시고." 이것은 주님께서 사도들에게 성령을 주셔서 복음의 증인으로 삼으실 것을 약속하신 사실에 대하여 말한다. 여기서 주님의 약속을 명령(ἐντειλάμενος)이라고 표현한 것은 사도들이 성령을 받게 될 일이 확실함을 암시한다. 사도들은 성령을 의지하여 주님의 복음을 전하였으니 사도들의 선교 활동은 사실상 성령의 행적이다. 그러므로 승천하신 그리스도를 전파하는 사도행전을 성령의 행적이라고 말해도 틀리지 않는다.[5] 여기 2절과 누가복음 9:51에 사용된 예수님의 "승천"(ἀνελήμφθη)이라는 단어와 70인역(구약성경의 헬라어 역본)에 사용된 엘리야의 "승천"(왕하 2:11)이라는 단어는 동일한 것이다.

3 이 구절부터는 복음의 요점인 예수님의 부활에 대하여 말하기 시작한다. **고난 받으신 후에.** 이것은 예수님의 수난을 가리킨 말인데, 그의 죽으심까지 포함하는 것이다. 그의 죽으심을 수난이란 말에 포함시키는 이유는, 그의 속죄의 죽으심이 죽음에 해당하는 고난을 맛보시는 것을 중점으로 삼기 때문이다(히 2:9). 그것은 그가 죽음의 고통을 당하셨다는 뜻이다. 이 말씀들이 예수님의 죽으심과 관련하여 이처럼 고난의 요소를 지적하여 말하는 이유는 우리의 구원이 그의 고난으로 말미암아 이루어졌기 때문

---

5) F. W. Grosheide, *Kommentaar Op Het Nieuwe Testament* V[1] (Handelingen), 10.

이다.

확실한 많은 증거로 친히 살아 계심을 나타내사. 예수님께서 부활하신 몸으로 제자들에게 친히 나타나신 사건은 너무 확실하여 처음에 이를 의심하던 제자들도 결국 그 사실을 믿지 않을 수 없게 되었다.

"확실한 많은 증거." 우리는 확실한 증거 하나만으로도 믿고 남을 터인데 그런 증거가 많다고 하니 우리가 더욱더 믿을 수밖에 없다.

우리는 예수님이 부활하신 증거를 여러 가지로 말할 수 있다. 그중 몇 가지를 들자면 ① 그가 한 사람에게만 아니라 여러 사람에게 나타나셨으며(요 20:16-18; 21:1-14), ② 그가 같은 사람들에게 여러 차례 나타나셨다(눅 24:30-43; 요 20:19-20, 26-29). ③ 그러므로 제자들이 각각 주님께서 나타나신 것을 목격하고 이후에 서로 만났을 때 동일한 체험을 서로 나누었던 것이다(눅 24:33-35). 또한 ④ 주님께서 죽으시기 전에 제자들에게 말씀하시기를 죽었다가 다시 살아나신 후에 갈릴리에서 만나자고 약속하셨는데, 과연 그가 말씀하신 대로 이루어졌다(마 26:32; 28:10, 16-17).

사십 일 동안 그들에게 보이시며. 부활하신 예수님이 땅 위에 계셨던 날수 "사십 일"은 이 구절에만 기록되었고 다른 곳에서는 발견되지 않는다. 벵겔(A. Bengel)은 말하기를, 이 날수는 지속적인 사십 일의 기간을 말하는 것이 아니라 예수님께서 자신을 나타내신 날들만 합친 날수를 가리킨다고 한다. 그러나 이런 해석은 옳지 않다. "사십 일"이라는 수는 선지자나 예수님의 생애에 종종 사용되었으며, 상징적인 의미도 내포하는 것으로 생각된다. 모세와 예수님이 금식하신 날수도 40일이었고(출 34:28; 마 4:2), 엘리야가 천사로부터 공급받은 떡과 물을 섭취하고 그 힘으로 호렙산까지 도달한 날수도 40일이었다(왕상 19:4-8).

"보이시며." 이것은 주님께서 자신을 나타내신 것이 다만 환상이 아니고 그의 실체를 보여주셨다는 사실을 말하는 것이다. 같은 말이 열왕기상 8:8(70인역)에도 나오는데 거기에서도 이 표현은 실물이 보이는지 여부를 나타내는 데 사용되었다. 본서의 저자 누가가 누가복음 24:39-43에서 예수님의 부활에 대해 진술할 때 실물을 대하는 마음가짐으로 말한 것이 확실하다.[6]

하나님 나라의 일을 말씀하시니라. "하나님 나라"는 예수 그리스도의 초림으로부터 이루어지고 그 재림으로 완성되는 나라를 가리키는데, 이는 복음 운동과 그 완성을 말함이라고 해도 과언이 아니다(행 28:31). 복음 운동의 골자는 성령 운동이므로 다음 구절들은 성령에 대하여 말한다. "하나님 나라"에 대하여는 필자의 요한복음 주석 3:36 해석 뒤에 있는 "천국론"에서 자세히 설명하였다.

4 사도와 함께 모이사 그들에게 분부하여 이르시되 예루살렘을 떠나지 말고 내게서 들은 바 아버지께서 약속하신 것을 기다리라. 예수님께서 제자들에게 "예루살렘을 떠나지 말라"고 부탁하신 이유는, ① 예루살렘 역시 신약 운동의 출발 장소로 예언되었기 때문이다(사 2:3). ② 신약 운동과 예루살렘의 관련성은 일반 역사의 원리로도 당연한 것으로 생각된다. 중심 지역은 대중의 관심이 집중되는 곳이니, 진리를 전파하는 일이 그런 곳에서 시작되는 것은 자연스러운 일이기도 하다.

"아버지께서 약속하신 것을 기다리라." 전장에 나아갈 군인이 먼저 훈련의 기간을 갖는 것처럼, 이제 복음 전선에 나아갈 사도들은 예루살렘에서 영적 능력을 갖추어야 한다. 이 영적 능력은 주님께서 일찍이 약속하신 것이다(요 14:15-16, 25-26; 15:26; 16:7). 그 약속은 주님께서 솔선하여 제자들에게 하신 것이다. 어떤 경우에는 우리가 일하는 것보다 가만히 기다려 보는 것이 하나님의 뜻이다. 우리가 기다림으로 하나님이 하시는 일을 목도할 수 있고, 또 기다리며 기도하고 바랄 때에 성령의 은혜를 받게 된다.

---

6) R. J. Knowling, "The Acts of the Apostles", in *The Expositor's Greek Testament* (London: Hodder and Stoughton, 1912), 53.

신자들은 종종 사업에 대한 욕심에 끌려 기도는 하지 않고 일만 하려고 덤벼든다. 그렇게 나아가면서 하나님의 일을 사람의 힘으로 하려다가 결국 실패하고 마는 것이다.

5 요한은 물로 세례를 베풀었으나 너희는 몇 날이 못되어 성령으로 세례를 받으리라 하셨느니라. 이 말씀은 앞 절의 "약속하신 것"이라는 문구에 대한 설명이다. 그 약속은 "성령으로 세례를 받으리라"고 하신 것이다. "성령세례"는 오순절에 내릴 성령의 은혜를 말한다. 그러나 그것은 비단 오순절 그날에 그 자리에 있던 사도들에게만 국한된 은혜가 아니고 후대의 모든 신자들도 받게 될 교회적인 성령의 은혜를 포함한다.

우리가 이 구절에서 생각할 것은 ① 세례 요한의 물세례는 그리스도로 말미암은 성령의 강림을 예표한다는 점이다(F. F. Bruce). ② 이 구절의 뜻은 세례 요한이 물세례의 직책을 수행한 것처럼 예수님께서는 성령으로 세례를 주시는데 그것이 그의 직책상 필수 불가결한 것임을 내포한다는 것이다(Calvin).

그런데 그리스도께서 인간에게 성령을 주시는 그 역사를 가리켜 왜 성령으로 세례를 주신다고 표현하는가?

첫째, 성령을 물 붓듯이 풍성히 주실 것을 의미한다(롬 5:5).

둘째, 물세례는 외적인 씻음을 말하는 반면, 성령세례는 영적인 것으로서 인간의 심령을 새롭게 하시는 것을 가리킨다(요 3:5; 고전 6:11; 딛 3:5).

셋째, 신자가 믿음으로 그리스도와 연합하는 것을 가리킨다(고전 12:13). 곧 그리스도와 함께 죽고 또 함께 살게 되는 관계가 성령으로 말미암아 성립된다는 의미다(롬 6:3-4). 사람은 성령으로 말미암아 중생함으로써 그리스도와 연합하게 된다. 존 머레이(John Murray)도 세례가 죄 씻음(중생)을 의미하는 동시에 그리스도와 신자 간의 연합을 상징한다고 말하였다.[7]

---

7) John Murray, *Christian Baptism*, 4-8.

성령세례를 받게 되는 것은 하나님께 속한 것이므로 우리가 그 방법에 대하여 정의하기는 어렵다. 다만 우리는 다음 몇 가지를 말할 수 있다. ① 성령 강림은 전적으로 하나님의 주권에 달렸으니 누가 언제 받게 될지 모르며(요 3:7-8), ② 신자들은 다만 겸손한 마음으로 간절히 기도함으로 성령을 받게 된다는 것이다(눅 11:13). ③ 마지막으로 하나님께 순종하는 자에게 성령의 은혜가 임한다(행 5:32).

6 그들이 모였을 때에 예수께 여쭈어 이르되 주께서 이스라엘 나라를 회복하심이 이 때니이까 하니. 예수님의 제자들은 이 질문을 통해 그들의 마음속에 자리 잡은 사상이 기회주의(사람이 좋은 기회를 만나야 영달할 수 있다고 믿는 사상)임을 나타낸다. 제자들은 이스라엘 국가가 정치적으로 독립함으로써 그들이 지상에서 행복을 누릴 기회가 주어지기를 원하였다. 그들의 이와 같은 생각은 물론 운명론 사상은 아니다. 그들은 하나님을 믿는 자들이다. 그러면서도 그들이 현재 개인의 책임 문제보다 시대의 일에 흥미를 가졌다는 점은 일종의 기회주의적인 태도라 할 수 있다.

7 이르시되 때와 시기는 아버지께서 자기의 권한에 두셨으니 너희가 알 바 아니요. 벵겔은 말하기를 "천국이 임하는 시간과 관련된 예언들이 확실하지 않다는 사실(알기 어렵게 된 사실)을 보아도, 시기에 대한 권한이 오직 하나님께만 있음을 알 수 있다."라고 하였고, 덧붙여 말하기를 "그 시기는 멀면서도 가깝다. 우리는 시간상의 멀고 가까움을 고려할 것이 아니라 다만 부지런히 주님을 섬길 뿐이다."라고 하였다.

8 오직 성령이 너희에게 임하시면 너희가 권능을 받고 예루살렘과 온 유대와 사마리아와 땅 끝까지 이르러 내 증인이 되리라 하시니라. 이 말씀은 사도들과 일반 신자들에게 주어진 책임이 장래의 시일 문제에 대한 깊은 연구가 아니라 현재 성령의 권능을 받아서 복음을 증거하는 일이라는 사실을 보여준다.

"내 증인이 되리라"(ἔσεσθέ μου μάρτυρες). 이 말은 "내 증인이리라"(Ye shall be my witnesses)라는 뜻이다. 사도들과 일반 신자들은 성령의 권능을 받을 때 이미 그리스도의 증인으로서 자격을 지니게 되었고 또한 그렇게 나타날 수밖에 없다. 증인의 자격은 사실에 근거하여 말할 능력이 있는지 여부에 달려 있다. 전도자들은 이론가가 아니며 이상가도 아니다. 그들은 그리스도의 사건을 있는 그대로 파악하고 그 사실을 믿음으로 남들에게 증거하기를 "이 진리를 믿는 자는 영생을 얻고 믿지 않는 자는 멸망한다."라고 선포하는 자들이다. 그리스도의 참된 증인들은 "교훈과 피로써 증거한다"(Bengel).

이 구절에 포함된 지역들의 순서와 범위가 우리의 흥미를 끈다. ① "예루살렘"에서부터 시작하여 "땅 끝까지" 이르도록 하였으니, 이것은 가까운 데서 시작하여 먼 데로 이르는 자연스러운 순서다. ② "땅 끝까지" 이른다는 말은 복음이 누구나 믿어야 할 영원한 진리요 보배라는 사실을 알려준다. 사람의 힘만으로는 복음을 땅 끝까지 증거할 수 없으므로 본문에서는 "성령이 너희에게 임하시면 너희가 권능을 받고"라는 말씀이 먼저 등장한다.

이 복음을 전파하는 자들은 "증인"이 될 것이기 때문에 그들이 고난을 받는 경우는 있을지언정 이 복음을 증거하면서 권세를 잡거나 권위를 행사하는 일은 있을 수 없다.

설교▶ 증인이 되라 (1:6-8)

1. 증인은 시대를 의지하지 말아야 한다

사도들이 예수님께 이스라엘 나라가 회복될 때를 물은 것이 반드시 기회주의나 운명론에서 나온 것이라고 볼 수는 없다. 그렇지만 예수님은 그들이 그런 경향으로 빠져들까 염려하시어 미리 경계하신 것이다. 기독교는 기회주의를 배척한다. 디모데후서 4:2에 말하기를 "너는 말씀을 전파하라 때를 얻든지 못 얻든지 항상 힘쓰라"라고 하였다. 우리는 주님의 재림을 영접하기 위해서라도 현재 하루하루 우리의 책임을 다하는 것이 옳다. 내가 형통하거나 패망하는 것이 시대나 시기에 달린 것으로 오해하고서 행운의 시기를 기다리는 것은 옳지 않다.

2. 증인은 성령의 능력으로 일한다

증인은 이 세상 나라의 권세를 잡음으로써 주어진 일을 하는 것이 아니고 성령의 능력으로 고요한 가운데 역사한다. 그는 도리어 핍박과 멸시를 받는 중에서 성령의 역사로 그 일을 감당할 수 있다.

필자는 네덜란드 암스테르담에서 스미테스(Smietes)라는 목사를 만난 적이 있다. 그의 말에 의하면 그와 그의 부모가 벨기에(Belgium)에서 교회를 개척하기 위하여 힘쓰던 중 반대자들로부터 핍박을 받은 일이 있었다고 한다. 곧 벨기에의 브뤼허(Bruges)라는 도시에서 건물을 하나 구입하여 수리한 뒤에 교회로 처음 모이는 주일에 그의 부친은 설교하고, 그의 모친은 독창하고, 그는 풍금을 쳤다. 교인으로 출석한 사람은 단 한 사람이었는데, 그는 술에 취해 들어와 앉아서 예배를 방해하기만 했다고 한다. 후에 그 술 취한 사람도 그 지역 사람들의 모략으로 들어왔다는 사실을 알게 되었다. 첫 예배 전날 많은 사람이 예배당에 오라는 초청을 받았으나 반대자들의 책동과 방해로 인하여 아무도 예배당에 오지 못하였고, 다만 술 취한 그 사람만이 보냄을 받아 왔던 것이다. 그런데 예배 후에 술 취한 그 사람은 예수를 믿기로 굳게 약속하고 돌아갔다. 과연 그날 이후로 그는 일평생을 신실한 그리스도인으로서 신실하게 신앙생활을 하였다고 한다.

핍박이 있는 곳에 성령님의 역사가 특별히 나타난다는 중대한 사실을 기억하자! 베드로전서 4:14에 말하기를 "너희가 그리스도의 이름으로 치욕을 당하면 복 있는 자로다 영광의 영 곧 하나님의 영이 너희 위에 계심이라"라고 하였다. 복음 증인이 받을 몫은 이 세상에서 권세와 평안을 누리는 것이 아니며 도리어 어떤 경우에는 빼앗기고 핍박을 받기까지 하는 것이다.

9 이 말씀을 마치시고 그들이 보는데 올려져 가시니 구름이 그를 가리어 보이지 않게 하더라. "구름이 그를 가리어"라는 말에 대하여 칼빈(John Calvin)은 "제자들은 그때까지 예수님을 알게 된 그 지식의 분량으로 만족할 것이고, 그 이상의 지식을 얻어내기 위해 질문할 필요가 없다는 의미로 구름이 가린 것이다."라고 해석하였다.

후기 불트만 학파에 속하는 행헨(E. Haenchen)에 의하면 1:9에 묘사된 주님의 승천 기사는 누가(사도행전 저자)가 그의 신학에 따라서 개편한 것이라고 한다. 이 말은 초기 교회가 주님의 재림이 가까운 시일에 발생할 줄로 믿었는데 그들의 기대가 이루어지지 않자 누가가 새로운 재림에 관한 기대로 바꾸어 말했다는 것이다. 다시 말해 주님은 우리 눈에 보이지 않도록 가려졌으니 그의 재림이 가까운 시일 내에 실현된다는 생각은 포기해야 한다는 것이다.

그러나 주님께서 자신의 재림에 관하여 예언적으로 교훈하신 말씀에도 그와 같은 사상이(마 25:14-30) 이미 계시되어 있다.

행헨은 다시 다음과 같이 말한다. "이때에 예수님의 승천 광경을 바라보던 무리가 흥분하는 모습이 이 부분의 기록에 전혀 나타나지 않는 것으로 볼 때 누가는 역사가로서의 저자는 아니다."라고 하였다.[8] 그의 이러한 말은 결국 사도행전이 사도 시대에 저술된 사도의 수종자 누가의 작품임을 부인하면서 그것을 후대의 산물로 간주하는 것이다. 그가 이같이 주장하는 이유는 이 승천 기사에 정서적인 요소가 없기 때문이라고 한다.

그러나 이 같은 그의 주장은 성립되지 않는다. "올라가실 때에 제자들이 자세히 하늘을 쳐다보고"라는 본문은 분명히 제자들이 느낀 흥분과 놀

---

8) E. Haenchen, *Die Apostelgeschichte* (1965), 119.

람의 정서를 표현한 것이 아니고 무엇이겠는가?

10-11 올라가실 때에 제자들이 자세히 하늘을 쳐다보고 있는데 흰 옷 입은 두 사람이 그들 곁에 서서 이르되 갈릴리 사람들아 어찌하여 서서 하늘을 쳐다보느냐 너희 가운데서 하늘로 올려지신 이 예수는 하늘로 가심을 본 그대로 오시리라 하였느니라. 예수님의 승천 기사는 우리의 주목을 끈다. 그의 승천은 시간을 미리 정하여 제자들의 눈앞에서 실시된 사건이니, 어떤 찰나적이거나 순간적인 환상과 같은 것이 아니라 구체적인 사건이라는 점이 밝히 드러난다. 그러므로 제자들의 이 같은 체험은 순식간에 이루어진 것이 아니라 참되고 구체적인 분명한 사건이었다. 여기서 이른바 "쳐다보고 있는데"라는 표현은 상당한 시간 동안 바라보는 것을 의미한다(Grosheide).

"갈릴리 사람들아"라고 부른 것은 특별히 지상에서 예수님과 오랫동안 사귀었던 자들이 거하던 정든 땅을 연상시키는 표현이다. 이것은 주님께서 제자들과 지상에서 가지셨던 사귐의 관계를 하늘에서도 분명하게 기억하시고 언제나 은혜로 도와주실 것이라는 암시를 준다. 이 단락에 담긴 신령한 의미에 대하여는 뒤에 나오는 설교를 참조하라.

"하늘로 가심을 본 그대로 오시리라." 이 말씀에 대하여 어떤 학자는 해석하기를, 예수께서 재림하실 때 승천하시던 광경과 동일한 모습으로 오시리라는 것을 의미한다고 주장한다. 그러나 그보다는 이것이 예수님의 인격이 가지는 불변성을 가리킨다고 보는 것이 옳다. 그는 하늘로 올라가셔서도 계속 우리의 중보자로 우리를 위하여 간구하시다가 (히 13:8), 다시 오실 때에도 중보자로 오실 것이다.

설교▶ 어찌하여 서서 하늘을 쳐다보느냐 (1:9-11)

예수께서 승천하실 때 제자들이 하늘을 쳐다본 것은 자연스러운 일이었다. 그렇지만 그런 자세로만 머물러 있는 것에 대하여 천사는 그들을 경계하였다. "어찌하여 서서 하늘을 쳐다보느냐"라고 한 천사의 말은 다음과 같은 교훈을 내포한다.

1. 예수님의 승천이 제자들에게 소망이 된다

제자들이 하늘을 쳐다보며 서 있었던 것은 그들이 놀라움과 함께 일종 실망의 기미를 내비친 것이었는데 두 천사는 그들에게 그럴 필요가 없다고 말해준다.

1) 하늘로 올라가신 예수님이 변치 않고 하늘에서도 동일하게 역사하신다는 사실이 신자들에게 소망이 된다. 곧 11절 하반절에 있는 "하늘로 올려지신 이 예수"(οὗτος ὁ Ἰησοῦς ὁ ἀναλημφθεὶς...εἰς τὸν οὐρανόν.)라는 표현은 "예수께서 하늘로 올라가셔서 거기 계시더라도 여전히 동일하신 예수님"이시라는 뜻을 포함한다. 인간을 형제처럼 동정하시는 예수님께서 하늘에 계시면서도 변치 않는 동일한 분이시라는 사실은 땅 위의 신자들에게 위로와 소망을 준다. 그는 하늘에 계셔도 여전히 우리를 동정하신다. 히브리서 13:8에 말하기를 "예수 그리스도는 어제나 오늘이나 영원토록 동일하시니라"라고 하였다. 이처럼 그는 우리를 긍휼히 여기시는 대제사장의 사역을 영원히 쉬지 않으신다. 그러므로 우리에게는 영원토록 소망이 있다. 히브리서 저자는 이 소망을 가리켜서 "영혼의 닻"과 같다고 하였다. "우리가 이 소망을 가지고 있는 것은 영혼의 닻 같아서 튼튼하고 견고하여 휘장 안에 들어 가나니 그리로 앞서 가신 예수께서 멜기세덱의 반차를 따라 영원히 대제사장이 되어 우리를 위하여 들어 가셨느니라"(히 6:19-20).

2) 그리스도께서 하늘로 올라가시던 모습 그대로 재림하신다는 사실이 신자들에게 소망이 된다. 그리스도께서 재림하실 때 우리에게 나타내실 인격은 변함이 없이 여전하시다. 그는 재림하셔서도 신자들을 여전히 사랑하시며, 그들에게 요구하실 조건도 땅에 계실 때 알리신 것과 동일하

다. 그는 언약의 하나님이시다. 그는 우리로부터 영원무궁토록 신뢰를 받으시는 것이 마땅하다. 그러므로 주님께서 말씀하시기를 "나를 저버리고 내 말을 받지 아니하는 자를 심판할 이가 있으니 곧 내가 한 그 말이 마지막 날에 그를 심판하리라"(요 12:48)라고 하셨다.

2. 예수님이 승천하신 후로는 제자들이 땅에서 일해야 한다

예수님께서 승천하셨으므로 제자들은 땅에서 감당해야 할 책임을 충성되이 이행할 뿐이다. 그들은 언제까지나 하늘만 쳐다보고 탄식하며 시간을 보낼 이유가 없다. 주님의 승천은 신자들에게 이 세상을 정복할 수 있는 능력을 공급하시기 위한 일이었다. 그러므로 우리는 이제 주님이 맡기신 일을 부지런히 감당해야 한다. 시간 낭비는 게으른 자에게 흔히 있는 일이다. 진정한 종교는 세상을 피하여 평안히 살기를 꾀하기 위한 도피처가 아니며, 하늘만 바라보면서 어떤 환상이나 징조 같은 것을 목격하기 위해 세월을 허비하게 만드는 것도 아니다. 이미 예수님께서 구원을 완성하셨으므로 신자마다 이 기쁜 소식을 만민에게 전해야 한다. 하나님은 감사하는 마음으로 일하는 자에게 능력을 주신다. 마귀는 선한 일을 하는 자의 마음에서는 틈을 찾지 못한다. 마귀는 게으른 자의 마음에 둥지를 튼다.

12 **제자들이 감람원이라 하는 산으로부터 예루살렘에 돌아오니 이 산은 예루살렘에서 가까워 안식일에 가기 알맞은 길이라.** 천국 운동은 "예루살렘"에서 출범하였다. 그리스도께서 죽으신 곳도 예루살렘이고 부활하신 곳도 예루살렘이다. 주님은 그의 제자들이 이곳 예루살렘에서 성령을 받도록 작정하셨다. 그러므로 예수님이 승천하신 뒤에도 제자들은 흩어지지 않고 예루살렘으로 돌아와 그곳에서 모이게 되었다.

"안식일에 가기 알맞은 길"이라는 말은 모세의 율법에 제정된 법규에 따른 거리가 아니라, 다만 랍비들이 만들어낸 전통이었던 듯하다. 히에로니무스(Jerome)는 말하기를 "이러한 법은 아트리바(Atriba)와 시몬 헬리(Simon Heli)라는 두 사람의 랍비에게서 유래한 것이다."라고 하였다(Calvin).

13 **들어가 그들이 유하는 다락방으로 올라가니.** 테오도르 찬(Theodor Zahn)에 의하면 이 "다락"은 요한 마가의 다락을 가리킨다고 하나(행 12:12) 확실한 것은 아니다. 이 다락방이 그들의 유일한 집회 장소는 아니었으며, 아마 성전도 회집을 위한 장소로 사용된 듯하다. 120명이나 되는 많은 사람이 모두 다락방에서 기거할 수 있었을까? 여기에 언급된 "다락"은 그들이 기거했던 장소들 중에서 중요한 곳만을 가리키는 듯하다. 교회 역사상 복음의 위대한 운동들은 언제나 주님의 말씀을 중심으로 모인 곳에서 일어나곤 하였다.

14 **여자들과 예수의 어머니 마리아와 예수의 아우들과 더불어 마음을 같이하여 오로지 기도에 힘쓰더라.** 이때 예수님의 말씀에 순종하여 모인 그들은(눅 24:49; 행 1:4) 성령 강림을 기다리며 기도에 전력하였다. 이 기도회는 두 가지 특징을 보인다.

1) 모인 성도들은 "마음을 같이하여" 기도하였다. 하나님의 은혜는 성도들이 합심하는 곳에 더욱 풍성히 임하는 법이다. 마음에 불평이 있어서 서로 다투는 곳에서는 진정한 기도의 분위기를 이루지 못한다. 야고보서 4:2-3에 말하기를 "너희는 욕심을 내어도 얻지 못하여 살인하며 시기하여도 능히 취하지 못하므로 다투고 싸우는도다 너희가 얻지 못함은 구하지 아니하기 때문이요 구하여도 받지 못함은 정욕으로 쓰려고 잘못 구하기 때문이라"라고 하였다.

2) "오로지" 기도에 힘썼다. 이것은 "끝까지 참으며" 힘을 쏟았다는 의미다. 우리의 기도 생활에는 방해가 많다. 우리가 어떤 때는 업무를 감당하기에 바빠서 기도하지 못하고, 어떤 때는 게을러서 기도하지 못한다. 이런 방해들을 이기기 위해서는 힘을 쏟아야 한다.

15 모인 무리의 수가 약 백이십 명이나 되더라 그 때에 베드로가 그 형제들 가운데 일어서서 이르되. "백이십 명"이라는 말의 헬라어 원문(ὡσεὶ ἑκατὸν εἴκοσι)은 "얼추 120"이라는 의미다.

"베드로가 그 형제들 가운데 일어서서 이르되." 베드로가 선두에 나서는 것은 이상한 일이 아니다. 그가 회개한 후에 교회의 수장이 될 것이라는 점에 대하여는 주님께서 일찍이 예언하신 바다(눅 22:32). 그런데 로마 가톨릭교회에서는 베드로를 지나치게 높여서 그에게 기도를 올리기까지 한다. 그러나 이 본문에서 나타나는 것처럼 그는 로마 가톨릭교회에서 주장하는 것과 같은 그런 독특한 지위를 누리는 것이 아니다. 그는 다른 신도들을 가리켜 "형제들아"라고 하였고(행 1:16; 벧후 3:15하), 맛디아를 사도의 반열에 세울 때도 독단적으로 임명한 것이 아니라 회중들이 선출하도록 하였으며(행 1:15-23), 주님의 뜻을 알기 위해 제비를 뽑았다(24-26절).

게다가 베드로의 권위에 대한 예수님의 말씀도 로마 가톨릭교회가 생각하는 그런 것이 아니다. 이 문제와 관련하여 마태복음 16:16-18 말씀을 신중하게 살펴보기로 하자. 베드로는 빌립보 가이사랴에서 예수님의 질문에 대답하기를 "주는 그리스도시요 살아 계신 하나님의 아들이시니이다"(16절)라고 하였다. 베드로의 이 같은 고백을 들으신 예수님께서 그에게 말씀하시기를 "너는 베드로라 내가 이 반석 위에 내 교회를 세우리니 음부의 권세가 이기지 못하리라 내가 천국 열쇠를 네게 주리니"라고 하셨다.

1) 여기서 "반석"이라는 단어를 기억하자. 헬라어에서 이 말(πέτρα)은 여성명사이고, "베드로"라는 단어(Πέτρος)는 "반석"이라는 의미를 지닌 남성명사다. 그러므로 여성명사로 된 "반석"(πέτρα)은 시몬 베드로를 가리킨 것이 아니고, 그의 신앙고백을 통해 드러난 하나님의 말씀, 곧 사도적 고백("주는 그리스도시요 살아 계신 하나님의 아들이시니이다")을 가리킨다(참조. 엡 2:20; 계 21:14). 마태복음의 다른 구절에서도(마 7:4) 하나님의 말씀을 "반석"이라고 표현하였다.

베드로는 실제에 있어서 그의 자연적 인격으로는 교회의 반석이 아니었다. 그는 예수님의 말씀을 받은 뒤에도 실수한 경험들이 있으며(마 16:22-23; 26:69-75), 또한 그가 외식함으로 말미암아 바울에게 책망을 받은 일도 있었다(갈 2:11-14).

2) 또한 "내가 천국 열쇠를 네게 주리니"라는 구절도 기억하자. 이 말씀은 베드로에게만 그런 독특한 권세를 주시겠다는 의미가 아니다. "천국 열쇠"라고 하신 것은 사도의 권위를 가지고 하나님의 말씀을 전파할 특권을 가리키는데, 사도들은 모두 다 이 특권을 받았으며 그들은 부여받은 권위를 올바로 사용하였다. 여기서 베드로는 그들 중 한 사람으로 호명된 것뿐이다. 서기관과 바리새인들도 어떤 의미에서는 그런 특권을 가졌다(마 23:13). 다만 그들은 그 권세를 잘못 사용했을 뿐이다.

16 형제들아 성령이 다윗의 입을 통하여 예수 잡는 자들의 길잡이가 된 유다를 가리켜 미리 말씀하신 성경이 응하였으니 마땅하도다. "성령이 다윗의 입을 통하여"라는 문구는 완전영감설, 혹은 축자영감설을 시사한다. "성령"께서 작용인(causa efficiens; 배후에서 역사하시는 이)으로서 "다윗의 입"을 도구로 사용하셔서 영감의 사역을 이루신 것이다.

베드로는 이 같은 성경의 예언이 가룟 유다로 말미암아 성취되었다는 사실에서 두 가지 점을 지적한다. ① 유다는 귀한 직분을 받았던 사람이라는 것과(17절), ② 그는 시편 109:8에 예언된 대로 이 직분을 빼앗겼다는 사실이다.

"성경이 응하였으니 마땅하도다." 여기서 "마땅하다"(ἔδει)라는 말은 반드시 이루어질 일, 곧 필연성에 속한 일들을 가리킨다. 곧 성경은 신적 필연성에 의하여 성취되고야 만다는 뜻이다. 그 어떤 수단으로도 성경의 예언이 성취되는 일을 막을 수 없다. 천지는 없어지더라도 성경 말씀은 폐하지 못한다(마 5:18; 요 10:35).

17 이 사람은 본래 우리 수 가운데 참여하여 이 직무의 한 부분을 맡았던 자라. 이것은

유다의 배신행위를 지적한다. 유다는 예수님의 사도직에 세움받은 자였으나 끝내 배신하고 말았다. 하나님은 사람이 없어서 일을 못하시는 분이 아니다. 그는 제사장 엘리의 집이 부패했을 때 사무엘을 세우셨고, 사울 왕이 부패했을 때 다윗을 세우셨다. 그는 돌들로도 아브라함의 자손을 만드실 수 있는 능력의 주님이시다(마 3:9).

18-19 (이 사람이 불의의 삯으로 밭을 사고 후에 몸이 곤두박질하여 배가 터져 창자가 다 흘러 나온지라 이 일이 예루살렘에 사는 모든 사람에게 알리어져 그들의 말로는 그 밭을 아겔다마라 하니 이는 피밭이라는 뜻이라). 예수님이 십자가에 못 박혀 죽으신 것은 역사적 사실이기 때문에 그 사건은 그 당시 예루살렘 사람들에게 두루 알려졌다. 즉 예수님을 잡아 죽이려는 자들에게 협조한 유다와 관계된 그 밭을 그 당시에 통용되던 아람어 방언으로 "아겔다마"(חקל דמא)라고 이름을 지어 부르기까지 하였으니, 예수님께서 피를 흘리신 사실은 너무도 명백한 역사적 사건이다. "아겔다마"는 '피의 밭'이라는 뜻이다(참조. 마 27:3-10).

20 시편에 기록하였으되 그의 거처를 황폐하게 하시며 거기 거하는 자가 없게 하소서 하였고 또 일렀으되 그의 직분을 타인이 취하게 하소서 하였도다. 이것은 시편 69:25; 109:8에서 인용한 것이니, 다윗이 그의 원수들에 대하여 말한 것이다. 다윗은 여러모로 그리스도를 예표하는 인물이었다. 여기서는 다윗의 원수가 예수님의 원수인 유다의 예표로 해석되었다. "기록하였으되"(γέγραπται)라는 표현은 흔히 신약성경에서 구약을 인용할 때 머리말처럼 사용되었다. 이것은 현재완료 형태로서 한번 기록된 후에는 지속적으로 존재한다는 의미를 갖는다. 따라서 이 말은 언제나 변치 않는 진리로 남아 있는 성경을 가리킨다.

21-22 이러하므로 요한의 세례로부터 우리 가운데서 올려져 가신 날까지 주 예수께서 우리 가운데 출입하실 때에 항상 우리와 함께 다니던 사람 중에 하나를 세워 우리와 더불어 예수께서 부활하심을 증언할 사람이 되게 하여야 하리라 하거늘. 이것은 예수님의 행적 전체에 걸치는 기간을 의미한다. 이처럼 베드로는 복음 전도가 역사적

사실에 기초하고 있어야 한다는 점을 여기서도 암시한다. 그는 이전에 유다가 받았던 직분을 감당할 일꾼을 보충하기 위해 새로운 사도를 택하려 함에 있어 먼저 후보자를 천거하도록 하였다.

베드로는 후보자의 자격을 분명히 제시하기를 "항상 우리와 함께 다니던 사람"이라고 못박았는데 이는 예수님의 생활을 처음부터 끝까지 직접 목격한 사람을 의미한다(참조. 10:40-41). 교회의 기초가 되는 사도의 직분은 이처럼 예수님의 행적이 갖는 역사성에 생명을 걸고 거기에 근거하여 수행되어야 한다는 것이다. 왜냐하면 기독교는 어떤 이상들을 전하는 종교가 아니라, 예수님의 속죄 사역, 혹은 그의 속죄사건을 선포하여 그것을 듣는 자들이 그 은혜를 값없이 받아 믿기만 하면 구원을 얻게 하는 확실한 역사적 종교이기 때문이다(참조. 요일 1:1-4).

23 그들이 두 사람을 내세우니 하나는 바사바라고도 하고 별명은 유스도라고 하는 요셉이요 하나는 맛디아라. 요셉과 맛디아는 열두 사도 가운데 한 자리를 보결하기 위해 배수로 천거된 후보들이다. 열둘은 예수님께서 본래 정하신 수효로서 택한 백성의 기본수였다. 우리는 여기서 일찍이 사도 시대에 실시된 교회 정치에서 교직자 선거의 원칙이 어떠했는지를 볼 수 있다. 그것은 독재적이지 않았다. 사도의 권위를 가진 베드로의 지도하에서도 이처럼 회중의 천거를 통하여 일을 진행했다.

24-26 그들이 기도하여 이르되 뭇 사람의 마음을 아시는 주여 이 두 사람 중에 누가 주님께 택하신 바 되어 봉사와 및 사도의 직무를 대신할 자인지를 보이시옵소서 유다는 이 직무를 버리고 제 곳으로 갔나이다 하고 제비 뽑아 맛디아를 얻으니 그가 열한 사도의 수에 들어가니라. 그들이 마지막 결정을 하기 전에 기도했다는 사실도 교회 정치에서의 신본주의 정신을 보여준다. 교회의 직원 선거가 회중의 천거를 필요로 하지만, 그렇다고 해서 그것이 순전히 회중의 인간적 의사에 맡겨지는 것은 아니다. 회중은 이 일에 있어서 사적인 의견을 버리고 순전히 하나님의 뜻을 알고자 하며, 하나님의 간섭을 구해야 한다.

"제 곳으로 갔나이다"라는 말은 유다가 지옥으로 간 사실을 가리킨다. 크로샤이데(F. W. Grosheide)는 이 말의 뜻을 달리 해석하여 유다가 반역자의 자리로 돌아갔다는 뜻이라고 한다. 그러나 여기서 "곳"($τόπος$)이라는 용어는 지위(혹은 직무)로 해석하기보다는 "처소"로 해석하는 것이 자연스럽다.

"제비 뽑는" 것은 구약 시대에도 하나님의 뜻을 구하는 방법 가운데 하나였다(레 16:8; 잠16:33). 하지만 오순절 성령 강림 이후 이 풍속은 사라졌다. 그 이유는 하나님의 말씀이 더욱 밝히 계시되었기 때문이다.

제 2 장

↓ 개요

1. 오순절 성령 강림의 단회성 문제

사도행전의 주요한 주제 가운데 하나는 예수 그리스도께서 성취하신 속죄 사업에 대한 성령의 증거다. 성령은 예수님께서 부활 승천하신 후에 이미 약속하셨던 대로 보내신 보혜사이시다. 그는 인자, 곧 예수 그리스도를 위하여 역사하셨고, 또 역사하시는 하나님이시다. 사도행전은 예수님의 사도들이 성령을 받은 사건을 기점으로 출발한다. 오순절에 성령이 임하신 것은 영구한 교회를 위해 하나님께서 약속 성취의 문을 여신 것이라고 할 수 있다. 이런 의미에서 오순절 사건은 단회적인 사건이다. 다시 말하면 약속 성취의 문이 열린 것은 영원성을 띤 사건이며 교회는 이후로 영원히 존속하게 되었고 택하신 백성은 세세토록 성령의 은혜를 받게 되었다.

이와 동시에 우리가 기억해야 할 점이 있다. 그것은 성령의 역사가 갖는 놀라운 성격이 사도 시대 당시의 오순절 사건에만 국한된 것이라고 할 수 없다는 것이다. 성령은 옛날이나 지금이나 동일한 성령이시니 지금도 초자연적으로 역사하신다. 이 점에 있어서는 오순절 성령 강림이 단회성을 지닌다고 할 수 없다. 다만 그때 사도들이 받은 성령의 은사가 부여하는 권위가 후대인에게 계승되지 않는 것뿐이다. 예루살렘 밖에서 이루어진 일, 곧 가이사랴(10:44-45), 사마리아(8:5-8, 14-17), 에베소(19:6)에서 일어난 사건들 역시 오순절에 임하신 성령의 역사가 지속된 것이었고, 독립적으로 존재한 것이 아니었다.

2. 오순절 성령 강림의 특징

1) 오순절 성령은 한곳에 모인 무리에게 임하셨다. 히브리서 10:25에 말하기를 "모이기를 폐하는 어떤 사람들의 습관과 같이 하지 말고 오직 권하여 그 날이 가까움을 볼수록 더욱 그리하자"라고 하였다. 주님께서는 우리의 모임을 기뻐하신다.

2) 성령은 홀연히 하늘로부터 강림하셨다. 주님의 약속은 사람들이 기대하지 못한 방법으로 이루어지는 일이 많다. 그는 승천하시기 전에 성령을 보내주시기로 약속하셨지만 성령께서 어느 날 어떤 방식으로 임하실 것인지는 말씀하시지 않았다. 그가 우리에게 어떤 측면들을 알리시지 않는 이유는 우리로 하여금 그에 대한 신뢰심과 경이감을 가지게 하시려는 것이다.

3) 성령은 바람같이 강림하셨다. 성령을 "바람"에 비유하는 것은 예수님께서 사용하셨던 성경적 표현이다. 요한복음 3:8에서 예수님은 성령의 역사를 바람 소리에 비유하셨는데 이제 드디어 제자들이 성령 강림의 소리를 듣게 된 것이다. 이 현상은 완전히 객관적 현상으로 임한 이적이다. 우리는 이때 나타난 현상을 사람의 주관적 심리 현상으로 볼 것이 아니고 객관적 사실로 받아들여야 한다.

4) 성령은 불의 혀가 갈라지는 것처럼 임하셨다. 혀는 말하는 도구인데 성령이 "불의 혀같이" 나타나신 것은 사도들이 이제부터 만민에게 복음을 전하는 때에 성령이 전도의 말씀으로써 역사하셔서 한 몸 된 교회를 이루실 것을 상징한다. 옛날에 바벨탑을 쌓던 사람들은 하나님을 대적하면서

하나가 되려고 하다가 하나님께서 그들의 언어를 혼란케 하심으로 온 지면에 흩어졌다(창 11:1-9). 그러나 오순절 성령 강림은, 한 성령으로 말미암아 이루어질 복음 전도를 통하여 궁극적으로 만민이 하나가 되는 운동을 일으키는 사건이다.

5) 성령은 각 사람이 다른 방언으로 말하게 하는 능력으로 임하셨다. 이것은 이적적인 방식으로 다른 나라의 말을 하게 되는 것을 의미하기 때문에 고린도전서 14:2의 영적 방언과는 다르다. 이 방언의 목적은 예수 그리스도로 말미암아 이루어진 하나님의 큰일(행 2:11하), 곧 그리스도의 구속의 도리를 모든 민족에게 전하기 위한 것이다. 이 방언은 개인의 만족을 채우기 위한 것이 아니고 그리스도를 전파하기 위한 것이다.

3. 베드로의 설교

그때에 사람들은 제자들이 방언하는 모습을 보고 "새 술에 취하였다"라고 조롱하였다. 베드로는 이런 오해를 깨뜨리기 위해 일어나서 설교하였는데 그 요지는 다음과 같다.

1) 베드로는 성령의 강림이 요엘 선지자의 예언대로 이루어진 것이라고 증거하였다(17-21절). 요엘이 예언한 말씀의 요지는 첫째, 하나님께서 성령을 보편적으로 풍부히(물 붓듯이) 부어 주신다는 것이다. 그와 같이 되는 때에는 선지자를 따로 필요로 하지 않을 것이며 신자마다 모두 다 예수 그리스도 안에서 선지자와 같은 신령한 지혜를 가진다는 것이다(참조. 사 66:18-21; 렘 31:34). 둘째, 피와 불과 연기의 징조가 있으리라고 한 것이다. 이것은 여러 가지 환난을 가리킨다. 신약 시대 말기에는 특수한 환난의 사건들이 예견되어 있었다.

2) 베드로는 그리스도를 증거하였다(행 2:22-36). 곧 그리스도의 지상에서의 행적(22절), 그의 죽으심(23절), 그의 부활하심(24-32절), 그리고 그리스도께서 승천하셔서 만유의 주가 되시고 성령을 보내주실 것을 증거하였

다(33-36절).

3) 베드로는 결론적으로 회개하고 죄 사함을 받으라고 권면하였다(37-40절). 이 점에 있어서 베드로는 회개와 죄 사함의 보편성을 강조하여 말하기를 "이 약속은 너희와 너희 자녀와 모든 먼 데 사람 곧 주 우리 하나님이 얼마든지 부르시는 자들에게 하신 것이라"(39절)라고 하였다.

↓ 내용분해

1. 오순절에 성령께서 강림하심(1-4절).
2. 제자들이 각국 방언으로 전도함(5-13절).
3. 베드로의 설교와 그 결과(14-41절).
4. 초기 교회의 유무상통한 생활(42-47절).

↓ 해석

1 오순절 날이 이미 이르매 그들이 다같이 한 곳에 모였더니. 헬라어 원문에는 이 구절 첫머리에 "또한"(καί)이라는 접속사가 있는데 이는 2장 말씀이 1장의 연속임을 보여준다. 그러므로 오순절 성령 강림은 하나의 독립된 사건이 아니고 그리스도의 승천 사건과 관련되어 있다. 이 두 사건은 사도들의 복음 운동을 성립시킨 두 기둥이다(Grosheide).

"오순절"은 유월절 이후 50일째 되는 날에 지키는 절기였는데, 그 날짜 계산은 유월절이 지나고 첫 번째 맞는 안식일 다음 날부터 계수하였다. 이 날(안식일 이튿날)에 처음 익은 곡식 단을 하나님 앞에 흔들어서 "요제"를 드리고 그 후 50일째 되는 날이 바로 오순절의 시작이었다(레 23:15-21). 이

날에 떡 두 개를 바치는 "새 소제"가 거행되었다. 이와 같은 구약의 규례를 생각해볼 때 성령께서 오순절에 강림하신 것은 의미심장하다.

"유월절"은 예수님의 십자가 위의 고난을 예언하고(고전 5:7), 그 후에 바친 "요제"는 예수님의 부활을 상징한다(고전 15:20). 그리고 오순절에 바쳤던 "새 소제", 곧 떡 두 개는 오순절에 임하신 성령으로 말미암아 설립된 신약 시대의 교회를 상징한다. 그 "떡 두 개"는 두 증인과 같은 교회를 예표한다.

2 홀연히 하늘로부터 급하고 강한 바람 같은 소리가 있어 그들이 앉은 온 집에 가득하며. "홀연히"(ἄφνω)라는 부사는 다음과 같은 사실을 상기시킨다. 곧 제자들이 성령 강림의 약속을 믿고 기도하면서 기다리고 있었지만 그들은 그날과 그때를 몰랐으며, 또 성령께서 임하시는 방법도 예측할 수 없었다는 것이다. 그러므로 이때의 성령 강림은 그들에게 있어서 돌발적인 사태였다. 이처럼 홀연히 이루어진 사건은 객관적인 것임이 틀림없다.

이때 그들이 기도하던 그 "집"은 성전을 의미하는 것으로 보이며 민가는 아닌 듯하다. 그 이유는 그 당시 신자들이 오순절을 지키기 위하여 성전에 모였을 것으로 생각되고, 또한 그들이 습관적으로 성전에 모이는 규례도 있었기 때문이다(눅 24:53).

성령께서 "바람 같은 소리"로 임하신 것은 일찍이 예수님께서 약속하신 대로 그의 능력으로 거듭나게 하시는 역사를 비유한다(요 3:3, 8; 참조. 겔 37:1-10). 이것은 다음 구절에 나오는 "불의 혀처럼 갈라지는 것"과 구별된다. 불은 전파하며 정복하는 성령의 역사를 상징한다. 이때에 이 두 가지 현상(바람 같은 소리와 불의 혀처럼 갈라지는 것)이 동시에 나타난 것은 사람이 거듭남과 동시에 복음을 전파해야 한다는 사실을 보여준다.

3 마치 불의 혀처럼 갈라지는 것들이 그들에게 보여 각 사람 위에 하나씩 임하여 있더니. 이 구절(καὶ ὤφθησαν αὐτοῖς διαμεριζόμεναι γλῶσσαι ὡσεὶ πυρὸς καὶ ἐκάθισεν ἐφ᾽ ἕνα ἕκαστον αὐτῶν)은 다음과 같이 번역할 수 있다. "불과 같이 갈라진 혀

들이 그들에게 보이며 그들 각 사람 위에 머물렀다." 이 말씀은 그때 각 사람에게 불과 같은 혀가 하나씩 분배되어 나타난 광경을 보여준다. 이때 나타난 "불의 혀"는 성화된 혀와 정복하는 능력을 가진 혀를 비유한다. 구약에도 선지자 이사야의 혀가 숯불로 깨끗해졌다는 비유의 말씀이 있다(사 6:1-8). 이처럼 하나님의 말씀을 전파할 사역자에게는 먼저 혀의 성화가 필요하였다. 이것은 하나님의 말씀을 대언할 만한 혀이며, 모든 민족을 복음으로 정복하는(눅 12:49) 혀다.

그리스도 신자들(교회)은 중생("바람"으로 비유된 성령의 역사)과 동시에 모든 민족에게 복음을 전파할 책임을 가지게 된 것이다. 중생과 증거 운동(선교 운동)은 동시적 사태로 함께 일어나야 한다. 중생한 자가 복음을 증거하지 않으면 그 자신이 영적 손해를 보게 된다. 본문에 "바람"으로 비유된 중생의 역사와 "불"로 비유된 선교 운동이 병행으로 기록된 것은 의미심장하다.

행헨은 오순절 성령 강림 사건도 사도행전의 저자 누가가 신학적으로 (사실과 역사에 구애되지 않고 사색적으로) 기록한 것이라고 주장한다.[9] 그의 설명에 따르면 누가는 이 사건을 기록할 때 구약에 있는 시내산 율법 선포 사건의 전설(이 표현은 후에 사람들이 첨부해 말한 것을 의미한다)과 연관 지었다고 한다. 그 전설은 시내산에서 모세가 율법을 선포할 때 그의 혀가 불의 혀처럼 되었다는 것이었다.[10] 행헨이 염두에 둔 것은 다음과 같은데, 누가는 성령이 각 개인에게 임하신 사건을 역사적으로 기록하기보다는 신학적으로 논술하기 위하여 시내산 율법 선포와 연결시켰다는 것이다. 그는 말하기를 오순절 성령 강림은 율법을 마음에 새기는 신약적인 율법 선포라고 하였다.

---

9) Ibid., 134.
10) Ibid., 138.

그러나 우리는 역사가로서의 누가의 동기를 무시한 행헨의 해석을 받아들일 수 없다. 사도행전 2:2에 나오는 "있어"라는 말의 헬라어(καὶ ἐγένετο)는 역사적 문체의 기록에서 흔히 등장하는 용어다. 그리고 9-11절에 지방들의 이름이 길게 또는 자세히 기록된 것은 신학적이라기보다 역사적인 것임이 분명하다.

사도행전 2:1-13의 문체와 요한복음 1:1-18의 문체를 비교해 보면 역사적 기록과 신학적 기록 사이의 차이점을 쉽게 감지할 수 있다. 사도행전의 기록은 사건 중심인 데 반해 요한복음의 기록은 진리 중심이다.

4 그들이 다 성령의 충만함을 받고 성령이 말하게 하심을 따라 다른 언어들로 말하기를 시작하니라. 제자들이 성령의 권능으로 다른 나라 방언을 말하게 된 것은 인류가 복음에 의하여 장차 진정으로 연합할 수 있게 될 것을 암시한다. 그것은 고대에 인류가 바벨탑을 쌓다가 언어가 혼잡하게 되어 서로 의사소통이 불가능하게 되어 모두 흩어졌던 것(창 11:1-9)과 정반대의 의미를 가진다.

신약 시대 오순절에 일어난 일은 물론 이적으로 이루어진 역사적 사건이다. 그러나 그것은 단순히 하나의 경이로운 사건에 그치는 것이 아니라 비유적인 의미도 지니고 있다. 즉 ① 그리스도 신자들이 어떤 나라 사람에게든지 복음을 전할 때 성령의 역사로 말미암아 듣는 자들의 심령을 깨뜨리고 복음이 그들의 마음에 침투해 들어가게 될 것을 비유한다. 다시 말해 그것은 신자들이 장차 열방의 만민에게 복음을 전파하게 될 전조로 나타난 것이다. 더욱이 ② 그때에 신자들이 방언을 말한 것은 신약 시대 성령의 강림이 참으로 놀라운 방식으로 나타난 것을 찬양하는 의미를 지닌다. 바빙크(Herman Bavinck)에 의하면 천지가 창조될 때 천사들이 찬송하였고(욥 38:7), 그리스도가 탄생하실 때 천군 천사들이 찬송하였다(눅 2:13-14). 그리고 오순절 성령 강림 역시 큰일이기 때문에(행 2:11) 이를 찬미할 목적으로 기적적인 방언이 터져 나왔다는 것이다.[11] 그는 말하기를 "성령께서 강림하신 오순절은 교회의 생일(geboortetag der gemeente)"이라고 하였다. 필자의 『성경신학』 제3부 6장을 참조하라.

설교▶ 불의 혀처럼 나타나는 성령의 역사(2:1-4)

예레미야는 하나님의 말씀을 받고 그것을 전하지 않는 때에 그 말씀으로 인하여 "중심이 불붙는 것" 같았다고 하였으며(렘 20:9), 또한 하나님의 말씀으로 인해 "취한 사람" 같다고 하였다(렘 23:9). 예수님의 두 제자는 엠마오로 가던 길에 부활하신 주님이 그들과 동행하시면서 성경을 풀어 가르쳐 주실 때에(주님이신 줄 몰랐으나) 그들의 "마음"이 뜨거웠다고 한다(눅 24:32).

왜 하나님의 말씀은 불과 같은가? 예수님께서 말씀하시기를 "내가 불을 땅에 던지러 왔노니 이 불이 이미 붙었으면 내가 무엇을 원하리요 나는 받을 세례가 있으니 그것이 이루어지기까지 나의 답답함이 어떠하겠느냐 내가 세상에 화평을 주려고 온 줄로 아느냐 내가 너희에게 이르노니 아니라 도리어 분쟁하게 하려 함이로라 이 후부터 한 집에 다섯 사람이 있어 분쟁하되 셋이 둘과, 둘이 셋과 하리니 아버지가 아들과, 아들이 아버지와, 어머니가 딸과, 딸이 어머니와, 시어머니가 며느리와, 며느리가 시어머니와 분쟁하리라"(눅 12:49-53)라고 하셨다. 이 말씀은 불이 무엇을 의미하는지 알려준다. 이것은 예수님께서 성령으로 말미암아 주신 복음이 불같이 뜨겁게 옳으며 불같이 뜨겁게 참되기 때문에 이 복음이 화급히 온 세상을 점령해야 마땅하다는 말씀이다. 즉 이 복음 때문에 온 인류의 각 분야에 화급한 전투가 일어나야 마땅하다는 뜻이다. 주님의 복음은 참되고 의롭고

---

11) Hermann Bavinck, *Gereformeerde Dogmatiek III* (Kampen, 1910), 10.

좋다. 그리하여 그 진리의 신, 곧 성령께서 이 세상을 보실 때에 불이 일어날 수밖에 없다. 그가 인간의 양심에 진리를 주실 때에는 꾸짖음의 성격을 지닌 확신 가운데 행하게 하신다. 사람이 어떤 평범한 의로움만을 가지고 있는 처지에서 평범한 불의를 목격할 때는 불과 같은 투쟁심이 일어나지 않는다. 그러나 그가 진정한 의로움을 지니고 있는 상황에서 지극히 악독하게 불의를 행하는 자를 대할 때는 그의 가슴에 불이 일어나듯이 투쟁할 마음이 끓어오른다.

예수 그리스도의 복음은 지극한 진리요, 지극한 사랑이요, 지극한 의로움이다. 그러므로 그 복음이 세상에 임할 때에 꾸짖음을 동반할 수밖에 없다. 그러므로 요한복음 16:7-11에서 예수님은 "내가 그를(성령을) 너희에게로 보내리니 그가 와서 죄에 대하여, 의에 대하여, 심판에 대하여 세상을 책망하시리라 죄에 대하여라 함은 그들이 나를 믿지 아니함이요 의에 대하여라 함은 내가 아버지께로 가니 너희가 다시 나를 보지 못함이요 심판에 대하여라 함은 이 세상 임금이 심판을 받았음이라"라고 하셨다. 이 말씀을 보면 예수 그리스도를 믿는 일이 너무나 옳다는 것, 예수님의 승천으로 말미암아 믿는 자들이 의롭게 된다는 것이 너무나 옳다는 것, 그리고 세상 임금 곧 마귀가 예수님으로 말미암아 이제는 패배를 당했다는 것이 너무 참되다는 것이 밝히 드러난다.

이 같은 사실들이 너무도 참되기 때문에 이것을 믿는 자들은 세상을 대할 때에 그것을 꾸짖을 정도로 확신을 지닌다. 그들의 확신으로 인해 그들은 자신들이 믿는 진리로 세상을 당장 점령해야 한다고 느낄 수밖에 없다. 그들은 사랑으로 말미암아 서로 사랑할 수밖에 없다. 그러나 이 진리 때문에 가족 간에도 영적 투쟁을 하지 않으면 안 되는 경우가 있다. 그들은 땅 끝에 이르기까지 이처럼 시급한 영적 전쟁을 계속한다. 그들은 예수님의 복음이 가진 진리와 진실을 소유한 자로서 이 세상의 모든 거짓됨을 절실히 느끼기 때문에 "이 불이 이미 붙었으면!" 하는 열망을 가진다. 복음에 대한 확신을 가지고 싸우는 전쟁은 영적 전쟁이므로 혈기로 말미암은 싸움은 하지 않지만, 이 영적 전쟁의 전사들은 온 세상을 다 점령하고자 하는 열정으로 행동한다.

데이비드 브레이너드(David Brainerd)는 복음의 불을 받은 후 아메리카 인디언에게 선교하였다. 그는 너무도 힘을 다하여 전도하다가 폐병에 걸려 그의 스승 조나단 에드워즈(Jonathan Edwards)의 집에서 투병하다가 29세의 젊은 나이에 세상을 떠났다. 브레이너드가 던진 불은 미국을 온통 불붙인 요나단 에드워즈, 인도 선교사 윌리엄 캐리, 그리고 기타 위대한 선교사들에게로 번져갔다. 그리스도 신자들이여, 복음의 불이 되시라!

5-6 그 때에 경건한 유대인들이 천하 각국으로부터 와서 예루살렘에 머물러 있더니 이 소리가 나매 큰 무리가 모여 각각 자기의 방언으로 제자들이 말하는 것을 듣고 소동하여. "경건한 유대인"은 각국에 흩어져 살던 유대인들이다. 그들이 그때 "예루살렘"에 거주한 목적은 오순절만 지키려는 것이 아니고 거룩한 도시에 머물면서 경건한 생활을 하려 함이었다(Schlatter). 하나님께서는 은혜를 사모하는 자들을 사랑하셔서 그들로 하여금 제자들의 전도를 듣게 하시고 깨닫도록 하신 것이다.

"이 소리"는 2절에서 언급한 "바람 같은 소리"를 말한다. "각각 자기의 방언으로 제자들이 말하는 것을 듣고." 이것은 여러 나라에서 돌아온 자들이 각자 자기가 속해 있는 나라의 언어로 제자들의 전도를 듣게 되었다는 뜻이다.

7 이 말하는 사람들이 다 갈릴리 사람이 아니냐. 이것은 주로 사도들을 염두에 둔 말인 듯하다. 그러나 거기 모인 120명을 염두에 둔 말이라고 해도 틀리지 않는다. 그들 대부분이 "갈릴리"로부터 예수님을 따라서 예루살렘으로 온 자들이라면 이처럼 말할 수도 있다.

8 우리가 우리 각 사람이 난 곳 방언으로 듣게 되는 것이 어찌 됨이냐. 이 말씀에 대

한 해석은 두 가지다. 하나는 제자들이 동일한 방언으로 말했으나 청중에게는 그들이 살던 각국 방언으로 들렸다는 해석이고, 다른 하나는 그때 제자들이 그곳에 모인 청중들이 속한 서로 다른 방언으로 말했다는 해석이다. 어느 해석을 취하든지 그것이 기적적인 역사였다는 사실에는 변함이 없다. 이 두 가지 중 첫째 해석이 옳다고 생각된다. 여기 "우리가"(ἡμεῖς)라는 표현은 문법상으로 강조의 역할을 하는데, 그들이 각기 자신들이 속한 지역의 언어로 듣고 있었음을 강조한다.

9-11 이 구절들은 거기 모였던 모든 유대인들을 국가별, 혹은 지방별로 분류하여 말한다. 이 분류에 의하면 그 당시 15개국(혹은 15개 지방)에서 살던 이방인들과 유대인들이 예루살렘에 모여서 복음을 들었다. 그 지방들은 그때까지 알려진 세계, 곧 세 대륙(아시아, 유럽, 아프리카)을 대표한다. 이같은 일은 하나님의 특별 섭리의 결과였다. 복음이 전 세계적으로 전파되는 출발점이 된 오순절 성령 강림의 때, 곧 천재일우의 기회에 이처럼 여러 나라에서 많은 사람들이 예루살렘으로 모여 와서 거기 머물렀던 것이다.

12-13 다 놀라며 당황하여 서로 이르되 이 어찌 된 일이냐 하며 또 어떤 이들은 조롱하여 이르되 그들이 새 술에 취하였다 하더라. 여기서도 하나님이 하시는 일에 대한 반응이 두 가지로 대비되어 나타났다. 각 나라 방언으로 말하는 제자들의 전도에 대하여 일부 인사들은 그저 놀라며 이상히 여겼는데 다른 사람들은 그것을 조롱하였다. "새 술"(γλεύκους)은 포도에서 자연적으로 흘러나온 과즙이 발효된 것을 가리키는데, 그 과즙에는 취하게 하는 성분이 포함되어 있다고 한다(Hesychius).

14-42절. 여기 실린 베드로의 설교에 나타난 신학을 분석하면 몇 가지 중요한 사상이 드러난다.

1) 종말관적 사상(17-21절). 베드로는 신약 계시 운동(혹은 구원 운동)을 선지자 요엘의 예언 성취로 보았다. 그러므로 그는 신약 시대를 종말의 시대로 본 것이 분명하다(참조. 히 1:2). 메시아가 도래하신 것은 곧바로 천국

이 이 땅에 가시적으로 임했음을 의미하며, 그것은 동시에 장차 일어날 그의 재림과 천국의 완성을 의미한다는 것이다(벧후 3:8-13).

2) 그리스도 중심 사상(22-36절). 베드로는 오순절 성령 강림도 그리스도에 대한 증거라고 말한다. 이 사건은 예수님께서 일찍이 말씀하신 대로 이루어진 구원 운동의 성격을 지닌다는 것이다(요 14:26; 15:26-27; 16:7-8, 13-15). 베드로가 사도행전 3장에서 나면서부터 걷지 못하는 사람을 기적으로 고친 후에 설교했던 내용도 그리스도 중심적이었다. 그는 백성이 자기를 주목하는 것을 엄히 경계하면서 어디까지나 그리스도만을 높였다(3:11-26). 그의 설교는 시종일관 메시아에 대한 예언이자 그 성취에 관한 역사적 증거다.

3) 성경 중심 사상(25-36절). 그는 그리스도의 부활이 구약 예언의 성취로서 이루어진 사실을 강조한다. 그러면서도 그는 어디까지나 구약성경의 말씀을 절대적으로 신뢰하는 경외의 태도로 성경을 해석한 것이다(29절). 그가 이처럼 성경을 중심 삼아 설교한 목적은 하나님의 말씀이 절대적으로 참되다는 사실과 그 말씀이 성취된 사건(그리스도의 부활)도 절대적으로 신뢰할 만하다는 것을 강조하기 위한 것이었다.

4) 사도적 권위의 유일회성(32절). 우리는 1:15-26에서 맛디아가 사도로 택함 받은 사실을 보게 된다. 그때 베드로는 사도의 자격에 대해 말하기를 "주 예수께서 우리 가운데 출입하실 때에 항상 우리와 함께 다니던 사람 중에 하나를 세워 우리와 더불어 예수께서 부활하심을 증언할 사람이 되게 하여야 하리라"(21-22절)라고 하였다. 그는 또 말하기를 "우리가 다 이 일에 증인이로다"(2:32)라고 했으며, 사도적 증거가 그 진실성에 있어서 탁월함을 특별히 강조하였다(10:39-41).

14 베드로가 열한 사도와 함께 서서 소리를 높여 이르되 유대인들과 예루살렘에 사는 모든 사람들아 이 일을 너희로 알게 할 것이니 내 말에 귀를 기울이라. 베드로가 여기서 주도적인 입장에서 발언한 것은 우연히 이루어진 것이 아니며 주님께서 일

찍이 예언하신 대로(마 16:18) 성령의 인도하심에 따른 것이었다. 그가 "소리를 높여" 말한 것이나, "내 말에 귀를 기울이라"라고 말한 것은 모두 다 그의 지도자적 위치를 보여준다.

15 **때가 제 삼 시니 너희 생각과 같이 이 사람들이 취한 것이 아니라.** "제 삼 시"는 우리 시간으로 오전 아홉 시를 말한다. 유대인은 오전에 술을 마시는 법이 없다(참조. 전 10:16).

16 **이는 곧 선지자 요엘을 통하여 말씀하신 것이니 일렀으되.** 베드로가 구약을 하나님의 말씀으로 믿는 유대인들에게 설교하면서 성령 강림이 구약의 선지자 요엘의 예언대로 이루어진 것이라고 증거한 것은 구약의 예언을 가장 권위 있고 믿을 만한 하나님의 말씀으로 인정하고 제시하는 셈이었다.

17 **하나님이 말씀하시기를 말세에 내가 내 영을 모든 육체에 부어 주리니 너희의 자녀들은 예언할 것이요 너희의 젊은이들은 환상을 보고 너희의 늙은이들은 꿈을 꾸리라.** 이 구절부터 21절까지 소개된 요엘서의 예언은 70인역(LXX)을 인용한 것이다.

"말세에"(ἐν ταῖς ἐσχάταις ἡμέραις)라는 표현은 구약 시대 예언자들이 예견했던 신약 시대를 말한다(히 1:2). "모든 육체"(πᾶσαν σάρκα)라는 표현은 민족이나 인종을 차별하지 않는 보편적인 인류를 가리킨다. "부어 주리니"(ἐκχεῶ)라는 표현은 성령을 풍성히 주신다는 것을 의미한다. "예언", "환상", "꿈"은 주로 구약 시대의 계시 방법이었다. 그러므로 이 구절은 신약 시대의 모든 신자가 다 함께 성령의 은혜에 참여할 것이라는 사실을 예견한다.

신약 시대에는 구약 시대와 달리 구별된 직책으로서의 제사장이나 예언자가 없다. 이 시대의 대제사장(혹은 탁월한 대제사장)은 예수님뿐이시다. 그러므로 일반 신자와 교역자는 예수님으로 말미암아 하나님 앞에 직접 설 수 있는 동등한 자격을 가진 제사장들이다(벧전 2:9). 그럼에도 불구하고 신약 교회에서 일반 신자들의 제사장 자격을 무시하고 교역자들만 제사장이라고 주장한다면 그것은 성경에 위배되는 일이다. 크로샤이데도 말하기를 "오순절 성령의 강림은 하나님의 계시에서 최종적인 단계이며, 모든 시대의 교회를 위한 것이다. 이 시대에는 선지자가 필요하지 않다. 모든 사람이 다 성령의 은혜에 참여한다."라고 하였다.[12]

사도행전 2:17의 뜻은 신약 시대의 일반 신자들이 모두 다 직접 계시를 받는다는 것이 아니고 그리스도로 말미암은 구원 계시와 말씀이 신자들에게 풍성하게 주어진다는 것을 가리킨다.

18 그 때에 내가 내 영을 내 남종과 여종들에게 부어 주리니 그들이 예언할 것이요. 이 말씀은 앞 절에 대한 설명이라고 생각된다. 성령을 "모든 육체"에 부어 주시겠다고 하셨는데, 아무런 목적 없이 그런 은혜를 주신다는 것이 아니고, 다만 하나님의 종들(신자들)이 하나님을 섬길 수 있도록 그런 은혜를 주신다는 것이다. 하나님의 "남종과 여종들"은 하나님을 섬기는 모든 참된 신자들을 가리킨다.

19-21 이 구절들은 신약 시대의 말기에 많은 전쟁("피와 불과 연기"로 비유됨)이 있을 것과 그 밖에 여러 가지 하나님의 진노를 상징하는 표현으로 환난들("해의 변함과 달의 변함"으로 비유됨)이 있을 것을 가리킨다. 이런 환난의 목적은 사람들로 하여금 그리스도의 복음으로 돌아오게 하기 위한 것이다. 이러한 환난이 한편으로는 멸망에 대한 징조로서 사람들을 위협하는 역할을 하지만, 그럼에도 불구하고 누구든지 주님의 이름을 부르는 자는 구원을 받을 것이다.[13]

주의 이름을 부르는 자는 구원을 받으리라(21절). "주의 이름을 부름"은 하나님께 기도하거나(시 3:4; 6:2), 혹은 그를 경배하는 것을 가리킨다(창 4:26; 12:8; 왕하 5:17). 이 말씀이 여기서는 "그리스도를 의뢰함"을 의미한다(참조. 롬 10:13).

---

12) Grosheide, *Kommentaar Op Het Nieuwe Testament VI*, 1-14, 70.
13) John Calvin, *The Acts of the Apostles I* (1965), 89.

22 이스라엘 사람들아 이 말을 들으라 너희도 아는 바와 같이 하나님께서 나사렛 예수로 큰 권능과 기사와 표적을 너희 가운데서 베푸사 너희 앞에서 그를 증언하셨느니라. 예수님께서 행하신 권능은 그가 메시아이심을 증거하는 역할을 하였다. 그러므로 그는 "행하는 그 일로 말미암아 나를 믿으라"(요 14:11)라고 하셨다. 그가 행하신 이적은 그가 하나님의 약속대로 오신 메시아이심을 증언하는 언약 성취의 성격을 띤 것이었다.

예수님께서는 세례 요한의 질문을 들으시고(마 11:2-3) 자신이 바로 "오실 그이"(ὁ ἐρχόμενος)라는 의미로 대답하셨다. "오실 그이"가 행하시는 표적은, "맹인이 보며 못 걷는 사람이 걸으며 나병환자가 깨끗함을 받으며 못 듣는 자가 들으며 죽은 자가 살아나며 가난한 자에게 복음이 전파된다"는 것이다(마 11:5). 즉 그 같은 증거들은 메시아께서 오셔서 이런 표적들을 행하시리라는 예언(사 29:18; 35:5, 6; 42:7; 61:1)의 성취라는 것이다. 이런 의미에서 베드로는 예수님이 행하신 이적을 "표적"(σημεῖον)이라고 하였다.

예수님의 이적에 대하여 바빙크는 "주 예수의 이적들은 하나님이 나타나실 것을 예견하는 표적이자 메시아 시대가 도래했음을 보여주는 증거이며, 그의 메시아 사역의 일부분이다. ⋯ 그의 성육신과 부활과 승천은 하나님의 위대하신 구속적 행동이다. 그 사건들은 천국의 영광을 회복하는 원리다. 그것들은 무언가를 나타내는 방편이 될 뿐 아니라 바로 하나님 자신을 드러내고 보여주는 것이다. 그것들이 나타난 결과로 이적은 역사가 되고, 역사는 이적이 되었다."라고 하였다.[14]

23 그가 하나님께서 정하신 뜻과 미리 아신 대로 내준 바 되었거늘 너희가 법 없는 자들의 손을 빌려 못 박아 죽였으나. 베드로는 그리스도 예수께서 십자가에 못 박혀 죽으신 것이 하나의 우연한 사건이 아니고 하나님의 예정 속에 있었던 사역이라고 증언한다. 이와 같은 지적은 신약성경 어디에서나 찾아볼 수 있

---

14) Hermann Bavinck, *Gereformeerde Dogmatiek I* (Kampen: Uitgave van J. H. Kok, 1958), 310.

다. 인류의 죄를 사하시고 그들에게 영생을 주시는 그리스도의 죽음은 이처럼 하나님이 정하신 법칙이고 영원한 진리다. 하지만 여기서 베드로는 그렇다고 해서 예수님을 죽인 자들에게 죄가 없다고 말하는 것은 아니다(참조. 3:19). 이 같은 그의 논조는 우리 인간의 이성에는 모순된 듯이 보이지만 하나님의 지혜에 있어서는 모순이 아니다.

"법 없는 자들"이란 말(ἄνομοι)은 이방인들을 가리킨다(롬 2:14).

24 하나님께서 그를 사망의 고통에서 풀어 살리셨으니 이는 그가 사망에 매여 있을 수 없었음이라. 여기 언급된 "고통"(ὠδῖνας)이라는 단어는 "해산의 고통"을 의미하는 표현이다. "풀어"(λύσας)는 해산의 고통(예수님의 죽으심을 비유함)에서 놓이게 하는 것을 의미하는데, 다시 말해 해산시킨다는 것이다(Ζαην́ Γροσηειδε). 예수님께서는 자신의 사망을 통하여 부활하셨다. 그는 죽은 자 가운데서 먼저 살아나셨다.[15] 유대인들이 예수님을 죽였으나(23절) 하나님은 그를 다시 살리셨다. 인간이 진리의 극치, 곧 의의 극치에 대항하면 그것에 대항하여 나타나는 하나님의 간섭도 그만큼 특별한 것일 수밖에 없다. 그리스도는 생명의 극치, 곧 생명 자체이시니(요 14:6) 그는 죽음에 매여 계실 수 없다.

25 다윗이 그를 가리켜 이르되 내가 항상 내 앞에 계신 주를 뵈었음이여 나로 요동하지 않게 하기 위하여 그가 내 우편에 계시도다. 이 구절부터 28절까지는 시편 16:8 이하를 인용한 것이다. 다윗은 이 시편에서 자신에 관하여 말했지만, 그것은 결국 예수님에 대한 예언이 되었다. 시편에서 다윗은 하나님과 함께 거했기 때문에 그의 마음이 동요하지 않았는데, 예수님은 더더욱 그러하셨다 (요 8:29; 16:32).

26 그러므로 내 마음이 기뻐하였고 내 혀도 즐거워하였으며 육체도 희망에 거하리니. 하나님과 함께했던 다윗의 마음은 기쁠 수밖에 없었다. 그 이유는 절대적

---

15) F. W. Grosheide, *De Handelingen der Apostelen II* (1948), 75.

주재자이신 하나님께서 그의 편에 계신다는 사실이 그에게는 최상의 복일 뿐 아니라 또한 하나님은 기쁨의 원천이시기 때문이다(참조. 시 43:4). 다윗은 하나님께서 함께해 주시는 기쁨을 누렸으며, 그와 동시에 그의 육신도 부패하지 않을 것이라는 영원한 소망을 소유하고 있었다.

27 **이는 내 영혼을 음부에 버리지 아니하시며 주의 거룩한 자로 썩음을 당하지 않게 하실 것임이로다.** 이 시편에서 다윗은 신자들의 영육이 아울러 구원 얻을 것을 예언하였다. 그러나 그들의 이와 같은 구원은 최종적으로 그리스도의 부활로 말미암아 실현될 수 있었다. 여기서 이른바 "거룩한 자"(ὅσιόν)라는 표현은 시편 16편에서 사용된 히브리어 "하시드"(δψιξ)를 번역한 것인데 "사랑하심을 입은 자"를 가리킨다. 이는 특별히 하나님께서 사랑하시는 그의 독생자를 가리키는 말이다. 이 구절은 그리스도의 부활을 예언하는 동시에 신자들이 구원받을 것을 예언하였다.

28 **주께서 생명의 길을 내게 보이셨으니 주 앞에서 내게 기쁨이 충만하게 하시리로다** 하였으므로. "생명의 길"은 앞 절에 말한 것처럼 영육이 아울러 구원 얻을 것을 가리킨다. 경건한 자에게는 육체적인 죽음이 최후가 아니다(참조. 욥 19:26; 시 17:15; 잠 14:32하). 다윗은 그의 죽음에 앞서 이러한 사실을 깨닫고서 자신이 사후에 영원한 내세의 복에 참여할 것을 믿음으로 바라보았다.

"주 앞에서 나로 기쁨이 충만하게 하시리로다." 이 말은 신자가 영혼과 육체를 아우르는 구원을 얻어 하나님 앞에 거하게 될 때 누릴 행복을 염두에 둔 것이다. 이것은 그리스도의 부활로 말미암아 이루어질 일이다.

29 **형제들아 내가 조상 다윗에 대하여 담대히 말할 수 있노니 다윗이 죽어 장사되어 그 묘가 오늘까지 우리 중에 있도다.** 베드로가 "담대히 말할 수 있노니"라는 말을 통해 표현하고자 한 것은, 다윗의 육체가 부활하지 못한 것이 명백한 사실이기 때문에 그의 시편(시 16:8-11)은 확실히 예수 그리스도에 대한 예언이라는 것이다. 이 같은 확실성이 그의 신앙에 담력을 준다. 베드로는 여기서 다윗의 무덤은 그대로 있는 반면 그리스도의 무덤은 비었다고 담대히 말

한다. 그 당시 유대인들은 베드로의 이 같은 주장을 반박할 수 없었다.

30-32 그는 선지자라 하나님이 이미 맹세하사 그 자손 중에서 한 사람을 그 위에 앉게 하리라 하심을 알고(30절). 하나님의 이 "맹세"는 사무엘상 7:12에 기록되어 있다. 이것은 물론 예수 그리스도가 다윗의 자손 중에서 나실 것을 예언한 맹세다. "맹세하사"란 말의 헬라어(ὅρκῳ ὤμοσεν)는 "맹세로 맹세하사"라고 번역되어야 한다. 이처럼 맹세란 말이 거듭된 것은 여기서 맹세한 내용의 중대성을 강조하기 위한 것이다(Calvin).

이 예수를 하나님이 살리신지라(32상). 베드로는 시편 16편의 예언이 원천적으로 예수님에게서 이루어진 사실을 여기서 지적한다. 우리가 다 이 일에 증인이로다(행 2:32하). "증인"은 언제나 역사적 사실에 입각하여 증거한다. 그만큼 사도들의 전도는 역사적 사실에 생명을 걸었다. 하지만 제1차 세계대전 이후에 발현한 변증법적 위기신학자들은 이 같은 사실을 무시하고 기독교의 계시관이 역사적 사실을 경시하고 초월적인 측면만 강조하는 듯이 잘못 가르친다.

33 하나님이 오른손으로 예수를 높이시매 그가 약속하신 성령을 아버지께 받아서 너희가 보고 듣는 이것을 부어 주셨느니라. "하나님이 오른손으로 예수를 높이시매." 곧 "하나님께서 예수님을 하늘로 올리셨다"라는 뜻이다(참조. 엡 1:20; 빌 2:9; 벧전 3:22). "그가"라는 말은 부활하신 예수님을 가리킨다. 그가 성령을 부어 주시겠다고 "약속하신" 일에 대하여는 다음 구절들을 참조하라(요 14:16, 26; 15:26; 16:7). 예수님께서는 승천하심으로써 그 약속을 성취하셨다. 만일 그가 하늘에 살아 계시지 않았다면 약속하셨던 성령을 보내실 수 없었을 것이다(Grosheide).

34-35 다윗은 하늘에 올라가지 못하였으나 친히 말하여 이르되. 이것은 다윗 자신이 시편 110:1의 지시대상이 될 수 없다는 뜻이다. 즉 다윗 자신의 시대에 어느 누구도 하늘로 올라간 일이 없었으니, 다윗이 승천에 관해 언급할 때 그 자신을 가리켰다고 볼 수는 없다는 것이다.

주께서 내 주에게 말씀하시기를. 앞에 나오는 "주"는 하나님을 가리키고, 뒤에 나오는 "내 주"는 메시아(예수 그리스도)를 가리킨다. 이것은 시편 110:1을 인용한 말씀이다.

내가 네 원수로 네 발등상이 되게 하기까지 너는 내 우편에 앉아 있으라 하셨도다. "네 원수로 네 발등상이 되게" 한다는 것은 그리스도의 원수가 완전히 정복되고 마침내 그의 최종적 승리가 도래할 것을 가리키는데(고전 15:25), 이 일은 그의 재림 시에 이루어진다.

"내 우편에 앉아 있으라." 예수 그리스도께서 하나님 "우편에" 앉아 계신(막 16:19; 행 7:56; 롬 8:34; 엡 1:20; 히 10:12) 증거는 그가 이 세상에 계실 때 약속하신 말씀(요 1:26; 15:26; 16:7-8; 행 1:1-4, 8)대로 성령을 보내주신 사실(2:1-4)이다.

36 그런즉 이스라엘 온 집은 확실히 알지니 너희가 십자가에 못 박은 이 예수를 하나님이 주와 그리스도가 되게 하셨느니라 하니라. 베드로는 유대인들에게 구약에 예언된 메시아가 바로 예수님이심을 힘 있게 증거하여 그들로 하여금 예수 그리스도를 믿게 하고자 힘쓴다. 그는 "너희가 십자가에 못 박은"이라는 표현과 "이 예수"라는 표현을 통해 역사상의 예수를 구체적으로 증거하였다.

예수님은 부활하시고 승천하시기 전에 지상에서 미천한 자로 머물러 계셨을 때도 "주"(κύριος)라는 칭호와 "그리스도"라는 칭호를 받으시기에 합당하셨다. 그러나 이제 부활, 승천하신 뒤에는 그러한 칭호를 받으시기에 더욱 합당하시다. 여기서의 "주"와 시편 110:1의 "주"라는 칭호는 "하나님의 아들"이라는 동일한 의미를 내포한다. 빌헬름 부세(Bousset)는 바울 서신에 자주 등장하는 "주"라는 표현이 이교에서 유래했다고 주장하지만 그것은 억측이다. 여기서는 바울뿐만 아니라 베드로도 예수님을 "주"라고 했으니, 그는 하나님을 "주"라고 번역한 구약 70인역(LXX)에서 이러한 칭호를 차용한 것이 분명하다.

37 그들이 이 말을 듣고 마음에 찔려 베드로와 다른 사도들에게 물어 이르되 형제들아

우리가 어찌할꼬 하거늘. "마음에 찔려"라는 말은 양심에 가책을 받았다는 의미이며, 이는 그들이 예수님을 죽인 죄를 깨닫게 되었기 때문이다. 그들이 전에는 그 죄를 몰랐으나 이제 성령의 은혜로 깨닫게 된 것이다. 이같이 양심에 가책을 받았다는 것은 허물과 죄로 죽었던 그들의 영혼이 살아난 증표다. 성령으로 말미암아 거듭난 영혼이 허물과 죄를 깨닫고 회개함으로 구원을 얻는다.

38 베드로가 이르되 너희가 회개하여 각각 예수 그리스도의 이름으로 세례를 받고 죄 사함을 받으라 그리하면 성령의 선물을 받으리니. "회개"($\mu\epsilon\tau\alpha\nu o\epsilon\omega$)는 "마음이 변하는 것"인데, 베드로는 여기서 예수님께 대해 가진 악한 마음이 변해야 할 것을 강조한다. 다시 말해 이제는 그런 악한 마음에서 돌이켜 예수님께 대한 신앙을 공적으로 고백하는 의미에서 "세례"를 받으라고 권한다. 그들이 이같이 돌이키면 예수님의 의를 선물로 받고 그들의 죄가 사함을 얻는다. 그와 더불어 그들은 구원의 완성을 위하여 지속적으로 역사하실 성령의 은혜를 받게 된다.

회개한 자가 "성령을 선물로 받는다"는 말은 사람이 회개할 당시에는 성령을 받지 못한 상태였다가 회개 이후에 비로소 성령을 받는다는 것이 아니다. 진정한 회개는 성령의 은혜로만 이루어질 수 있다(고후 7:10; 딤후 2:25). 여기서 "성령의 선물"은 성령으로 말미암아 회개한 자가 삶에서의 성화를 위해 계속해서 받아야 하는 "성령의 능력"을 가리킨다.

39 이 약속은 너희와 너희 자녀와 모든 먼 데 사람 곧 주 우리 하나님이 얼마든지 부르시는 자들에게 하신 것이라 하고. "너희"라는 말은 "유대인들"을 가리키고, "모든 먼 데 사람"은 "이방인들"을 가리킨다. 베드로의 이런 표현은 복음의 보편성을 나타낸다. "얼마든지 부르시는 자들"이라는 어구 역시 그러하다. 복음은 사람을 차별하지 않고 누구에게나 믿을 기회를 제공하고 있다.

40 또 여러 말로 확증하며 권하여 이르되 너희가 이 패역한 세대에서 구원을 받으라 하니. 그릇된 사상을 가진 자들을 이끌어 진리로 돌아오게 하는 일은 쉬운

것이 아니다. 사실대로 증거하여 그들의 이해력과 지성을 설복시켜야 하고, 또한 올바른 교훈을 거역하는 일의 위험성을 경고하여 그들의 감정과 의지를 움직여야 한다. 베드로는 이런 방식으로 청중을 설득하였다. 그는 또한 그들의 시대가 참으로 위험한 시대임을 경고하였다. 사람이 스스로 자신이 처한 시대의 죄악을 알지 못하면 그 시대와 쉽사리 타협하게 되고 그 시대의 그릇된 정신과 맞서는 단호한 결단을 내리지 못한다. 베드로는 그 시대의 소위 종교지도자들의 부패와 완악함을 잘 알기 때문에 여기서 청중에게 경고하기를 "패역한 세대에서 구원을 받으라"고 외쳤다.

41 **그 말을 받은 사람들은 세례를 받으매 이 날에 신도의 수가 삼천이나 더하더라.** 복음의 말씀을 받은 뒤에 세례를 받는 것은 정당한 순서다. "세례"는 인간 편에서 예수를 그리스도로 믿는다는 것을 공적으로 고백하는 일이며, 동시에 하나님 편에서 고백자에게 은혜를 주시는 방편이 된다. 그러므로 세례는 하나님의 말씀을 아는 진리의 지식을 가진 자만 받을 수 있는 것이다. 진리에 대한 지식을 가지지 못한 자는 신앙을 공적으로 고백할 자격이 없다. 복음 진리에 대한 지식을 가지지 못한 채 단순히 세례만 받았다고 해서 구원의 은혜를 얻을 줄로 생각하는 것은 착각이다. 세례는 마술적으로, 혹은 기계적으로 구원의 은혜를 가져다주는 도구가 아니다.

베드로의 설교에 삼천 명이 회개하였다고 했으니 우리는 그의 설교의 능력이 어떠했는지를 알 수 있다. 또한 이 사건을 통해 우리는 설교가 얼마나 중요한지를 깨달을 수 있다. 어떤 교파에서는 설교의 중요성을 간과한 채 학문적인 사업에만 치중하는데, 그것은 사람을 낚는 귀한 사역을 무시하는 폐단이다. 하나님은 사람들의 증언을 통해서 그의 교회를 확장하신다. 그것이 초기 교회 시대부터 지속되어 온 하나님의 전도 방법이다.

42 **그들이 사도의 가르침을 받아 서로 교제하고 떡을 떼며 오로지 기도하기를 힘쓰니라.** 여기서 우리가 또다시 주목할 것은 이미 믿는 자들의 신앙을 보수하고 성장시키기 위한 사역이 이때부터 이미 존재했다는 것이다. 그들은 먼저 사

도들의 가르침을 받았으며, 또한 서로 간에 사랑의 교제를 나누었고, 마지막으로 기도에 힘썼다.

사도들의 전도는 바로 하나님의 말씀을 전하는 것이니(살전 2:13), 무엇보다도 그 말씀을 받지 않고서는 신앙이 성장할 수 없으며, 또한 신자들 간에 사랑의 교제가 없이는 그들 자신의 신앙이 자라나지 못한다. 그리고 기도에 힘쓰지 않으면 신앙이 생명력을 유지할 수 없다.

43 사람마다 두려워하는데 사도들로 말미암아 기사와 표적이 많이 나타나니. 여기서 "사람마다"라는 말은 신자들만 가리킨 것이 아니고 교회 밖에 있는 불신자들도 가리켰을 것이다. 사도 시대의 기사와 표적(이적)은 매우 위엄 있고 엄중한 것이었는데, 그것은 하나님께서 그의 교회를 땅 위에 세우시는 초기 사역에 필요한 것이었으며 그래서 하나님께서는 경륜 가운데 그런 일들을 행하시기로 계획하셨던 것이다. 그것은 사도 시대에만 특수하게 일어났던 현상이다. 사도 시대 이후에도 교회가 복음에 충성하면 하나님의 특별한 간섭으로 말미암아 교회의 권능이 불신 사회 앞에 드러나는 법이다.

44-47절. 이 단락에서는 초기 교회의 성도들이 자신들의 소유를 서로 나누는 삶에 대해 기록하고 있다. 성경을 모르는 이들은 초기 교회의 이러한 현상을 가리켜 공산주의적인 삶의 방식이라고 잘못 지적한다. 그러나 이것은 결코 공산주의의 사유 재산 폐지와 같은 것이 아니다. 그 당시에 교회가 서로 물질을 나눈 일은 공산주의에서처럼 정치와 폭력으로 시행하는 제도 아래서 강행된 것이 아니고, 성령을 받은 결과로 자원하여 사랑으로 행한 일이었다. 사도 베드로도 이런 분배 행위가 신자 개인의 자유라는 점을 힘주어 말하였다(5:4). 그러므로 우리는 이때 나타났던 삶의 모습이 은혜로 이루어진 성도의 교제(communion of the Saints) 가운데 한 측면이라고 생각한다. 이러한 교통은 다른 측면으로도 나타났는데, 그들은 영적 은혜를 서로 나누며 지내는 것이 특징이었다. 그들이 물질로 서로 도왔던 것도 영적 은혜로 말미암은 것이었다(고후 8:1-5).

제 3 장

✤ 개요

1. 베드로의 기적(1-10절)

베드로와 요한이 연합하여 사역할 때 기적이 나타났다. 그 두 사람이 함께 성전에 기도하러 올라가던 도중에 이적이 나타났으니, 이는 주님께서 예전에 말씀하신 바와 같이(마 18:20) 합심하여 기도하는 사람들에게 주님께서 함께해 주신 증표라고 할 수 있다. 베드로는 가난한 사람이었다. 그러나 그는 가난한 중에 모든 사람을 부요하게 하는 능력이 있었다(참조. 고후 6:10). 그것은 "내게 있는 이것을 내게 주노니"라고 한 베드로의 말이 증명한다.

2. 베드로의 설교(11-26절)

1) 베드로는 무엇보다도 먼저 그 같은 이적을 행하시는 이는 자기가 아니고 예수 그리스도시라는 사실을 밝히 지적했다(12-16절). 그는 그렇게 함으로써 그곳에 모인 군중들이 자기에게 영광을 돌리는 일을 미리 방지했으며, 그의 설교에서도 그리스도에 대한 그들의 신앙심이 견고해지게 하는 일에 중점을 두었다. 베드로가 그렇게 한 이유는, ① 하나님께서 그 이적을

나타내신 목적이 예수가 그리스도이심을 드러내심으로써 예수를 영화롭게 하시기 위함이었기 때문이며(13절 상), ② 이 예수는 유대인으로 말미암아 죽임을 당하셨으나 하나님께서 그를 다시 살리심으로써 그가 그리스도이심이 명백하게 되었고(13하-15절), 나면서부터 걷지 못하던 그 사람을 고친 것도 다름 아니라 그를 믿는 신앙의 능력이었기 때문이다(16절).

2) 베드로는 그때 모인 사람들을 향하여 회개하라고 외쳤다(17-26절). ① 그는 그들이 회개할 때 죄를 용서받을 소망이 있다고 말하였다. 그 이유는 첫째로 그들의 죄가 그들의 무지에 속했기 때문이며(17절), 둘째로 그리스도께서 죽으신 사건은 하나님의 영원한 경륜에 속했기 때문이다(18절). 하나님의 지혜로운 경륜은 우리가 신뢰할 수 있는 구원의 계획이다. ② 베드로는 회개하는 자들이 받을 행복에 대하여 말하였다(19-21절).

3) 베드로는 강조하기를 예수님께서 메시아시라는 사실은 일찍이 이스라엘의 선지자들이 예언한 것이기 때문에 이스라엘 사람들이야말로 이러한 사실을 믿기에 적합한 자들이라고 하였다(22-26절).

↓ 내용분해

1. 베드로와 요한이 못 걷는 사람을 고친 이적(1-10절).
2. 베드로의 설교(11-26절).

↓ 해석

1 제 구 시 기도 시간에 베드로와 요한이 성전에 올라갈새. "제 구 시"는 우리 시간으로 오후 세 시를 가리킨다. 베드로와 요한은 시간을 지켜서 기도하였다.

인간은 규칙을 세워놓고 스스로를 통제해야만 선을 이룰 수 있다. 왜냐하면 인간은 의지가 연약하여 마음이 느슨해지기 십상이기 때문이다. 베드로와 요한이 이처럼 규칙을 정하여 기도 생활을 한 것도 귀하지만 그들이 서로 합심하여 기도한 것은 더욱 귀한 일이다.

2 나면서 못 걷게 된 이를 사람들이 메고 오니 이는 성전에 들어가는 사람들에게 구걸하기 위하여 날마다 미문이라는 성전 문에 두는 자라. "나면서 못 걷게 된 이." 이 말은 확실히 그의 장애를 사람의 힘으로는 고칠 수 없음을 암시한다. 그는 신령한 은혜를 받기 위해서라기보다는 물질적인 도움을 얻기 위해 성전 문에 자리 잡고 있었다. 하지만 그는 스스로 기대했던 것에 비할 수 없는 큰 은혜를 받게 되었다. 하나님은 언제나 인간(죄인)의 기대 이상으로 풍성한 은혜를 주시기를 기뻐하신다.

"미문"('Ωραίαν)은 여인들이 모이는 곳으로 성전 동편에 있는 니카노르(Nicanor) 문의 별칭일 것이다.

3-4 그가 베드로와 요한이 성전에 들어가려 함을 보고 구걸하거늘 베드로가 요한과 더불어 주목하여 이르되 우리를 보라 하니. 이 말씀을 보면 베드로와 요한이 그 구걸하는 장애인을 "주목"(ἀτενίσας)하고서 그에게 말하기를 "우리를 보라"(βλέψον εἰς ἡμᾶς)고 하였는데, 이는 집중적인 주시를 통한 인격적인 접촉이 일어났음을 보여준다. 인격과 인격 간의 참된 접촉은 상대방과 시선을 맞추어 서로 바라봄으로써 이루어진다. 이 말은 사도들의 시선을 통하여 그리스도의 능력이 상대방에게 전달된다는 의미는 아니며, 그 당시에 사도들과 환자가 서로 간에 마음을 집중하여 만나는 일을 통해서 그리스도를 전파하는 사역이 유력하게 나타났음을 의미할 뿐이다.

5-6 그가 그들에게서 무엇을 얻을까 하여 바라보거늘 베드로가 이르되 은과 금은 내게 없거니와 내게 있는 이것을 네게 주노니 나사렛 예수 그리스도의 이름으로 일어나 걸으라 하고. 나면서부터 걷지 못했던 그 사람은 베드로의 명령에 순종하여 베드로를 바라보았다. 순종은 쉬운 일이면서도 은혜를 받는 데 있어 중대한 의미

를 지니는 행동이다. 그것은 어떤 때는 전등 스위치를 켜는 것처럼 쉬운 일이다. 그런데 그와 같은 순종이 때로는 위대한 은혜를 받는 일의 준비 과정이 되기도 한다. 우리가 살아가는 신앙생활의 여정에서도 종종 이와 같은 미묘한 경우를 만난다. 어떤 경우에는 그리 어려운 일이 아닌데도 우리 마음이 순종하지 못하고 고집을 부리다가 큰일을 그르치는 수도 있다.

예를 들어 어떤 사람이 사업에 실패하고서 마음에 자리 잡은 걱정으로 인해 신앙에 낙심할 위험에 직면했다 하자. 이때 그 사람은 심리적으로 병들었기 때문에 그의 신앙을 붙들어 줄 수 있는 믿음의 형제로부터의 도움이 절실하다. 그는 병원에서 치료받는 환자와 같은 태도로 자기를 치료해 주는 형제의 지도에 순종해야 한다. 그렇게 하지 않으면 그는 참으로 낙심하여 믿음까지 잃어버릴 위험에 처할 수 있다. 그는 자기를 치료해 주는 형제의 조언에 따라 작고 가벼운 일들에 순종하면 된다.

베드로는 자기를 바라보는 장애인에게 "은과 금은 내게 없거니와 내게 있는 이것을 네게 주노니"라고 말하였다. 우리는 이 구절을 통해 사도 베드로가 영적으로 부요한 자였음을 알 수 있다. 우리 중에 어느 누가 자신에게 은과 금이 없는데도 그것을 문제시하지 않고 그리스도가 가장 귀한 줄로 알고서(빌 3:7-8; 히 11:24-26) 그로 말미암은 영적 부유로 만족하고 남들에게 그것을 나누어 주려고 하겠는가?

"나사렛 예수 그리스도의 이름으로 일어나 걸으라." 베드로의 이 같은 명령은 예수님께만 권능이 있음을 확신하고 선언하는 말씀이다. 베드로는 이때 간단하면서도 능력 있는 선언을 한 것이다.

"나사렛 예수"라는 명칭은 하나님의 아들로서 낮아지셔서 사람이 되신 사실을 가리키는 것이고 "그리스도"는 하늘과 땅의 권세를 가지신 구원자를 가리킨다. 이 명칭들이야말로 능력의 원천이 누구신지를 보여주는데, 믿음으로 그의 이름을 부르는 자마다 능력을 체험한다. 일어나 걸으라는 베드로의 말에 순종한 그는 그의 말대로 일어나 걷게 되었다. 물론 이 같은 이적을 행할 수 있는 권능은 원칙적으로 사도의 사역에 국한된 것이라고 할 수 있다. 그러므로 그리스도를 믿는 신자들은 자기가 맡은 분야에 있어서 오직 주님께서만 그 일을 이루실 수 있는 능력의 주님이심을 구체적으로 믿어야 한다.

7 오른손을 잡아 일으키니 발과 발목이 곧 힘을 얻고. 이 말씀 속에서도 베드로의 확신이 드러난다. 그는 예수님의 능력으로 그 장애인이 걷게 될 줄 믿고 그의 오른손을 잡아 일으킨 것이다. 베드로의 믿음대로 그의 발과 발목이 힘을 얻었다. "곧" 힘을 얻었다는 말은 "당장" 힘을 얻었다는 뜻이다. 우리는 이 사건을 보면서 한 사람이 다른 사람의 믿음을 통해서도 주님의 도우심을 받는 일이 있음을 깨달을 수 있다. 믿음을 가진 자들이 병자를 위하여 기도해 주고 그가 주님의 은혜를 받도록 도와주는 것은 성경적이다(약 5:15-16; 막 2:1-12).

8 뛰어 서서 걸으며 그들과 함께 성전으로 들어가면서 걷기도 하고 뛰기도 하며 하나님을 찬송하니. "걷기도 하고 뛰기도 하며." 이 말은 그때 나타난 능력의 확실성과 놀라움을 지적하는 동시에 그 이적이 창조의 권능을 가지신 하나님의 능력으로 말미암아 이루어진 사실을 보여준다.

"하나님을 찬송하니." 고침을 받은 환자는 그의 영혼까지 은혜를 받아서 하나님을 즐거워하였다. 하나님을 즐거워할 수 있는 은혜는 육신의 질병을 고침받는 것보다 더 큰 은혜다.

9-10 모든 백성이 그 걷는 것과 하나님을 찬송함을 보고 그가 본래 성전 미문에 앉아 구걸하던 사람인 줄 알고 그에게 일어난 일로 인하여 심히 놀랍게 여기며 놀라니라. 그 당시 거기 있던 모든 사람이 병 고침을 받은 그 사람으로 인하여 놀란 것은 당연한 일이었지만 이제 그들은 거기서 그치는 것이 아니라 예수님께로 돌아와야 한다. 그러므로 베드로는 이 이적 사건을 배경으로 설교하였다(참조. 11-26절).

고등비평가로서 편집사학파에 속하는 행헨은 그의 저서[16]에서 베드로가 태어나면서부터 걷지 못하는 사람을 고친 그 이적에 대하여 다음과 같이 논평하였다.

1) 그는 이 사건에서 요한을 베드로의 동반자로 묘사한 것이 역사적 사실이 아니고 누가가 꾸며낸 이야기일 것이라고 주장했다. 행헨이 그와 같이 추측하는 근거는 누가가 장차 베드로와 요한을 산헤드린 공회 앞에 두 증인으로 세우기 위한 준비작업으로 그리했다는 것이다(4:20).

2) 그는 1절에 나오는 "제 구 시"라는 시간도 본래의 이야기에 속했던 것이 아닐 것이라고 추정한다.

3) 6절에서 "은과 금은 내게 없거니와 내게 있는 이것을 네게 주노니"라는 구절은 기적 이야기에 참으로 부합하지 않는다고 주장한다.

하지만 위와 같은 행헨의 추측은 성립될 수 없다. 그는 무엇에 근거하여 그같이 과감한 추측을 하는 것인가? 사도행전의 저작자가 바울의 수종자 누가인데, 그가 그처럼 엄청난 과장과 보충을 했을 리는 만무하다.

11 나은 사람이 베드로와 요한을 붙잡으니 모든 백성이 크게 놀라며 달려 나아가 솔로몬의 행각이라 불리우는 행각에 모이거늘. 제 구 시 기도 시간에 회집했던 모든 사람이 베드로가 있던 행각으로 모여들었기 때문에 그에게는 설교할 수 있는 좋은 기회가 생긴 것이다. "솔로몬의 행각"은 성전 동편 외벽을 따라 세워진 현관 같은 장소다.

12 베드로가 이것을 보고 백성에게 말하되 이스라엘 사람들아 이 일을 왜 놀랍게 여기느냐 우리 개인의 권능과 경건으로 이 사람을 걷게 한 것처럼 왜 우리를 주목하느냐. 베드로의 이 같은 발언은 이적이 가지는 진정한 특징 하나를 알려준다. 진정한 이적은 결과적으로 그것을 행한 인간을 높이는 것이 아니라 오직 그리스도를 증거하며 그를 영화롭게 한다.

---

16) E. Haenchen, *Die Apostelgeschichte* (1965), 162.

이때 베드로는 그 이적이 자기 "개인의··· 경건"과는 상관이 없는 것이라고 단언한다. 참된 이적은 그 어떤 고상한 인간적 요소에도 좌우되지 않는다는 사실이 여기서 밝히 지적되었다. 사람들이 그 이적에 놀라서 베드로를 높이려 했을 때 그는 그 영광이 자기에게로 돌아올까 두려워하여 경계하였다. 그는 어디까지나 하나님 중심이었고 또한 그리스도 중심이었다. 이것이 하나님을 섬기는 모든 종이 따라야 할 표준이다.

13상 **아브라함과 이삭과 야곱의 하나님 곧 우리 조상의 하나님이 그의 종 예수를 영화롭게 하셨느니라.** 베드로는 여기서 이스라엘 사람들이 조상 때부터 믿어오던 그 하나님께서 이 같은 이적의 성취자이심을 증거한다. 다시 말해 ① 나면서부터 걷지 못하던 자를 고치신 이는 이스라엘 사람들에게 친숙한 언약의 하나님, 곧 "아브라함과 이삭과 야곱의 하나님"께서 행하신 일이니 그들로서는 오히려 믿기 쉬운 일이며(12-13절), ② 그 이적은 또한 언약과 관련하여 영광을 얻으신(부활하신) 그리스도로 말미암아 이루어졌다고 말한다(13-16절). 그러면 그리스도는 누구신가? 그는 예로부터 선지자들이 예언해 온 바로 그분이시다(21-24절). 그러므로 그리스도의 오심은 믿을 수 없는 이상한 일이 아니라, 하나님께서 언약하신 일이 이루어진 것이다.

"그의 종 예수"라는 칭호에서 "그의 종"은 이사야 52:13-53:12에 나타닌 메시아를 의미하는 것이다. 여기서 예수님을 "종"($παῖδα$)이라고 한 것은 아래 구절들(행 3:13하-15)에 기록된 그의 수난 때문이다. 그가 낮아지셨다는 것은 곧 그가 종의 형체를 가지셨음을 뜻한다(빌 2:7).

13하 **너희가 그를 넘겨 주고 빌라도가 놓아 주기로 결의한 것을 너희가 그 앞에서 거부하였으니.** 베드로는 이제 예수님께 대한 유대인들의 죄상을 진술함으로써 그들의 양심을 자극하였다. 그들은 예수님을 잡아서 빌라도의 법정에 넘겨 주었을 뿐만 아니라 이방 재판관 빌라도가 예수님을 놓아주려고 했을 때도 그리하지 못하도록 막았던 것이다. 그들의 이러한 죄악이야말로 괴악한 것이다.

설교 ► 아브라함과 이삭과 야곱의 믿음 (3:13)

베드로는 나면서부터 걷지 못하는 사람을 믿음으로 고친 후에 "우리 조상의 하나님"께서 그 같은 이적을 행하신 것이라고 증언하였다. 예수 그리스도의 이름으로 행해진 이적은 단순히 놀라운 일로 그치는 것이 아니라 전능하신 하나님, 곧 이스라엘 사람들이 믿고 있는 하나님께서 행하시는 구원의 역사로 이어진다. 이스라엘 민족의 조상인 아브라함, 이삭, 야곱은 백성들이 신뢰하는 신앙의 인물들이었다. 따라서 조상들이 믿었던 하나님이라면 그 후손들도 당연히 믿어야만 한다. 그렇다면 그 조상들의 믿음은 어떠했으며 그 믿음을 통해 알려진 하나님은 어떠한 하나님이신가? 이제 그들의 신앙생활을 간략히 살펴보기로 하자.

1. 아브라함의 믿음

1) 아브라함은 하나님의 말씀에 순종함으로써 하나님의 참되심을 체험하였다(창 12:1-9). 그는 하나님께서 "고향과 친척과 아버지의 집을 떠나 내가 네게 보여 줄 땅으로 가라"고 하셨을 때 즉시 순종하였다. 그는 하나님이 지시하신 땅이 어디인지 전혀 알지 못하면서도 출발하였다. 이처럼 아브라함은 하나님의 말씀 몇 마디만 듣고서도 즉시 순종하였는데, 우리는 몇 천 년 동안 주신 수다한 말씀들을 한데 모아 받은 자들로서 얼마나 더 기쁘게 순종해야 할 것인가! 우리는 족장들과 선지자들을 통하여 계시해 주신 진리의 말씀들을 모두 받았고, 또한 그 말씀들이 대부분 성취된 것을 안다(아직 성취되지 않은 것들은 앞으로 성취될 것이다). 그뿐 아니라 그 말씀들은 공중에서 울리는 막연한 소리가 아니라 명백하고 정확하게 기록된 사랑의 말씀이다.

2) 아브라함은 하나님의 약속을 믿었다(창 15:1-6; 히 11:17-19). 이방의 헛된 신들은 약속을 지킬 수 없는 생명 없는 존재들이다. 그러나 아브라함

의 하나님은 약속하시는 참된 신이시다. 그는 약속하신 대로 다 이루어 주시는 신실하신 하나님이시며 능력의 하나님이시다. 지금까지 역사 속에서 이루어진 그의 약속은 너무나 많아서 이루 헤아릴 수 없다. 그러므로 우리는 하나님의 약속을 어렵지 않게 믿을 수 있다. 아직 성취되지 않은 그의 약속 가운데는 장차 우리가 받을 복도 포함되어 있다. 이같이 장래의 복을 포함하는 하나님의 약속으로 인해 우리의 신앙은 더욱 견고해질 수밖에 없다. 더욱이 우리는 그 약속을 주신 하나님의 신실하심으로 인해 그의 약속을 더욱 확신케 된다. 하나님은 진실 자체시다.

2. 이삭의 믿음 (창 26:12-22)

이삭은 하나님이 복 주실 것을 기대하면서 하나님 중심으로 살았던 인물이다. 물이 귀한 지방에 살면서 그는 여러 번 블레셋 사람들에게 우물을 빼앗겼으나 한 번도 그들을 대항하여 싸우지 않고 매번 양보하고 이사하였다.

그는 하나님이 복을 주셔야 모든 일이 바로 될 수 있다는 것을 알았기 때문에 매사에 인내하면서 그처럼 온유하게 처신했던 것이다. 그것은 그의 나약함에 대한 증표가 아니라 오히려 강력한 신앙의 행위였다. 그는 하나님만 바라보았다. 결국 그가 르호봇이란 땅에 이르리서는 이제 하나님의 축복이 그에게 임할 것을 알고서 말하기를 "이제는 여호와께서 우리를 위하여 넓게 하셨으니 이 땅에서 우리가 번성하리로다"(창 26:22)라고 하였다. 이삭은 하나님만으로 만족하고 다른 모든 것은 티끌처럼 작게 여기는 위대한 신앙을 가지고 있었기 때문에 하나님의 참되심을 체험할 수 있었다.

3. 야곱의 믿음 (창 32:22-32)

야곱은 얍복강 건너편에서 간절히 기도한 결과 하나님의 축복을 받았다. 그는 이삭의 둘째 아들이었으나 결국 장자의 기업을 물려받고야 말았는데, 그것이 성취되는 과정에는 그의 강력한 기도가 있었다. 그는 기도에 승리함으로써 하나님으로부터 장자의 기업을 받으리라는 의미에서 "이스라엘"이라는 귀한 이름을 받았다.

14 너희가 거룩하고 의로운 이를 거부하고 도리어 살인한 사람을 놓아 주기를 구하여. 유대인들의 죄는 의를 대항하는 악독한 반역행위였으니, 곧 의로우신 예수님은 죽이도록 내버려 두고 오히려 살인자는 놓아주도록 충동질한 것이었다. 구약에서는 흔히 메시아를 "거룩한 자"(시 16:10; 사 41:14) 또는 "의로운 자"(사 53:11; 렘 33:15)라고 지칭하였다(참조. 요 6:69; 행 7:52; 22:14; 요일 2:1).

15 생명의 주를 죽였도다. 베드로는 예수님을 죽이도록 획책한 유대인들의 죄악은 인류에게 생명을 주시는 주님을 배척하고 죽이는 우매한 짓이었다고 지적한다.

그러나 하나님이 죽은 자 가운데서 그를 살리셨으니. 유대인들은 "거룩하고 의로운 이"를 죽였지만 하나님은 그를 다시 살리셨는데, 이것은 유대인들의 불의에 대한 하나님의 심판이기도 하다. 그렇다면 예수님의 부활은 하나님의 의를 드러낸 일이라고 할 수 있다(요 16:10). 그러므로 예수님의 부활 사건은 자명한 진리인데, 왜냐하면 진정한 의는 진실성을 그 생명으로 지니고 있기 때문이다.

우리가 이 일에 증인이라. 사도들이 증인의 자격을 가지는 이유는 그들이 예수님의 부활을 확실히 목격하고 증언하기 때문이다(행 1:21-22; 고전 9:1). 특별히 여기서 "증인"(μάρτυς)이라는 용어는 법정 용어인데, 어떤 사건의 사실성에 생명을 걸고 증언하는 자를 의미한다.

설교▶ 하나님께서 홀로 세우신 사죄의 제도(3:14-15)

시편 49:7-8에 말하기를 "아무도 자기의 형제를 구원하지 못하며 그를 위한 속전을 하나님께 바치지도 못할 것은 그들의 생명을 속량하는 값이 너무 엄청나서 영원히 마련하지 못할 것임이니라"고 하였다. 죄를 정하시는 이가 하나님이시니 그 정죄를 풀어주실 이도 오직 하나님뿐이시다. 그가 우리의 죄를 속하기 위하여 독생자(예수 그리스도)를 보내신 것은 그의 열심을 보여주신 일이다. 이사야 9:7하에서는 "만군의 여호와의 열심이 이를 이루시리라"고 하였는데, 이처럼 우리의 구원을 이루시는 의를 "하나님의 의"라고 부를 수 있다.

베드로는 우리를 위한 속죄제물이 오직 하나님께서 주신 것이며 하나님이 정하신 것임을 지적하여 말하기를 "너희가 그를 넘겨주고 빌라도가 놓아 주기로 결의한 것을 너희가 그 앞에서 거부하였으니 너희가 거룩하고 의로운 이를 거부하고 도리어 살인한 사람을 놓아 주기를 구하여

생명의 주를 죽였도다 그러나 하나님이 죽은 자 가운데서 그를 살리셨으니"(행 3:13-15)라고 하였다. 그는 여기서 인간이 하나님께서 보내신 속죄자를 반역한 죄를 지적한다.

그리스도를 속죄자로 정하신 것은 오직 하나님께서 하신 일이며(18절), 그가 우리를 위한 속죄의 제물이 되신 것은 천박한 인간의 역사가 아니고 전적으로 하나님의 고유한 역사로 말미암아 이루어진 참된 것이다. 이와 같은 속죄제도에 대하여 부패한 인류는 반항한다(14-15상). 하지만 인류의 그러한 반항이 곧 그 같은 역사를 신뢰할 만한 것으로 만들어준다. 구속을 이루시는 하나님의 고유한 사역에 대해서는 계시의 역사가 일관적으로 증언하고 있다. 곧 구약 시대에 번제를 드렸던 제단도 전적으로 하나님의 역사를 증거하는 장소였다. 그것은 단순하게 흙으로 쌓든지 혹은 다듬지 않은 돌로 쌓아야 했다. 하나님께서 그와 같이 지시하신 이유는 인류가 하나님을 만나는 장소에 인공적인 노력이 더해질 여지가 없음을 보여주기 위함이다. 또한 제단에서 타오르는 불도 하나님 앞에서 나온 불이었으니(레

9:24), 이 또한 인위적인 도움을 배제한다는 것을 상징한다.[17]

구약의 그와 같은 제도는 그리스도의 죽으심과 오순절 성령 강림으로 온전히 실현되었다. 하나님의 경륜대로 그리스도는 십자가에서 죽음을 당하셨고(속죄제물로서), 그의 부활 승천 후에 하나님의 경륜대로 성령께서 오셨다.

16 그 이름을 믿으므로 그 이름이 너희가 보고 아는 이 사람을 성하게 하였나니 예수로 말미암아 난 믿음이 너희 모든 사람 앞에서 이같이 완전히 낫게 하였느니라. "그 이름을 믿으므로"라는 문구는 베드로의 믿음과 고침 받은 사람의 믿음을 동시에 가리킨다. 6절은 베드로의 믿음을, 5절은 그 장애인의 믿음을 각각 보여준다. "그 이름"의 내용은 예수님께서 하나님의 아들이심을 가리킨다. 베드로에게는 "그 이름"을 믿는 신앙이 있었으나 그 장애인에게는 그와 같은 믿음이 없었다. 그렇지만 그가 베드로의 신앙적 지도에 순종하였으니 그것 역시 그의 신앙으로 간주된다.

베드로는 밝히 증거하기를, 그 이적을 행하신 이는 오직 예수님이시라고 하였다. 곧 "그 이름이… 이 사람을 성하게 하였나니"라는 구절을 보아도 그렇고, "예수로 말미암아 난 믿음이… 이같이 완전히 낫게 하였느니라"고 말하는 것을 보아도 그렇다. 이 둘째 문구에서는 "믿음"도 예수로 말미암아 왔다고 하였으니, 그 같은 이적을 일으키신 이는 오직 예수님뿐이심을 알 수 있다.

17 형제들아 너희가 알지 못하여서 그리하였으며 너희 관리들도 그리한 줄 아노라. 베드로는 이제 하나님의 긍휼에 의지하여 권면한다. 유대인들의 죄가 비록 크지만(13-15절), 하나님의 긍휼과 그리스도 예수의 공로는 그보다 더 크다(사 1:18). 그러므로 그들이 진실한 마음으로 회개하기만 하면 하나님께

---

17) Fairbairn, *Typology of Scripture II*, 262-265.

서 그들의 죄를 용서하실 것은 분명하다.

"너희가 알지 못하여서 그리하였으며." 이 말은 ① 그들에게 죄책이 없다는 의미가 아니다. 모르고 행한 것일지라도 불법은 죄인데(참조. 요일 3:4) 다만 부드러운 표현으로 그들의 죄책을 지적한 것이다. 사람이 회개한다는 것은 자기의 죄책을 짊어진다는 의미다. ② 죄인들에게 소망을 주시는 위로의 말씀이다. 하나님의 아들 예수 그리스도를 죽인 악독한 죄인들도 이런 위로의 말씀을 받는 동시에 회개의 기회를 받았다. 하나님께서 죄인을 대하실 때는 언제나 그들에게 회개의 기회를 주신다.

18 그러나 하나님이 모든 선지자의 입을 통하여 자기의 그리스도께서 고난 받으실 일을 미리 알게 하신 것을 이와 같이 이루셨느니라. 베드로는 여기서 하나님의 예정과 섭리를 전면에 내세워 그의 구원 계획과 성취를 설명한다. 곧 유대인들은 알지 못하고 예수님을 죽였으나 하나님은 미리부터 그렇게 될 것을 아시고 (예정하시고) 예고하셨다는 것이다. 다시 말해 유대인들이 예수님을 죽였으나 결과적으로 하나님은 실패하신 것이 아니라 도리어 그 일을 인류 속죄를 위한 방편으로 삼으실 것을 영원 전부터 예정하셨다는 것이다(참조. 잠 16:4).

19 그러므로 너희가 회개하고 돌이켜 너희 죄 없이 함을 받으라 이같이 하면 새롭게 되는 날이 주 앞으로부터 이를 것이요. 예수님의 죽음은 하나님의 구원 계획에 포함된 속죄의 죽음이니, 그러한 주님을 믿고 회개하는 자마다 사죄를 받을 소망이 있다. 인간은 우연한 사건을 통해서는 아무런 소망도 가질 수 없지만, 하나님께서 작정하신 영원한 구원 계획에 참여하기만 하면 확실한 소망을 가진다. 그리스도께서 당하신 속죄의 죽음이 가지는 언약적 성격(예정과 예언)으로 인해(18절) 회개하는 신자들은 그들의 죄악이 아무리 클지라도 "죄 없이 함"(τὸ ἐξαλειφθῆναι ὑμῶν τὰς ἁμαρτίας)을 받게 될 뿐 아니라 "새롭게 되는 날"(καιροὶ ἀναψύξεως)이 그들 앞에 이르게 되고, 주님의 재림으로 인해 만유가 회복되는(ἀποκαταστάσεως πάντων) 복에 참여한다(21절). "죄 없

이 함"이라는 문구에서 "없이 함"(ἐξαλειφθῆναι)은 죄악의 기록을 도말하는 것을 의미한다.[18] 빌렝가(B. Wielenga)는 말하기를 "죄를 도말하는 것은 죄를 가리어주는 것보다 더욱 강력하다. 사도 베드로 자신이 이 진리를 체험하였으니, 그는 일찍이 예수님을 부인한 후 통곡하며 자복하고 용서를 받았다. 그는 이후로 그 범죄에 대하여 언급하지 않는다. 그는 도무지 범죄하지 않은 자와 동일하게 되었다."라고 하였다.[19]

"새롭게 되는 날"(καιροὶ ἀναψύξεως)은 예수님의 초림으로 말미암은 영적 구원의 기회들(καιροὶ)을 가리킨다. 이는 회개하는 자들이 죄에서 해방되어 영적 평안을 얻음을 가리킨다. 여기서 "기회들"(καιροὶ)이라는 말은 "날"이라는 단어와 달리 우리가 이러한 시기에 심리적으로 긴장해야 할 것을 보여준다. 이때(신약 시대)는 의미심장한 기회다. "기회는 오직 한 번만 문을 두드린다."라고 한 격언도 있으니 그것도 "기회"라는 말의 의미를 알려준다.

20 또 주께서 너희를 위하여 예정하신 그리스도 곧 예수를 보내시리니. "예수를 보내시리니." 이는 그리스도의 재림을 가리킨다. 그 사건도 오래전부터 선지자들이 예언한 대로 이루어질 것이라고 하였으니(21절), 구원 계획은 온전히 하나님의 지혜와 능력으로 성취되는 것이다. 구원 계획의 이러한 성격은 우리에게 믿음을 가져다준다.

21 하나님이 영원 전부터 거룩한 선지자들의 입을 통하여 말씀하신 바 만물을 회복하실 때까지는 하늘이 마땅히 그를 받아 두리라. "영원 전부터"(ἀπ' αἰῶνος)라는 표현은 "오래전부터" 혹은 "옛날부터"라는 뜻이다(Knowling).

"거룩한 선지자들의 입"을 통하여 만유를 회복하시는 일에 대한 말씀은 이사야 11:6-9; 35:1-10에도 있다. "만유를 회복"하신다는 것은 그리스

---

18) Theodor Zahn, *Die Apostelgeschichte des LucasI/II*, KNT 5 (Leipzig, 1919), 155.
19) B. Wielenga, *Van Jerusalem Naar Rome*, Tweede Deel J. H. Kok. (Kampen, 1928), 35.

도의 재림으로 말미암아서만 이루어질 복된 신천신지의 시대를 염두에 둔 말씀이다. 이 시기가 오기 전에는 그리스도께서 하늘에 계신다. 여기서 "회복"(ἀποκαταστάσεως)이라는 말은 주님의 재림 시에 만물이 새롭게 되는 영화(榮華)를 가리킨다.

22 모세가 말하되 주 하나님이 너희를 위하여 너희 형제 가운데서 나 같은 선지자 하나를 세울 것이니 너희가 무엇이든지 그의 모든 말을 들을 것이라. 이 구절 첫머리에 설명 접속사 "가르"(γὰρ)가 나오는데 우리말 성경에는 그 말이 번역되지 않았다. 이것은 "곧", 혹은 "말하자면"이라고 번역되어야 한다. 이것은 앞 절의 "선지자들"(προφητῶν)이라는 말에 대한 설명을 이끄는 접속사다.

앞 절에서는 예수 그리스도가 하늘에 계시는 시기가 있음을 말한 바 있다. 이 시기는 사실상 신약 시대로서 교회가 그의 말씀을 믿어야 할 때다. 그런데 이 시기(신약 시대)에 대하여 일찍이 모세가 예언하였으며(신 18:15) 과연 그의 예언대로 이루어졌다. 그러므로 우리는 여기서 이루어진 사실을 진실하게 믿어야 한다. 여기서 "모세"의 말 가운데 "너희 형제 가운데서 나 같은 선지자 하나"라고 한 것을 보면 그 선지자는 인성을 지닌 것이 분명하다. 그러므로 그는 사람과 하나님 사이에 중보자(예수)이신 것이 분명하다(딤전 2:5).

빌렝가는 말하기를 "모세가 검으로 다스리지 않고 말씀과 성령으로 다스렸던 것처럼, 메시아 역시 그리하셨으며, 하나님 백성의 생사 문제가 모세의 말씀에 달려 있었던 것과 같이 메시아의 말씀 역시 그러하다."라고 하였다.[20]

그런데 우리는 이보다는 다음과 같은 사실에서 모세와 예수님의 공통점을 찾을 수 있다. 곧 모세는 구약 시대에 하나님의 백성을 위하여 충성하였고, 예수님은 신약 시대에 하나님의 백성을 위하여 충성하셨다는 것이

---

20) Ibid., 39.

다(히 3:1-6).

23 누구든지 그 선지자의 말을 듣지 아니하는 자는 백성 중에서 멸망 받으리라 하였고. "그 선지자"(τοῦ προφήτου)라는 표현은 관사를 동반하고 있으며, 따라서 특수한 선지자 곧 메시아(그리스도)를 의미한다. 그러므로 그의 "말을 듣지 아니하는 자"는 영원히 멸망받을 수밖에 없다(요 3:16).

24 또한 사무엘 때부터 이어 말한 모든 선지자도 이 때를 가리켜 말하였느니라. 모세뿐만 아니라 다른 많은 선지자도 한목소리로 메시아께서 오실 것을 예언했는데 과연 그 예언대로 메시아가 오셨다.

메시아 예언이란 단지 메시아에 대해 직접 언급하는 몇몇 예언 문구들에 국한된 것이 아니며 메시아 시대를 예표하는 구약의 모든 제도나 규례들 역시 간접적으로 메시아에 관한 예언이라 할 수 있다. 이런 측면에서는 구약성경의 모든 말씀이 전적으로 메시아에 대한 예언이라 해도 무방하다. 베르카우어(G. C. Berkouwer)는 말하기를 "그리스도에 관한 구약성경의 예언은 단조롭게 중복되는 메시아에 대한 예언의 메시지들에 그치는 것이 아니라 메시아의 도래에 대한 예언을 포함하는 광범위한 하나님의 행동으로 채워져 있기 때문에, 구약성경과 신약성경을 서로 연관 지어 해석하지 않고서는 그 의미를 바로 깨달을 수 없다."라고 하였다.[21]

따라서 예수 그리스도의 초림을 구약의 성취라고 말할 때는 직접적인 예언들의 성취만을 가리키는 것이 아니다. 바빙크에 의하면, 구약성경의 성취는 신약성경에서 특별히 "참"(Ware)이라는 용어로 진술되었다고 간주할 수 있다. 그는 말하기를 "그리스도는 참된 선지자시며(행 3:23), 참된 제사장이시고(히 4:14), 참된 임금이시며(요 18:37), 참된 주의 종이시고(빌 2:7), 참된 화목제물이시며(롬 3:25), 참된 제물이시고(엡 5:2), 참된 할례이시며(골 2:11), 참된 유월절 양이시다(고전 5:7). 따라서 그의 교회는 아브라함

---

21) G. C. Berkouwer, *The Person of Christ* (1954), 136, 141.

의 참된 씨요, 참된 이스라엘인 동시에 하나님의 참된 백성이며,[22] 하나님의 참된 성전이자(고전 3:16; 고후 6:16; 엡 2:21-22) 참된 시온이고 예루살렘이며(갈 4:26; 히 12:22), 그들의 영적 제물은 참된 종교다(요 4:24; 롬12:1; 빌 3:3; 4:18)."라고 하였다.[23] 참되다는 것은 그림자나 예표와는 대조되는 완전한 실물을 가리킨다.

25 너희는 선지자들의 자손이요 또 하나님이 너희 조상과 더불어 세우신 언약의 자손이라 아브라함에게 이르시기를 땅 위의 모든 족속이 너의 씨로 말미암아 복을 받으리라 하셨으니. 여기서 "너희는"(ὑμεῖς)이라는 지시대명사는 강조 혹은 역설의 표현이다. 베드로가 이처럼 회중에게 강조하는 목적은, 그들로 하여금 예수님이 메시아이심을 긍정적으로 받아들이도록 하여 그를 절대적으로 믿어야 한다는 것을 확실히 하려는 것이다(Βενγελ οβλιγατ αυδιτορεσ).

"선지자들의 자손"이라는 표현은 선지자들이 예언한 바가 베드로 당시 유대인들의 목전에서 이루어졌다는 뜻이고, "언약의 자손"이라는 말은 아브라함에게 언약하신 바가 이제 저들에게 이루어졌음을 가리킨다. 선지자들은 실상 아브라함에게 주신 언약과 관련된 사항들을 중심으로 예언하였으니, 그들의 말씀은 실질적으로 아브라함에게 주신 언약에 대한 발전적인 설명이라고 할 수 있다. 그렇다면 구약 전체는 하나님께서 그리스도를 세상에 보내주신 것이라는 언약이며, 신약은 그리한 언약의 성취다. 베드로 당시의 유대인들은 이 같은 성취를 목격했으니 그들은 "언약의 자손"이라고 불리는 것이다. 그러므로 그들은 필연적으로 신약의 복음을 믿어야 하는 자들이다. 그럼에도 불구하고 믿지 않는 자들의 죄는 더욱 크다(눅 12:47-48).

"아브라함에게 이르시기를 땅 위의 모든 족속이 너의 씨로 말미암아

---

22) 마 1:21; 눅 1:17; 롬 9:25-26; 고후 6:16-18; 갈 3:26; 딛 2:14; 히 8:10; 벧전 2:9; 계 21:3.

23) Hermann Bavinck, *Gereformeerde Dogmatiek III* (Kampen, 1929), 234.

복을 받으리라." 하나님께서 일찍이 아브라함에게 주셨던 이 말씀은 그의 자손 중에서 전 세계를 구원할 구주(예수 그리스도)가 나시리라는 예언이다 (창 12:3; 22:18; 26:4; 28:14; 참조. 갈 3:16). 특히 창세기 12:3에는 "땅의 모든 족속이 너로 말미암아 복을 얻을 것이니라"고 하였으니 여기서 "땅의 모든 족속"(ηµδ˝ἀὴ τξοῙµι λKo)이라는 표현은 확실히 전 세계의 모든 인류를 염두에 둔 보편주의적인 묘사다.

델리취(Delitzsch)는 이 점에 대하여 말하기를 "여기서 '땅'이라는 용어는 창세기 3:17에 선포된 저주와 관련된 것이다. 그리고 '모든 족속'이라는 표현은 이미 창세기 10:5, 20, 31에서 제시된 전 세계로 흩어진 모든 민족을 가리키는 것이다. 그러므로 아브라함에게 주신 구원의 복은 흩어진 모든 민족을 연합시키실 것을 가리키므로 창세기 12:3에 주어진 계약의 말씀은 모든 국가와 모든 시대를 포괄한다. 바움가르텐(Baumgarten)의 말대로 아브라함에게 주신 이 계약은 모든 사람의 구원을 위한 하나님의 포괄적인 계획을 축소해서 보여주는 지도와 같다."라고 하였는데,[24] 칼빈도 이와 동일한 의미로 말한 적이 있다.[25]

특별히 창세기 22:18은 아브라함에게 주신 구원계약의 범세계적인 특성을 더욱 명백히 보여준다. 곧 "네 씨로 말미암아 천하 만민이 복을 받으리니"라고 하였으니, 여기 이른바 "만민"(⋯ ⋯)이라는 용어는 아주 분명하게 "이방 국가들"을 의미한다. 이처럼 이방 민족들도 그리스도 안에서 아브라함의 자손으로 간주되어 계약에 포함된 사실을 부인할 수 없다. 예언서에도[26] 이 같은 사실과 이방 선교에 관한 말씀이 많이 포함되어 있다.

베드로는 이러한 약속의 말씀들이 예수님에게서 성취된 사실을 강조

---

24) F. Delitzsch, *Commentaries on the Old Testament: Pentateuch I*, 193.
25) John Calvin, *Commentaries on Genesis I* (1954), 348-49.
26) 시 87:4; 사 19:18; 44:5; 49:1-9; 52:13-15; 53:10-12; 미 4:1-2; 슥 8:23.

하면서 유대인들의 회개를 촉구하였다. 그 시대의 유대인들을 가리켜 "선지자들의 자손", 혹은 "언약의 자손"이라고 하였으니, 이는 아브라함에게 약속된 메시아께서 그들의 시대에 오셨기 때문에 그들은 그 약속의 실현을 직접 목격한 "자손"이라는 뜻이다.

26 하나님이 그 종을 세워 복 주시려고 너희에게 먼저 보내사. 이 말씀은 하나님께서 예수 그리스도를 이 세상에 보내셨다는 뜻이다. 여기서 특별히 "종"이라는 표현은 하나님의 뜻을 성취하실 메시아의 순종을 상기시키는 명칭이다. "먼저"라는 표현이 예수 그리스도의 초림을 의미한다는 학설이 있으나(Burton) 그것은 옳지 않다. 이 말은 예수 그리스도에 관한 복음이 이방인들에 앞서 "먼저" 유대인들에게 임했다는 뜻이다.

"복 주시려고"(εὐλογοῦντα)라는 표현은 말씀으로 복을 비는 일을 가리키는 것이 아니라 "실제적으로 복을 주시는 것"을 의미한다. 예수 그리스도의 말씀과 행위 자체가 우리에게 복이 된다.

너희로 하여금 돌이켜 각각 그 악함을 버리게 하셨느니라. 하나님께서 그리스도를 유대 민족에게 보내신 목적은 그들을 집단적으로 회개케 하시려는 것이 아니고 각각의 개인들로 하여금 악을 버리고 그리스도께로 돌이키게 하시려는 것이다. 여기 "각각"(ἕκαστον)이라는 용어는 그런 의미를 담고 있다. 하나님께서는 사람들을 개별적으로 대하신다. 이처럼 하나님의 인류 구원 운동은 온정이 담긴 것이다. 하나님은 그의 백성 전체의 하나님이신 동시에, 나 한 사람의 하나님이시다.

설교▶ 이적에 대한 사도들의 태도 (3:1-26)

베드로와 요한이 성전 미문에서 나면서부터 걷지 못하는 사람을 고친 것은 사도들의 이적 가운데서 대표적인 예다. 우리는 여기서 이적을 행한 사도들의 태도에 대하여 생각해보고자 한다.

1. 그들은 이적을 행하신 이가 사람이 아니고 그리스도시라고 증거했다

4절에서 "베드로가 요한과 더불어 주목하여 이르되 우리를 보라"고 하였다. 베드로가 이같이 말한 이유는 그들의 얼굴에 이적을 행할 만한 어떤 능력이 나타나 있음을 보라는 것이 아니고, 오직 서로의 시선을 맞추어 인격적인 대면을 통해 그리스도를 전하기 위해서였다. 그는 이적을 행한 후에 밝히 증거하기를 "이스라엘 사람들아 이 일을 왜 놀랍게 여기느냐 우리 개인의 권능과 경건으로 이 사람을 걷게 한 것처럼 왜 우리를 주목하느냐"(12절)라고 하였다. 사도들은 이처럼 이적을 행하는 능력이 자기들의 경건과 전혀 무관함을 지적하였다. 그가 장애인에게 명령하기를 "은과 금은 내게 없거니와 내게 있는 이것을 네게 주노니 곧 나사렛 예수 그리스도의 이름으로 걸으라"고 한 것은 그리스도의 이름이 가진 능력에 대한 그의 신앙을 보여준다. 베드로는 그 믿음까지도 예수님께서 주셨다고 말한다(16절).

2. 그들은 이적보다도 그리스도를 전파하는 말씀 증거 사역에 집중하였다

13-26절은 베드로가 그리스도를 높이며 증언한 장문의 설교다. 그는 이 설교에서 그리스도를 가리키는 다양한 표현을 사용하였다.

1) 그는 언약의 주님이신 하나님(아브라함, 이삭, 야곱에게 약속하시고 성취하시는 하나님)께서 그리스도를 영화롭게 하셨다고 했으며(13상),

2) 생명의 주님을 죽인 유대인들의 죄를 지적한다(13하-15상).

3) 그는 하나님께서 그리스도를 죽은 자 가운데서 다시 살리셨으며 사도들은 그 일을 증거한다고 말하며(15절),

4) 그는 다시 살아나신 그리스도의 이름이 갖는 권세를 믿음으로써(이 믿음도 그리스도께서 주신 것이다) 나면서부터 걷지 못하던 사람이 고침을 받았다고 말한다(16절).

5) 그는 회개하는 자에게 주님으로 말미암아 평안이 임할 것이라고 위로하고(17-19절),

6) 그리스도 예수께서 재림하실 것을 예언하였다(20절).

7) 그는 현재 그리스도께서 하늘에 계신다고 말하며(21절),

8) 그리스도가 모세의 예언과 모든 선지자의 예언대로 오신 분이시니 유대인들은 마땅히 그를 믿어야 하며(22-24절), 더욱이 그들은 그리스도의 약속에 참여한 자들이므로 더더욱 믿어야 한다고 강조한다(25-26절).

우리는 베드로의 이 설교가 철두철미하게 그리스도 중심적이라는 사실을 볼 수 있다. 사도들의 설교는 언제나 이러하였다(2:14-36; 4:8-12; 5:29-32). 그들은 이적 중심이 아니었고 시종일관 그리스도 중심이었다(고전 1:22-23).

제 4 장

↓ 개요

1. 복음을 백성에게 전함(1-2절)

하나님의 진리는 권세 있고 지식 있는 사람들보다 가난한 사람, 어린아이와 같이 겸손한 사람들이 더욱 잘 깨닫는다. 지식을 가진 자들은 대개 교만하며, 따라서 하나님께서는 그들을 배척하신다. 야고보서 4:6에서는 "하나님이 교만한 자를 물리치시고 겸손한 자에게 은혜를 주신다"라고 하였다. 예수님은 땅 위에 계실 때에 가난한 사람들에게 복음을 전하셨다(눅 4:18).

2. 복음이 바로 전파되는 때에 사탄은 그것을 막으려고 함(3-22절)

그러나 하나님께서는 이런 때에 그의 자녀들에게 용기와 능력을 주셔서 핍박을 견디어 나아가도록 하여 주신다. 다만 주의할 것은 이러한 상황에서 그들이 자신에게 주어진 책임을 충실하게 이행해야 한다는 것이다 (Calvin).

3. 교회의 내부적 생활(23-37절)

신자들은 핍박과 환난 때문에 하나님께 기도하였다(23-31절). 그리고 그들은 은혜 가운데서 서로 쓸 것을 나누었다(32-37절).

↓ 내용분해

1. 사도들이 전도한 결과 믿는 자들이 많아짐(1-4절).
2. 핍박자들이 일어남(5-7절).
3. 베드로의 설교(8-12절).
4. 핍박자들이 사도들을 비난할 말이 없으므로 그들에게 다시는 예수의 이름을 전하지 말라고 위협함(13-18절).
5. 베드로와 요한이 담대히 항변함(19-20절).
6. 핍박자들이 어떻게 할 방도를 찾지 못함(21-22절).
7. 사도들이 풀려나서 일심으로 기도함(23-31절).
8. 신자들이 재물을 서로 나눔(32-37절).

↓ 해석

1 사도들이 백성에게 말할 때에 제사장들과 성전 맡은 자와 사두개인들이 이르러. 여기서 "제사장"이란 말은 테오도르 찬의 설명처럼 성전을 지키는 특수한 제사장들을 가리킨 듯하다(Grosheide). "성전 맡은 자"(ὁ στρατηγὸς)는 성전을 경호하는 책임자를 가리킨다. 이들이 다가온 것은 무력으로 사도들을 붙잡기 위함이었다. "사두개인들"은 부활을 믿지 않는 자들이다.

2 수 안에 죽은 자의 부활이 있다고 백성을 가르치고 전함을 싫어하여. "예수 안

에"(ἐν τῷ Ἰησοῦ)라는 문구의 뜻은 그들이 예수 안에 있는 죽은 자들의 부활에 대한 소망을 전하는 것을 싫어하였다는 것이다. 여기서 "부활"은 일차적으로 예수님의 부활을 의미하는 동시에 그로 말미암아 성취되는 모든 성도의 부활을 의미한다.

"싫어하여"(διαπονούμενοι)라는 단어는 "화가 나서", 혹은 "심히 괴로워서"라고 번역될 수도 있다. 제사장들은 백성을 가르치는 사도들의 권위가 자기들의 권위와 대립하기 때문에 마음이 상했을 것이다. 그리고 사두개인들은 부활을 믿지 않는 자들이니 그들은 그리스도의 부활을 전하는 사도들의 전도에 화가 났을 것이다.

복음의 진리는 하늘에서 온 것이기 때문에 세상에서는 어느 편에서든지 박해를 받는다. 그러나 그것은 하나님의 진리이기 때문에 마침내 승리한다(요 15:18-19; 16:33).

3 그들을 잡으매 날이 이미 저물었으므로 이튿날까지 가두었으나. 유대 랍비의 법에 밤중에는 심문하지 못하도록 규정되어 있다(Knowling). 그러므로 사도들은 밤새 감옥에 갇혀 있었던 듯하다.

4 말씀을 들은 사람 중에 믿는 자가 많으니 남자의 수가 약 오천이나 되었더라. 이것은 사도들의 붙잡힘이 가져온 결과를 보여주는데, 복음은 위협을 당할수록 도리어 더욱 힘 있게 전파된다는 것이다. 이같이 신자의 숫자가 늘기 시작하여 얼마 후에는 수만 명이 되었다(5:14; 6:1, 7; 21:20).

5 이튿날 관리들과 장로들과 서기관들이 예루살렘에 모였는데. 이것은 산헤드린 공회의 모임을 가리킨다. 여기에 "관리들"로 번역된 헬라어(ἄρχοντας)는 다스리는 자들이란 뜻을 가지는데, 아마도 "대제사장들"을 의미할 것이다. "장로"는 기독교회의 장로와 정확히 일치하지는 않는다. 이 직분은 모세가 이스라엘 백성의 재판 사건들을 처리하기 위하여 세운 것이었다(민 11:16-17). "서기관들"은 율법을 해석하는 선생들이다. 어느 시대나 교권주의자들이 주님의 진실한 종들을 핍박한다.

6 대제사장 안나스와 가야바와 요한과 알렉산더와 및 대제사장의 문중이 다 참여하여. "안나스"는 그 당시 현직 대제사장은 아니었지만 현직 대제사장 가야바의 장인이었고 또 유력한 인물이었으므로 그의 이름이 함께 기록되었다. "요한"이라는 인물이 누구를 가리키는지 정확히 알 수는 없으나 테오도르 찬은 추측하기를 주후 36년에 대제사장이 되었던 요나단(안나스의 아들)을 가리키는 것으로 보았다. "알렉산더"에 대하여는 알려진 바가 없다.

7 사도들을 가운데 세우고 묻되 너희가 무슨 권세와 누구의 이름으로 이 일을 행하였느냐. 산헤드린 공회는 유대 사회에서 최고의 권위를 가진 종교회의다. 그들이 공회를 소집하고 사도들을 심문한 것은 사도들의 전도를 막기 위해 최대한의 노력을 기울였다는 증표다.

"무슨 권세와 누구의 이름으로 이 일을 행하였느냐." 이것은 사도들이 나면서부터 걷지 못하는 사람을 고친 이적이 하나님 외에 어떤 다른 신의 능력으로 이루어진 것은 아닌지 확인하기 위해(신 13:1) 질문한 것이다(Knowling). 어떤 학설에 이 질문은 교리적 투기심에서 비롯된 것이라고 한다. 다시 말해 산헤드린 공회의 허락 없이 어찌 그런 이적을 행하였느냐 하는 질문이라는 것이다. 그러나 이것보다는 앞의 해석이 옳다고 생각된다. 그들은 자신들이 오직 하나님의 권세와 이름을 높이기라도 하는 것처럼 질문하였다(Calvin). 그러나 그것은 형식으로만 하나님을 높이는 체하는 외식에 불과하다. 신앙이 타락한 자들은 이같이 외면적인 경건으로 자신을 드러내고자 한다.

8 이에 베드로가 성령이 충만하여 이르되 백성의 관리들과 장로들아. 베드로가 이처럼 위세 등등한 공회원들 앞에서 담대히 말할 수 있었던 것은 일찍이 예수님께서 약속해 주셨던 것처럼 성령의 도우심으로(마 10:19-20) 가능하게 된 것이었다. 비상한 시국에는 하나님께서 그의 충성스런 종들에게 비상한 능력을 허락해주신다.

9 만일 병자에게 행한 착한 일에 대하여 이 사람이 어떻게 구원을 받았느냐고 오늘 우

리에게 질문한다면. 베드로의 담력이 이 같은 그의 발언에 뚜렷이 나타났다. 그는 담대한 말로 심문자들에게 응하면서 자기가 병자를 고친 것은 "착한 일"인데 어찌하여 심문하느냐는 반론의 태도를 넌지시 비쳤다. 베드로의 담력은 확실히 성령 충만의 결과다.

10-11절. 베드로는 여기서 그리스도가 인간에게는 버림당하셨지만 하나님께서 그를 세우셨다고 증거한다. 이것은 기독교의 유래를 설명하는 적절한 표현이다. 기독교는 사람이 지어낸 종교가 아니라 하나님께서 세우신 구원의 복음이다. 그러므로 기독교의 복음은 우리가 절대적으로 신뢰할 수 있는 것이다.

만일 기독교에 인간의 힘이 혼합되어 있다면 기독교는 그만큼 허약한 종교일 것이다. 그러나 실제적으로 기독교에는 인간의 힘이 전혀 포함되어 있지 않다. 그야말로 흙 도가니에 일곱 번 단련한 은과 같이 순전하게 하나님의 힘으로만 이루어진 것이 바로 복음이다. 사람들은 예수 그리스도를 극렬하게 배척하여 그를 죽였다. 그러나 하나님께서 그를 다시 살리심으로 기독교의 복음을 완성하신 것이다. 이처럼 기독교가 이 세상에 수립되는 일은 하나님께서 홀로 이루신 일이며, 따라서 하나님의 단독사역(monergism)이라 할 수 있다.

10 **너희와 모든 이스라엘 백성들은 알라 너희가 십자가에 못 박고 하나님이 죽은 자 가운데서 살리신 나사렛 예수 그리스도의 이름으로 이 사람이 건강하게 되어 너희 앞에 섰느니라.** 베드로는 예수님을 증거할 때 두 가지 대조를 통해 그를 믿어야 할 이유를 제시한다. 첫째, 사람들은 악하여 그를 핍박하고 죽였지만 하나님이 그를 다시 살리셨다는 것인데, 따라서 그리스도의 이름(복음)은 하나님께서 홀로 이루신 구원의 소식이다. 둘째, 그는 나사렛 사람이었지만 하늘에서 오신 그리스도 자신이시라는 것인데, 이처럼 오묘한 진리야말로 우리가 믿을 만한 지극히 깊은 것이다. 그는 죽임을 당하셨지만 다시 살아나셨고, 그는 참 사람이시며 또한 참 하나님이시다.

베드로는 자기 앞에 앉아 있는 산헤드린 공회원들을 향하여 "너희"가 죽였으나 "하나님"께서 다시 살리신 예수의 이름이 가진 권세로 말미암아 나면서부터 걷지 못하던 사람이 고침을 받았다고 서슴없이 증언한다. 이것은 그가 확신과 담력으로 증언한 말이다. 이 말을 들은 살인자들, 곧 산헤드린 공회원들은 간담이 서늘해졌을 것이다. 담대한 전도자는 이처럼 악한 심령에 교란을 일으키기를 두려워하지 않으며, 하나님의 말씀을 그대로 직언한다.

11 이 예수는 너희 건축자들의 버린 돌로서 집 모퉁이의 머릿돌이 되었느니라. 여기서는 예수님을 시편 118:22에 기록된 말씀의 성취로 해석하고 있다. "건축자들"은 "이스라엘 민족의 지도자들"을 비유한다. 이 말은 베드로가 그의 눈앞에 있는 산헤드린 공회원들을 지칭한 것이라고 할 수 있다. 그렇다면 이 구절 역시 그들이 예수를 죽인 죄를 정면으로 지적하는 담대한 말이다.

예수 그리스도를 "돌"에 비유한 것은 베드로가 즐겨 사용하는 표현이다(벧전 2:4-8). "집 모퉁이의 머릿돌"(κεφαλὴν γωνίας)은 성전의 두 벽을 연결하기 위해 놓여 있는 요긴한 돌이다. 이것은 건물의 터를 대표하는 상징적인 초석(foundation stone)이라고 할 수 있다. 시편의 예언과 같이 그리스도는 당시 이스라엘의 지도자들에게 버림을 받아 죽임을 당하셨으나 다시 살아나셔서 교회의 터가 되셨다.

12 다른 이로써는 구원을 받을 수 없나니 천하 사람 중에 구원을 받을 만한 다른 이름을 우리에게 주신 일이 없음이라 하였더라. 이 구절의 헬라어 원문[27]은 다음과 같이 개역할 수 있다. "또한 다른 아무에게도 구원이 없으니 우리로 하여금 반드시 구원 얻도록 해주는 다른 어떤 이름도 하늘 아래 인간계에 주신 바 없다." 여기서 "구원"이란 말은 육신과 영혼을 아우르는 "전 인격의 구원"

---

27) καὶ οὐκ ἔστιν ἐν ἄλλῳ οὐδενὶ ἡ σωτηρία, οὐδὲ γὰρ ὄνομά ἐστιν ἕτερον ὑπὸ τὸν οὐρανὸν τὸ δεδομένον ἐν ἀνθρώποις ἐν ᾧ δεῖ σωθῆναι ἡμᾶς.

을 의미한다.

"천하 사람 중에… 없다"는 말은 예수님의 유일무이하신 구주의 자격을 절대적으로 보증하는 말씀이다. 언제 어디서나 죄인의 구주는 오직 예수 그리스도뿐이시다. 기독교를 다른 종교와 동일선상에 놓고 말하는 비교종교학자나 신신학자들은 이 말씀 앞에서 답변이 막힐 수밖에 없다.

예수님의 "이름"은 진리이시기 때문에 진정한 사람이라면 그를 믿지 않을 수 없다. 그 이름은 능력이시기 때문에 그 이름 안에서 우리는 안식할 수 있으며, 그 이름은 영광이시기 때문에 그는 찬양의 대상이 되시고, 그 이름은 위로이시기 때문에 그는 즐거움의 대상이 되신다. 예수님은 참되시고 유일한 길이시기 때문에 그를 떠난 자는 방황하게 되고, 그는 진리이시기 때문에 그를 떠난 자는 거짓말하는 자가 되고(요일 2:22), 그는 생명이시기 때문에 그의 안에 들어오지 않은 자는 허물과 죄로 죽은 상태에 머물게 된다(엡 2:1).

하늘 아래 계시종교 외에는 그 어떤 종교에도 참된 구원의 길이 없다. 자연인들이 만들어내는 모든 다른 종교는 어두움에 속한 것이다. 그 이유는 모든 다른 종교들이 기껏해야 인간의 자연적인 종교심의 발로에 불과하기 때문이다. 인간의 마음은 만물보다 거짓되고 심히 부패했다(렘 17:9).

설교 ▶ 사도 베드로가 행한 전도의 특징(4:5-12)

1. 그는 성령이 충만하여 말하였다(8절)

성령을 받지 못하고 전도하는 자는 결국 실패한다. 성령 충만은 어떤 특별한 사람들에게만 주시는 은혜가 아니고 누구나 받을 수 있는 것이다(엡 5:18). 성령 충만의 은혜는 하나님께서 무조건적으로 주시는 것이지만, (1) 신자 자신은 그 마음속의 우상을 타파해야 하며, (2) 하나님의 말씀에 순종해야 한다. 우리가 하나님께 순종하는 그 순간에 우리의 심령은 거룩해지며, 하나님의 임재를 느낄 수 있다. (3) 하나님의 말씀으로 충만해야 한다. 성령 충만은 곧 말씀 충만이다(Moody).

2. 그는 유대인들로 하여금 죄에 대한 감각을 가지게 만들었다(10-11절)

그는 유대인들이 예수님을 죽였으나 하나님이 그를 다시 살리셨다는 사실을 대조함으로써(10절) 그들의 양심을 찔렀다. 부패한 인간성은 언제나 죄로 의를 억누르고 의를 본체만체하며 결국 의를 소멸시킨다. 그러나 하나님은 마침내 의를 높이신다. 우리가 이 사실을 깨닫게 될 때 우리는 죄에 대한 감각을 가지게 된다. 그러나 의를 영원히 매장할 수 있다고 생각하는 자들은 죄에 대한 감각을 가질 수 없다.

3. 그는 예수님이 유일무이하신 구주이심을 알게 한다(21절)

현대 신학자들의 잘못된 경향은 기독교를 다른 종교와 동등한 위치에 놓는 것이다. 바르트(Karl Barth)의 변증법 사상은 역사의 계시(성경계시)가 절대적인 것이 아니라고 말함으로써 성경의 유일무이성을 폐지시키려 한다. 또한 성경을 비신화화(demythologizing)해야 한다고 주장하는 불트만(Bultmann)의 학설은 성경에 기록된 모든 말들과 사건들이 신화적 성격을 벗어나지 못한다는 것인데, 이는 기독교를 다른 종교의 교훈과 질적으로 동일선상에서 비교한 것이다. 이와 같은 신학 사상은 모두 다 기독교가 유일한 참된 종교라는 성경의 명백한 교훈을 거부하는 잘못된 것이다. 기독교의 복음은 유일무이하여 다른 종교나 철학과 동화하거나 혼합될 수 없다. 그러므로 신약성경은 그리스도 신자에게 주어지는 몫이 이 세상에서는 핍박받는 일이 될 수도 있음을 강조한다. 예수께서 이미 말씀하시기를 "내가 세상에 화평을 주러 온 줄로 생각하지 말라 화평이 아니요 검을 주러 왔노라 내가 온 것은 사람이 그 아버지와, 딸이 어머니와, 며느리가 시어머니와 불화하게 하려 함이니 사람의 원수가 자기 집안 식구리라"(마

10:34-36)라고 하셨으며, "너희가 세상에 속하였으면 세상이 자기의 것을 사랑할 것이나 너희는 세상에 속한 자가 아니요 도리어 내가 너희를 세상에서 택하였기 때문에 세상이 너희를 미워하느니라"(요 15:19)라고 하셨다. 베드로는 그의 서신에 말하기를 "사랑하는 자들아 너희를 연단하려고 오는 불 시험을 이상한 일 당하는 것 같이 이상히 여기지 말고 오히려 너희가 그리스도의 고난에 참여하는 것으로 즐거워하라 이는 그의 영광을 나타내실 때에 너희로 즐거워하고 기뻐하게 하려 함이라"(벧전 4:12-13)라고 하였다.

13-14 그들이 베드로와 요한이 담대하게 말함을 보고 그들을 본래 학문 없는 범인으로 알았다가 이상히 여기며 또 전에 예수와 함께 있던 줄도 알고 또 병 나은 사람이 그들과 함께 서 있는 것을 보고 비난할 말이 없는지라. 산헤드린 공회원들의 말이 막히게 된 이유가 여기에 열거되었다. 곧 그들이 사도들에 대하여 알게 된 세 가지 사실이다. ① 그들은 사도들이 학문 없는 평범한 사람이라고 알고 있었는데 그들이 담대하게 답변을 잘하는 것을 목격했으며(13상). ② 사도들이 예수님의 지도하에 있었으므로 그처럼 담대하게 변론할 수 있게 되었다는 사실을 깨닫게 되었고(13하). ③ 예수의 이름으로 고침 받은 그 사람이 사도들과 함께함으로써 그들이 행한 이적의 확실성을 증명하고 있다는 사실을 알게 되었다(14절).

만일 공회원들이 이 같은 사실들에 대해 양심적으로 반응했다면 그들은 예수 그리스도를 믿을 수밖에 없었을 것이다. 그런데도 그들은 진리를 막는(롬 1:18) 비양심적인 태도를 취한 것이다(참조. 행 4:15-17). 모든 불신앙은 비양심적인 행위다.

15 명하여 공회에서 나가라 하고 서로 의논하여 이르되. 사도들은 공개적으로 담대히 말했는데 공회원들은 비밀회의를 열었다. 이것은 마치 빛과 어두움의 차이점과 같다. 진리는 언제나 광명정대한 반면 비진리는 사악하고 음

흉하다.

16 이 사람들을 어떻게 할까 그들로 말미암아 유명한 표적 나타난 것이 예루살렘에 사는 모든 사람에게 알려졌으니 우리도 부인할 수 없는지라. 공회원들은 사도들의 이적을 부인하고자 하는 마음이 간절했지만 이미 "예루살렘에 사는 모든 사람에게" 이 사실이 알려졌으므로 부인할 수 없었다. 그들은 그 사건이 참된 것임에도 불구하고 은폐하려 하였으며, 자신들의 양심을 누르면서 진리를 막아 버리는 일에만 급급하였다.

17-18 이것이 민간에 더 퍼지지 못하게 그들을 위협하여 이 후에는 이 이름으로 아무에게도 말하지 말게 하자 하고 그들을 불러 경고하여 도무지 예수의 이름으로 말하지도 말고 가르치지도 말라 하니. 위협과 협박으로 진리를 막으려는 행위는 가장 어리석은 것이다. 진리는 위협을 받을수록 더욱 전파된다. "예수의 이름"은 예수님의 계시, 또는 그의 권위를 가리킨다. 산헤드린 공회원들은 어디까지나 예수님을 미워하여 사도들을 위협하는 불의한 수단을 쓰게 되었다. 그들이 사도들을 위협한 것은 결국 하나님의 아들 예수를 위협한 셈이 된다.

19 베드로와 요한이 대답하여 이르되 하나님 앞에서 너희의 말을 듣는 것이 하나님의 말씀을 듣는 것보다 옳은가 판단하라. 이것은 공회원들의 양심에 호소하는 말이다. 이것은 진정한 종교적 진리 문제 앞에서 언제나 지켜야 할 황금률이다. 진정한 윤리는 하나님을 중심으로 삼는 것이며, 하나님을 최우선시하는 것이다.

20 우리는 보고 들은 것을 말하지 아니할 수 없다 하니. 사도들은 공회원들의 제지 명령에 불복하고 "보고 들은" 사실에 대한 양심적 고백을 하지 않을 수 없다고 대답한다. 진리와 사실대로 움직이는 양심은 제재할 수 없다.

누구든지 자기 양심이 진리대로 움직이는 일을 스스로 제재하는 것은 하나님의 말씀을 받는 기관을 질식시키는 일이다. 그것은 자살과 같은 무서운 악이며, 그 결과는 멸망이다.

21 관리들이 백성들 때문에 그들을 어떻게 처벌할지 방법을 찾지 못하고 다시 위협하여

놓아 주었으니 이는 모든 사람이 그 된 일을 보고 하나님께 영광을 돌림이라. 산헤드린 공회원들이 실제적으로 하나님과 그의 진리보다 대중을 더 두려워했다는 증표가 이 구절에 나타나 있다. 그들은 대중이 인정한 사도들의 이적 사건을 부인할 수도 없고, 또한 백성을 탄압할 수도 없었다. 그 이유는 그들이 백성의 마음을 잃을까 두려워했기 때문이다. 사실상 그 당시 백성들은 사도들이 행한 이적을 편견 없이 인정하였다. 이처럼 역사에는 지도자들보다 백성들이 더욱 건전한 판단을 내리는 경우가 적지 않다.[28]

22 이 표적으로 병 나은 사람은 사십여 세나 되었더라. 나면서부터 걷지 못하다가 고침 받은 그 사람의 연령이 사십여 세나 되었으니, 그 자신을 비롯하여 모든 사람이 그의 장애를 불치병으로 알았을 터인데, 그의 몸을 단 한마디의 말로 고친 것이야말로 누구도 부인할 수 없는 이적이다. 이런 놀라운 이적 앞에서 저 완악한 산헤드린 공회원들도 별다른 수가 없었을 것이다.

23-24 사도들이 놓이매 그 동료에게 가서 제사장들과 장로들의 말을 다 알리니 그들이 듣고 한마음으로 하나님께 소리를 높여 이르되 대주재여 천지와 바다와 그 가운데 만물을 지은 이시요. 여기 "그 동료"는 다른 사도들을 가리킨다. 핍박 중에 있는 신자들은 서로 연락하며 교통함으로써 힘을 얻으며 어려운 시험을 이기게 된다. 이때 사도들이 합심하여 기도한 것은 귀한 일이다. 그들의 기도에서 하나님을 "대주재"라고 하였는데 이 표현(δέσποτα)은 노예들에 대한 상전의 주권을 시사하는 호칭이다. 하나님을 "대주재"라고 부르는 사도들의 마음 중심에는 오직 그분께만 순종하겠다는 결심이 있었다.[29]

그리고 그들은 하나님을 가리켜 "천지와 바다와 그 가운데 만유를 지은 이"라고 하였다. 하나님을 이같이 부르는 사도들의 발언 속에서 우리는 그들의 신앙을 엿볼 수 있다. 그들은 천지 만물이 하나님의 창조 능력을 보

---

28) J. A. Bengel, *Gnomon of the New Testament I-II* (1742).
29) F. W. Grosheide, *De Handelingen der Apostelen II* (1948), 143.

여준다고 고백한다. 그들은 천지만물을 창조하신 하나님이 말할 수 없이 위대하실 뿐 아니라 또한 그것들을 지배하시면서 성도들의 기도를 이루어 주실 줄로 믿었다(참조. 시 121:1-2).

이와 관련하여 바빙크는 "하나님의 창조라는 사실은 하나님께 대한 인간의 종교윤리적 관계를 성립시켜 준다. 인간이 존재의 근본 진리에서 떠난 상태로는 하나님과 올바른 관계를 유지할 수 없다. 하나님이 만물을 창조하심으로써 그의 위대하심, 그의 전능하심, 그의 장엄성, 그의 선하심, 그의 지혜, 그의 사랑이 현시되었다(시 19:1-4; 욥 37장). 그리하여 창조 사건은 그분께 대한 우리의 신앙을 강화시켜 주며, 그를 더욱 신뢰하게 해주고, 특별히 고난 중에서 위로와 소망을 가져다준다.[30] 또한 이를 통해 성도들은 하나님 앞에서 자신이 낮고 천하고 아무것도 아닌 존재라는 사실을[31] 깨닫게 된다."라고 하였다.[32]

25-26 **또 주의 종 우리 조상 다윗의 입을 통하여 성령으로 말씀하시기를 어찌하여 열방이 분노하며 족속들이 허사를 경영하였는고 세상의 군왕들이 나서며 관리들이 함께 모여 주와 그의 그리스도를 대적하도다 하신 이로소이다.** 이 구절들은 시편 2:1을 인용한 것이다. 사도들은 이 말씀을 통해 하나님이 친히 구약성경을 우리에게 주시고 그대로 이루어 가시는 분이심을 지적한다. 앞절(행 4:23-24)에서는 하나님이 창조세계를 통해 자연계시를 주시는 분이리는 사실을 밝혀 주었고 여기서는 그가 성경을 통해 특별계시를 주시는 분임을 보여준다. 다음 구절(27-28절)에서는 여기 인용된 시편의 예언이 예수님의 수난 사건에서 성취되었음을 지적한다.

여기서 "열방"(ἔθνη)이라는 단어도 복수형이고, "족속들"(λαοί)이라는

---

30) 시 33:6; 65:6; 89:12; 121:2; 134:3; 사 37:16; 40:28; 42:5.
31) 욥 38:4; 사 29:16; 45:9; 렘 18:6; 롬 9:20.
32) Herman Bavinck, *Gereformeerde Dogmatiek II* (Kampen, 1929), 371.

단어도 복수형이다. 그리스도를 대적하는 죄악은 특별히 예수님을 붙잡아 십자가에 못 박은 로마 제국과 유대 민족뿐 아니라 그들의 뒤를 이어 수많은 나라와 민족들이 계속하여 범하는 죄악이다. 그러나 그들의 적대 행위는 헛된 것이다. 왜냐하면 복음을 대적하는 일은 하나님을 대적하는 일과 마찬가지이며, 복음은 원수들의 핍박으로 인해 더욱 널리 전파되기 때문이다(참조. 8:3-4). 그리스도를 대적하는 것은 발뒤꿈치로 가시채를 차는 것과 마찬가지다(26:14).

27-29 과연 헤롯과 본디오 빌라도는 이방인과 이스라엘 백성과 합세하여 하나님께서 기름 부으신 거룩한 종 예수를 거슬러 하나님의 권능과 뜻대로 이루려고 예정하신 그것을 행하려고 이 성에 모였나이다 주여 이제도 그들의 위협함을 굽어보시옵고 또 종들로 하여금 담대히 하나님의 말씀을 전하게 하여 주시오며. "주여 이제도 그들의 위협함을 굽어보시옵고." 이 말은 "이제라도 핍박자들의 행동이 도리어 하나님의 뜻을 이루는 것이 되도록 섭리해 주시기를 바랍니다."라는 뜻이다. 사도들은 원수들의 핍박이 복음 전파에 해로운 것이라고 생각하지 않았다. 그들은 하나님께서 역사적 현실(예수님을 핍박하는 운동)을 그대로 두시고도 그의 뜻을 이루시는 오묘하신 경륜을 믿었다. 그러므로 그들은 당면한 역사적 현실을 바꾸어 주시기를 구하지 않았다. 그들은 역사를 주관하시는 하나님의 지혜와 능력을 믿고 하나님의 도우심을 구하였다. 다시 말해 그들은 하나님께서 주어진 역사를 그의 뜻대로 사용하셔서 계획하신 바를 이루어 주시기를 기도한 것이다.

캠벨 모건(Campbell Morgan)은 이 점에 대해 바로 말하기를 "사도들은 하나님의 주권과 지혜에 대해서만 아니라 그가 인간 세계의 모든 일에 간섭하시고 통치하신다는 사실에 대해서도 확신을 가지고 있었다. 그들은 원수들의 박해가 그치기를 기도하거나 그 핍박에서 벗어나기 위해서 기도한 것이 아니었다. 그들은 도리어 원수들의 적개심을 불러일으켰던 그들의 전도 활동을 계속할 수 있도록 힘을 주시기를 간구한 것이다."라

고 하였다.[33]

사도들이 박해를 받으면서도 이처럼 간구한 것은 예수 그리스도가 당하신 수난의 역사를 본보기로 삼은 것이다. 예수 그리스도를 해하려던 원수들의 역사적 반역행위는 결국 하나님의 목적을 성취시키는 도구가 되고 말았다(25-28절). 시편 76:10에 "진실로 사람의 노여움은 주를 찬송하게 될 것이요 그 남은 노여움은 주께서 금하시리이다"라고 한 말씀대로 주님께서는 인간의 악행조차도 선용하셔서 결국 그의 영광을 드러내도록 하신다고 하였으니, 이 얼마나 위로가 되는 말씀인가? 또한 인간의 악행 가운데 하나님을 찬송하는 일에 소용될 수 없는 것들은 주님께서 막으신다고 하셨으니 우리는 더욱 위로와 힘을 얻는다.

누구든지 악한 자에게서 핍박을 받을 때는 사도들처럼 하나님의 도우심을 구할 수 있다. 이때 우리가 기억할 것은 다음과 같다 ① 선한 편에서는 끝까지 선함을 유지해야 한다. 우리는 분노나 원망이나 교만으로 기도하지 말아야 한다. ② 육신의 평안을 위하여 핍박을 없애주시도록 기도하지 말고 도리어 복음의 승리만을 위하여 기도해야 한다. 악인들이 교회를 박해할 때 교회가 얻는 유익도 있으니 첫째, 참된 성도가 밝히 드러나고 둘째, 참된 성도들이 하나가 되며 셋째, 참된 성도들이 연단을 받아 정금과 같이 더욱 순전한 성도가 된다.

30 손을 내밀어 병을 낫게 하시옵고 표적과 기사가 거룩한 종 예수의 이름으로 이루어지게 하옵소서 하더라. 이것은 이적이 나타나기를 기도하라는 것인데, 이적 그 자체를 목표로 하는 것은 아니고 다만 복음을 전하는 데 도움이 되도록 하려는 것뿐이다. 하나님께서는 복음이 잘 전파되게 하기 위하여 사람들이 이적과 기사를 행하도록 도와주신다(막 16:17, 20; 요 4:48; 20:30-31; 히 2:4).

---

33) C. Morgan, *The Acts of the Apostles* (New York, 1924), 131-133.

31 빌기를 다하매 모인 곳이 진동하더니 무리가 다 성령이 충만하여 담대히 하나님의 말씀을 전하니라. 사도들은 기도하던 자리에서 곧바로 응답을 받았다. "모인 곳이 진동"했다는 것은 그곳에 하나님께서 임재하셨다는 증표다.[34] 하나님의 말씀을 담대히 전하게 되는 은혜가 곧 기도 응답의 결과다.

32 믿는 무리가 한마음과 한 뜻이 되어 모든 물건을 서로 통용하고 자기 재물을 조금이라도 자기 것이라 하는 이가 하나도 없더라. 그 당시 교회가 하나 된 이유는, "그들이 다 함께 영원히 구원받고자 하는 하나의 소원만 가지고 있었기 때문이고, 다 함께 성령의 위로를 체험했기 때문이다"(Besser). 그때는 교회가 모든 소유를 제 것이라 주장하지 않고 서로 나누어 사용했는데, 그것은 폭력에 의한 공산주의 정치 제도와 같은 것이 아니고 자유로운 은혜 생활의 결과였다. 하나님의 은혜는 제도화하거나 법규화하지 못한다. 또한 그렇게 할 수 없는 것이기 때문에 그것을 은혜라고 부르는 것이다. "믿는 무리가 한마음과 한 뜻이 되어 모든 물건을 서로 통용하고." 이는 그 당시의 공동 소유 생활이 신자들의 자발적인 행동으로 이루어졌던 것이지 외래의 제도가 아니었다는 사실을 알려준다.

33-35 사도들이 큰 권능으로 주 예수의 부활을 증언하니 무리가 큰 은혜를 받아(33절). 예수님의 부활을 증언하는 것이 사도들의 사명이었다. 이런 증거 행위는 공산주의 사상과 더욱 반대된다. 공산주의는 예수님의 부활을 반대한다. 그러므로 이 부분(32-37절)을 근거로 공산주의가 기독교와 서로 통한다고 주장하는 것은 성경과 기독교를 모르는 자의 그릇된 이론이다.

36 구브로에서 난 레위족 사람이 있으니 이름은 요셉이라 사도들이 일컬어 바나바라(번역하면 위로의 아들이라) 하니. "바나바"는 이방 구브로에 살던 디아스포라 유대인으로서 "레위 지파" 사람이었다. 다이스만(A. Deissmann)은 "바나바"라는 이름이 느보(이방 우상의 이름)의 아들이라는 뜻을 가진다고 주장

---

34) 참조. 눅 21:26; 행 16:26; 히 12:26-27; 시 114:7; 사 6:4; 겔 38:19; 욜 3:16; 암 9:5; 학 2:6.

한다. 그러나 유일신을 믿는 레위 지파 사람이 그런 의미가 담긴 표현을 이름으로 취했을 리 없으며, 우리 한글 번역의 설명처럼 "위로의 아들"이라는 의미가 합당하다.

37 그가 밭이 있으매 팔아 그 값을 가지고 사도들의 발 앞에 두니라. 바나바가 그의 재산을 처분하여 교회에 바친 사건은 그 당시 교회의 신자들이 재산을 유무상통했다는(32, 34, 35절) 사실을 보여주는 하나의 실례다.

제 5 장

↓ 개요

1. 아나니아와 삽비라 사건에 나타난 교훈(1-11절)

  1) 순수한 마음으로 하나님께 자신의 소유를 바치던 초기 교회에도 죄악이 침투했다. 사람들이 모인 단체에는 언제나 부패의 요소가 있게 마련이다.

  2) 하나님께서 아나니아 부부가 바친 재산을 기뻐하시지 않은 유일한 이유는 그들의 외식 때문이었다. 악인의 제물은 하나님 앞에 가증하다(잠 15:8상). 그들의 속임은 일반적인 차원의 거짓이 아니었고 교회의 성결을 모독하는 죄악이었다. 왜냐하면 그들은 하나님께 드리는 연보의 액수를 속였기 때문이다.

  3) 이때 베드로가 그 두 사람에게 내린 징계는 사도의 권위를 보여준다. 이 같은 일은 일반 교회의 권징과는 다르다. 이런 것을 가리켜 신학적으로 사도적 권징이라고 표현한다.

2. 초기 교회의 권위(12-16절)

  집회에 대한 신자들의 열심, 교회가 대중들로부터 칭송을 받음, 신자들의 수효가 증가함, 병 고치는 권능이 나타남과 같은 요소들을 통해 교회의 권위가 드러났다.

3. 교회가 핍박을 받음(17-42절)
1) 교회가 왕성하면 사탄의 방해 공작도 뒤따르는 법이다(17절).
2) 핍박자들이 사도들을 옥에 가두었으나(18절) 천사가 옥문을 열고 그들을 밖으로 인도해 주었다(19-20절). 하나님께서 이때 이적을 통해 사도들을 구출하신 것은 그런 이적을 하나의 표본으로 나타내심으로써 그들 스스로 자신들이 하나님의 보호 가운데 있다는 사실을 의식하도록 하기 위함이었다. 교회 시대의 신자들은 환난을 당할 때 어떤 이적을 기대할 것이 아니라 하나님의 섭리적 보호를 위해 기도해야 한다.
3) 사도들은 다시 체포되어서(26절) 도리어 핍박자들에게 복음을 전하였다(29-32절). 신자들은 핍박자들에게도 복음을 전할 책임이 있다. 그 이유는 핍박도 복음 운동의 확장을 위하여 하나님께서 허락하신 것이기 때문이다.
4) 교법사 가말리엘의 중재로 말미암아 사도들이 석방되었다(33-42절).

✤ 내용분해

1. 아나니아, 삽비라의 범죄와 그 결과(1-11절).
2. 교회의 권위(12-16절).
3. 핍박이 다시 일어남(17-42절).
   1) 사도들이 옥에 갇혔다가 기적적으로 놓여남(17-21상).
   2) 산헤드린 공회가 다시 사도들을 잡아들인 과정(21하-26상).
   3) 사도들에 대한 그들의 문책 (26하-28절).

4) 사도들의 답변(29-32절).

5) 사도들을 죽이려는 계획에 대한 가말리엘의 반대 연설(33-39절).

6) 사도들의 석방과 그들의 영적 담력(40-42절).

↓ 해석

1-2 아나니아라 하는 사람이 그의 아내 삽비라와 더불어 소유를 팔아 그 값에서 얼마를 감추매 그 아내도 알더라 얼마만 가져다가 사도들의 발 앞에 두니. 가정에서 부부가 공모하고 사도들과 교회를 속인 사건이 초기 교회에 있었다. 개인이 그처럼 기만적인 행위를 했다 해도 커다란 죄악일 터인데 하물며 부부가 공모하여 그 같은 일을 저질렀으니 이는 기만행위에 패역을 더한 것이다. 다시 말해 개인적 범죄에 비하여 두 사람이 합작하여 범하는 죄는 더욱더 파렴치한 것이고 비난받을 일이다. 신자들의 가정에서도 공모하여 죄를 범하는 일이 발생할 여지가 있으니 우리는 이를 경계해야 한다.

칼빈은 아나니아의 행동에서 다음과 같은 몇 가지 죄를 지적하였다. 곧 ① 사람의 속마음을 다 알고 계시는 하나님을 업신여긴 죄, ② 하나님께 바치는 거룩한 일을 거짓된 마음으로 행한 죄, ③ 부패한 허영심에 빠진 죄, ④ 배신의 죄, ⑤ 거룩하고 신령한 교회의 일에 오점을 남긴 죄, ⑥ 외식한 죄 등이다.

아나니아와 삽비라의 행동은 마치 구약 시대 여호수아 당시에 아간이 저질렀던 범죄와 유사하다. 브루스(F. F. Bruce)는 여기서 "감추다"(ἐνοσφίσατο)라는 동사가 여호수아 7:1에 나오는 "취하다"(וַיִּמְעֲלוּ)라는 동사의 70인역(LXX, 구약의 헬라어 역본)과 같다는 점을 지적하면서, 아마도 사도행전 저자에게 이 두 사건을 비교하려는 의도가 있었던 듯하다고 주장하였다(The Book of Acts, 110).

이 사건을 통해 알 수 있는 또 한 가지 사실은 초기 교회의 은혜로운 모임 속에도 당장 죽임을 당할 수밖에 없는 무서운 죄를 범하는 자들이 있었다는 점이다. 이 세상은 천국이 아니므로 교회 안에도 언제나 죄악이 섞여 있다. 이러한 현상의 원인은 복음 그 자체에 있는 것이 아니라 인간의 전적인 부패성에 있는 것이다.

3 베드로가 이르되 아나니아야 어찌하여 사탄이 네 마음에 가득하여 네가 성령을 속이고 땅 값 얼마를 감추었느냐. 베드로가 땅값 얼마를 감춘 아나니아의 행동을 가리켜 "성령을 속인" 죄라고 규정한 이유가 무엇일까?

1) 그 당시 교회의 대표자였던 베드로를 속인 것은 실상 교회를 속인 것과 같다. 그리고 교회를 속인 것은 그 교회가 세워지는 일에 결정적인 역할을 감당하신 성령을 속인 것과 다름이 없다. 특별히 그 당시 교회는 타락한 후대의 교회와 달리 성령이 충만히 거하셨던 교회였다.

2) 크로샤이데는 말하기를 "아나니아의 행동은 성령으로 말미암아 하나님을 기쁘시게 하는 일처럼 보였으나 실상은 그렇지 않았다. 그것은 평범한 종류의 거짓이 아니고 특별한 종류의 거짓이었는데, 다름 아니라 성령을 속인 것이다."라고 하였다.[35]

4 땅이 그대로 있을 때에는 네 땅이 아니며 판 후에도 네 마음대로 할 수가 없더냐 어찌하여 이 일을 네 마음에 두었느냐 사람에게 거짓말한 것이 아니요 하나님께로다. 초기 교회에서 성도들이 재산을 공동으로 소유한 것은 결코 사유 재산 제도가 철폐되었기 때문이 아니라는 사실이 베드로의 이 같은 발언을 통해서도 분명히 드러난다. 다시 말해 초기 교회 성도들은 일시적으로 물질적인 은혜를 서로 나눈 것이지 공산제도를 실시한 것이 아니었다.

아나니아에 대한 베드로의 꾸짖음, 곧 "땅을 팔기 전에도 네 땅이지 않았느냐"라는 역설적인 물음은 그에게 자신의 소유를 그대로 가지고 있을

---

35) F. W. Grosheide, *De Handelingen der Apostelen II* (1948), 158.

자유와 권리가 있었음을 강조하고, 또 아나니아가 그것을 판 뒤에도 그 값을 자기의 사유 재산으로 취할 수 있었다는 사실을 강조한 것이다. 이처럼 베드로는 사람이 자기 재산을 처리하는 일에 충분한 자유와 권리를 가지고 있다는 사실을 중복적으로 말하였다.

"사람에게 거짓말한 것이 아니요 하나님께로다." 이 말씀에 대하여는 3절 해석을 참조하라.

5 아나니아가 이 말을 듣고 엎드러져 혼이 떠나니 이 일을 듣는 사람이 다 크게 두려워하더라. 아나니아가 죽은 것은 베드로의 꾸지람을 통하여 나타난 하나님의 징계로 인한 것이었다. 런던 세인트폴 대성당의 감독으로 봉직했던 주교가 영국 왕 에드워드 1세의 노한 시선 때문에 놀라서 즉사한 일이 있었으나[36] 그것은 인간의 심기나 심리작용 때문에 벌어진 것이었다. 반면에 아나니아가 죽은 것은 하나님의 초자연적 권능에 의한 것이었다. 그 권능은 사도 베드로를 통해 선포된 하나님의 말씀으로 말미암아 임한 것이다. 이 같은 사실은 "아나니아가 이 말을 듣고 엎드러져"라는 말씀을 통해 증명된다. 하나님의 말씀은 멸망할 자들에게 사망을 가져다준다(사 11:4; 고후 2:16상).

"이 일을 듣는 사람이 다 크게 두려워하더라." 그 이유는 이 일이 하나님의 권위로 이루어진 것이기 때문이었다. 이같이 하나님의 권위가 나타날 때 교회의 질서가 수립된다. 아나니아와 삽비라 사건의 역사성에 대해서는 자유주의 신학자들(Wendt, Baur, Zeller, Overbeck, Weizcker, Holtzmann, Spitta)도 인정한다.[37]

6 젊은 사람들이 일어나 시신을 싸서 메고 나가 장사하니라. 이것은 그 시체를 도시 밖으로 옮겨 장사했다는 뜻이다. 유대인은 왕이나 기타 유명한 인물들

---

36) F. F. Bruce, *The Book of Acts* (1974), 114.

37) R. J. Knowling, "The Acts of the Apostles", in *The Expositor's Greek Testament* (London: Hodder and Stoughton, 1912), 142.

을 제외하고는 시내에 장사하지 않는다.[38]

7-8 세 시간쯤 지나 그의 아내가 그 일어난 일을 알지 못하고 들어오니 베드로가 이르되 그 땅 판 값이 이것뿐이냐 내게 말하라 하니 이르되 예 이것뿐이라 하더라. 베드로는 명백한 답변이 예상되는 질문을 통해 삽비라의 양심을 자극하여 그를 회개시키려고 하였다. 그러나 그 여인은 아무런 각성도 없이 자기 남편의 기만적인 술책을 따라 거짓된 답변을 하였다. 이것이야말로 불의를 행함에 있어서 부부가 철저히 뜻을 같이했다는 증거다. 이런 단합은 그 자체로 또 하나의 죄악을 만들어낸다.

9 베드로가 이르되 너희가 어찌 함께 꾀하여 주의 영을 시험하려 하느냐 보라 네 남편을 장사하고 오는 사람들의 발이 문 앞에 이르렀으니 또 너를 메어 내가리라 하니. "함께 꾀하여"라는 표현은 그들이 악을 행하되 "한 영으로 하듯이 서로 단합하여 행함"을 가리킨다(Knowling). "주의 영을 시험"한다는 것은 그들이 성령의 전지하신 성품을 믿지 못하고 의심하면서 성령의 뜻을 거슬러 잘못을 저질렀음을 의미한다. 그것은 하나님 편에서 볼 때 하나님을 시험하는 악한 행위다. 슐라터(A. Schlatter)도 이와 같은 의미에서 "그 여인은 하나님의 영이 그들의 은밀한 죄를 아시는지 혹은 모르시는지 시험해본 셈이다."라고 말하였다.[39]

"또 너를 메어 내가리라." 베드로의 이러한 선언은 그가 친히 삽비라에게 사형을 선고한 것이 아니고, 하나님의 계시를 받아서 대언한 것에 불과하다(Grosheide).

10 곧 그가 베드로의 발 앞에 엎드러져 혼이 떠나는지라 젊은 사람들이 들어와 죽은 것을 보고 메어다가 그의 남편 곁에 장사하니. 이 말씀은 앞의 6절 내용과 비슷하다. 이러한 문체는 삽비라도 징벌을 받았다는 사실을 강조하기 위한 중복체다.

---

38) *John's Archaeology*, 206.
39) A. Schlatter, *Erläuterungen zum Neuen Testament I*, 866.

말하자면 앞서 아나니아가 징벌을 받았는데 이제 삽비라도 그와 동일한 징벌을 받았다는 사실을 역설하는 것이다.

우리는 아나니아와 삽비라의 사건을 통해 몇 가지 사실을 깨달을 수 있다.

1) 남들을 속여서 인기와 명예를 얻는 것보다는 인기 없이 정직한 자가 하나님 앞에 합당하다는 것이다. 주님께서는 중심에 진실함을 가진 자들을 원하신다(시 51:6). 잠언 19:22에서도 "가난한 자는 거짓말하는 자보다 나으니라"라고 하였다.

2) 극도에 달한 죄악에 대해서는 급한 벌이 내려진다는 사실이다. 베드로는 성령의 감동으로 말하기를 "아나니아야 어찌하여 사탄이 네 마음에 가득하여"라고 하였다(행 5:3). "사탄이 네 마음에 가득하여(ἐπλήρωσεν)"라는 표현은 그의 마음에 다른 영향력을 받아들일 여유가 전혀 없었음을 탄식하는 말이다(Knowling).

3) 교회가 성령으로 충만하였을 때 누구든지 교회를 무시하는 죄를 범하면 용서받지 못한다는 것이다. 그 당시에는 모든 사람이 확실히 알 수 있도록 성령의 역사가 현저하게 나타났는데, 나면서부터 걷지 못하던 사람이 걸어 다니거나 뛰기도 하고(3:8), 신자들은 자신의 물질에 대한 소유권을 주장하지 않을 정도로 은혜가 충만한 때였다(2:44-45; 4:33-37). 그러한 상황에서 하나님을 두려워할 줄 모르고 거짓말을 한 것은 큰 죄악이다. 그것은 "한 번 빛을 받고 하늘의 은사를 맛보고 성령에 참여한 바 되고 하나님의 선한 말씀과 내세의 능력을 맛보고도 타락한"(히 6:4-6) 것과 형식적으로 같은 죄악이다(참조, 히 10:26-27).

4) 하나님의 세우심을 받아 교회의 선한 일을 실행하는 지도자를 무시하는 일은 위험하다는 것이다. 아나니아와 삽비라는 그 당시 하나님께서 세우신 지도자였던 베드로를 무시했기 때문에 죽음의 징벌을 받았다.

5) 성령은 신자들의 자유를 무시하지 않으신다는 것이다. 사람을 강압적으로 인도하는 것은 성령의 역사라고 할 수 없다. 재산을 교회에 바치는 열정을 가졌던 초기 교회에서도 신자들이 그들의 소유를 바치는 일은 자유로운 선택에 따라 실행되었던 것이다(행 5:4).

11 온 교회와 이 일을 듣는 사람들이 다 크게 두려워하니라. 사도행전에서는 "교회"(ἐκκλησία)라는 단어가 여기서 처음 등장한다. 브루스는 말하기를 "기독교의 '교회'라는 것은 새로운 존재인 동시에 옛것이다. 그것이 예수를 메시아라고 증거하며, 그의 죽으심과 승천, 그리고 성령 강림과 같은 사건들을 증거한다는 점에서 새 것이고, 그것이 유대 나라에 국한되었던 여호와의 총회를 전신(前身)으로 삼는다는 점에서는 옛것이다."라고 하였다.[40] 교회는 성령께서 강림하신 뒤에 정규적으로 땅 위에 설립되기 시작하였다. 그렇지만 예수님께서 땅 위에 계실 때부터 그는 친히 교회 설립을 위하여 기초를 세우셨다. 예수님이 전도하심으로 나타난 결과는 두말할 것도 없이 교회의 설립이었다.

자유주의 신학자들은 예수님께서 교회 설립을 목표로 삼으신 적이 없었다고 주장한다. 철저종말론(결과적 종말론)파에 속하는 슈바이처(A. Schweitzer)는 말하기를, 예수께서는 이 세상을 여유 있게 보시지 않았으므로 마태복음 16:18의 교회관을 말했을 리 없다. 하며, 그 구절은 후대의 삽입구라고 주장하였다.

그러나 이것은 너무도 객관적인 사실을 무시한 그릇된 주장이다. 모든 사본들이 다 이 구절의 말씀을 포함하고 있다. 카텐부쉬(Kattenbusch)는 "교회"에 관한 마태복음의 구절(마 16:18)이 확실히 예수님의 말씀이라고 인정하지만 그의 교회관은 잘못된 것이었다. 그는 말하기를, 교회는 다만 유대주의에서 갈라져 나온 하나의 친목 단체에 불과하며, 다니엘서의 "인

---

40) F. F. Bruce, *The Book of Acts* (1974), 116.

자"로 대표되었던 유대적 사상이 신약 시대에 이르러 예수로 말미암아 "교회"를 가리키는 것으로 인용되었다고 주장한다.

그러나 카텐부쉬의 이 같은 주장은 다니엘서를 오해한 것이다. "인자"는 "메시아"를 의미하는 것이지 교회를 의미하는 개념이 아니다. 복음서의 "교회"는 구약성경의 몇몇 단편적인 예언에 기초한 것이 아니고 메시아의 도래에 뒤따르는 현상으로 나타난 결과다. 그가 교회를 하나의 친목 단체라고 한 것은 잘못된 말이다. 그 이유는 복음서가 가리키는 교회는 구약 선민의 완성이기 때문이다. 더욱이 예수님의 교훈이나 기독교의 전반적 교훈이 교회를 하나의 친목 단체로 여기지 않은 까닭이다.

예수님이 전하신 복음은 교회론적 색채를 진하게 풍긴다. 예를 들면 제자들을 어부로 삼겠다는 말씀(막 1:17), 일꾼들을 세우는 일이 필요하다는 말씀(마 9:37-38), 열매 맺을 백성에 관한 말씀(마 21:33-46), 열두 제자(12라는 수효는 보편적 교회, 곧 새 이스라엘의 대표자들을 가리킴)를 세우신 것(마 10:1-4) 등이다. 무엇보다도 메시아이신 예수님의 출현으로 말미암아 메시아의 백성도 함께 출현하게 된다는 것이 교회론의 근거다. 그가 땅 위에 계실 동안에 교회 조직이 완성되지는 않았지만 그가 교회의 기초를 닦으셨다는 점은 명백하다.

"크게 두려워하니라." 사도의 이적을 보고 들은 사람들이 두려워한 것은 절망적인 일이 아니었다. 이 일로 인하여 교회는 징계를 실행하신(행 5:1-10) 진리의 왕을 경외하게 되었다. 이것은 신자들에게 순종해야 할 이유를 깨우쳐 주었다. 또한 불신자들이 가지게 된 두려움도 그들의 회개에 유익하였다.

12 사도들의 손을 통하여 민간에 표적과 기사가 많이 일어나매. "표적"(σημεῖα)과 "기사"(τέρατα)는 기적을 가리키는 두 가지 명칭이다. "표적"은 기적의 영적 의미(그것을 행하신 이가 그리스도이심을 암시함)를 상기시키는 한편, "기사"는 그 사건의 놀라움을 상기시키는 명칭이다. 초기 교회에는 하나님께서

이것들을 나타내셔서 사람들로 하여금 복음을 믿게 만드셨다(히 2:4). 다시 말하면 사도들로 말미암아 기적이 나타남으로써 그들의 전도(예수님이 그리스도시라는 메시지)의 절대적 진실성이 증명되었다(막 16:17-18). 이와 같은 복음의 권위와 진실성을 아는 자들은 그것을 믿지 않을 수 없다. 엄밀한 의미에서 이적은 사도들에게 국한된 은사이지 일반 신자들에게 속한 것은 아니다.

여기서 필자인 나의 입장에 대하여 몇 마디 덧붙인다.
첫째, 일반 신자들이나 교역자들 중 어떤 이가 행하였다고 하는 이적들의 확실성 여부에 대하여 필자는 판단하려 하지 않는다. 왜냐하면 그것은 부차적인 문제일 뿐이며, 다만 그들의 교훈과 사상이 성경적인지 여부가 더욱 중요한 문제이기 때문이다. 만일 이적을 행하는 이의 교훈과 사상이 성경적이 아니라면 그것과 긴밀한 연관성을 갖는 그들의 이적도 기독교 신앙에 부합하는 것이라고 할 수 없다. 아무리 놀라운 일이라 할지라도 그것이 성경적이 아니라면 신앙인들은 그것을 도외시해야 한다. 그 이유는 성경만이 하나님의 말씀이요 우리 신앙의 유일한 기준이기 때문이다.

둘째, 필자는 계시, 곧 정경의 종결성을 믿으며, 이 계시에 수반된 사도적 이석(사도성을 입증하기 위한 이석)이 그 시대와 힘께 종결된 것으로 간주한다. 하지만 나는 일반적인 이적 혹은 특별 섭리(초자연적으로 이루어지는 이적으로서 성경의 진리와 부합하는 것)가 오늘날 교회 시대에도 일어난다고 믿는다.

셋째, 필자는 하나님께서는 우리의 난관에 대하여 반드시 이적을 통해 해결해 주시기를 원하시는 것은 아니라고 믿는다. 그 이유는 우리가 난관을 만나게 되는 것도 하나님의 뜻에는 필요한 일이기 때문이다. 우리가 살아가는 죄악된 세상에는 죄악에 대한 보응으로서 수많은 난관이 존재해야 마땅하다.

넷째, 필자는 난관에 봉착할 때 하나님께 기도한다. 그러나 그 기도의 취지가 반드시 하나님께서 어떤 기적적인 간섭으로 도와주시기를 기대하는 것은 아니다. 왜냐하면 하나님께서 일하실 때 일반 섭리를 경유하시는 것이 이적 못지않게 효과적이고 우리에게 유익이 되기 때문이다.

예를 들어 야고보가 신자들에게 권면하기를 "너희 중에 병든 자가 있느냐 그는 교회의 장로들을 청할 것이요 그들은 주의 이름으로 기름을 바르며 그를 위하여 기도할지니라 믿음의 기도는 병든 자를 구원하리니 주께서 그를 일으키시리라 혹시 죄를 범하였을지라도 사하심을 받으리라"(약 5:14-15)라고 하였다. 야고보의 이 같은 권면은 반드시 이적적인 치료를 간구하라는 의미는 아닐 것이다(Warfield).

또 야고보는 신자들을 권면하여 "너희 중에 누구든지 지혜가 부족하거든 모든 사람에게 후히 주시고 꾸짖지 아니하시는 하나님께 구하라 그리하면 주시리라"(약 1:5)라고 하였는데, 이 말씀도 하나님의 기적적인 간섭에 의한 갑작스런 계시로 말미암아 지혜를 얻고자 하는 자세로 기도하라는 의미는 아니다. 하나님께서 우리에게 지혜를 주시는 방법은 돌발적인 계시보다도 일반적 섭리(독서나 학습이나 연구를 무시하지 않는 자연적 방법)를 통하는 경우가 많다.

다섯째, 필자는 오늘날 나의 구원을 성취하시기 위하여 영원 전에 나를 택하신 하나님의 예정과, 나를 구속하시기 위하여 단번에 죽으심으로 나의 구원을 완성하신 예수 그리스도와, 나로 하여금 그리스도를 믿도록 보호하시며 인도하시는 성령님과, 그의 기적스러운 특별 섭리와, 그가 나에게 주신 성경(단번에 주신 믿음의 도, 유 1:3)이 있는 것으로 만족한다. 성경은 진리와 비진리를 분별하는 등불과 같은 말씀이며, 성령께서 사용하시는 생명의 말씀이요, 나의 영혼을 먹여 살리는 "신령한 젖"(벧전 2:2)이다.

믿는 사람이 다 마음을 같이하여 솔로몬 행각에 모이고. 신자들이 외형적으로 단체를 이룰 뿐 아니라 "마음을 같이하여" 모이는 것이야말로 모범적인 교회에서 이루어지는 일이다. 교회가 쇠약해지는 일은 신자들의 마음이 흩어지는 데서 시작된다. "솔로몬 행각"에 대하여는 행 3:11의 해석을 참조하라.

13 그 나머지는 감히 그들과 상종하는 사람이 없으나. 하나님의 특별한 간섭이 함께하는 교회는 이처럼 권위가 있다. 그리스도를 믿음으로 하나님과 화목한 신자가 아니고서는 누구든지 그런 권위 있는 교회에 동참하다가 범죄하고 하나님의 징계를 받기 쉽다.

백성이 칭송하더라. "백성"이란 말은 여기서 당시 유대교의 교권 계급이 아닌 일반 평민들을 가리킨다. 그 당시 교권에 대한 욕심이 전혀 없었던 일반 대중은 사도들의 전도를 잘 받아들였으며 하나님께 영광을 돌렸다.

14 믿고 주께로 나아오는 자가 더 많으니 남녀의 큰 무리더라. 아나니아와 삽비라에게 나타난 무서운 징계가 한편으로는 불신앙의 무리로 하여금 멀리 떠나도록 작용한(13절) 반면에, 다른 한편으로는 불신앙의 무리 중에서 많은 사람을 주님께로 돌아오게 하였다. 하나님의 위엄이 크게 나타날수록 택함 받은 백성은 더욱 주님을 가까이한다.

15 심지어 병든 사람을 메고 거리에 나가 침대와 요 위에 누이고 베드로가 지날 때에 혹 그의 그림자라도 누구에게 덮일까 바라고. 죄클러(Zöckler)는 이 구절에 기록된 사람들의 행동이 미신적이라고 하였다. 그러나 노울링은 그들의 이 같은 행동을 생동감 있는 신앙적 행동으로 받아들였다. 사실상 그들이 베드로의 그림자라도 자기들의 병자에게 덮이기를 바란 것은 베드로 자신보다도 그와 함께하시는 성령을 사모하는 마음으로 그리한 것이다.

사도 바울이 에베소에서 복음을 전할 때에도 사람들이 바울의 손수건이나 앞치마를 가져다가 병자에게 얹었을 때 그들의 병이 나았다(19:11-12). 이때 그들의 병이 고쳐진 것은 성령의 은혜를 갈망한 그들의 신앙 때문이었다. 그들에게 이런 신앙이 없었다면 병이 낫지 않았을 것이다. 사람의 그림자나 손수건이 병을 고친 것이 결코 아니다. 예수님 당시에 병자들이 예수님의 겉옷만 만지고도 성함을 얻었는데(마 9:20-22; 막 6:56), 그것은 미신적인 행위가 아니고 그들의 간절한 신앙의 표현이었던 것이 명백하다.

16 예루살렘 부근의 수많은 사람들도 모여 병든 사람과 더러운 귀신에게 괴로움 받는 사람을 데리고 와서 다 나음을 얻으니라. 학자들에 의하면 "괴로움 받는"(ὀχλουμένους)이라는 표현은 누가만의 특수한 어휘이며, 의학 용어라고 한다.[41]

"다 나음을 얻으니라." 이 말의 헬라어 원문(οἵτινες ἐθεραπεύοντο ἅπαντες)은 "(질병의) 어떤 종류든지 모두 다 고침이 되더라."라고 번역되어야 한다. 이 말씀은 "어떤 질병이든지 사도들이 못 고치는 것이 없었다."라는 뜻이다. 특별히 "다"(ἅπαντες)라는 표현이 이 구절 끝에 자리 잡음으로써 강조체를 이룬다(Lenski). 크로샤이데는 말하기를 "사도들에게는 못 고칠 질병이 없이 모두 다 고치는 능력이 있었으니, 이는 그들을 통하여 그리스도의 일이 그대로 계속된다는 것을 보여준다. 그들이 그런 일을 할 수 있게 된 것은 그리스도께서 부활하시고 그들에게 성령을 부어주셨기 때문이며, 또한 그것은 그리스도께서 주신 사명과 약속에 따라 이루어진 것이다. 하나님께서 그들과 함께하심이 명백하다."라고 하였다.[42]

17 대제사장과 그와 함께 있는 사람 즉 사두개인의 당파가 다 마음에 시기가 가득하여 일어나서. "대제사장"은 추락해가는 교권을 다시 세우기 위해 극도로 발악하는 의미에서 사도들을 시기하여 핍박한 것이다. 그리고 "사두개인의 당파"는 특별히 교리적으로 사도들이 전하는 부활에 반대하는 사상을 가졌기 때문에(4:1-2) 그들 역시 핍박자들의 무리에 가담하고 있다. 그들도 무슨 정의감 때문에 사도들과 충돌한 것이 아니고 시기심 때문에 그리한 것

---

41) J. Weiss, *Evangelium des Lukas*, 273-274.
42) F. W. Grosheide, *De Handelingen der Apostelen II* (1948), 169.

이다. 사람이 시기심의 충동을 받게 되면, 선악 간의 분별에는 관심이 없고 다만 자기중심적으로 행동하며 결국은 무소불위의 악인이 되어버리기 십상이다. "시기"에 대한 성경의 경고를 명심하자. "질투는 스올 같이 잔인하며 불길 같이 일어나니"(아 8:6), "시기는 뼈를 썩게 하느니라"(잠 14:30), "투기 앞에야 누가 서리요"(잠 27:4).

성령의 충만으로 말미암아 자라나던(행 5:16) 교회가 핍박을 받는다고 퇴보하는 것은 아니다. 핍박도 교회의 발전과 성장을 위하여 하나님께서 보내시는 섭리적 방법이다. 참된 교회를 조롱하는 자들은 마침내 그 자신들이 조롱거리가 되는 법이다. 하나님은 하늘에서 그들을 향하여 비웃으신다(시 2:4).

18 **사도들을 잡아다가 옥에 가두었더니.** 사도들의 원수들은 진리를 가지지 못했으므로 말로는 승산이 없는 것을 알고 결국 이런 폭력으로 일을 처리해 보려고 한 것이다. 그것은 타락한 종교가들이 취하는 전형적인 행동이다.

19-20 **주의 사자가 밤에 옥문을 열고 끌어내어 이르되 가서 성전에 서서 이 생명의 말씀을 다 백성에게 말하라 하매.** 여기 기록된 "주의 사자"라는 명칭은 구약성경에 나타난 "여호와의 사자"(그리스도를 가리킴)와 다른 것이며, 여기서는 단지 일반 천사를 가리킬 뿐이다(Grosheide). 천사가 밤에 옥문을 열고 그들을 끌어내었다는 말씀에 대하여 그릇된 해석들이 있다.

어떤 비평가들은 말하기를, 그때 옥문이 열린 것은 지진과 같은 자연적 사건으로 말미암아 이루어졌든지 혹은 사도들의 친구가 간수의 도움을 받아서 옥문을 열었을 것인데 그것이 밤중에 이루어졌기 때문에 사도들은 그것을 천사가 행한 일로 오해한 것이라고 주장한다.

그러나 이런 그릇된 학설은 성경 본문을 그대로 인정하지 않는 억측에 불과하다(Knowling). 하나님께서 이적으로 사도들을 출옥시키신 목적은 그들에게 육신의 평안을 주시거나 그들의 어떤 호기심을 만족시키려는 데 있지 않고 그들로 하여금 두려움 없이 복음을 전파하게 하려는 것이었다.

"이 생명의 말씀"은 그리스도께서 죽은 자 가운데서 다시 살아나심으로 말미암아 생겨난 영생의 도를 말한다. 이 말씀을 "성전"에서 전하라고 한 이유는 무엇인가? ① 성전은 그때 유대 전국에서 대표적인 종교 집회의 장소였기 때문이며, ② 성전에서 실행되던 구약 종교의 행사가 이제부터는 사도적 전도, 곧 신약 종교로 교체되기 때문이라고 생각된다.

21 그들이 듣고 새벽에 성전에 들어가서 가르치더니. 사도들은 천사로부터 전달된 하나님의 명령에 순종하였다. 그들은 출옥한 후 집으로 돌아갈 시간도 가지지 않고 새벽부터 성전에 들어가서 복음을 전하였다. 그들은 무엇보다도 그리스도와 그의 복음을 사랑하였다. 그들은 위험을 무릅쓰고 또다시 옥에 갇힐 일을 즐겨 하고 있다.

대제사장과 그와 함께 있는 사람들이 와서 공회와 이스라엘 족속의 원로들을 다 모으고 사람을 옥에 보내어 사도들을 잡아오라 하니. "대제사장"들의 이 같은 행동은 하나님과 정면충돌하는 악행이다. 하나님은 사도들을 출옥시켜 복음을 전하도록 하시는데 이들은 그것을 막으려고 백방으로 노력하고 있다. 이제 이들은 산헤드린 공회를 소집한 후에 적극적으로 사도들을 단속하기 위해 그들을 체포해 오라고 사람을 보낸다. 하나님은 능력으로 행하시는데, 이들은 회의(會議)로 대항하려 한 것이다.

22-23 부하들이 가서 옥에서 사도들을 보지 못하고 돌아와 이르되 우리가 보니 옥은 든든하게 잠기고 지키는 사람들이 문에 서 있으되 문을 열고 본즉 그 안에는 한 사람도 없더이다 하니. 이 말씀을 보면 사도들의 출옥이 순전히 초자연적으로 이루어진 것이었음이 명백하다. 옥문이 단단히 잠겼는데도 그 안에 갇혔던 사람들은 거기에 없었다. 이런 일은 인간의 이성과 지혜로 이해하기 어려운 것이지만 하나님께서는 하실 수 있는 일이다. 우리는 이런 능력의 하나님을 믿는다. 바울의 동역자인 누가의 이와 같은 기록은 기독교 복음 운동이 기적 속에서 장성했다는 사실에 초점을 맞춘다. 그는 일이 이처럼 기적적으로 전개된 데 대하여 즐거워한 것이다. 그럼에도 불구하고 현대주의자들은 기적에

관한 성경의 기록을 제거하려고 한다. 그것은 참된 기독교를 없애려는 불신앙이다.

24 성전 맡은 자와 제사장들이 이 말을 듣고 의혹하여 이 일이 어찌 될까 하더니. 여기에 "의혹하여"라고 번역된 헬라어(διηπόρουν)는 "당황하여 어찌할 줄 모르는 중이었다."라고 번역되어야 한다. 사도들을 보호하시는 능력의 역사가 너무 강하므로 그 원수들은 속수무책으로 궁지에 빠졌다. 하나님의 권능이 사도들로 말미암아 나타날 때마다 그들의 근심은 더욱 커졌다. 그들은 마땅히 그런 놀랄 만한 기사를 보고 회개해야 할 것인데, 회개는 하지 않고 복음을 반대하는 길만 고집하니 당황할 일밖에 없다.

25 사람이 와서 알리되 보소서 옥에 가두었던 사람들이 성전에 서서 백성을 가르치더이다 하니. 사도들에게는 오로지 하나님을 순종하는 것 외에 열심을 낼 만한 아무 다른 일이 없었다. 그들은 하나님을 최우선적으로 생각하고 행동하였다. 그들은 하나님의 명령대로(20절) 성전에서 복음을 전하고 있었다.

26 성전 맡은 자가 부하들과 같이 가서 그들을 잡아왔으나 강제로 못함은 백성들이 돌로 칠까 두려워함이더라. 사도들은 구속되지 않았지만 서슴지 않고 그 관속들을 따라갔다. 그들은 불법을 행하는 자가 아니라 도리어 생명의 말씀을 전하는 자들이었기 때문에 사자와 같이 담대하였다(잠 28:1). 그들은 잡혀감으로써 도리어 복음을 증거하기에 좋은 기회를 얻게 되었지만 사도들을 잡아가는 자들은 오히려 공포심을 느낄 수밖에 없었다. 그들은 백성을 두려워했으며, 죽기를 두려워했다. 그들은 백성의 지지를 얻지 못하면 자리를 보전할 수 없는 자들이니 백성을 두려워할 수밖에 없었고, 한편으로는 영생의 도를 배척하고 있으니 죽음을 두려워할 수밖에 없었다.

27-28 그들을 끌어다가 공회 앞에 세우니 대제사장이 물어 이르되 우리가 이 이름으로 사람을 가르치지 말라고 엄금하였으되 너희가 너희 가르침을 예루살렘에 가득하게 하니 이 사람의 피를 우리에게로 돌리고자 함이로다. "이 이름." 대제사장은 예수라는 이름을 좋아하지 않았기 때문에 부르지 않고 단지 "이 이름"이라고 지칭할 뿐

이었다.

"이 사람의 피를 우리에게로 돌리고자 함이로다"라고 책잡는 말은, ① 사도들이 전도하는 이유를 이해하지 못한 무지에서 비롯된 것이다. 사도들의 전도는 정죄를 위한 것이 아니고 누구든지 회개하고 예수 그리스도를 믿어 구원을 얻게 하려는 것이다. ② 대제사장은 스스로 예수를 죽이는 일에 주동적인 역할을 했으면서도 이제 와서는 그 일과 전혀 관계가 없다는 듯이 뻔뻔스럽게 발뺌을 한다. 이러한 태도가 그의 뻔뻔스럽고 염치없는 성품을 보여준다.

29 베드로와 사도들이 대답하여 이르되 사람보다 하나님께 순종하는 것이 마땅하니라. 여기서 "베드로와 사도들"이라고 말한 것을 보면 베드로는 로마 가톨릭 교회에서 가르치는 것과 같은 수위권을 가진 것이 아니며 동역자들 가운데서 수반이었다는(primus inter pares) 사실을 알 수 있다.

"사람보다 하나님께 순종하는 것이 마땅하니라." 하나님께서 사도들에게 성령 충만을 주시고 예수 그리스도의 부활을 전파하도록 사명을 주셨다. 그러므로 그들은 사람들의 반대나 금지 명령을 두려워하지 않고 다만 그들이 받은 사명대로 행할 뿐이었다.

인간은 누구나 동등하며 하나님은 인간을 창조하신 절대적인 주재자시다. 그러므로 어떤 인간의 명령이 하나님의 명령과 대립하는 장면에 처하게 될 때 신자는 하나님의 명령을 유일한 권위로 삼아야 한다. 누구든지 순종의 대상을 결정하는 문제에서 하나님의 권위와 인간의 권위를 혼동하는 것은 인간을 우상화하는 죄악이다. 한 사람의 사상에 그와 같은 혼란이 발생하면, 그 사람과 하나님 사이에 소통이 단절되고 우상의 장벽으로 가로막히고 만다. 보름스(Worms) 회의에서 루터(M. Luther)가 무수한 원수들로부터 그의 저서에 담긴 주장들을 철회하라는 위협을 받았을 때 그는 끝까지 그 주장을 파수하였다. 그가 그렇게 했던 이유는 그의 저서들에 포함된 주장이 하나님의 말씀인 성경에 근거한 것이기 때문이었다. 루터는 과연 사람보다 하나님께 순종한 개혁자였다.

30 너희가 나무에 달아 죽인 예수를 우리 조상의 하나님이 살리시고. 신명기 21:23 하에 "나무에 달린 자는 하나님께 저주를 받았음이니라"라고 하였으니 여기서 베드로는 예수 그리스도께서 그를 믿는 자들(저주 아래 있는 자들)을 대신하여 저주의 죽음을 당하셨음을 지적한다. 벵겔은 말하기를 "인간의 범죄가 나무(선악을 알게 하는 나무)에서 시작된 것처럼, 속죄도 나무(십자가)에서 성취되었다."라고 하였다.[43)]

"우리 조상의 하나님이 살리시고." 이것은 그 당시 유대인들의 주의를 환기시키는 말씀이다. 곧 예수님께서 다시 살아나셨다는 사도의 전도는 유대인들에게 이해되지 못할 어떤 괴이한 도가 아니라 유대인들이 조상 때부터 믿어온 바로 그 "하나님"께서 행하신 사건이라는 것이다. 다시 말해 "조상의 하나님"은 실상 유대인들이 믿는 진실하신 언약의 하나님을 의미한다. 그가 옛날 이스라엘의 족장들에게 언약하신 대로 구원의 도를 세우셨으니 그야말로 절대로 믿을 만한 도리라는 것이다. 기독교는 구원론에 있어서 언약의 원리를 강조한다. 구원은 구약성경에서 약속하고 예언한 대로 이루어진 것이라는 사실이 신약성경에서 여러 번 강조되었다. 그 모든 구절을 열거할 수는 없으나 여기에 몇 구절을 소개한다.[44)]

이교에서는 이러한 언약 사상을 찾아볼 수 없다. 언약 사상은 오식 기독교에서만 발견되는 특수한 종교 사상이다. 하나님과 사람 사이의 관계가 언약의 원리로 이루어져 있다는 것은 인간 편에서 신앙을 성립시키는 데 가장 유력한 요소가 된다. 왜냐하면 참되신 하나님께서는 인간에게 말씀하지 않으실 수 없기 때문이다. 그는 인간에게 언약을 통해 언제나 동일한 진리를 말씀하시는 살아 계신 인격적인 하나님이시다. 그는 이스라엘

---

43) J. A. Bengel, *Gnomon of the New Testament I-II* (1742).
44) 롬 15:4; 16:25-27; 고전 2:9; 15:3, 4; 고후 3:6-18; 갈 4:21-31; 엡 3:2-11; 히 6:13-20; 7:11-25; 8:6-13; 9:1-28.

민족에게 특별히 자기를 계시하셔서 여호와 하나님으로 알리셨고, 여러 번 여러 모양으로 인류의 구원에 대하여 구약의 방식으로 말씀하시다가 마침내 약속하신 대로 그의 독생자 예수 그리스도를 보내주셨다(히 1:1-2). 예수 그리스도는 하나님께서 구약에 예언하신 대로 선한 일을 완수하시고, 십자가에 못 박혀 죽으셨다가 사흘 만에 다시 살아나셨다. 그가 세상에 계실 때에 약속하신 대로 승천하셔서 보혜사 성령을 보내주셨으며, 그 성령께서 교회를 세우신다. 이 복음을 듣고 믿는 자마다 영생을 얻는다(요 3:16). 이교에는 이와 같은 언약 사상이 전혀 없다.

31 이스라엘에게 회개함과 죄 사함을 주시려고 그를 오른손으로 높이사 임금과 구주로 삼으셨느니라. 예수님이 부활하시지 못하면 그의 백성에게 구원의 복을 주실 수 없으므로 하나님께서는 그의 백성(영적 이스라엘)을 회개시켜 사죄받게 하시려고 예수 그리스도를 높이셨다.

"높이사"라는 표현은 하나님께서 예수님을 죽은 자 가운데서 다시 살리시고 승천케 하신 사실을 묘사한다. 하나님께서 높이신 예수님을 산헤드린 공회가 낮출 수 없다.

"임금과 구주"(ἀρχηγὸν καὶ σωτῆρα)는 "인도자와 구원자"를 의미하는 헬라어를 의역한 것이다. 이것은 히브리서 2:10의 "구원의 주", 혹은 "인도자"(ἀρχηγὸν τῆς σωτηρίας)라는 호칭과 유사하다. 이것은 구원으로 인도해 주실 뿐만 아니라 친히 구원이 되어 주시는 "절대적으로 완전하신 구주"를 의미한다.

32 우리는 이 일에 증인이요 하나님이 자기에게 순종하는 사람들에게 주신 성령도 그러하니라 하더라. 예수님이 구주이신 사실에 대하여 사도와 성령이 함께 "증인"이라는 사상은 일찍이 예수님께서 제자들에게 교훈하신 내용이다(요 15:26-27). 사도들의 이러한 답변은 대제사장의 비난(행 5:28)에 대한 반박이다. 곧 대제사장은 사도들에게 "이 사람"(예수)에 대하여 말하지 말라고 금했으나, 사도들은 그의 말에 순종할 수 없다는 것이다. 왜냐하면 그들은

예수님의 증인이기 때문이다. 신약성경에 사용된 "증인"이라는 말은 법정 용어였다. 법정에 선 증인은 그가 아는 사실을 있는 그대로 말할 수밖에 없다.

사도들은 예수님의 증인으로 세움을 받았기 때문에 그들이 예수님에 대하여 보고 들은 것을 사실대로 말하지 않을 수 없는 처지다(4:20). 게다가 성령께서 그들과 함께하시면서 예수님에 대하여 말하게 하시기 때문에 그들은 예수님을 증거하지 않을 수 없었다. 쉬퍼스(Schippers)는 말하기를 "본문에서 '순종'이라는 단어는 29절에 사용된 '순종'이라는 단어와 문맥상 서로 통한다. 산헤드린 공회원들도 회개하기만 하면 그리스도를 박해한 그들의 행위가 잘못인 줄 알게 될 것이다. 만일 그들이 그렇게 된다면 하나님께서는 그들에게도 예수님에 대해 증거하시는 성령을 주실 것이다."라고 하였다.[45]

33 그들이 듣고 크게 노하여 사도들을 없이하고자 할새. 여기서 "크게 노하여"(διεπρίοντο)라는 표현은 "마음에 찢기어"(were sawn asunder)라고 번역되어야 한다. 2:37에 보면 사도들의 전도를 듣고 어떤 자들은 "마음에 찔려" 회개하였는데, 이들(산헤드린 공회원들)은 도리어 사도들을 죽이려고 한다. 이들은 자신들이 차지한 높은 지위 때문에 교만해져서 회개하지 못하고 도리어 몰락해가는 교권을 붙잡고 자신들의 명예를 수습하는 데만 몰두한다.

34 바리새인 가말리엘은 율법교사로 모든 백성에게 존경을 받는 자라 공회 중에 일어나 명하여 사도들을 잠깐 밖에 나가게 하고. "가말리엘"은 유대인의 유전(遺傳)을 작성하는 일에 기여했던 저명한 힐렐(Hillel)의 손자요 바울의 스승이다(22:3). "모든 백성에게 존경을 받는 자라"고 한 것을 보아 그는 양심적인 학자였던 듯하다. 그가 사도들을 동정하여 말한 것은 마치 니고데모가 바리새인들

---

45) Schippers, *Getuigen van Jezus Christus*, 110.

앞에서 예수님을 동정하여 말한 것(요 7:50-51)과 유사하다. 이것이야말로 사막에서 진주를 얻는 격이고, 원수들 가운데서 친구를 만나는 것과 같다. 가말리엘은 "교법사"(율법 해석자)였으므로 그가 세상을 떠났을 때(예루살렘 멸망 18년 전) 사람들이 탄식하기를 "율법의 영광이 떠났고 깨끗함과 거룩함이 죽었다."라고 하며 애석하게 여겼다고 한다.[46]

35 말하되 이스라엘 사람들아 너희가 이 사람들에게 대하여 어떻게 하려는지 조심하라. 이것은 그 당시 유명한 선생 가말리엘이 자신의 입으로 했던 말이지만 그 배후에는 하나님의 섭리가 있었다. 이에 대하여 칼빈은 "누가는 여기서 악인들의 발악을 하나님께서 어떻게 제어하시는지 보여준다."라고 하였다.[47] 헬라어 원문에는 "이 사람들"(ἑαυτοῖς)이라는 대명사가 "조심하라"(προσέχετε)라는 동사에 뒤따라오는데 이것은 사도행전의 저자 누가의 특징적인 어법이라고 한다(Knowling).

36-37 이 전에 드다가 일어나 스스로 선전하매 사람이 약 사백 명이나 따르더니 그가 죽임을 당하매 따르던 모든 사람들이 흩어져 없어졌고 그 후 호적할 때에 갈릴리의 유다가 일어나 백성을 꾀어 따르게 하다가 그도 망한즉 따르던 모든 사람들이 흩어졌느니라. 가말리엘은 하나님의 뜻이 아닌 운동은 스스로 무너진다는 사실을 역사상의 실례를 들어 설명하였다. 유한한 인간이 무슨 운동을 일으킨다 해도 하나님께서 그것을 세워주시지 않는다면 별수 없이 무너지게 된다. 그러나 인간 사회에서 일어난 어떤 운동을 인력으로 막아내기 어려운 때는 하나님의 섭리에 맡기고 하나님을 신뢰하는 것이 상책이다. 가말리엘의 논법이 그리스도에 대한 신앙을 포함하지는 않는다 해도 그것은 하나님의 섭리를 신뢰하는 이론이라고 할 수 있다.

요세푸스(Josephus)의 역사서에 의하면, 드다의 운동이 이때로부터 13

---

46) Mishna Sotah, 9:15.

47) John Calvin, *The Acts of the Apostles I* (1965), 221.

년 후에 일어난 것으로 기록되었다. 이것은 아마도 요세푸스가 이 사건을 기록할 때 연대를 착각한 것으로 보인다. 테오도르 찬은 요세푸스의 역사서에서 이 기사 외에도 많은 오류가 발견된다는 점을 지적하였다(Lenski).

"유다가 일어나 백성을 꾀어 따르게 하다가." 유다의 반란 사건에 대하여는 요세푸스가 그의 사기에서 두 번이나 소개하였다. 하나는 주후 6-7년경 인구조사 때에 일어났던 것이고, 다른 하나는 1세기 말에 일어났던 사건이다. 이 둘 가운데 첫 번째 사건이 본문에 기록된 것과 일치하는 것으로 보인다.

38-39 이제 내가 너희에게 말하노니 이 사람들을 상관하지 말고 버려 두라 이 사상과 이 소행이 사람으로부터 났으면 무너질 것이요 만일 하나님께로부터 났으면 너희가 그들을 무너뜨릴 수 없겠고 도리어 하나님을 대적하는 자가 될까 하노라 하니. 가말리엘의 이러한 말은 인간 사회에 종종 행해지는 것처럼 어떤 운동을 없애려고 지나치게 투쟁하는 폐단을 경계하는 진리다. 교계에는 지나친 투쟁들이 많다. 물론 사람은 옳은 것을 주장해야 하고, 또 옳은 쪽에 가담해야 한다. 그러나 너무 지나치게 행하며 부덕한 방법으로 투쟁을 벌이는 것은 도리어 자신에게도 해를 끼친다. 무엇이든지 하나님께서 이루어지게 해 주셔야 한다는 진리를 믿고 잠잠히 인내함으로 승리하는 경우도 있는 것이다.

40 그들이 옳게 여겨 사도들을 불러들여 채찍질하며 예수의 이름으로 말하는 것을 금하고 놓으니. 산헤드린 공회원들은 가말리엘의 말에 순종하여 사도들을 죽이지는 못했으나 그들의 악한 심령은 그대로 남아 있었기 때문에 다시 한 번 발악을 하였다. 그들이 가말리엘의 말을 옳게 여겼으면 사도들을 조용히 석방했어야 할 터인데 그들은 그렇게 하지 않고 "채찍질"한 후에 함구령까지 내렸다.

41 사도들은 그 이름을 위하여 능욕 받는 일에 합당한 자로 여기심을 기뻐하면서 공회 앞을 떠나니라. 사도들이 공회 앞을 떠나면서 기뻐한 것은 자신들의 석방으로 인해서가 아니고, 앞으로도 또다시 예수의 이름을 위하여 구금될 것이

라는 소망 때문이었다. 사도들의 이와 같은 기쁨은 이 세상 사람들은 느낄 수 없는 것이다. 이 기쁨은 하나님의 진리를 깨닫고 확신하는 자에게 주시는 성령의 은사다(참조. 마 5:10-12).

42 그들이 날마다 성전에 있든지 집에 있든지 예수는 그리스도라고 가르치기와 전도하기를 그치지 아니하니라. 이 말씀은 전도하지 말라는 함구령을 받은 사도들이 더욱 힘써 전도했다는 사실을 알려준다. 그들은 진리를 모르는 자의 명령을 무서워하지 않았으며 사람보다 하나님께 순종하는 것이 마땅하다는 확신을 가지고 변함없이 복음을 전했다. 그들은 예수님을 증거했다는 이유로 원수들에게 붙잡혀 심문, 사형에 대한 위협, 구타를 당하다가 석방되었으나 이제 또다시 핍박받을 일을 계속한다. 그들은 예수님을 구약의 예언을 성취하신 메시아로 받아들이지 않는 핍박자들과 대항하면서 예수님이 메시아시라고 증거한다. 그들은 이 진리를 전하는 일을 멈추지 않았다.

설교▶ 초기 교회의 특징(5:12-42)

초기 교회는 후대 교회가 본받을 모범을 보여준다. 오늘날의 교회는 여기에 비추어 스스로를 반성하고 회개하며, 그들을 본받아야 한다.

1. 신령한 교회

① 초기 교회에는 능력이 있었다(12상). 15-16절 참조. 하늘나라는 말에 있지 않고 능력에 있다고 하였다(고전 4:20). ② 그들은 합심하여 잘 모였다(12하). 모이기를 힘쓰라(히 10:25)고 하신 말씀은 합심하여 모이는 일을 장려한 것이다(마 18:19). ③ 세상에 속한 자들이 참된 신자와 섞이지 않았다(13상). 교회가 잘못된 길로 나아가는 중요한 원인은 세속화되는 것이다. ④ 미천한 백성이 중심이 되어 은혜를 받았다(13하). 교권주의자들이 교회를 전제주의적으로 다스리거나 부유층이 특권을 누리면 교회는 냉랭해진

다. ⑤ 개종자들이 많이 일어났다(14절). 교회에는 계속해서 새로 믿기로 작정하는 신자들이 모여야 한다. 물론 그렇게 되기 위해서는 이미 믿는 신자들의 희생적인 전도 운동이 필요하다는 것은 말할 것도 없다.

2. 핍박을 이긴 교회

1) 하나님께서 그의 말씀 전파를 위하여 친히 핍박자들과 싸우셨다. 핍박자들이 사도들을 잡아다가 옥에 가두면, 하나님은 권능으로 그들을 옥에서 이끌어 내셨다(17-20절).

2) 사도들은 사람보다 하나님께 순종하는 것이 마땅하다는 진리를 확신하였다(29절). 이 같은 확신은 교회사 전반에 걸쳐 핍박받는 신자들에게 승리를 가져다주었던 황금률이다. 그들이 하나님께 순종한다는 것은 하나님께서 그들로 하여금 복음의 증인이 되게 하신 대로 순종하여 증인의 사역을 수행한다는 뜻이다.

예수님이 죽으셨다가 다시 살아나신 것은 하나님께서 세우신 구원의 도리이며, 사도들은 이 같은 구원의 도리를 위하여 하나님께서 세우신 증인들이니(30-32상), 그들이 어찌 이같이 복된 증인의 사명을 피하겠는가! 이것이야말로 하늘로부터 임한 명령에 따른 사명이다. 그뿐 아니라 성령도 그들 속에 함께 계셔서 복음 증거의 일을 히도록 도와주신다(32하). 이처럼 사도들은 외적으로나 내적으로나 복음을 증거하도록 하나님께 붙들려 있었다. 그들은 이 사명에 순종하지 않을 수 없었다.

그런데 이러한 순종은 율법에 순종하는 일처럼 기쁨 없는 사역이 아니었다. 이것은 다시 사신 예수님을 증거하는(회개하는 자는 누구든지 죄 사함을 받게 되는) 기쁨이 충만한 구원 운동이었다(30-31절). 예수님이 죽은 자 가운데서 다시 살아나시지 않았다면, 인간이 아무리 자신의 죄를 회개해도 그가 하나님으로부터 죄 용서를 받는 구원의 도리가 성립될 수 없는 것이다. 그가 행실은 고칠 수 있다 해도 지은 죗값은 그대로 남아 있을 수밖에 없다. 그러니 예수님께서 죽었다가 다시 사신 속죄의 사역을 근거로 회개를 외치는 복음 운동이야말로 얼마나 기쁜 구원의 진리인가! 이것은 자기도 영생을 얻고 남들도 영생을 얻게 하는 생명 운동이다. 그러므로 이와 같은 사명에 순종하는 것은 기쁨과 소망이 넘치는 일이다.

3) 그들은 핍박받는 것을 영광으로 여겼다. 가말리엘의 권면에 따라 핍박자들이 사도들을 놓아주었을 때, 그들은 하나님의 말씀을 전파하다가 핍박받는 것을 영광으로 알고(참조. 벧전 4:12-14, 16) 또다시 쉬지 않고 전도하였다(행 5:33-42).

제 6 장

개요

순수하고 은혜가 충만하던 예루살렘 초기 교회가 아나니아와 삽비라의 죄악으로 말미암아 한때 분위기가 가라앉았지만, 하나님의 징계가 권위 있게 행해짐으로써 교회는 다시 큰 영력으로 위엄있게 세워졌다(5:12-16). 이에 뒤따라 교회를 핍박하는 환난이 일어났으나(17-42절) 그것으로 인하여 교회는 더욱 빛나게 되었다. 이때 하나님의 능력이 사도들과 함께 하셨으므로 핍박자들은 여지없이 실패하고 교회의 위상이 더욱 높아진 것이다.

1. 이제 교회에는 또 다른 죄악이 드러났는데, 바로 물욕으로 인한 불평이다(6:1). 그러나 하나님은 실패하시지 않는다. 그는 죄가 많은 곳에 더욱 많은 은혜를 주시는 전능자시다. 그때 일어난 불평 때문에 초기 교회는 한 걸음 더 발전할 수 있었는데, 바로 재정을 맡아서 수고할 집사들을 택하게 되었고, 사도들은 기도와 말씀 전파에만 전력함으로써 그들에게 주어진 본래의 사명을 더욱 힘 있게 수행할 수 있었고(2-4절), 결과적으로 교회는 한층 더 부흥하게 되었다(7절). 크로샤이데의 말과 같이, 교회에 집사직의

제도를 둔 것은 예루살렘 교회의 발전을 의미한다.

2. 사도들은 그들이 전력해야 할 일이 "기도하는 것과 말씀 전하는 것"(4절)이라고 지적하였다. 이것은 또한 후대 전도자들의 사역에도 지침이 된다. 여기서 우리는 "말씀 전하는 것"과 "기도하는 것"이 동등하게 강조되었다는 사실을 잊지 말아야 한다. 기도하지 않고서는 말씀 전파에 열매를 맺지 못할뿐더러 전도자 자신이 영적으로 살아가기도 어렵다. 그러므로 전도자는 기도 생활에 힘써야 한다.

3. 교회가 다시 핍박을 받았다(9-14절). 슐라터는 이 단계에 교회에 대한 핍박이 극렬해진 사실을 지적하였다. 그는 말하기를 "교회에 대항하는 유대교의 투쟁은 더욱 심해졌다. 유대교가 처음에는 기독교의 전도를 금하다가 그다음에는 사도들을 구타하기까지 하였다. 그런데 이제는 더 나아가 최초로 전도자를 사형에 처하고 온 교회를 전면적으로 핍박하여 기독교를 진멸하려고 꾀하게 된 것이다."라고 하였다.[48]

스데반은 집사였으나 복음 전파에 사도 못지않게 열심을 내었다(8-10절). 그는 주로 헬라파 회당(이방 지역에 살던 유대인들이 예루살렘에 돌아와서 세운 회당들)에 출입하면서 전도하다가 대적들과 충돌하여 마침내 성전과 율법과 모세를 거스른다는 거짓 증거로 고소를 당하였다(11-14절). 스데반은 사실 그런 죄를 범하지 않았다. 그가 주장했던 것은 다만 신약 시대에는 성전이나 율법에 대한 관념이 예수님 오시기 이전의 구약 시대와 같을 수 없으며, 이제는 복음의 정신에 입각하여 그러한 관념에 변동되어야 할 부분들이 있다고 말했던 것뿐이다(히 9:10; 10:1). 그러한 가르침은 사도 바울의 복음 사상과 일치하는 것이다.

---

48) A. Schlatter, *Erläuterungen zum Neuen Testament I*, 877.

↓ 내용분해

1. 구제의 불균등으로 인한 교회 내의 불평(1절).
2. 집사들을 세워 구제사업을 전담하도록 함(2-6절).
3. 하나님의 말씀이 왕성해짐(7절).
4. 스데반의 권능과 그를 반대하는 무리의 불법한 행위(8-15절).

↓ 해석

1-2 그 때에 제자가 더 많아졌는데 헬라파 유대인들이 자기의 과부들이 매일의 구제에 빠지므로 히브리파 사람을 원망하니 열두 사도가 모든 제자를 불러 이르되 우리가 하나님의 말씀을 제쳐 놓고 접대를 일삼는 것이 마땅하지 아니하니. 여기서 "제자"(μαθητής)라는 헬라어 단어는 일반 신자들을 가리킨다. 이 세상에 있는 교회는 신자들이 많아짐에 따라 복잡해지고 불평이 생기게 마련이다. "헬라파 유대인"은 이방 지역에서 출생한 유대인들이고, "히브리파 사람"은 팔레스타인의 유대인들을 가리킨다. 교회를 구성하는 대표적인 두 파당 사이에 구제 문제로 인한 불평이 생겼을 때, 사도들은 그것을 묵인하지 않고 즉시 시정 작업에 임했다. 이것이 사도들의 올바른 행정이었다(롬 12:8). 사도직은 하나님의 말씀, 곧 복음을 전파하기 위한 신령한 직분인데(마 28:19-20), 사도들이 구제 사업까지 맡아서 하다 보니 그들의 본래 사명을 실행하는 일에 지장을 받게 되었던 것이다.

"접대를 일삼는 것이 마땅하지 아니하니." 여기서 "접대"(διακονεῖν τραπέζαις)라는 표현은 "식탁에서 수종하는 일"을 의미하는데 이것은 구제 사업을 가리키는 말이다. "마땅하지 아니하니"라는 사도들의 말은 구제 사업을 무시하는 것이 아니라 다만 분업의 필요성을 강조한 것이다.

3 형제들아 너희 가운데서 성령과 지혜가 충만하여 칭찬 받는 사람 일곱을 택하라 우리가 이 일을 그들에게 맡기고. 크로샤이데는 "성령과 지혜가 충만하여"라는 표현이 "영적 지혜가 충만하여"라는 말과 같다고 하였다.[49] 교회의 구제 사업은 단순히 육체만을 돌보는 세속적인 사업으로 그치지 않고 그리스도를 중심으로 하는 영적 사업이라고 할 수 있기 때문에 이를 시행하는 데는 신령한 지혜가 필요하다. "성령과 지혜가 충만함"은 직무를 잘 감당하도록 하는 지혜의 분량을 의미하는 것뿐이고, 어떤 신비한 이적의 성격을 지니는 것은 아니다.

"칭찬 받는 사람"이라는 말은 사람들에게 인정받고 덕망과 신뢰성을 소유한 자를 가리킨다. 특별히 물질을 다루는 구제 사업은 이런 인격을 가진 자라야 탈 없이 수행할 수 있다. 고린도후서 8:20-21에서도 교회의 연보를 취급하는 자의 자격에 대하여 동일한 원리로 말하기를 "이것을 조심함은 우리가 맡은 이 거액의 연보에 대하여 아무도 우리를 비방하지 못하게 하려 함이니 이는 우리가 주 앞에서뿐 아니라 사람 앞에서도 선한 일에 조심하려 함이라"라고 하였다.

"일곱을 택하라." 일곱이라는 수를 선택한 이유는 무엇일까? 이에 대하여 세 가지 해석이 있다. ① 그때 예루살렘이 일곱 구역으로 되어 있었기 때문에 일곱 집사가 필요하였다는 학설이 있고, ② 이사야 11:2에서 성령의 은사를 일곱 가지로 설명하는 것에 근거하여 그리하였다는 학설도 있으며, ③ 유대인들에게 일곱이라는 수가 거룩한 수이기 때문에 그리하였다는 학설도 있다. 이 세 가지 중에서 세 번째 해석이 옳다고 생각된다.

4 우리는 오로지 기도하는 일과 말씀 사역에 힘쓰리라 하니. 헬라어 원문에는 "기도"라는 단어에 관사가 덧붙여져서 "그 기도"(τῇ προσευχῇ)라고 되어 있다. 그 때문에 크로샤이데는 이것이 공적 기도(het openbare gebed)를 의미할

---

49) F. W. Grosheide, *De Handelingen der Apostelen II* (1948), 196-197.

뿐이라고 하였다. 그러나 노울링은 이것이 공적 기도나 사적 기도를 모두 가리키는 말이라고 하였는데 그것이 적절한 해석이다. 사도들이 "그 기도"를 필요하게 여긴 것은 마땅하다. 인간이 아무리 훌륭하다 해도 하나님께서 그 사람의 일을 도와주시지 않는다면 그에게 맡겨진 일을 제대로 수행할 수 없다(고전 3:7). 인간은 하나님께 기도함으로써만 그가 하는 일을 바로 할 수 있다.

"말씀 사역"(τῇ διακονίᾳ τοῦ λόγου)이라는 어구를 문자적으로 번역하면 "말씀을 위한 역사"라는 뜻이다. 그것은 불신자들에게 전도하는 것만 아니라 믿는 자들을 하나님의 말씀으로 먹이는 설교까지 포함한다. "힘쓴다"(προσκαρτερήσομεν)는 말은 "하던 일을 버리지 않고 계속하는 것"을 의미한다(Grosheide).

"말씀 사역"이라는 말보다 "기도하는 일"이라는 말이 앞서 나왔는데, 이것은 전도자가 무엇보다 먼저 기도하는 자가 되어야 함을 가르친다. 이 두 가지 일은 전도자에게 있어서 가장 중요한 일이므로 다른 사람이 대행하게 할 수 없다(Bengel). 그러므로 이 두 가지 일은 교역자가 친히 수행해야 한다. 슐라터는 말하기를 "사도들은 여기서 기도와 말씀에 관한 일을 자신의 직분에 전적으로 속한 것으로 간주한다."라고 하였다.[50]

설교 기도하는 일과 말씀 사역에 힘쓰자 (6:1-4)

1. 기도하는 일에 힘쓰자

하니(W. Harney)는 "가장 약한 성도라도 그가 하나님의 무릎 위에 엎드러질 때에 마귀가 떤다."라고 하였다. 이 말은 신자가 은혜를 받는 데 있어서 기도생활이 참으로 중요하다는 사실을 알려준다. 그런데도 신자들이

---

50) A. Schlatter, *Erläuterungen zum Neuen Testament I*, 876.

얼마나 기도를 업신여기는가? 은혜 받는 가장 귀한 방법이 사람들에게 멸시를 당한다.

신자들이 하나님을 섬긴다고 하지만, 그들이 일평생 기도에 투자한 시간을 계산해 본다면 매일 평균 몇 분이나 될 것인가? 많은 신자들이 규칙적으로 기도하지 못하며, 잠깐 드리는 기도도 참되게 하지 못하는 경우가 많다. 의심하면서 하는 기도는 효력이 없다. 의심하는 것은 주님의 존재를 무시하는 범죄이며, 주님의 진실성을 무시하는 죄악이다. 의심이라는 대적이 우리 마음속에 군대와 같이 잠복해 있기 때문에 우리가 잠시라도 그것을 용납하면 우리는 군대와 같은 의심에 사로잡히기 쉽다. 신자들이 규칙적인 기도생활을 하지 않는 악한 습관도 의심에서 나오는 것이다. 기도는 계속해야 기도다울 수 있다. 규칙적으로 하는 기도는 반드시 열매를 맺는다.

하니 목사는 또다시 다음과 같은 증언을 들려준다. 그가 어떤 교회에서 두 다리를 절단하고 팔도 하나만 남아 있는 여성도가 늘 기뻐하며 찬송하는 것을 보았다. 그런데 그 여인이 선교사 다섯 명의 생활비를 부담한다는 말을 듣고 놀라서 "어떻게 그렇게 합니까?"라고 물었더니 그녀는 "믿음과 기도로 합니다."라고 대답했다고 한다.

기도에 관한 말씀이 성경에 많이 있지만 그중에서도 다음 몇 구절을 참고하기 바란다. "여호와의 눈은 온 땅을 두루 감찰하사 전심으로 자기에게 향하는 자들을 위하여 능력을 베푸시나니"(대하 16:9), "환난 날에 나를 부르라 내가 너를 건지리니 네가 나를 영화롭게 하리로다"(시 50:15), "나는 하나님께 부르짖으리니 여호와께서 나를 구원하시리로다"(시 55:16), "나는 사랑하나 그들은 도리어 나를 대적하니 나는 기도할 뿐이라"(시 109:4), "여호와께서는 자기에게 간구하는 모든 자 곧 진실하게 간구하는 모든 자에게 가까이 하시는도다"(시 145:18), "악인의 제사는 여호와께서 미워하셔도 정직한 자의 기도는 그가 기뻐하시느니라"(잠 15:8), "여호와는 악인을 멀리

하시고 의인의 기도를 들으시느니라"(잠 15:29), "구하라 그리하면 너희에게 주실 것이요 찾으라 그리하면 찾아낼 것이요 문을 두드리라 그리하면 너희에게 열릴 것이니 구하는 이마다 받을 것이요 찾는 이는 찾아낼 것이요 두드리는 이에게는 열릴 것이니라"(마 7:7-8), "너희 중에 고난 당하는 자가 있느냐 그는 기도할 것이요"(약 5:13), "만일 우리가 우리 죄를 자백하면 그는 미쁘시고 의로우사 우리 죄를 사하시며 우리를 모든 불의에서 깨끗하게 하실 것이요"(요일 1:9).

2. 말씀 사역에 힘쓰자

여기서 "말씀"이라는 단어는 그리스도를 전하는 성경 말씀을 의미한다. 하나님의 말씀은 하나님을 보여주는 것이므로 중보자 그리스도를 나타내는 것을 목적으로 한다. 우리는 성경을 사용하되 그 말씀의 참 뜻대로 바르게 사용해야 한다. 성경을 바로 사용하지 않는 것은 성경을 인간적으로 조작하여 오용하는 죄악이다. 성경을 잘못 깨닫고 그것을 끝까지 고집하는 자들이 바로 이단자들이다. 그러므로 설교자 거스리(Guthrie)는 말하기를 "나는 강단에 올라가기가 교수대에 올라가기보다 두려웠다."라고 하였다. 우리는 성경을 만민에게 전하되 그 뜻을 바로 깨닫고 바로 전하기 위해 힘써야 한다. 우리는 이 일에 생명을 걸어야 한다.

5 온 무리가 이 말을 기뻐하여 믿음과 성령이 충만한 사람 스데반과 또 빌립과 브로고로와 니가노르와 디몬과 바메나와 유대교에 입교했던 안디옥 사람 니골라를 택하여. "온 무리"가 사도들의 제안(3절)을 "기뻐한다"고 했는데, 이는 그 당시 교회의 행정이 하나님을 중심으로 하는 공화정치였고 독재가 아니었던 것을 보여준다. 이와 반대로 로마 가톨릭교회의 정치는 교황의 독재체제다. "믿음과 성령이 충만한 사람." 여기서 "믿음"(πίστις)은 단순히 사무적인 신뢰성을 의미하는 것이 아니라 영적 신앙을 가리키는 것이다(Bengel, "non modo fidelitate sed fide spirituali"). 이것은 인간의 생래적인 심리가 아니라 하나님께서 주신 선물이다(엡 2:8). 그러므로 이것이 여기서 하나님의 선물인 성령(행 2:38)과 나란히 등장하여 동일선상에 취급되고 있다.

이때 선택된 일곱 집사의 이름이 모두 헬라 이름인 것으로 보아 아마도 그들은 헬라 세계에 분산되어 살았던 유대인들이었으리라고 생각된다. 그 당시 교회의 구제 사업이 불공정하게 이루어지고 있다고 원망한 것은 헬라파 사람들이었는데, 그 헬라파 사람들 중에서 집사를 세운 것은 매우 공평하고 너그러운 처사였다. 사도들은 불평하는 그들을 억압하지 않고 공평한 해결을 위해 힘썼다. 국가나 교회는 행정에 공평해야 질서를 유지할 수 있다. 사법제도에서 주장하는 것도 "도적 열 사람을 놓치는 한이 있더라도 한 사람을 억울하게 하지 말라"는 것이다. 선한 행정가는 언제든지 그가 섬기는 단체 안의 지극히 작은 불평들도 무시하지 않고 그들의 문제를 선히 해결해 준다.

일곱 집사 중 스데반과 빌립은 유명한 전도자로 사역하였다(6:8-7: 60; 8:4-13, 26-40). 그들을 제외한 다섯 집사의 행적은 신약성경에 전혀 나타나지 않는다. 다만 "니골라"라는 이름이 이단의 무리와 관련되어서 요한계시록 2:6, 15에 등장하는데 그가 일곱 집사 중 하나인지는 확실하지 않다. "브로고로"에 대하여는 전설이 남아 있을 뿐인데, 그는 후에 니코메디아(Nicomedia)의 감독이 되었다고 한다.

"택하여." 이 헬라어 단어(ἐξελέξαντο)는 상부에서 임명하는 일을 의미하기보다 회중이 선택했다는 뜻을 전달한다.

6 사도들 앞에 세우니 사도들이 기도하고 그들에게 안수하니라. 집사들을 선출한 것은 회중이었고, 그들에게 안수한 것은 사도들이었다. 교회 정치에서 직분자를 임직할 때는 이와 같은 초기 교회 행정의 전례를 따라야 한다. 이것은 직분을 선출함에 있어 교권 중심주의가 아니라 회중의 뜻을 존중하되, 다만 성직의 기원이 하나님께 있음을 인정하는 의미에서 사도들의 안수를

필요로 했던 것이다.

성직자에게 "안수"하는 것은 구약 시대부터 내려오는 전통이었다(민 27:15-20). 예수님께서 제자들에게 직분을 주실 때는 그가 친히 그들을 택하셨으므로 그들에게 안수하실 필요가 없었다. 그러나 예수님께서도 성직에 대한 안수를 반대하시지는 않았다. 성직의 신적 유래를 확인하는 의미로 사도들은 성직자에게 안수하였다. 디모데는 노회의 안수로 직분을 받았다(딤후 1:6).

바빙크는 말하기를 "직분을 줄 때 안수하는 것이 그리스도의 명령은 아니기 때문에 그것이 임직에 있어서 본질적인 요소는 아니다. 하지만 그럼에도 그것이 귀중한 예식이라는 것이 개혁주의 신학의 입장이다. 이 예식을 행함으로써만 은사($\chi\alpha\rho\acute{\iota}\sigma\mu\alpha\tau\alpha$)가 임한다고 말할 수는 없다. 그러나 그것은 내적으로나 외적으로 이미 부름 받은 자에게 하나님께서 공식적으로 성직을 맡기신다는 것을 보여주는 상징적 행위이다. 성직을 받을 자가 내적으로 하나님께 부름 받은 증거로 ① 그에게는 성직을 감당할 수 있는 재능이 있으며, ② 그는 성직자가 되려는 강한 소원을 가지고 있다. 그리고 ③ 그가 성직에 나아갈 길이 열린다."라고 하였다.[51] 이와 같이 내적으로 부름 받은 자가 교회에서 공식으로 선출되었을 때 안수를 받는다.

"안수"의 의미는 출애굽기 28:41; 29:9에 있는 대로 ① 하나님께서 주시는 직분을 맡기는 것이고 ② 그 직분을 받은 자를 하나님께 바치는 것이며 ③ 하나님께서 그 직분을 받은 자에게 직무를 감당할 수 있도록 은혜를 주시는 것이다. 안수직을 받은 자는 이처럼 하나님의 뜻에 따라 교회에서 택함을 받고 하나님께 헌신된 자니, 전적으로 하나님과 교회를 위하여 봉사하는 자가 되어야 한다.

7 하나님의 말씀이 점점 왕성하여 예루살렘에 있는 제자의 수가 더 심히 많아지고 허다

---

51) Herman Bavinck, *Gereformeerde Dogmatiek IV* (Kampen, 1929), 415, 419.

한 제사장의 무리도 이 도에 복종하니라. 사람이 예수를 믿게 되는 것은 자신의 힘이나 깨달음에서 나는 것이 아니고, 오직 하나님 말씀의 능력으로 말미암아 주어지는 선물이라는 뜻이 이 구절에 내포되어 있다.[52] 여기서 "하나님의 말씀이 점점 왕성하여"(ὁ λόγος τοῦ θεοῦ ηὔξανεν)라는 표현은 하나님의 말씀이 갖는 능동성을 보여주는 말이다. 말씀이 이처럼 능동적으로 정복하는 힘을 가지고 있기 때문에 인간의 심령이 그 말씀에 순종하게 되는 것이다. 사도 바울은 에베소 교회의 장로들을 이 말씀에 부탁하기도 하였다(20:32).

"제자의 수가 더 심히 많아지고." 이 말씀은 그 당시에 신자들의 수가 격증하였음을 가리킨다. 이처럼 교회가 왕성하게 된 이유는 사도들이 "기도하는 일과 말씀 사역에 힘썼기"(6:4) 때문이다.

"허다한 제사장의 무리도 이 도에 복종하니라." 이러한 일이 가능하게 된 것도 하나님의 말씀이 가진 능력 때문이다. 이때에 사도들은 성전을 중심으로 전도하였는데(2:46; 5:25, 42), 말씀의 능력이 성전에 나타나 그곳에서 봉사하던 제사장들을 회개케 하였다. 브루스는 이때 회개한 제사장들이 특별히 이스라엘의 위로를 기다리던 경건한 제사장들이었다고 말하지만, 구태여 그런 구분을 지을 필요는 없다. 사도들이 성전에서 담대히 전도하던 당시에 제단 봉사를 위하여 성전에 출입하던 제사장들이 복음을 들었을 것이다. 그들이 예수 그리스도께로 돌아오게 된 사건은 구약 종교의 계승자인 기독교의 기초를 다지는 일에 있어서 중대한 의미를 가졌다. 그래서 사도행전 저자는 이 사건을 특별히 기록하고 있다. 이 사건이야말로 구약 종교가 그 사명을 정식으로 신약 종교에 넘겨준다는 의의를 가지는 것이다. 특히 본문에서 "허다한··· 무리"(πολύς τε ὄχλος)라는 표현은 제사

---

[52] A. Schlatter, *Erläuterungen zum Neuen Testament I*, 886: "Der Glaube stellt sich im Menschen her nicht durch seinen Willen oder Verstand, sondern als Gottes Gabe."

장들이 회개하고 예수를 믿은 사건이 신구 종교의 위상이 전환되는 중대한 사건임을 암시한다.

제사장의 무리가 복음에 순종하게 되었다는 말씀에는 풍자적인 의미도 있다. 제사장들은 이스라엘의 선생들이고 지도자들인데 그들이 복음에 순종하였다는 것은 그 당시 복음의 능력이 얼마나 컸는지를 우리에게 알려준다.

8 스데반이 은혜와 권능이 충만하여 큰 기사와 표적을 민간에 행하니. 스데반은 집사로서도 "은혜와 권능이 충만"하였다. 이 점에 대하여 뱅겔은 "교회가 건강할 때는 모든 것이 형통하지만, 교회가 병들었을 때는 모든 것이 쇠퇴하고 미약해진다."라고 하였다.

"큰 기사와 표적을 민간에 행"했다는 것은 그가 받은 은사가 얼마나 탁월한 것이었는지를 보여준다. 스데반은 일개 집사였지만 그에 대한 기록은 사도들에 대한 기록 못지않게 강렬하다. 사도행전 저자가 이와 같이 기록한 의도는 순교자의 신앙 인격과 그가 받은 은혜의 분량이 얼마나 큰 것이었는지를 보여주려는 데 있다.

9 이른 바 자유민들 즉 구레네인, 알렉산드리아인, 길리기아와 아시아에서 온 사람들의 회당에서 어떤 자들이 일어나 스데반과 더불어 논쟁할새. 이 구절에서 확인할 수 있는 것처럼 "스데반과 디불이 논쟁"한 사람들은 모두 이방 배경을 가진 자들이었다. 그들은 이방 지역 출신으로 예루살렘에 와서 거주하는 유대인(헬라파 유대인이라고도 함)들의 회당에 교적을 둔 자들이다. 그때 예루살렘에 헬라파 유대인의 회당이 많았다는 기록은 랍비 문헌에서도 찾아볼 수 있다(Strack-Billerbeck).

"자유민들"(Λιβερτίνων). 이들은 로마에 종으로 잡혀 갔던 유대인들로 후에 종의 신분에서 놓여난 자들을 가리키는 듯하다. 로마의 폼페이(Pompeii)라는 도시에 자유민 유대인들의 회당이 세워졌던 고고학적 증거

가 있다고 한다.[53]

"구레네인, 알렉산드리아인"(Κυρηναίων καὶ Ἀλεξανδρέων)은 아프리카의 유대인들로 예루살렘에 거주하면서 자신들의 회당을 세워서 모였던 자들이다(Knowling).

"길리기아와 아시아에서 온 사람들의 회당." 바울이 스데반 핍박에 가담한 사실을 보면(7:58), 그는 길리기아 출신 유대인들이 세운 회당(예루살렘 소재)에 속하였던 듯하다.

벵겔(Bengel)은 위의 모든 지방 사람들이 각기 예루살렘에 회당을 가지고 있었다고 생각하지 않고, 그 모든 지방에서 온 유대인들이 다 함께 하나의 회당에 속하였다는 뜻으로 이 구절을 해석했다.[54] 그러나 다른 학자들에 의하면 예루살렘에는 한때 회당이 480개나 존재했던 적도 있다고 한다.[55] 이 같은 통계 숫자가 정확한 것은 아닐지 모르지만 당시 예루살렘에 회당이 많았다는 것만은 사실이다. 그렇다면 이방 각지에서 예루살렘에 와서 거주하고 있는 자들이 각기 자신들이 사용하는 언어에 따라서 별도의 회당을 운영했을 것이라고 짐작할 수 있다.

스데반은 헬라파 유대인이었으므로(6:5 해석 참조) 앞에 언급한 다양한 지역 배경을 가진 회당들을 출입하면서 예수 그리스도를 증거했을 것이다. 따라서 그 회당들에 속한 유대인들 중에서 그와 변론하는 자들이 일어났다.

10 스데반이 지혜와 성령으로 말함을 그들이 능히 당하지 못하여. 여기서 "지혜"는 인간의 것이 아니고, "성령"의 역사로 말미암아 얻어진 지혜다. 스데반이 이처럼 영적 지혜를 받은 일은 예수님께서 일찍이 그 제자들에게 약속하

---

53) Schürer, *Jewish Temple II*, 57, 276, 277; O. Holtzmann, *Neutestamentliche Zeitgeschichte,* 201.
54) J. A. Bengel, *Gnomon of the New Testament II* (1742); translated by C. T. Lewis and M. R. Vincent, 567.
55) Schürer, *Jewish Temple II*, 73.

신 대로 이루어진 것임이 틀림없다. "너희를 넘겨 줄 때에 어떻게 또는 무엇을 말할까 염려하지 말라 그 때에 너희에게 할 말을 주시리니 말하는 이는 너희가 아니라 너희 속에서 말씀하시는 이 곧 너희 아버지의 성령이시니라"(마 10:19-20). 칼빈은 오늘날 교회 시대에도 이러한 약속이 이루어진다는 의미로 다음과 같이 말하였다. "오늘날 화형당하는 순교자들의 입에서 성령은 그와 같이 역사하신다. 그들은 학문을 배운 일이 없는 무식한 사람들이지만, 교황주의를 변호하는 신학자들을 뇌성벽력으로 놀라게 하듯이 하였다."[56]

11 사람들을 매수하여 말하게 하되 이 사람이 모세와 하나님을 모독하는 말을 하는 것을 우리가 들었노라 하게 하고. 핍박자들이 사람들을 내세워서 거짓 증거로 자신들을 변호하도록 계획한 것은 더욱 악한 일이었다. 이들은 자신들의 입을 통해서도 직접 그와 같은 거짓된 선전을 하였을 것이다. 그들은 스데반이 증거한 그리스도의 복음을 간교하게 뒤집어 허물을 잡았을 것이다. 스데반은 모세의 율법(특히 의식법)이나 성전이 임시적인 성격을 가진 것이어서 예수 그리스도께서 오실 때까지만 유효하다고 말했을 것이다. 그것은 모세의 율법이나 성전을(따라서 하나님을) 모독하는 것이 아니었다. 그것은 율법의 진정한 의미를 설명한 것일 뿐이었다(히 9:10). 그러나 거짓 증인들은 이처럼 옳은 말을 간교하게 뒤집어서 스데반이 "모세와 하나님을 모독하는 말"을 했다고 거짓되게 증거하였다.

앞에 말한 바와 같이 스데반의 전도 내용은, 모세의 율법이 예수 그리스도로 말미암아 성취되었기 때문에 이후로는 예수를 그리스도로 믿는 것만이 참된 종교 행위요 예배라는 것이었다. 네안데르(Neander)는 스데반의 설교(행 7장)와 거짓 증인들의 고소 내용(6:11, 14)을 올바로 깨닫고 말하기를 "스데반이 전한 복음 내용은 모세 율법 가운데 의식법을 도말하고 십

---

56) John Calvin, *The Acts of the Apostles* (1965), 242.

자가로 승리하신 예수 그리스도를 전파한 것이니, 바울이 깨달은 복음과 마찬가지로 범세계적인 성격을 띤 것이다. 스데반이야말로 바울의 선구자였다."라고 하였다.[57]

12 백성과 장로와 서기관들을 충동시켜 와서 잡아가지고 공회에 이르러. 핍박자들은 전면에 나서지 않고 뒤에서 흉계를 꾸미며 다른 사람들을 충동시켜 스데반을 잡도록 하였다. 그것은 의인을 올무로 잡는 죄를 짓되 간교하게 한 것이니 더욱 악하다. 충동받은 자들 중에는 일반 "백성"도 있었다. 대제사장들이 예수님을 잡을 때에도 역시 백성을 이용한 일이 있었다(마 27:20-25).

13-14 거짓 증인들을 세우니 이르되 이 사람이 이 거룩한 곳과 율법을 거슬러 말하기를 마지 아니하는도다 그의 말에 이 나사렛 예수가 이 곳을 헐고 또 모세가 우리에게 전하여 준 규례를 고치겠다 함을 우리가 들었노라 하거늘. "거짓 증인들"은 거룩한 것들을 빙자하여 스데반을 모해한다. 그들은 한편으로 거룩한 성전이나 율법을 유달리 존중하는 것처럼 꾸미면서 다른 한편으로는 스데반이 그런 거룩한 것들을 경홀히 여겼다고 고소한다. 거짓 증인들이 성전을 "이 거룩한 곳"이라고 하면서 그것을 "거슬러" 말하였다는 것이 무슨 뜻이겠는가? 아마도 스데반이 전도할 때에, 예수 그리스도께서 오셨으니 이제는 신자들이 구약 시대처럼 성전에서만 예배하지 않고 어디서든지 신령과 진리로 예배할 수 있다(요 4:24)고 말하였거나, 그렇지 않으면 장차 성전이 무너지리라는 예수님의 예언(마 24:1-2)을 인용한 것을 곡해하여 고소했을 수도 있다.

15 공회 중에 앉은 사람들이 다 스데반을 주목하여 보니 그 얼굴이 천사의 얼굴과 같더라. 우리가 보기에 산헤드린 공회원들은 이때 회개할 기회가 있었다. 스데반의 "얼굴이 천사의 얼굴과 같아진" 것은 하나님께서 그와 함께하시는 증표였다. 그들은 이 같은 사실을 눈앞에 놓고 체험한 셈이다.[58]

---

57) Neander, *Alford's Greek Testament II*, 65.
58) A. Schlatter, *Erläuterungen zum Neuen Testament I*, 880.

하지만 그들은 회개하기는커녕 도리어 스데반을 죽였으니 그들이 얼마나 완악한 자들인지를 알 수 있다. 양심에 화인을 맞은 것같이(딤전 4:2) 완악한 자들은 옳은 것과 참된 것을 보고서도 양심대로 순종하지 않는다. 기독교 복음이 옳고 참되다는 사실을 몰라서 믿지 못하는 자들도 많지만 이를 알고도 거부하는 자들의 수효도 적지 않을 것이다. 이 세상에 복음을 믿지 않는 자들의 수효가 많다는 사실을 근거로 복음의 진실성을 의심한다면 그는 큰 과오를 범하는 것이다.

"천사의 얼굴과 같더라." 이것은 스데반이 평강, 사랑, 기쁨으로 충만하여 그의 얼굴에 광채가 나는 것을 가리키는 말이다. 여기서 우리는 다음과 같은 점을 생각할 수 있다. 일반적으로 법정에서 정죄받는 사람들은 그 얼굴에 수심과 두려움이 가득하며 절망에 사로잡히는 법이다. 그런데 스데반의 얼굴에는 기쁨이 충만하였고, 그의 모습은 당당하였다.

이때 스데반이 평강과 기쁨으로 충만했던 이유는 ① 그가 자기를 정죄하는 원수들을 용서하고(행 7:60), 그들을 불쌍히 여겼기 때문이다. 원수를 용서하는 자의 마음에는 평안과 기쁨이 솟아오른다. ② 그는 그리스도 안에서 진리 및 성결과 더불어 운명을 같이했기 때문이다. 진리와 성결을 마음에 소유한 자는 사실상 고립되지 않고 하나님과 온 우주의 보호를 느낀다. 그러므로 그에게는 기쁨과 용기와 평안이 넘친다. 물론 그의 이와 같은 확신은 성령께서 그에게 주신 것이다. ③ 마지막으로 그때 하나님께서 그에게 초자연적 광명을 그의 얼굴에 나타내셨기 때문이다. 모세에게도 그런 광채가 있었다(출 34:30). 그러나 이런 광경은 심령의 넓음, 기쁨, 평안, 밝음에 대한 외부적 상징에 불과한 것이다.

제 7 장

↓ 개요

1. 스데반의 설교는 유대인들의 의식주의와 외형주의를 공박한다. 스데반은 하나님께서 어떤 일정한 지역이나 건물에 매이지 아니하시고 어디서든지 자신을 계시하신다고 말하였다. 하나님은 일찍이 유대 땅이 아닌 "메소보다미아"에서 아브라함에게 자신을 계시하셨고(2절), 애굽에서도 요셉과 동행하셨으며(9절), 시내 광야에서는 모세와 함께해주셨다(30절). 하나님은 예루살렘 성전에만 계시는 분이 아니다. 성전이 존재하지 않던 시대, 곧 하나님을 예배하는 데 장막을 사용하던 시대에도 하나님의 위대한 계시들이 있었다(44-50절).

2. 스데반의 설교는 하나님이 약속을 성취하시는 참된 신이심을 강조한다. 하나님께서 아브라함에게 약속하신 모든 것을(5-7절) 요셉과 모세를 통하여 어김없이 이루셨음을 지적한다(9-36절). 처음에 하나님께서 아브라함에게 약속하실 당시에 그에게는 "발 붙일 만한 땅도 유업으로 주지 아니하시고" 다만 그의 자손에게 그 땅을 주시겠다고 약속하셨는데(5절), 그는 마침내 모세를 세우시고 이스라엘 백성을 애굽에서 인도해 내셔서 가

나안 땅을 향해 전진하게 하셨다(36절). 스데반은 이와 같이 약속을 성취하시는 하나님께로 유대인들의 관심을 끌었다. 그리하여 그는 그들로 하여금 구원 문제에 있어서 오직 하나님 한 분(홀로 계획하시고 그대로 이루어 가시는 하나님)만을 믿고 그들 자신이 가진 것은 아무것도 의지하지 않도록 하려는 것이었다. 하나님의 약속 성취를 기반으로 수립되는 종교가 순수한 은혜의 종교다. 그때 유대인들은 율법주의에 얽매여 이 진리를 믿지 못하였으니, 그들에게 이런 은혜의 종교를 외친 것은 적합한 일이었다.

3. 스데반의 설교는 구약의 종교가 메시아를 구심점으로 하는 종교임을 가르친다. 하나님께서 아브라함에게 주신 약속은 이스라엘 백성이 가나안 땅을 기업으로 차지한다는 것이었다(5-7절). 이 약속이 모세로 말미암아 성취되었을 때 모세는 메시아의 시대가 자기 시대(구약 시대) 다음에 계승될 것을 내다보고 예언한 바 있다(37절 해석 참조). 그러면 아브라함에게 주셨던 약속은 실로 메시아 시대를 목표로 삼아 성취되어 온 것이 분명하다. 사실상 아브라함이 받은 그 약속은 메시아 약속을 내포하고 있는 것이다(창 12:3).

4. 스데반의 설교가 강조하는 또 한 가지 중요한 점은 유대인들이 옛날부터 메시아와 참 선지자들을 배척해 왔다는 것이다. 그들은 메시아를 예언한 모세를 배척하였고(행 7:39-43), 기타 선지자들(이들도 메시아를 예언하였음)을 배척하였다(52상). 더 나아가 그들은 메시아 자신까지도 배척하였다(52하). 이처럼 메시아를 배척하는 전통이 유대 민족의 고질적인 병폐였음을 그는 지적하였다. 이것이야말로 유대인들의 병증을 제대로 진맥하여 명중시킨 설교이다. 그때 이 설교를 들은 유대인들은 회개할 수 있는 귀한 기회를 만났던 것이다. 그러나 그들은 그 귀한 기회를 놓치고 말았다(54절).

✣ 내용분해

1. 대제사장의 질문(1절)
2. 스데반의 설교(2-53절)

   1) 아브라함이 받은 약속(2-8절)

   2) 그 약속이 요셉을 통해서 이루어짐(9-16절)

   3) 그 약속이 모세를 통해서 이루어짐(17-38절)

   4) 이스라엘 백성이 선지자 모세를 순종하지 않은 실례(39-43절)

   5) 장막, 혹은 성전의 의의(44-50절)

   6) 이스라엘 백성이 그 조상 때에 선지자를 순종하지 않았던 것과 같이, 그리스도(혹은 의인)를 죽임(51-53절)

3. 스데반의 순교(54-60절)

   1) 유대인들의 발악(54절)

   2) 스데반이 성령으로 충만하여 하나님의 영광과 예수님을 본다고 함(55-56절)

   3) 유대인들이 한층 더 발악하며 스데반을 성 밖에 내치고 돌로 침(57-58절)

   4) 스데반의 최후 기도(59-60절).

✣ 해석

1 대제사장이 이르되 이것이 사실이냐. 이때 대제사장은 산헤드린 공회 의장 자격으로 말한 것이다. 그가 던지는 질문이 비교적 온건한 이유는 스데반의 영적 권세 앞에서(6:15) 그의 양심이 위축되었기 때문이다.

2 스데반이 이르되 여러분 부형들이여 들으소서. 스데반은 이때 구약 역사서의

중요한 사건들을 간추려서 말하기 시작한다. 그는 당시 여러 지도자들과 백성들에게 하나님의 계시 운동을 밝히 가르치고자 하였다. 하나님의 계시 운동은 아브라함으로부터 시작하여 그리스도를 최종 목표로 삼는 것이다(37, 52절). 그가 지적하는 바는 하나님의 계시 운동에 대하여 이스라엘 백성이 옛날부터 불순종한 것처럼 스데반 시대의 유대인들도 그리한다는 것이다(39-43, 52-53절).

거짓 증인들이 스데반에 대해 고소하기를 "이 사람이 이 거룩한 곳과 율법을 거슬러 말하기를 마지 아니하는도다"(6:13)라고 하였는데 이에 대해서도 그는 답변하였다. 곧 모세를 거스른 자는 자기가 아니라 이스라엘 조상들이었고, 또한 자기 시대의 유대인들이라는 것이다. 그리고 거룩한 곳(성전)을 오해하는 자도 자기가 아니고 그 시대의 유대인들이라고 답한다. 스데반은 실상 성전의 의의를 바로 알고 있지만(44-50절) 유대인들은 성전의 의의를 오해하고 그것 자체를 숭배하는 경향이 있었다.

우리 조상 아브라함이 하란에 있기 전 메소보다미아에 있을 때에 영광의 하나님이 그에게 보여. 스데반은 하나님의 계시 운동을 다룰 때 먼저 이스라엘의 조상 아브라함에게 주신 계시와 그것이 성취되는 역사에 대하여 말한다(2-36절).

"하란"은 아브라함이 갈대아 우르(메소보다미아)에서 가나안 땅으로 가던 도중에 머문 곳으로 메소보다미아의 서북쪽 지방이다. 그가 가나안으로 가던 도중에 여기서 얼마 동안 머문 이유는, 그의 부친이 병약했던 까닭인 듯하다(창 11:31-32).

"메소보다미아"에는 아브라함의 고향 갈대아 우르가 있다. 거기서 영광의 하나님이 아브라함에게 나타나셨다(창 12:1). "영광의 하나님"이란 칭호는 모든 우상과 반대되는 "계시하시는 하나님"이라는 뜻이다. 여기서 스데반이 강조하는 것은, 하나님은 성전의 아름다운 시설로 인하여 영광을 받으시는 분이 아니라는 것이다. 하나님은 성전이 없는 이방 땅 갈대아 우르에서도 아브라함에게 나타나셨다. 그는 살아 계셔서 어디에서든지 자신이

제7장

택하신 종을 찾으시며, 그에게 말씀하심으로(자신을 계시하심으로) 영광을 나타내신다.

하나님은 성전에 매이거나 갇히지 않으신다. 성전은 있을 수도 있고 없을 수도 있다. 신약 시대에도 신자들이 하나님 아버지를 예수 그리스도 안에서 섬기는 것이지 예배 시설 안에서 의식(儀式)으로 섬기는 것은 아니다(롬 7:6). 스데반은 이런 의미로 그 당시의 성전 건물을 평가하였을 것이다. 그런데 그의 원수들은 이와 같은 그의 사상을 곡해하여 문제시하였던 것이다(참조. 행 6:13). 이때에 스데반은 자신의 주장이 정당함을 강조하기 위하여 영광의 하나님께서 성전이 없는 갈대아 우르에서도 나타나셨음을 증거하였다.

3 이르시되 네 고향과 친척을 떠나 내가 네게 보일 땅으로 가라 하시니. 스데반이 이와 같이 아브라함의 역사를 말할 때에 단지 그 역사적 사실만을 복습하는 정도로 그치지 않고 아브라함이 가졌던 믿음과 더불어 하나님의 약속이 어떻게 성취되는지를 중점적으로 말한 것이다.

"고향과 친척을 떠나… 가라." 아브라함이 이 명령에 순종하려 했을 때에 그에게 난관이 있었을 것이다. 그 누가 안정된 생활과 정든 고향을 영영 떠나 낯선 땅에서 나그네로 떠돌아다니기를 좋아하겠는가. 그런데도 아브라함이 이를 실행하게 된 것은 하나님께서 명령하셨기 때문이었다. 그는 미래에 모든 일이 어떻게 이루어질지 전혀 알지 못하면서도 단지 하나님께서 명령하신 그 말씀만을 신뢰하고 모든 난제들을 이미 다 해결하기라도 한 것처럼 유쾌하게 그 길을 떠났던 것이다. 이것이 신앙이다.

신앙은 ① 하나님을 붙잡고(하나님의 말씀에 의하여) 행동하며(창 12:4), ② 그가 행동할 때 하나님께서 동행하시는 줄로 믿으며, ③ 그 행동의 결과로 모든 복된 열매를 얻을 줄 믿는 것이다(참조. 히 11:8).

4 아브라함이 갈대아 사람의 땅을 떠나 하란에 거하다가 그의 아버지가 죽으매 하나님이 그를 거기서 너희 지금 사는 이 땅으로 옮기셨느니라. 아브라함이 하나님의 명령을

따라 "갈대아 사람의 땅을 떠나" 나왔는데 그것은 그의 신앙으로 내린 용단이었다. 즉시 고향을 떠난 것은 모든 믿는 자들의 조상으로서 그가 보여준 귀감이었다. 오늘날 우리도 모든 육신적인 애착에서 떠나 그리스도게로 옮겨 그 안에서 살아야 한다. 칼빈도 이와 유사한 해석을 하였는데, 그는 우리가 고향을 거부할 것이 아니라 우리 자신을 거부해야 한다고 하였다.

"하나님이 그를 거기서 너희 지금 사는 이 땅으로 옮기셨느니라." 이 말씀은 하나님이 아브라함을 하란에서 가나안 땅으로 옮기셨다는 뜻이다. 이것은 하나님께서 아브라함과 동행하신 증표다. 하나님은 그의 말씀을 믿고 순종하는 자들과 동행하시는 분이다(참조. 요 14:23).

5 그러나 여기서 발 붙일 만한 땅도 유업으로 주지 아니하시고 다만 이 땅을 아직 자식도 없는 그와 그의 후손에게 소유로 주신다고 약속하셨으며. 이 말씀은 하나님의 약속이 현실주의자들에게는 흥미를 주지 못하는 것임을 보여준다.

1) 그 약속을 단시일 내에 이루어주시지 않는다. 아브라함이 하나님의 명령에 순종하여 멀리 갈대아 우르에서 가나안 땅으로 왔으나 그곳에서 "발 붙일 만한 땅도" 주시지 않고 앞으로 400여 년 후에야 그 땅을 주시겠다고 말씀하셨다(창 15:13-16).

2) 그 약속은 아무런 현실적 근거가 없는데도 미쳐 있는 것처럼 미래의 큰 계획의 실현에 대해 말씀하고 있다. 곧 그 당시 아브라함에게는 아직 자식이 없었으나 장차 그의 자손이 무수히 많을 것이며 또한 그들에게 가나안 땅이 주어질 것이라고 약속하셨다(창 15:5, 16). 하나님의 약속은 현실성을 가지지 않는 것을 특징으로 한다. ① 그는 이런 방법으로 약속을 주심으로써 그 약속이 성취되었을 때 사람들에게 그의 전능하심을 알리시며 ② 사람들로 하여금 믿음다운 믿음을 가지도록 하신다(참조. 요 20:29; 롬 8:24; 히 11:1; 벧전 1:8). 이처럼 현실성을 가지지 않는 하나님의 약속 앞에서도 아브라함은 "바랄 수 없는 중에 바라고" 믿었다고 말씀한다(롬 4:18).

6 하나님이 또 이같이 말씀하시되 그 후손이 다른 땅에서 나그네가 되니 그 땅 사람들이 종으로 삼아 사백 년 동안을 괴롭게 하리라 하시고. 이 말씀은 하나님께서 일찍이 아브라함의 자손(이스라엘 백성)에게 가나안 땅을 주시기 전에 먼저 그들이 애굽에서 종노릇 할 것을 예언하셨다는 것이다(창 15:13). 이것 또한 하나님께서 그가 사랑하시는 백성에게 복을 주시는 오묘한 방법이다. 하나님은 그들에게 가나안 땅을 주시기로 약속하셨지만 먼저 그들이 400년 동안 고난받는 생활을 하도록 예정하신 것이다. 하나님께서는 인간에게 고난과 시련을 밑바탕으로 하지 않는 갑작스런 행복을 허락하시는 법이 없다.

7 또 이르시되 종 삼는 나라를 내가 심판하리니 그 후에 그들이 나와서 이 곳에서 나를 섬기리라 하시고. 하나님께서 이스라엘 백성을 괴롭히는 그 나라를 심판하시겠다고 약속해 주셨다는 것이다(참조. 창 15:14). 애굽은 심판받아 낮아지고, 이스라엘 백성은 출애굽하여 마침내 가나안 땅을 점령할 것이고 그곳에서 하나님을 섬기게 된다는 것이다(참조. 창 15:14-16).

"이 곳에서"(ἐν τῷ τόπῳ τούτῳ)라는 표현은 하나님의 약속(혹은 예언)이 반드시 성취된다는 사실을 암시적으로 지적하고 있다. 다시 말해 아브라함의 자손에게 가나안 땅을 주시기로 하신 약속이 마침내 이루어져서 그들이 땅을 차지하게 되었으며, 그 땅이 바로 "이곳"(스데반과 그를 핍박하는 자들이 살고 있는 이 땅)이라는 것이다. 이같이 스데반은 그의 설교에서 하나님의 약속이 반드시 성취된다는 점을 강조하여, 듣는 사람들로 하여금 메시아에 대한 약속과 성취에 대하여 주의를 기울이도록 만들어준다.

8 할례의 언약을 아브라함에게 주셨더니 그가 이삭을 낳아 여드레 만에 할례를 행하고 이삭이 야곱을, 야곱이 우리 열두 조상을 낳으니라. "할례의 언약을 아브라함에게 주셨다"라는 말씀은 아브라함의 자손들이 하나님의 백성이라는 언약의 증표로 할례를 행하도록(창 17:10-14) 하나님께서 명하셨다는 뜻이다. 아브라함은 그의 아들 이삭에게 할례를 행했으며, 이후로 대를 이어 후손들에게

행하도록 정해진 것이다. 그리하여 이삭은 야곱에게, 야곱은 그의 열두 아들에게 할례를 행하였다. 이처럼 그들이 대대로 할례를 실행함으로써 조상 때에 받은 약속(아브라함의 자손이 가나안 땅을 차지할 것이며 그 자손으로 인하여 천하 만민이 구원의 복을 받을 것이라는 약속[창 12:1-3; 18:18; 22:17-18])을 기억하도록 한 것이다. 이처럼 할례를 통한 계시는 이스라엘 민족의 자격을 결정하는 근본적인 요소였다.

이러한 할례의 계시도 성전이 아직 세워지지 않았던 시기에 아브라함에게 주어진 것이었다. 그런데도 유대인들(스데반을 핍박하던 자들)은 이스라엘 백성이 받을 복이 성전으로 말미암는 줄로 착각하고 있었다.

아브라함의 자손이 야곱에 이르러 "열두 조상"(야곱의 열두 아들)으로 퍼지게 된 것은 그가 받은 약속(네 자손이 별과 같이 많으리라고 하신 약속[창 15:5])이 이루어지는 준비 단계였다.

9 여러 조상이 요셉을 시기하여 애굽에 팔았더니 하나님이 그와 함께 계셔. "여러 조상"이란 말로 번역된 헬라어(πατριάρχαι)는 "조상들"이라고 수정되어야 한다. 이들은 앞절에 나온 야곱의 열두 아들 중 대다수다. 스데반은 여기서 요셉에게 나타난 하나님의 계시에 대해 말씀하는데, 이로써 성전과 관계없는 하나님의 계시가 또다시 진술된다. 스데반은 이렇게 다시 한 번 성전이 계시와 구원 운동에 절대적으로 필요한 것이 아님을 강조한다(참조. 6:11-14; 7:47-50). 스데반이 요셉의 생애 가운데 일어난 사건들을 중점적으로 거론하는 이유는 아브라함 언약의 성취를 지적하기 위해서다. 요셉이 애굽으로 팔려 간 것은 이스라엘 백성으로 하여금 애굽에 가서 종노릇 하도록 예정하신(곧 아브라함에게 주신 하나님의 약속대로 예비하신[창 15:13]) 사건이다. 그만큼 이 사건은 중요하다.

하나님께서는 자신이 택하신 백성에게 주신 약속을 성취하시는 과정에서 인간의 죄악도 사용하신다. 하나님께서 죄를 미워하시는 것은 사실이지만 사람의 죄악 때문에 그분의 뜻이 성취되는 일이 지장을 받지는 않는다. 그는 자신의 약속을 성취하시는 과정에서 인간의 죄악을 전용하실 수 있는(잠 16:4) 사랑과 지혜와 능력을 가지셨다. 요셉의 형들은 그를 시기하여 애굽으로 가는 상인들에게 그를 팔아버렸지만, 하나님께서는 그 사건을 통하여 자신이 하실 일을 하셨던 것이다.

"하나님이 그와 함께 계셔." 요셉은 그 형제들로 말미암아 애굽으로 팔려간 후 심한 곤경에 빠졌다. 그러나 하나님은 그곳에서도 요셉과 함께 계셨고(창 39:2, 5, 21, 23), 요셉은 거기서도 하나님을 경외하였다(창 39:9; 40:8; 41:16; 45:4-5; 48:9; 50:19, 24). 하나님은 특별히 대중에게 박해를 받는 외로운 자를 돌보신다(시 10:14, 18). 스데반은 은연중에 이 같은 진리를 강조하여 말한다. 스데반은 그의 설교에서 모세도 갓난아기 때에 무서운 박해 속에서 하나님의 구원하시는 은혜를 입었고(행 7:20-21), 장성한 후에는 동포들의 배척을 받았으나(27절) 마침내 하나님께서 그를 이스라엘의 구원자로 세우셨다는 사실을 지적한다(35-36절).

10 그 모든 환난에서 건져내사 애굽 왕 바로 앞에서 은총과 지혜를 주시매 바로가 그를 애굽과 자기 온 집의 통치자로 세웠느니라. 여기 "그 모든 환난"이란 요셉이 겪은 쓰라린 경험들이다. ① 요셉이 아버지의 분부에 따라 형들이 양 치는 곳을 찾아갔을 때 형들이 그를 죽이려 했던 일(창 37:18-20), ② 요셉이 소년 시절에 외국으로 팔려 가서 나그네 생활을 했던 일(창 37:25-28; 39:1), ③ 보디발의 아내의 모함으로 누명을 썼던 일(창 39:10-20), ④ 죄 없는 몸으로 수년 동안 감옥살이를 했던 일(창 39:20-40:23) 등이다. 이처럼 요셉이 가는 길은 환난으로 점철되었다. 우리는 여기서 하나님이 성도를 단련하시고 그를 통하여 하나님의 뜻을 이루어 가시는 오묘한 방법을 깨닫게 된다. 하나님께서 어떤 때는 그가 사랑하시는 자녀들이 환난과 역경을 통과하도록 만드신다는 것이다.

"은총과 지혜를 주시매 바로가 그를 애굽과 자기 온 집의 통치자로 세웠느니라." 이 말씀 역시 하나님께서 아브라함에게 주신 약속을 이루시는

데 중요한 요소가 되는 사건 하나를 소개한다. 그것은 요셉이 애굽의 고위 관리로 등용된 사실이다. 여기서 스데반이 지적하는 것은 요셉의 형통이 그 자신의 힘으로 이루어진 것이 아니고 오직 하나님의 은총과 그의 지혜로 말미암았다는 점과 하나님께서 이 모든 일을 통하여 그가 약속하신 일들(창 15:13)을 이루어 가신다는 점이다.

11 그 때에 애굽과 가나안 온 땅에 흉년이 들어 큰 환난이 있을새 우리 조상들이 양식이 없는지라. "그때에 애굽과 가나안 온 땅에" 흉년이 들었던 것도 하나님께서 아브라함에게 주신 약속을 이루시기 위하여 행하신 일이었다(창 41:25). 이러한 사실들을 보면 세상 모든 일이 하나님께서 택하신 백성을 중심으로 이루어질 뿐 아니라 그들의 구원을 목표로 진행된다는 것을 알 수 있다.

"우리 조상들이 양식이 없는지라." 벵겔은 말하기를 "신자들도 이 세상 환난에 동참한다. 그러나 그것으로 말미암은 유익은 그들 자신만이 얻는다."라고 하였다.

12-13 야곱이 애굽에 곡식 있다는 말을 듣고 먼저 우리 조상들을 보내고 또 재차 보내매 요셉이 자기 형제들에게 알려지게 되고 또 요셉의 친족이 바로에게 드러나게 되니라. 요셉의 형들이 두 차례에 걸친 애굽 방문을 통하여 요셉을 극적으로 만난 사실처럼 놀라움과 기쁨을 동시에 유발하면서 심령을 뒤흔드는 의미심장한 사건은 그리 흔하지 않을 것이다. 그들이 요셉을 알아보았을 때 그들의 마음에는 죄책감이 일어났을 것이고, 그들은 요셉이 꿈에서 보았던 그대로(창 37:5-11) 그에게 굴복하게 되었던 것이다. 그러므로 스데반은 이 사건을 소개하면서 야곱의 아들들("우리 조상들")이 요셉을 알아보게 된 사실을 초점으로 삼는다. 요셉과 그의 형들이 서로 알게 된 결과 "요셉의 친족"이 바로에게 드러나게 되었고(창 45:1-20) 그 결과 이스라엘 자손 전체가 애굽으로 이주하게 되었다.

요셉에게 일어난 일들은 우리에게 예수님을 상기시킨다. 요셉이 은 20개에 팔렸던 것처럼(창 37:28) 예수님도 은 30에 팔리셨고(마 26:15), 요셉이 하나님의 백성에게 양식을 공급했던 것처럼(창 47:11-12), 예수님은 영적 양식을 그들에게 공급하셨고(요 6:35), 요셉의 영광이 그 형제들과 온 애굽에 알려진 것처럼 예수님도 재림하실 때 하나님의 백성과 온 세상 사람들에게 그의 영광과 위엄을 밝히 나타내신다(계 1:7). 요셉의 일생이 예수님의 모형임을 보여주는 성경적 근거는 찾기 어렵다. 그러나 의인들의 삶이 어떤 측면에서는 예수님의 생애와 어느 정도 유사점을 갖는다는 것만은 인정해야 한다. 우리는 의인들을 사모하며 사랑한다. 그렇다면 의의 극치이신 예수 그리스도를 우리가 사모하는 것은 지당한 일이 아니겠는가!

설교 ▶ 요셉의 신앙생활 (7:9-13)

1. 요셉은 외국에 팔려 가서도 하나님을 섬겼다 (9하)

요셉은 하나님을 알지 못하는 낯선 이방 땅에서도 진실한 마음으로 하나님을 경외하였다. 그의 주인도 그의 경건을 알아보았다(창 39:2-3). 그는 어두운 세계에서도 홀로 경건을 지키고 범죄하지 않았다. 그를 유혹한 주인의 아내에게 말하기를 "그런즉 내가 어찌 이 큰 악을 행하여 하나님께 죄를 지으리이까"(창 39:9)라고 하였다. 하나님께서는 신자가 다른 신자들과 함께 상부상조하면서 경건하게 살아가는 것도 기뻐하시지만, 외로운 처지에서 홀로 신앙의 절개를 지키며 범죄하지 않는 신자를 더욱 사랑하시고 그와 함께해주신다.

2. 요셉은 자기를 팔아버린 형들을 용서했을뿐더러 나아가 그들을 위로하였다 (11-14절)

본문 13절에 나오는 "요셉이 자기 형제들에게 알려지게 되고"(ἀνεγνωρίσθη Ἰωσὴφ τοῖς ἀδελφοῖς αὐτοῦ)라는 구절은 "요셉이 자기 형제들에게 자신을 알리고"라고 번역되어야 한다. 그는 형제들에게 자신을 알리는 순간에 방성대곡하였고, 자기 형들에 대해 불쌍히 여기고 측은히 여기는 심정이 끓어올라서 여러 가지 말로 그들을 안심시켰다(창 45:1-15). 이처럼 요셉은 하나님을 두려워하는 신앙을 가진 인물이었다. 신앙이 없는 자에게는 이런 눈물겨운 마음과 정서가 없다. 참된 신자는 사람을 깊이 살피고 그의 불쌍한 형편을 느낄 줄 안다. 요셉은 20여 년 동안이나 외국에서 파란만장한 삶을 살아가며 수많은 가슴 아픈 일들을 당한 뒤에도 자기를 팔아버린 잔인한 형들에 대하여 애정을 보일 수 있었다. 그러므로 그는 형들을 위로하며 말하기를 "당신들이 나를 이 곳에 팔았다고 해서 근심하지 마소서 한탄하지 마소서"(창 45:5)라고 하였던 것이다.

그뿐 아니라 그는 그들의 죄와 불행을 하나님의 섭리에 비추어 해소해 주었으니 그것이야말로 죄악으로 인한 모든 상처를 따뜻하게 싸매어준 위로다. 그는 말하기를 "하나님이 생명을 구원하시려고 나를 당신들보다 먼저 보내셨나이다. … 그런즉 나를 이리로 보낸 이는 당신들이 아니요 하나님이시라"(창 45:5, 8)고 하였다. 그는 또 풍부한 애정으로 그의 부친과 모든 친족들을 애굽으로 초청하였다.

14 요셉이 사람을 보내어 그의 아버지 야곱과 온 친족 일흔다섯 사람을 청하였더니. 여기에 언급된 "일흔다섯 사람"이라는 숫자는 창세기 46:27이나 출애굽기 1:5에 기록된 "칠십 명"이라는 숫자와 일치하지 않는데, 이 문제는 다음과 같이 해결될 수 있다. ① 여기 "친족"이라고 번역된 헬라어(συγγένειαν)는 범위가 넓은 말이다. 75명이라는 숫자는 그 당시 야곱의 직계 가족 외에 그와 함께 머물렀던 친척까지 가산해서 말한 것으로 생각된다. ② 스데반이 혹시 야곱의 가족 수효를 잘못 말했다 하더라도 그는 성경 기자가 아니므로 문제 될 것이 없다. 사도행전 저자는 스데반의 말을 그대로 옮긴 것뿐이니, 이것이 성경 기자의 실수는 아니다. ③ 또 다른 학자들은 말하기를, 스데반이 창세기 46:26-27의 70인역(LXX) 본문을 따라서 말했을 것이라고

한다. 70인역에는 이 본문 말씀이 다음과 같이 번역되어 있다. "야곱에게서 난 자들로서 야곱과 함께 애굽에 들어온 자들의 총수는 야곱의 자부들 외에 육십육 명이더라. 그러나 애굽에 요셉과 함께 있는 그의 아들들이 아홉 명이었으니 야곱과 함께 애굽에 내려온 가족은 칠십오 명이더라."[59]

15 야곱이 애굽으로 내려가 자기와 우리 조상들이 거기서 죽고. 이 말씀은 그들이 하나님께서 약속하신 가나안 땅을 점령하지 못하고 외국에서 죽었다고 밝히며 하나님의 약속이 성취될 시기는 아직 멀었다는 암시를 준다. 이것을 보면 신자들은 하나님의 약속이 성취되기까지 신앙을 굳건히 하고 하나님만을 생각하면서 참고 기다려야 한다는 것을 깨닫게 된다. 하나님의 약속은 인간이 생각하는 것처럼 조급히 이루어지는 것이 아니다. 어떤 때에는 그 약속을 받은 자들이 일생동안 기다리다가 그 성취를 보지 못하고 죽는 경우도 있다.

16 세겜으로 옮겨져 아브라함이 세겜 하몰의 자손에게서 은으로 값 주고 산 무덤에 장사되니라. "세겜"은 가나안에 있는 땅인데 여기서 문제는 실제로 그 땅을 산 사람은 야곱이며(창 33:19) 아브라함이 그 땅을 샀다는 기록은 성경에 없다는 점이다. 그러나 아브라함이 일찍이 세겜에 이르러 거기서 제단을 쌓았다고 했는데(창 12:6-7), 그가 그때에 땅을 사지 않고 남의 땅에서 예배하지는 않았을 것이다. 그렇다면 그 당시에 아브라함이 이미 그 땅을 샀었는데 그 후에 하몰 사람들이 그곳을 점령한 것이라고 생각할 수 있다. 야곱이 그 땅에 이르렀을 때는 아브라함의 시대로부터 100여 년 후이니, 그는 그 땅을 다시 사야만 했을 것이다.

그리고 또 한 가지 난제가 있다. 창세기에서는 야곱의 시체가 아브라함이 에브론에게서 산 막벨라 밭에 있는 굴에 장사되었다고 했는데(창 50:12-

---

[59] πᾶσαι δὲ ψυχαὶ αἱ εἰσελθοῦσαι μετὰ Ιακωβ εἰς Αἴγυπτον οἱ ἐξήλθοντες ἐκ τῶν μηρῶν αὐτοῦ χωρὶς τῶν γυναικῶν υἱῶν Ιακωβ πᾶσαι ψυχαὶ ἑξήκοντα ἕξ υἱοὶ δὲ Ιωσηφ οἱ γενόμενοι αὐτῷ ἐν γῇ Αἰγύπτῳ ψυχαὶ ἐννέα πᾶσαι ψυχαὶ οἴκου Ιακωβ αἱ εἰσελθοῦσαι εἰς Αἴγυπτον ἑβδομήκοντα πέντε

13), 여기서 스데반은 야곱이 세겜에 장사되었다고 말한다는 점이다. 여기서 추측 가능한 해석은, 세월이 지난 후에 야곱의 해골이 세겜으로 이장되었을 수도 있다는 점이다. 이스라엘 자손이 야곱과 요셉의 해골을 애굽에서 가나안으로 옮긴 것은 하나님의 약속대로 이스라엘이 마침내 가나안 땅을 차지할 것이라는 믿음으로 그들이 했던 부탁을 실행에 옮긴 것이다(창 12:6-7; 수 24:32). 야곱과 요셉 이외에 다른 조상들의 해골을 가나안 땅 세겜으로 옮겼다는 기록은 성경에 없다. 그러나 여기서 스데반은 확실한 사실에 근거하여 말하였을 것이다.

17 하나님이 아브라함에게 약속하신 때가 가까우매 이스라엘 백성이 애굽에서 번성하여 많아졌더니. 여기서부터 스데반은 하나님의 약속 성취의 제2단계, 곧 모세를 통한 성취의 단계에 대하여 말하기 시작한다. 그는 여기서도 약속을 성취하시는 분은 오직 하나님이시라고 말한다. 이 설교에서 스데반은 이스라엘 역사를 단순히 되풀이하고 지나가는 것이 아니고, 그 역사를 신학적으로 사색하며 거기에 나타나는 구원사를 지적한다. 이 구원사에 있어서 그는 먼저 하나님의 약속 성취 운동을 지적하여 말하기를 "하나님이 아브라함에게 약속하신 때가 가까우매"라고 하였다.

18-19 요셉을 알지 못하는 새 임금이 애굽 왕위에 오르매 그가 우리 족속에게 교활한 방법을 써서 조상들을 괴롭게 하여 그 어린 아이들을 내버려 살지 못하게 하려 할새. "요셉을 알지 못하는 새 임금." 이 왕은 람세스 2세(Ramesses Ⅱ)이다(Sayce, Naville). 그는 애굽을 구원한 은인이었던 요셉을 모르는 자였기 때문에 이스라엘 민족에 대하여 포학한 정치를 행하였던 것이다(참조. 출 1:8-22). 이 점에 대하여 크로샤이데는 "하나님께서 축복하시며 그 약속을 이루려고 하시는 때는 먼저 인간의 죄악성에서 기인하는 적대적인 운동이 일어난다. 물론 그것이 하나님께서 하시는 일을 실패하게 만들지는 못한다."라고 하

였다.[60]

사람들이 아무리 대적할지라도 하나님께서 하시는 일을 막을 수 없으며, 하나님의 뜻은 반드시 이루어지고야 만다. 이스라엘 민족이 애굽에서 번성하게 된 것도 그때에 하나님께서 전에 약속해 주신 대로(창 12:2; 18:18; 22:17) 그들로 하여금 큰 민족이 되도록 복을 주셨기 때문이었다. 그 당시 애굽 왕은 이스라엘 민족의 번성을 막고자 각양각색의 포학한 정책들을 시행했으나 모두 실패하고 말았다.

20 그 때에 모세가 났는데 하나님 보시기에 아름다운지라 그의 아버지의 집에서 석 달 동안 길리더니. "모세"는 하나님께서 아브라함에게 주신 그의 약속을 성취하기 위하여 태어나게 하신 중요한 인물이었다. 여기서 스데반은 이 모세를 하나님께서 세우셨다고 강조한다.

"하나님 보시기에 아름다운지라." 우리말 성경 출애굽기 2:2에 "잘 생긴"으로 번역된 히브리어(טוב)는 본래 "선하다"라는 뜻이다. 그러므로 이 말은 모세의 얼굴이 아름다웠다는 의미만 가지는 것이 아니고 그가 태어나면서부터 하나님께서 함께해주시는 은혜를 입었음을 가리키는 표현이라고 생각된다. 잘 알려진 대로 그는 장성한 후에 철학자요 시인이었고 또한 영웅이었다. 무엇보다도 그는 여호와를 믿는 하나님의 사람이었다.

"그의 아버지의 집에서 석 달 동안 길리더니." 애굽 왕 바로 왕의 명령은 아들을 낳으면 하수에 던지라는 것이었지만, 모세의 부모는 믿음으로 그 아이가 아름다움을(하나님의 은혜를 입은 것을) 식별하였으며, 믿음으로 왕의 명령도 두려워하지 않았다(출 2:1-2; 히 11:23). 그 부모는 하나님께서 기뻐하시는 아이를 숨기는 자에게는 하나님의 보호하심이 함께할 줄 믿었다.

21 버려진 후에 바로의 딸이 그를 데려다가 자기 아들로 기르매. 그때에 모세가 애

---

60) F. W. Grosheide, *De Handelingen der Apostelen II* (1948), 218.

굽의 공주에게 아들로 입양되어 평안히 자라나게 된 것은 하나님의 특별한 섭리였다. 그렇기 때문에 스데반은 이 사실을 말하면서 그 사건을 하나님의 약속(아브라함에게 주신 약속)이 성취되는 과정의 일부로 소개하는 것이다.

22 모세가 애굽 사람의 모든 지혜를 배워 그의 말과 하는 일들이 능하더라. 이 말씀이 증언하는 것처럼 모세는 오경을 기록하기에 충분한 자격을 갖추었다. "그의 말과 하는 일들이 능하더라"라고 하였는데 그는 애굽의 모든 학문을 익혔을 뿐 아니라 의를 행하는 능력도 가지고 있었다. 그가 "말"에 능한 자였다는 스데반의 표현이 언뜻 보면 모세 자신의 말("나는 본래 말을 잘 하지 못하는 자니이다"[출 4:10])과 상충하는 것처럼 보인다. 그러나 모세가 하나님 앞에서 그렇게 말한 것은 그의 겸손함의 표현이었다.

모세는 애굽 공주의 아들로 양육되었기 때문에 당연히 그 나라의 최고 학문을 배웠을 것이다. 모세의 높은 학문에 대하여 아르타바누스(Artabanus)는 말하기를, 애굽의 문명이 모세에게서 발원되었다고 하였고, 유폴레무스(Eupolemus)는 말하기를, 문자의 발명이 모세로 말미암아 이루어졌다고 하였다. 그리고 유대인 철학자 필론(Philo)은 말하기를, 산술, 기하학, 시문학, 음악, 철학, 천문학 등도 모세로 말미암아 발전되었다고 하였다.[61]

우리가 이 같은 고대인들의 말을 전적으로 신뢰할 수는 없지만 모세가 이스라엘의 지도자로서 매우 해박한 인물이었다는 사실은 의심하지 않는다. 하나님께서는 모세를 이스라엘 민족의 지도자로, 또한 광야 교회의 지도자로 세우시기 위하여 일찍이 그를 애굽의 최고 문명권에서 교육받도록 계획하셨다.

모세가 "말과 하는 일"에 능하였던 것은 그에게 하나님을 두려워하는

---

61) F. F. Bruce, *The Book of Acts* (1974), 15.

영적 분별력이 있었기 때문이다. 사람이 하나님의 선한 일을 실행하기 위해서는 영적 분별력을 가져야만 한다.

크로샤이데에 의하면, 모세가 말과 하는 일에 능하였다는 것은 그 앞 구절("모든 지혜를 배워")과는 관계없는 별개의 표현이라고 한다. 그는 말하기를 "모세가 말과 하는 일에 능했던 것은 교육의 결과가 아니고 하나님의 은혜로 주어진 선물이었다."라고 하였다.[62] 모세는 말과 행실에 능하였으니 그야말로 언행일치를 이룬 지도자였다.

23 나이가 사십이 되매 그 형제 이스라엘 자손을 돌볼 생각이 나더니. 모세가 동족을 구출하고자 하는 생각을 가지게 된 것은 그의 믿음에서 비롯한 것이었다(참조, 히 11:24-26). "돌본다"(ἐπισκέψασθαι)라는 표현은 사람에 대한 하나님의 간섭을 가리키는 데 사용되는 것이었다(시 89:31-32; 렘 9:9, 25; 11:22). 「솔로몬의 시편」(Psalms of Solomon)이라는 책에서도 이 말은 하나님의 행위를 가리켰다(R. J. Knowling). 그렇다면 스데반도 이 표현을 사용할 때 하나님께 쓰임받는 종으로서의 모세의 심중을 염두에 두었을 것이다. 그러므로 모세가 40세 되어서 확실한 사명감을 가지고 나섰던 것만은 사실이다. 그런데 이때에는 그가 실패하였고, 그가 다시 이스라엘의 구원자로서 구원의 방법을 가르침받은 것은 그로부터 40년 후였다. 이때에는 그가 하나님의 방법대로 순종함으로써 성공할 수 있었다. 이같이 하나님의 종들은 초기의 실패로 인해 절망할 것이 아니라, 오랜 세월을 두고서라도 그 사명을 실행할 수 있는 자질을 올바로 갖춘 후에 재출발하면 된다.

24 한 사람이 원통한 일 당함을 보고 보호하여 압제 받는 자를 위하여 원수를 갚아 애굽 사람을 쳐 죽이니라. "한 사람." 이 말은 이스라엘 백성 한 명을 가리킨다(출 2:11). 모세가 자기 동족을 위해 의분을 발한 것은 옳지만 그 동족을 건지려는 방법이 잘못되었다는 해석이 있다. 곧 모세는 혈기로써 애굽인을 쳐

---

62) F. W. Grosheide, *De Handelingen der Apostelen II* (1948), 220.

죽이는 방법으로 일할 자가 아니라 하나님의 능력을 힘입어 동족을 거느리고 애굽에서 나갈 자라는 것이다.

이 구절에 대한 칼빈의 해석은, 모세가 이때에 자기 동포를 보호하기 위하여 애굽 사람을 죽인 행동 역시 이스라엘의 구원자로서 자신의 사명을 집행하는 일이었다는 것이다.[63]

그러나 칼빈의 이러한 해석은 정당해 보이지 않는다. 모세가 그 당시에 동포가 압제당하는 모습을 보고서 정의감으로 행동했던 것은 사실이다. 그렇지만 후에 하나님께서 이스라엘을 애굽에서 구원해 내도록 그에게 지시하신 방법은, 그가 친히 개인들의 다툼에 개입하여 사람을 살해하는 것과 같은 인간적인 방법이 아니고 하나님의 권위와 능력으로 역사하도록 하는 것이었다.

25 **그는 그의 형제들이 하나님께서 자기의 손을 통하여 구원해 주시는 것을 깨달으리라고 생각하였으나 그들이 깨닫지 못하였더라.** 모세가 기대하기로는 하나님께서 자기를 이스라엘의 지도자로 세우신 것을 그의 동포들이 깨달을 것이라고 믿었는데 그렇지 못했다는 것이다. 여기서 우리가 명심할 점은,

1) 하나님의 참된 일꾼은 사람들로부터 이해나 인정을 기대해서는 안 된다는 것이다. 스데반은 여기서 모세가 그런 기대를 품고 행동한 것이 잘못이었음을 지적한다. 하나님의 참된 종들은 사람들이 그들의 말에 귀를 기울이는지 여부와 무관하게 하나님의 말씀을 전해야 하며(겔 2:7), 인간의 격려나 위로를 통해 힘을 얻고자 하면 안 된다.

2) 모세에 대한 이스라엘의 몰이해는 예수 그리스도에 대한 유대인들의 몰이해(요 1:10-11)와 유사하다. 스데반은 여기서 이스라엘의 구원자였던 모세가 받은 배척을 언급하는 한편 인류의 구주이신 그리스도 역시 유대인들(예수님 당시의 청중들과 스데반 당시의 청중들)에게 오해를 받으시며 억

---

63) John Calvin, *The Acts of the Apostles I* (1965), 271-272.

울한 핍박을 받으신다고 지적함으로써 청중들의 양심을 자극하면서 그들의 회개를 촉구하였다(행 7:52). 비록 인간이 어두워서 하나님께서 보내신 자를 박해한다 해도 하나님은 끝까지 그를 돌이키고자 하신다(35절).

26-28 이튿날 이스라엘 사람끼리 싸울 때에 모세가 와서 화해시키려 하여 이르되 너희는 형제인데 어찌 서로 해치느냐 하니 그 동무를 해치는 사람이 모세를 밀어뜨려 이르되 누가 너를 관리와 재판장으로 우리 위에 세웠느냐 네가 어제는 애굽 사람을 죽임과 같이 또 나를 죽이려느냐 하니. 이 말씀은 25절의 내용을 설명한 것이다. 곧 애굽의 유대인들이 하나님께서 세우신 구원자인 모세를 알아보지 못한 사건이다. 그리스도를 위하여 헌신한 선지자 모세(히 11:26)를 반역했던 조상들의 이 같은 행동은 그리스도 자신을 반역하는 그들의 후손(스데반 당시의 유대인들)의 악행에 본보기가 된다(F. F. Bruce).

"누가 너를 관리와 재판장으로 우리 위에 세웠느냐." 무지한 이스라엘 백성은 모세를 반대하였으나 그것은 결국 하나님을 반대한 것이다. 하나님은 모세를 구원자로 세우셨는데 그들은 이처럼 하나님이 보내신 구원자를 대적한 것이다. 사람들이 하나님의 진리와 진실을 모독할 때 하나님께서는 그와 정반대로 역사하셔서 끝까지 진리를 세워 나가신다(35절). 스데반의 설교는 아브라함에게 주신 하나님의 약속이 성취되는 역사(메시아의 도래를 통해 최종적으로 성취됨)를 설명하는 도중에 그러한 운동에 대한 유대 민족의 적대 행위를 올바로 지적한다. 이 적대 행위는 유대 민족의 고질적인 병폐다. 이 같은 병폐를 지적한 스데반의 설교야말로 당시 유대인들이 회개할 수 있는 천재일우의 기회였다.

29 모세가 이 말 때문에 도주하여 미디안 땅에서 나그네 되어 거기서 아들 둘을 낳으니라. "이 말 때문에 도주하여." 이것은 모세가 자신의 살인이 탄로 났기 때문에 그곳에 더 이상 머무를 수 없어서 도피했다는 것이다. 출애굽기 2:15에는 "바로가 이 일을 듣고 모세를 죽이고자 하여 찾는지라 모세가 바로의 낯을 피하여"라고 하였다.

"미디안 땅에서 나그네 되어." 정의감과 사명감에 불탔던 모세(히 11:24-26)는 자신의 실수로 인하여 주어진 사명을 이루지 못한 채 애굽을 떠나 미디안 땅으로 갔다. 히브리서 기자는 그 당시 모세의 행동을 칭찬하여 말하기를 "믿음으로 애굽을 떠나 왕의 노함을 무서워하지 아니하고"라고 하였다(히 11:27상). 그러므로 모세가 이때 미디안으로 도피한 행동은 사명을 실행하기 위해 무모한 희생을 피하는 일이었을 뿐이며, 결단코 육신의 생명을 보존하기 위한 비겁한 행동이 아니었다. 그는 하나님께서 반드시 이스라엘 백성을 애굽에서 구원해 내실 것을 믿어 의심치 않았다.

"거기서 아들 둘을 낳으니라." 이 말씀은 모세가 미디안 땅에 오랫동안 살고 있었음을 지적한다. 이스라엘 구원 운동에 실패한 그는 미디안 땅에서 가정을 이루고 양을 치면서 하나님의 구원 역사가 나타나기만을 바라고 기다렸던 것이다(히 11:27하). 인간은 약하여서 넘어지지만 하나님은 자신이 정하신 일을 반드시 이루신다. 아브라함에게 주신 하나님의 약속(창 15:13-14)을 야곱이 믿었고(창 48:21), 요셉이 믿었으며(창 50:24), 또 모세가 믿었다(히 11:27).

30 사십 년이 차매 천사가 시내 산 광야 가시나무 떨기 불꽃 가운데서 그에게 보이거늘.

모세는 "사십 년"이라는 긴 세월을 미디안에서 보냈다. 거기서 양을 치던 모세에게 마침내 하나님의 시간이 찾아왔다. 이제 "천사가… 가시나무 떨기 불꽃 가운데서 그에게" 나타났다. 이것은 사람의 계획으로 이루어진 일이 아니라 예상 밖의 일이었다. "천사"는 여기서 "여호와의 사자"로 나타나시던 여호와 자신이다(참조. 창 22:11).

"가시나무 떨기"는 이스라엘을 상징하고, "불꽃"은 그 백성이 애굽에서 당하고 있던 고난을 상징한다. 불이 가시나무에 붙어도 그것이 사그라지지 않는 것처럼 이스라엘 백성들도 애굽에서 고난을 당하지만 아주 멸망하지는 않았다.

크로샤이데는 말하기를 "이와 같은 하나님의 계시는 모세만 위한 것이 아니고 이스라엘 온 백성을 위한 것이다. 그 이유는 일찍이 하나님께서 아브라함에게 약속하셨던 이스라엘을 향한 구속 행위가 여기서 시작되기 때문이다."라고 하였다.[64)]

여기서 스데반이 우리에게 상기시켜 주는 사실은, 성전 제도가 없었던 시대에 시내산 광야의 가시나무 떨기 불꽃 가운데서도 하나님께서 모세에게 나타나셨다는 점이다. 스데반은 이를 통해 그리스도께 초점을 맞추지 않고 성전을 절대시하는 그 당시 청중의 잘못된 사상을 은근히 지적하면서 성전을 숭배하는 유대인의 잘못을 깨우치고자 한다. 하나님께서 나타나시는 곳이라면 설사 광야라 하더라도 그곳이 성전과 같다는 것이다. 하나님이 계시지 않는다면 예루살렘 성전도 광야와 같다.[65)]

31-32 모세가 그 광경을 보고 놀랍게 여겨 알아보려고 가까이 가니 주의 소리가 있어 나는 네 조상의 하나님 즉 아브라함과 이삭과 야곱의 하나님이라 하신대 모세가 무서워 감히 바라보지 못하더라. 칼빈은 말하기를, 모세가 그 광경을 보고 "놀랍게" 여긴 이유는 하나님의 장엄성을 느꼈기 때문이라고 하였다. 그는 덧붙여 말하기를 사탄이 나타날 때는 그런 장엄성이 드러나지 않는다고 하였다. 이때 하나님께서 자신을 가리켜서 "나는… 아브라함과 이삭과 야곱의 하나님이라"라고 하셨으니, 이는 역대 이스라엘의 족장들이 믿고 섬기던 참되신 하나님의 계시라는 말씀이다. 다시 말해 그는 옛날부터 이스라엘과 언약을 맺으시고 그 언약을 지켜 오시는 하나님이시라는 의미다. 하나님은 이처럼 스스로를 언약의 하나님으로 규정하시면서 모세를 안심시키시고, 또 그로 하여금 믿음을 갖게 하셨다.

현대의 실존주의 신학자들은 전통과 역사성을 지닌 것은 어디까지나

---

64) F. W. Grosheide, *De Handelingen der Apostelen II* (1948), 222.

65) B. Wielenga, *Van Jerusalem Naar Rome*, Tweede Deel, J. H. Kok. (Kampen 1928), 237: "Zonder God is de Tempel een woestijn."

계시가 아니라고 주장하면서 개인주의적인 새로운 사색을 강조한다. 그리고 불건전한 신비주의 역시 주관적인 느낌을 중시하면서 올바른 전통과 올바른 역사에는 관심을 두지 않는다.

하지만 이것은 올바른 전통과 역사를 존중하는 성경의 교훈을 무시하는 행태다. 이런 사상은 하나님께서 계시해주신 성경의 진리를 하나님의 말씀으로 받아들이려 하지 않는 그릇된 자세다.

33 주께서 이르시되 네 발의 신을 벗으라 네가 서 있는 곳은 거룩한 땅이니라. 출애굽기 3:5 참조. 고대 근동 지역에서는 제사장들이 성전에서 봉사할 때 신발을 벗는 풍속이 있었다. 신발은 더러움을 상징한다. 하나님께서 임재하신 곳은 거룩하기 때문에 신을 벗으라고 하신 것이다. 하나님이 계시는 곳은 인간이 특별히 마련한 성전이 아니라 해도 어디든지 거룩하다. 벵겔은 말하기를 "장소의 성결성은 하나님의 임재로 성립된다. 그러므로 그것은 어느 한 장소에 매이지 않는다."라고 하였다.[66]

그 당시 스데반의 설교를 듣고 있던 이스라엘 사람들은 예루살렘 성전을 하나님 대신으로 여겨 그것을 신성시해 왔다(행 6:13). 그것은 성전에 대한 스데반의 올바른 해석(7:44-50)과 다르다. 그러므로 스데반은 거룩한 장소를 예루살렘 성전으로만 국한시킬 필요가 없다는 의미로(더욱이 그리스도께서 오신 신약 시대에) 모세의 시내산 체험을 소개하였을 것이다. 크로샤이데도 이 점에 대하여 말하기를 "그곳(광야)에는 성전이 없었다. 그렇지만 그곳이 거룩한 이유는 하나님께서 거기서 자신을 계시하셨기 때문이다."라고 하였다.[67]

34 내 백성이 애굽에서 괴로움 받음을 내가 확실히 보고 그 탄식하는 소리를 듣고 그들을 구원하려고 내려왔노니 이제 내가 너를 애굽으로 보내리라 하시니라. 이스라엘 백성이

---

66) J. A. Bengel, *Gnomon of the New Testament II* (1742); translated by C. T. Lewis and M. R. Vincent, 576.
67) F. W. Grosheide, *De Handelingen der Apostelen II* (1948), 223.

애굽 사람들의 박해로 인하여 탄식하며 하나님께 부르짖었다(출 2:23). 하나님은 그들의 기도 소리를 들으시고 아브라함과 이삭과 야곱에게 주신 언약을 기억하시고 그들을 구원하려 하신 것이다. 하나님은 우리의 기도를 들으시는데, 우리에게 약속하신 말씀에 근거하여 그리하신다.

"그들을 구원하려고 내려왔노니." 하나님께서 내려오셨다는 것은 신인 동형론적 표현이다(참조. 출 3:7-8상). 또한 "내려왔다"라는 표현은 하나님의 구속 사역이 갖는 중요한 성격 한 가지를 보여준다. 그것은 하나님께서 그 백성을 위하여 친히 낮아지셨다는 점이다.

"너를 애굽으로 보내리라." 곧 모세를 이스라엘 백성의 구원자로 보내시는데, 그에게 이 사명을 주셔서 애굽으로 파견하신다는 뜻이다.

35 그들의 말이 누가 너를 관리와 재판장으로 세웠느냐 하며 거절하던 그 모세를 하나님은 가시나무 떨기 가운데서 보이던 천사의 손으로 관리와 속량하는 자로서 보내셨으니. 이 말씀은 29-30절의 결론이다. 스데반은 하나님께서 아브라함에게 주신 자신의 언약을 성취하시기 위하여 그때에 모세를 세우셨다는 점을 강조한다(28절 해석 참조).

모세를 "속량하는 자"(λυτρωτὴν)라고 부르는 것이 적합하지 않은 것처럼 보이기도 한다. 그 이유는 백성을 속량한다는 것은 그 백성의 구원을 위하여 대가를 지불한다는 의미를 포함하기 때문이다. 하지만 모세가 비록 예수님처럼은 아니라 할지라도 그 백성을 위하여 적지 않은 고생을 친히 감당하였으니 이런 칭호를 받을 만하다.

36-38절. 이 구절들은 모세가 행한 일들에 대하여 말한다. 그는 ① 이스라엘 백성을 애굽에서 인도하여 나오게 하였고(36절), ② 이스라엘 백성으로 하여금 홍해를 육지같이 건너게 하였으며(36절), ③ 이스라엘 백성을 거느리고 광야 생활 40년 동안 기사와 표적을 행하였다(36절). ④ 또한 모세는 율법의 마침이 그리스도시라는 의미에서(롬 10:4) "그 선지자"(메시아)가 오실 것을 예언하였으며(37절), ⑤ 하나님 앞에서 백성의 중보자로 역할을

감당했다(38상). 그가 천사 및 이스라엘의 조상들과 함께 있었다는 말이 이런 의미다(참조. 갈 3:19). ⑥ 또한 그는 하나님으로부터 직접 생명의 도리인 율법을 받아서 이스라엘 백성에게 전하였다(38하).

하나님이 너희 형제 가운데서 나와 같은 선지자를 세우리라 하던 자가 곧 이 모세라(37절). 이 말씀은 스데반이 신명기 18:15에 기록된 모세의 예언을 인용한 것이다. 여기 "나와 같은 선지자"라는 표현은 메시아, 곧 그리스도를 가리킨다. 이 말씀이 메시아를 가리킨다고 말하는 근거는 다음과 같다.

이때에 백성들이 시내산에 나타나신 하나님의 위엄 앞에서 그를 직접 대하면 죽을 수밖에 없었던 장면에서 중보자가 절대적으로 요구되었다. 모세는 이처럼 특수한 상황에 중보자의 자격으로 사역하면서 장차 자기와 같은(중보자라는 의미에 한정해서) 선지자를 하나님께서 보내주실 것이라고 예언하였다.

모세 이후 다른 선지자들은 모두 다 모세의 중보 사역을 통해(모세의 중보 사역은 하나님과 직접 관계하는 것이 아니었고 다만 천사와 관계한 것이었던 반면[갈 3:19] 예수님은 하나님과 직접 관계하신다) 성립된 율법의 역사에 속한 수종자들이었고, 그 자신들이 모세와 같이 중보자의 역할을 맡았던 것은 아니었다. 그러므로 그들은 모세와 같은 중보자들이 아니었다. 중보자라는 의미에서 모세와 같은 "선지자"는 오직 예수 그리스도(메시아)뿐이시다. 모세는 율법의 중보자로서 장차 오실 은혜의 중보자, 곧 예수 그리스도를 내다보고 이 사실을 예언한 것이다.

스데반의 이 같은 말은 사실상 모세를 구약성경(아브라함 언약을 바탕으로 메시아를 예언한)의 대표자로 간주한 것이며 결과적으로 메시아에 대한 그의 예언(신 18:15)도 대표적인 성격을 띤 것으로 여긴 것이다. 그러므로 그를 배척한 모세 시대의 유대인들(행 7:25, 35, 39-43)은 결국 예수 그리스도를 배척한 후대의 유대인들과 마찬가지로 메시아를 대적한 것이다. 유대 민족은 메시아를 배척하는 고질적인 병증을 보여주었다. 스데반은 그의 설교를 통해 사실상 유대 민족의 이 같은 병증을 암묵적으로 지적한 것이다.

살아 있는 말씀을 받아 우리에게 주던 자가 이 사람이라(38하). "살아 있는 말씀"(λόγια ζῶντα)은 "율법"을 가리킨다. 고린도후서 3:6에서 바울은 "율법 조문"을 가리켜 "죽이는 것"이라고 하였는데 스데반은 그것을 가리켜서 왜 "살아 있는 말씀"이라고 하였을까?

1) 율법은 영적으로 자연인을 죽임으로 말미암아 그로 하여금 복음을 받아들이게 하고 영생을 갈망하게 한다(갈 3:24). 그런 면에서 율법도 한편으로는 살리는 일을 한다고 말할 수 있다.

2) 더욱이 모세의 율법에는 사람이 제물의 피로써 속죄함을 받는 제사 제도도 포함되어 있는데, 범죄한 개인들은 피의 제물을 하나님께 드림으로 사죄를 받았다. 이런 의미에서 율법은 "살아 있는 말씀"이다.

이 같은 의미에서 모세는 확실히 예수 그리스도의 모형이라고 할 수 있다. 그러므로 모세 자신이 장차 메시아께서 오실 것을 가리켜 말하기를 "여호와께서… 나와 같은 선지자 하나를 일으키시리니"(신 18:15)라고 하였던 것이다.

테오도르 찬은 "나와 같은"(ὡς ἐμέ)이라는 표현에서 모세가 그리스도 예수의 모형을 의미한다는 근거를 발견한다. 그는 말하기를 "모세가 말한 것은 모두 다 예수님과 그의 생애에 대해 모형의 의미를 가진다."라고 하였다.[68]

예수님도 말씀하시기를 "모세를 믿었더라면 또 나를 믿었으리니"(요 5:46)라고 하셨다. 우리가 여기서 모세를 가리켜 예수님의 모형이라고 주장하는 것은 성경적이다. 우리의 주장은 모세의 인격이 아니라 그의 사역 가운데 특정 측면과 그가 하나님께로부터 받은 계시가 예수님의 인격과

---

[68] Theodor Zahn, *Die Apostelgeschichte des Lucas I/II*, KNT 5 (Leipzig, 1919), 253: "dass alles, was vorher von Moses gesagt war, als ein auf Jesus and seine Geschichte hinweisender Typus gemeint war."

사역을 예언하는 의미를 갖는다는 것이다.

39 **우리 조상들이 모세에게 복종하지 아니하고자 하여 거절하며 그 마음이 도리어 애굽으로 향하여.** 애굽에서 출발하여 광야를 통과하던 이스라엘 백성이 모세와 같은 위대한 지도자를 배반하려 했던 이유는 그들의 마음이 애굽으로 향했기 때문이었다.

"그 마음이 도리어 애굽으로 향하여"라는 말은 그 당시 이스라엘 백성이 애굽의 우상 섬기는 것을 하나님 섬기는 것보다 더 좋아했다는 뜻이다 (참조. 출 32:1, 23). 이스라엘 백성들이 모세의 지도를 받는 동안은 여호와를 섬겨왔으나 모세가 산에서 여러 날 동안 내려오지 않자 그들은 눈에 보이지 않는 여호와 대신에 눈에 보이는 송아지 형상을 섬기려 하였다. 이것은 그들의 마음이 애굽에서의 우상숭배로 되돌아갔음을 보여준다. 그들은 어두워진 감성주의로 말미암아 거짓 종교를 만들어내는 죄악을 저지른 것이다. 그들은 마땅히 모세의 지도를 따라서 끝까지 계시 의존적인 신앙을 고수했어야 하는데 그렇게 하지 못하고 종교적 감성주의에 빠지고 말았다. 이것은 이스라엘이 타락하는 역사의 출발점이 되었다.

스데반은 여기서 의인에 대한 이스라엘의 반역을 거론함으로써 메시아에 대한 그 시대 유대인들의 반역죄를 은근히 지적하였다. 그러나 그들은 끝까지 자신들의 죄를 회개하지 않았다(행 7:54). 우리가 지도자들을 맹목적으로 따라야 하는 것은 아니지만 지도자들이 우리를 우상이나 미신 혹은 비진리로 인도하지 않는 한 그들에게 순종할 의무가 있다. 선한 지도자를 배척하는 자들의 마음은 결국 하나님에게서도 멀어진다.

40 **아론더러 이르되 우리를 인도할 신들을 우리를 위하여 만들라 애굽 땅에서 우리를 인도하던 이 모세는 어떻게 되었는지 알지 못하노라 하고.** 출애굽기 32:1 참조. 이스라엘 백성이 이처럼 악한 제안을 내놓았던 때는 바로 모세가 시내산에 올라가서 기도하던 때였다. ① 그들은 지도자 모세가 그들을 위해 기도하려고 자리를 비운 때를 도리어 악용하였다. 그것 자체가 커다란 죄악일뿐더러

② 그들은 자신들의 직접적인 감각에 의하여 하나님과 그 지도자를 평가한 것이다. 모세는 그들의 눈앞에 일시적으로 나타나지 않았다는 이유로 그들에게 배척을 당했고, 하나님은 보이지 아니하신다는 이유로(눈으로 볼 수 없는 분이시라는 이유로) 그들에게 버림을 받으셨다. 이처럼 감각을 중시하는 그릇된 종교 행위는 우상숭배로 추락하고 만다. 광야로 내몰린 이스라엘 사람들은 모세가 자기들과 함께 있는 동안만 하나님이 이스라엘 가운데 임재하시는 것이고 모세 없이는 하나님을 모실 수 없는 줄로 오해했던 것이다.

"우리를 인도하던 이 모세는 어떻게 되었는지 알지 못하노라." 그들이 지금까지는 모세를 지도자로 믿고 순종하였다. 그런데 그가 그들을 잠시 떠났을 때 그들은 그의 존재조차도 인정하지 않으려고 하였다. 그들의 이 같은 사고방식은 우상숭배에 빠진 인류에게 공통되는 것이다. 인류는 쉽사리 배신하는 부패한 심성을 가지고 있다. 신자들이여, 진리를 끝까지 붙잡으라! 또한 진리의 종들을 끝까지 따르라!

41 그 때에 그들이 송아지를 만들어 그 우상 앞에 제사하며 자기 손으로 만든 것을 기뻐하더니. "송아지" 형태의 우상은 애굽 사람들이 오시리스(Osiris) 신의 상징으로 섬기는 대상이었다. 애굽 사람들은 송아지 우상을 섬길 때 7일 동안 춤을 추며 노래했다고 한다. 이스라엘 민족은 애굽에서 이런 풍습을 배워 와서(수 24:14) 광야에서 그 우상을 섬겼다(출 32:17-19). 이제 이스라엘 백성이 여호와 하나님 곧 영광의 하나님을 버리고 애굽 사람들의 우상을 섬겼으니, 이는 그들을 애굽에서 건져내신 하나님의 은혜를 저버린 것이며 하나님을 모독한 크나큰 죄악이다. 인간은 부패하여 자기의 욕심을 따라 쉽게 우상숭배로 기울어진다. 이스라엘이 가나안 땅에 정착한 이후에도 여로보암은 북 왕국 이스라엘을 세우고 벧엘과 단에 금송아지 우상을 만들어놓았었다(왕상 12:26-29).

"자기 손으로 만든 것." 이것은 송아지 우상을 가리킨다. 벵겔은 말하기를 "하나님께서 자신이 만드신 것을 기뻐하시는 것은 당연한 일이지만 인간은 그리해서는 안 되고 오직 하나님께서 만드신 것을 기뻐해야 한다."라고 하였다.

42-43 하나님이 외면하사 그들을 그 하늘의 군대 섬기는 일에 버려 두셨으니 이는 선지자의 책에 기록된 바 이스라엘의 집이여 너희가 광야에서 사십 년간 희생과 제물을 내게 드린 일이 있었느냐 몰록의 장막과 신 레판의 별을 받들었음이여 이것은 너희가 절하고자 하여 만든 형상이로다 내가 너희를 바벨론 밖으로 옮기리라 함과 같으니라. 이스라엘 백성이 우상을 섬기는 죄를 범했을 때 하나님께서는 그들이 더 깊은 우상숭배의 죄를 짓도록 내버려두셨다. 이같이 범죄자를 죄악 중에 버려두시는 것은 하나님께서 죄인들을 벌하시는 방법 중 하나다(롬 1:24-28). 이스라엘 백성은 광야에서 우상을 섬기는 죄를 범했는데, 이로 인해 그들은 후에도 별들을 섬기는 우상숭배의 죄에 빠지는 벌을 받았다. 스데반은 그것을 아모스의 예언(암 5:25-27)에서 인용하여 밝힌다.

"너희가 광야에서 사십 년간 희생과 제물을 내게 드린 일이 있었느냐." 이스라엘 백성이 광야에서 하나님께 희생제물을 드리기는 하였으나 그들은 전심을 다하지 않았고 우상도 겸하여 섬겼던 것이다. 그런 희생제물은 드리지 않은 것이나 마찬가지였다.[69]

"몰록의 장막과 신 레판의 별을 받들었음이여." 이것은 이스라엘 백성이 가나안에 들어가서 정착한 후에 그 후손들이 앗수르에서 들여온 우상들을 섬긴 것을(별들 숭배) 가리킨다(렘 8:2; 19:13; 왕하 21:3; 23:5).

"몰록의 장막"(τὴν σκηνὴν τοῦ Μόλοχ)이라고 번역된 헬라어는 아모스 5:26의 "너희 왕 식굿"(סכות מלככם)이라는 히브리어를 옮긴 것이다. 이것은 저자 누가가 여기서 문자적으로 인용한 것이 아니고 그 문구의 의미("몰록

---

69) R. J. Knowling, "The Acts of the Apostles", in *The Expositor's Greek Testament* (London: Hodder and Stoughton, 1912), 195.

[우상]을 섬기는 장막")만 살려서 인용한 것이다.

"레판"은 아모스 5:26에 등장하는 히브리어 "키윤"(כיון)의 70인역(LXX)을 그대로 옮긴 것이다. 키윤은 토성을 가리키는 앗수르 표현이라고 한다(F. F. Bruce).

"내가 너희를 바벨론 밖으로 옮기리라." 이 말씀은 하나님께서 우상을 숭배한 이스라엘 백성을 타국에 사로잡혀 가도록 하실 것이라는 의미이다. 과연 이 예언은 그대로 이루어졌다(왕하 17:6).

앞에서 지적한 것처럼 이스라엘 백성은 광야에서 금송아지를 만들어 섬긴 죄악으로 벌을 받아 그 후에도 우상 섬기는 죄를 거듭하여 범하게 되었다. 우상숭배는 사람이 하나님 외에 다른 것을 신으로 섬기는 것인데, 우상숭배자는 흔히 다신론으로 흐르는 경향이 있다. 왜냐하면 사람이 하나님 외에 다른 것들(피조물)로는 만족을 얻지 못하기 때문에 그 숭배의 대상을 계속 덧붙일 수밖에 없는 것이다. 이 같은 우상숭배는 단지 고대에만 성행했던 것이 아니고 현대의 문명인들 사이에서도 만연하다. 철학자들은 인본주의를 바탕으로 정신적인 우상을 만드는데, 그것은 하나님을 잃어버린 적막한 상황에서 하나님의 말씀을 제쳐놓고 자기들이 좋아하는 철학 체계를 세우는 일이라고 할 수 있다. 이것이 우상들이다. 그뿐 아니라 사람이 어떤 대상을 하나님처럼, 혹은 하나님보다 더 사랑하고 탐내는 것도 우상숭배다(골 3:5).

44-48절. 이 구절들은 "증거의 장막" 또는 성전의 의미를 밝혀준다. 구체적으로 말해 이 단락은 이스라엘 백성의 우상숭배(40-43절)와 반대되는 참되고 신령한 예배가 어떤 것인지 상술함으로써 유대인의 그릇된 성전 개념(신령하고 올바른 성전 개념을 가진 자들을 도리어 성전을 거스르는 자[6:13]라고 정죄하는 잘못)을 바로잡고자 한다. 신령한 예배의 모습은 장막의 구조 양식(44절)에서 분명하게 드러난다. 장막의 구조와 양식은 하나님께서 모세에게 보여주신 지침에 따른 것인데, 그것은 모든 면에서 그리스도를 상징한

다. 예를 들어 번제단에 제물을 드리는 것은 그리스도의 속죄적 희생을 상징한다. 요컨대 장막 자체가 중요한 것이 아니라 그것을 통하여 증거되는 신령한 뜻이 중요하다는 말이다.

본문의 순서대로 해설하자면,

1) "증거의 장막"은 모세가 하나님의 지시대로 지은 것(44절)이며, 그 장막은 하늘에 있는 것의 모형과 그림자(히 8:5)다. "하늘에 있는 것"은 예수 그리스도의 속죄를 의미한다. 크로샤이데는 "스데반은 이러한 사실을 잘 지적하여 땅에 있는 성전 그 자체는(신령한 의미를 제외한다면) 불필요하다고 밝힌 것이다."라고 하였다.[70] 성전의 중요성을 영적인 의미에서 찾지 않고 건물 자체에 비중을 두었던 유대인의 견해(행 6:13)는 옳지 않다.

2) 여호수아가 "증거의 장막"을 가지고 가나안에 들어간 후 다윗에게 이르기까지 오랜 세월 동안 그것은 초라하게 장막의 형태로 남아 있었으며 결코 견고하거나 웅장한 건물이 아니었다(7:45). 이것을 보더라도 "증거의 장막"은 시설 자체에 중요성이 있는 것이 아니라 다만 하늘에 있는 신령한 것들(그리스도로 말미암아 이루어질 속죄의 사실들)을 증거하는 역할에 중요성이 있는 것이다. 크로샤이데는 말하기를 "여기서 스데반의 논지는, 비록 성전이 중요한 것은 사실이지만 그것이 없어도 하나님을 섬길 수 있으며, 다윗은 은혜를 받았음에도 곧바로 성전을 시급하게 건축해야 할 필요성을 느끼지 않았다는 것이다."라고 하였다.[71]

3) 솔로몬이 성전을 지었지만 그렇다고 그가 성전 자체에 근본적인 중요성을 부여한 것은 아니었다(47-50절). 솔로몬의 성전 건축과 관련하여 사무엘하 7:11; 열왕기상 8:17-21, 27을 참조하라. 스데반은 성전이 중요한 이유가 그것이 갖는 신령한 의미에 있는 것이지 건물 자체에 있는 것은 아

---

70) F. W. Grosheide, *De Handelingen der Apostelen II* (1948), 231.

71) Ibid., 232.

니라는 점을 밝히기 위해 이사야 66:1 이하를 인용하였다.

49-50 주께서 이르시되 하늘은 나의 보좌요 땅은 나의 발등상이니 너희가 나를 위하여 무슨 집을 짓겠으며 나의 안식할 처소가 어디냐 이 모든 것이 다 내 손으로 지은 것이 아니냐 함과 같으니라. 스데반은 하나님의 위대하심을 드러내기 위해 비유적인 표현을 사용하여 그의 거처를 "하늘"과 "땅"으로 묘사했다. 그는 천지 위에 거하신다는 것이다. 이것은 솔로몬이 하나님의 성전을 완성한 후 하나님께 기도할 때 사용한 표현과 같다(대하 6:18). 이와 같은 관점에서 생각할 때 성전의 가치는 절대적인 것이 아니다.

하나님은 성전에만 거하시는 분이 아니며 어떤 특정한 장소에 매이시는 분이 아니다. 그러므로 하나님의 아들 예수님은 그 자신을 가리켜서 "성전보다 더 큰 이"라고 말씀하셨다(마 12:6). 유대인들은 종교 의식이나 외형을 중시했으며, 이에 반해 영적이고 내면적인 생명은 중요하게 생각하지 않았다. 하나님은 만물을 지으신 창조주로서 이런 외면적이고 물질적인 요소를 귀히 여기지 않으시고 그리스도로 말미암아 거룩하게 드려지는 신자들의 심령을 제물로 요구하신다(참조. 시 51:17; 사 66:1-2; 롬 7:6).

51-52 목이 곧고 마음과 귀에 할례를 받지 못한 사람들아 너희도 너희 조상과 같이 항상 성령을 거스르는도다 너희 조상들이 선지자들 중의 누구를 박해하지 아니하였느냐 의인이 오시리라 예고한 자들을 그들이 죽였고 이제 너희는 그 의인을 잡아 준 자요 살인한 자가 되나니. 마태복음 23:29-35 참조. "목이 곧다"라는 것은 남에게(심지어 하나님께도) 의지를 굽히지 않고 고집을 부리는 것을 의미한다.

"마음과 귀에 할례를 받지 못한 사람들." 이것은 유대인들이 육적으로는 할례를 받았으나 "그 심령으로는 그렇지 못하여 실상 아브라함에게 약속된 기업에 참여하지 못할 자들"이라는 뜻이다. 유대인들이 율법이나 성전의 외형에 치중하여 그 영적 의의를 등한히 여기는 것은 미신이다(Calvin). 그들은 참 할례를 받지 못한 육신적 종교인들에 불과하다.

"의인"(τοῦ δικαίου)이라고 번역된 헬라어는 실상 "그 의인"을 가리키는

데, 이는 특별한 의인, 곧 메시아(그리스도)를 가리킨다. 유대인의 조상들은 메시아를 예언한 선지자들을 죽였고, 그들의 후손인 메시아 당시의 유대인들은 그들을 위해 찾아오신 메시아를 죽였다. 그러니 유대 민족의 근성은 메시아를 박해하는 것이다. 스데반은 여기서 유대 민족이 저지른 근본적인 죄악의 정곡을 찔렀다.

53 너희는 천사가 전한 율법을 받고도 지키지 아니하였도다 하니라. 하나님께서는 천사를 통해 모세에게 율법을 전달하셨다(행 7:38; 갈 3:19; 히 2:2). 유대인들은 모세를 통해 율법을 전달받고도 그 율법이 예언하는 예수를 그리스도로 믿지 않았으니 그것은 율법을 준수하지 않은 것과 같다(참조. 요 5:46). 슐라터는 말하기를 "이스라엘이 예수를 십자가에 못 박아 죽인 것은 하나님의 율법에 대한 반항이다. 그들의 조상들이 선지자들과 율법을 모두 거절했던 것과 마찬가지로 그들 자신은 예수를 버림으로써 그와 동시에 율법을 버린 셈이다."라고 하였다.[72]

54-60절. 이 구절들에 대하여는 다음 설교를 참조하라.

설교▶ 돌에 맞아 죽는 스데반(7:54-60)

신자들이 처한 환경이 험악할수록 하나님은 그의 충성된 종들에게 더욱 가까이하여 주신다. 노아 시대에 세상은 극히 부패하여서 노아가 120년 동안 전도하였으나 회개한 사람은 단 한 명도 없었다. 그런 시기에 하나님은 오히려 노아와 더욱 함께해주셨다. 창세기 6:8에 보면 "노아는 여호와께 은혜를 입었더라"라고 하였다. 스데반의 기나긴 설교를 들은 자들이 회개하기는커녕 오히려 이를 갈며 발악하였을 때(행 7:54), 하나님은 이런 악한 상황에 처한 스데반을 특별히 돌아보셨다.

---

72) A. Schlatter, Erläuterungen zum Neuen Testament I, 885.

1. 스데반은 하나님께서 함께해주시는 은혜를 받았다 (55-56절)

신자가 주님이 기뻐하시는 일을 수행하는 중에 핍박을 받으면, 하나님께서는 그에게 더욱 은혜를 주시는 법이다. 스데반은 이때 성령 충만한 은혜를 받았다. 55절에 "스데반이 성령 충만하여"라고 한 것은 그가 일찍이 성령 충만의 은혜를 받았는데(6:5, 8) 이 장면에 이르러서는 더욱 충만하여졌다는 뜻이다. 성도가 땅에서 주님의 말씀을 지키다가 억울함을 당할 때마다 하나님은 그 성도의 심령에 더 큰 위로와 힘을 주시는 법이다. 그러므로 벵겔은 말하기를 "원수들의 분노가 증가함에 따라 스데반의 마음속에도 영력이 더하여졌다."라고 하였다.

스데반은 또한 "하늘을 우러러 주목하여 하나님의 영광과 및 예수께서 하나님 우편에 서신 것"(7:55)을 보았다. 그러고서 말하기를 "보라 하늘이 열리고 인자가 하나님 우편에 서신 것을 보노라"(56절)라고 하였다. 이때의 계시는 스데반에게 큰 힘을 주었다. 그가 "하나님의 영광"을 보았다고 했는데 이는 그가 천국을 보았다는 것이며, "인자(예수님)가 하나님 우편에 서신 것"을 보았다고 했는데 이는 주님께서 지상에서 가지셨던 인간성을 그대로 소유하시고 영광스러운 천국에 계신다는 증거이며 따라서 인간인 스데반에게도 그곳에 들어갈 수 있음을 더욱 확신시켜주는 계기가 되었다. 주님께서 이 같은 계시를 주신 이유는 박해받는 스데반을 붙들어 주시고 그에게 힘을 주시기 위한 것이었다. 그가 하나님 우편에 앉아 계실 때도 땅 위에 있는 교회를 도와주셨는데, 하물며 그가 서 계실 때에는 더 말할 것이 무엇이겠는가! 베드로전서 4:14에서는 "너희가 그리스도의 이름으로 치욕을 당하면 복 있는 자로다 영광의 영 곧 하나님의 영이 너희 위에 계심이라"라고 하였다.

인도에서 개척 선교사로 봉사한 알렉산더 더프(Alexander Duff)는 어린 시절에 꿈속에서 언덕에 앉아 묵상하는 중에 하나님이 영광의 수레를 타시고 자기에게로 가까이 오셔서 "이리 오너라. 내가 네게 맡길 일이 있노라."라고 말씀하시는 음성을 들었다. 그는 꿈에서 깨어난 후 하나님의 일을 사모하던 중에 부르심을 받아 인도 선교사가 되었다. 그는 한평생 그 음성을 잊지 않았다고 한다. 어린 시절에 한 번 꾸었던 꿈도 이처럼 사람에게 힘이 되어 평생토록 중대한 선교사역을 감당케 만들었는데, 하물며 성경에 기록된 권위 있는 말씀들을 가지고 있는 우리로서는 더욱 큰 힘과 소망을 얻고도 남음이 있다.

2. 스데반은 자기 영혼을 주님께 부탁하였다(57-59절)

스데반은 이제 원수들의 돌에 맞아 운명할 시간을 맞게 되었다. 이때야말로 위기의 절정인 것이다. 이때 그는 다시 은혜를 받아 자신의 영혼과 육신의 경계선을 밝히 분별하게 되었으며, 부르짖어 기도하기를 "주 예수여 내 영혼을 받으시옵소서"(59절)라고 하였다. 사람의 몸과 영혼은 오묘하게 결합해 있으므로 몸과 영혼의 경계선을 알기 어렵다. 그러나 성령으로 말미암아 거듭난 자는 죄를 회개하며 그리스도와 함께하기 때문에 영혼이 몸과 구분되어 있음을 안다. 반면 허물과 죄로 인하여 영적으로 죽은 자(엡 2:1)는 자기 영혼의 존재조차도 모른다.

3. 스데반은 원수를 위하여 기도하였다(60절)

스데반이 돌에 맞아 죽는 최후의 순간에도 원수들을 위해 기도한 것은 그가 하나님의 은혜를 받은 자임을 보여주는 증거다. 그는 큰 소리로 기도하기를 "주여 이 죄를 그들에게 돌리지 마옵소서"라고 하였다. 사람이 최후에 던지는 한마디의 말이 무엇인지가 참으로 중요하다. 그가 이 같은 기도를 드릴 때 특별히 "무릎을 꿇고 크게 불러" 말했다고 했는데 이것은 그가 전력을 기울여 기도하였다는 것이다. 스데반은 자기 원수를 사랑하여 최후까지 그들을 아꼈다. 그는 하나님께 대하여 굳센 신앙을 가진 동시에 사람에 대해서는 뜨거운 사랑을 가진 것이다. 진정으로 주님을 사랑하는 믿음의 소유자는 다 이와 같다. 이같이 위대한 기도는 응답되지 않을 수 없다. 바울의 회개는 스데반의 기도가 맺은 열매다. 아우구스티누스는 "스데반의 기도가 아니었다면 교회가 바울을 소유하지 못하였을 것이다."라고 하였다.

제 8 장

↓ 개요

1. 기독교에 닥쳐온 박해(1-4절)

초기 교회는 무서운 박해에 직면하게 되었으며 사울은 그 박해자들 중에서도 주요 인물이었다. 그는 이때까지만 해도 아직 복음과 상관없는 사람이었기 때문에 스데반이 죽임당한 것을 오히려 마땅히 여겼다(1절). 그랬던 사울이 갑자기 변화되어 예수가 하나님의 아들이심을 전파하는 자가 된 것은(9:20) 명백한 이적이다.

예루살렘 교회의 신자들이 사도들 외에는 모두 다 흩어졌고(8:1하) 스데반의 죽음으로 인한 울음소리가 진동하였으며(2절), 예루살렘에서는 수많은 신자들이 체포되어 옥에 갇히는 살풍경이 연출되었다. 그러나 교회가 하나님의 복음을 위하여 충성함으로써 당하는 비극은 사실상 비관할 만한 일이 아니다. 그것은 반드시 천국 운동에 유익한 방향으로 바뀌는 법이다.

이때의 박해로 말미암아 결국 신자들이 이방 각지로 흩어졌고, 그들은 거기서 복음을 전하였다(4절). 크로샤이데는 말하기를 "스데반이 당한 박해는 옛 교회에 발전을 가져다준 중요한 사건이었다. 스데반이 구약성경을 가지고 유대인들이 잘 알아들을 수 있도록 복음을 전했음에도 그들은 복음에 순종하기를 거부하였다. 그러므로 그들은 팔레스타인 유대인들에게는 더 이상 복음을 전하지 않을 작정이었다."라고 하였다.[73]

하나님의 교회에 가해지는 핍박은 ① 복음 진리를 멀리 내보내는 바람과 같고, ② 신자들의 믿음의 불에 부채질하는 바람과도 같다.

2. 빌립의 전도(5-8절)

빌립의 전도에 관한 기록은 사도들을 제외한 신자들이 이방 각지에 흩어져서 복음을 전했다는 사실을 대변한다. 이 구절은 그 당시에 사도가 아닌 일개 집사도 얼마나 큰 권능을 소유했는지를 보여준다. 스데반은 집사로서 능력 있게 복음을 전한 인물이었는데 이제 빌립 집사가 그의 뒤를 이어받는다. 그는 특별히 사마리아 전도의 개척자였다. 사마리아 사람들은 혼혈 민족인데 일반적으로 유대인들이 기피해왔던 대상임에도 빌립은 그들의 고을에 들어가서 복음을 전하였다. 이것이 이방 민족들에게 복음을 전한 선구자적인 운동이었다.

3. 빌립의 이적을 본 마술사 시몬(9-24절)

그는 예수를 믿고 세례까지 받았다고 한다(13절). 그러나 그가 돈으로 성령을 사려고 한 것을 볼 때 그의 신앙은 진실한 것이 아니었다(18-19절). 단지 이적에 이끌려서 기독교에 들어오는 사람들은 복음 진리를 진심으로 깊이 받아들이지 않는다. 진리를 사모하여 바로 서지 않는 한 그들은 교회에서 떨어져 나가기 쉽다.

여기 등장하는 시몬에 대해서는 다음과 같은 전설이 있는데, 우리가 이런 이야기를 강단에서 전하는 일은 삼가야 하겠다. 교부들의 말에 의하면

---

73) F. W. Grosheide, *De Handelingen der Apostelen II* (1948), 250.

그가 영지주의 철학의 시조라고 하는데 그가 어느 정도로 이 같은 철학 사상을 가졌었는지는 알 수 없다(Alford). 아르노비우스(Arnobius)에 의하면, 그가 로마에서 베드로와 충돌했을 때 악신들의 힘으로 공중에 들려졌다가 베드로와 바울의 기도로 말미암아 거꾸로 떨어져 죽었다고 한다.[74]

4. 그리스도께로 돌아온 에디오피아 내시(26-40절)

그는 수레를 타고 고국으로 돌아가면서 이사야의 글(사 53:7-8)을 읽고 있었다. 그는 빌립을 만나서 자신이 읽고 있던 성경 말씀에 근거하여 예수님이 메시아이심을 깨닫게 되었다(행 8:34-35). 그는 그 당시 유대인들이 예루살렘 성전에서 의식주의적으로 하나님께 예배하던 관행에 만족하지 않고 성경 말씀을 사모하여 수레를 타고 가면서 이사야서를 읽고 있었다. 이 사람이야말로 그 시대에 보기 드물게 진리를 탐구하는 자였다. 성령께서는 이 한 사람을 위하여 빌립을 그렇게 먼 곳까지 파송하셨던 것이다. 교역자가 완악한 사람 다수를 위하여 세월을 보내는 것보다는 차라리 간절히 진리를 사모하는 성도 한 사람을 찾아가는 것이 더욱 가치 있는 일이다(참조. 마 10:14).

✣ 내용분해

1. 핍박자 사울의 당당한 기세(1상).
2. 핍박으로 인하여 신자들이 흩어짐(1하).
3. 스데반은 장사되고 사울은 계속하여 그리스도 신자들을 박해함(2-3절).

---

[74] Arnobius, *Alford's Greek Testament II*, 86.

4. 흩어진 신자들이 복음을 전함(4절).

5. 흩어진 자들 중 하나인 빌립이 사마리아에서 복음을 전함(5-13절).

6. 사도들이 빌립의 사마리아 전도를 도와줌(14-25절).

7. 빌립이 에디오피아 내시에게 전도함(26-40절).

✈ 해석

1 사울은 그가 죽임 당함을 마땅히 여기더라 그 날에 예루살렘에 있는 교회에 큰 박해가 있어 사도 외에는 다 유대와 사마리아 모든 땅으로 흩어지니라. 1-3절은 사울이 기독교 복음을 심히 미워했다는 사실을 지적하고 있다. 그는 스데반이 복음을 증거하다가 죽임을 당한 일을 당연하게 여길 정도로 복음을 싫어하였으며(1절), 각 집에 들어가서 남녀 신자들을 잡아다가 옥에 넘겨주기까지 하였다(3절).

예루살렘 교회에 밀어닥친 "큰 박해"의 시기에 사도들만은 예루살렘에 남아 있었는데 이는 그들이 예루살렘 교회의 기초를 확립할 책임을 지고 있었기 때문이었을 것이다. 그 당시 예루살렘 교회는 모든 교회의 모체였으니, 그 교회가 든든히 세워지는 것은 대단히 중요한 일이었다.

사도들이 예루살렘에 머문 이유에 대하여 벵겔은 또 한 가지 점을 잘 지적하였다. 곧 "그들이 핍박 중에 예루살렘에 머문다는 것은 더욱 위험한 일이었다. 그렇지만 그들은 자신들의 안전을 도모할 생각이 없었다. 그들은 위험에 담대히 맞설 작정이었다. 그것은 그들의 신앙이 유달리 굳세었기 때문이다. 물론 교회 전체의 앞날을 고려한다면 차라리 그들이 피신하여 목숨을 건지는 편이 더욱 바람직한 일이었을 수도 있다."라고 하였다.

2 경건한 사람들이 스데반을 장사하고 위하여 크게 울더라. 스데반의 장사를 그리스도 신자들이 치른 것이 아니라 경건한 유대인들이 치렀는데 이것은 예

수님을 장사한 자들이 아직 그의 완전한 제자가 아니었던 아리마대 요셉과 니고데모였다는 점과 유사하다. 여기서 "경건한 사람들"이라 불린 자들은 스데반을 죽이는 일에 마음속으로 반대하던 자들이었을 것이다. 당시의 살벌한 풍토에서 그리스도 신자들은 스스로를 표면에 드러내기 어려웠을 것이니 그 장례식에 참가할 수 없었을 것이다. 그런 상황에 하나님께서는 친히 의인들을 세우셔서 의인 스데반을 장사하게 하셨다. 의인의 죽음을 목격한 그들은 마음속에 담력이 생겼고 그 같은 의인을 추모할 마음을 가지게 되었던 것이다. 예수님의 시체도 열 두 제자 이외의 사람들이 장사하였으니, 그것도 상상 밖의 일이었다. 이 모든 일들은 하나님의 간섭으로 이루어진 것이었다. 모세의 시체는 하나님께서 사람의 손을 거치지 않고 직접 장사하셨다(신 34:6; 유 1:9).

3 사울이 교회를 잔멸할새 각 집에 들어가 남녀를 끌어다가 옥에 넘기니라. 기독교에 대한 사울의 박해는 매우 잔인하였다. 그리스도 신자를 잡기 위하여 집집마다 들어갔으며, 또 남자만 아니라 여자도 잡았다는 것은 그 잔인성의 극단이다. 이와 같이 기독교를 박해하던 사울이 개종하고 주님을 믿고 사명을 받아 위대한 이방 사도가 된 것은 주 예수님께서 그의 능력으로 이루신 일이다.

4 그 흩어진 사람들이 두루 다니며 복음의 말씀을 선할새. 사울은 복음을 핍박하였으나 그 결과 그는 도리어 복음 전도자를 이방으로 내보냄으로써 전도의 문을 열어주었다. 사도들의 복음 증거로 말미암아 예루살렘 교회 신자들의 수효가 점점 증가했다. 그런데 아직 이방에는 복음이 전파되지 못했던 시점에 핍박으로 인하여 신자들이 각처로 흩어지게 되었고 그들이 거기서 복음을 전하였으니, 이것이 바로 스데반의 순교 사건과 사울의 핍박을 통하여 구원 계획을 이루어 나아가시는 하나님의 경륜이다.

스데반의 설교에서 요지는 다음과 같다. 곧 율법과 선지자가 예언한 메시아가 오심으로써 율법과 선지서는 이미 성취되었으니(7:2-53) 이제 유대인들은 마치 예루살렘 성전에서만 하나님께 예배할 수 있는 것처럼 성전과 기타 문서 조항을 붙들고 고집할 필요가 없으며 천하에 어디서든지 예수 그리스도로 말미암아 하나님께 예배할 수 있다는 사실을 깨달아야 한다는 것이다. 이것은 바울의 보편주의 복음 사상과 일맥상통한다. 스데반이 바울보다 앞서 기독교 복음의 내용을 입으로 전했을 뿐 아니라 목숨으로 그 신앙을 지켰다. 그의 설교는 유대 민족의 장벽 너머로 진리를 설파하였고, 그의 피는 신자들을 흩음으로써 그들이 깨달은 구원의 진리를 외국에까지 전파하도록 만들었다.

핍박으로 인하여 흩어진 신자들이 각자 정착한 곳에서 복음을 전하였다고 하였는데, 이처럼 전도는 교역자들에게만 국한된 일이 아니고 일반 신자들도 마땅히 해야 할 일이다.

5 **빌립이 사마리아 성에 내려가 그리스도를 백성에게 전파하니.** "사마리아" 백성에게 전도한 "빌립"은 사도 빌립이 아니고, 일곱 집사 중 한 사람이다(6:5). 우리는 그 당시 사도들이 아직 다른 곳으로 피신하는 대신 예루살렘에 머물러 있었다는 증언을 통해 이렇게 결론지을 수 있다(8:1). 또한 8장에서는 빌립이 가이사랴에 이르렀다고 했는데(40절) 빌립 집사는 가이사랴에 살고 있었다(21:8). "사마리아 성"이라는 표현은 그 당시 사마리아 지역의 세겜을 가리켰다고 한다(Zahn). 세겜은 당시 사마리아의 중심지였다.

사도행전의 저자인 누가는 여기서 사마리아 전도에 대해 묘사할 때 예수님이 하셨던 예언의 성취를 염두에 두었을 것이다. 곧 "성령이 너희에게 임하시면 너희가 권능을 받고 예루살렘과 온 유대와 사마리아와 땅 끝까지 이르러 내 증인이 되리라"고 하신 말씀이다(1:8).

"그리스도를 백성에게 전파하니." 곧 "예수는 그리스도(메시아)시라고 전파하는 것"을 의미한다. 그리스도 자신을 전하는 것이야말로 그리스도에 관한 신조(信條)를 전하는 것보다 더욱 생명력 있는 전도다. 빌립은 교회의 재정 업무를 담당하도록 선택된 집사였으나(6:1-5), 그가 사마리아에서

한 일은 육신의 구제 사업이 아니라 영혼 구원을 위해 그리스도를 전파하는 것이었다.

6 무리가 빌립의 말도 듣고 행하는 표적도 보고 한마음으로 그가 하는 말을 따르더라. 우리는 이 구절에서 두 번씩이나 반복해서 "무리가 빌립의 말도 듣고", "그가 하는 말을 따르더라"라고 하신 말씀에 주목해야 된다. 그것은 그리스도를 증거하는 "말씀"을 듣는 것과 그 "말씀"을 따르는 것이 무엇보다 중요함을 역설하는 강조체다. 복음 전도의 중심은 하나님의 말씀(그리스도를 전파하는 말씀)이지 이적이 아니다. 이 구절에는 "표적"(이적)에 대한 언급도 있지만 그것이 중심적인 역할을 담당하지는 않았다. 그것은 그리스도를 전파하는 말씀을 수종드는 보조적인 역할을 할 뿐이다.

7 많은 사람에게 붙었던 더러운 귀신들이 크게 소리를 지르며 나가고 또 많은 중풍병자와 못 걷는 사람이 나으니. 벵겔은 여기서 "더러운 귀신들"($\pi\nu\epsilon\acute{u}\mu\alpha\tau\alpha\ \acute{\alpha}\kappa\acute{\alpha}\theta\alpha\rho\tau\alpha$)이라는 표현이 사용되고 "마귀"($\delta\alpha\iota\mu\acute{o}\nu\iota\alpha$)라는 표현이 사용되지 않았다는 점을 중요하게 여긴다. 곧 사도행전의 저자인 의사 누가가 복음서에서는 "마귀"라는 단어를 빈번하게 사용했음에도 불구하고 사도행전에서는 그 용어를 일률적으로 사용하지 않은 것에 대해 그는 해석하기를 "예수님께서 죽으신 뒤에는 마귀가 진멸되었기 때문이다."라고 하였다(참조. 골 2:15; 히 2:14; 요일 3:8하).

그러나 "더러운 귀신들"도 마귀의 수하에 있는 자들이니 벵겔의 해석은 자연스럽지 않다. 물론 예수님의 죽으심으로 인하여 마귀의 패배가 시작되었음은 분명하다. 그렇기 때문에 빌립의 전도로 인하여 그들이 소리를 지르며 떠나간 것이다. "귀신들이 크게 소리를 지르며" 나갔다는 것은 그들이 반항하는 모습을 보였다는 의미다. 하지만 그들은 결국 떠날 수밖에 없다. 그러니 이것도 예수님의 권위와 능력을 입증해주는 증거일 뿐이다.

"많은 중풍병자와 못 걷는 사람이 나으니." 이와 같은 이적들이 나타나는 것은 사도 시대, 곧 계시 시대 교회의 특징이라고 할 수 있다. 이 시대에는 놀라운 이적들이 사도들과 빌립을 통하여 나타났다.

8 그 성에 큰 기쁨이 있더라. 이 "기쁨"은 여러 가지를 포함하는 즐거움이었을 것이다. ① 구원의 즐거움. ② 병 고침 받은 즐거움. ③ 믿음으로 인한 즐거움. 사람이 믿음이 없으면 의심과 불평과 괴로움 때문에 기쁨이 없다. ④ 사랑함으로 인한 즐거움 등이다.

기독교 복음은 사람들로 하여금 그들의 죄를 깨닫게 해주는데, 그렇기 때문에 이로 인해 그들의 마음에 걱정과 염려가 생길 것처럼 보이기도 한다. 그러나 진정한 기독교 복음은 성령으로 말미암아 죄를 깨닫게 하고 회개케 하여 결과적으로 예수 그리스도의 보혈로 죄를 씻음받고 사죄의 평강과 구원의 즐거움을 누리게 해준다. 그뿐 아니라 주님께서 그들과 함께 하시기 때문에 그들에게는 기쁨이 넘친다. 신자들에게 기쁨은 절대적으로 필요한 것인데, 이는 그 기쁨이 그들의 심신에 쾌락을 주기 때문이 아니라 그들에게 기쁨이 있어야만 믿음이 더욱 자랄 수 있고 하나님께 감사할 수 있기 때문이다.

9 그 성에 시몬이라 하는 사람이 전부터 있어 마술을 행하여 사마리아 백성을 놀라게 하며 자칭 큰 자라 하니. 이 사건을 기록하는 누가의 의도는 빌립이 전도하는 중에 만났던 커다란 난관에 대해 알려주려는 것이다. 그 당시 마술사 시몬이 사마리아에서 기반을 든든히 닦고 있었다. 우리는 그가 "전부터" 있었다는 말을 통해 이 같은 사실을 알 수 있다. 그가 마술을 통해 사마리아 사람들을 유혹하여 자신의 수하에 부리고 있었기 때문에 빌립이 그 지방에서 전도하여 성과를 거두는 데 어려움이 있었을 것이다. 그러나 빌립은 그런 상황에서도 용기를 잃지 않고 복음을 전하여 큰 성과를 거두었다.

누가는 시몬이 "자칭 큰 자"라 주장했다고 기록하는데 이는 거짓 스승의 특징이다. 거짓 스승은 언제나 자기를 높인다. 그와 반대로 빌립은 "그리스도를··· 전파"했다(5절). 마술사 시몬에 대한 이야기가 2, 3세기의 문헌에서 자주 등장하는데 거기에 보면 시몬이란 자가 끝까지 베드로의 대적이 되어 로마에서도 거짓 교훈으로 그리스도 신자들을 많이 부패케 하였다고 한다(F. F. Bruce). 그런데 그 시몬이 이 본문에 기록된 시몬과 동일 인물인지는 확실히 알기 어렵다.

10-11 낮은 사람부터 높은 사람까지 다 따르며 이르되 이 사람은 크다 일컫는 하나님의 능력이라 하더라 오랫동안 그 마술에 놀랐으므로 그들이 따르더니. 이 말씀에서 우리는 인간의 재능으로 사탄의 역사를 막을 수 없고 모두 그에게 사로잡힐 수밖에 없다는 사실을 알 수 있다. 사마리아 사람들은 시몬의 요술에 넘어가고 말았다(Calvin).

그 사람을 "하나님의 능력"이라고 불렀다는 것은 사람들이 그가 하나님을 계시하는 능력 있는 일꾼인 줄로 알았다는 뜻이다(Zahn). 그들이 시몬의 장난을 "하나님의 능력"이라고 한 것은 천부당만부당한 말이다. 성령의 조명을 받지 못한 인간은 그 어두운 마음대로 판단하여 사탄의 거짓된 능력을 하나님의 역사로 착각한다.

시몬의 마술과 빌립이 전파하는 복음은 서로 정반대된다. 슐라터는 이 둘의 차이점을 지적하여 말하기를 "① 마술하는 자는 자신의 재주와 술책으로 하나님을 소유하려 한다. 그러나 복음은 하나님과 인간 사이의 교제 방법을 말할 때 하나님께서 주신 것 외에 다른 것은 인정하지 않는다. ② 그리고 마술하는 자는 악한 계교로 사람들을 속이지만, 복음은 사람의 마음을 깨끗케 하여 하나님의 뜻에 순종하도록 만든다."라고 하였다.[75]

12 빌립이 하나님 나라와 및 예수 그리스도의 이름에 관하여 전도함을 그들이 믿고 남녀가 다 세례를 받으니. 여기서 "하나님 나라"라는 표현은 구약 사상을 배경으로 사용된 것이다. 구약성경을 보면 여호와께서 이스라엘 국가의 왕이 되심으로써 장래에 그의 통치가 온 세계에 임하게 될 것이라고 예언되어 있

---

75) A. Schlatter, *Erläuterungen zum Neuen Testament I*, 891.

다. 이처럼 예언된 나라가 실현되는 과정에서 예수의 초림은 그 기점이 된다. 그리고 그 나라는 진정한 교회 운동으로 말미암아 확장되어 가고 주님의 재림을 통해 완성될 것이다.

어떤 학설에 의하면 천국이란 주님의 재림으로 완성된 세계만을 가리키는 것이며 교회 시대는 그 나라에 이르는 준비 시대에 불과하다고 하지만, 이것은 예수님의 교훈에 부합하지 않는다. 예수님은 신약 시대의 교회 운동이 이미 천국의 첫 단계라고 말씀하셨다.[76]

"예수 그리스도의 이름." 이 말씀의 의미는 예수님의 공로, 권세, 또는 예수님에게서 나타난 신약 계시를 가리킨다.

"세례를 받으니." 그들이 세례를 받았다는 것은 그들이 공식적으로 자신들의 신앙을 고백했다는 것을 의미한다.

13 시몬도 믿고 세례를 받은 후에 전심으로 빌립을 따라다니며 그 나타나는 표적과 큰 능력을 보고 놀라니라. 시몬의 믿음이 참된 믿음이 아니었다는 사실은 18절 이하에 나타난다. 저자 누가는 비록 시몬이 거짓되게 믿었지만 그가 사람들 앞에서 믿는다고 고백했기 때문에 이것을 잠정적으로 믿음이라고 칭해준 것뿐이다.

시몬의 믿음은 돌밭에 떨어진 씨에서 돋아난 싹과 같은 것이다(마 13: 20-21). 그것은 거듭난 심령으로 믿고 죄를 회개한 것이 아니었으며 다만 피상적이고 감정적인 것이었을 뿐이다. 칼빈은 말하기를, 시몬이 복음을 믿었다는 말은 그가 복음이 진리라는 사실을 희미하게나마 알았던 사실을 가리킨다고 하였다. 어쨌든 그가 빌립을 따라 다닌 이유는 이적(표적과 권능)을 보았기 때문이며, 자신의 죄 문제를 해결받았기 때문은 아니었다. 그는 호기심과 공명심을 따라 행동했다. 호기심은 하나님의 거룩한 구원 운동을 구경거리로만 아는 망령된 마음이고, 공명심은 하나님의 일을 자

---

76) 참조. 마 6:33; 11:11; 13:19, 24, 31, 33, 44; 16:19; 눅 11:20; 17:21.

신의 사욕에 이용하는 오만이다.

시몬은 빌립이 보여준 권능이 얼마나 위대한 것인지에 대해 일반 사마리아 사람들보다도 더욱 예민하게 느꼈을 것이다. 왜냐하면 그가 "능력"을 행하는 일에 있어서 자신의 것과 빌립의 것을 비교하여 누구보다도 명확하게 그 차이를 인식했을 것이기 때문이다. 위조 화폐를 누구보다 빨리 알아볼 수 있는 자는 그것을 만든 자일 것이다. 세계적으로 가장 유명했던 마술사 해리 후디니(Harry Houdini)는 30년 동안 마술을 연구하였고, 다른 마술사들이 감히 하지 못하는 일을 많이 하였는데 후에 고백하기를 "마술은 사람을 속이는 일일 뿐이다."라고 하였다.[77] 시몬은 자신의 마술이 거짓임을 알고 있었던 반면 빌립이 행하는 이적을 보고서 그것이 참이라는 것을 확신하였을 것이다. 그렇기 때문에 그는 빌립이 전하는 복음을 믿었고 세례까지 받았던 것이다(그러나 그는 중생하는 믿음을 가졌던 것은 아니고 단지 인간의 이성으로 옳게 여기는 정도에서 믿는다고 고백했던 것에 불과하다).

14 예루살렘에 있는 사도들이 사마리아도 하나님의 말씀을 받았다 함을 듣고 베드로와 요한을 보내매. 벵겔은 이 구절을 해석하기를 "베드로와 요한 각 사람의 권위는 사도들 전체의 권위만 못하다. 베드로도 사도들의 파송을 받았다. 그런데 오늘날 베드로의 후계자라고 자칭하는 로마 가톨릭교회의 교황은 베드로와 달리 자신이 유일무이한 교권을 가지고 있다고 주장한다."라고 하였다.[78]

두 사람의 사도를 사마리아로 파송한 목적은 무엇이었는가? 그것은 ① 사도의 직분이 복음 사역의 기초가 되기 때문에 그들을 보내어 사마리아 교회를 든든히 세우기 위함이다(11:22). 빌립의 사역도 귀하지만 사도들의 사역은 또 다른 종류의 은혜로 나타난다(고전 12:28-31). ② 예루살렘 교회

---

77) L. Boettner, *Immortality* (1956), 154-155.
78) J. A. Bengel, *Gnomon of the New Testament I* (1742); translated by C. T. Lewis and M. R. Vincent, 803.

와 사마리아 교회가 일체임을 공식적으로 증거하기 위함이다. 이때의 파송은 후대의 타락한 교회에서처럼 어떤 전도자의 사역을 위험한 것으로 여기고 감시하기 위해서 실시된 것이 아니며 예배당을 쟁탈할 목적으로 실시된 것도 아니었다. 오히려 그런 목적과는 정반대로 서로 간에 기쁘게 협력하기 위하여 파송된 것이었다.

15-16 그들이 내려가서 그들을 위하여 성령 받기를 기도하니 이는 아직 한 사람에게도 성령 내리신 일이 없고 오직 주 예수의 이름으로 세례만 받을 뿐이더라. 이 말씀을 언뜻 보면 사마리아 교회 성도들은 성령에 대한 체험이 전혀 없었던 것처럼 생각할 수 있다. 하지만 그런 것은 아니다(Grosheide). 그들은 사도들이 파송되어 오기 전에 이미 거듭나는 은혜를 받았다. 이제 사도들이 그들을 방문하여 기도할 때 그들이 받은 은혜는 성령의 특수한 은사였다(Calvin). 벵겔은 말하기를 "복음 사역에 있어서 기도는 설교만 못한 것이 아니다. 기도하지 못하는 자는 완전한 목사가 될 수 없다."라고 하였다.[79]

17 이에 두 사도가 그들에게 안수하매 성령을 받는지라. "안수"에 대하여 6:6에 나오는 동일한 단어에 대한 해석을 참조하라. 여기서 사도들이 그들에게 안수한 것은 사마리아 교회를 공교회의 일부로 인정한다는 의식일 뿐이다(Grosheide). 어떤 학자는 이때의 의식이 사도들과 사마리아 교회 간의 연합을 의미한다고 설명한다.[80] 이것도 사실상 앞의 해석과 동일하다.

두 사도가 그들에게 안수할 때 그들이 성령을 받았다는 말은 성령 강림이 안수에 의해 좌우되었다는 의미가 아니다. 이 구절에 대한 칼빈의 해석에서 볼 수 있는 것처럼 그 당시 영적 은사가 임한 것은 기도로 말미암아 이루어진 것이며 안수는 다만 외적 표지에 불과한 것이다.

"성령을 받는지라." 앞에서 이미 밝힌 것처럼 이것은 이미 거듭나서 예

---

79) Ibid.
80) S. Greijdanus, *Lucas II* (Kampen: J. H. Kok), 654.

수 그리스도를 믿는 신자가 또한 성령의 특수한 은혜를 받음에 대하여 말하는 것이다. 토레이(R. A. Torray)는 말하기를 "사도행전 1:4의 '약속'이라는 것은 다음 5절에서 '성령··· 세례'(성령의 특수한 은사)를 주실 것을 의미했는데 2:39에서는 그 약속을 가리켜 '너희와 너희 자녀와 모든 먼 데 사람 곧 주 우리 하나님이 얼마든지 부르시는 자들에게 하신 것이라'고 했으니 오늘 우리 신자들도 '성령 세례'를 받을 수 있다."라고 하였다. 이것은 바른 해석이다.

또한 토레이는 성령 세례를 받고자 하는 자들이 주의해야 할 몇 가지 사항을 언급했다. 곧 성령 세례를 받으려면 ① 예수 그리스도가 죽으신 사실을 신뢰하고 그로 말미암아 안식을 누릴 것. ② 자신의 모든 알려진 죄를 버릴 것. ③ 죄에 대해 공적인 고백을 할 것. ④ 하나님께 헌신할 것. ⑤ 성령 받기를 위하여 간구할 것. ⑥ 신앙을 가질 것 등이다.

우리가 기억할 것은 모든 신자에게 "성령의 충만을 받으라"는 하나님의 명령이 주어졌다는 사실이다. 에베소서 5:18에서는 "술 취하지 말라 이는 방탕한 것이니 오직 성령으로 충만함을 받으라"라고 하였는데 이것은 하나님의 명령이다. 찰스 피니(Charles Finny)는 "성령으로 충만함을 받으라는 하나님의 명령을 어기고 그것에 관심을 갖지 않는 것은 도적질하지 말라는 계명이나 간음하지 말라는 계명을 어기는 것과 마찬가지다."라고 하였다.

성경에 따르면 성령 충만의 은혜는 특수한 인물에게만 주어지는 것이 아니다. 사도행전 8:17을 보면 사마리아 교회의 일반 신자들이 그런 은혜를 받았다는 것을 알 수 있고, 19:6을 보면 에베소 교회의 신자들이 그런 은혜를 받았다는 사실을 알 수 있다. 그리고 다메섹 도성의 "아나니아"라는 평범한 인물도 주님의 말씀에 순종하여 사울에게 안수하여 말하기를 "예수께서 나를 보내어 너로 다시 보게 하시고 성령으로 충만하게 하신다"(9:17)라고 했을 때 즉시 응답되었다. 스가랴 12:8에서는 말하기를 "그

날에 여호와가 예루살렘 주민을 보호하리니 그 중에 약한 자가 그 날에는 다윗 같겠고 다윗의 족속은 하나님 같고 무리 앞에 있는 여호와의 사자 같을 것이라"라고 하였다.

우리는 간절히 사모하고 구함으로써 성령 충만을 받을 수 있다. 무디(Moody)는 성령 충만의 은혜를 받지 못할 바에는 차라리 죽는 것이 낫겠다고 생각했던 바로 그 순간에 성령 충만의 은혜를 받게 되었다고 한다. 조나단 에드워즈는 청년 시절에 하나님께서 자기와 함께하신다는 의식을 가지기 시작하였고, 성 패트릭(St. Patrick)은 16세 때 해적들에게 붙잡혀 가서 매일 기도하던 중 하나님을 사랑하는 마음이 불타기 시작하였는데, 하루에 백 번 이상 기도하였다고 한다. 신자들은 죄악이 가득한 오늘날의 세상에서 승리하기 위해 성령의 은혜를 지속적으로 받아야 한다. 그러지 않으면 영적 생명을 유지할 수 없다.

18-19 시몬이 사도들의 안수로 성령 받는 것을 보고 돈을 드려 이르되 이 권능을 내게도 주어 누구든지 내가 안수하는 사람은 성령을 받게 하여 주소서 하니. 시몬의 이러한 행동은 다음과 같은 죄악을 범한 것이다.

① 하나님의 능력을 돈의 가치로 평가했으니, 그것은 돈이면 모든 것이 가능하다고 생각하는 황금만능주의이며 지극히 존귀하신 하나님의 능력을 모독하는 일이다. 인간이 소유한 그 무엇으로도 은혜를 살 수 없다. 그것은 매매 혹은 교환으로 얻을 수 있는 것이 아니다. 인간에게는 그것을 받을 만큼 가치 있는 것이 전혀 없기 때문에 하나님께서는 그를 믿는 자들에게 이 은혜를 거저 주신다. 누구든지 자기가 가진 무언가를 하나님께 제공함으로써 성령을 받고자 한다면 그것은 시몬의 어리석은 행위를 되풀이하는 것이다.

② 그것은 하나님의 은혜를 이용해서 자신이 높아지려 했던 교만이다. 그가 복음을 믿는다고 고백했지만(13절) 그의 마음속은 세상으로 가득하다. 세속주의자는 자아를 실현하는 일에 종교를 이용하고자 한다. 시몬은

하나님을 삶의 목적으로 삼은 것이 아니라 단지 방편으로 취급한 것이다. 그런 사고방식은 종교를 인본주의적으로 대하는 잘못된 것이다.

③ 안수 행위 자체를 통해 성령이 임하는 것으로 오해했으니 이것은 그가 아직도 마술적인 관념으로 천국의 일을 대하는 망상에 사로잡혀 있음을 보여준다. 흔히 신자들 중에는 어떤 은혜로운 지도자를 지나치게 높이면서 그의 안수를 받아야만 은혜를 받을 것처럼 생각하는 자들이 있는데 그것은 합당치 않은 생각이다. 그런 태도는 도리어 성령의 은혜를 받는 데 지장을 준다.

20-21 베드로가 이르되 네가 하나님의 선물을 돈 주고 살 줄로 생각하였으니 네 은과 네가 함께 망할지어다 하나님 앞에서 네 마음이 바르지 못하니 이 도에는 네가 관계도 없고 분깃 될 것도 없느니라. 신자가 받는 하나님의 능력은 하나님께서 은혜로 주시는 선물이다. 그런데도 그것을 돈으로 사고자 했던 시몬은 ① 자신의 은과 함께 망할 자요, ② 하나님 앞에서 마음이 바르지 못하니 하나님의 도(道)와는 상관이 없는 자다.

"네 마음이 바르지 못하니." 시몬의 마음이 바르지 못하다는 것은 그가 이때까지 마술로 많은 사람들을 속여 왔던 거짓된 자였는데 지금도 참된 회개는 하지 않고 도리어 권능만을 탐하고 있다는 사실을 통해 드러난다. 마술을 행하던 자들도 그 죄를 깨닫고 회개하기만 하면 복음의 은혜를 받는다(19:18-20). 그런데 시몬은 간교하게도 회개하기를 거부한 것이다. 이것은 하나님 앞에서 바르지 못한 태도다. "바르지 못하다"(οὐκ ἔστιν εὐθεῖα)라는 말은 곧지 않다는 뜻이다.

22-23 그러므로 너의 이 악함을 회개하고 주께 기도하라 혹 마음에 품은 것을 사하여 주시리라 내가 보니 너는 악독이 가득하며 불의에 매인 바 되었도다. 베드로는 여기서 시몬에게 행할 바를 지시해 주었다. 곧 하나님의 능력을 받으려고 하기 전에 먼저 "회개하고 주께 기도하라"는 것이다. 마음에 품은 악이 문제이니 먼저 그것부터 해결해야 한다. 다시 말해 마음속에 있는 은밀한 죄악을 용서

받아야 한다는 것이다.

"악독이 가득하며"(εἰς γὰρ χολὴν πικρίας)라는 어구는 "쓸개로 가득하며"라고 번역되어야 한다. 여기서 "쓸개"는 거짓 스승의 악을 가리키는데(신 29:18), 그것은 불경건의 독소다.

"불의에 매인 바 되었도다"(σύνδεσμον ἀδικίας)라는 말은 시몬의 심령이 불의의 종이 되어 있음을 가리킨다.

24 시몬이 대답하여 이르되 나를 위하여 주께 기도하여 말한 것이 하나도 내게 임하지 않게 하소서 하니라. ① 시몬은 아직도 자신에게 어떤 죄악이 있는지 깨닫지 못한 채 단지 비윤리적인 요행수를 바라는 마음으로 이렇게 부탁한다. 더욱이 ② 그는 아직도 하나님께 직접 기도할 마음을 가지지 못하고 여전히 남의 기도에 의지하려고만 한다. 자신이 직접 하나님께 기도하지 못하는 것은 그 심령이 아직까지 거듭나지 않았으며 하나님을 향해 열리지 않았기 때문이다. 게르하르트 빅토르 레흘러(G. V. Lechler)는 "쓸개 같은 거짓은 통렬한 회개로 끊어버려야 한다. 쓴 것(죄의 독소)이 제거된 심령만이 꿀송이 같은 복음을 받아들일 수 있으며 하나님의 선하심을 느낄 수 있다."라고 하였다.[81]

25 두 사도가 주의 말씀을 증언하여 말한 후 예루살렘으로 돌아갈새 사마리아인의 여러 마을에서 복음을 전하니라. "두 사도"는 베드로와 요한인데(14절), 이들은 사마리아 신자들에게 안수하였을 뿐 아니라(15-17절) 그들에게 주님의 말씀을 전하였다. 그들에게는 그리스도를 증거하는 일이 무엇보다 중요한 사명이었기 때문에 여기서도 그 사실을 강조한다.

오순절에 성령이 강림하셨을 때 "불의 혀처럼 갈라진 것"이 나타난 것(2:3)은 말씀 전파가 그리스도 교회의 사명이라는 사실을 지적한다. 사람의 혀는 악한 것이지만(약 3:6) 하나님은 그것을 성화시켜서 사용하신다(사 6:5-7).

---

81) Lange, *Commentary on the Holy Scriptures: Acts*, 152.

"사마리아인의 여러 마을에서 복음을 전하니라." 그들이 예루살렘으로 직행하지 않고 사마리아 여러 마을에서 전도하였던 것도 "불의 혀"의 역사다.

26 주의 사자가 빌립에게 말하여 이르되 일어나서 남쪽으로 향하여 예루살렘에서 가사로 내려가는 길까지 가라 하니 그 길은 광야라. 두 사도가 예루살렘으로 돌아갈 때 빌립도 동행했는지는 알 수 없다. 이때 빌립에게 임한 천사의 지시사항은 그의 심령에 영적 충동으로 임했다기보다는 그의 귀에 객관적인 음성으로 주어졌을 수도 있고 아니면 꿈을 통해 주어졌을 수도 있다(Grosheide). 하나님께서 에디오피아 내시 한 사람의 영혼을 위하여 빌립을 친히 보내셨다. 하나님은 영혼 하나가 회개하고 돌아오는 것을 귀히 여기신다(눅 15:3-7).

"가사"는 지중해 연안에 자리 잡은 지역으로 본래 블레셋의 영토였으며, 예루살렘에서 애굽으로 가는 여행자는 이 도시를 경유하게 된다. 그곳은 알렉산더 얀나이우스(Alexander Jannaeus)의 손에 멸망했으나 후에 가비니우스(Gabinius)가 재건하였다.[82]

하나님께서 전도자 빌립을 파송하신 방법이 여러 가지였다. 빌립이 사마리아로 갔던 것은 예루살렘에서 일어난 핍박을 피하기 위해서였고(행 8:4-5), 가사로 향하는 광야 길에 갔던 것은 천사의 지시하심을 통해서였으며(26절), 아소도에 갔던 것은 주의 영에 이끌리셔서였다(39절). 하나님께서 일하시는 방식이 이처럼 다양하기 때문에 우리는 복음 전도자들을 대할 때 어떤 한 가지 표준으로만 평가해서는 안 된다.

27-28 일어나 가서 보니 에디오피아 사람 곧 에디오피아 여왕 간다게의 모든 국고를 맡은 관리인 내시가 예배하러 예루살렘에 왔다가 돌아가는데 수레를 타고 선지자 이사야의 글을 읽더라. "에디오피아"는 아프리카 지역이며 인종적으로는 노아의 아들 중 함 계열에 속한다. 그 나라는 이집트와 아비시니아(Abyssinia) 사이에 있다.

---

[82] Josephus, *Ant.*, 145. 3.

이때에 에디오피아의 고관이 복음을 받아들인 것은 시편 68:31의 예언이 성취된 것이다. 그 시편에서 말하기를 "구스인은 하나님을 향하여 그 손을 신속히 들리로다"라고 하였다.

"간다게"(Κανδάκης)는 개인의 이름이 아니고 애굽의 바로나 로마의 가이사와 같이 임금을 가리키는 존칭이다. "내시"라고 번역된 헬라어(εὐνοῦχος)는 환관이란 뜻을 가진 말이다. 모세의 율법에 거세된 자는 여호와의 총회에 들어가지 못하고(신 23:1) 성전 문지기로만 참여할 수 있었다.[83]

그런데 신약 시대에는 이방인과 고자인 사람도 아무 차별 없이 거룩한 영생의 기업에 참여할 수 있게 되었다. 누가는 특별히 이 점을 강조하는 의미에서 이 사건에 대하여 자세히 설명한 것이다. 이 사건은 또한 이사야 56:4-5의 성취이기도 하다. 에디오피아에서 예루살렘까지는 대단히 먼 거리다. 그리고 그 당시 "내시"가 이용했던 길은 황막한 사막길이었으니 위험하기도 했다. 그런 여행길에 그는 무엇보다도 하나님의 말씀을 사모하여 성경을 읽고 있었다.

29-30 성령이 빌립더러 이르시되 이 수레로 가까이 나아가라 하시거늘 빌립이 달려가서 선지자 이사야의 글 읽는 것을 듣고 말하되 읽는 것을 깨닫느냐. 에디오피아인은 이방인인데, 이방 전도에 먼저 집사인 빌립이 부르심을 받았다. 하나님께서 성령의 지시하심을 통하여 전도자 빌립에게 이방인 한 사람에게로 인도하신 것을 보면, 하나님께서 ① 이방인을 구원하시는 일에 얼마나 열심을 가지셨는지를 알 수 있고, ② 단지 한 사람의 구원을 위해서도 얼마나 큰 성의를 기울이시는지를 알 수 있으며, ③ 그 내시가 때마침 이사야의 글을 읽고 있을 때 빌립을 그에게로 인도하셨으니, 이는 신자가 깨어서 은혜를 사모할 때 그에게 더욱 친근하게 다가가신다는 사실을 알 수 있다.

"빌립이 달려가서." 성령의 말씀을 들은 빌립은 이에 즉각적으로 민첩

---

83) Hort, *Judaistic Christianity*, Grand Rapids: Baker Book House.

하게 순종하였으니 이것이 바로 전도자의 자격이다.

"읽는 것을 깨닫느냐." 빌립이 질문을 던짐으로써 내시를 가르치고자 했던 것은 배우는 자의 마음가짐을 새롭게 하는 지혜로운 방법이다. 우리가 이 말씀을 통해 또 한 가지 배우게 되는 진리는, 성경을 단순히 읽는 것도 유익하지만 깨달으면서 읽는 것은 더욱 유익하다는 사실이다.

31 대답하되 지도해 주는 사람이 없으니 어찌 깨달을 수 있느냐 하고 빌립을 청하여 수레에 올라 같이 앉으라 하니라. ① 그 내시가 보여준 태도를 보면 그가 얼마나 겸손하며 하나님의 은혜를 사모하고 있었는지 그의 중심을 알 수 있다. 그는 한 나라의 고위 관리인데 성경을 배우기 위해서라면 미천해 보이는 전도자 빌립을 자신의 수레에 태우는 일도 마다하지 않은 것이다. ② 그 내시와 빌립이 만나게 된 것은 결국 성령의 인도하심으로 이루어진 일이었다(29절). 하나님께서는 사람들을 구원하시기 위하여 그들에게 천사를 보내시기보다 성경을 가르쳐줄 사람을 보내시기를 더욱 기뻐하신다(참조. 벧전 1:12).

32-33절. 이 구절들에 대하여는 35절에 대한 해석 다음에 실린 설교문 "속죄하여 주시는 구주"를 참고하라.

34 그 내시가 빌립에게 말하되 청컨대 내가 묻노니 선지자가 이 말한 것이 누구를 가리킴이냐 자기를 가리킴이냐 타인을 가리킴이냐. 32-33절에 인용된 이사야 53:7-8의 예언이 누구를 가리키는지에 대해 신사들은 어렵지 않게 짐작할 수 있지만 불신자들은 깨닫기가 어렵다. 특히 예수를 부인하는 유대인들은 여기 실린 예언을 기피하는 경향이 있다. 그들은 예수님이 바로 이 예언을 성취하신 메시아라는 증거를 인정하지 않기 위해 귀를 막고자 하는 것이다. 만일 그들이 이 같은 편견만 버릴 수 있다면 그들은 예수님이 바로 이 예언의 성취자시라는 사실을 양심으로는 부인할 수 없을 것이다.

유대인으로서 브라질(Brazil) 선교사로 봉사하였던 긴스버그(Solomon Ginsburg)는 랍비의 아들로 태어났다. 그가 폴란드에서 살던 어린 시절에 이사야 53장의 예언을 읽고 그의 아버지에게 묻기를 "이 예언이 누구를 가리킵니까?"라고 하였다. 그때 그의 아버지는 침묵을 지켰다. 그가 계속해서 질문했더니 그의 아버지는 성경책을 빼앗고 손바닥으로 긴스버그의 뺨을 때렸다고 한다. 이후에 그가 런던에 거주하고 있을 때 유대인 그리스도 신자에게서 그 예언에 대한 설명을 듣고서 예수 그리스도를 영접하게 되었다. 벵겔은 말하기를 "많은 유대인과 무신론자들이 예언 때문에 회개하고 예수를 믿었다."라고 하였다.[84]

35 빌립이 입을 열어 이 글에서 시작하여 예수를 가르쳐 복음을 전하니. "입을 열어." 이것은 빌립이 증거하고자 하는 말씀이 얼마나 중대한 것인지를 강조하는 표현이다(Grosheide). 빌립은 이사야서가 예언하는 인물은 장차 오실 메시아이며, 나사렛 예수가 바로 그 메시아시라고 증언하였다. 예수님이 바로 구약성경의 예언을 성취하신 메시아시라고 증거하는 것이 복음이다.

학자 중에는 이사야서에 예언된 말씀이 장차 오실 메시아를 가리키는 것이 아니라고 주장하는 이들도 있지만 그들의 견해는 신빙성이 없다. 그와 같은 학자 중에 이사야서 53장에 대하여 가장 방대한 저술을 남긴 젤린(Sellin)은 처음에 그 예언이 스룹바벨을 가리킨다고 하였다가(1898년) 그다음에는 그것이 여호야긴을 가리킨다고 하였다(1899). 그러나 후에는 또다시 자신의 주장을 번복하여 그 예언이 모세를 가리킨다고 하였고(1922년), 이후에 또다시 번복하여 그것이 소위 제2 이사야 자신을 가리킨다고 하였다(1937년).[85] 이처럼 비평가들은 진리와 거리가 먼 자들이며, 자신들이 발표한 견해에 대하여 그들 자신도 확신이 없기 때문에 일관성 있게 자신들의 견해를 유지하지 못한다.

---

84) J. A. Bengel, *Gnomon of the New Testament II* (1742); translated by C. T. Lewis and M. R. Vincent, 590.
85) E. J. Young, *Isaiah 53*. Grand Rapids: Eerdmans (1952), 64.

설교 **속죄하여 주시는 구주**(8:32-35)

1. 성경이 속죄자를 보여준다

에디오피아 내시가 읽고 있던 성경은 이사야 53:7 이하의 말씀이었다. 이 말씀은 인류를 구원하실 구주가 인간의 죄를 담당하시기 위하여 고난 받으시고 죽임을 당하실 것을 가리키는데, 이는 예수 그리스도가 탄생하시기 7, 8백 년 전에 그에 대하여 선지자 이사야의 입을 통해 예언된 것이다. 또한 구약의 제사 제도에서 양의 피를 바친 것도 장차 오실 구세주께서 피를 흘려 죽임당하실 것을 예표한 행사였다. 신약성경에는 이 땅에 오신 메시아가 성취하시는 속죄의 사역에 대한 말씀으로 가득하다.

하나님의 말씀 가운데 가장 중요한 한 가지는 인류의 죄를 대속하실 구주에 대한 말씀이다. 속죄라는 것은 나의 죄에 대한 대가를 누군가가 대신 치르고 나를 영원히 구원하여 주는 것을 의미한다. 이 세상에 수많은 종교가 존재하지만 속죄의 도리를 가르치는 종교는 기독교밖에 없다. 성경은 인간의 죄를 대속하시는 구주 예수를 알려주는 책이다. 에디오피아 내시가 빌립의 전도를 받고 구원을 얻을 수 있었던 것은 그가 성경이 가르친 대로 속죄자 예수 그리스도를 듣고 믿었기 때문이다.

2. 속죄자와 고난

속죄자는 양과 같이 순한 자로서 죽음의 고난을 받으리라고 예언되었는데, 이는 그가 죄 없는 자로서 모든 죄인을 대신하여 죽음의 고난을 당하실 것을 보여준다. 인간은 모두 죄인인 반면 속죄자이신 예수 그리스도는 무죄하시다. 이것이 구세주의 자격이다. 죄 있는 자는 죄인을 구원하지 못한다. 예수님은 공정한 판단을 받지 못하시고 이 땅에서 그 생명을 빼앗기셨다. 모든 사람은 자기 죗값으로 죽지만 구주 예수는 죄 없이 죽임을 당하셨다. 이같이 공평하지 못한 상황은 그의 죽으심이 많은 사람의 죄를 대신 담당하신다고 함으로써 해소된다. 그러므로 본문 33절에 "누가 그의 세대를 말하리요"라고 하였으니, 이는 예수님이 당하신 속죄의 죽음으로 말미암아 생명을 얻을 자가 무수히 많을 것이기 때문에 그의 세대에 생명을 얻은 자의 수효를 측량할 자가 없다는 뜻이다.

3. 속죄자를 이해하는 비결

이 진리를 이해하는 일에 변증학이나 비교종교학, 혹은 어떤 철학도 도움이 될 수 없다. 누구든지 이 진리를 깨닫기 위해서는 자신이 죄인이라는 사실을 받아들여야 한다. 무엇보다도 자신이 죄인이라는 사실을 깨달을 때 사람들은 그들을 대신하여 속죄를 성취하시는 구주를 이해하게 된다.

사도 바울은 오직 예수 그리스도로 말미암아서만 구속을 얻을 수 있다는 사실을 확신했던 대표적인 인물이다. 그는 로마서 7장에서 ① 죄가 그를 속인다고 하였고(11상), ② 죄가 그를 죽인다고 하였으며(11하), ③ 자신이 죄 아래 팔렸다고 하였고(14절), ④ 죄가 자기로 하여금 원하는 것은 행치 못하게 하고 원치 않는 것은 행하게 한다고 하였으며(15절), ⑤ 죄가 자신 안에 거한다고 하였고(17절), ⑥ 자신의 죄 때문에 스스로를 가리켜 "사망의 몸"이라고 일컬었다(24절). 바울은 이처럼 자신이 죄인이라는 사실을 철저히 깨달았기 때문에 구원의 소망이 오직 예수 그리스도에게만 있음을 확신하였다(25절).

36 길 가다가 물 있는 곳에 이르러 그 내시가 말하되 보라 물이 있으니 내가 세례를 받음에 무슨 거리낌이 있느냐. 내시는 이같이 온화한 질문으로 세례 받고자 하는 그의 간절한 심령을 표현했다. 그는 중심으로 그리스도를 믿고 있었기 때문에 신앙의 외적 표현인 세례 받는 일에 주저할 이유가 없었다. 그는 도리어 은혜의 방편인 세례를 기꺼이 받고자 하였다.

"무슨 거리낌이 있느냐." 내시는 자신이 가진 신앙의 정도가 세례를 받을 만한지에 대해 빌립의 판단을 구했다. 이것은 그의 겸손과 경건을 드러내 준다. 그리스도 신자는 세례 받는 그 순간에 공적으로 지속성을 가지는 신앙고백을 하는 것이다. 그 순간이 바로 그의 신앙적 결단의 기회이기 때문에 그는 진실한 마음으로 하나님 앞에 서야 한다.

37 (**빌립이 이르되 네가 마음을 온전히 하여 믿으면 가하니라 대답하여 이르되 내가 예수 그리스도께서 하나님의 아들인 줄 믿노라**). 우리말 개역개정 성경에는 이 구절이 빠져 있는데 그 이유는 중요한 사본들(ℵ A B C H L p. 13, 61)에 이 구절이 발견되지 않기 때문이다. 이 구절은 대문자 사본 중 하나(E)에서 발견되고 일부 소문자 사본과 교부들의 문헌에 인용되어 있으며, 헬라어 성경 공인 본문에도 나타난다. 어떤 학자들은 이 구절이 원본에 속하는 것이라고 강력하게 주장하였다.[86] 칼빈도 그런 견해를 가지고 있었다.

"마음을 온전히 하여 믿는다"는 것은 "진심으로 믿는다"는 의미이며, 행실에 약점이 전혀 없는 완전한 믿음을 가지고 있다는 의미는 아니다. 행실에 약점이 있는 신자라 해도 거짓이 없는 참된 믿음의 소유자일 수 있다(Calvin).

38 이에 명하여 수레를 멈추고 빌립과 내시가 둘 다 물에 내려가 빌립이 세례를 베풀고. 여기서 "내려가"(κατέβησαν)라는 표현은 물속으로 들어갔다는 의미가 아니고 길 위에서 물이 흐르는 낮은 곳으로 내려갔다는 뜻이다. 침례교에서는 이 구절을 해석할 때 물속으로 들어갔다는 의미로 받아들인다. 그렇다면 세례를 베푼 빌립도 물속에 들어갔다는 말인가? 로저스(Clement F. Rogers)는 초기 교회의 세례 방식이 침례였음을 증명하기 위해 고고학적 자료들을 오랜 시간 연구하였다. 그런데 그가 연구를 통해 발견한 사실은 초기 교회의 세례 의식이 침례가 아니고 물을 부어 시행하는

---

86) Belser, *Beiträge*, 50.

예식이었다는 것이다.[87]

우리가 이런 문제를 가지고 논란을 벌일 이유는 없다. 우리가 세례 자체를 무시하는 개인이나 단체를 용납할 수는 없지만, 세례를 시행하는 방식에 차이를 보이는 문제에 대해서는 (성부 성자 성령의 이름으로 물로써 세례를 베푸는 한) 서로 용납해야 할 것이다.[88]

39 둘이 물에서 올라올새 주의 영이 빌립을 이끌어간지라 내시는 기쁘게 길을 가므로 그를 다시 보지 못하니라. "주의 영이 빌립을 이끌어"갔다는 것은 하나님께서 초자연적으로 빌립을 다른 장소로 옮기셨다는 의미다(참조. 왕상 18:12; 왕하 2:11, 16; 고후 12:2, 4; 살전 4:17). 이처럼 빌립이 초자연적으로 이끌려 간 사실을 본 에디오피아 내시는 그의 신앙에 더욱 확신을 얻었을 것이다. 내시는 빌립이 이처럼 이끌려 간 후에도 고독을 느끼지 않고 도리어 "기쁘게"(χαίρων) 길을 갔다. 벵겔은 말하기를 "내시는 빌립을 다시 보지 못하였다. 그는 빌립을 더 보고자 하지도 않았다. 그 이유는 그에게 기쁨이 있었기 때문이었다. 성경을 깨닫고 그리스도를 영접한 사람은 길 안내자 없이도 신앙생활을 지속할 수 있다."라고 하였다.[89]

40 빌립은 아소도에 나타나 여러 성을 지나 다니며 복음을 전하고 가이사랴에 이르니라. "아소도"는 가사에서 북쪽으로 30킬로미터 떨어진 곳에 있다. 빌립이 거기에 "나타났다"(εὑρέθη)는 것은 그가 거기에서 "발견되었다"는 의미인데, 이는 그가 초자연적인 방법으로 그곳까지 옮겨졌음을 가리킨다. 빌립은 거기서부터 해안 지방들을 찾아다니면서 전도하였고, "가이사랴"에 이르러서는 거기에 정착하였다(21:8).

---

87) C. F. Rogers, *Baptism and Christian Archaeology* (Oxford: Clarendon Press).
88) J. Calvin, *The Acts of the Apostles I* (1965), 364.
89) J. A. Bengel, *Gnomon of the New Testament II* (1742), translated by C. T. Lewis and M. R. Vincent, 592.

제 9 장

❖ 개요

1. 바울의 개종 체험의 성격

사도행전 9장에 기록된 바울의 체험은 신비주의자들의 체험과 유사한 것일까? 벵겔(Bengel)은 바울의 이러한 체험이 로마 제국의 콘스탄티누스(Constantine) 대제가 환상 중에 십자가를 본 것과 다름없다고 하였고, 브루스는 선다 싱(Sundar Singh)이 빛을 보았던 것이나 예수 그리스도의 형상을 보았던 체험과 같은 것이라고 하였다.[90]

그러나 바울의 체험은 그가 사도로서 가지는 권위를 성립시켜 주는 것이었다(고전 9:1; 15:8). 그것은 단순히 환상을 보는 정도의 체험이 아니었으며 하늘이 열리고 실제로 예수 그리스도를 목격했던 사건이었다(행 9:17).

크로샤이데는 다음과 같이 말하였다. "바울 자신의 증언에 비추어볼 때 다메섹 도상에서 그가 경험했던 일은 환상을 보는 정도의 것이 아니라 실제로 나타나신 예수님을 본 것이었다. 바나바 역시 그같이 증언하였다(27절). 바울 자신에게 이때의 체험은 환상과 같은 다른 여러 계시와는 구

---

90) F. F. Bruce, *The Book of Acts* (1974), 196.

분되어야 할 특수한 종류의 사건이었다. 그는 고린도전서 15:8에서 예수님이 자기에게 나타나신 것은 최종적인 사건("맨 나중에··· 내게도 보이셨느니라")이라고 증거하였다."[91]

교회 시대 신자들의 건전한 신비적 체험을 전적으로 무가치한 것이라고 할 수는 없지만, 그것은 사도의 체험처럼 무오한 성격을 갖는 것은 아니다. 그러므로 신자들이 경험했다고 주장하는 신비 체험들은 성경을 통해 판단받아야 한다.

바울의 다메섹 도상 체험에 대한 비평가들의 잘못된 학설들

1) 바울의 신체적 결함으로 인한 현상으로 보는 학설

이 학설을 주창하는 자들은 고린도후서 12:1-7에 기록된 바울의 계시 체험이 그가 다메섹 도상에서 체험했던 것과 동일한 사건이라고 간주하며 그 계시가 바울이 가지고 있던 "가시"(질병?)에서 유래했다고 주장한다. 그러나 고린도후서 12:1-7에는 바울이 받은 계시가 그를 찌르는 가시 때문이었다는 암시가 전혀 없을뿐더러 "계시"와 "가시"는 성격상 서로 구분되어 있다.

2) 바울의 심리적 현상으로 보는 학설

이 학설을 주창하는 자들은 바울이 다메섹 도상에서 개종한 것은 이전부터 그의 마음이 예수 그리스도께로 향하던 중에 발생한 심리적 작용의 결과였다고 말한다. 다시 말해 바울은 본래 이사야 53장을 알고 있었으며, 그가 예수의 제자들을 핍박하면서도 "예수가 이사야 53장에서 예언하는 메시아가 아니었을까? 십자가를 통한 대속이 과연 옳은 것이라면?" 하는 의구심을 가지고 있었다는 것이다. 또한 그는 부활을 믿는 바리새인이었으

---

91) F. W. Grosheide, *De Handelingen der Apostelen II* (1948), 296.

니 예수의 부활 소식에 대해서도 크게 반대하지는 않았을 것이라고 주장한다. 결국 그의 중심에는 "내가 이처럼 행하다가 예수의 제자들이 증언하는 그 말이 옳다면 어찌 되는 것일까?" 하는 고민이 있었는데, 그것이 마침내 그로 하여금 개종이라는 기이한 결정을 내리게 만들었다는 것이다.

그러나 사실은 그런 것이 아니다. 그 당시 믿지 않는 유대인들은 이사야 53장을 메시아의 대속에 관한 교훈으로 보지 않았다. 더욱이 바리새인들의 부활 사상은 세상의 마지막 날에 부활이 있을 것으로 여기는 정도였다(참조. 요 11:24).

비평가들이 제시하는 논거는 사도행전 26:14이다. 이 구절 끝부분에 "가시채를 뒷발질하기가 네게 고생이니라"라고 하였는데 그들은 주장하기를 바울이 마음속으로는 예수와 그의 제자들이 옳다고 생각하면서도 겉으로는 억지로(송곳을 발뒤꿈치로 차듯이) 그런 생각을 눌러왔다고 한다.

그러나 이러한 해석은 그 본문을 오해한 것이다. 그 본문이 의미하는 바는 단지 교회를 핍박하는 바울의 행위가 송곳을 발뒤꿈치로 차는 것과 같은 미련한 행위라는 것이다. 바울이 다메섹 도상에서 본 계시는 전적으로 초자연적 사건이었다.

2. 바울이 만난 예수님

바울이 개종 직후에 예수님을 하나님의 아들(그리스도)로 알고 그리스도를 전파했던 것은 그가 하나님의 계시를 통해 이 같은 사실을 밝히 깨달았기 때문이었다. 그의 그리스도관은 근대 학자들이 말하는 것처럼 신화적인 것이 아니며 종교사학적으로 유래한 것도 아니었다.

여기서 바울의 그리스도관에 대한 잘못된 학설들을 검토하기로 하자.

1) 일반 자유주의 신학자들의 학설

이들은 마가복음을 역사적으로 가장 신뢰할 만한 문서로 간주하며, 그 문서의 내용으로 볼 때 예수는 단지 도덕적 인물일 뿐인데 그의 제자들과 바울이 그를 절대화하여 그리스도로 격상시켰다고 주장한다.

그러나 이러한 견해는 옳지 않다. 바울은 역사적 사실을 토대로 그리스도에 대한 자신의 견해를 밝혔으니(26:25-26) 그의 그리스도관은 주관적인 것이 아니다. 바울의 종교는 예수의 인격과 교훈에서 유래한 것이었다.[92]

2) 궁켈(H. Gunkel)의 종교사학파 학설

궁켈은 바울이 예수를 만나기 전에 이미 그리스도에 대해 특정한 견해를 가지고 있었다고 여기는데, 바울의 이러한 사상은 아마도 유대교의 계시문학(선지자 말라기 이후 400년 동안[신구약 중간기]에 생성된 문학 양식)에서 유래했을 것이라고 한다.

물론 계시문학인 「솔로몬의 시편」, 「에녹1서」, 「에스라4서」 등에 메시아 관념이 나타나는 것은 사실이다.

「솔로몬의 시편」에 나타난 메시아는 초자연적 성격을 가지는 동시에 다윗 왕조의 혈통에 속한 이 세상의 왕이며 예전부터 존재하던 자는 아니며 정치적 메시아다.

「에녹1서」에 나타난 메시아는 예전부터 존재했으되 영원 전부터 존재하던 자는 아니며, 하늘에 거하지만 성도들과 친밀한 사랑의 관계를 맺고 있지는 않은 존재로 묘사되었다.

또한 「에스라4서」에 나타난 메시아는 정치적 메시아로서 400년 동안 세상에 머물다가 죽을 것이라고 말해지며(에스라4서 7:16-31), 물론 그의 죽음이 대속적인 죽음은 아니다.

이처럼 계시문학에 나타나는 메시아는 바울이 개종 후에 만났던 메시아와는 다른 존재였다.

---

[92] H. N. Ridderbos, *Paulus en Jezus* (1966), 9.

결론적으로 바울이 개종한 후에 만났던 메시아는 ① 창조 시에 하나님과 함께 계셨고, ② 성도와 교제하시되 친밀한 사랑의 관계를 가지시며, ③ 절대적인 하나님이시고, ④ 대속의 죽음을 당하신 하나님의 아들이다.

그렇다면 바울의 종교는 유대 계시문학에서 발원하여 형성된 것이 아니라 나사렛 예수, 다시 말해 다메섹 도상에 나타나신 하나님의 아들에 기초한 것이다. 그가 이런 종교를 가지게 된 계기는 그의 주관적 욕구나 환경에 따른 것이 아니며, 역사적 예수의 초자연적 계시로 말미암은 것이다.

3) 라이첸슈타인(R. A. Reitzenstein)과 부세(W. Bousset)의 학설

이들은 바울이 전한 복음(초자연적 예수 사상)이 헬라-로마 종교에서 유래한 것이라고 주장했는데 이는 잘못된 견해다. 이 점에 관하여 메이천(J. G. Machen) 박사의 저서인 『바울 종교의 기원』(Origin of Paul's Religion)에 명시된 내용을 요약적으로 소개하면 다음과 같다.

바울이 활동했던 그리스-로마 시대는 혼합종교의 시대였으며 이방 종교가 기독교를 모방하였다. 그러나 기독교는 본질적으로 배타적인 성격을 가지고 있었기 때문에 다른 종교의 요소들을 모방했을 리 만무하다.

그 당시 헬라 문화권에는 다음과 같은 여러 종교가 있었다.

① 디오니소스(Dionysus) 신비종교. 이 종교의 대표적인 행사는 난잡한 향연이었는데, 쇠고기를 날로 먹으면서 거행되었다.

② 오르페우스(Orpheus). 이는 음악의 신을 섬기는 종교였으며, 영혼 윤회설을 설파했다.

③ 엘레우시스 밀의종교(Eleusinian Mysteries). 이 종교의 행사는 바닷가에서 돼지를 잡아 제사하고, 보리밥에 물을 부어 먹으면서 거행되었다.

④ 키벨레(Cybele) 의식. 키벨레 여신이 아티스(Atis)라는 청년을 사랑했는데, 아티스가 죽었으므로 그 여신이 아티스를 위하여 애곡하고 그 시체를 얻어 보관했다고 한다. 이 종교에서 교리를 설파하면서 행하는 의식 역시 난잡한 향연이었던 듯하다.

⑤ 이시스와 오시리스(Isis and Osiris) 제사. 플루타르코스(Plutarch)의 증언에 따르면 오시리스는 이시스의 오라비인데 이들이 결혼하였다. 그런데 티폰(Typhon)이라는 동생이 반란을 일으킨 후에 상자를 만들어 놓고 말하기를 "이 상자에 들어간 사람에게 이 상자를 주겠노라."라고 하니, 오시리스가 그 상자에 들어갔다. 이때 티폰이 급히 상자를 봉하여 나일강에 던졌다. 오시리스는 저승에 가서 왕이 되어 그 아들 호루스를 시켜 티폰을 이기도록 도왔다고 한다. 애굽 사람들은 오시리스를 망자의 왕으로 섬긴다고 한다.

⑥ 아도니스(Adonis) 제사. 아도니스는 아프로디테(Aphrodite) 여신의 남편인데 그가 멧돼지에게 물려 죽자 그 여신이 애곡하였다. 사람들이 해마다 이 일을 기억하고 가슴을 치며 울다가 아도니스에게 희생제사를 드렸더니 아도니스가 다시 살아났다고 한다. 그러나 실상은 아도니스가 다시 살아난 것이 아니라 봄이 돌아와 곡식과 초목이 다시 움트는 것을 그처럼 비유적으로 표현한 것이라고 한다. 이것이 실상은 농사제였다는 것이다.

이상과 같이 헬라의 종교들은 기독교에 비하여 비교할 수 없이 열등한 종교다. 그러한 종교들이 기독교의 성립에 영향을 끼치는 자료가 되었다는 학설은 어리석은 것이다.

라이첸슈타인은 그의 저서들을 통하여 바울의 종교가 용어상으로는 헬라 종교들과 유사한 점들이 많으며 따라서 바울의 종교는 헬라 종교의 영향을 받았다고 주장한다. 예를 들면 바울이 사용한 "그노시스"(γνῶσις, 지혜)라는 말과 "신령한 사람"(πνευματικός)이라는 표현이 헬라 종교에서 유래된 것이라고 하며, 그것들이 신화를 의미한다고 하였다. 헬라 종교에서는 인간이 만들어낸 신화를 가리켜 "그노시스"(지혜)라고 불렀다.

그러나 바울은 그의 서신에 "지혜"나 "신령한 사람"이란 말을 사용할 때 사람의 신화를 염두에 두지 않았다. 바울 서신에 나오는 "신령한 사람"

은 "성령을 받은 사람"을 의미할 뿐이다.

빌헬름 부세는 그의 저서 『주 예수』에서 말하기를, 바울이 영적으로 임재하신 신이라는 의미로 "주"(κύριος)라는 칭호를 예수께 붙이게 된 것이 헬라 종교의 영향이라고 하였다. 그는 또 예루살렘 교회에서는 예수를 재림할 메시아로 알았을 뿐이고, 영으로나 혹은 임재하신 주님으로 알지 않았다고 하였다. 그가 이와 같이 주장하는 이유는, "주"라는 호칭이 바울 서신에는 자주 나타나지만 복음서에는 드물게 사용되기 때문이라고 한다.

그러나 복음서에도 "주"라는 호칭이 여러 번 나온다(참조. 마 7:21; 16:22; 막 11:3; 12:35-37).

3. 바울신학 발원의 독립성

1) 바울의 행적은 사도행전과 그의 서신들을 통해 확인할 수 있는데, 특히 그가 전한 복음의 독립성은 갈라디아서에 분명히 드러난다. 바울이 아라비아에 갔었다는 기록은 갈라디아서에만 있다. 그것은 바울신학 발원의 독립성을 보여준다. 갈라디아서 1:16-17에 보면 "그의 아들을 이방에 전하기 위하여 그를 내 속에 나타내시기를 기뻐하셨을 때에 내가 곧 혈육과 의논하지 아니하고 또 나보다 먼저 사도 된 자들을 만나려고 예루살렘으로 가시 아니하고 아라비아로 갔다가 다시 다메섹으로 돌아갔노라"(참조. 갈 1:1)라고 하였다.

2) 바울이 예루살렘 교회의 사도들과 여러 번 대면하였으나(행 9:26-30; 갈 1:18-24; 2:1-2), 그가 복음과 관련하여 그들로부터 추가적으로 배운 것은 없었다(갈 2:6). 그렇지만 바울과 예루살렘 사도들이 전한 복음은 서로 일치하였으니, 그것은 그가 성령의 역사로 말미암아 복음을 바로 깨달았다는 증표다. 그것이 우리의 신앙을 불러일으킨다.

↙ 내용분해

1. 사울의 개종(1-18절).
2. 다메섹과 예루살렘에서의 사울(19-30절).
3. 교회의 형편(31-43절).

↙ 해석

1 사울이 주의 제자들에 대하여 여전히 위협과 살기가 등등하여 대제사장에게 가서. 사도행전 저자가 사울의 행동을 이처럼 자세히 기록한 목적은 사울이 개종하던 시기가 바로 그의 발악의 최절정이었다는 사실을 보여주기 위해서였다(22:4-6; 26:9-12).

"위협과 살기가 등등하여"라는 문구(ἐμπνέων ἀπειλῆς καὶ φόνου)는 "협박과 죽임을 불어내며"(breathing threatening and murder)라고 번역되어야 한다. 이 말씀의 뜻은 그가 그리스도 신자들을 전멸하는 일에 그의 모든 역량을 집중했다는 것이다.[93] 그처럼 행동하던 사람이 갑자기 회개하고 그리스도께로 돌아온 사건은 그리스도가 살아 계신다는 사실을 분명하고도 강력하게 증거한다.

사울이 대제사장에게 간 목적은 그리스도 신자들을 체포할 권한을 받기 위함이었다. 그 당시 대제사장이 관장하고 있었던 산헤드린 공회는 종교 관련 사안에 있어서만큼은 로마 정부의 간섭 없이 단독으로 사람을 체

---

[93] Schlatter, Die Apostelgeschichte (Stuttgart, 1962), 108: "Er setzt seine ganze Tatkraft daran, die Christenheit zu vernichten."

포하거나 감금할 수 있었다.[94]

2 **다메섹 여러 회당에 가져갈 공문을 청하니 이는 만일 그 도를 따르는 사람을 만나면 남녀를 막론하고 결박하여 예루살렘으로 잡아오려 함이라.** "다메섹"은 팔레스타인 북쪽에 있는 고대 도시다(창 14:15). 그 당시 로마 정부가 팔레스타인 외부에 거주하는 유대인의 관할권을 산헤드린 공회에 맡겼던 것이다(Lenski).

"그 도"는 기독교를 말한다. 사울은 기독교 신자들을 모조리 없애버리려는 반기독교 운동의 선봉자였다. 그러던 그가 회개하는 사건을 통해 다음과 같은 사실들이 밝혀진다.

1) 기독교의 구원 운동이 전적으로 은혜의 운동이라는 사실이 밝혀진다. 그러므로 바울이 말하기를 "미쁘다 모든 사람이 받을 만한 이 말이여 그리스도 예수께서 죄인을 구원하시려고 세상에 임하셨다 하였도다 죄인 중에 내가 괴수니라"(딤전 1:15)라고 하였다.

2) 더욱이 사울이 기독교를 극도로 배척하던 중에 회개했다는 사실을 통해 우리는 그 일이 순전히 기적으로 말미암아 이루어졌음을 알 수 있다. 일반적인 경험에 의하면 마음이 온유한 자가 완강한 자보다 회개하기에 용이한 법이다. 그런데 사울은 그리스도 신자들을 죽이려고 살기등등한 중에 회개의 은혜를 받았다. 이것은 일반 심리의 법칙으로는 설명될 수 없는 기적이다.

사람이 은혜로만 구원을 받는다는 진리는 신구약 성경 전체를 통해 분명하게 드러나 있다. 그중에도 그 같은 계시가 가장 현저하게 나타나는 부분은 바울 서신이다. 바울은 부르심을 받을 때부터 두드러지게 이에 관한 체험을 가졌던 것이다. 그리고 그것이 은총으로 나타나기 위해서는 기적의 성격을 띠지 않을 수 없었다. 일반적인 사물의 이치는 모두 인과율의 법칙을 따르지만, 은총은 본질적으로 이적적인 성격을 띠는 것이다. 그러므

---

94) A. Oepke, *Theol. Stud. U. Krit.*, Vol. 105, No. 4 (1933), 387.

로 바울이 고백하기를 "그러나 내가 나 된 것은 하나님의 은혜로 된 것이니"(고전 15:10)라고 하였다.

우리 일반 신자들은 어떠한가? 우리도 은총으로만 신자가 되었는가? 우리의 경험은 바울이 부르심을 받은 체험과는 물론 다르다. 그가 예수님을 보았던 것과 똑같은 체험이 우리에게는 없다. 우리도 그런 체험을 해야만 한다고 말할 필요도 없다. 그 이유는 사도 바울이 우리의 것이기 때문이다(고전 3:22). 우리는 바울로 말미암아 은혜의 복음을 받았으니 우리도 주님의 은혜로 구원받았다는 사실을 깨닫는 것으로 족하다. 바울의 체험은 복음으로 얻는 은혜의 구원을 우리에게 알게 하려는 특수 계시의 일부인 것이다. 이 계시가 모든 사람에게 반복해서 나타나지 않는다 해도 우리 모두는 은혜의 복음을 깨닫고 은혜로 말미암는 구원을 받은 자들이다.

그리스도 신자들이여! 우리가 받은 구원이 오직 은혜로 말미암은 것임을 기억하자! 우리가 사실상 죽은 자들로서 전적으로 하나님과 원수가 되었을 때 예수님께서 우리를 대신하여 죽으셨다(롬 5:10). 이것이 은혜다. 그러므로 루터는 은혜에 대하여 말하기를 "그것은 죽음을 죽이는 죽음이며, 죄를 죽이는 속죄이고, 독을 죽이는 독이며, 속박을 죽이는 속박이다."라고 하였다.[95]

3-4 **사울이 길을 가다가 다메섹에 가까이 이르더니 홀연히 하늘로부터 빛이 그를 둘러 비추는지라 땅에 엎드러져 들으매 소리가 있어 이르시되 사울아 사울아 네가 어찌하여 나를 박해하느냐 하시거늘.** 홀연히 "하늘로부터 빛이" 사울을 둘러 비춘 것은 하나님의 영광스런 임재를 상징하는 것이다. 이처럼 빛 가운데 하나님(하나님의 아들 예수 그리스도)이 임하신 것은 진노의 표현이 아니라 사울을 불러 사도로 세우시기 위함이었다. 이는 마치 에스겔이 선지자 직분을 받을 때 하나님께서 빛 가운데 나타나셨던 것과 같다(참조. 겔 1:28-2:2; 22:6-13; 26:12-18).

---

[95] M. Luther: "It is the death of death, the sin of sin, the poison of poison, and the imprisoning of imprisonment."

클라우스너(J. Klausner)는 "바울의 이와 같은 경험은 그의 간질병(epilepsy)으로 말미암은 심리상태였다. 수많은 위인들이 간질병으로 깨달음을 얻었다. 무함마드, 기롤라모 사보나롤라, 뵈메, 에마누엘 스베덴보리, 아우구스티누스, 클레르보의 베르나르두스, 카이사르, 나폴레옹, 블레즈 파스칼, 장 자크 루소, 도스토예프스키 등이 그러했다."라고 하였다.[96]

브루스는 이와 같은 클라우스너의 말을 다음과 같이 비평하였다. "클라우스너의 말에 의하면 수많은 위인들이 간질병 같은 심리상태에서 깨달음을 얻었다고 하였는데, 그들의 깨달음이란 것은 인격 전체(知情意)의 변화(바울의 경우와 같은 것)가 아니었다. 순간적인 깨달음과 인격의 영구한 변화를 동일시할 수 없다."[97]

클라우스너의 주장이 옳지 않은 것은 말할 여지도 없다. 바울의 회개 체험은 결국 복음 전파를 통해 열매를 맺었다. 그가 전한 복음과 도덕(그의 서신들의 내용)이 모두 다 진리이고 성결인데, 진리와 성결을 병적 심리의 소산으로 여기는 것은 망상에 불과하다.

"네가 어찌하여 나를 박해하느냐." 예수님의 이 질문에는 그리스도 신자들을 핍박하는 일이 곧 그리스도 자신을 핍박하는 것과 같다는 진리가 포함되어 있다. 이 진리는 그리스도와 신자 간의 신비적 연합(mystical union)을 가르친다. 바울은 이 진리를 처음 들었지만 예수님의 제자들은 일찍이 그의 가르침을 통해 자주 접해왔었다(마 10:40; 25:40, 45; 요 15:18).

그리스도는 교회의 머리시고 교회는 그의 몸이니(엡 1:22-23) 몸이 핍박을 받을 때는 하늘에 계신 주님께서도 원리적으로 핍박을 받으신다. 그러므로 주님의 몸 된 교회는 땅에서 핍박을 받을 때 버려진 자처럼 느낄 필요가 없다. 그 이유는 하늘에 계시는 머리 되신 주님께서 그 핍박에 동참

---

96) J. Klausner, *From Jesus to Paul* (London, 1944).
97) F. F. Bruce, *The Book of Acts* (1974), 195.

해 주시기 때문이다(요 15:18). 신자가 그리스도로 더불어 한층 더 가까워지는 때는 그가 그리스도를 위하여 핍박을 받는 때다(참조. 벧전 4:14).

5 대답하되 주여 누구시니이까 이르시되 나는 네가 박해하는 예수라. 공중에 들리는 소리에 응하여 대답하는 경험은 신비주의자들의 삶에서도 찾아볼 수 있다. 수소(Suso), 타울러(Tauler), 마리아 테레사(Mary Teresa) 등이 그런 체험을 하였다고 한다. 그러나 이들의 체험은 주관적 심리의 영향도 받았다고 생각된다. 그런 체험들이 흔히는 명상과 같은 정신 집중에서 생겨난다고 말한다.[98] 그러므로 그처럼 신비한 경험이라고 해서 전적으로 하나님으로부터 온 것이라고 단정하기는 어렵다.

그러나 사울이 다메섹 도상에서 가졌던 체험은 어느 면에서나 철두철미하게 객관적 성격을 띤 것이고 하나님의 계시로 말미암아 이루어진 것이었다. 그 증거로 ① 사울은 다메섹 도상에서 명상과 같은 것에 잠겼던 일도 없었고, 오히려 정반대로 그의 정신은 기독교도들을 박해하는 일에 집중하여 쉴 새 없이 요동하고 있었다. 이런 상황에서는 신비적 체험이 일어날 수 없다. ② 사울의 동행자들도 그때 다메섹 도상에서 그가 들은 소리를 어느 정도 들었으니(7절), 그것을 한 개인에게 국한된 심리작용의 결과라고 할 수 없다. ③ 그보다도 우리는 성경 말씀에 따라 그것이 하나님의 계시의 역사였음을 확실히 안다(갈 1:16; 고전 9:1).

"주여 뉘시오니이까." 여기서 "주여"(κύριε)라는 호칭은 반드시 인간을 상대로 하는 존칭으로만 쓰인 것이 아니다. 이때 사울은 그곳에 나타난 초자연적 광경 때문에 자기에게 말씀하시는 이가 천사이거나 혹은 하나님이었을 것이라 생각하고 그의 지도를 따르기 위하여 "주여"라고 말했을 것이다(Chrysostom). 그 당시에 그는 초자연적으로 그에게 들려진 심문, 곧 "네가 어찌하여 나를 박해하느냐"(행 9:4)라는 말씀에 이미 그의 양심이 부딪

---

98) Everlyn Underhill, *Mysticism*, 275.

혀 거꾸러졌다.

"나는 네가 박해하는 예수라." 이 말씀은 또 한 번 사울의 양심을 두드렸다. 특별히 "박해"라는 단어가 거듭 사용되었기 때문에 사울의 가슴은 뜨끔했을 것이다. 여기서 사울은 완전히 무너졌다. 벵겔은 말하기를 "회개라는 것은 인간의 의지가 꺾어지고 무너지는 대신 하나님의 의지가 그 사람의 지도 원리로 받아들여지는 것이다."라고 하였다.[99]

사울의 회개 사건에서 우리가 한 가지 주목할 점이 있다. 곧 예수님께서 사람에게 나타나실 때 그 사람은 예수님이 누구신지 알게 되며 자신의 죄인 됨을 깨닫게 된다는 사실이다. 예수님(하나님)과의 접촉 없이 자기 자신을 아는 인생은 없다. 작은 것은 위대한 존재 앞에 설 때 자신이 작은 자라는 사실을 깨달을 수 있으며, 피조물은 창조주 앞에 드러날 때 자신의 피조성을 깨달을 수 있고, 죄인은 거룩하신 예수님 앞에 서야만 자신의 죄를 바로 알 수 있다.

6 너는 일어나 시내로 들어가라 네가 행할 것을 네게 이를 자가 있느니라 하시니. 이것은 예수님께서 사울을 사도로 임명하시기 위한 방침으로 주신 말씀이다. 이것을 보면 그가 사울을 사도로 세우시기 위하여 이미 백방으로 준비하셨다는 사실이 알려진다. 그리스도께서 사울을 부르셔서 그에게 사명을 주셨을 때 사울의 인격도 크게 변화되었다(참조. 딤전 1:12-14). 이처럼 사울의 인격이 초자연적인 간섭으로 말미암아 변화된 결과 기독교가 세계적으로 전파될 수 있었다.

바르트는 키에르케고르(Kierkegaard)의 해석을 옳게 여기고 다음과 같이 인용하였다. "사울을 사도로 세우기 위한 하나님의 부르심은 하나의 역설적인 사실이었으니, 그것이 언제나 사울의 신분과 동격화될 수는 없는

---

[99] J. A. Bengel, *Gnomon of the New Testament II* (1742); translated by C. T. Lewis and M. R. Vincent, 593.

것이다."[100]

그러나 바르트나 키에르케고르의 해석이 내포한 것처럼 만일 사울이 사도로 부름 받은 일이 그의 신분에 역사적으로 의미 있는 변화를 수반하는 사건이 아니었다면 그가 세계적인 대전도의 열매를 나타내지 못했을 것이다. 바울이 그의 편지에 자신을 천거한 것("예수 그리스도의 종⋯ 사도"[롬 1:1])은 한 천재가 자신의 선천적인 창작력을 믿고 뽐내는 행위와 같은 것이 아니다(Zündel).

바울이 사도 된 것은 전적으로 하나님으로 말미암은 것이다. 그의 사명은 그가 생각지도 않던 때에 그리스도께서 그에게 지워주신 것이고, 아울러 그가 사명을 감당할 수 있도록 인격의 변화를 받게 해주신 것도 그리스도시다. 바울은 고백하기를 "나는 사도 중에 가장 작은 자라 나는 하나님의 교회를 박해하였으므로 사도라 칭함 받기를 감당하지 못할 자니라 그러나 내가 나 된 것은 하나님의 은혜로 된 것이니 내게 주신 그의 은혜가 헛되지 아니하여 내가 모든 사도보다 더 많이 수고하였으나 내가 한 것이 아니요 오직 나와 함께 하신 하나님의 은혜로라"(고전 15:9-10)라고 하였다.

7 **같이 가던 사람들은 소리만 듣고 아무도 보지 못하여 말을 못하고 서 있더라.** 여기 "같이 가던 사람들은 소리만 듣고"라는 문구는 동일한 사건에 대한 22:9의 설명과 다르다. 거기서는 그들이 "소리는 듣지 못하더라"라고 하였다. 그러면 이 본문의 "소리만 듣고"(ἀκούοντες μὲν τῆς φωνῆς)라는 표현은 "음성을 들었다"는 뜻이고, 22:9의 "소리는 듣지 못하더라"(τὴν δὲ φωνὴν οὐκ ἤκουσαν)라는 표현은 그 "소리를 알아듣지 못하였다"는 것이다. 다시 말하면 그 소리의 의미를 알지 못하였다는 것이다. 이에 대하여 어떤 학자들은 말하기를, 9:7은 사울의 동행자들이 그때 사울의 음성을 들었다는 뜻이

---

100) Karl Barth, *Der Römerbrief* (1948) 3: "Der Apostelberuf ist ein paradoxes Faktum, das im ersten und letzten Augenblick seines Lebens ausserhalb seiner persönlichen Identität mit ihm selbst steht."

고, 22:9은 그들이 그때 초자연적으로 나타나신 예수님의 음성을 듣지 못하였다는 뜻이라고 한다. 이 해석보다는 앞의 해석이 옳다고 생각된다(참조. 요 12:29).

여기서 주님의 기적적인 간섭을 살펴보면 다음과 같다. ① 사울이 경험한 초자연적 체험의 일부는 사울의 동행자들도 인식한 것으로 볼 때 그 사건이 사울 개인의 주관적 심리의 산물이 아니고 엄정한 객관적 사태였다는 것이 명백하다. ② 그리고 동행자들은 사울이 체험한 사건의 깊은 내막은 인식하지 못하였는데, 오로지 사울만 그것을 알게 되었다. 동일한 광경을 두고 사울은 직접 체험케 하시고 동행자들은 그 일부만 알게 하셨으니 이것 역시 이적이다.

8-9 사울이 땅에서 일어나 눈은 떴으나 아무 것도 보지 못하고 사람의 손에 끌려 다메섹으로 들어가서 사흘 동안 보지 못하고 먹지도 마시지도 아니하니라. 하나님의 아들이 나타나심을 본 자들은 다 이처럼 육신적으로 어려움을 당하며 거꾸러졌다(단 8:27; 10:15; 계1:17). 그 이유를 우리가 전적으로 이해할 수는 없지만, 그것은 아마도 창조주 앞에 선 피조물이자 거룩하신 하나님 앞에 선 죄인으로서는 불가피한 현상일 것이다. 특별히 인간은 그의 죄악 때문에 하나님 앞에서 그와 같은 상황을 경험하는 것 같다(참조. 사 6:5; 눅 5:8).

사울은 지금까지 그리스도를 핍박해왔던 일에 대한 죄책감이 깊어져 식음을 전폐하게 되었다. 그는 하나님의 꾸지람과 죄의 고통으로 인하여 이제 무력해졌다. 다메섹의 그리스도 신자들을 결박하여 예루살렘으로 잡아가려던 그 자신이 도리어 그리스도의 포로가 되어버린 것이다. 주님께서 그의 눈을 어둡게 하신 것은 그로 하여금 정신을 집중하여 묵상과 기도에 전념하게 하시려는 것이었다(Grosheide).

설교 ▸ 사울의 개종 (9:1-9)

1. 사울의 개종 사건의 원인

1) 하나님의 임재를 느낌. 사울이 다메섹으로 가던 도중에 "홀연히 하늘로부터 빛이" 나타나 사울을 "둘러 비춘" 것과, 소리가 들려오기를 "사울아 사울아 네가 어찌하여 나를 박해하느냐"라고 하신 것은, 사람의 손으로 이루어진 일이 아니라 영계에서 이루어진 일이다. 사울은 이 일이 영적인 세계의 사건인 줄을 알고 굴복하였고 회개하게 되었다. 인간의 회개는 인간보다 높으신 이, 곧 하나님 앞에서만 성립되는 법이다. 사울은 그의 개종 사건 전에도 하나님에 대하여 생각도 하고 말도 하였으며, 또 하나님께 충성하느라 그리스도 신자들을 핍박하기까지 하였던 것이다. 그러나 그 모든 것이 그에게 무익하고 해로운 일이었다.

사울이 다메섹 도상에서 하나님의 임재를 체험한 후에는 이때까지 자신이 자랑하던 것들을 모두 배설물로 여겼다. 그는 말하기를 "그러나 무엇이든지 내게 유익하던 것을 내가 그리스도를 위하여 다 해로 여길뿐더러 또한 모든 것을 해로 여김은 내 주 그리스도 예수를 아는 지식이 가장 고상하기 때문이라"(빌 3:7-8)고 하였다. 조나단 에드워즈가 청년 시절에 자기 부친의 목장에서 산책하다가 하나님의 임재를 감지하게 되었다. 그는 이후로 모든 것에 대한 감상이 달라졌다고 고백한다. 그가 이전에는 천둥소리와 번개를 무서워했는데 이때부터는 그런 일을 만날 때 평안을 유지할 수 있었고 오히려 거기에서 하나님의 영광을 느낄 수 있었다고 하였다.[101] 인간은 하나님을 만나기 전에는 마음을 고치지 않는다.

2) 죄악을 지적받고 통회함. 사울이 다메섹 도상에서 들은 소리는 "사울아 사울아 네가 어찌하여 나를 박해하느냐"라는 것이었고(행 9:4), 또

---

101) *450 True Stories from Church History*, 48-49.

"나는 네가 박해하는 예수라"(5절)는 것이었다. 주님은 이처럼 "박해"라는 말을 두 번이나 거듭 말씀하시면서 사울의 죄를 지적하셨고, 또 "어찌하여"라고 이유를 물으셨다. 이것은 죄인으로 더불어 논쟁하시는 주님의 꾸지람이다. 사람은 주님으로부터 죄에 대한 지적을 받아야 회개한다. 인간의 죄악에 대한 주님의 지적이 사울에게는 공중에서 나는 소리라는 방편을 통해 주어졌고, 오늘날 우리에게는 성경 말씀을 통해 주어진다. 사람은 타인의 말에 의해서는 참된 회개를 할 수 없고 도리어 완악해질 뿐이다. 이때 사울은 죄에 대한 깨달음으로 인하여 사흘 동안 식음을 전폐하고 기도하였다(9, 11절).

2. 사울이 개종한 결과

그는 복음을 받아들인 이후로 예수가 그리스도(메시아)시라고 전파하는 일에 생명을 아끼지 않게 되었다. 그는 유대인들에게 이 복음을 전하다가 전도 초기에 두 번이나 죽음의 위기에 처하였다(23, 29절). 이처럼 그가 죽기를 각오하고 전도한 것은 이적 중의 이적이며, 흔들리지 않는 확신으로 말미암은 것이었다. 그리스도 신자들을 죽이려고 다메섹으로 가던 그가 이제는 다메섹에서부터 결사적으로 전도하게 되었다.

3. 사울의 개종과 우리

우리는 사울의 개종 사실을 보고 "나도 그렇게 이적적으로 주님을 만나보고 은혜를 받았으면 좋겠다."라고 생각하기 쉽다. 그러나 우리는 하나님의 경륜이 우리에 대해서는 그와 똑같지 않다는 것을 알아야 한다. 사울의 개종과 관계된 초자연적 사건들은 교회의 기초를 세우기 위한 것이었다. 그렇기 때문에 그 사건들은 또한 우리를 위한 것이기도 하다. 고린도전서 3:22에 보면 "바울" 자신조차 우리에게 속하였다고 말한다.

10 그 때에 다메섹에 아나니아라 하는 제자가 있더니 주께서 환상 중에 불러 이르시되 아나니아야 하시거늘 대답하되 주여 내가 여기 있나이다 하니. "제자"(μαθητής)라는 말은 그 당시 일반 그리스도 신자를 가리키는 명칭이었다. "환상"(ὁράματι)은 "비전"(보여주는 것)을 의미하는데, 그것이 꿈 가운데 나타날 수도 있고 (16:9), 혹은 비몽사몽간에 나타날 수도 있다(10:3, 10, 17, 19).

불건전한 신비주의에서 말하는 환상은 성경의 환상과 다르다.

1) 불건전한 신비주의는 알렉산드리아의 필론(Philo)이나 몬타누스(Montanus)의 가르침에 근거한 것인데, 하나님의 영이 인간에게 찾아오시는 때에 인간의 마음의 작용은 정지되어야 한다는 것이다. 이런 원리에 따르면 환상을 보는 자의 심리적 자주성이 배제된다. 가장 먼저 이러한 점에서 불건전한 신비주의자들이 말하는 환상은 성경의 말씀과 다르다.

성경에 기록된 환상은 어디까지나 그것을 보는 자의 심리적 자주성을 동반한다.

보스(Geerhardus Vos)는 다음과 같이 말하였다. "성경적 종교의 본질은 그 실천이 양심의 영역에 있다는 것이다. 선지자들은 환상 중에 있을 때도 비판과 사색의 기능을 유지하고 있었다."[102]

2) 또한 불건전한 신비가들이 보았다는 환상들은 그들의 지나친 과장으로 인하여 신빙성이 부족하다. 그들 스스로도 이 같은 사실을 인정한다. 테레사는 말하기를 "이런 것들(환상들)은 하나님의 영으로부터 온 것임이 확실하지 않은 경우에는, 착각에서 유래한 것일 수도 있다. 따라서 그런 환

---

[102] G. Vos, Biblical Theology. Grand Rapids: Eerdmans (1948), 245: "And it is of the very essence of Biblical religion that its exercise lies in the sphere of consciousness. The prophets, while in the visionary state, retained the faculty of reflection and introspection."

상들은 처음부터 배척해야 한다."라고 하였다.[103]

반면에 성경에 기록된 환상은 하나님의 영으로부터 온 것이다. 이같이 말할 수 있는 근거는 그것이 성경에 기록되었고, 따라서 성경의 권위를 갖는 진리라는 사실에 놓여 있다.

주님께서 아나니아에게 환상 중에 나타나 말씀을 주셨다는 사실은 사울에게 다시 한 번 믿음을 더해 주었을 것이다. 왜냐하면 사울과 관련된 초자연적 사건이 아나니아에게도 동일하게 계시된 것이기 때문이다(10절). 동일한 사건에 관하여 서로 떨어진 장소에 거하는 두 사람이 일치된 계시를 받았다는 것은 그것이 인간의 심리적 산물이 아니라 엄격하게 객관적인 계시라는 명백한 증거다.

11 **주께서 이르시되 일어나 직가라 하는 거리로 가서 유다의 집에서 다소 사람 사울이라 하는 사람을 찾으라 그가 기도하는 중이니라.** "직가"(Εὐθεῖαν)라는 말은 "곧다"는 뜻이다. "직가"는 다메섹 동쪽에서 서쪽으로 통하는 넓은 거리인데 "델브엘 무스타킴"(Derb-el-Mustakim)이라는 이름으로 지금도 남아 있다. "유다의 집"은 유다라는 사람의 집을 말한다.

"그가 기도하는 중이니라." 이 문구의 헬라어(ἰδοὺ γὰρ προσεύχεται)는 "왜냐하면 볼지어다 저가 기도하는 중이기 때문이다"라고 번역되어야 한다. 예수님은 언제나 기도하는 성도들을 귀히 여기셔서 친히 보신다(Bengel: "Jesus sees those who are praying"). 예수님께서 기도하는 신자를 보시는 이유는 그 사람에게 소망이 있기 때문이다. 누구든지 참되게 기도한다면 그것은 그의 마음속에 성령께서 역사하신다는 증표다.

12 **그가 아나니아라 하는 사람이 들어와서 자기에게 안수하여 다시 보게 하는 것을 보았느니라 하시거늘.** 아나니아가 사울을 방문할 것에 대하여 주님께서 계시로 사울에게 미리 알려 주셨다.

---

103) Everlyn Underhill, *Mysticism*, 281.

13-14 아나니아가 대답하되 주여 이 사람에 대하여 내가 여러 사람에게 듣사온즉 그가 예루살렘에서 주의 성도에게 적지 않은 해를 끼쳤다 하더니 여기서도 주의 이름을 부르는 모든 사람을 결박할 권한을 대제사장들에게서 받았나이다 하거늘. 성경에는 주님께 사명을 받은 자들이 즉시 순종하지 않고 그들에게 닥칠 것으로 예상되는 난관에 대해 탄원하는 사례들이 적지 않다. 곧 모세(출 3:11; 4:1), 예레미야(렘1:6), 요나(욘 1:3), 사가랴(눅 1:18), 마리아(눅 1:29, 34) 등이 그리하였다(Grosheide). 이런 점을 보더라도 성경에 기록된 "환상"은 수혜자의 자주적인 의식을 동반한다. 행 9:10 해석을 참조하라.

이때 아나니아가 의문을 가졌던 것은 공포심으로 말미암은(26절) 불신앙인 듯하다(Calvin). 슐라터는 아나니아의 말이 공포심을 나타낸 것이 아니라 하나님의 공의에 대해 문제를 제기한 것이라고 하였다. 다시 말해 그 말은 어떻게 사울과 같은 지독한 박해자에게 은혜의 복음을 전달할 수 있을까 하는 의아심을 표시한 것이라고 한다.[104] 과연 아나니아는 극도로 악한 사울이 복음의 은혜를 입는 것이 부당하다고 생각했을지도 모른다. 그리스도께서 주시는 은혜의 구원이 얼마나 광활하고 위대한 것인지를 아직 충분히 이해하지 못하는 유대인 그리스도 신자로서 그 당시 그런 편협한 생각을 품었을지도 모른다. 그러나 하나님의 은혜는 죄인에게 임한다(참조. 딤전 1:15-16).

아나니아는 이처럼 비록 처음에는 사울에게 가기를 꺼렸지만 결국 주님의 말씀대로 사울을 찾아갔다. 그러니 우리는 그의 마음이 처음에는 흔들렸으나 결국 순종의 열매를 맺었다는 사실에 주목할 필요가 있다.

15 주께서 이르시되 가라 이 사람은 내 이름을 이방인과 임금들과 이스라엘 자손들에게 전하기 위하여 택한 나의 그릇이라. 여기에 "가라"는 명령이 두 번째(첫 번째는 11절)로 등장하면서 아나니아의 머뭇거리는 태도를 교정시킨다. 아나니아

---

104) A. Schlatter, *Erläuterungen zum Neuen Testament I*, 906.

가 안심하고 즉시 사울에게 갈 수 있는 근거는 사울이 하나님의 "택한 그릇"이라는 사실에 놓여 있다. 그가 과거에 아무리 위험한 핍박자였다 하더라도 이제 하나님께서 택하신 그릇이라는 사실이 알려진 이상 누구든지 안심하고 그와 교제할 수 있다.

"택한 나의 그릇이라." 이 말씀은 사울이 하나님께서 택하신 그릇으로서 주님의 이름(복음)을 이방인에게 널리 전하는 "사도가 되었음"을 의미한다. "전한다"(βαστάσαι)는 말은 "무겁고 어려운 일을 담당한다"는 뜻이다(Grosheide). 이 무겁고 어려운 일은 무엇보다도 이방 전도다. 그렇기 때문에 여기서는 "이방인과 임금들"이라는 말이 먼저 나오고 "이스라엘"이라는 말이 그 뒤에 나오는 것이다. 사울이 이방인의 사도가 되는 것이야말로 하나님께서 그를 선택하신 첫째 목적이다. 그렇다고 해서 그의 사도직이 이스라엘 민족에 대하여 무관한 것은 아니다(22:15; 26:17; 롬 1:13, 14).

16 그가 내 이름을 위하여 얼마나 고난을 받아야 할 것을 내가 그에게 보이리라 하시니. 사울이 과거에 주님의 일에 커다란 손해를 입혔던 사실에 대하여 원통함을 품고 있는 아나니아에게 주님께서는 사울의 앞길이 매우 험난할 것을 그에게 보여주실 것이라고 말씀하신다. 사울이 앞으로는 주님의 일을 위하여 많은 고난을 당하게 될 것을 보여주신다는 것이다.

"받아야 할 것"(δεῖ)이라는 말은 신적 필연성, 곧 하나님께서 사울로 하여금 수난자가 되도록 정하신 것을 의미한다. 하나님께서 이루어지게 하시는 일을 인간으로서는 그 누구도 막을 수 없다. 그런데 그리스도를 위한 그의 수난은 하나님께서 그를 사랑하신다는 증표다(마 5:11-12; 행 14:22; 빌 1:28). 사울이 그리스도를 위하여 받은 고난에 대해서는 고린도후서 11:23-33에 여러 가지로 기록되어 있다.

"내가 그에게 보이리라." 곧 사울의 실제 삶에서 이루어질 사건들을 그에게 보여주시겠다는 뜻이다(Bengel).

17 아나니아가 떠나 그 집에 들어가서 그에게 안수하여 이르되 형제 사울아 주 곧 네가

오는 길에서 나타나셨던 예수께서 나를 보내어 너로 다시 보게 하시고 성령으로 충만하게 하신다 하니. 아나니아는 주님의 명령에 순종하여 사울을 찾아가 그에게 안수하고 주님의 말씀을 전달하였다. 그렇다면 아나니아는 사울의 선도자(先導者)이다. 그는 비록 드러나지 않은 작은 인물이었지만 위대한 사도 바울을 세우는 데 중요한 역할을 하였다. 안드레가 시몬 베드로를 주님께로 인도한 것도(요 1:40-42) 이와 유사한 사례다.

"너로 다시 보게 하시고 성령으로 충만하게 하신다." 곧 아나니아가 사울에게 안수하는 행위가 사울로 하여금 다시 보게 하며, 또 성령으로 충만하게 한다는 뜻이다. 그러나 이것은 어디까지나 그의 안수 행위 자체가 이런 기적을 가져온다는 것은 아니며, 다만 예수님께서 그를 사울에게로 보내신 목적대로(행 9:12) 그렇게 이루어질 것을 선포한 것이다. 주님의 명령을 그대로 순종하는 사역자들은 주님의 일을 만족스럽게 이룬다.

18-19 즉시 사울의 눈에서 비늘 같은 것이 벗어져 다시 보게 된지라 일어나 세례를 받고 음식을 먹으매 강건하여지니라 사울이 다메섹에 있는 제자들과 함께 며칠 있을새. 여기 기록된 "비늘"(λεπίδες)은 의학 용어라고 한다. 이것 역시 의사 누가가 사도행전을 기록했다는 증거다.[105] 자키에(Jacquier)는 사울의 눈이 어두워진 것이 다메섹 도상에 나타났던 빛의 영향이라고 하였다. 그러나 만일 그렇다면 그 영향이 사흘 동안이나 계속되었을까? 그보다도 우리는 사울의 눈이 초자연적 역사로 말미암아 그렇게 되었다고(17절) 생각한다(Grosheide).

"일어나 세례를 받고." 사울이 "일어난" 것은 길 가운데 "엎드러져" 있던 형편(4절)과는 정반대되는 것이다. 그가 엎드러진 것이 그의 죄에 대한 심판을 의미한다면, 그가 일어난 것은 부활하신 그리스도의 승리를 의미한다. 다시 말해 그것은 그리스도의 의로 말미암아 다시 세워진 그의 삶을 의미하는 것이다(참조. 롬 8:10하; 갈 2:20).

---

105) W. K. Hobart, *The Medical Language of St. Luke* (Dublin, 1882), 39.

할례를 자랑하던 바리새인 사울이 "세례를 받은" 것은 이때 전적으로 성령의 인도를 따라 찾아온 아나니아의 집례로 실시되었다. 그 세례는 물세례였고 또 성령 세례였다.

20 즉시로 각 회당에서 예수가 하나님의 아들이심을 전파하니. "즉시로"(εὐθέως)라는 말은 사울이 전도하는 행위가 기적으로 이루어졌다는 사실을 가리킨다. 그리스도를 박해하던 그가 어떻게 그렇게 돌변하여 그리스도를 전파하게 되었을까? 이것은 사람의 힘으로 이루어진 것이 아니다. 시간적인 관점에서 "즉시로"라는 표현이 그의 회개 후 어느 정도의 시기를 가리키는지 알 수 없다. 그러나 19절에 밝혀진 대로 그가 다메섹에 있는 제자들과 함께 며칠 있었고, 21절 하반절에 보면 다메섹 사람들이 놀라서 말하기를 "여기 온 것도 그들을 결박하여 대제사장들에게 끌어가고자 함이 아니냐"라고 한 것을 보면 이것은 불과 며칠 동안의 일이었다고 생각된다.

"하나님의 아들." 이 성호는 하나님 아버지를 계시하시는 하나님, 곧 메시아를 가리킨다(시 2:7). 그는 아버지 하나님과 일체시다(요 5:18; 10:30). 사울은 다메섹 도상의 초자연적인 체험을 통하여 예수님은 하나님의 아들이시며 그리스도이신 사실을 확신케 되었을 것이다(갈 1:16). 그리고 그는 다메섹에서 아나니아의 역사를 통해서도 "주"가 곧 예수님이신(행 9:17) 사실을 알았다. 아나니아는 예수님을 가리켜 "주"(여호와, 곧 하나님이란 뜻)라고 하였다. 70인역(LXX)은 구약의 여호와(יהוה)를 "주"(κύριος)라고 번역하였다. 사도들과 초기 교회는 이 성호를 70인역의 의미(여호와, 곧 하나님이란 뜻)대로 예수님에게 사용하였다. 따라서 아나니아도 그 성호를 그런 뜻으로 예수님에게 사용한 것이다(10, 13-14절).

21 듣는 사람이 다 놀라 말하되 이 사람이 예루살렘에서 이 이름을 부르는 사람을 멸하려던 자가 아니냐 여기 온 것도 그들을 결박하여 대제사장들에게 끌어 가고자 함이 아니냐 하더라. 사도행전 저자가 이 말을 기록한 목적은 사울에게 이루어진 개종 사건이 기적으로 이루어졌음을 지적하기 위해서다. 그 사건이 기적적으로 신

속하게 이루어진 것이기 때문에 개종자들 주위에는 그것을 이해하지 못하고 조롱하는 사람들이 있었는가 하면 한편에는 그것이 하나님의 능력으로 이루어진 것을 깨닫고 절대적으로 신임해 주는 사람도 있었다.

"이 이름"은 그 당시 화제의 중심이었던 "예수님의 이름, 곧 예수님에 대한 계시"를 말한다.

22 사울은 힘을 더 얻어 예수를 그리스도라 증언하여 다메섹에 사는 유대인들을 당혹하게 하니라. "힘을 더 얻어." 이것은 "영적인 능력"을 더 얻었다는 뜻이지 육체의 힘을 말하는 것이 아니다. 하나님은 위험을 무릅쓰고 전도하는 신자에게 특수한 영력을 주신다. 어떤 학자들은 사울이 이때에 영력을 더 얻은 것은 그가 아라비아에 가서 기도했기 때문이라고 주장한다(갈 1:17). 주님의 위대한 종들은 사명을 받고도 얼마 동안 영적 수양과 준비를 가졌던 것이다. 모세는 40년 동안 미디안 광야에서 영적 수양과 준비의 기간을 가졌고(행 7:29-30), 세례 요한도 공적 사역을 시작하기 전에는 광야에서 거처하였다(눅 1:80).

"증언한다"(συμβιβάζων)는 말은 "모으다, 비교하다, 증거를 내놓다." 등의 의미를 가진다. 이것은 여기서 바울이 구약의 말씀에 비추어 예수께서 메시아(그리스도)시라는 사실이 명백하다는 점을 지적했다는 뜻이다. 유대인들은 구약의 말씀을 무시할 수 없기 때문에 사울의 유력한 증거 앞에서 설복을 당했을 것이다. 언제든지 개인적인 체험보다 성경 말씀으로 복음을 증거하는 것이 효과적이다.

23-25 여러 날이 지나매 유대인들이 사울 죽이기를 공모하더니 그 계교가 사울에게 알려지니라 그들이 그를 죽이려고 밤낮으로 성문까지 지키거늘 그의 제자들이 밤에 사울을 광주리에 담아 성벽에서 달아 내리니라. 사울이 예수님을 그리스도(메시아)라고 증거했기 때문에 유대인들은 그를 죽이려고 흉계를 꾸몄다. 여기서 "여러 날이 지나매"라는 말은 사울의 아라비아 생활 3년 기간을 가리킨다(갈 1:17-18). 어떤 학자들은 사울이 다메섹에 머무는 동안 기도하는 일에 진력했다

고 말한다. 그러나 사도행전 9:20-22, 27에서는 사울이 예수는 하나님의 아들이시라고 담대히 전했다고 하였으며, 특히 23절에는 그가 거기서 핍박을 받았다고 하였으니 거기서도 복음을 전하다가 유대인들과 충돌한 것이 명백하다. 구체적으로 말하면 그 당시 그를 박해하는 운동에 다메섹에 살던 유대인들과 그 지방을 다스리던 아레다 왕이 합작하였던 것이다(고후 11:32). 나바테아 왕 아레다는 주후 9년부터 40년까지 다메섹 지방을 통치하였다.

"그의 제자들"은 사울의 전도를 통하여 예수를 그리스도로 믿는 성도들이다.

"사울을 광주리에 담아 성벽에서 달아 내리니라." 사울은 복음 전파를 위하여 생명을 아끼지 않는 사도였다(행 20:24; 참조. 15:26; 21:13). 그러나 그도 사명 완수를 위해서는 무모한 희생을 피하여 생명을 보존하고자 했다. 사울이 이처럼 피신한 일은 구약 역사에서 이스라엘의 정탐꾼들(수 2:15)과 다윗이 취한 행동이기도 하다(삼상 9:12).

26 사울이 예루살렘에 가서 제자들을 사귀고자 하나 다 두려워하여 그가 제자 됨을 믿지 아니하니. "예루살렘에 가서 제자들을 사귀고자 하나." 사울이 예루살렘에 가서 제자들(일반 신자들)과 사귀고자 한 것은 그에게 있어서 의미심장한 일이었다. ① 그가 그리스도의 직접적인 계시를 통해 마음에 새긴 진리에 대한 지식이 지상에서 사역하시던 예수님의 교훈과 일치한다는 사실이 그들과의 교제를 통해 알려질 수 있었다. 그는 그들과의 교제에서 피차간 신앙이 견고해지는 은혜를 받을 것이다. ② 그는 그들과의 교제를 통하여 피차 위로와 격려와 기쁨을 얻으려고 하였다.

"다 두려워하여 그가 제자 됨을 믿지 아니하니." 여기서 사도행전의 저자 누가는 또다시 사울의 개종이 기적적으로 이루어졌음을 지적한다. 사울이 너무도 성도들을 악독하게 핍박하였기 때문에 그가 개종했다는 사실이 사람들에게 쉽사리 받아들여지지 않았다고 한다. 그만큼 그의 개종은 기적적으로 이루어진 것이었다. 이러한 내막을 모르는 자들은 아직도 사울을 두려워하였을 것이다.

27 **바나바가 데리고 사도들에게 가서 그가 길에서 어떻게 주를 보았는지와 주께서 그에게 말씀하신 일과 다메섹에서 그가 어떻게 예수의 이름으로 담대히 말하였는지를 전하니라.** "바나바"의 본래의 이름은 요셉이었으나 사도들이 그에게 "바나바"란 새 이름을 지어 주었다(4:36). 그것은 "위로의 아들"이란 뜻이다. 그는 이때에도 위로자로서 귀한 역할을 감당했는데, 곧 모두에게 배척받는 사울(유대인들은 그를 죽이려 하고, 예루살렘의 그리스도 신자들은 그의 회개를 신임하지 않음)을 위로하고 예루살렘의 최초 사도들에게 그를 소개하여 그들의 신임을 얻도록 하였다.

사울은 대적하는 자들을 피하여 도망 왔으나 이제는 위로자를 만났다. 하나님께서는 믿음을 지키기 위하여 고통당하는 성도를 반드시 위로해 주신다. 바나바의 이와 같은 처사에는 ① 사울의 인격을 바로 알아보는 밝음과, ② 오해를 무릅쓰고 의리를 세우는 용단과, ③ 교회의 발전을 위하여 유망한 일꾼을 포용하는 비전(vision)과, ④ 고립된 자의 실정을 깊이 느끼고 도와주는 긍휼이 함께 작용한 것이다.

위의 네 가지 덕목은 하나님의 일꾼들에게 반드시 필요한 것이다. 누구든지 이런 미덕을 소유하지 못했다면 그런 미덕을 소유한 다른 사람을 존중히 여겨야 한다. 그렇게 처신한다면 그 자신도 그런 미덕을 소유한 자가 되는 셈이다.

사울을 교계에 소개하는 일에 바나바의 역할이 필요하였다. 교회에는 귀한 인재를 바로 소개하며 그를 신임할 수 있게 만들어주는 중재 역할을 하는 인물이 언제나 필요하다. 바나바는 이때에 사울을 소개하면서 두 가지 중요한 사실을 말하였다. ① 사울이 기적적으로 주님의 말씀을 듣고 회개하였다는 것과, ② 그가 죽음을 각오하고 담대히 복음을 증거하였다는 것이다. 이 두 가지는 두 증인의 증거처럼 그의 회개가 확실함을 증명해 준다. 죽음을 무릅쓰고 복음을 전하는 성도는 반드시 기적적인 회개의 체험을 지녔다고 해도 과언이 아닐 것이다.

28 **사울이 제자들과 함께 있어 예루살렘에 출입하며.** 이 말씀에 비추어볼 때 사울은 자신이 계시를 통해 깨달은 복음을 원사도들의 복음과 비교해 보기도 했던 것 같다. 그는 특별히 원사도들에게서 예수님의 역사적 행적들과 교훈의 말씀을 들었을 것이다(갈 1:18). 그는 역사적 사실에 대하여 무관심하고 불건전한 신비주의자가 아니었다. 그의 복음과 원사도들의 복음이 동일하였기 때문에 그는 독립적으로 복음을 전하면서도 그들과 충돌하는 일이 없었다(갈 2:6-10).

29-30 **또 주 예수의 이름으로 담대히 말하고 헬라파 유대인들과 함께 말하며 변론하니 그 사람들이 죽이려고 힘쓰거늘 형제들이 알고 가이사랴로 데리고 내려가서 다소로 보내니라.** 사울은 가는 곳마다 죽음을 각오하고 그가 가진 확신, 곧 "예수는 그리스도"라고 담대히 증거하였다. 얼마 전에는 다메섹에서 그같이 증거하다가 죽음의 위험에 처했었는데(22-23절), 이번에는 예루살렘에서 또다시 동일한 일을 하다가 죽임을 당할 뻔하였다. 저자 누가가 바울의 수난에 대하여 이처럼 상세히 기록한 것은 개종한 바울의 믿음(진리를 확신함)이 참으로 견고하다는 점을 지적하려는 데 있다.

"헬라파 유대인들"에 대하여는 6:1, 9의 해석을 참조하라. 사울이 예루살렘에 머물면서 예수가 그리스도라고 "담대히" 증거하면서 스데반을 죽인 헬라파 유대인들과 변론한 것은, 죽음을 각오한 일이었다.

31 **그리하여 온 유대와 갈릴리와 사마리아 교회가 평안하여 든든히 서 가고 주를 경외함과 성령의 위로로 진행하여 수가 더 많아지니라.** 두려운 박해자였던 사울이 개종한 이후로 교회는 외적으로 평안하게 되었다. 사람은 평안하면 해이해지기 쉬운데, 초기 교회는 오히려 더욱 굳게 섰다고 한다. "든든히 서 가고"(οἰκοδομουμένη)라는 말은 "건설되어 올라간다"는 뜻이다.

"주를 경외함"이라는 말은 구약성경에서 경건을 가리키는 히브리어

"이르아트 야웨"(יִרְאַת יְהוָה)에서 유래했다. 이 말은 신자가 하나님의 임재를 의식하고 행하면서 그의 뜻을 순종하려고 전심하는 것을 가리킨다(Maclaren).

"성령의 위로"는 신자에게 임하는 "내적 평안"을 말한다. 그 당시 교회는 이 두 가지(주를 경외함과 성령의 위로)로 진행(전진, 성장)하였다. 주님을 두려워하는 삶에 진보가 있을 때 영적 평안이 더해졌다. 그뿐 아니라 교회는 그 당시에 신자들의 숫자도 증가하는 추세에 있었다. 이것은 교회 생활의 내적 생명이 풍성해진 데 따르는 결과였다. 영적인 능력이 빈약한 교회는 신자들의 숫자도 증가하지 못한다.

설교 ▸ 교회 성장의 비결(9:31)

1. 평안

이것은 환경의 평안을 의미한다. 어떤 때는 외적 평안 때문에 교회가 부패하고 세속화되기도 한다. 그러나 평안을 바로 사용한 초기 교회는 부흥하였다(딤전 2:2). 이는 우리 한국 교회가 일제의 핍박 이전 시기에 든든하게 성장했던 것과 같다.

2. 든든히 서 감

"든든히 서 가고"라는 말은 "세워 올라감"을 의미하는데, 이는 외적 사업을 가리키는 것이 아니라 내적인 경건에 관한 것이다. 그때 교회의 신자들이 서로 사랑하며 서로 합심한 결과 영적으로 크게 세워져 간 것이다. 이 일에 있어서 사랑은 근본적 요소다. 고린도전서 8:1에서 "사랑은 덕을 세우나니"라고 했는데, 여기서 덕을 세운다는 말이 든든히 서 간다는 말과 같다.

3. 주를 경외함과 성령의 위로로 진행함

신자들이 하나님을 경외하는 마음으로 섬겨야만 그에게서 오는 위로를 받는다. 두려움으로 인하여 노력과 순종하는 마음이 생겨난다. 이 두려움은 노예가 느끼는 공포가 아니라 그의 구속의 사랑에 이끌린 감사에서 우러나오는 복종이다. 하나님은 이에 대해 긍휼과 위로를 베풀어 주신다.

4. 수가 많아짐

이것은 교회가 외적으로 장성하는 것을 뜻하는데, 곧 신자들의 숫자가 증가한 것을 가리킨다. 교회가 내적인 은혜는 없이 숫자만 많아지면 영적 평안을 누리지 못한다. 그러나 "주를 경외함과 성령의 위로"와 같은 내적 은혜가 풍성한 교회는 양적으로 장성하는 동시에 영적 평안도 누릴 수 있다.

32-43절. 이 부분에 기록된 두 가지 기적은 이스라엘의 변두리 지방인 룻다와 욥바에서 이루어진 일이다. 이 기사를 기록한 목적은 복음 전도가 유대에서 왕성하게 이루어지면서(31절), 그 영향이 변두리까지 미쳐서 큰 성과를 거둔 사실을 지적하려는 데 있다. 욥바는 룻다에서 가까운 항구다.

32 그 때에 베드로가 사방으로 두루 다니다가 룻다에 사는 성도들에게도 내려갔더니.
여기서 우리는 베드로가 예루살렘에만 머물러 있지 않고 성도들을 심방하며 복음을 전파하기 위하여 각처로 순회했다는 사실을 알 수 있다.

"성도들에게도 내려갔더니." 베드로는 신자들을 위로하며 가르치기 위하여 그곳에 갔을 것이다. 하나님의 말씀을 전한 후에는 믿는 자들을 지속적으로 가르치고 권면하여 굳게 서도록 돌보는 일이 절대로 필요하다. 이와 같은 목회 사역은 후에 아볼로가 행한 것과 같은 일이다(고전 3:5-6). 우리 한국 교회가 강조하는 가정 심방이 이 본문 말씀에 근거하였다고 할 수 있다.

"룻다"(Λύδδα)는 하나의 도시만큼 넓은 곳인데 예루살렘이 파괴된 후에는 학문의 처소가 되기도 하였다.[106] 그곳이 예루살렘에서 가까운 거리에 있으므로 그곳에는 일찍부터 교회가 설립되었을 것이다.

33-34 거기서 애니아라 하는 사람을 만나매 그는 중풍병으로 침상 위에 누운 지 여덟 해라 베드로가 이르되 애니아야 예수 그리스도께서 너를 낫게 하시니 일어나 네 자리를 정돈하라 한대 곧 일어나니. "애니아라 하는 사람." 이같이 기록한 것으로 보아 우리는 그를 신자라고 단정하기 어렵다. 36절에 보면 "다비다"에 대해서는 그 신분을 "제자"라고 밝혀 놓았다. 그러므로 여기 룻다의 애니아는 신자가 아닌 듯하다.

"그가 중풍병으로 침상 위에 누운 지 여덟 해라." 여기서 "중풍병"(παραλελυμένος)이라는 병명은 당시 의사들이 사용하는 전문 용어였다. 이것도 사도행전의 저자가 의사임을 증거한다.[107] 이 질병에 걸린 자는 신경이 마비되어 누워서 일어나지 못하게 된다고 한다.

35 룻다와 사론에 사는 사람들이 다 그를 보고 주께로 돌아오니라. 이적의 목적은 주님을 증거하기 위함인데, 애니아가 고침받은 결과로 "룻다"뿐만 아니라 "사론에 사는 사람들"도 다 회개하고 주님께로 돌아왔으니 기대 이상으로 성과를 거둔 것이다. "다"(πάντες)라는 말은 주님께로 돌아오는 일이 대성황을 이루었다는 사실을 잘 보여준다.

36 욥바에 다비다라 하는 여제자가 있으니 그 이름을 번역하면 도르가라 선행과 구제하는 일이 심히 많더니. "다비다"(Ταβιθά)는 아람어 이름이고 "도르가"(Δορκάς)는 헬라어 이름이다. 이 이름의 뜻은 은혜롭고 아름다운 모습을 상징하는 "노루"를 의미한다. 그녀를 가리켜 "여제자"(μαθήτρια)라고 불렀다는 것은 기독교가 그 당시에도 이미 여성의 인권을 존중했다는 사실을 보여준다.

---

106) Hamburger, *Real-Enzyclopädie des Judentums I*, 721; Edersheim, *History of the Jewish People*, 155, 215, 479, 512.
107) W. K. Hobart, *The Medical Language of St. Luke* (Dublin, 1882), 6, 40.

그 당시 세상의 인본주의 종교나 철학은 대체로 여성의 지위를 낮게 평가하였다.

"선행과 구제하는 일이 심히 많더니." 이것을 보면 그 여자의 신앙이 독실하였던 것을 알 수 있다. 그가 그런 인물이었으므로 신자들이 그의 죽음을 심히 애석하게 여겨 베드로에게 탄원하였다(38절). 그리스도 신자 중에는 특별히 물질적으로 이웃을 잘 돕는 은사를 받은 이들이 있다(롬 12:8 하). 그런 은사의 소유자는 자신의 영혼이 주님 안에서 안식을 누릴 뿐 아니라 이웃의 영혼을 구원하는 일에도 힘을 기울인다. 그는 이웃에게 항상 관심을 기울인다. 다비다는 그런 여자였다.

37-38 그 때에 병들어 죽으매 시체를 씻어 다락에 누이니라 룻다가 욥바에서 가까운지라 제자들이 베드로가 거기 있음을 듣고 두 사람을 보내어 지체 말고 와 달라고 간청하여. 다비다의 "시체를 씻어 다락에 누인" 것은 장례 준비의 절차 가운데 하나였다. 이것은 그녀가 완전히 죽었음을 증명한다. 그런데 욥바 사람들이 이때에 룻다에 거하는 베드로를 찾아온 것을 보면 그들이 다비다를 다시 살리는 이적을 기대한 것이 분명하다. 그 당시 베드로를 통해 주님의 권능이 많이 나타났으므로 그 같은 사건들을 목격한 사람들은 죽은 자들이 그리스도로 말미암아 부활할 것을 확실히 믿었다. "욥바"는 "룻다"에서 15킬로미터쯤 떨어져 있다.

39 베드로가 일어나 그들과 함께 가서 이르매 그들이 데리고 다락방에 올라가니 모든 과부가 베드로 곁에 서서 울며 도르가가 그들과 함께 있을 때에 지은 속옷과 겉옷을 다 내보이거늘. 과부들이 내어 보인 "속옷과 겉옷"은 다비다가 남들에게 주기 위하여 지은 옷들일 것이다. 이러한 사실을 보아 다비다의 죽음은 과부들과 고아들에게 있어서 그들을 부양해 주던 은인을 잃어버린 슬픈 사건이었다. 의지할 데 없는 가련한 자들의 소원을 생각할 때 그는 좀 더 생존했어야 할 인물이었다.

40 베드로가 사람을 다 내보내고 무릎을 꿇고 기도하고 돌이켜 시체를 향하여 이르되

다비다야 일어나라 하니 그가 눈을 떠 베드로를 보고 일어나 앉는지라. 베드로가 "사람을 다 내보낸" 것은 기도하기에 적합하도록 고요한 분위기를 만들기 위함이었다(참조. 왕상 17:19; 왕하 4:33). 베드로는 이제 결전의 각오로 집중 기도에 들어가려 한 것이다. 그가 "무릎을 꿇고" 기도한 것은 겸손, 간절, 경외, 경성의 태도다(참조. 왕상 18:42).

41-42 베드로가 손을 내밀어 일으키고 성도들과 과부들을 불러 들여 그가 살아난 것을 보이니 온 욥바 사람이 알고 많은 사람이 주를 믿더라. 많은 과부들과 가련한 자들의 은인이 다시 살아났으므로 베드로는 이 소식을 그들에게 급히 알려주었다. 이제 다비다는 그들을 위하여 선을 행할 수 있는 기회를 다시 얻게 되었다(Bengel).

"많은 사람이 주를 믿더라." 이 표현은 35절에서처럼 회개 운동이 대성황을 이루었음을 나타낸다. 우리는 초기 교회에 이적이 나타난 일과 관련하여 한 가지 사실을 기억해야 한다. 곧 기독교 초기에는 하나님께서 교회의 영구한 기초를 확고히 하시기 위하여 많은 기적을 행하셨다는 것이다.

43 베드로가 욥바에 여러 날 있어 시몬이라 하는 무두장이의 집에서 머무니라. "무두장이"는 가죽을 다루는 사람이다. 유대인 율법주의자들은 이것을 부정한 직업으로 여겼다(Alford). 그러나 베드로는 그런 업자의 집에 머무는 일에 전혀 거리낌이 없었다. 이 같은 사실은 유대교의 율법주의가 점차 사도들과 일반 그리스도 신자들의 관념에서 멀어져갔음을 보여주는 증표다. 10장 이하부터는 유대인이 불결하게 여기던 이방인에게 복음을 전하는 운동이 본격적으로 전개된다.

제 10 장

↓ 개요

1. 예수님의 예언 성취

사도행전 1:8에서 "예루살렘과 온 유대와 사마리아와 땅끝까지 이르러 내 증인이 되리라"고 하신 예수님의 말씀과 같이, 사도들의 전도 운동은 예루살렘에서 유대로, 유대에서 사마리아로, 그리고 이방 각지로(땅끝까지) 퍼지고 있다. 9장 하반부에서는 베드로의 전도가 유대 변두리인 룻다와 욥바 등지에서 이루어지더니(9:32-43), 이제 10장에서는 베드로가 이방 사람 고넬료에게 전도한 사실을 기록하고 있다.

2. 이방 전도의 중요성

이방인에게 복음을 전하는 일은 베드로 자신도 이때까지 염두에 두지 못했던 것이다. 유대인 그리스도 신자들이 이방인들을 복음 전도의 대상으로 확신하는 일이 가능해지기 위해서는 하나님의 초자연적 간섭이 필요하였다. 하나님께서는 베드로가 이방 전도의 당위성에 대한 확신을 가질 수 있도록 먼저 천사를 고넬료에게 보내셨고, 베드로에게는 환상으로 지시하셨다. 고넬료가 천사로부터 받은 계시의 내용과 베드로가 받은 환상의 의미가 일치하여 두 사람 모두에게 확신을 줄 수 있었다. 고넬료는 베드로를 자기 집으로 청하도록 천사의 지시를 받았고(3-6절), 베드로는 고넬료의 집에 가도록 환상과 성령의 인도를 받았다(9, 19절). 이것이야말로 의심할 수 없도록 확실하게 나타난 하나님의 지시였다. 그뿐 아니라 베드로가 고넬료의 집에서 설교하는 중에 말씀을 듣는 모든 사람에게 성령이 임하셨다(44-48절). 이러한 사실로 인해 베드로는 이방 전도의 당위성에 대해 더욱 확신할 수 있었다.

↓ 내용분해

1. 천사가 고넬료에게 나타나 지시함(1-6절).
2. 고넬료가 베드로에게 사람을 보냄(7-8절).
3. 베드로가 환상을 봄(9-16절).
4. 베드로가 고넬료의 하인들을 만남과 성령의 지시(17-22절).
5. 베드로 일행이 가이사랴에 가서 고넬료를 만남(23-33절).
6. 베드로의 설교(34-43절).
7. 성령의 임하심과 베드로가 고넬료의 집에 모인 사람들에게 세례를 베풂(44-48절).

↓ 해석

1 **가이사랴에 고넬료라 하는 사람이 있으니 이달리야 부대라 하는 군대의 백부장이라.** "가이사랴"는 헤롯 대왕이 건설한 도시로서 오랜 역사를 가지지는 않았다. "백부장"은 100명의 군인을 거느린다. "고넬료"는 로마인이므로 그를 상대하여 사도를 보내신 하나님의 역사는 곧 이방 전도의 출발점이라고

할 수 있다.

2 그가 경건하여 온 집안과 더불어 하나님을 경외하며 백성을 많이 구제하고 하나님께 항상 기도하더니. 고넬료는 이방인이었으나 유대 회당에 출입하던 자이므로 구약성경을 알았을 것이다. 그는 여호와 하나님을 경외하는 자로서 항상 기도하였으며, 또한 그 기도에 응답을 받았다. "경건"(εὐσεβὴς)은 사람이 실제 삶에서 하나님께 가지는 올바른 태도를 의미한다.

"온 집안과 더불어 하나님을 경외"한 것은 귀한 일이다. 이것은 아무나 소유하기 어려운 축복이다. 역사직으로 살펴볼 때 개인적으로 위대했던 신앙인은 많아도 그들의 가정이 전적으로 하나님을 경외하였던 사례는 비교적 적은 편이다. 이처럼 가정 전체가 경건한 성도가 된 것은 하나님의 은혜다.

"백성을 많이 구제하고." 위로는 하나님을 경외하고 아래로는 사람들을 사랑하는 것은 참된 경건의 두 날개다. 야고보서 1:27에 말하기를 "하나님 아버지 앞에서 정결하고 더러움이 없는 경건은 곧 고아와 과부를 그 환난중에 돌보고 또 자기를 지켜 세속에 물들지 아니하는 그것이니라"라고 하였다. 성경 말씀은 구제를 많이 강조하였다(잠 11:24-25; 14: 31; 19:17; 22:9; 28:27).

"항상 기도하더니." 테오도르 찬은 고넬료의 기도가 메시아의 오심을 바라보는 기도였다고 주장하는데, 그 같은 주장에 대해 확신할 수는 없다(Grosheide). 그는 "항상" 기도하였는데, 그가 단지 메시아의 오심이라는 한 가지 문제만을 위해 기도한 것은 아니었을 것이다. 그는 구약 시대의 신자로서 그 당시에 간구할 수 있는 모든 사안들이 그의 기도 제목이었을 것이라고 봄이 옳을 것이다.

3 하루는 제 구 시쯤 되어 환상 중에 밝히 보매 하나님의 사자가 들어와 이르되 고넬료야 하니. "제 구 시"는 우리 시간으로 오후 3시경이다. 이때는 구약 시대 유대인들이 성전에서 저녁 제사를 드리던 시간이다. 성전으로부터 먼 거리에

살았던 사람들은 성전에 갈 수 없었으므로 그 시간에 집에서 기도하곤 하였다.

"환상"(ὁράματι)은 사람의 눈앞에(혹은 심령의 눈에) 나타나 보이는 것을 가리킨다. 이 구절에 기록된 환상은 성경에 기록된 것인 만큼 참된 것이고 하나님께서 주신 것임이 확실하다. 그러나 정경이 완성된 이후 기독교 역사에서 사람들이 받았다고 하는 환상들은 신앙의 표준으로 삼기 어렵다. 예컨대 마리아 테레사가 환상 속에서 불빛처럼 밝게 빛나는 천사가 황금색 창으로 테레사의 심장을 찌르는 일을 경험했을 때 처음에는 고통스러웠으나 그 고통이 점점 하나님의 사랑으로 느껴져서 감수할 수 있었다고 증언하는 기록을 우리가 신앙의 표준으로 삼을 수는 없다.[108]

"밝히 보매." 여기서 "밝히"(φανερῶς)라는 말은 자키에(Jacquier)의 말과 같이 천사가 실제로 고넬료에게 찾아왔다는 사실을 우리에게 알려준다(Grosheide). 칼빈은 말하기를 "이 환상이 낮에 나타난 것으로 볼 때 그것은 더욱 참되고 착각이 아닌 실제 사실임을 알 수 있다."라고 하였다.[109]

4 고넬료가 주목하여 보고 두려워 이르되 주여 무슨 일이니이까 천사가 이르되 네 기도와 구제가 하나님 앞에 상달되어 기억하신 바가 되었으니. 고넬료가 두려워한 이유는 그곳에 나타난 자가 "하나님의 사자"였으며 따라서 하나님의 위엄을 떠올리게 했기 때문이다. 인간은 죄인이기 때문에 하나님의 위엄 앞에서 두려워하지 않을 수 없다. 하나님의 말씀(성경)이 언제나 우리 곁에 놓여 있지만, 우리가 성령으로 말미암아 그 말씀을 합당하게 대할 때는 그 말씀으로 인해 우리에게 두려움이 임한다. 그러나 우리는 죄로 마음이 어두워져서 그 말씀 앞에서도 두려워할 줄 모르는 경우가 많다.

"네 기도와 구제가 하나님 앞에 상달되어." 이 말씀에는 한 가지 중요한

---

108) Everlyn Underhill, *Mysticism*, 292.
109) John Calvin, *The Acts of the Apostles I* (1965), 410.

경건의 원리가 포함되어 있는데, 곧 신자의 기도에 선행이 함께해야만 하나님께 상달된다는 것이다(참조. 약 1:27).

"기억하신 바가 되었으니." 이 말씀을 보면 고넬료의 기도에 대한 하나님의 응답이 속히 나타난 것이 아님을 알 수 있다. 고넬료는 오랜 세월 기도하면서 특히 구원의 은혜를 사모하여 간구한 듯하다. 이제 그는 마침내 그의 기도에 대해 하나님의 응답을 받게 된 것이다(참조. 눅 18:1-7).

5-6 네가 지금 사람들을 욥바에 보내어 베드로라 하는 시몬을 청하라 그는 무두장이 시몬의 집에 유숙하니 그 집은 해변에 있다 하더라. 이 지시는 하나님께서 이방 전도를 위하여 세우신 방침이다. 그 당시 유대인과 이방인은 종교 문제로 서로 원수처럼 여기며 상종하지 않았다. 유대인이 이방인에 대하여 그런 장벽을 두었기 때문에 여기에는 하나님의 초자연적 간섭이 절대적으로 요구되었다. 그러니 하나님의 사자가 나타나지 않을 수 없었다. 이방 전도가 예루살렘과 유대에서 출발해야 한다는 것은 확실한데, 이방인에 대한 유대인의 완고한 편견이 하나님의 뜻을 가로막고 있었던 것이다. 이제 그 편견을 깨뜨리는 초자연적 간섭이 임하였다.

7-8 마침 말하던 천사가 떠나매 고넬료가 집안 하인 둘과 부하 가운데 경건한 사람 하나를 불러 이 일을 다 이르고 욥바로 보내니라. 고넬료는 군대에서 높은 신분을 가진 인물이었으나 하나님께서 명하신 일에 대해 아이같이 순종하였다. 그는 하나님의 명령대로 이루어지도록 일을 세심하게 진행하였다. 그는 하인들을 떠나보내기에 앞서 그가 천사에게서 들은 이야기를 모두 다 그들에게 고하여 알게 하였는데, 그가 그렇게 했던 이유는 베드로를 반드시 자기 집으로 데려오도록 하기 위함이었다. 이같이 그는 하나님의 명령을 착실히 실행하였다.

9 이튿날 그들이 길을 가다가 그 성에 가까이 갔을 그 때에 베드로가 기도하려고 지붕에 올라가니 그 시각은 제 육 시더라. 고대 근동 지방의 "지붕"은 평평하여 사람들이 거기서 운동도 하고(삼하 11:2), 면담을 하거나 잠을 자기도 하였으며(삼상

9:25), 그 밖에 여러 가지 목적으로 사용되었다.[110] 베드로는 이처럼 고요한 장소에서 깨어 기도하는 일을 좋아했을 것이다.

"제 육 시"는 태양 빛이 뜨거운 한낮이다.

10 그가 시장하여 먹고자 하매 사람들이 준비할 때에 황홀한 중에. "황홀한 중에"(ἔκστασις)라는 말은 베드로의 심령이 초자연적으로 하나님의 지시하심을 받아들이도록 준비된 상태였음을 가리킨다. 알포드(Alford)는 "황홀경"을 "환상"(ὁράμα)과 구분한다. 곧 환상은 객관적인 세계에 사변이 일어나는 것을 가리키는 반면, "황홀경"은 보는 자의 심리가 초자연적으로 변화되어 꿈꾸듯이 하나님께서 보게 하시는 것을 보는 것이라고 말한다.[111]

여기서도 우리가 명심할 것이 있다. 곧 성경에 기록된 "황홀경"이 이교의 그것과 다르다는 점이다. 성경의 황홀경은 그것을 보는 자가 자주적인 의식을 가지고 자기 처지를 비판적으로 의식하는 중에 경험하는 것이다(14절). 그러나 이교의 황홀경은 보는 자에게 자주적인 의식이 없으며, 소위 탈혼 상태에서의 신인합일을 주장한다. 그것은 정당한 유신론 체계에는 부합하지 않는 것이며, 사람을 미혹하는 범신론에 속하는 것이다.

11-12 하늘이 열리며 한 그릇이 내려오는 것을 보니 큰 보자기 같고 네 귀를 매어 땅에 드리웠더라 그 안에는 땅에 있는 각종 네 발 가진 짐승과 기는 것과 공중에 나는 것들이 있더라. 한 그릇이 "하늘"에서 내려온 것은 베드로가 보는 이 사건이 하늘로부터 오는 계시라는 뜻이다.

"네 귀를 매어." 이것은 땅의 동서남북 모든 지역을 상징한다(Neander). 곧 모든 나라들과 민족들, 그리고 인종을 불문하고 어디서든지 와서 복음을 믿음으로 구원받는다는 뜻이다(참조. 눅 13:29).

"큰 보자기 같고." 그릇에는 구약 시대 이스라엘 백성이 먹을 수 없는

---

110) 수 2:6; 삿 16:27; 삼하 16:22; 왕하 23:12; 느 8:16; 렘 19:13; 습 1:5; 마 10:27; 24:17.
111) Neander, *Alford's Greek Testament II*, 112.

모든 불결한 동물이 담겨 있었다. 그런즉 이 계시는 복음을 전함에 있어서 이스라엘 백성과 이방 민족을 차별하지 말아야 할 것을 베드로에게 가르친다.

좀 더 자세히 말하면, 구약 시대 이스라엘 백성은 특정한 동물들이 불결하기 때문에 먹어서는 안 된다는 법규(레 11장)를 하나님으로부터 받았었다. 이 법규에 대하여 기스펜(W. H. Gispen)은 "이스라엘은 하나님의 거룩하신 백성으로서의 신분을 지켜야 할 필요가 있었다. 여호와께서는 그들이 다른 민족들로부터 특수하게 구별되어 하나님의 백성으로 드러나도록 만드셨다."라고 하였다.[112]

하나님께서 베드로에게 보여주신 계시, 곧 보자기 안에 들어 있는 각종 불결한 동물들을 먹으라고 하신 것은, 이제 신약 시대에는 구약 시대처럼 그 법규를 문자적으로 지킬 필요가 없다는 선언이다. 그렇다면 그 계시는 결국 신약 시대에는 유대인과 이방인에게 차별 없이 복음을 전파하라는 뜻이 된다.

어떤 학설에 따르면 그 보자기 같은 그릇에 들어 있던 불결한 동물들은 이방인을 비유한다고 한다(참조. 사 43:20). 이 같은 해석이 대체로 본문의 의미를 바르게 표현한 것이다. 무디 기념교회의 목사였던 해리 아이언사이드(Harry Ironside)의 아버지는 숨을 기둘 때 이 구절을 읽으면서 힘을 얻었다고 한다. 그는 병상에서 이 구절을 읽어 내려가다가 "기는 것"이라는 말씀에서 특별한 깨달음을 얻고서 기쁘게 고백하기를 "나는 기는 것과 같이 아무것도 아닌 자입니다. 그러나 나는 하나님의 은혜로 천국에 들어갑니다."라고 하였다는 것이다.

13-14 또 소리가 있으되 베드로야 일어나 잡아 먹어라 하거늘 베드로가 이르되 주여 그럴 수 없나이다 속되고 깨끗하지 아니한 것을 내가 결코 먹지 아니하였나이다 한대. 여기서

---

112) W. H. Gispen, *Commentaar op het Oude Testament: Leviticus*, Kampen: J. K. Kok., 174-175.

"소리"라는 것은 하늘에서 들려온 하나님의 음성을 가리킨다. 우리가 여기서 하나님과 그리스도를 구분할 필요는 없다. 그 이유는 하나님께서 그리스도 안에서 자신을 계시하시며 말씀하시기 때문이다(Grosheide).

"잡아 먹어라." 그 동물들은 레위기 11장의 규정에 따라 먹을 수 없는 것들인데도 "잡아 먹어라"라고 하셨다. 이제 그리스도께서 땅에 오셔서 인류의 속죄를 이루셨으므로 레위기 11장의 법규는 폐지되었으니, 유대인들은 그리스도의 복음을 가지고 이방 세계로 진출해야 한다. 구약성경에 규정된 의식법(儀式的)들은 모두 그 법들이 예표하는 메시아(그리스도)께서 오심으로 말미암아 성취되었기 때문에 대체로 폐지되었다. 히브리서 9:10에 말하기를 "이런 것은 먹고 마시는 것과 여러 가지 씻는 것과 함께 육체의 예법일 뿐이며 개혁할 때까지 맡겨 둔 것이니라"라고 하였다.

"속되고 깨끗하지 아니한 것을 내가 결코 먹지 아니하였나이다." 베드로는 일찍부터 레위기 11장에 규정된 불결한 동물들을 먹지 않았으며 그 때에도 잡아먹기를 거부하였다. 그러나 그의 이 같은 발언은 레위기 11장의 규정이 그리스도로 말미암아 폐지되었다는 사실을 깨닫지 못한 데서 나온 것이다.

15 또 두 번째 소리가 있으되 하나님께서 깨끗하게 하신 것을 네가 속되다 하지 말라 하더라. "하나님께서 깨끗하게 하신 것"(ἃ ὁ θεὸς ἐκαθάρισεν)이라는 문구에서 "깨끗하게 하신"이란 표현은 단순과거 시제 동사이므로 역사적 사실을 가리킨다. 그렇다면 그것은 그리스도께서 승천하셔서 영광을 얻으심으로 말미암아 모든 의식법이 폐지되었기 때문에(골 2:14-15) 어떤 동물들에 대해서 의식적으로 "깨끗하다" 혹은 "깨끗하지 않다"라고 구별하던 기준이 사라졌다는 뜻이다.

"네가 속되다 하지 말라." 이 문구에서 "네가"(σὺ)라는 말은 강조형이며, 앞 구절의 "하나님"이라는 단어와 대비되는 것이다. 따라서 이 표현에는 "네가 하나님과 대립할 수는 없다."라는 의미가 포함되어 있다(10:28; 참조. 롬 14:14).

16 **이런 일이 세 번 있은 후 그 그릇이 곧 하늘로 올려져 가니라.** 하나님께서 베드로에게 "세 번"이나 같은 부탁을 거듭하신 목적은 "황홀한 중에" 나타난 일이 객관적인 확실성을 가지는 것임을 깨닫도록 하기 위함이다. 그것은 순간적으로 빛이 반짝인 것처럼 순식간에 지나쳐버린 희미한 사건이 아니었다. 그것은 상당한 시간을 두고 선명한 대화를 나눈 사건이었다. 또 그 당시 베드로는 자주적인 의식이 없는 기계적인 피동 상태에 빠진 것이 아니었고 도리어 비판적인 마음 상태로 그 사건을 대하였다(14절).

17-18 **베드로가 본 바 환상이 무슨 뜻인지 속으로 의아해 하더니 마침 고넬료가 보낸 사람들이 시몬의 집을 찾아 문 밖에 서서 불러 묻되 베드로라 하는 시몬이 여기 유숙하느냐 하거늘.** 베드로의 의심하는 태도를 보면 지식 문제에 대한 사도들의 자세를 알 수 있다. 그들은 지식에 대하여 무관심한 자들이 아니었다(Bengel). 그들은 하나님의 계시가 갖는 의미를 명백히 알고 전한 자들이다. 베드로는 하나님으로부터 온 환상의 뜻을 알기 위하여 애썼다. 그는 하나님의 뜻을 알려고 애쓴 인물이었다. 베드로가 이처럼 애쓰던 그 순간에 마침 고넬료가 보낸 사람들이 그가 머무는 집에 도착하였으니, 이는 하나님께서 베드로의 난제를 실질적으로 해결해 주신 것이었다.

19-20 **베드로가 그 환상에 대하여 생각할 때에 성령께서 그에게 말씀하시되 두 사람이 너를 찾으니 일어나 내려가 의심하지 말고 함께 가라 내가 그들을 보내었느니라 하시니.** 이 때에 "성령께서" 말씀하신 것은, 베드로의 심령 속에서 행하시는 성령의 음성이었을 것이다(Grosheide).

"두 사람이 너를 찾으니." 고넬료는 세 사람을 보냈는데 어찌하여 성령께서는 "두 사람"이라고 하셨을까?

고넬료가 보낸 인원에 관하여 사본상 차이가 있다. 시내산 사본(א)과 기타 사본들(A, C, E)에는 "세 사람"으로 되어 있고, 바티칸 사본(B)과 또 다른 사본들(W, H)에는 "두 사람"으로 되어 있으며, 그 밖의 몇몇 사본들

(D, L, P)에는 인원이 밝혀져 있지 않다. 인원의 숫자에 대한 사본들의 차이 문제에서 시내산 사본의 증거를 따라 세 사람을 취하면 모순은 해소된다. 그러나 시내산 사본보다 바티칸 사본(B)이 더욱 권위가 있으니, 그것을 따라서 "두 사람"이라고 해도 문제 될 것은 없다. 그 이유는 성령께서 고넬료가 파견한 사람들 중에 특별히 사명을 띠고 온 두 사람을 염두에 두시고 말씀하신 것일 수 있기 때문이다.

"의심하지 말고 함께 가라." 이 명령은 베드로의 부족한 믿음에 대해 경고하신 것이다. 하나님께서는 사람들이 그의 말씀에 순종하되 의심하는 태도로 그리하는 것을 기뻐하지 않으신다. 사람이 하나님 말씀에 관한 난제들을 모두 다 일시에 해결받은 후에 순종하려고 기다려서는 안 된다. 자신이 받은 교훈이 하나님의 말씀인 것을 깨달았으면 평안한 마음으로 신속히 순종해야 한다. 그 이유는 그것이 절대적인 권위를 갖는 하나님의 말씀이기 때문이다. 인생의 양심은 하나님의 말씀 외에 다른 것으로는 절대로 평안을 얻지 못한다. 인생 문제에 대한 최고의 해결책은 오직 하나님의 말씀을 의뢰하는 것이다. 그렇게 할 때 평안이 찾아온다.

21-22 베드로가 내려가 그 사람들을 보고 이르되 내가 곧 너희가 찾는 사람인데 너희가 무슨 일로 왔느냐 그들이 대답하되 백부장 고넬료는 의인이요 하나님을 경외하는 사람이라 유대 온 족속이 칭찬하더니 그가 거룩한 천사의 지시를 받아 당신을 그 집으로 청하여 말을 들으려 하느니라 한대. 베드로는 성령의 지시를 받고 이제 하나님의 명령에 순종할 준비가 되어 있었다. 그렇기 때문에 그는 열린 마음으로 고넬료의 사절단을 영접한 것이다. 그때 그들은 베드로에게 고넬료에 대한 유대인들의 평판을 전해 주었다. 그가 이방인으로서 유대인의 칭찬을 받을 정도로 여호와 하나님을 잘 공경하였으니, 그의 경건은 수준 높은 것이었다.

고넬료가 천사의 지시를 받고 베드로를 청하게 되었다는 말에 베드로의 마음은 더욱 확신을 얻었을 것이다. 사실상 그 당시에 유대인 그리스도 신자로서는 이방인들의 초청에 응하기 어려웠을 것이지만(26-27절) 하나님께서 진행하시는 초자연적 역사를 거부할 수는 없었다.

고넬료가 베드로를 초청하는 목적도 아름다운 것이었다. 그는 베드로의 "말을 들으려" 한 것인데, 다시 말해 복음을 들으려 했다는 것이다. 그는 기적보다 복음의 말씀을 더 원하였다. 이것이 바로 하나님께서 원하시는 바다(고전 1:22-23). 베드로는 특별히 복음을 듣고자 하는 고넬료의 아름다운 태도에 이끌렸을 것이다(행 10:33 참조).

23 **베드로가 불러 들여 유숙하게 하니라 이튿날 일어나 그들과 함께 갈새 욥바에서 온 어떤 형제들도 함께 가니라.** 베드로는 고넬료의 사절단이 이방인들인 줄 알면서도 거리낌 없이 그들을 대접하였는데, 이는 하나님의 지시에 곧바로 순종한 것이다.

"이튿날… 그들과 함께 갈새." 그는 욥바에 있는 두어 형제를 데리고 갔다고 한다. 본문에서 "어떤 형제"(τινες τῶν ἀδελφῶν)라고 했는데, 이때 베드로와 동행한 사람은 여섯 명이었다(11:12). 베드로가 이처럼 여러 형제와 동행하였으므로 후일 그가 난관에 봉착했을 때 그들이 그에게 도움이 되기도 하였을 것이다. 다시 말해 형제들은 베드로가 이방인을 방문한 사건으로 인해 유대 그리스도인들에게 비난받았을 때 그가 논증한 사실(11:4-18)을 지지하는 증인이 되었을 것이다.

베드로가 여러 형제와 동행한 것은 지도자로서 지혜로운 처사였다. 신앙이란 것은 현실적 타산의 지배를 받는 것은 아니지만 그렇다고 해서 현실을 무시해서도 안 되는데, 사람들을 옳은 데로 돌아오게 하는 일에는 성경의 지혜를 활용할 필요가 있다(참조. 단 12:3; 마 10:16). 중요한 일을 증거하는 데는 언제나 증인들을 동반하는 것이 성경의 지혜다(신 19:15). 신앙의 사람은 강직해야 하지만 그렇다고 어리석게 고집을 부려서는 안 된다. 옳게 행하면서도 남들에게 오해를 받지 않도록 조심하며 지혜롭게 걸어가야 한다.

24 **이튿날 가이사랴에 들어가니 고넬료가 그의 친척과 가까운 친구들을 모아 기다리더**

니. 고넬료가 베드로를 기다린 태도는 그의 경건에서 나온 것이다. 그는 다른 사무를 모두 제쳐놓은 채 베드로를 기다리고 있었다. 그뿐 아니라 그는 자신의 "친척과 가까운 친구들을 모아" 베드로가 전해줄 말씀을 함께 듣고자 하였는데, 이는 그가 하나님의 말씀을 귀히 여긴 증표다. 그는 그 귀한 말씀을 사랑하는 자들에게 들려주기를 힘썼다.

25-26 마침 베드로가 들어올 때에 고넬료가 맞아 발 앞에 엎드리어 절하니 베드로가 일으켜 이르되 일어서라 나도 사람이라 하고. 베드로는 자기에 대한 고넬료의 경배를 옳지 않게 여기고 부드러운 말로 교정시켰다. 사람을 지나치게 높이는 것은 오직 하나님께만 드려야 할 경배를 사람에게 돌리는 일이다. 그것은 그 사람을 우상시하는 죄악이다. 어떤 인물을 과도하게 높이면서 그 앞에서 충고 한마디 못하는 자가 있다면, 그는 그 인물을 절대적인 존재로 모시는 셈이다. 그것은 사람을 우상화하는 일이다.

만일 누군가가 인간 이상으로 과도한 대우를 받게 된다면 그는 그 잘못된 일에 대해 책임이 있다. ① 그는 그때 베드로처럼 "나도 사람이라"라고 응대하면서 그런 대우를 거부해야 한다. 만일 그가 잠잠하여 그런 대우를 받는다면 그는 하나님의 영광을 가로채는 죄를 범하는 것이다. ② 그는 자신도 남들과 같은 피조물이요, 똑같이 죄인인 줄 알고 참람하게 부당한 지위를 취하지 말아야 한다. 사람들이 우리를 높여줄 때 조심하지 않는다면, 우리는 자신이 인류 중 하나라는 신분을 망각한 채 자신은 남들보다 우월한 자인 듯이 처신하는 어리석은 자가 된다.

27-29 더불어 말하며 들어가 여러 사람이 모인 것을 보고 이르되 유대인으로서 이방인과 교제하며 가까이 하는 것이 위법인 줄은 너희도 알거니와 하나님께서 내게 지시하사 아무도 속되다 하거나 깨끗하지 않다 하지 말라 하시기로 부름을 사양하지 아니하고 왔노라 묻노니 무슨 일로 나를 불렀느냐. 베드로는 먼저 솔직하게 이방인과 유대인 사이의 장벽에 대하여 언급한다. 이처럼 그는 사실을 사실대로 말한 뒤에 그 문제를 그가 받은 하나님의 계시에 근거하여 해결하고자 한다. 하나님의 지시

를 받은 자는 그 어떤 난제 앞에서도 두려워하지 않고 하나님이 그것을 해결하여 주실 것이라고 확신할 수 있다(27:22-25; 참조. 왕상 17:2-14).

유대인들이 이방인들과 일반적인 차원의 교제까지 나누지 못하도록 금지된 것은 성경에 기록된 하나님의 율법에 의한 것이 아니었다(Calvin). 하나님의 율법은 유대인과 가나안 민족 간의 혼인을 금지했을 뿐이다(신 7:3). 이 법규는 유대인들이 다른 민족들의 우상 종교에 물드는 일을 방지하기 위해 제정된 것이었다.

그런데 일반적인 교제까지 금지한 것은 후대인들이 만든 유전이다. 이 유전은 이제 그리스도의 속죄가 갖는 범세계적인 성격으로 말미암아 폐지되었다. 그러므로 주님은 베드로에게 "하나님께서 [이방인을] 깨끗하게" 하셨다고 가르쳐 주었다. 이 말씀에 대하여 사도행전 10:15 해석을 참조하라. 베드로는 그 자리에서 자기와 이방인들 사이를 가로막고 있었던 역사적인 장벽을 하나님 말씀의 권위하에 깨뜨려 버렸다. 그는 자신이 먼저 그것을 깨뜨렸다는 점을 강조하기 위해 "부름을 사양하지 아니하고 왔노라"(29상)라고 말한다. 언제나 전도자와 듣는 자들 사이에 막힌 것이 없어야만 그가 전하는 말씀이 효과 있게 전달된다.

30-32절. 이 구절들에 대하여는 2-6절의 해석을 참조하라. 고넬료는 자기가 베드로를 청하게 된 경위를 진술하여 보고한다. 그는 자신이 체험한 바를 그대로 말하면서 특별히 천사의 모습에 대하여 상세히 설명한다(30절). 그가 그 사실을 말함으로써 ① 그 체험에서 얻은 확신을 증거하고, ② 그 체험은 하나님으로 말미암은 것이었음을 지적한다.

고넬료의 보고에 의하면, 그는 "기도"하던 중에 환상을 보았다고 한다. 여기서 우리는 신자가 기도할 때 하나님께서 그에게 가까이해 주시며, 또한 그때 하나님께서 기도자와 더불어 교제하시기를 원하신다는 사실을 알 수 있다. 그러므로 기도는 중요하다. 역대하 16:9에 말하기를 "여호와의 눈은 온 땅을 두루 감찰하사 전심으로 자기에게 향하는 자들을 위하여 능력을 베푸시나니"라고 하였다.

33 내가 곧 당신에게 사람을 보내었는데 오셨으니 잘하였나이다 이제 우리는 주께서 당신에게 명하신 모든 것을 듣고자 하여 다 하나님 앞에 있나이다. 고넬료의 이 같은 말은 대단히 겸손한 표현이다. 벵겔은 이 점을 다음과 같이 주석하였다. "고넬료는 자기 집에 있으면서도 마치 자신과 친구들이 베드로의 집을 방문한 듯한 태도를 취하였다."[113] 그때에 고넬료는 마치 군대에서 사병들이 상관을 대하듯이 베드로를 대했던 것 같다. 그는 친척 및 친구들과 함께 베드로를 통해서 주시는 하나님의 말씀을 받아 그대로 믿고 순종하기 위해 만반의 준비를 갖추고 있었다.

설교 ▶ 은혜를 사모하라 (10:24-33)

고넬료는 사도 베드로를 청하여 은혜를 받으려고 자기 일가 및 가까운 친구들과 함께 그의 집에서 기다리고 있었다. 이것은 자기만 아니라 남들까지 은혜를 받도록 하려는 불타는 마음에서 우러나온 일이다(24절). 그는 베드로가 도착했을 때 말하기를 "우리는 주께서 당신에게 명하신 모든 것을 듣고자 하여 다 하나님 앞에 있나이다"(33하)라고 하였다.

1. 남들로 하여금 은혜 받도록 도와주었다

하나님께서는 자신이 하나님의 구원의 은혜를 바로 깨닫고자 하는 동시에 남들도 그렇게 되기를 원하여 도와주는 자를 귀히 보신다. 그것은 은혜를 간절히 사모하는 불타는 마음에서 우러나오는 일이다. 은혜를 사모하지 않는 자는 아직 은혜의 귀중함을 모르는 자니, 그런 사람에게는 하나님께서 은혜를 주시지 않는다. 보배를 보배로 알아보지 못하는 자에게는 보

---

113) J. A. Bengel, *Gnomon of the New Testament II* (1742); translated by C. T. Lewis and M. R. Vincent, 605.

배를 줄 필요가 없다. 그러므로 주님께서 말씀하시기를 "거룩한 것을 개에게 주지 말며 너희 진주를 돼지 앞에 던지지 말라 그들이 그것을 발로 밟고 돌이켜 너희를 찢어 상하게 할까 염려하라"(마 7:6)라고 하셨다.

고넬료의 간절함은 마치 중풍병자가 고침받도록 그를 메고 예수님께로 왔던 사람들(막 2:1-5)과 같다.

2. 하나님의 종의 전도를 하나님의 말씀으로 받았다

고넬료가 "우리는⋯ 다 하나님 앞에 있나이다"(33절)라고 말한 것은 그가 하나님의 종이 전하는 말을 하나님의 말씀으로 받으려고 준비되어 있음을 알리는 것이다. 베드로는 그의 서신에 말하기를 "만일 누가 말하려면 하나님의 말씀을 하는 것 같이"(벧전 4:11) 하라고 하였다. 하나님은 그의 종들의 입을 통하여 말씀하신다. 그러므로 하나님의 말씀을 바로 증거하는 진실한 전도자를 멸시하는 것은 하나님의 말씀을 멸시하는 것과 같다. 하나님이 세우신 전도자가 하나님의 말씀을 대언할 때 듣는 자는 하나님의 말씀을 듣는 마음가짐을 가져야 한다. 참된 전도자들은 강단에 설 때 그 자리를 하나님이 세우시는 자들만이 설 수 있는 자리로 여기고 두려운 마음으로 선다. 루터는 그의 스승 슈타우피츠(Johann Staupitz)로부터 강단에 서라는 권면을 받은 적이 있었다. 그때 그는 "하나님을 대신하여 말씀하기는 쉬운 일이 아니다."라고 하였다. 두 번째 권면을 받고 루터는 "강단에 서는 것이 내게는 죽으러 가는 것과 같다."라고 하였다. 슈타우피츠가 계속 권면하자 그는 떨리는 마음으로 강단에 서서 설교했는데 그 시간에 회중에게 큰 은혜가 임하였다고 한다.

34 베드로가 입을 열어 말하되 내가 참으로 하나님은 사람의 외모를 보지 아니하시고.
자키에(Jacquier)는 말하기를 "베드로는 이때 아람어로 설교했는데, 고넬료와 그 친구들이 그 말씀을 알아들을 수 있도록 다른 사람이 헬라어로 통역했을 것이다."라고 하였다. 그러나 그와 같은 주장을 뒷받침할 만한 증거가 본문에 보이지 않는다.

"입을 열어"라는 말은 중대한 발언에 대하여 쓰이는 표현이다(8:35; 마 5:2). 크로샤이데는 "여기에 이런 표현이 사용될 만하다. 그 이유는 여기서 베드로가 처음으로 이방인을 대상으로 전도하기 때문이다."라고 하였다.[114]

"하나님은 사람의 외모를 보지 아니하시고." 이 말씀의 뜻은 "하나님께서 민족이나 인종을 차별하시지 않는다"는 것이다. 그가 민족이나 인종을 차별하시지 않는 이유는, ① 그가 모든 민족과 인종을 똑같은 사람으로 지으셨기 때문이며, ② 그들이 모두 다 아담 안에서 동일하게 범죄했기 때문이다. 그러므로 예수님께서 부활하신 후에 사도들에게 말씀하시기를 "너희는 온 천하에 다니며 만민에게 복음을 전파하라"(막 16:15)라고 하셨다. 여기 기록된 "만민"이라는 헬라어($πάση\ τῆ\ κτίσει$)를 문자적으로 번역하면 "모든 피조물"이라는 의미다. 이것은 아무리 미개하고 비천한 부족이라 하더라도 하나님의 피조물이라는 점에서는 문명화된 위대한 민족과 동등하며, 그들 역시 복음 전파의 대상이 된다는 뜻이다.

누구든지 인종을 차별하는 것은 큰 죄악을 저지르는 것이다. 그것은, ① 하나님의 형상을 멸시하는 죄요, ② 하나님 앞에서는 자기도 똑같은 죄인이라는 사실을 무시하고 자기를 다른 민족보다 높이는 어두움이요 교만이다. 아프리카에서 평생 선교한 리빙스턴(David Livingstone)은 이 진리를 알았기 때문에 문명화된 영국의 시민으로서 아프리카 흑인들과 스스럼없이 어울릴 수 있었으며 그들과 잘 통하였다. 그는 원주민들에게 어머니같이 온화하였으며 그들을 깊이 사랑했기 때문에 원주민들도 그에게만은 해를 끼치지 않았다고 한다.

---

114) F. W. Grosheide, *De Handelingen der Apostelen II* (1948), 341.

35 각 나라 중 하나님을 경외하며 의를 행하는 사람은 다 받으시는 줄 깨달았도다. 이 말씀은 언뜻 보면 이방인들이 기독교가 아닌 그들 자신의 종교를 통해서도 하나님을 경외할 수 있으며, 그들의 표준에 따르는 의를 행하는 것으로써 하나님 앞에 합당해질 수 있다는 말처럼 들린다. 그러나 실상은 그런 것이 아니다. 베드로는 이교도들의 우상 종교를 배척하였다(참조. 벧전 4:3; 행 4:12). 이 구절의 뜻은 사람이 하나님께 합당한 자로 받아들여지는 일이 민족적, 인종적, 유전적 조건에 따르는 것이 아니며, 누구든지 복음으로 거듭나서 하나님을 경외하고 의로운 자가 될 때 하나님께서 그를 받으신다는 것이다.

36 만유의 주 되신 예수 그리스도로 말미암아 화평의 복음을 전하사 이스라엘 자손들에게 보내신 말씀. "만유의 주." 헬라어에서 "만유"(πάντων)라는 단어는 어순상 강조체를 이루며, 결과적으로 예수님이 유대인에게만 아니라 모든 이방인들에게도 주님이 되심을 밝혀준다. 그리스도는 부활로 말미암아 "만유의 주"로 높여지셨기 때문에(마 28:18) 그의 말씀은 이방 민족들에게도 전파되어야 할 권위 있는 말씀이 되었다(Grosheide). 여기서 "만유의 주"라는 칭호는 베드로의 설교에서 강령을 이룬다고 할 수 있다. 사도행전 10:38-43에 진술된 예수님의 구원 사역은 결과적으로 이 칭호가 의미하는 것처럼 이방인들에게까지 미친다. 그리프로 슐라터는 이 점에 대하여 말하기를 "예수님은 모든 사람의 주님이시다. 모든 사람이 그의 소유가 되었고, 그의 인도를 받아 하나님과 화목하게 되었으며 그에게 합당한 자들이 되었다. 예수 그리스도의 통치는 이스라엘 백성을 넘어서서 이방인들까지도 포함한다. 고넬료는 그 혜택을 입은 자들의 수효에 든다."라고 하였다.[115]

"주"(κύριος)라는 칭호는 70인역(LXX)에서 "여호와"(יהוה)를 번역한 것이다. 예수님을 여호와 자신으로 믿는 사도들이 그를 가리켜 "주"라고 한

---

[115] A. Schlatter, *Erläuterungen zum Neuen Testament I*, 917-918.

것은 70인역을 배경으로 한다.

"화평의 복음." 이것은 "죄로 인하여 하나님과 원수 된 인간을 하나님과 화목하게 하는 복음"이라는 뜻이다. 이 복음은 예수님께서 먼저 이스라엘 백성에게 전파하신 말씀의 내용이다.

37 곧 요한이 그 세례를 반포한 후에 갈릴리에서 시작하여 온 유대에 두루 전파된 그것을 너희도 알거니와. 여기서 베드로는 하나님의 말씀, 곧 복음의 내용이 무엇인지 말하려고 한다. 복음의 핵심 내용은 물론 예수 그리스도시다. 그런데 그가 예수 그리스도에 관하여 진술하기에 앞서 먼저 예수님의 역사성을 밝힌다. 이것 역시 기독교의 고유한 특성이다. 기독교는 역사적 종교다.

근대의 실존주의 신학자들은 하나님 말씀의 역사성을 중요시하지 않고, 오히려 그것을 비역사적인 것으로 규정한다. 불트만은 시간 세계의 형태로 나타난 하나님의 말씀은 대부분 신화라고 하고, 우리는 그런 기록들에서 신화적인 요소를 제거한 후에(demythologisierung, 탈신화화) 읽어야 한다고 주장하였다.

그러나 진정한 기독교에서 말하는 "하나님의 말씀"은 역사적 성격을 중요시한다.

38 하나님이 나사렛 예수에게 성령과 능력을 기름 붓듯 하셨으매 그가 두루 다니시며 선한 일을 행하시고 마귀에게 눌린 모든 사람을 고치셨으니 이는 하나님이 함께 하셨음이라. 하나님께서 "예수에게 성령과 능력을 기름 붓듯 하셨"다는 말씀은 예수님이 바로 이스라엘이 기다리던 "메시아"(기름 부음 받은 자, 그리스도)라는 뜻이다(A. Schlatter).

또한 예수님께서 "마귀에게 눌린 모든 사람을 고치셨"다는 말씀 역시 그가 그리스도(메시아)이심을 보여준다. 진정한 의미에서 마귀를 정복하시는 이는 오직 하나님의 아들 그리스도뿐이다. 요한1서 3:8에 "죄를 짓는 자는 마귀에게 속하나니 마귀는 처음부터 범죄함이라 하나님의 아들이 나타나신 것은 마귀의 일을 멸하려 하심이라"라고 하였다.

"하나님이 함께 하셨음이라." 이 말씀 역시 예수님은 하나님의 아들, 곧 그리스도라는 뜻이다(요 8:29). 베드로가 그의 설교에서 예수님의 대속적 죽음에 대하여 말하기 전에 먼저 예수님의 신분을 밝힌 것은 합당한 순서다. 우리는 먼저 예수님의 위대하신 신분을 알아야만 그의 죽음이 가지는 가치와 그의 부활이 가지는 능력을 알 수 있다. 예수님은 그리스도시며 하나님의 아들이시기 때문에 그의 죽음이 가지는 효력은 우리의 죄를 대속해 주시고도 남는다. 예수님은 하나님의 아들(그리스도)이시기 때문에 사람들이 예수님에 대하여 2천 년 넘게 책을 저술해왔음에도 여전히 새로 저술할 것이 남아 있다. 사도 요한은 말하기를 예수님에 대하여 "만일 낱낱이 기록된다면 이 세상이라도 이 기록된 책을 두기에 부족할 줄 아노라"(요 21:25)라고 하였다.

많은 사람들이 그리스도의 행적에 대해 흥미를 가지면서도 그의 인격(Person)이 가지는 위대하심에 대해서는 관심을 가지지도 않고 그것을 느끼지도 못한다. 인간은 이처럼 어떤 일의 결과를 보면서도 그것의 원인은 바로 식별하지 못한다. 예수님은 하나님께서 세우신 그리스도시고 또 하나님의 아들이시므로 우리는 그가 죽었다가 다시 살아나신 사건이 우리의 죄를 속하고 우리에게 영생을 가져다준다는 사실을 믿지 못할 이유가 없다. 하나님의 아들 예수 그리스도께서 우리의 죄를 대속해 주셨으니 이제 모든 일이 완수된 것이다.

39-40 우리는 유대인의 땅과 예루살렘에서 그가 행하신 모든 일에 증인이라 그를 그들이 나무에 달아 죽였으나 하나님이 사흘 만에 다시 살리사 나타내시되. 유대 땅에서 예수님이 행하신 일들(38절)에 대하여 고넬료와 이방인들도 간접적으로는 들었겠지만(37하), 베드로와 다른 사도들은 그들 자신이 예수님과 그의 행적을 직접 보고서 말하는 "증인"이라고 말한다(Alford). 이 같은 대조적인 설명은 듣는 사람들의 신앙을 강화시킨다. "증인"(μάρτυρες)이라는 말은 법정 용어인데, 성경에서도 그런 의미로 사용되었다. 법정에서 증인은 사실

에 입각하여 증언해야 하며 재판장의 판결은 그 증언에 따라 결정되는 것이다. 그와 같이 복음에 대한 증인의 증거는 하늘 법정에서 하나님의 최종적 판결(영생 혹은 정죄)을 좌우한다. 그 증거를 받아들이는 자들은 영생을 얻고 그것을 배척하는 자들은 멸망한다.

예수님이 죽었다가 다시 살아나신 사실은 하나님 백성의 구원을 이루는 유일무이한 원천이다. 그가 죽음을 당하시지 않았다면 우리가 받을 죄의 대가(저주)가 그대로 남아 있을 뻔하였다. 또한 그가 죽으셨다 하더라도 부활하지 못하셨다면 우리를 생명의 세계로 영원히 인도할 목자가 없었을 뻔하였다. 이제 그가 다시 살아나심으로 우리를 거듭나게 하셨으며(벧전 1:3), 영원히 우리의 주님이 되셨다(롬 14:9).

41 모든 백성에게 하신 것이 아니요 오직 미리 택하신 증인 곧 죽은 자 가운데서 부활하신 후 그를 모시고 음식을 먹은 우리에게 하신 것이라. 믿음은 보는 것과도 관계가 있지만(요 20:27-29), 일반적으로는 들음으로써 생겨난다(롬 10:14, 17). 사도들 외에 모든 다른 백성에게는 예수 그리스도의 부활이 드러나 보이지 않아도 무방하였다. 예수님께서 도마에게 말씀하실 때도 "너는 나를 본 고로 믿느냐 보지 못하고 믿는 자들은 복되도다"(요 20:29)라고 하셨다. 베드로도 첫 번째 서신에서 말하기를 "예수를 너희가 보지 못하였으나 사랑하는도다 이제도 보지 못하나 믿고 말할 수 없는 영광스러운 즐거움으로 기뻐하니"(벧전 1:8)라고 하였다.

다만 그리스도 교회의 기초를 세운 증인들(사도들)은 그리스도 사건(그리스도 예수가 죽었다가 다시 살아나신 사건)을 친히 목격함으로써 그와 같은 자격을 얻은 것이다(고전 9:1). 그 이유는 다음과 같이 설명된다.

기독교는 어떤 이상(理想)을 가르치는 종교가 아니라 그리스도 사건을 전파하는 종교다. 그러므로 최초의 복음 전파자들이었던 사도들은 그리스도 사건에 대한 직접적인 목격자일 필요가 있었다. 그렇지만 사도 이외의 사람들은 사도들의 전도를 통해서 믿음을 가지도록 되어 있었으며, 사도들이 가졌던 신앙은 하나님의 말씀(성경)과 성령으로 말미암아 다른 사람들에게 충분히 전달될 수 있었다.

기독교의 복음은 후대의 사람들에게도 예수 그리스도에 관한 역사적 사실을 전달해줌으로써 그들로 하여금 사도들이 전한 내용(성경에 기록된 예수 그리스도의 사건)대로만 믿도록 작용한다. 우리는 어떤 환상보다 성경과 성령에 의하여 역사적 예수, 곧 죽었다가 다시 살아나신 나사렛 예수 그리스도를 믿게 된다. 그러므로 오늘날에는 하나님께서 그의 종들을 세우셔서 말씀과 성령으로 복음(역사적인 그리스도 사건)을 우리(사도 시대 이후 사람들)에게 전해 주신다.

"오직 미리 택하신 증인." 이 말의 헬라 원어(μάρτυσιν τοῖς προκεχειροτονημένοις ὑπὸ τοῦ θεοῦ)는 "하나님으로 말미암아 미리 택하심을 받은 증인들"이라는 뜻이다. 하나님께서 예수님의 부활을 증거할 자들을 특별히 택하여 세우시고 그들에게 특별한 방식으로 성령을 주심으로써 예수 그리스도를 참되게 증거할 수 있는 자격을 갖추어 주셨다(행 1:8). 하나님께서 그들로 하여금 예수님의 부활을 직접 보고 증거하게 만드신 것도 중요하지만, 성령의 인도하심과 능력으로 증거하게 하신 것은 더욱 중요하다. 왜냐하면 성령은 실수하시는 법이 없으며, 속이시지도 않고, 오직 진리의 신이시며, 사랑이시며, 의로우시며, 거룩하시며, 지혜로우시기 때문이다.

오늘날 신자들 중에 영적으로 성숙한 이들은 성령의 역사를 명백하게 체험한다. 이 같은 체험을 가진 신자 중에 성령께서 거룩하시고, 참되시고, 의로우시다는 사실에 대하여 의심하는 자는 없다. 성령께서 사도들과 함께하시면서 증거하신 예수의 부활은 우리의 절대적 신앙의 대상이 되고도 남음이 있다.

"모시고 음식을 먹은 우리." 이것은 베드로와 다른 사도들이 부활하신 주님을 보았다는 확실한 증거를 제시한 것이다. 콘첼만(Hans Conzelmann)

도 이 말씀을 그렇게 이해했다.[116] 예수님은 그의 부활 사실을 확증하시기 위하여 제자들과 함께 음식을 잡수셨다(눅 24:30, 41-43; 요 21:12-13). 크로샤이데(Grosheide)는 말하기를 "베드로의 이 말은 자기와 다른 사도들이 예수님의 부활 증인으로서 자격이 있다는 뜻이다. 그들이 부활하신 예수님과 함께 음식을 먹었으므로 그들은 그의 몸의 부활이 확실함을 알게 된 참 증인들이다."라고 하였다.[117]

42 우리에게 명하사 백성에게 전도하되 하나님이 살아 있는 자와 죽은 자의 재판장으로 정하신 자가 곧 이 사람인 것을 증언하게 하셨고. 이것은 예수님의 권위에 대한 말씀이다. 그는 땅에서 우리와 같은 사람으로 사시면서 우리의 모든 연약함을 동정하셨고, 또 죽었다가 다시 살아나심으로 우리의 영원한 구원의 길을 마련하셨다. 이같이 우리 인생들에게 지극한 사랑을 기울이신 그가 또한 심판자시다. 하나님께서는 우리의 최후 심판을 그의 사랑으로 집행하시기 때문에 우리 모두는 정당한 심판을 받는 것이다. 그러므로 이 심판은 포학한 것도 아니고 자의적인 것도 아니며 권력의 과시가 아님에도 불구하고 두려운 것으로 묘사되었다(계 6:15-17).

"살아 있는 자와 죽은 자." 이것은 인류가 예수님 앞에서 심판 받는 일에 단 한 사람도 제외되지 않을 것을 가리킨다. 모든 사람이 예수님 앞에서 심판을 받을 것이므로 그들은 그 일이 이르기 전에 현세에서 미리 예수님의 복음을 받아들여 그 안으로 피해야 한다. 그것이 구원에 이르는 믿음이다. 그러므로 베드로는 다음 구절에서 사람이 예수 그리스도를 믿어야 구원 받는다는 사실을 말해준다.

43 그에 대하여 모든 선지자도 증언하되 그를 믿는 사람들이 다 그의 이름을 힘입어 죄 사함을 받는다 하였느니라. 이 말씀에 대하여는 다음 구절들을 참조하라(사

---

116) H. Conzelmann, *Die Apostelgeschichte* (HNT 7). Tübingen: J. C. B. Mohr (1963), 65.
117) F. W. Grosheide, *De Handelingen der Apostelen II* (1948), 349.

33:24; 53:5; 렘 31:34; 겔 34:16; 단 9:24). 여기서 "그를 믿는다"(πιστεύοντα εἰς αὐτόν)라는 어구는 "전 인격을 그리스도 안에 맡기는 것"을 가리키는데, 곧 구원에 이르게 하는 신앙을 뜻한다.

44 베드로가 이 말을 할 때에 성령이 말씀 듣는 모든 사람에게 내려오시니. 이것은 사람들이 설교를 듣는 중에 성령을 받게 되는 하나의 실례가 된다. 하나님은 특별히 말씀 전파와 함께 성령 주시기를 기뻐하신다. 하나님의 말씀은 성령님이 타시는 불수레와 같다(David Thomas).

45 베드로와 함께 온 할례 받은 신자들이 이방인들에게도 성령 부어 주심으로 말미암아 놀라니. 여기 기록된 이른바 "할례 받은 신자들"은 예수 믿는 유대인들을 가리킨다. 이방인들이 성령 받는 것을 보고서 그들이 놀란 이유는 무엇인가? 그것은 그들이 아직까지도 이방인이 그들과 똑같이 하나님의 백성이 될 수 있다는 진리를 완전히 인식하지 못했기 때문이었다.

46 이는 방언을 말하며 하나님 높임을 들음이라. 하나님께서 그때에 방언의 은사를 주신 목적은 사람들로 하여금 그것을 가지고 하나님을 높이도록 하기 위함이었다. 그런데 후에 고린도 교회의 신자들이 방언의 은사를 받고 그것을 통해 자기 자신을 높이는 경향이 있었다(고전 14:2- 33). 그러므로 현대에도 방언의 은사를 받은 신자들은 교회에 덕을 세우도록 힘써야 한다. 사도행전 28장 해석 다음에 실린 "특주"를 참조하라.

47-48절. 이 구절들을 보면 두 가지 중요한 사실이 드러난다. 곧 ① 세례 의식보다 성령을 받는 일이 더 중요하다는 것과 ② 세례 역시 필요하다는 사실이다.

제 11 장

⚜ 개요

1. 베드로가 이방인 고넬료의 집에 가서 전도한 사실에 대하여 할례자들이 비난함

여기서 "할례자들"은 유대인 그리스도 신자들이다. 그들은 구약을 아는 사람들임에도 불구하고 구약에서 자주 예언했던 이방 선교의 필연성을 알지 못하였다. 그들이 이처럼 무지한 이유는 구약성경에 대해 깊이 있는 지식을 가지지 못했기 때문이었다. 그들이 겸손한 자세로 성경을 배워 알았더라면 그리스도를 이방에 전파하는 선교가 하나님의 뜻임을 알았을 것이다. 그 당시 종교지도자들은 헛된 유전을 많이 가르친 바리새인들과 랍비들이었다. 그런 이유에서 구약성경이 일반 대중에게 바로 알려지지 못했던 것이다.

2. 베드로가 자신이 옳게 행한 일(이방인에게 복음을 전한 일)에 대하여 변호함

베드로는 그가 본 환상의 내용과 천사를 만난 고넬료의 체험을 그대로 진술하였다(4-14절). 주님으로 말미암은 기적적인 체험은 언제나 확신을

주는 법이다. 그러나 그는 체험에만 의지한 것이 아니라 그의 체험이 주님의 말씀대로(16절) 이루어졌다는 사실(15절)로 인해 확고한 신빙성을 갖게 되었음을 증거하였다. 물론 체험도 귀한 것이지만 그것이 하나님 말씀을 통해 인증을 받아야만 안심하고 믿을 만한 것이 된다. 베드로는 결론적으로 두 가지 강한 논리에 의하여 비난하는 자들의 말을 막았다(17절). 첫 번째 논리는 유대인이나 이방인이나 하나님의 선물(믿음)을 동일하게 받는다는 것이며, 두 번째 논리는 하나님께서 하시는 일을 사람이 막지 못한다는 것이다.

3. 베드로의 증언을 들은 자들이 하나님께 영광을 돌림

할례자들은 하나님께서 이방인에게도 생명 얻는 회개를 주셨다고 선포하였다(18절). 베드로의 설명을 통해 그 당시의 대표적인 난제가 명쾌하게 해결되었다. 이것이 초기 교회의 순전한 모습을 드러내 주는 일면이었다. 진리의 근거가 너무나 명백함에도 불구하고 비진리를 고집하는 경향은 후대의 타락한 교회에서 흔히 나타나는 일이다.

4. 안디옥의 헬라인들에게 복음이 전파됨

안디옥 전도는 무명의 전도자들에 의해 수행된 것이었다(20절). 초기 교회 성도들은 이르는 곳마다 열심히 복음을 전하였다. 주님께서 그들과 함께 하셨으므로("주의 손이 그들과 함께 하시매") 많은 사람들이 믿게 되었다(21절). 그뿐 아니라 안디옥 교회가 왕성하여 후일에 이방 선교의 중심이 될 수 있었던 것은 바나바와 바울 같은 위대한 전도자들의 열정적인 활동이 있었기 때문이었다(22-26절). 이들의 사역은 하나님의 말씀을 가르쳐 하나님의 양떼를 건전하게 목양하는 일이었다(26절). 교회의 힘은 신자들이 하나님의 말씀으로 건전하게 성장하는 일에 달려 있다.

5. 안디옥 교회가 물질적으로 예루살렘 교회를 도움

안디옥 교회는 영적으로 예루살렘 교회의 혜택을 입었으므로(22절) 이제 물질적으로 보답하는 신의를 보여주었다. 그리스도 신자들이 영적으로, 혹은 물질적으로 서로 교통하는 것은 그들의 삶에서 하나의 중요한 측면이다. 사도신경에서 고백하는 "성도의 교제"는 공허한 관념도 아니며 하나의 추상도 아니다. 성도들이 영적으로든 물질적으로든 서로 주기도 하고 받기도 하며 힘 있는 대로 서로 돕는 데서 성도의 교제가 구체화되는 법이다.

✣ 내용분해

1. 유대인 그리스도 신자들 중 어떤 이들이 베드로가 이방인들에게 전도한 사실을 비난함(1-3절).
2. 베드로가 이방인 고넬료의 집에 갔던 일에 대하여 사실대로 자세히 설명함(4-17절).
3. 예루살렘 그리스도 신자들이 베드로의 변증으로 인하여 설복됨(18절).
4. 안디옥에 처음으로 이방인들을 상대로 교회가 세워짐(19-21절).
5. 바나바가 안디옥에서 복음으로 사역함(22-26절).
6. 안디옥 교회가 예루살렘 교회를 구제함(27-30절).

✣ 해석

1-3 유대에 있는 사도들과 형제들이 이방인들도 하나님의 말씀을 받았다 함을 들었더

니 베드로가 예루살렘에 올라갔을 때에 할례자들이 비난하여 이르되 네가 무할례자의 집에 들어가 함께 먹었다 하니. "사도들과 형제들"은 "교회의 지도자들과 일반 신자들 전체"를 가리킨다. 그들 중 어떤 유대인들은 이방인이 그리스도의 구원의 은혜를 받기 위해서는 먼저 모세의 율법을 따라 유대인으로 귀화해야 한다고 잘못 생각하고 있었다. 그런데 이제 이방인들(고넬료 일가와 친구들)이 그런 절차를 밟지 않고도 직접 그리스도의 복음을 받았다고 하니(참조. 10:44-48) 그들은 그 소식에 놀라지 않을 수 없었다.

여기서 "하나님의 말씀"은 그리스도의 복음을 가리키고 "할례자들"은 예수 믿는 유대인들을 가리킨다. 이 같은 명칭을 사용한 것으로 볼 때 사도행전의 저자가 여기서 유대인과 이방인을 대조시켜 말한 것이 분명하다.

여기서 "비난하여"(διεκρίνοντο)라는 말은 "다툰다"는 뜻이다. 서방 사본(Western Text)에는 이 말에 앞서 다음과 같은 긴 설명이 붙어 있다. "오랜 세월이 지난 후에 베드로가 예루살렘으로 가기를 원하였다. 거기서 그는 형제들을 불러 견고케 하고 두루 복음을 전하고 가르쳤다. 그가 예루살렘 신자들을 만났을 때에 하나님의 은혜에 대하여 보고하니 할례자들이 그와 더불어 다투었다."

"네가 무할례자의 집에 들어가 함께 먹었다." 유대인이 이방인의 집에 들어가 함께 먹지 못하도록 금지한 것은 율법에 의한 것이 아니라 랍비들의 유전에 의한 것이었다.[118] 이 같은 유전에 근거한 유대인들의 비난은 사실상 무가치한 것이었다. 그러므로 베드로는 그들의 비난을 두려워하지 않고 여유 있게 답변해 주었다.

4-17절. 이 부분은 베드로가 고넬료를 방문한 이유를 해명한 내용이다. 그는 10:9 이하에 기록된 내용을 그들에게 사실대로 말해 주었다.

1) 그가 직접 황홀한 중에(11:5-10) 고넬료를 방문하도록 지시를 받았다

---

118) Weber, Tüdisch Theol., 59-60; Edersheim, *Jewish Social Life*, 26-28.

고 하였다.

2) 때마침 고넬료가 보낸 사람들이 그를 찾아 왔다고 하였다(11절).

3) 그때에 성령께서 그에게 명령하시기를 "의심 말고 그 사람들과 함께 가라"고 하셨다고 하였다(12절).

4) 그가 거기 가서 고넬료로부터 천사의 지시대로 자기를 초청하게 되었다는 보고를 들었다고 하였다(13-14절).

5) 그리고 그가 이방인 고넬료의 집에 들어간 것이 정당하다는 확신을 더욱 가지게 된 이유는, 그의 설교와 함께 성령께서 그 이방인들 위에 임하셨기 때문이라고 하였다(15-16절).

6) 그러므로 결론은 누구든지 하나님께서 하시는 일을 막을 수 없다는 것이다(17절).

베드로는 반대자들의 비난 앞에서 침착한 마음으로 이유를 들어 문제를 해명하였다. 이런 태도는 그가 성령으로 충만했다는 증표다. 그뿐 아니라 그는 그들 앞에서 우월감을 조금도 가지지 않고 어디까지나 하나님의 권위만 내세운 것이다. 곧 그가 고넬료의 집에 간 것은 하나님의 지시를 따른 것이니, 자기로서는 하나님께서 하시는 일을 막을 수 없다고 하였다(17하). 참된 신자는 이처럼 역경과 난제 앞에서도 자기 자신은 잊어버리고 하나님을 중심으로 생각하고 또 행동해야 한다.

4-13절. 이 부분 말씀에 대하여는 10:9-22의 해석을 참조하라.

14 그가 너와 네 온 집이 구원 받을 말씀을 네게 이르리라 함을 보았다 하거늘. "구원 얻을 말씀." "구원"이라는 것은 인간의 영육이 아울러 종말관적 멸망에서 구원 받아 영생하는 것을 가리킨다. 이 구원은 하나님의 말씀, 곧 복음을 받아들임으로써 얻어진다. 진시황(秦始皇)은 죽음이 두려워서 불로초를 구하기 위해 동남동녀 500명을 삼신산(三神山)으로 보냈으나 허사였다. 인간은 어떤 방법으로든 제 힘으로는 영생을 얻을 수 없다. 영생은 오직 하나님의 말씀을 믿음으로만 얻는다.

15 내가 말을 시작할 때에 성령이 그들에게 임하시기를 처음 우리에게 하신 것과 같이 하는지라. 고넬료와 거기 있던 사람들에게 성령이 임하신 것은 이방인이 복음을 받을 권리에 있어서 유대인과 동등하다는 것을 암시한다. 그들에게 성령이 임하신 광경은 오순절에 유대인들에게 임하시던 광경과 같았다.

16 내가 주의 말씀에 요한은 물로 세례를 베풀었으나 너희는 성령으로 세례를 받으리라 하신 것이 생각났노라. 여기 인용된 "주의 말씀"은 부활하신 예수님께서 승천하시기 직전에 감람산에서 그 제자들에게 분부하신 말씀이다(1:5). 이 말씀은 두 가지 중요한 뜻을 내포한다. ① 예수님의 말씀은 진리의 절대적 표준인데, 이방인 고넬료 및 그의 가족과 친구들이 성령을 받은 것은 이 진리대로 이루어진 사실이라는 것이다. 그러니 이방인이 복음을 직접 받는 것에 대하여 그 누구도 비난할 수 없다는 것이다. ② "너희는 성령으로 세례를 받으리라"고 하신 말씀에서 "너희"라는 대명사는 이방인들도 포함한다는 것이다. 그러니 유대인이나 이방인이 복음을 받을 권리에 있어서 동등하다는 것이다.

17 그런즉 하나님이 우리가 주 예수 그리스도를 믿을 때에 주신 것과 같은 선물을 그들에게도 주셨으니 내가 누구이기에 하나님을 능히 막겠느냐 하더라. "선물"은 성령을 가리킨다(참조. 2:38). 베드로는 하나님께서 명령하신 것을 순종했을 뿐이다. 이방인 고넬료에게 이루어진 모든 일들은 하나님께서 행하신 것이었으니, 하나님의 종 된 베드로로서 어찌 순종하지 않을 수 있었겠는가! 만일 그가 이때에 순종치 않았다면 그것은 하나님께서 하시는 일을 막는 죄악이었을 것이다.

18 그들이 이 말을 듣고 잠잠하여 하나님께 영광을 돌려 이르되 그러면 하나님께서 이방인에게도 생명 얻는 회개를 주셨도다 하니라. 이것은 유대인 그리스도 신자들이 베드로의 논증을 듣고 깨달은 확신을 표현한 것이다. "생명 얻는 회개"는 성령의 인도하심으로 말미암아 복음을 믿고 주님께로 돌아오게 되는 일, 곧 영생 얻는 회개를 말한다.

19 그 때에 스데반의 일로 일어난 환난으로 말미암아 흩어진 자들이 베니게와 구브로와 안디옥까지 이르러 유대인에게만 말씀을 전하는데. "베니게" 지방은 지중해 연안 지방인데 두로와 시돈 같은 도시들이 여기 속한다. "구브로"는 지중해에 있는 섬인데 유대인들이 많이 살고 있었다(Philo, *Legad Caium*, 36).

"안디옥"은 소아시아에 있는 비시디아 안디옥이 아니고, 팔레스타인 북쪽에 있는 수리아의 안디옥이다. 이 도시는 그 당시에도 인구가 50만이나 되어 로마 제국 전체에서 세 번째로 큰 도시였다. 이 도시에 일찍이 헬라 제국 셀레우코스(Seleucian) 왕조의 궁전이 있었고, 그 후 로마 통치 시대에는 수리아 총독이 주재하였다. 이 도시는 오론테스(Orontes)강 안쪽에 있으며, 그 항구는 셀레우키아(Seleucia)라고 하는데 바울이 선교 여행할 때에 이 항구로 출입하였다(Lenski). "안디옥"은 마침내 세계 선교의 중심지가 되었다(13:1-3).

"유대인에게만 말씀을 전하는데." 스데반 핍박사건으로 인하여 흩어진 유대인들이 이방의 여러 지역에서 "유대인에게만" 전도했다는 것으로 볼 때 그 당시 유대인들이 예수 그리스도를 믿은 후에도 이방인들과 장벽을 두고 지낸 것이 확실하다. 순전하고 은혜가 넘치던 초기 교회 신자들도 민족 문제와 구약의 메시아 예언에 관하여 올바로 깨닫지 못했던 부분들이 있었다. 이 어두움을 깨뜨리는 데는 하나님의 직접적인 간섭(초자연적 간섭)이 필요하였다. 주님께서 베드로로 하여금 고넬료를 찾아가도록 만드시기 위해 계시해주신 일들은 모두 초자연적 사건들이었으며(10장), 이보다 앞서 빌립으로 하여금 에디오피아 내시를 찾아가도록 하신 일도 그러하다(8장).

20 그 중에 구브로와 구레네 몇 사람이 안디옥에 이르러 헬라인에게도 말하여 주 예수를 전파하니. 하르나크(Adolf von Harnack)는 이때 안디옥 전도자들 중 "구브로" 출신은 바나바이고, "구레네" 출신은 루기오(13:1)였다고 한다. 그러나 11:22절에 보면, 바나바가 이 일 후에(20절의 사건 이후에) 안디옥에 처음으

로 파송된 것으로 보이기 때문에 하르나크의 학설은 자연스럽지 않다.

"주 예수를 전파하니." 그 시대에 "주"(κύριος)라는 칭호는 이교에서도 유행하던 것이었다. 부세(Wilhelm Bousset)는 이 구절에 근거하여 이 칭호(κύριος)가 안디옥에서 처음으로 예수에게 붙여졌다고 주장하였다.

그러나 이 학설은 일찍이 베드로가 예수님을 "주"라고 불렀던 사실(2:36)을 설명하지 못한다. 부세의 학설은 많은 학자들의 반대를 받았다.[119]

"주"라는 칭호는 실상 헬라어로 번역된 구약성경(70인역)에서 유래했다. 70인역(LXX)에는 "여호와"(יהוה)라는 성호가 모두 "주"(κύριος)라고 번역되었다. 예수님은 실상 땅에 오신 여호와시니, 사도들과 초기 교회가 그를 "주"라고 한 것은 자연스럽다. "주"라는 칭호가 헬라 이교에서 유래했다는 부세의 주장은 억측이다.

21 주의 손이 그들과 함께 하시매 수많은 사람들이 믿고 주께 돌아오더라. 여기서 "주의 손"이라는 말은 "하나님의 능력"을 의미하는 구약식 표현이다(출 9:3; 삼상 5:6; 시 80:17; 눅 1:66). 사도행전 11:20에서는 예수님을 "주"라고 했는데 여기서는 하나님 아버지를 가리켜 "주"라고 하였다. 이처럼 초기 교회는 예수님과 하나님을 동등시하였다(Grosheide).

저자 누가는 이 구절 말씀을 통해 이방 전도 운동이 하나님의 뜻임을 증서한다. 복음 전파 사역은 오직 하나님께서 도와주심으로만 결실을 맺을 수 있다(고전 3:5-7).

22-23 예루살렘 교회가 이 사람들의 소문을 듣고 바나바를 안디옥까지 보내니 그가 이르러 하나님의 은혜를 보고 기뻐하여 모든 사람에게 굳건한 마음으로 주와 함께 머물러 있으라 권하니. 바나바는 안디옥 교회에서 일어나는 영적 운동이 하나님의 은혜임을 확인하였다. 그것은 안디옥에서 많은 사람들이 주님을 믿게 된 사실

---

119) P. Althaus, "Unser Herr Jesus", *Neue Kirchl. Zeitschrift* 26 (1915), 439, 513; G. Vos, "The Continuity of the Kyrios' Title in the N. T.", in *Princeton Theological Review* (1915), 13; "The Kyrios Christos Controversy", in *Princeton Theological Review* (1917), 15; P. Wernle, "Jesus und Paulus", *ZThK* (1915), 25.

을 통해 분명해진다(21절). 대중이 그리스도의 이름으로 움직인다고 해서 그것이 모두 하나님의 은혜에 속한 일이라고 할 수는 없다. 어떤 때에는 대중이 바른 믿음 없이 영적 허영심에 끌려 움직이는 일도 있다. 그들은 간혹 믿음에 의해서가 아니라 여러 가지 육체적 동기로 움직이기도 한다. 그러나 본문에 있는 대로 안디옥 성도들은 예수 그리스도를 중심으로 삼고서 움직였으며, 주님을 전심으로 믿었다.

바나바는 안디옥 교회의 아름다운 분위기 속에서 하나님의 은혜를 감지하고서 기뻐하였다. 형제들 가운데 역사하시는 하나님의 은혜를 확인하고 기뻐하는 성도는 그 자신도 그 같은 은혜를 받은 자임을 보여주는 것이다. 남들에게 하나님의 은혜가 나타나는 것을 보고서도 기뻐하지 않는 자는 자신에게 그런 은혜를 받은 체험이 없든지, 아니면 은혜를 받고서도 그것을 자신의 영광을 위하여 이용하고자 하는 마음가짐을 가졌을 것이다. 이런 자의 심리는 은혜를 전혀 받지 못한 상태와 같다.

"굳건한 마음으로 주와 함께 머물러 있으라 권하니." 바나바는 성도들이 주님과 함께 머물러 있어야 한다는 생각을 가지고 있었다.

"굳건한 마음으로." 이 말(προθέσει τῆς καρδίας)은 "마음에 목적을 세우고서"라는 뜻이다. "주와 함께 머물러 있으라"(προσμένειν τῷ κυρίῳ). 이것은 잠깐 동안이 아니라 지속적으로 주님과 함께 머무는 생활을 의미한다. 계속하여 주님과 동거하는 생활은 ① 주님을 신앙하는 자들만이 누릴 수 있는 것이며, ② 주님의 계명을 지속적으로 순종하는 자가 그런 삶을 중단하지 않을 수 있다(요 14:23). 사람이 혹시 주님의 계명을 범한 경우에라도 진실히 회개하면 다시 주님과 동거하게 된다.

기독교 신앙은 진리에 대한 이론을 가지고 논쟁하는 것도 아니고, 진리에 대해 일목요연하고 체계적인 지식을 소유하는 것도 아니다. 기독교 신앙은 하나님의 말씀을 바로 알고 삶으로써 살아 계신 주님과 동거하는 것이다. 이것이 산 신앙이다.

24 바나바는 착한 사람이요 성령과 믿음이 충만한 사람이라 이에 큰 무리가 주께 더하여지더라. 여기서 "착한 사람"이라는 말은 사람이 예수를 믿은 후에 가지게 되는 신앙과 사랑의 덕을 말하는 것이 아니라 "믿기 전부터 그 인품이 착하다"는 뜻이다(Grosheide). 누가복음 23:50에서도 동일한 의미로 이 말이 사용되었다. 그렇기 때문에 본문에 바나바를 "착한 사람"이라고 한 것은 그가 그 당시 교회 지도자들 중에서 천성적으로 가장 아량이 넓은 자였다는 의미라고 생각된다. 게다가 그는 "성령과 믿음이 충만"하였으니 영적으로 풍부한 은혜를 소유한 자였다. "성령이 충만하다" 함은 "성령으로 말미암은 은사의 분량이 풍부함"을 의미한다.[120] 성령 충만은 믿음으로 나타나는 것이기 때문에 본문에서도 "성령"이란 말 다음에 "믿음"이란 말이 나온다.[121] "큰 무리가 주께 더하여지더라." 바나바는 본래 착한 사람이었는데 그에게 영적 은사까지 충만했으므로 그가 목회하는 임지에 신자들이 더욱 많아졌을 것이다. 버마(현재의 미얀마)에서 초대 선교사로 사역한 저드슨(A. Judson)은 토인들에게 "천사"라는 칭찬을 받았다. 그만큼 그는 선량하였고 또 성령이 충만한 선교사였다. 그가 선교한 지 7년 만에 겨우 세례교인 한 사람을 열매로 얻었으니 얼마나 전도하기 어려운 민족이었는지 알 수 있다. 그래도 그는 끝까지 참고 선교한 결과 그가 별세할 때는 그곳에 7,000명의 신자가 있었다고 한다. 저드슨의 행적은 바나바의 안디옥 선교를 회상케 한다. 바나바의 착한 성격과 성령 충만한 인격은 많은 사람을 주님께로 돌아오게 하였다.

25-26상 바나바가 사울을 찾으러 다소에 가서 만나매 안디옥에 데리고 와서 둘이 교회에 일 년간 모여 있어 큰 무리를 가르쳤고. 칼빈은 사울에 대한 바나바의 처신을 보고 그의 단순성을 칭찬하였다. 곧 바나바는 자기가 예루살렘 교회의 중진

---

120) John Calvin, *Harmony of Matthew, Mark, Luke I* (1965), 18.
121) John Calvin, *The Acts of the Apostles I* (1965), 470.

지도자 중 하나임에도 불구하고 자기보다 우수한 사울을 동역자로 기용하기를 기뻐하였다는 것이다. 그에게는 예수 그리스도의 복음이 더욱 널리 전파되는 것보다 기쁜 일이 없었다는 것이다. 우리는 바나바가 사울을 방문한 사건에서 또 한 가지 그의 장점을 본다. 그것은 사울이 받은 영적 은혜를 참된 것이라고 식별한 그의 분별력이다. 23절 해석 참조.

26하 제자들이 안디옥에서 비로소 그리스도인이라 일컬음을 받게 되었더라. "제자들"이라는 말은 일반 신자를 가리켰으며 "그리스도인"(Χριστιανούς)이라는 호칭은 불신 이방인들이 예수 믿는 성도들을 조롱할 목적으로 사용한 것이었다. 그 당시 불신 유대인들은 그리스도 신자들을 가리켜 "나사렛당"이라 불렀을 것이며 진지한 의미에서 "그리스도인"이라고 부르지는 않았을 것이다. 왜냐하면 유대인들이 예수님을 그리스도로 인정하지 않았으니 그리스도와 관계된 명칭을 생각했을 리 없기 때문이다(Zahn). 이방인들이 신자들을 조롱하는 뜻으로 사용한 이 호칭은 후대에 이르러 오늘날까지 성도를 가리키는 존귀한 대명사로 사용되고 있다. 이 사실은 순교자 이그나티오스(Ignatius)와 폴리카르포스(Polycarp)의 서신들에서 발견된다.[122] 이는 마치 예수님이 못 박히신 십자가 형틀이 후대의 모든 신자들에게 영광의 표지로 받아들여지는 것과 동일하다. 누구든지 그리스도 안에서 받은 능욕은 마침내 그에게 영광이 된다(참조. 행 5:41; 벧전 4:14).

27-28 그 때에 선지자들이 예루살렘에서 안디옥에 이르니 그 중에 아가보라 하는 한 사람이 일어나 성령으로 말하되 천하에 큰 흉년이 들리라 하더니 글라우디오 때에 그렇게 되니라. 이렇게 예언한 대로 과연 흉년이 들었다. 이 같은 사실은 세속 역사가인 수에토니우스(Suetonius)의 저술과 요세푸스의 사기(史記)에도 기록되어 있다.

이런 재앙에 대하여 하나님께서 선지자로 말미암아 예언하신 목적은,

---

122) *Rom.*, III, 4; *Magn.*, IX; *Eph.*, XI, 2; *Mart. Polycarp*, X, XII, 1, 2.

① 그 예언이 이루어졌을 때 신자들의 믿음이 더욱 견고해지도록 하기 위함이며, ② 사람들로 하여금 재앙이 우연히 오는 것이 아니고 하나님의 주재하에서 발생한다는 사실을 알게 하여, 그들로 하여금 그 같은 어려움을 만났을 때 회개케 하려는 것이다.

29-30 제자들이 각각 그 힘대로 유대에 사는 형제들에게 부조를 보내기로 작정하고 이를 실행하여 바나바와 사울의 손으로 장로들에게 보내니라. 이 말씀에서 우리는 초기 교회의 헌금 생활이 어떠했는지를 배우게 된다. ① 그들이 "힘대로" 한 것은 헌금의 모범이다(고후 9:6). ② 그들이 미리 작정하여 헌금한 것은 그것이 자원하는 심령에서 이루어진 증표이니 그것도 헌금의 고귀한 정신이다. ③ 그리고 헌금하는 물질을 예루살렘 교회에 보낼 때 신뢰할 만한 바나바와 사울 두 사람의 손에 위탁한 것 역시 잘한 일이다. 교회의 재정은 반드시 두 사람 이상의 인원이 취급하도록 하는 것이 성경적이다(참조. 행 6:3; 20:4).

설교 ▶ 서로 돕는 교회들(11:1-30)

예루살렘 교회는 이방인에게 전도하는 문제와 관련해 의견의 통일을 이루었다. 베드로의 이방 전도(10장)가 예루살렘 교회 내에서 일부 신자들의 비난거리가 되었을 때 그는 자기가 체험한 내용을 토대로 이방인도 유대인과 마찬가지로 복음을 받을 수 있다는 점을 설명하였다. 그는 교황과 같은 태도로 처신하지 않았으며 일개 보고자의 자세로 겸손히 말하기를 "내가 누구이기에 하나님을 능히 막겠느냐"(11:17)라고 하였다. 이제 이방인도 선교의 대상이라는 진리는 밝혀졌고, 예루살렘 교회는 그가 설명하는 진리에 찬동하였다(18절).

교회가 사상적으로 통일을 이루지 않고서는 전진할 수 없는 법인데 이방인 선교 문제와 관련하여 통일된 견해에 도달했으니 이제 교회는 전진할 수 있다.

1) 예루살렘 교회는 안디옥에 바나바를 보내어 선교하게 하였다(19-26절). 이때에 바나바를 안디옥으로 보낸 데는 그 교회를 예루살렘 모교회에 부속시키려는 정치적 목적 같은 것은 전혀 없었으며, 순전히 그 교회 성도들의 신앙을 강화시키고(23절), 그들에게 진리를 가르치기 위함이었다(25-26절).

2) 안디옥 교회는 예루살렘 교회에 물질을 보냈다(29-30절). 그들이 예루살렘 교회로부터 신령한 것을 받았는데 이제 흉년에 직면한 그 교회에 형제 사랑과 보답의 정신으로 물질을 보낸 것이다(롬 15:27). 이처럼 초기 교회들은 주 안에서 사랑으로 교제하였다.

설교 ▸ 교역자로서의 바나바 (11:19-30)

1. 그는 하나님의 은혜를 보고 기뻐하였다 (23상)

그리스도 신자는 하나님의 은혜로만 참된 기쁨을 누린다. 그 이유는 그가 하나님의 은혜로 영생을 받았으며, 또한 하나님의 은혜는 그것을 받는 자의 심령에 기쁨을 주기 때문이다.

2. 그는 신자들을 권하여 주님께 붙어 있으라고 하였다 (23하)

인생은 주님께 붙어 있어야만 참된 생명을 누릴 수 있다. 특히 그의 영혼은 그리해야만 살 수 있다. 그런데 많은 교역자들은 목양하는 신자들을 자기 자신에게로 이끌려 한다. 그것은 그리스도의 참된 일꾼의 자세가 아니다.

3. 그는 성령과 믿음이 충만하였다 (24상)

성령의 은혜와 믿음의 은혜를 받았으되 충만하지 못한 자는 도리어 그가 받은 은혜를 가지고 자기 자신을 기쁘게 하는 방향으로만 움직이기 쉽다. 만일 그렇게 한다면 그는 하나님의 은혜를 악용하여 죄를 범하는 자가 되는 것이니 그 얼마나 두려운 일인가!

4. 그는 동역자를 사랑하였다 (25-26절)

그는 자기보다 우수한 사역자 바울을 데려다가 자기와 동역하도록 하였다. 교역자는 자기보다 우수한 자와 동역하기 싫어하는 악한 마음에 사로잡히기 쉽다. 교역자는 흔히 시기하는 죄를 범하기 쉬우며, 교회를 맡으면 그 교회를 자기가 중심이 되는 기관으로 만들려는 유혹을 받기 쉽다. 교역자가 이와 같은 죄에서 떠나지 않으면 주님의 양떼를 바로 먹일 수 없다.

제 12 장

↓ 개요

1. 헤롯 왕의 교회 핍박과 교회의 기도(1-5절)

헤롯은 국가 권력을 동원하여 교회를 핍박하였다(1-4절). 이것이 기독교 역사에서 정권으로부터 비롯된 박해의 출발점이다.

2. 베드로가 천사의 지시를 따라 옥 밖으로 나옴(6-11절)

이것은 하나님께서 행하신 기적이다. 어떤 학자는 베드로가 우뢰와 번개의 번쩍임 때문에 쇠사슬에서 벗어났다고 하고(Hezel), 또 다른 학자는 추측하기를 감옥을 지키는 간수가 의도적으로 베드로를 놓아 주었는데 베드로는 그 과정을 깨닫지 못하였다고 한다(Heinrichs). 그러나 이런 학설들은 본문의 내용을 너무도 무시하는 억지 주장이다. 베드로가 천사의 인도로 옥에서 나온 사건은 기독교의 이적 중 하나다.

3. 베드로가 마리아의 집에 잠시 들렀다가 그곳을 떠남(12-17절)

이적은 자연법칙을 무시하지 않는다. 베드로는 옥에서 이적으로 나왔지만 그가 그 후에도 계속 이적적인 보호를 받고자 하지는 않았다. 그는 자연스러운 행동방식을 따라 다른 장소로 피신하였다. 그가 예루살렘에 머물러 있었다면 또다시 헤롯의 손에 체포되었을 것이다. 그가 거기서 어디로 피신했는지 우리는 알 길이 없다. 로마 가톨릭 신학자들은 말하기를 그가 그때 로마로 도피했다고 한다.

4. 헤롯의 죽음에 대한 요세푸스의 기록과 누가의 기록

요세푸스의 기록에 의하면(Ant. IX. 8, 2), 헤롯이 가이사랴에 왔을 때에 로마 황제 클라우디우스(Claudius)를 기념하여 원형극장에서 구경거리를 베풀었다고 한다. 그때 헤롯 왕과 고관들이 함께 구경을 했는데 아첨하는 자들은 빛나는 왕복을 입은 헤롯을 신격화하여 말하기를 "우리와 화해합시다! 왕이여, 우리가 이때까지는 왕을 인간으로 존경하였을지라도 이제부터는 인간 이상으로 알겠나이다."라고 하였다. 헤롯은 이런 칭송에 대하여 한마디의 거부하는 말도 하지 않았다. 그때 그는 자기 옷에 올빼미가 앉는 것을 보았는데 그것은 일찍이 어떤 사람의 예언대로 이루어진 흉조였다. 그러므로 그는 근심에 잠겼으며, 그의 내장에 심한 통증을 느꼈다. 결국 그는 발병한 지 닷새 후에 죽었다고 한다.

위의 기록은 사도행전의 기사와 거의 일치한다. 다만 ① "두로와 시돈 사람들"에 대한 이야기(20절)가 요세푸스의 사기에는 없는데, 그것은 그가 생략했기 때문이라고 생각된다. ② 올빼미에 대한 이야기가 사도행전에는 없는데, 이는 미신과 관련된 것이므로 저자 누가가 기록하지 않았을 것이다. ③ "주의 사자"가 헤롯을 쳤다는 말이 요세푸스의 기록에 없는 것은 그가 불신자였기 때문에 그런 영적 상황에 대하여 알지 못했음을 보여준다고 생각된다. 본서의 저자 누가는 그 사실을 성령의 감동하심으로 기록한 것이다.

✤ 내용분해

1. 헤롯이 야고보를 죽임(1-2절).
2. 그가 베드로를 잡아 옥에 가둠(3-6절).
3. 베드로가 천사로 말미암아 옥에서 나옴(7-10절).
4. 베드로가 마가의 어머니 마리아의 집에 찾아 갔다가 다른 곳으로 감 (11-17절).
5. 헤롯이 파수꾼들을 죽이라고 명함(18-19절).
6. 헤롯이 천벌을 받아 벌레가 먹어 죽음(20-23절).
7. 하나님의 말씀은 왕성하고 바나바와 사울은 안디옥으로 돌아옴(24-25절).

✤ 해석

1 그 때에 헤롯 왕이 손을 들어 교회 중에서 몇 사람을 해하려 하여. 이 "헤롯"은 아그립바 1세를 가리킨다. 그는 하나님의 영광을 도적질하여 받으려 하다가 주의 사자가 쳐서 벌레가 먹어 죽었다(23절). 노울링(R. H. Knowling)과 크로샤이데에 의하면, 그는 주후 41-44년까지 그의 조부 헤롯 대왕이 다스리던 유대와 사마리아를 통치하였다. 헤롯이 교회를 핍박하기 시작했다는 사실을 통해 우리는 한 가지 이치를 깨닫는다. 처음에 예루살렘 교회가 산헤드린 공회로부터 핍박을 받았으니, 그것은 교권에 의한 핍박이었다. 그 뒤에 교회가 평안하여 왕성하였으며(9:31), 이방 안디옥까지 교세가 확장되어 갔다. 그러나 교회는 땅 위에서 평안만 누리는 것이 아니고 때로는 국가 권력에 의한 핍박을 당하기도 한다.

2-3 요한의 형제 야고보를 칼로 죽이니 유대인들이 이 일을 기뻐하는 것을 보고 베드로

도 잡으려 할새 때는 무교절 기간이라. 이때 순교한 "야고보"는 세베대의 아들로서 예수님의 가장 가까운 제자 중 한 사람이었다(마 17:1; 26:37). 사도들의 순교 사건으로 성경에 나오는 것은 야고보에 관한 기록이 유일하다.

"칼로 죽이니." 그 당시에 칼로 죽임을 당하는 것은 수치스러운 형벌이었다고 한다. 유대인들이 야고보의 순교를 보고 기뻐한 것은 예수님의 복음을 미워하는 이 세상 사람들의 근성을 드러낸 것이다(참조. 계 11:9-10). 헤롯은 유대인들이 기뻐하는 것을 보고 더욱 핍박할 용기를 얻어 베드로까지 해하려 하였다. 이것이 정치가들의 야심인데 예로부터 지금까지 변함이 없다. 정치가들은 언제나 대중에게 아부한다. 그들은 대중을 발판으로 삼아 권력을 유지하는 자들이기 때문에 대중의 환심을 사기 위해서는 진리와 의리도 초개같이 버린다.

"베드로도 잡으려 할새 때는 무교절 기간이라." 저자 누가가 여기서 헤롯이 베드로를 잡으려 한 때가 "무교절 기간"이었다고 밝힌 의도는 첫째 그 절기에 많은 유대인들이 예루살렘에 모여 있었으므로 헤롯이 그런 기회에 베드로를 잡음으로써 유대인들의 인기를 얻으려 했다는 것을 보여주기 위해서이며, 둘째 베드로가 붙잡힌 것을 알게 된 대중은 그가 기적적으로 감옥에서 나온 놀라운 사건에 대한 증인들이 될 것임을 보여주기 위해서다.

"무교절"은 유대력으로 니산월 14일 저녁(유월절) 이후 한 주간 누룩 없는 떡을 먹는 절기다. 그것은 그리스도로 말미암아 속죄 받은 이후(유월절 양을 먹은 후) 성결한 삶을 영위해야 할 신자들의 한평생을 비유하는 것이다. 고린도전서 5:6-8에 "너희가 자랑하는 것이 옳지 아니하도다 적은 누룩이 온 덩어리에 퍼지는 것을 알지 못하느냐 너희는 누룩 없는 자인데 새 덩어리가 되기 위하여 묵은 누룩을 내버리라 우리의 유월절 양 곧 그리스도께서 희생되셨느니라 이러므로 우리가 명절을 지키되 묵은 누룩으로도 말고 악하고 악의에 찬 누룩으로도 말고 누룩이 없이 오직 순전함과 진실함의 떡으로 하자"라고 하였다(참조. 출 12:15).

4 잡으매 옥에 가두어 군인 넷씩인 네 패에게 맡겨 지키고 유월절 후에 백성 앞에 끌어내고자 하더라. "네 패에게 맡겨" 지키게 한 것은 한 패씩 교대하여 계속 지키게 하기 위함이었다. 베드로가 일찍이 대제사장과 사두개인의 시기로 인하여 옥에 갇혔다가 하나님의 권능으로 놓인 일이 있었는데(5:19), 이 사실을 알게 된 헤롯은 베드로를 철통같은 감시하에 두고자 했던 것이다. 헤롯이 유월절 중에는 베드로를 죽이지 않으려 했는데 그것은 그 절기를 더럽혔다는 백성의 비방을 피하기 위해서였다. 그 절기 후라도 그는 대중의 마음을 얻기 위하여 기어이 베드로를 그들 앞에 끌어내고자 한 것이다(Calvin, Knowling).

"백성"은 믿지 않는 유대인들을 가리키는데, 그들은 사도 베드로가 죽는 것을 기뻐할 자들이다. 정치가들은 정의를 뒤로 한 채 민중에게 아부하려는 천박한 야심에(12:3) 사로잡히기 쉽다. 그러나 그것은 정의가 바로 힘이라는 사실을 깨닫지 못하는 어리석은 정치가의 망상일 뿐이다.

5 이에 베드로는 옥에 갇혔고 교회는 그를 위하여 간절히 하나님께 기도하더라. "이에"라고 번역된 헬라어(οὖν)는 "그러므로"란 뜻이니, 앞절에 기록된 헤롯의 조치로 말미암은 결과를 가리킨다. 그리하여 여기에 하나의 대조적인 표현이 나타나 있다. 누가는 이러한 대조를 드러내기 위해 "베드로는… 교회는…"이라는 표현을 사용하였다. 이처럼 강력한 대조를 통해 강조하고자 했던 것은, 한편에서는 베드로를 철통같이 가두는 폭력의 행사가 있는 반면, 다른 한편에서는 교회가 베드로를 위하여 간절히 기도하는 영적 전투가 벌어지고 있다는 사실이었다. 다시 말해 이 대조는 폭력과 기도 간의 투쟁을 보여주는 것이다. 이에 대하여 캠벨 모건은 "그 당시 두 세력이 서로 다투었다. 한편에서는 베드로를 가두었고, 다른 한편에서는 베드로를 위하여 기도하였다."라고 하였다.

"교회는 그를 위하여 간절히 하나님께 기도하더라." 여기서 "그를 위하여"라는 표현은 베드로의 석방을 위해서만 기도하였다는 뜻이 아니고, 그와 동시에 그 사건이 교회에 유익한 방향으로 선하게 해결되도록 기도했다는 것을 가리킨다. 물론 그때의 범교회적인 기도에 관한 기록에서 우리는 일면 그들의 신앙이 부족했던 면을 발견할 수 있다. 그들은 옥에서 나온 베드로가 그들이 모여 있는 집 앞에 도착했다는 말을 듣고도 그 사실을 전해 준 아이의 말을 믿지 않고 그가 미쳤다고 하였다(13-15절). 그런데도 하나님께서 그들의 기도에 응답하신 것은 그들이 "간절히" 기도하였기 때문이다. 간절함은 기도의 생명이다(눅 11:5-8).

칼빈은 이때 교회가 "하나님께"(πρὸς τὸν θεόν) 기도했다는 말씀에 주의하여 말하기를 "우리는 여기서 '하나님'이란 성호를 기억해야 한다. 우리의 기도는 오로지 '하나님'만 향해야 한다. 곧 '환난 날에 나를 부르라'(시 50:15)고 하신 말씀과 같은 것이다."라고 하였다.[123] 칼빈의 이 같은 말은 지당한 것이다. 우리가 기도할 때 하나님만을 온전히 바라보지 못하고 다만 습관적으로 주문을 외우듯이 격식만 갖추는 때가 적지 않다.

6-7 **헤롯이 잡아 내려고 하는 그 전날 밤에 베드로가 두 군인 틈에서 두 쇠사슬에 매여 누워 자는데 파수꾼들이 문 밖에서 옥을 지키더니 홀연히 주의 사자가 나타나매 옥중에 광채가 빛나며 또 베드로의 옆구리를 쳐 깨워 이르되 급히 일어나라 하니 쇠사슬이 그 손에서 벗어지더라.** 베드로를 죽이기로 작정된 진날 밤, 환난이 깊어진 때에 하나님이 간섭하셔서 그를 구출해 주신 것은 중요한 교훈을 준다. 곧 인간의 난관이 절정에 이르러 아무리 기도해도 응답이 안 될 듯이 보이고, 모든 일이 수포로 돌아갔다고 포기할 즈음에 하나님께서 권능으로 간섭하시는 역사가 나타나게 된다는 진리를 가르쳐준다. 오래 참으며 기도한 자는 결국 응답을 받는다. 또 한 가지 기억할 것은 베드로가 "두 군인 틈"에서 "두 쇠사슬에 매여" 있으면서도 안심하고 깊이 잠들었다는 점이다. 그가 이처럼 담대할

---

123) John Calvin, *The Acts of the Apostles I* (1965), 481.

수 있었던 것은 그가 성령을 충만히 받았으며 또 주님의 약속을 굳게 믿었기 때문이다. 그는 주님이 동행하여 주시겠다는 약속의 말씀이 성취되는 것을 이미 지난 번 핍박 때도 체험한 바 있다(5:18-19).

하나님이 베드로를 옥에서 구출하신 사건에서 우리는 그가 하시는 일이 얼마나 오묘한지를 목격할 수 있다. 곧 그가 야고보는 순교하도록 두시고(2절) 베드로는 구출하셨으니, 그것은 그의 섭리에 뜻깊은 대조가 있음을 보여준다. 이 두 사건 모두 하나님이 주장하셨으니, 둘 다 하나님의 영광을 위하여 전개된 사건들이다.

"홀연히… 나타나매"(ἐπέστη)라는 어구는 주의 사자가 활동하는 방식을 보여준다. 그는 사명을 실행하는 데는 시간을 소모하지만 그 일을 위해 오고가는 데는 별로 시간을 사용하지 않는 듯이 보인다. 그는 머뭇거리거나 지체하지 않는다. 그만큼 그는 하나님께서 주신 사명을 수행하는 일에 신속하다. 이때 비친 "광채"는 주의 사자에게서 나는 빛이 아니라 다른 데서 별도로 임한 것이며, 어두운 밤중에 베드로를 인도해 내기 위한 것이었다(Grosheide).

"옆구리를 쳐 깨워." 이와 비슷한 체험을 엘리야도 하였다(왕상 19:5, 7). 이것은 물론 육신과 육신 간의 접촉이 있었다는 의미는 아닐 것이다. 왜냐하면 주의 사자는 육신이 아니고 영적인 존재이기 때문이다. 그러나 영은 필요에 의하여 인간의 육신도 관할한다. 다만 인간이 때때로 그것을 느끼지 못할 뿐이다. 하나님께서 아담이 잠들었을 때에 그의 갈빗대를 취하신 것(창 2:21)도 이와 같은 경우다.

"쇠사슬이 그 손에서 벗어지더라." 이것은 초자연적인 사건이다. 쇠사슬이 작용하는 물리의 법칙도 하나님의 손에 달려 있다. 특별히 여기서 우리가 주목해야 할 것은 "급히 일어나라"고 한 천사의 말 한마디에 쇠사슬이 벗겨졌다는 사실이다. 말씀으로 자연계를 복종시키는 것은 말씀 한마디로 만물을 만드신 창조주 하나님의 능력으로만 가능한 일이다. 이 일에 있어서 천사는 하나님의 대언자일 뿐이다(계 19:10).

8-9 **천사가 이르되 띠를 띠고 신을 신으라 하거늘 베드로가 그대로 하니 천사가 또 이르되 겉옷을 입고 따라오라 한대 베드로가 나와서 따라갈새 천사가 하는 것이 생시인 줄 알지 못하고 환상을 보는가 하니라.** 베드로는 비록 쇠사슬은 자기 손에서 벗겨졌으나 군인들이 여전히 자기를 지키고 있다는 사실을 알고 있었다. 그러니 그는 당장 어찌해야 할지를 알지 못했으며, 게다가 자기 힘으로 감옥에서 탈출할 수 있으리라고는 상상도 할 수 없었다. 따라서 그는 천사의 지시대로 순종하는 것만을 유일한 소망으로 여겼던 것이다.

"따라오라." 이 말이 베드로에게 얼마나 반가웠겠는가! 이제는 따르는 것만이 살 길이었다. 따르는 것이 반드시 평탄한 길로 인도해주는 것은 아니다. 어떤 때는 험한 산과 깊은 골짜기를 만날 수도 있다. 그러나 따르는 자는 신념과 소망으로 그 가슴이 뛰고 있기 때문에 역경조차도 기쁨으로 통과할 수 있다. 확실한 자격을 갖춘 지도자를 따르는 발걸음은 복되다. 베드로는 환상 중에도 천사가 주는 지침이라면 순종하는 것이 옳다고 생각했기 때문에 그대로 순종하였다. 그러면서도 과연 이것이 현실이겠는가 하는 의심이 들기도 했다. 하지만 그의 의심이 악의 있는 것은 아니었으며, 다만 그 일이 너무도 놀라운 사건이기 때문에 그렇게 느꼈던 것이다(참조. 시 126:1).

10 **이에 첫째와 둘째 파수를 지나 시내로 통한 쇠문에 이르니 문이 저절로 열리는지라 나와서 한 거리를 지나매 천사가 곧 떠나더라.** 베드로는 옥에서 구출될 때 이와 같이 여러 단계를 차례로 경유하였다. 천사는 베드로를 단번에 그의 목적지로 옮겨 놓을 수도 있었다. 그러나 그가 그런 방법을 사용하지 않고 여러 단계를 거치도록 한 데는 뜻이 있다. 그것은 베드로가 그처럼 여러 난관들을 무사히 통과하게 하시는 주님의 능력을 겹겹이 체험하게 하기 위한 배려였다. 어떤 난관을 마주하여 주님의 능력을 체험할 때 단번에 순간적으로 해결받는 것보다 이처럼 시간을 두고 차근차근 경험해야 더욱 인상 깊

은 경이감과 초자연적 역사에 대한 견고한 신앙을 가지게 된다.

베드로의 이 같은 체험은 천성을 향하여 걸어가는 신자들이 세상에서 여러 가지 죄악의 위험한 유혹의 단계들을 하나하나 통과하여 넘어가는 것을 상기시켜 준다. 신자들이 이 세상에서 죄악을 하나하나 이기고 시험을 하나하나 통과하는 것은 마치 베드로가 "첫째" 파수, "둘째" 파수를 통과하듯이 아슬아슬한 일이다. "한 거리"를 지나서 천사가 떠나간 것은 베드로를 안전지대까지 인도해 주신 하나님의 사랑을 보여준다.

11 이에 베드로가 정신이 들어 이르되 내가 이제야 참으로 주께서 그의 천사를 보내어 나를 헤롯의 손과 유대 백성의 모든 기대에서 벗어나게 하신 줄 알겠노라 하여. 베드로는 이제야 자기가 천사로 말미암아 옥에서 구출되었다는 것을 확실히 깨달았다. 이것은 신자가 천성에 들어가서야 하나님이 자기를 구원해 주신 사실을 밝히 알게 되는 것과 같다(계 7:10). 물론 그가 이 세상에 거할 때도 어느 정도는 하나님의 구원의 역사를 느낄 수 있다. 그러나 구원에 대한 밝고 분명한 깨달음은 그가 천성에 들어갔을 때에 주어진다.

이 구절에 적힌 베드로의 말에서 우리가 주목할 것은 그가 그 구원의 은총이 하나님에게서 왔다고 생각했다는 점이다. 그는 천사를 단지 하나님의 일을 대신하는 사환으로 여겼을 뿐이었다.

"헤롯의 손과 유대 백성의 모든 기대." 유대 백성의 기대는 베드로가 죽임을 당하는 것이었다. 이것은 극도로 악한 일이다. 헤롯은 백성의 악한 기대를 이루어줌으로써 자기 세력의 기반을 공고하게 하려 했으니 이것 역시 극도로 악한 행동이다. 하나님은 진실한 복음 전도자를 해하려 하는 자들을 그냥 두지 않으신다. 그는 그들이 도모하는 악한 계략을 분쇄시키신다.

설교 시련의 시기와 기도(12:1-11)

1. 시련의 시기는 귀하다

교회가 너무 오랫동안 평안하여 세상과 동화되어서 활력을 잃게 될 때는 박해를 통한 파동이 필요하다. ① 그런 때에 성도들의 믿음이 드러난다(1-3절). ② 그런 때에 성도들이 생명력 있게 서로 위하여 기도하며 진정한 형제애를 나타낸다(5절). ③ 그런 때에 성도가 외부의 거친 풍랑 가운데서 주님의 평안을 체험한다(6절). ④ 그런 때에 성도들이 하나님의 구원을 체험한다(7-11절).

2. 기도하는 성도는 승산이 있다

"이에 베드로는 옥에 갇혔고 교회는 그를 위하여 간절히 하나님께 기도하더라"(5절). 이 말씀은 기도가 문제 해결의 열쇠라는 것을 가르쳐준다. 우리는 기도로 모든 일을 해결할 줄 알아야 한다. 다만 우리는 기도하되 참된 기도를 하도록 노력해야 한다.

참된 기도는 어떤 것인가? ① 합심기도. 베드로가 옥에 갇혔을 때 교회가 기도하였다고 했는데 이때 그들은 한곳에 모여 합심하여 기도한 것이 분명하다(5절). 예수님께서 말씀하시기를 "진실로 다시 너희에게 이르노니 너희 중의 두 사람이 땅에서 합심하여 무엇이든지 구하면 하늘에 계신 내 아버지께서 그들을 위하여 이루게 하시리라"(마 18:19)라고 하셨다. ② 간절한 기도. "간절히"(ἐκτενῶς)라는 단어가 중요하다. 인간은 게으르고 나태한 본성이 있기 때문에 기도 또한 무성의하게 되어버리기 십상이다. 그러므로 우리는 기도에 많은 노력과 시간을 투자해야 기도다운 기도를 하게 된다. 농부가 비옥하지 못한 땅을 경작하는 때는 밭이 넓어도 수확은 적은 것과 마찬가지로, 무성의한 본성을 가진 인간은 기도에 많은 노력과 시간을 투자해야 어느 정도 참된 기도가 이루어질 수 있다.

12 깨닫고 마가라 하는 요한의 어머니 마리아의 집에 가니 여러 사람이 거기에 모여 기도하고 있더라. "마가"는 헬라식 이름이고 "요한"은 히브리식 이름이다. 그는

이방 땅에 살던 유대인의 자손으로서 구브로 사람 바나바의 조카였다(골 4:10). 그는 베드로의 전도로 말미암아 회개하였다(참조. 벧전 5:13; 행 12:25; 13:13; 15:37-39; 딤후 4:11; 몬 1:24).

"마리아의 집"은 그 당시 예배 장소로 사용되었던 개인주택이었든지, 그렇지 않으면 많은 신자들이 모여서 기도하기 위해 마련된 처소였을 것이다.

"여러 사람이 거기에 모여 기도하고 있더라." 이들의 기도는 물론 베드로가 투옥된 사건이 주님의 영광을 위하여 선하게 처리되도록 해달라는 간구였을 것이다(행 12:5). 하나님은 신자들의 기도가 헛되지 않도록 돌보신다. 이때 드린 그들의 기도야말로 영적인 열기에 이끌린 뜨거운 합심기도였을 것이다(마 18:19-20).

13-15 베드로가 대문을 두드린대 로데라 하는 여자 아이가 영접하러 나왔다가 베드로의 음성인 줄 알고 기뻐하여 문을 미처 열지 못하고 달려 들어가 말하되 베드로가 대문 밖에 섰더라 하니 그들이 말하되 네가 미쳤다 하나 여자 아이는 힘써 말하되 참말이라 하니 그들이 말하되 그러면 그의 천사라 하더라. "로데"('Ρόδη)는 "장미꽃"이란 뜻인데 옛날 헬라에서 여성의 이름으로 많이 사용하였다고 한다(Zahn). 이에 관한 기록이 매우 자세한 것으로 보아 본문의 자료들이 목격자 베드로에게서 나왔을 것이라고 생각된다. 로데가 기뻐한 이유는 그 당시 거기 모인 사람들의 기도에 대한 응답으로 베드로가 놓였다는 사실을 그녀가 믿었기 때문이다.[124] 그런데 도리어 베드로를 위하여 기도하던 어른들이 그 소식을 믿지 않았으니, 그들의 믿음이 부족했음이 드러난 것이다. 그러나 하나님께서는 그럼에도 불구하고 너그럽게 그들의 기도에 응답하셨다.

기도 응답에 대한 그들의 이 같은 태도는 엘리야의 그것과 대비된다. 엘리야는 비 오기를 위하여 기도하면서(비가 확실히 올 줄 알고) 사환을 보내어

---

124) Theodor Zahn, *Die Apostelgeschichte des Lucas I/II*, KNT 5 (Leipzig, 1919), 391.

비가 내릴 징조를 일곱 번이나 확인하게 하였다(왕상 18:42-44). 이처럼 큰 믿음을 소유한 신자가 있는 반면에, 마가의 집에서 베드로를 위하여 기도하던 이들은 작은 믿음을 소유한 자들이었다. 그러나 하나님은 은혜로우시기 때문에 작은 믿음으로 드리는 기도에도 응답하셨다.

"그의 천사." 이것은 당시 유대 사회의 그릇된 관념에 따라 각 사람에게 수호천사가 배정되어 있다는 생각으로 한 말이다. 그들의 이 같은 사상은 성경적이지 않다. 마태복음 18:10에 나오는 "그들(작은 자들)의 천사들"이라는 표현은 각 사람에게 배정된 천사를 가리키는 것이 아니라 다만 "그들을 돌보는 천사들"이라는 통칭적인 표현일 뿐이다. 거기서 말하는 천사들은 다른 사람들도 돌볼 수 있다. 어떤 학설에 의하면, "천사"(ἄγγελός)라고 번역된 단어는 사자(使者)라는 뜻도 있는 것이므로 베드로가 보낸 사자를 가리킨다고 하나 이 학설은 합당하지 않다.

16-17 베드로가 문 두드리기를 그치지 아니하니 그들이 문을 열어 베드로를 보고 놀라는지라 베드로가 그들에게 손짓하여 조용하게 하고 주께서 자기를 이끌어 옥에서 나오게 하던 일을 말하고 또 야고보와 형제들에게 이 말을 전하라 하고 떠나 다른 곳으로 가니라. 베드로가 옥에 갇혀 있던 순간에도 그의 마음은 마가 요한의 집(기도하는 형제들이 모인 장소)에 가 있었을 것이다. 이제 많은 사람의 기도 응답(12절)으로 옥에서 벗어난 그는 그들이 기도하는 집으로 오지 않을 수 없었고, 화급히 기도의 동지들을 만날 생각에 그의 가슴이 북받쳤을 것이다. 그때 기도하던 신도들이 베드로를 보고 놀란 것은 그들의 기도 응답이 너무도 속히 이루어졌을 뿐만 아니라 기적적인 방법으로 이루어졌기 때문이다.

베드로가 그들에게 "손짓하여 조용하게" 한 이유는 그가 체험한 기적(옥에서 나오게 된 일)을 그들에게 말해 주려는 열심 때문이었다. 그가 그렇게 놀라운 방법으로 옥에서 구출된 사실을 온 교회에 말한 목적은, ① 하나님의 은혜를 그들과 함께 나눈 후에 감사하기 위함이었고, ② 그 체험을 간증함으로써 듣는 자들의 믿음을 굳게 하려 함이었고, ③ 그때 환난 중에 있는 교회를 위로하기 위함이었다.

"야고보와 형제들." 이 "야고보"는 주님의 동생이다(고전 15:7; 갈1:19; 2:9). "형제들"은 다른 사도들과 장로들을 가리킨다(Calvin).

"떠나 다른 곳으로 가니라." 베드로는 예루살렘에 머물러 있지 않고 다른 곳으로 갔다.

18 날이 새매 군인들은 베드로가 어떻게 되었는지 알지 못하여 적지 않게 소동하니. 천사가 베드로를 구출하는 동안 군사들은 자고 있었다. 그러므로 그들은 베드로가 옥에서 빠져나간 사실을 알지 못하였다. 그들은 죄수들을 감시해야 할 파수꾼이면서도 이 같은 사실을 알지 못하였다. 이는 마치 이 세상에서 성도들의 원수 된 자들이 아무리 자신들의 지혜를 자랑한다 해도 하나님께서 성도를 보호하시는 오묘한 이치를 알지 못하는 것과 같다. 하나님께서 성도를 보호하시는 방식은 놀랍고 기이하다. 때로는 날개 아래 숨기듯이 보호하시며(시 91:4), 때로는 은밀한 곳에 숨기듯이 보호하신다(시 27:5).

"적지 않게 소동하니." 이 세상 사람들은 하나님을 거스르면서도 일시적으로는 평안을 누리며, 불의한 일들을 저지르면서도 그들의 소원대로 성공을 거둔다. 그러나 결국에는 하나님이 정하신 그날이 찾아올 것인데 그때는 그들이 하나님의 간섭으로 말미암아 당하는 실패 앞에서 소동할 수밖에 없다.

19 헤롯이 그를 찾아도 보지 못하매 파수꾼들을 심문하고 죽이라 명하니라 헤롯이 유대를 떠나 가이사랴로 내려가서 머무니라. "헤롯"은 분명 극악한 살인마였다. 그는 사람 죽이는 것을 도무지 문제시하지 않았다. 수많은 무고한 사람의 피를 흘린 그는 죄악이 극에 달해 머지않은 장래에 그 자신이 천벌을 받아 죽게 된다(23절).

20-22 헤롯이 두로와 시돈 사람들을 대단히 노여워하니 그들의 지방이 왕국에서 나는 양식을 먹는 까닭에 한마음으로 그에게 나아와 왕의 침소 맡은 신하 블라스도를 설득하여 화

목하기를 청한지라 헤롯이 날을 택하여 왕복을 입고 단상에 앉아 백성에게 연설하니 백성들이 크게 부르되 이것은 신의 소리요 사람의 소리가 아니라 하거늘. "두로와 시돈"은 수리아에 속하였기 때문에 헤롯이 관할하는 영지는 아니었다. 이 지방 사람들은 중간에 가로막힌 산악 지대로 인하여 수리아 본토와의 왕래가 어려웠기 때문에 헤롯 왕국의 도움으로 식량 문제를 해결하는 형편이었다. 이때 헤롯이 두로와 시돈 지방 사람들과 충돌했던 이유는 아마 교역의 문제였을 것이라고 추측된다.

"이것은 신의 소리요 사람의 소리가 아니라." 그때 두로와 시돈 백성이 헤롯을 이같이 칭송했던 것은 사실상 아첨의 말이었다. 민중은 먹고 살기 위해서 집권자에게 아첨하는 일이 많다.

23 헤롯이 영광을 하나님께로 돌리지 아니하므로 주의 사자가 곧 치니 벌레에게 먹혀 죽으니라. 사람에게 칭찬은 욕보다 위험하다. 칭찬을 듣는 자는 아무런 생각 없이 그것을 즐긴다. 그러나 과분한 칭찬을 받는 것은 하나님의 영광을 가로채는 죄를 범하는 것이니 얼마나 위험한 일인가?(참조. 6:26; 16:15) 하나님께서 무서운 폭군들을 벌하실 때에는 대군을 동원하지 않으시고 미미한 벌레로 벌하기도 하신다.

24 하나님의 말씀은 흥왕하여 더하더라. 교회의 원수가 망하면 필연적으로 하나님의 말씀이 왕성해진다.

25 바나바와 사울이 부조하는 일을 마치고 마가라 하는 요한을 데리고 예루살렘에서 돌아오니라. "바나바와 사울"이 안디옥 교회의 부탁으로(11:30) 예루살렘 성도들을 구제하기 위해 거기로 갔다. 그들은 예루살렘에 체류하는 동안 아마도 마가의 집에 머물렀을 것이다. 그들은 이제 그 사명을 마치고 안디옥으로 돌아왔다. 바나바와 사울이 이때 마가를 데려옴으로써 그들은 후에 안디옥에서 출발한 제1차 선교여행에 마가를 동반할 수 있게 되었다.

제 13 장

✧ 개요

1. 안디옥 교회에서 전 세계를 무대로 선교사역을 시작하기에 앞서 위대한 신앙의 인물들이 준비되어 있었다는 사실(1절)은 후대 교회에 귀감이 된다. 합당한 인물이 없으면 교회가 하나님의 일을 올바로 수행할 수 없다.

2. 바울과 바나바 두 사람이 이방 선교에 함께 동역한 것(2-3절)은 아주 아름다운 일이었다. 성령께서 이 두 사람을 구별하여 복음 전도자로 파송케 하셨으며 또한 이들은 서로 우정이 두터웠다. 교회의 일을 추진할 때 반드시 우정이 두터운 사람들끼리만 동역해야 하는 것은 아니지만, 어떤 일은 우정으로 잘 통하는 사람들이 합심할 때 좋은 결과를 얻을 수 있다. 하지만 그렇다고 서로 친근한 사람끼리 작당하여 다른 사람들을 차별하거나 소외시키는 것은 교회에 해를 끼치는 일이 된다.

3. 바울과 바나바가 먼저 구브로에 선교한 것(4-12절)은 그곳이 바나바의 고향이었기 때문에 그리한 듯하다. 그리스도 복음의 귀중함을 아는 자

들은 우선적으로 친척과 고향을 선교 대상으로 떠올리는 것이 자연스러운 일이다.

4. 비시디아 안디옥에서 바울이 선포한 설교는 시종일관 하나님의 은혜로 말미암아 거저 주시는 구원에 대한 것이었다. 그리스도께서 오시기 전에도 하나님께서 이스라엘 백성을 인도하신 방법은 은혜의 원리였고(17-22절), 그리스도 예수가 오신 일도 하나님의 약속에 대한 성취로 이루어진 일이므로 그로 말미암은 구원도 은혜에 속하는 것이다(23-38절).

5. 유대인들이 복음을 핍박한 결과 사도들은 이방인들에게로 가서 복음을 전하게 되었다(46절). 이와 같은 경향이 사도행전에 기록된 모든 선교 운동에 명시되어 있다.

✧ 내용분해

1. 바나바와 바울이 선교사로 파송됨(1-3절).
2. 구브로 섬에서 전도함(4-12절).
3. 바울 일행이 비시디아 안디옥에 도착함(13-14절).
4. 첫 번째 안식일에 바울이 설교함(15-41절).
5. 설교의 결과(42-43절).
6. 두 번째 안식일에 전도한 결과(44-52절).

✣ 해석

1 안디옥 교회에 선지자들과 교사들이 있으니 곧 바나바와 니게르라 하는 시므온과 구레네 사람 루기오와 분봉 왕 헤롯의 젖동생 마나엔과 및 사울이라. "선지자"(προφῆται)는 초자연적인 소통방법으로 하나님의 뜻을 깨닫게 되는 은사를 소유한 자들이다. 그리고 "교사"(διδάσκαλοι)는 가르치는 재능을 가진 지도자를 의미한다.

"바나바"는 구브로 사람이고(4:36) 복음을 위하여 안디옥에서 왕성하게 활동했던 지도자다(11:22-30). "니게르"(Νίγερ)라는 단어는 검은빛을 의미하는데, 이는 그가 아프리카인이었다는 뜻이다. 안디옥 교회는 인종 차별을 하지 않았다. "루기오"는 사도행전의 저자인 누가와 동일인물이라는 학설도 있지만 노울링은 그렇지 않다고 하였다. 그는 바울의 친척이었다(롬 16:21).

"분봉 왕 헤롯의 젖동생 마나엔." 이 사람은 분봉 왕 헤롯 안티파스와 관련이 있는 것으로 보아 귀족이었을 것이다. 그런데도 그가 왕궁을 의지하지 않고 주님을 의지하게 되었으니 복된 일이다. 벵겔은 말하기를, 마나엔이 "왕궁의 영광과 관련된 시험거리에서 해방되었으니(freed from the temptation of a court) 복되다."라고 하였다.

"사울"은 그 당시에 사도의 직분은 가졌으나 아직 신참 사역자였던 만큼 그의 이름이 맨 나중에 기록되었다. 그는 바나바를 선배로 섬긴 후배였으나 나중 된 자가 먼저 되는 천국의 원리대로(마 20:16) 나중에는 훨씬 앞서게 되었다. 그러나 그의 마음에는 아무런 경쟁심도 없었고, 자신이 다만 "죄인 중에 괴수"(딤전 1:15)일 뿐이라고 진실하고 겸손하게 고백하는 인물이었다.

안디옥 교회는 선교적 교회로서 믿음과 소망과 사랑에 견고하게 뿌리

내리고 있었으며 크게 확장해 나갈 잠재력을 갖추고 있었다.[125] 그뿐 아니라 그 교회에는 자질을 갖춘 복음의 일꾼들이 준비되어 있었다. 하나님께서 이 교회를 통해 이방 각국에 선교사들을 보내시기로 섭리하신 것이 이같은 사실로 말미암아 분명히 드러나게 되었다.

2 주를 섬겨 금식할 때에 성령이 이르시되 내가 불러 시키는 일을 위하여 바나바와 사울을 따로 세우라 하시니. 이때의 "금식"에는 선지자들과 교사들만 아니라 온 교회가 참여하였다. 그들의 사역은 교회와 별개로 추진했던 일부 그룹만의 운동이 아니었다. "섬겨"(λειτουργούντων)라는 말은 하나님께 대한 개인적인 영적 교제뿐 아니라 단체적인 예배행위를 가리킬 수도 있다. 그들의 금식은 물질을 악하게 여기는 고행주의적인 동기에서 비롯된 것이 아니었고, 육체적인 쾌락을 절제함으로써 하나님께서 주시는 영적 감동을 받기 위한 것이었다(B. Wielenga). 이런 목적 때문에 그들은 전심으로 기도하기 위해 금식하였다.

"성령이 이르시되." 그때에 안디옥 교회의 선지자 중 누군가가 성령의 음성을 들었을 것이다.

"내가 불러 시키는 일"은 해외 선교사역을 가리킨다. 바나바와 사울은 한마음으로 주님을 섬겼으므로 해외 선교사역을 위하여 동역할 수 있었다.

3 이에 금식하며 기도하고 두 사람에게 안수하여 보내니라. 금식기도는 주님의 중대한 일을 행하기에 앞서 하는 법이다. "안수"에 대해서는 6:6의 해석을 참조하라. 이때 교회가 바나바와 사울에게만 안수한 이유는 무엇이었는가? 이것은 그들에게 사도의 직분을 전수하기 위한 것이 아니고(갈 1:1) 그들을 "하나님의 은혜"에 부탁하기 위한 것이었다(행 14:26). "하나님의 은혜"에 부탁한다는 것은 복음을 전하기 위해 이방 땅으로 들어가는 그들을 하나님이 은혜

---

125) B. Wielenga, *Van Jerusalem Naar Rome I-III*, Tweede Deel, J. H. Kok. (Kampen, 1928), 8.

가운데 보호해주시기를 간구한다는 뜻이다(J. A. Alexander).

"보내니라." 이 말의 헬라어(ἀπέλυσαν)는 보낸다는 의미가 아니라 "놓아 주었다"(released)는 뜻이다. 바나바와 사울은 안디옥 교회를 부흥케 하는 중요한 인물들이었음에도 불구하고(11:22-26), 교회는 성령의 지시에 순종하여 그들을 선교사로 내어 놓았던 것이다.

4-5 두 사람이 성령의 보내심을 받아 실루기아에 내려가 거기서 배 타고 구브로에 가서 살라미에 이르러 하나님의 말씀을 유대인의 여러 회당에서 전할새 요한을 수행원으로 두었더라. "성령의 보내심을 받아." 여기서 우리가 주목할 것이 있다. 복음서에서는 그리스도 자신이 전도자를 보내시는 것으로 기록된 반면(요 20:21) 여기서는 성령께서 그들을 보내시는 분으로 진술되었다는 것이다 (ἐκπεμφθέντες ὑπὸ τοῦ ἁγίου πνεύματος). 그는 보내라는 명령을 교회에 주셨을 뿐만 아니라 친히 보내시는 인격적인 권위자시다. 아니 그보다도 그는 선교 사역의 모든 단계에서 순간순간 그의 기쁘신 뜻대로 보내시는 분이다. 그는 영원토록 교회와 함께하신다(요 14:16).[126]

바나바와 사울의 선교운동은 그들 자신의 운동이 아니라 성령의 운동이었다. 그러므로 그것은 전도유망한 것이었다. 사람들이 주님을 의지하는 마음으로 자진하여 하나님의 일을 추진할 때 선한 결과가 성취되기도 하지만, 성령님이 친히 주도하셔서 시작하시는 사역은 실패할 수가 없다. 그러나 우리가 또 한 가지 주의할 것이 있다. 그것은 하나님의 일에 있어서 성공이라는 것은 양적으로 평가될 것이 아니고 질적으로 평가되어야 한다는 것이다.

"실루기아"는 안디옥 해변에 있는 항구이고, "구브로"는 바나바의 고향이다(행 4:36). 그가 고향 사람들을 주님께로 인도하는 일을 우선순위에 두고 생각한 것은 자연스러운 일이다. "살라미"는 구브로의 동해안에 있다.

---

126) Ibid., 25.

"요한"은 마가 요한을 가리키는데 바나바의 조카였다(골 4:10). 그 당시 마가에게 주어진 역할은 무엇이었는가? 마가는 두 선교사(바나바와 사울)를 시중드는 일도 맡았겠지만 그는 예루살렘 교회의 대표자로서 이방 선교에 헌신한 인물이기도 하다. 하나님의 교회가 하는 일은 언제나 보편적인 협력을 통해 완전을 이루는 법이다. 안디옥 교회가 실행하는 이방 선교는 마가 요한에 의하여 예루살렘 교회와 협력한 셈이다. 이때에 그들이 예루살렘 사람 마가 요한을 그들의 선교 여행에 동참시킨 것은 의미심장하다. 이것은 적어도 결과적으로 예루살렘 교회와 안디옥 교회가 합심하여 협력했다는 의미를 가진다. 그 당시 교회 지도자들은 각 교회들이 일심동체로 복음사역에 참여하도록 함으로써 교회의 화평을 이루는 일에 힘썼다.

6 온 섬 가운데로 지나서 바보에 이르러 바예수라 하는 유대인 거짓 선지자인 마술사를 만나니. "바보"는 구브로 섬 서해안에 있다. "바예수"(Βαριησοῦ)는 "예수의 아들"이란 뜻이다. 일설에 의하면 예수님이 땅위에 계실 때 이적을 많이 행하셨으므로 그가 예수님을 모방한다는 의미에서 자기를 가리켜 예수의 아들이라고 하였다고 한다. 그러나 이 같은 학설은 믿기 어렵다. "박수"(μάγον)는 "요술쟁이"를 의미하는데 이 말이 무당을 뜻한다는 학설도 있다.

7 그가 총독 서기오 바울과 함께 있으니 서기오 바울은 지혜 있는 사람이라 바나바와 사울을 불러 하나님의 말씀을 듣고자 하더라. 그때에 "서기오 바울"이 총독이었다는 사실은 근대에 발견된 금석문으로도 증명되었다(Lightfoot, Zöckler, Ramsay, Knakenbauer). 그는 "지혜 있는 사람"이었으므로 바예수를 맹신하지 않고 다른 이들(바나바와 사울)의 말을 듣고자 한 것이다. 지혜 없는 자는 아첨하는 자들의 말만 듣다가 망하고 만다.

8 이 마술사 엘루마는(이 이름을 번역하면 마술사라) **그들을 대적하여 총독으로 믿지 못하게 힘쓰니.** 거짓된 자는 언제나 진리를 대적하는 법이다. "엘루

마"('Ελύμας)는 "점치는 자"라는 뜻이다. 자칭 바예수라고 하는 이 요술쟁이는 자기 자신이 진리를 믿지 않았을 뿐만 아니라 남들도 믿지 못하도록 유혹하기도 하고 방해하기도 하였다(참조. 롬 1:32). 그는 거짓으로 초자연적인 사건을 꾸밈으로써 진정한 초자연주의를 대적하는 자가 되었다. 그가 그렇게 한 이유는 돈을 탐했기 때문이었다. 그러나 진정한 초자연주의자였던 바울은 하나님과 사람의 영혼을 사랑하였으며 성령으로 충만하였다.

9 바울이라고 하는 사울이 성령이 충만하여 그를 주목하고. "바울"(Παῦλος)은 로마식 이름인데 "작다"는 뜻을 가지고 있다. 그가 바보에서 "서기오 바울"을 개종시켰을 때 누가는 흥미롭게도 사울이 가지고 있던 "바울"이라는 이름을 회상시킨다. 바울이 이때에 "성령이 충만"하였다고 했는데, 그것은 그 상황에(원수가 진리를 대적할 때) 꼭 필요한 은혜였다. 하나님께서는 때를 따라 적절한 은혜를 주신다(히 4:16). 바울이 성령 충만함을 받았으므로 진리를 대적하는 원수를 꾸짖을 수 있었던 것이다.

10 이르되 모든 거짓과 악행이 가득한 자요 마귀의 자식이요 모든 의의 원수여 주의 바른 길을 굽게 하기를 그치지 아니하겠느냐. 딱딱하게 굳은 옹이는 날카로운 도끼로 찍어야 깨어진다. 바예수는 거짓과 불의로 굳어진 거짓 선지자였기 때문에 사도 바울이 강하게 책망할 필요가 있었다. "거짓"(속이는 것)은 마귀의 본질이다(요 8:44). 그가 에덴동산에서 하와를 유혹했던 방법도 하나님의 말씀과 반대되는 거짓말을 동원하는 것이었다(창 3:4-5). 거짓은 모든 악의 앞잡이요 수단이다. 그러므로 거짓 선지자 바예수는 "마귀의 자식"이라는 오명을 얻은 것이다.

"모든 의의 원수." 진리의 스승은 정의, 특히 그리스도 안에서 받는 하나님의 의를 가르쳐준다(Bengel). 그러나 거짓 스승은 그것을 대적한다.

"주의 바른 길을 굽게 하기를." 하나님의 도가 갖는 특성은 정직성과 단순성인데(Bengel), 거짓 스승은 그와 반대로 거짓과 속임수로 진리를 대적한다.

"그치지 아니하겠느냐." 마귀의 특성은 악을 회개할 줄 모르기 때문에 그치지 않고 악을 행하는 것이다.

11 보라 이제 주의 손이 네 위에 있으니 네가 맹인이 되어 얼마 동안 해를 보지 못하리라 하니 즉시 안개와 어둠이 그를 덮어 인도할 사람을 두루 구하는지라. 바울은 성령으로 충만하였기 때문에 그의 영적인 분별력으로 하나님의 능력이 역사하는 것을 깨닫게 되어 바예수에게 하나님의 진노가 임할 것을 예고했는데 즉시 그대로 되었다. 이때 바예수에게 임한 벌은 아나니아와 삽비라에게 임한 것보다는 가볍다. 그가 소경으로 머무른 기간이 "얼마 동안"이라고 하였으니, 그것은 진노 가운데서도 긍휼을 베푸시는 하나님의 자비를 보여준다(합 3:2). 그것은 그로 하여금 회개케 하기 위한 징계였다.

12 이에 총독이 그렇게 된 것을 보고 믿으며 주의 가르치심을 놀랍게 여기니라. 구브로 섬에서 바나바와 사울이 선교한 결과 "총독" 서기오 바울이 믿음을 가지게 되었다. 그들의 선교 여정에서 "믿으며"(ἐπίστευσεν)라는 단어가 여기에 처음 등장하는 것으로 볼 때 서기오 바울이 믿게 된 것은 중대한 의미를 갖는 귀중한 사건이었다.

13 바울과 및 동행하는 사람들이 바보에서 배 타고 밤빌리아에 있는 버가에 이르니 요한은 그들에게서 떠나 예루살렘으로 돌아가고. "바울과 및 동행하는 사람들"(οἱ περὶ Παῦλον)이라는 문구는 "바울을 둘러선 자들"이라는 뜻이다. 우리는 이 문구를 통해 그 당시 바울이 일행의 지도자였음을 알 수 있다.[127] 그런데 버가에 도착한 후 요한(마가)이 일행에서 이탈하여 귀국한 것은 좋지 않은 사건이었다. 그가 외국에서의 나그네 생활이 힘들어서 그리했는지는 모르지만 어쨌거나 바울은 그가 떠나는 것을 좋지 않게 여겼다(15:38).

14-15 그들은 버가에서 더 나아가 비시디아 안디옥에 이르러 안식일에 회당에 들어가

---

127) Werner de Boor, *Die Apostelgeschichte* (1965), 243.

앉으니라. 율법과 선지자의 글을 읽은 후에 회당장들이 사람을 보내어 물어 이르되 형제들아 만일 백성을 권할 말이 있거든 말하라 하니. "비시디아 안디옥"은 소아시아의 브루기아(Phrygia) 동남쪽 모퉁이에 자리하고 있었는데, 수리아의 안디옥과 구분하기 위하여 이와 같은 이름을 붙인 것이다. 고대의 금석문에 나타난 대로 이 도시에는 로마 사람들이 많이 살았고, 또한 수리아의 안티오코스 대왕(Antiochus the Great)은 유대인 2,000세대를 이곳에 이주시켰다.

"회당" 제도는 유대인들이 바벨론에서 돌아온 뒤부터 생긴 것이다. 유대 각처에 회당이 세워져 있었기 때문에 예수님과 사도들이 복음을 전하는 일에 요긴하게 사용되었다. 이렇게 된 것도 하나님의 섭리였다. 유대인들은 안식일에 회당에서 예배할 때 율법서에서 한 단락과 선지서에서 한 단락을 공적으로 낭독하도록 되어 있었다.

16 바울이 일어나 손짓하며 말하되 이스라엘 사람들과 및 하나님을 경외하는 사람들아 들으라. "손짓"은 청중으로 하여금 자기 말에 집중하도록 그들의 주의를 환기시키려는 간절한 마음의 표현이다.

"하나님을 경외하는 사람들"은 이방인으로서 개종한 신자들을 가리킨다.

17 이 이스라엘 백성의 하나님이 우리 조상들을 택하시고 애굽 땅에서 나그네 된 그 백성을 높여 큰 권능으로 인도하여 내사. "이스라엘 백성의 하나님"이라는 표현은 바로 그 하나님이 유일무이하신 참 하나님이시라는 사실을 강조하는 것이다.

여기 기록된 바울의 설교(15-41절)도 스데반의 설교(7장)처럼 이스라엘의 역사를 되돌아보면서 예수님이 메시아(그리스도)이심을 강력하게 증거하는 것이었다. 이러한 사실을 보더라도 기독교는 일종의 철학이나 사상이 아니고, 역사적 사실로 전개되는 하나님의 계시라는 것이 드러난다. 기독교는 관념이 아니고 사건이며 사실이다.

"우리 조상들을 택하시고." 바울은 여기서 무엇보다 먼저 하나님의 주권적 역사, 곧 그의 선택에 대해 설명한다. 디 부어(De Boor)가 말한 바와 같이 선택은 구속사에 있어서 하나님의 기본적인 행동이며 거기에서 모든 계시 사건들이 출발하게 된 것이다. 이스라엘의 역사는 인간의 공로나 업적으로 이루어진 것이 아니고 하나님의 자유로운 선택의 은혜에 의하여 결정된 것이다.[128]

바울이 이 설교에서 가르친 것은,

1) 구약의 선민 운동이 그리스도를 세상에 보내시기 위한 구원사적 의의를 가진다는 것이다(13:17-23). "하나님이 우리 조상들을 택하시고… 광야에서 약 사십 년간 그들의 소행을 참으시고"라는 표현은 언약의 원칙에서 택한 백성을 다루시는 하나님의 행동 원리를 보여준다.

2) 그는 이스라엘의 역사를 개괄하는 중에 다윗에게 이르러서는 더 이상 나아가지 않고 예수님에 대해 말하기 시작하였다(22-23절). 이것은 예수님이 다윗의 자손(메시아)이라는 언약 사상을 강조하기 위한 논법이었다.

3) 그 당시 청중을 가리켜서 "아브라함의 후손"(26절), 또는 "우리 자녀들"(33절)이라고 부르는 것이나, 예수님의 죽으심과 다시 살아나심이 예언자들의 말을 응하게 하였다는 표현도(27, 29, 33절) 모두 언약 사상에 기초한 것이다.

4) 인간들에게 죄악이 있음에도 불구하고 하나님께서는 기필코 본래의 언약대로 메시아를 보내셔서 구원의 역사를 완성하셨다는 것이다. 그러므로 죄인들이 예수를 믿으면 그로 말미암아 어김없이 의롭다 함을 얻는다(38-39절). 사람들이 의롭다 함을 얻게 되는 일은 오로지 하나님의 언약 때문인데, 이 언약은 그들의 완강한 저항에도 불구하고 반드시 성취되고야 만다. 이것이 사도 바울의 사상이요 동시에 베드로의 사상이다(3:13-

---

[128] Ibid., 246.

15, 18-21).

18-19 광야에서 약 사십 년간 그들의 소행을 참으시고 가나안 땅 일곱 족속을 멸하사 그 땅을 기업으로 주시기까지 약 사백오십 년간이라. 이스라엘 백성이 여러 번 하나님을 시험(의심)하며 원망하고 배반하였을지라도(예컨대 금송아지 사건), 하나님께서는 그 민족을 아주 멸망시키지 않으시고 끝까지 구원하셨다(참조. 신 1:31). 이것은 하나님이 그들의 조상들과 하신 약속을 이루시기 위한 것이었다(신 9:5-6). "일곱 족속"의 이름은 신명기 7:1, 여호수아 3:10, 느헤미야 9:8에 나온다. 하나님께서 이 족속들을 멸망시키신 것은 무자비한 처사가 아니었으며, 다만 그들의 죄악이 가득 찼기 때문에 내리신 공정한 심판 행위였다(참조. 창 15:16). 그리고 그가 가나안 땅을 이스라엘 백성에게 기업으로 주신 것은 그가 아브라함에게 하셨던 약속(창 15:7)을 신실하게 이루신 것이었다.

테오도르 찬에 의하면 "사백오십 년간"이라는 기간은 이스라엘 백성이 애굽에서 고생하던 기간과 광야 여행 기간, 그리고 가나안 정복 기간을 모두 합한 연수라고 한다. 그러면 이 구절의 의미는 이스라엘 민족이 가나안 땅을 점령하기까지 450년이라는 긴 세월이 걸렸다는 것이다. 하나님의 약속은 이처럼 장구한 세월이 지난 후에 이루어지는 것도 많다. 그러므로 하나님을 믿는 신자들은 조급한 마음을 버리고 오래 참으며 기다릴 줄 알아야 된다.

20 그 후에 선지자 사무엘 때까지 사사를 주셨더니. 사사들은 하나님이 세우신 자들이므로 선한 지도자들이다. 이 말씀 역시 택한 백성에게 베푸시는 하나님의 특별한 은혜를 지적한다. 사사기에는 "이스라엘 자손이 여호와의 목전에 악을 행하였으므로"라는 말이 많이 나온다(삿 6:1; 10:6; 13:1). 이 말은 그들이 하나님을 자주 배반하고 떠났다는 것이다. 하지만 그들이 그리하였음에도 불구하고 하나님은 그들을 버리지 아니하시고 때마다 징계하셨으며, 그들이 부르짖으면 다시금 선한 지도자(사사)를 세워주셔서 그들을 원수의 손

에서 건져내게 하시고 그들을 선히 다스리도록 하셨다. 이를 통해 우리는 하나님께서 그의 백성을 택하셨다는 사실로 인해 그들을 언제나 구원해 주시고 버리지 않으신다는 것을 깨달을 수 있다. 백성들이 하나님과의 약속을 지키지 못했을 때도 하나님은 언제나 어김없이 약속을 지키신다(딤후 2:13). 디 부어는 말하기를 "이 모든 일에 간섭하시고 은혜를 베푸시는 하나님이 계신다. 바울은 이와 같은 하나님 중심의 신학을 가진 자였다."라고 하였다.[129]

21 그 후에 그들이 왕을 구하거늘 하나님이 베냐민 지파 사람 기스의 아들 사울을 사십 년간 주셨다가. 이스라엘 백성이 "왕을 구한" 것은 그들의 잘못이었다(삼상 8:5, 7). 그들의 이 같은 행동은 마치 하나님께서 친히 다스리시는 선한 정치를 배척하는 것과 같은 죄악이었다. 그러나 하나님은 그들의 요구대로 왕을 세워 주셨으므로 다윗도 왕이 될 수 있는 기회를 얻었다. 그리하여 다윗 왕의 혈통에서 그리스도가 나시게 되었으며, 일찍이 하나님께서 야곱을 통하여 주신 약속이 성취되었다(창 49:10). 이스라엘 백성이 왕을 요구한 것은 죄악이었으나 하나님은 그들을 버리지 않으셨다.

22 폐하시고 다윗을 왕으로 세우시고 증언하여 이르시되 내가 이새의 아들 다윗을 만나니 내 마음에 맞는 사람이라 내 뜻을 다 이루리라 하시더니. 하나님께서 사울 왕을 "폐하신" 것은 그의 범죄 때문이었나(참조, 삼상 13:13-14; 15:19, 22-23).

"내가 이새의 아들 다윗을 만나니 내 마음에 맞는 사람이라 내 뜻을 다 이루리라." 이 말씀은 다윗에 대한 하나님의 증언인데, 사무엘상 13:14, 시편 89:20-21 등을 복합적으로 인용한 말씀이다. 그가 다윗을 가리켜 "내 마음에 맞는 사람이라"고 하신 것은 다윗이 죄 없는 사람이라는 뜻이 아니라, 다만 그가 하나님께서 하시고자 하는 일을 성취하시는 데 요긴하

---

129) 129 Ibid., 246: "In allen ist Gott der Handelende und Gebende. Pau- lus hat eine theozentrische Theologie, weil die Schrift die Gottheit Gottes so vor uns hinstellt."

게 사용될 인물이라는 뜻일 뿐이다. 그가 우리아의 아내를 취한 것과 우리아를 사지로 몰아넣은 것은 극도로 악한 일이었다(삼하 11장). 그 죄악 때문에 그가 받았던 벌도 결코 작지 않았다. 하나님은 그를 회개케 하셨으며, 끝까지 의의 길을 사모하도록 하셨다(왕상 1:4; 15:5).

무엇보다도 하나님께서는 ① 예수 그리스도에 대한 예언적 표상으로(시 16편) 다윗을 지정하셨으며, ② 그리스도(메시아)가 다윗의 자손으로 이 세상에 오시도록 예정하신 경륜을 이루셨다. 이와 같은 두 가지 측면에서 하나님은 그를 통하여 거룩하신 뜻을 다 이루신 것이다. 메시아에 대한 하나님의 계획은 이미 다윗을 왕으로 세우신 일을 통해 뚜렷이 드러나게 준비되고 있었다.

23 하나님이 약속하신 대로 이 사람의 후손에서 이스라엘을 위하여 구주를 세우셨으니 곧 예수라. 그리스도께서 이 세상에 오신 것은 우연한 사건이 아니고 미리 약속하신 대로 성취된 일이다(롬 1:2-3). 이 같은 사실로 인해 우리는 그를 더욱 신뢰하고 믿을 수 있다. 약속한 대로 성취된 것을 믿지 못할 이유가 무엇이겠는가! 이 같은 약속이 마침내 이스라엘과 세우신 언약이 되는 것이다.

"그리스도"는 실존주의 신학자들이 오해한 것처럼 초월적인 존재이기만 한 것이 아니다. 그리스도 사건은 모든 사람이 읽을 수 있도록 기록된 사건이며, 모든 사람이 체험하고 목격할 수 있게 성취된 역사적인 사건이다. 다시 말해 그것은 과거에 증언되었고, 현재 체험되고 있으며, 미래에 확실하게 소망할 수 있는 구체적인 진리의 사건이다.

바울은 그리스도를 소개하여 말할 때 그리스도와 일반 역사의 관련성을 최대한 강조했다. 그는 그리스도가 바로 역사적 인물, 곧 "예수"라고 지적하였다. 사무엘하 7:12에서는 그리스도를 "다윗의 자손"이라고 하였으며, 이사야 11:1에서는 "이새의 줄기에서 난 싹, 그 뿌리에서 난 가지", 에스겔 34:23에서는 "다윗"이란 명칭으로 불리고 있다.

"구주"는 하나님의 백성을 죄에서 구원하시는 구원자를 가리키는 이름이다(마 1:21). 이와 관련하여 빌렝가는 다음과 같이 말한다. "이스라엘 민족의 역사는 애굽에서의 비참하고 낮은 처지에서 시작하여 마침내 높아졌다. 그러나 거기에는 한계가 있었으며 지나쳐가고 말았다. 구약 역사의 역할은 '다윗의 자손'(메시아)의 높아짐을 열매로 맺고 종결되었다."라고 하였다.[130]

24-25 그가 오시기에 앞서 요한이 먼저 회개의 세례를 이스라엘 모든 백성에게 전파하니라 요한이 그 달려갈 길을 마칠 때에 말하되 너희가 나를 누구로 생각하느냐 나는 그리스도가 아니라 내 뒤에 오시는 이가 있으니 나는 그 발의 신발끈을 풀기도 감당하지 못하리라 하였으니. 예수님이 그리스도(메시아)이신 사실에 대해서는 예수님이 오시기 오래전에 구약의 선지자들만 증거한 것이 아니라 예수님 당시의 선지자였던 세례 요한도 증거하였다. 그리스도에 대한 증거는 시간상으로도 과거와 현재를 아우르는 확실한 것이었다. 여기서 바울이 그리스도의 역사를 서술할 때 세례 요한의 증거에서 시작한 것은 의미심장하다. 세례 요한이 베풀었던 회개의 세례는 예수 그리스도를 영접함으로써 죄 사함을 받도록 하기 위한 사역이었다(마 3:3; 막 1:4; 요 1:6-7, 23). 그러므로 그의 사역은 독립적인 것이 아니었으며, 그리스도께 종속된 것으로서 그가 오실 길을 닦는 역할을 하였다. 여기서 이른바 "그가 오시기에 앞서"(πρὸ προσώπου τῆς εἰσόδου αὐτοῦ)라는 표현과 "내 뒤에 오시는 이"(ἔρχεται μετ᾽ ἐμὲ)라는 표현은 하나님의 아들로서 하늘에서 오시는 그리스도(메시아)를 가리키는 특수한 용례들이다(참조. 말 3:1-2).

26 형제들아 아브라함의 후손과 너희 중 하나님을 경외하는 사람들아 이 구원의 말씀을 우리에게 보내셨거늘. "아브라함의 후손"은 유대인들을 의미하고 "하나님을

---

130) B. Wielenga, *Van Jerusalem Naar Rome I-III*, Tweede Deel J. H. Kok. (Kampen, 1928), 60: "het oud verbond heeft zijn dienst gedaan. Het is gekomen tot zijn vrucht: de verkiezing, de verhooging van den grooten Davidzoon."

경외하는 사람들"은 이방인으로서 개종한 자들을 가리킨다. "이 구원의 말씀"은 예수 그리스도로 말미암아 전파된 복음이다.

27 예루살렘에 사는 자들과 그들 관리들이 예수와 및 안식일마다 외우는 바 선지자들의 말을 알지 못하므로 예수를 정죄하여 선지자들의 말을 응하게 하였도다. 이 구절은 예수님을 죽인 자들이 그를 정죄하게 된 원인을 설명한다. 그것은 그들이 예수님을 눈앞에 두고도 그를 알아보지 못했을 뿐만 아니라 안식일마다 외우던 선지서의 말씀도 깨닫지 못했기 때문이라는 것이다. 사람들은 아무리 위대한 지도자라도 그들 가까이에 있을 때는 멸시하는 경향이 있으며, 그뿐 아니라 하늘에서 내려온 하나님의 말씀이라 하더라도 그것이 그들에게 익숙해지면 그것을 귀히 여길 줄 모르며 타성에 빠져서 그 말씀의 참뜻을 깊이 상고하지 않는다(참조. 눅 4:24). 인간이 이런 심리와 성향을 가지게 된 것은 죄악으로 인하여 마음이 어두워지고 스스로 교만해졌기 때문이다.

"예루살렘에 사는 자들과 그들 관리들"이 메시아를 알아보지 못하고 해칠 것을 하나님은 미리 아시고 선지자들을 통하여 예언하셨던 것이다. 다시 말하면 그들이 예수님을 정죄한 것도 선지자들의 말을 응하게 하는 일이 되었다(시 2:1-2; 사 53:1-12). 그러므로 이 사건 역시 우리의 신앙을 일으킨다.

28-30 죽일 죄를 하나도 찾지 못하였으나 빌라도에게 죽여 달라 하였으니 성경에 그를 가리켜 기록한 말씀을 다 응하게 한 것이라 후에 나무에서 내려다가 무덤에 두었으나 하나님이 죽은 자 가운데서 그를 살리신지라. 여기서는 죽었다가 다시 살아나신 예수 그리스도 사건이 어디까지나 사람들에게 주어진 하나님의 은혜라는 사실을 드러낸다. 곧 사람들은 예수님을 죽여 그 시체를 무덤에 장사하였으나, 하나님은 그를 다시 살리셨다. 이는 사람들로 하여금 그를 믿음으로 구원을 얻도록 하기 위함이다. 이 점에 대해 빌렝가는 다음과 같이 말하였다. "예루살렘 사람들은 예수를 죽였으나 하나님은 그를 살리셨다고 한다. 이 강

럴한 대조 속에서 우리는 고차원적인 통일성을 발견할 수 있다. 그리스도께서 죽임을 당하지 않으셨다면 부활의 기적은 없었을 것이다. 하나님께서 이 두 가지 사건을 통하여 은혜를 준비하셨다."[131]

31 갈릴리로부터 예루살렘에 함께 올라간 사람들에게 여러 날 보이셨으니 그들이 이제 백성 앞에서 그의 증인이라. "그들이 … 그의 증인이라." 이 말씀에 대해서는 10:41의 주석을 참조하라. "갈릴리로부터 예루살렘에 함께 올라간 사람들"은 예수님께서 최후로 예루살렘에 올라가실 때(십자가에 못 박혀 죽으시기 위한 마지막 길에) 동행한 제자들을 말한다. 그들은 이 마지막 길에 동행했을 만큼 예수님과 생사를 같이할 정도로 친밀한 자들이었다.

부활하신 예수님께서 마지막 길에 동행했던 이 사람들에게 나타나 보이신 데는 이유가 있다. 죽으시기 전의 예수님과 다시 살아나신 예수님을 비교하여 동일하신 예수님이심을 밝히 알아볼 자들은 그들밖에 없다. 일반 세상 사람들은 죽으시기 전의 예수님을 잘 모르는데 그들이 어떻게 다시 살아나신 예수님을 올바로 확인할 수 있겠는가? 그러므로 부활하신 예수님께서 그들에게 나타나 보이실 필요는 없었다.

부활하신 주님께서 "여러 날" 보이셨다고 했으니 그 나타나심은 순간적으로 발생하는 환상 같은 것이 아니었다. 그의 나타나심은 실제 역사였기 때문에 인간에게 구체적으로 관찰하고 연구할 수 있는 충분한 기회를 주셨던 것이다. 바울이 여기서 "여러 날"(ἡμέρας πλείους)이라는 표현을 사용함으로써 주님의 나타나심이 신앙의 충분한 근거가 될 만한 것임을 보여 준다(참조. 1:3).

"그들이 이제 백성 앞에서 그의 증인이라." 여기서 "이제"라는 말은 청중의 신앙심을 불러일으키는 표현이다. 예수 그리스도가 부활하신 사실을 목격한 자들이 바로 청중들과 같은 시대 사람들이라는 것이다.

---

131) Ibid., 65-66.

32 우리도 조상들에게 주신 약속을 너희에게 전파하노니. "우리", 곧 바울과 바나바도 예수 그리스도의 부활을 증거한다. 여기서 말하는 "약속"은 예수 그리스도의 부활에 대한 예언의 내용을 가리킨다. 그들의 선교는 결코 그 당시 청중에게 모순된 것처럼 들릴 이상한 교훈이 아니었으며 하나님께서 옛날 이스라엘의 조상들에게 약속하셨던 그대로였다(참조. 26:6-7, 22-23, 27).

33 곧 하나님이 예수를 일으키사 우리 자녀들에게 이 약속을 이루게 하셨다 함이라 시편 둘째 편에 기록한 바와 같이 너는 내 아들이라 오늘 너를 낳았다 하셨고. 바울은 여기서 "자녀"라는 말을 사용함으로써 그들이 구원 계약에 참여한 영적 자녀들임을 보여준다(Grosheide). 그는 앞절에서 언급하는 "약속"이 하나님께서 미리 말씀하셨던 대로 예수님을 다시 살리신 내용임을 가르친다. 이 약속은 시편 2:7에 예언된 것인데, 이스라엘 백성의 후손들(이들은 우선 바울과 그의 시대 사람들)을 위하여 성취되었다.

"오늘 너를 낳았다." 이 말씀은 예수님께서 죽으시고 무덤에 장사되셨다가 고차원적 생명으로 다시 살아나실 것을 예언한 것이다. 하나님께서는 그의 무덤을 새 생명의 태로 삼으신 셈이다. 빌렝가는 예수님의 부활을 가리켜 메시아의 두 번째 출생(tweede geboorte als messias)이라고 불렀는데 이것은 일리 있는 해석이다.[132]

34 또 하나님께서 죽은 자 가운데서 그를 일으키사 다시 썩음을 당하지 않게 하실 것을 가르쳐 이르시되 내가 다윗의 거룩하고 미쁜 은사를 너희에게 주리라 하셨으며. "내가 다윗의 거룩하고 미쁜 은사를 너희에게 주리라." 이 말씀은 이사야 55:3의 인용이다. 그 말씀은 다윗에게 약속하신 "거룩하고 미쁜 은사", 곧 "그리스도의 부활로 실시될 영생의 은사"를 모든 택한 백성에게 주시겠다는 의미를 담고 있다.

35-37 또 다른 시편에 일렀으되 주의 거룩한 자로 썩음을 당하지 않게 하시리라 하셨느

---

132) Ibid., 68.

니라 다윗은 당시에 하나님의 뜻을 따라 섬기다가 잠들어 그 조상들과 함께 묻혀 썩음을 당하였으되 하나님께서 살리신 이는 썩음을 당하지 아니하였나니. 여기서 이른바 "다른 시편"이란 시편 16:10을 말한다. 베드로도 그리스도의 부활이 시편 16편 말씀의 성취라고 증거한 바 있다(2:25-32). 이같이 두 사람이 공통된 견해를 가지게 된 것은 바울과 베드로가 동일하게 예수님의 부활을 성경에 근거한 육체적 부활로 확신한 결과다. 사도들은 성경을 절대적 진리로 믿는 일에 있어서 동일한 성령님의 인도를 따라 일치된 관점을 가지게 되는 것이다(참조. 고전 15:3-8).

이 점에서 우리가 한 가지 주목해야 할 것은 바울이 구원사를 다룰 때 적용한 성경 해석 방법이다. 그는 구약의 말씀을 해석할 때 역사적 사실을 정확히 다루었으며, 계시의 역사적 현상에 근거하여 진리를 추구했다. 예를 들면 시편 16편 말씀이 다윗 자신을 가리킨 것이 아니라 그리스도를 가리켰다는 진리를 증거하기 위하여 "다윗은 당시에 하나님의 뜻을 따라 섬기다가 잠들어 그 조상들과 함께 묻혀 썩음을 당하였으되"(36절)라고 하였다. 그는 이처럼 다윗이 무덤에서 "썩음을 당하였다"는 역사적 사실에 근거하여 그 시편이 썩음을 당하지 아니하신 그리스도를 통해서만 이루어질 수 있다는 결론에 도달한다. 이런 점에서 그의 역사 인식은 근대의 실존주의와 차이를 보이며, 또한 그의 성경 해석이 실존주의 신학자 바르트와 다르다는 것을 알 수 있다.

바르트는 계시의 진리를 역사적 사실에서 찾으려는 진지한 노력을 기울이지 않는다. 그는 예수님의 부활(고전 15장)에 대해 개요하면서 예수님의 무덤이 비어 있다는 사실을 그리 중요하게 생각하지 않는다. 그는 말하기를 "소망이나 어두움이나 신앙도 무덤 앞에는 있을 수 있다."라고 하였다. 이 말의 의미는 그리스도의 빈 무덤이 그의 부활에 대한 역사적 증거로는 별 효력이 없다는 것인데 이는 그릇된 주장이다. 동일한 맥락에서 그는 또 말하기를 "우리가 원한다면 신약성경이 말하는 바를 전부 다 믿지 않을 수도 있다. 그러나 적어도 신약성경이 그리스도의 부활에 대하여 증거한다는 사실은 알아야 한다. 바울은 무엇을 위해 부활하신 그리스도가 나타나신 기사를 가지게 되었는가? 그것은 부활에 대한 역사적 증거를 제시하기 위함이 아니다."라고 하였다.[133]

바르트의 이 같은 말을 보면 그는 확실히 계시의 역사적 성격을 거의 부인한 것인데, 그것은 심각한 잘못이다.

고린도전서 15:8-11에서 바울은 자기의 부족한 점을 고백하였으며, 또 자기와 같이 악한 자에게도 부활하신 그리스도께서 나타나셔서 은혜로 자기를 사도로 세워주신 사실을 증거하였다. 다시 말해 자신과 같이 큰 죄인이 변화하여 신앙에 들어오게 된 것은 그가 목격했던 그리스도의 부활이 역사적 사실이기 때문이라는 것이다. 그런데도 바르트는 이에 대하여 말하기를 "진리는 눈에 보이는 역사적 형태를 취하지 않을 때 오히려 더욱 강력하다. 진리는 그것이 인간의 이름을 취하거나 특정한 구호를 내세우는 학파나 운동으로 나타날 때는 이미 죽었거나 혹은 치명적으로 병든 것이다."라고 하였다.[134]

바르트의 이 같은 말은 복음의 진리가 역사적 체계로 나타날 수 없다는 그릇된 사상이다.

38-39 그러므로 형제들아 너희가 알 것은 이 사람을 힘입어 죄 사함을 너희에게 전하는 이것이며 또 모세의 율법으로 너희가 의롭다 하심을 얻지 못하던 모든 일에도 이 사람을 힘입어 믿는 자마다 의롭다 하심을 얻는 이것이라. "이 사람을 힘입어"(διὰ τούτου)라는 표현은 "부활하신 예수님을 힘입어"라는 뜻인데, 이는 예수님이 중보자이심을 가리킨 것이다. 인간에게 죄보다 더 불행한 것이 없는데 그 죄가 사해지도록 중보해주시는 이는 예수 그리스도뿐이시다. 인간은 남을 정죄하기

---

133) Karl Barth, *The Resurrection of the Dead*, translated by H. J. Stenning, 13.
134) Ibid., 145-146.

에 분주하지만, 예수님은 그를 믿는 자의 죄를 용서하여 주시는 일에 지체하지 않으신다. 바울은 오직 이 복음만을 전한다.

"모세의 율법으로 너희가 의롭다 하심을 얻지 못하던 모든 일에도." 이 말씀은 인간이 자기 힘으로는 하나님 앞에 설 수 있는 의를 얻을 수 없다는 진리를 역설한 것이다.

여기서 "모든"(πάντων)이라는 단어가 중요하다. 사람들은 누구든지 예수 그리스도를 진실하게 믿기만 하면 무슨 죄든지 사함을 받고 또 의롭다 함을 얻기까지 한다. 예수님은 하나님의 아들로서 절대적으로 완전하신 중보자시다. 그러므로 그는 "수고하고 무거운 짐 진 자들아 다 내게로 오라 내가 너희를 쉬게 하리라"(마 11:28)라고 하셨다.

40-41 그런즉 너희는 선지자들을 통하여 말씀하신 것이 너희에게 미칠까 삼가라 일렀으되 보라 멸시하는 사람들아 너희는 놀라고 멸망하라 내가 너희 때를 당하여 한 일을 행할 것이니 사람이 너희에게 일러줄지라도 도무지 믿지 못할 일이라 하였느니라 하니라. 이 말씀은 하박국 1:5을 인용한 것인데, 그것은 갈대아 군대가 이스라엘을 멸망시킬 것을 경고한 말씀이다. 그때 선지자의 경고를 멸시한 자들은 마침내 그 말씀대로 멸망을 당할 수밖에 없었다. 그와 마찬가지로 예수님께서 죄인을 위해 죽으셨다가 다시 살아나셨다는 구원의 복음을 믿지 않는 자들도 멸망을 피할 수 없다는 것이다.

본문 말씀이 우리에게 보여주는 것은, ① 누구든지 복음을 받지 않는 자는 하나님을 멸시하는 죄를 범하는 자라는 것이다(참조. 히 2:3). ② 하나님은 한번 작정하신 일을 그 정하신 때에 반드시 이루신다는 것이다(참조. 전 3:1-11). 심판은 하나님께서 날마다 하시는 일이 아니고 정한 때에 수행하시는 것이다. 그렇기 때문에 믿음이 없는 자들은 하나님의 심판이 없는 줄로 착각하는 것이다. ③ 하나님께서는 자신이 하실 일을 대개 사람들에게 예고하시지만 그들이 믿지 않는다는 것이다(참조. 창 19:14; 눅 17:27; 요 1:5). 그들은 이 세상을 사랑하기 때문에 하나님의 말씀을 믿지 않는다.

42 그들이 나갈새 사람들이 청하되 다음 안식일에도 이 말씀을 하라 하더라. 그들이 이 같은 말씀을 다시 듣고자 했던 이유는 그들이 그 말씀을 깨달음으로 은혜를 받았기 때문이다. 여기 기록된 바울의 설교는 잠깐 있다가 사라질 이 세상 것들에 관한 것이 아니라 영원에 관한 문제를 해결해주는 말씀이니, 곧 하나님, 영생, 사죄에 관한 것이다.

43 회당의 모임이 끝난 후에 유대인과 유대교에 입교한 경건한 사람들이 많이 바울과 바나바를 따르니 두 사도가 더불어 말하고 항상 하나님의 은혜 가운데 있으라 권하니라. 그들이 바울과 바나바를 따랐던 이유는 복음의 은혜를 사모했기 때문이었다. "항상 하나님의 은혜 가운데 있으라"는 권면은 초신자들에게 적합한 것이다. 사람은 일시적으로 옳은 길을 가다가도 낙심하거나 중도에 물러서기 쉽다.

44-45 그 다음 안식일에는 온 시민이 거의 다 하나님의 말씀을 듣고자 하여 모이니 유대인들이 그 무리를 보고 시기가 가득하여 바울이 말한 것을 반박하고 비방하거늘. 하나님의 말씀은 언제나 환영만 받는 것이 아니고 반대를 당하기도 한다. 그 당시 대중은 하나님의 말씀을 듣고자 하였으나 유대인들은 바울과 바나바를 시기하여 비방하였다.

46-47절. 이때 바울은 이방인에게 전도해야 할 당위성을 두 가지로 말한다. ① 첫째는 유대인들이 복음 듣기를 거절했기 때문이며(46절), ② 둘째는 성경적으로도 당연한 순서라고 하였다(47절; 참조. 사 49:6).

48 이방인들이 듣고 기뻐하여 하나님의 말씀을 찬송하며 영생을 주시기로 작정된 자는 다 믿더라. 진심으로 주님의 복음을 믿는 자들에게는 기쁨이 있는 법이다. "영생을 주시기로 작정된 자는 다 믿더라." 이 말씀은 확실히 예정 교리를 가르친다. 크로샤이데는 말하기를 "영생을 주시는 이도 하나님이시고, 누구에게 영생을 주실 것인지 작정하신 이도 하나님이시다. 여기에 예정 교

리가 있다."라고 하였다.[135]

48절에서는 하나님의 구원역사가 오직 은혜로 말미암는 것이라는 사실을 밝히고 있다. ① 유대인에게서 난 구원의 복음이(요 4:22) 유대인들에게는 핍박을 당하는 반면 이방인들이 그 복음을 받아들인 것이다. 그 이유는 하나님께서 그들에게 믿음을 주셨기 때문이다. 이것을 보면, ② 그들이 영생을 받기로 예정되었다는 사실을 알 수 있다. 그들이 영원 전에 구원받기로 예정된 것은 그들의 선행 때문이 아니고 전적으로 하나님이 베푸시는 주권적인 은혜로 말미암은 것이다(참조. 롬 9:11).

그렇다면 사람이 그리스도를 믿는 것은 그가 이미 구원 받기로 예정되고 선택받았다는 증표다. 그러므로 칼빈은 "예정과 선택의 거울은 그리스도라"고 하였다. 그 말의 의미는 사람이 그리스도를 믿는 것을 보면 그가 예정되고 선택받았다는 사실을 알 수 있다는 것이다.

49 주의 말씀이 그 지방에 두루 퍼지니라. 이 구절에서는 마치 하나님의 말씀이 자동적으로 확산되는 것처럼 표현되었다. 사실 그 당시에는 하나님의 말씀이 가장 올바른 방식으로 전파되었기 때문에 말씀이 자체의 능력을 제대로 발휘한 것이다.

50절. 이때에 "유대인들"은 자신들이 직접 바울과 바나바를 박해했을 뿐만 아니라 남들을 "선동하여" 그들의 박해 행위에 가담하도록 만들었다.

51 두 사람이 그들을 향하여 발의 티끌을 떨어 버리고 이고니온으로 가거늘. "발의 티끌을 떨어 버린" 것은 바울과 바나바가 박해자들의 멸망에 대해 책임이 없음을 표현하기 위한 것이다. 그들은 힘껏 복음을 증거하였는데 유대인들은 믿지 않고 멸망의 길을 선택했다(마 10:14; 막 6:11; 눅 9:5).

52 제자들은 기쁨과 성령이 충만하니라. 여기서 말하는 "제자들"은 바울과 바나바의 전도를 듣고 믿은 신자들이니, 비시디아 안디옥 사람들이다(14

---

135) F. W. Grosheide, *De Handelingen der Apostelen II* (1948), 446.

절). 그들은 박해 가운데서도 기뻐하였다. 왜냐하면 그들은 오직 그리스도 예수를 믿게 된 것으로 만족하였기 때문이다.

제 14 장

↓ 개요

1. 바울과 바나바는 하나님의 말씀을 전하는 일에 전념하였다(1-7절). 그들은 박해가 찾아왔을 때 그것을 감수하면서 같은 지역에서 계속하여 전도하기도 하였고, 때로는 박해를 피하여 도망치기도 하였다(9:15; 14:6). 만일 복음을 전하는 사역자가 박해를 피해 도망치는 것이 하나님의 뜻인 줄 알고서도 그 자리를 피하지 않는다면 그것은 하나님을 시험하는 잘못된 처신이다(참조. 마 10:23; 요 8:59).

2. 바울은 발을 쓰지 못하는 사람을 하나님의 권능으로 고쳐 주었다. 그때 사람들이 바울과 바나바를 신으로 여기고 그들에게 제사하려 하였는데, 바울과 바나바는 그들의 숭배를 완강히 거부했다(8-18절). 지나친 대접을 진심으로 싫어하는 참된 교역자는 흔치 않다.

3. 바울은 복음을 전하다가 돌에 맞아 거의 목숨을 잃을 위기에 처한 경우도 있었지만, 그는 다시 일어나서 복음을 전하였다(19-21절). 그만큼 그는 복음을 사랑하였고 자기 사명에 충성하였다.

4. 바울은 복음을 전하는 일에만 아니라 신자들을 가르치며 목양하는 사역에도 힘썼다(22-28절).

↓ 내용분해

바울과 바나바의 1차 선교여행이 계속됨
1. 이고니온에서 전도함(1-3절).
2. 핍박을 피하여 루스드라와 더베에서 전도함(4-7절).
3. 루스드라에서 발을 쓰지 못하는 사람을 고침(8-10절).
4. 루스드라 사람들의 그릇된 숭배를 엄히 금함(11-18절).
5. 이미 전도한 지방을 심방하며 신자들을 권면하고 안디옥으로 돌아감(19-28절).

↓ 해석

1 이에 이고니온에서 두 사도가 함께 유대인의 회당에 들어가 말하니 유대와 헬라의 허다한 무리가 믿더라. 여기서 "함께"(κατὰ τὸ αὐτο)라고 번역된 헬라어는 "같은 방법으로"라고 옮겨야 한다(De Boor, Loisy, Jacquier, Beyer). 그러면 "같은 방법"은 무엇을 의미하는가? 그것은 먼저 유대인에게 복음을 전하는 바울의 기본 원칙을 가리킨다. 바울 일행은 항상 지켜오던 이 원칙에 따라 이번에도 유대인의 회당에 먼저 들어갔다. 테오도르 찬은 이에 동조하여 말하기를 "바울이 과거에도 이 원칙을 지켜왔고(13:5, 14), 이후에도 지킨 것을 볼 때(17:2; 18:4; 19:8) 그것은 이미 하나의 규례가 된 것으로 보인다."라고

하였다.[136]

"말하니"(λαλῆσαι οὕτως)라는 표현은 실상 "그와 같이 말하니"라고 번역되어야 한다. 여기서 "그와 같이"(οὕτως)는 "그와 같이 힘 있게"(so effectively)라는 뜻이다(Meyer). "그와 같이 힘 있게" 말씀하는 방법에 대하여는 고린도전서 2:1-5이 잘 설명하여 준다.

2 그러나 순종하지 아니하는 유대인이 이방인들의 마음을 선동하여 형제들에게 악감을 품게 하거늘. 여기서 이른바 "순종하지 아니하는"(ἀπειθήσαντες)이라는 표현은 복음을 믿지 않을 뿐 아니라 반역하기까지 하는 것을 가리킨다. 하나님의 말씀은 택한 백성들에게 환영을 받는가 하면 한편으로는 박해를 받기도 하는데, 왜냐하면 이 세상에 하나님께 속하지 않은 사람들이 있으며 또한 하나님과 원수 된 사상을 가지고 하나님께 대항하는 자들이 있기 때문이다. 그러므로 전도자가 복음을 전하고 박해를 받으면 그리스도의 고난에 참여하는 것으로 여기고 기뻐하고 즐거워하라고 하였다(벧전 4:12-14). 복음을 진실하게 전하는 자라면 박해받는 일이 없는 것을 오히려 이상하게 여겨야 한다.

"형제들에게 악감을 품게 하거늘." 여기서 "형제들"은 그리스도 신자들을 가리킨다. "형제들에게"(κατὰ τῶν ἀδελφῶν)라고 번역된 헬라어는 "형제들을 대항하여"라고 개역되어야 한다. 이때 이고니온에서는 이방인들이 유대인의 충동을 받아 믿음을 가진 형제들을 미워하는 "악감"을 품었다. 신자들은 이런 일을 당할 때 사람의 힘으로 어찌할 수 없는 상황에 처할 수밖에 없다. 무고하게 당하는 악평은 인력으로 막기 어렵다. 그러나 억울함을 당한 신자를 하나님께서 도와주신다(벧전 2:19-20).

3 두 사도가 오래 있어 주를 힘입어 담대히 말하니 주께서 그들의 손으로 표적과 기사

---

136) Theodor Zahn, *Die Apostelgeschichte des Lucas I/II*, KNT 5 (Erlangen, ³1927), 459: "darauf aufmerksam, dass sie diese Regel bisher schon, wie auch in der Folgezeit, 17:2; 18:4; 19:8, befolgt haben, 13:5, 14."

를 행하게 하여 주사 자기 은혜의 말씀을 증언하시니. 여기 기록된 "두 사도"라는 표현이 헬라어 원문에는 없다. 그러므로 단순히 "그들이"라고 번역하는 것이 옳다.

"오래"(ἱκανὸν χρόνον)라는 표현은 "충분한 시간 동안"을 의미한다. 그들이 이고니온에 충분한 시간 동안 머물렀던(지체했던) 이유는 박해와 환난으로 인해 믿는 형제들이 곤경에 처한 것을 보고 그곳을 차마 떠날 수 없었기 때문이었다. 이때 하나님께서는 그들에게 담대한 마음으로 복음을 전할 힘을 주셨다. 성도들이 억울함을 당할 때는 그들을 위한 하나님의 역사도 그만큼 강하게 나타난다.

"은혜의 말씀"은 예수 믿는 신자들의 죄를 거저 용서하시고 영생을 주시는 복음을 의미한다.

4 그 시내의 무리가 나뉘어 유대인을 따르는 자도 있고 두 사도를 따르는 자도 있는지라. 인류가 복음의 말씀을 들을 때에 그 복음을 받고 하나님께로 돌아오는 무리가 있는가 하면, 복음을 반대하는 무리도 생긴다. 이와 같은 분열은 인류의 조상 아담이 범죄한 뒤에 하나님께서 주신 메시아 예언(창 3:15)에 예고되어 있다. 그러므로 이와 같은 분열은 우연한 일이 아니며, 놀랄 일도 아니다. 그리스도 신자들은 이런 일을 경험할 때 오히려 믿음을 더욱 공고히 해야 한다. 그때에 복음을 반대하는 운동에 유대인들이 앞장섰던 것은 "먼저 된 자로서 나중 되리라"(마 20:16)고 하신 예수님의 말씀이 성취된 것이다. 그때 유대인들은 구약 시대에 메시아에 대한 약속을 받았던 자들의 자손임에도 불구하고(행 3:25) 그 약속의 성취로 오신 메시아를 배척하는 데 앞잡이가 된 것이다.

5-7 이방인과 유대인과 그 관리들이 두 사도를 모욕하며 돌로 치려고 달려드니 그들이 알고 도망하여 루가오니아의 두 성 루스드라와 더베와 그 근방으로 가서 거기서 복음을 전하니라. 여기서 "두 사도"라고 번역된 헬라어(αὐτούς)도 "그들"이라고 고쳐야 한다. 이때에 이방인과 유대인이 공개적으로 세력을 합하여 박해 운동

을 일으켰다. 이번 박해 때는 바울 일행이 그곳을 피하는 방침을 택했다. 그 방법 역시 예수님께서 가르쳐 주신 것이었다(마 10:23). 이것은 구차스럽게 고난을 피하고자 한 것이 아니었다. 복음의 명예를 훼손시키지 않는 범위 내에서 신자는 박해를 피해야 하는 경우가 있다. 일반적으로는 박해로 인하여 복음 전도의 문이 닫혔을 때는 위험을 무릅쓰고 사지로 들어갈 필요가 없다. 그 대신 전도의 문이 열려 있는 곳으로 들어가는 것이 지혜로운 선택이다.

8 루스드라에 발을 쓰지 못하는 한 사람이 앉아 있는데 나면서 걷지 못하게 되어 걸어 본 적이 없는 자라. "루스드라"는 이고니온에서 서남쪽으로 45킬로미터 거리에 있는 도시다. "나면서 걷지 못하게 되어 걸어 본 적이 없는 사람"은 조상 때부터 죄인이었던 일반 대중들을 가리키기에 좋은 비유이기도 하다. 사람은 본래 나면서부터 의를 행할 수 없는 자들이다. 그러나 하나님의 말씀은 그 장애인을 일으키듯이 그 같은 죄인들이라도 멸망 받을 자리에서 건져 내신다.

9 바울이 말하는 것을 듣거늘 바울이 주목하여 구원 받을 만한 믿음이 그에게 있는 것을 보고. 전도자에게 있어서 그가 전하는 복음에 사람들이 귀를 기울이고 들어주는 것처럼 반가운 일은 없다. 그렇기 때문에 바울은 그 장애인이 말씀을 듣는 태도를 주의 깊게 살펴보았다. 이적에 집중하는 깃보다 하나님의 말씀에 집중하는 것이 구원받을 신앙인의 올바른 태도다.

10 큰 소리로 이르되 네 발로 바로 일어서라 하니 그 사람이 일어나 걷는지라. 바울이 "큰 소리"로 말한 이유는 그 병을 고쳐 주는 목적이 나면서 걷지 못하는 사람 개인을 위한 것이 아니고, 루스드라의 모든 주민을 깨우치기 위한 것이었기 때문이다(Grosheide). 그가 장애인을 향하여 "일어서라"고 명령한 것은 자기의 권위로 한 것이 아니고, 오직 성령님의 권위 있는 말씀을 대언한 것일 뿐이다.

설교 ▶ 하나님 말씀의 위력(14:1-10)

본문에 보면 바울과 바나바가 회당에서 한 번 복음을 전했을 때 "유대와 헬라의 허다한 무리가" 믿었다고 하였고(1절), "두 사도가 오래 있어 주를 힘입어 담대히 말하니 주께서 그들의 손으로 표적과 기사를 행하게 하여 주사 자기 은혜의 말씀을 증언"하셨다고 기록하였다(3절). 그리고 루스드라에 발을 쓰지 못하는 사람이 있었는데 그가 바울이 말하는 것을 들었을 때 그에게 "구원 받을 만한 믿음"이 있었다고 한다(9절). 이러한 말씀들을 보면 사도행전 14장은 특히 하나님 말씀이 가지는 위력을 지적해주고 있다.

1. 하나님의 말씀이 능력 있는 이유

1) 말씀 자체에 능력이 있기 때문이다. 히브리서 4:12에 말하기를 "하나님의 말씀은 살아 있고 활력이 있어 좌우에 날선 어떤 검보다도 예리하여 혼과 영과 및 관절과 골수를 찔러 쪼개기까지 하며 또 마음의 생각과 뜻을 판단하나니"라고 하였고, 또 "살리는 것은 영이니 육은 무익하니라 내가 너희에게 이른 말은 영이요 생명이라"(요 6:63), "너희는 내가 일러준 말로 이미 깨끗하여졌으니"(요 15:3), "갓난 아기들 같이 순전하고 신령한 젖을 사모하라 이는 그로 말미암아 너희로 구원에 이르도록 자라게 하려 함이라"(벧전 2:2)라고 하였다.

2) 말씀을 올바로 증거하는 자는 그 말씀의 지배를 받기 때문에 그의 사역에 능력이 나타난다. 마게도냐에서 바울이 "하나님의 말씀에 붙잡혀 유대인들에게 예수는 그리스도라 밝히 증언"(행 18:5)하였다고 한다. 그가 "하나님의 말씀에 붙잡혀" 증언하였다는 말은 그 말씀을 전하지 않고는 견딜 수 없었다는 뜻이다. 예레미야도 말하기를 "내가 다시는 여호와를 선포하지 아니하며 그의 이름으로 말하지 아니하리라 하면 나의 마음이 불

붙는 것 같아서 골수에 사무치니 답답하여 견딜 수 없나이다"(렘 20:9)라고 하였다.

바울의 전도사역에 능력이 함께했던 것은 주께서 그를 사용하셨다는 증거다. 그는 얼마 전까지만 해도 그리스도 신자를 핍박하던 사람이었으나 주님께서 그를 택하여 사용하시니 즉시 힘을 얻어 복음을 전하였고(행 9:20-22), 그를 통하여 큰 권능이 나타났다. 주님께 붙잡혀 사용되었던 조나단 에드워즈가 한번은 지옥에 대하여 설교할 때 그 자리에 참석했던 청중들이 지옥에 떨어지지 않으려고 예배당 기둥을 붙잡고 그 설교를 들었다고 한다.

2. 하나님의 말씀이 가진 위력과 그 결과

하나님의 말씀을 듣는 자들은 믿음을 얻는다. 로마서 10:17에 "믿음은 들음에서 나며 들음은 그리스도의 말씀으로 말미암았느니라"라고 하였다. 바울이 빌립보 성을 방문하여 안식일에 기도하러 가던 중에 여자들이 모인 장소에서 복음을 전하였더니 그 가운데 루디아라는 여인이 그 말씀을 듣고 주님을 믿었다(행 16:14). 그때 주님께서 그의 마음을 열어 바울의 말을 청종케 하신 것이다. 말씀을 듣게 되는 기회는 곧 주님께서 우리의 마음 문을 열어주시는 기회다.

11 무리가 바울이 한 일을 보고 루가오니아 방언으로 소리 질러 이르되 신들이 사람의 형상으로 우리 가운데 내려오셨다 하여. "루가오니아 방언"은 그 지방 사투리인데 통상적인 헬라어가 아니었다. "신들이 사람의 형상으로 우리 가운데 내려오셨다 하여." 이와 같은 사건은 헬라 신화에 빈번하게 등장하는 관념이다. 호메로스(Homer)의 서사시에서도 이런 사상을 찾아볼 수 있다. 이런 신화적 경향은 타락한 인간의 우상숭배적 관념에서 비롯된 것이다.

12 바나바는 제우스라 하고 바울은 그 중에 말하는 자이므로 헤르메스라 하더라. 바나

바를 "제우스"라고 한 이유는 그가 바울과 비교했을 때 연장자였기 때문이라는 설이 있으나 확실한 것은 아니다. "제우스"는 로마 만신전의 최고신 유피테르(Jupiter)에 해당하는 헬라 신화의 명칭이다. 바울을 가리켜 "헤르메스"라고 한 이유는 그가 말을 잘하였기 때문이다. "헤르메스"는 대변자 역할을 맡은 신이었다.

13 시외 제우스 신당의 제사장이 소와 화환들을 가지고 대문 앞에 와서 무리와 함께 제사하고자 하니. 마귀는 사람들을 충동질하여 바울과 바나바를 죽이려고 하더니(5절), 이제는 사람들을 시켜 그들을 신으로 높여 제사하도록 만든다. 이것은 그들을 죽이는 것과 마찬가지로 악한 대우다. 미련한 자들은 사람들의 지나친 대접까지도 생각 없이 받아들이다가 멸망한다(참조. 눅 16:15; 행 12:23).

14 두 사도 바나바와 바울이 듣고 옷을 찢고 무리 가운데 뛰어 들어가서 소리 질러. "옷을 찢"은 것은 그들이 극도로 놀랐으며 그 일을 결코 용납할 수 없다는 맹세의 표시다(창 37:29, 34; 수 7:6; 마 26:65). 루스드라의 군중과 그들의 제사장이 보여준 행동은 사람을 신격화하는 큰 죄악이었다. 따라서 바울과 바나바는 그들의 행동을 금지시켰다. 사도 베드로도 일찍이 고넬료의 지나친 경배 행위를 즉시 사양하면서 말하기를 "나도 사람이라"(행 10:26)라고 하였다.

15 이르되 여러분이여 어찌하여 이러한 일을 하느냐 우리도 여러분과 같은 성정을 가진 사람이라 여러분에게 복음을 전하는 것은 이런 헛된 일을 버리고 천지와 바다와 그 가운데 만물을 지으시고 살아 계신 하나님께로 돌아오게 함이라. 이 말씀은 인생을 신격화하는 중대한 죄악을 금지하는 강한 반론이다. 바울과 바나바는 ① 자신들도 하나님 앞에서 평범한 사람일 뿐이라고 주장하는 동시에, ② 그들이 복음을 전하는 목적은 사람들로 하여금 헛된 우상을 버리고 살아 계신 하나님께로 돌아오게 하려는 데 있음을 설명한 것이다. 여기 이른바 "살아 계신 하나님"이라는 말은 바로 앞에 등장하는 "헛된 일"(문자적으로는 "헛된 것"이

라는 뜻인데 우상을 의미한다)과 대비되는 표현으로서 "모든 존재와 생명의 근원이 되시며 진실로 살아 계시는 하나님"이라는 의미다.[137]

바울은 이같이 하나님이 살아 계신다는 증거로 창조세계를 바라보라고 권면한다(롬 1:19-20). 창조주 하나님이 살아 계신다는 진리를 깨닫지 못하는 자는 어리석은 자다(시 14:1; 53:1).

16 하나님이 지나간 세대에는 모든 민족으로 자기들의 길들을 가게 방임하셨으나. "자기들의 길들"은 이방인들이 우상을 숭배하던 생활방식을 이르는 말이다. "방임하셨"다는 동사(εἴασεν)는 그들의 우상숭배를 죄악으로 여기지 않으셨다는 뜻이 아니라, 그들이 그 같은 죄를 범하도록 내버려 두셨다는 뜻이다.

17 그러나 자기를 증언하지 아니하신 것이 아니니 곧 여러분에게 하늘로부터 비를 내리시며 결실기를 주시는 선한 일을 하사 음식과 기쁨으로 여러분의 마음에 만족하게 하셨느니라 하고. 하나님께서는 이방 사람들에게도 그를 발견할 수 있는 증거들을 허락해 주셨는데, 그것은 바로 그가 자연계에 나타내신 능력과 혜택들이다. 일례로 하나님께서는 때를 따라 비를 내리심으로써 곡식이 결실하도록 해 주셨다. 이같이 하나님께서 자연계에 그의 능력을 나타내심으로써 그가 살아 계신 사실을 증거하셨지만 이방인들은 그를 믿지 않고 우상을 섬겼다. 그들이 거듭나서 그리스도의 복음을 믿기 전에는 이와 같은 하나님의 증거를 깨달을 수 없다(15하).

18 이렇게 말하여 겨우 무리를 말려 자기들에게 제사를 못하게 하니라. 여기서 "겨우" 무리를 말렸다고 한 것을 보면 그 당시 무리가 얼마나 적극적으로 바울과 바나바를 신으로 숭배하고자 했는지를 알 수 있다.

---

137) 마 16:16; 요 6:69; 고후 3:3; 6:16; 살전 1:9; 딤전 3:15; 4:10; 히 3:12; 9:14; 10:31; 12:22; 계 7:2.

설교 ▶ 자연계에 나타난 하나님의 계시를 깨달음에 대하여 (14:14-18)

자연계의 계시를 바로 이해하고 받아들이는 길은 오로지 복음에 대한 참된 믿음을 갖는 것뿐이다. 그렇기 때문에 주님께서도 자연계에 나타난 하나님의 사랑을 느끼지 못하는 자들을 가리켜 책망하시기를 "믿음이 적은 자들아"(마 6:30)라고 하셨다.

1. 하나님의 사랑과 인간의 무지

세상에서는 하나님의 사랑이 두 가지 모습으로 나타나는데, 바로 하나님의 신실하심과 친절하심이다. 그는 자연계에 일정한 법칙을 주시고 그것을 신실하게 그리고 친절하게 운행하시면서 자연 만물을 보존하신다. 그러므로 사람이 무엇으로 심든지 반드시 심은 대로 싹이 나서 자라는 것은 하나님께서 그렇게 되도록 만드셨기 때문이다. 태양이 공기 가운데 있는 질소를 통하여 탄소를 만들어내고, 모든 식물은 그것을 섭취하여 살아간다.

달나라에는 공기도 없고 또한 햇빛이 고루 비추어지지 못하기 때문에 식물이 자랄 수 없다. 그곳에는 밤이 두 주간이고 낮이 두 주간이라는데, 낮에는 햇볕이 너무 뜨거워서 생물이 살 수 없고, 밤에는 너무 추워서 생물이 살 수 없다고 한다. 하나님께서 달을 그렇게 지으신 목적은 그것으로 말미암아 "징조와 계절과 날과 해"가 이루어지도록 하셨을 뿐이고(창 1:14-18), 거기에 생물이 살도록 하신 것은 아니기 때문이다.

우리는 생물이 살아가는 것도 하나님의 능력으로 말미암은 것임을 깨달아야 한다. 온실에서 꽃이 재배되는 것을 보는 사람들은 그 온실을 만든 사람이 있음을 인정한다. 그런데 거기에 비할 수 없이 큰 온실이라고 할 수 있는 자연계를 건설하신 하나님을 사람들이 알아보지 못한다. 사람들은 이처럼 작은 것은 알아보면서도 큰 것은 알아보지 못하는 어두운 자들이다. 그들은 공이 굴러가는 것은 보면서도 지구가 회전하는 것은 느끼지 못한다.

2. 자연계에 나타난 하나님의 계시와 신자

하나님과 화목을 이룬 성도에게는 만물이 새 하늘과 새 땅으로 변모한다. 무디 선생이 홀튼 양화점에서 구두를 포장하는 일을 하고 있을 때 에드워드 킴볼(Edward Kimbal) 선생이 그에게 찾아와서 그리스도의 사랑과 희생에 대하여 말해 주었다. 그는 이때 전도를 받은 후 심령이 변화되어 만물이 그를 환영해 주는 것 같았고 새소리도 그를 위하여 노래하는 것 같았다고 한다. 그는 그때의 체험을 통해 만물이 하나님의 수중에서 움직이는 것을 깨닫고 다음과 같이 말하였다. "내가 회개한 날 아침 밖에 나올 때 모든 것이 다 사랑스러웠다. 나는 공중에 떠 있는 해를 전보다 더 사랑하게 되었고, 새소리를 들었을 때 그것들도 전과는 달리 사랑스러웠다. 만물이 나와의 관계를 달리하였다."[138]

심령이 하나님의 은혜로 변화된 사람들만이 세상 만물이 하나님의 주관 아래 있음을 믿는다. 초기 교회의 한 순교자는 그의 동생이 찾아와서 신앙을 포기하고 출옥하면 자기 재산의 절반을 주겠다고 했을 때 대답하기를 "하나님의 뜻이 아니면 나뭇잎 하나도 떨어지지 않는다."라고 하였다. 신자들이 이런 확신 가운데 살고자 한다면 항상 기도에 힘써야 한다. 우리와 하나님 사이에서 이간질하는 원수는 강력한 적이기 때문에 오직 기도로만 이길 수 있다. 윌리엄 하니(William Harney)는 말하기를 "신자가 기도하다가 승리하기 전에 그 기도를 중단하면, 의심을 기르는 약한 기도를 만들고 만다. 한편 얼굴을 땅에 대고 기도하는 성도들은 미리부터 승리가 자

---

[138] D. L. Moody, *The Shorter Life of D. L. Moody*, 20: "The morning I was converted I went outdoors and fell in love with everything. I never loved the bright sun shining over the earth so much before. And when I heard the birds singing their sweet songs."

기의 것임을 아는 자들이다."라고 하였다.[139]

19 유대인들이 안디옥과 이고니온에서 와서 무리를 충동하니 그들이 돌로 바울을 쳐서 죽은 줄로 알고 시외로 끌어 내치니라. 유대인들의 박해는 극에 달하였다. 그들은 먼 거리에서 전도자들(바나바와 바울)을 박해하기 위해 쫓아왔고, 또 군중을 충동하여 그들의 악행에 가담하도록 유인하였다. 그때에도 전도자들은 원수들의 구원을 위해 기도했을 것이다. 여기서 신자와 불신자의 차이점이 드러난다. 남을 불쌍히 여겨 구원 얻게 하려는 것은 성도의 심정이며, 진리를 대적하여 성도를 죽이고자 하는 것은 악한 자들의 심리다.

20 제자들이 둘러섰을 때에 바울이 일어나 그 성에 들어갔다가 이튿날 바나바와 함께 더베로 가서. 여기서 "제자들"은 바울의 전도를 듣고 "복음을 믿는 신자들"이다. 그들이 쓰러진 바울 곁에 둘러선 이유는 그의 시체를 장사하기 위함이었을 것이다. 그때 바울이 다시 살아났다(참조. 딤후 3:11). 어떤 학설에 의하면 그 당시 바울이 기절했다가 다시 회생한 것이지 죽었다가 다시 살아난 것은 아니라고 한다. 하지만 설사 기절했다는 학설이 옳다 하더라도 이것이 기적적인 사건임에는 변함이 없다. 그가 돌에 맞아 거의 죽은 것과 같은 상태에 이르렀었는데 아무런 치료도 받지 않고 그 자리에서 일어나 여전히 전도사역을 계속할 수 있었다는 것은 이적이 아닐 수 없다.

바울이 일어나서 다시 루스드라 성에 들어간 것은 핍박을 두려워하지 않았던 그의 당당한 모습을 보여준다. 그는 대적들이 미워하는 복음을 그들 앞에서 담대히 전하는 일을 멈추지 않았다. 이때 그가 보여준 처신은 그가 고린도후서 6:7-10에서 간증한 말씀대로였다. 곧 "진리의 말씀과 하나님의 능력으로 의의 무기를 좌우에 가지고 영광과 욕됨으로 그리했으며 악한 이름과 아름다운 이름으로 그리했느니라 우리는 속이는 자 같으나 참되고 무명한 자 같으나 유명한 자요 죽은 자 같으나 보라 우리가 살아 있

---

139) W. Harney, *Praying Clear Through*, 126-127.

고 징계를 받는 자 같으나 죽임을 당하지 아니하고 근심하는 자 같으나 항상 기뻐하고 가난한 자 같으나 많은 사람을 부요하게 하고 아무 것도 없는 자 같으나 모든 것을 가진 자로다"라고 한 말씀이다.

21 **복음을 그 성에서 전하여 많은 사람을 제자로 삼고 루스드라와 이고니온과 안디옥으로 돌아가서.** 죽었다가 다시 살아난 바울, 핍박을 받는 바울에게는 하나님의 권능이 더욱 함께하였다. 그 결과 그의 전도로 말미암아 "많은 사람"이 회개하게 되었다. 바울과 바나바는 이미 복음을 전하면서 거쳐 온 지역들, 곧 "루스드라", "이고니온", "비시디아 안디옥" 등지로 돌아가서 거기 있는 신자들의 마음을 굳게 하여 주었다. 전도도 필요하지만 목양 사역도 그만큼 중요하다. 교역자의 목양 사역 없이는 신자들의 신앙생활이 건전하게 지속되기 어렵다.

22 **제자들의 마음을 굳게 하여 이 믿음에 머물러 있으라 권하고 또 우리가 하나님의 나라에 들어가려면 많은 환난을 겪어야 할 것이라 하고.** "믿음에 머물러 있으라"(ἐμμένειν τῇ πίστει)라는 어구에서 머물러 있는다는 것은 "굳게 붙잡고 참아 나아감"(persevere)을 의미한다. 누구든지 좋은 일을 시작할 수는 있으나 그것을 끝까지 계속하기는 어렵다. 그렇지만 하나님의 은혜가 함께할 때는 그 일을 능히 이룰 수 있다. 하나님께서 우리에게 열매를 구하실 때 하나님은 L의 은혜로 우리가 결실하도록 역사하신다. 우리가 노력을 통해 천국에 들어간다는 교훈(마 11:12)에서 말하는 노력이란, 주님의 은혜로 뒷받침되거나 주님의 은혜 가운데서 이루어지는 노력을 가리킨다. 은혜를 통해 성립되는 노력이란 사실상 안식과 같은 것이다(참조. 마 11:28-30).

"하나님의 나라에 들어가려면 많은 환난을 겪어야 할 것이라." 이 말씀의 뜻은 천국에 들어가기 위한 공로로 환난을 겪어야 한다는 것이 아니다. 우리로 하여금 천국에 들어가게 해주는 공로와 의는 언제 어디서나 오직 예수 그리스도뿐이시다. 그리스도 신자가 고난을 받는 것은 그리스도와 일심동체가 되었다는 증거다(요 15:19-20). 그리스도께서 땅 위에 계시는 동안 고난의 사람이었으므로 그와 연합한 신자가 고난에 동참하게 되는 것은 당연하다.

바울이 여기서 강조한 것은 신자가 천국에 들어가는 여정에서 환난을 당하는 것이 하나님께서 정하신 필연적인 귀결이라는 것이다. 그러므로 이 본문은 다음과 같이 번역되어야 한다. "많은 환난을 경유하여 하나님 나라에 반드시 들어간다." 여기서 "반드시"(δεῖ)라는 용어는 "들어간다"(εἰσελθεῖν)라는 동사와 연계하여 하나님 나라에 들어가는 일의 신적 필연성을 강조한다. 다시 말해 하나님께서 환난을 겪는 성도들로 하여금 하나님 나라에 들어가도록 역사하신다는 것이다(참조. 롬 8:17; 살후 1:4; 딤후 2:12).

23 각 교회에서 장로들을 택하여 금식 기도 하며 그들이 믿는 주께 그들을 위탁하고.
"교회에서 장로들을 택하"는 이유는 그 교회를 다스리고 가르치게 하려는 것이다. "금식 기도"는 중대한 일을 위하여 간절히 기도하는 행위다. 바울은 교회가 없는 지역에서 전도하는 것을 중요하게 생각하였으며(롬 15:20), 복음으로 말미암아 세워진 교회를 귀중히 여겨 양육하기를 힘썼다. 그는 교회들을 지도자 없는 상태로 버려두지 아니하고 "각 교회에서 장로들을 택하여" 세웠으며, 또 그 교회와 장로들의 장래를 위하여 금식 기도하고 그들을 주님께 부탁하였다.

24-25 비시디아 가운데로 지나서 밤빌리아에 이르러 말씀을 버가에서 전하고 앗달리아로 내려가서. 그들은 비시디아 안디옥을 경유하여(21절) "비시디아"로 왔다. 그리고 거기서 남쪽으로 행하여 "밤빌리아"라는 지역에 속한 "버가"에서 복음을 전하였다. "앗달리아"는 버가 해안에 있는 항구 도시다.

26 거기서 배 타고 안디옥에 이르니 이 곳은 두 사도가 이룬 그 일을 위하여 전에 하나님의 은혜에 부탁하던 곳이라. "두 사도가 이룬 그 일"은 바울과 바나바의 선교사역을 가리키고, "하나님의 은혜에 부탁"했다는 것은 그 선교사들을 위하여 금식 기도한 사실을 가리킨다(13:3).

27-28 그들이 이르러 교회를 모아 하나님이 함께 행하신 모든 일과 이방인들에게 믿음의 문을 여신 것을 보고하고 제자들과 함께 오래 있으니라. 하나님께서 그들과 "함께 행하신" 것은 그들 자신의 신앙을 굳게 해주었을 뿐 아니라 그들의 전도를 듣는 모든 사람의 신앙도 굳게 해 주었다. 그리고 하나님이 "이방인들에게 믿음의 문을 여신" 사실을 아는 사람마다 구원 운동이 유대인과 이방인에게 차별 없이 임한 것을 확신하게 된다. 두 사도가 안디옥에 "오래" 머문 목적은 목회를 위함이었다. 안디옥 교회야말로 이방 선교의 근거지라고 할 수 있다. 선교의 근거지가 든든해야 선교사역이 힘 있게 전개된다.

제15장

↓ 개요

1. 예루살렘 공의회와 교회 정치

로마 가톨릭교회에서는 예루살렘 공의회의 논쟁에서 베드로가 주도적인 역할을 했다고 생각하면서 교황주의 정치가 옳다고 주장하고, 영국 국교회에서는 이때에 예루살렘 교회의 감독 야고보가 지도자의 역할을 했다고 생각하면서 감독교회 정치가 옳다고 주장한다. 하지만 이 두 교파에서 주장하는 견해는 상식적으로도 옳지 않다.

여기서 비중 있게 다룰 필요가 있는 견해들은 회중교회와 장로교회의 견해다. 회중교회에서는 예루살렘 공의회가 후대의 교회 정치와 아무 관련이 없다고 주장한다. 그들이 제시하는 이유는 예루살렘 공의회가 사도들을 중심으로 한 회의였기 때문에 사도가 더 이상 존재하지 않는 오늘날과는 무관하다는 것이다. 그러나 장로교회에서는 예루살렘 공의회의 원리에 입각하여 장로교회 정치가 성립되었다고 주장한다. 이제 회중교회와 장로교회의 쟁점을 생각해 보자.

1) 예루살렘 공의회에 모였던 사도들과 장로들의 지위

장로교회에서는 그 당시 사도들과 장로들이 서로 동등한 처지에서 동등한 권한을 가지고 회의를 진행하였다고 주장한다. 즉 사도들은 그들이 받은 영감에 근거하여 명령하는 자세로 일을 처리하지 않고 다만 장로들과 함께 의논하는 자세를 취했다는 것이다. 그런데 회중교회에서는 그 당시 사도들이 사도의 권위로 회의를 진행했다고 주장한다. 하지만 사도행전 15장의 증거를 볼 때 이때 사도들이 독단적으로 사안을 처리하지 않았으니(22절) 회중교회의 견해는 성경의 증언에 부합하지 않는다.

2) 교회 권세의 기준

교회의 치리회의 권위는 어디에 근거하는가? 그것은 오직 성경에 근거해야 한다. 예루살렘 공의회에 나타난 대로 베드로는 그때 교리 문제를 논함에 있어서 하나님의 섭리와 계시를 기준으로 삼았으며, 야고보는 구약 선지자의 말을 기준으로 삼았다. 그러므로 교회 치리자의 권위는 오직 성경에 근거해야 한다고 생각된다.

2. 예루살렘 공의회의 금령(禁令)

29절에 이방인 그리스도 신자와 유대인 그리스도 신자 간의 사상적 조화를 위한 공의회의 결정이 기록되어 있다. 그 말씀은 "우상의 제물", "피", "목매어 죽인 것", "음행"을 멀리하라는 것이다. 여기서 우리가 주목할 만한 것은, "목매어 죽인 것"을 먹지 말라는 말씀이다. 이 말씀에 근거하여 그리스도 신자들은 오늘날에도 구약 시대의 유대인들처럼 목매어 죽인 것을 먹지 말아야 할 것인가? 창세기 9:4에 보면 "고기를 그 생명 되는 피째 먹지 말 것이니라"라고 하였고, 레위기 17:10-14; 7:26-27에도 피를 먹지 말라고 하였다. 또한 여기서 목매어 죽인 것을 먹지 말라고 금하는 이유도 목매어 죽인 것이 피를 포함하고 있는 고기이기 때문이다. 그런데 이 같은 금령이 신약 시대에도 종교적 규례가 될 수 있을까?

1) 신학적인 관점에서 바라볼 때 하나님께서 구약 시대에 그의 백성을 가르치신 방법과 신약 시대에 가르치신 방법이 서로 다르다. 구약 시대에

는 하나님께서 외형적인 방법으로 그의 백성을 가르치셨고, 신약 시대에는 영적인 방법으로 가르치신 것이다. 구약 시대에는 하나님께서 그의 백성으로 하여금 생명을 존중히 여기는 관념을 가지게 하시려고 그들에게 생명의 근원 되는 피를 먹지 말라고 하셨다. 그러나 신약 시대에는 그와 동일한 방법으로 가르치시지 않는다. 그러므로 이 같은 금령이 신약 시대에도 여전히 우리에게 구속력을 가진다고 할 수는 없다.

2) 그러면 사도행전 15장에 주어진 금령을 우리는 어떻게 이해해야 할 것인가? 이 장절들(15:20, 29; 21:25)에 대한 해석은 다음과 같다. 서방 사본(Western Text)에는 "목매어 죽인 것"이란 표현이 나타나지 않으며, 다만 중립 사본(Neutral Text)에만 있는데, 그 사본들이 대체로 가장 신임할 만한 사본들이다. 우리 한글 번역처럼 중립 사본의 텍스트를 따라서 "목매어 죽인 것"이란 어구를 받아들인다 해도 어려움은 없다. 왜냐하면 이 같은 금령은 구원 문제에 관한 어떤 필수적인 첨부 조건이 아니고(갈 3:1), 당시 유대인 그리스도 신자와 이방인 그리스도 신자(특히 안디옥, 수리아, 길리기아에 거하는 신자들) 사이에 일어난 문제를 조화 있게 해결하기 위한 결정인 것으로 정통 학자들이 이해하기 때문이다. 그런 견해를 취하는 대표적인 주석가는 칼빈이다.

그 당시 유대인 그리스도 신자들은 아직 율법의 의식적인 규례들을 완전히 버리지는 못하고 있었던 반면 이방인 그리스도 신자들은 그런 규례들을 지키지 않았다. 이 둘을 화합시키기 위해서는 그 같은 절충안이 필요하게 된 것이다. 곧 이방인 그리스도 신자로 하여금 지켜도 큰 손해가 없을 일불 의식법들을 지키게 함으로써 초보적인 유대인 그리스도 신자들과 화합하게 한 것은 지혜로운 일이었다. 하지만 그때처럼 신앙의 초보적인 단계에 있는 유대인 그리스도 신자들이 존재하지 않는 현대의 (우리가 속한) 이방인 교회에 그때 제정된 금령을 외형적으로 지키도록 강요하거나 교리화할 이유는 없다. 교회는 피나 목매어 죽인 고기를 먹지 않는 형제를 비방할 이유가 없으며, 그렇다고 해서 그것을 먹는 형제를 정죄할 이유도 없다(롬 14:3).

↓ 내용분해

1. 구원 문제에 대한 논란과 그 해결책(1-2절).
2. 바울과 바나바의 예루살렘 방문과 그들의 보고(3-4절).
3. 바리새파에 속한 신자들이, 이방인에게 할례를 행하고 모세의 율법을 지키라고 명하는 것이 마땅하다고 주장함(5절).
4. 베드로가 이방인들도 은혜로만 구원받는 도를 변증함(6-11절).
5. 바나바와 바울이 이방인 중에 나타난 하나님의 표적과 기사를 보고함(12절).
6. 야고보의 제안(13-21절).
7. 이방 교회에 사람들을 파견하여 야고보의 제안대로 시행하도록 함(22-35절).
8. 바울과 바나바가 2차 선교여행을 떠남(36-41절).

↓ 해석

1 어떤 사람들이 유대로부터 내려와서 형제들을 가르치되 너희가 모세의 법대로 할례를 받지 아니하면 능히 구원을 받지 못하리라 하니. 예수 그리스도를 믿는다고 하면서도 아직 유대주의를 버리지 못한 유대인 그리스도 신자들이 안디옥에 와서 잘못된 구원의 도리를 가르쳤다. 그들은 사람이 예수 그리스도의 십자가 공로를 믿음으로만 구원 얻는다는 바른 도리를 인정하지 않고 "할례"

를 구원의 조건으로 내세웠는데 이것은 큰 잘못이다. 할례 제도는 이제 그리스도가 오심으로 말미암아 소기의 목적을 달성하고 종결되었는데(롬 10:4; 빌 3:3), 그들은 이러한 사실을 깨닫지 못한 것이다. 사람에게는 그리스도께서 십자가에 못 박혀 죽으심으로써 완성하신 구원을 있는 그대로 받아들이지 못하고, 인간의 어떤 공로를 그리스도의 십자가 공로에 더해야만 구원을 얻을 수 있을 것이라는 잘못된 생각을 버리지 못하는 경향이 있다. 그와 같은 주장은 그리스도의 십자가 공로의 가치를 떨어뜨리는 죄악이다.

스튜어트(A. H. Stewart)는 사람이 오직 예수 그리스도의 십자가 공로로만 구원을 얻는다는 진리가 믿어지지 않았기 때문에 자신이 무슨 선을 행함으로써 구원을 얻고자 하였다. 그러던 어느 날 그는 성경을 읽다가 땅에 뿌려진 씨에 관한 비유(눅 8:4-15)를 통해, 마귀가 믿음으로 구원 얻는 진리를 사람들이 깨닫지 못하도록 방해한다는 사실을 발견하고서 회개하였다. 그에게 확신을 준 말씀은 다음과 같다. "길 가에 있다는 것은 말씀을 들은 자니 이에 마귀가 가서 그들이 믿어 구원을 얻지 못하게 하려고 말씀을 그 마음에서 빼앗는 것이요"(12절).[140]

2 바울 및 바나바와 그들 사이에 적지 아니한 다툼과 변론이 일어난지라 형제들이 이 문제에 대하여 바울과 바나바와 및 그 중의 몇 사람을 예루살렘에 있는 사도와 장로들에게 보내기로 작정하니라. 사람이 오직 그리스도의 십자가 공로로만 구원 얻는다는 진리에 대하여 바울과 바나바는 일치하는 견해를 가지고 있었다. 그러나 유대주의자들은 구원을 얻기 위한 조건으로 할례를 받아야 한다고 주장했기 때문에 그들 사이에 "다툼과 변론"이 일어났다. 교회가 이 문제를 해결하기 위해 대표자들을 예루살렘 교회에 보낸 것은 총회와 같은 권위를 갖는 회의를 통해 그 사안에 결정을 내리고자 한 것이었다.

3 그들이 교회의 전송을 받고 베니게와 사마리아로 다니며 이방인들이 주께 돌아온 일

---

140) Harry A. Ironside, *Lectures on Acts*, 352.

을 말하여 형제들을 다 크게 기쁘게 하더라. 여기서 "전송을 받았다"(προπεμφθέντες) 는 말은 그 여행에 필요한 경비를 제공받고 파송되었다는 것을 의미한다. 그들이 이방의 모든 교회들을 방문한 목적은 교회들의 믿음을 견고케 하려는 것이기도 했지만 이번에는 주로 다음과 같은 목적을 가졌을 것이다. 곧 이방인들이 할례를 받지 않고도 복음을 믿어 구원받았다는 사실을 교회들에게 알리고, 그러한 사실에 대해 교회들의 이해와 지지를 얻고자 함이었다. 동일한 성령으로 말미암아 구원에 이른 모든 교회들의 이해와 지지는 진리를 증거하는 일에 적지 않은 도움을 준다.

4 예루살렘에 이르러 교회와 사도와 장로들에게 영접을 받고 하나님이 자기들과 함께 계셔 행하신 모든 일을 말하매. 여기서 "말하매"(ἀνήγγειλαν)라는 표현은 "선포했다"는 의미를 갖는다. 이때 바울은 하나의 이론을 말한 것이 아니고 하나님께서 행하신 일을 힘 있게 선포한 것이다. 역설하며 전파한 것이다. 그가 확신 가운데 증거한 내용은 한마디로 "하나님께서 하시는 일 자체가 선포와 같은 힘을 가진다"(Grosheide)는 것이었다.

교리 문제와 관련하여 논의를 진행할 때 먼저 필요한 것은 그 교리를 다루는 자들이 그 진리에 대하여 확신을 가지는 일이다. 바울과 바나바 일행은 할례 받지 않은 이방인들이 복음을 믿음으로 구원 얻는다는 사실을 확인하였고, 하나님께서 자신들을 통하여 이 일을 행하셨다고 확신하였다. 그들은 이 일에 있어서 하나님께서 사용하신 종들이었다.

복음 전도자에게는 하나님께서 자기를 사용하신 체험이 있어야 한다. 그러므로 벵겔은 질문하기를 "하나님의 말씀을 전하는 사역자여! 하나님께서 너를 사용하여 이루신 일이 무엇이었는가? 무엇이든지 한 가지라도 말할 수 있는가?"라고 하였다.[141]

5 바리새파 중에 어떤 믿는 사람들이 일어나 말하되 이방인에게 할례를 행하고 모세의

---

141) J. A. Bengel, *Gnomon of the New Testament II* (1742); translated by C. T. Lewis and M. R. Vincent, 643.

율법을 지키라 명하는 것이 마땅하다 하니라. "바리새파"에 속한 신자들은 예수를 믿은 후에도 율법주의의 근성을 버리지 못하고 그릇된 주장을 펼친 것이다. 그들은 마음속에 여전히 뿌리내리고 있던 율법주의로 인해 교만하여져서 이 중대한 회의 석상에서 사도들의 말씀을 기다리지 않고 먼저 발언하였다.

6-7 사도와 장로들이 이 일을 의논하러 모여 많은 변론이 있은 후에 베드로가 일어나 말하되 형제들아 너희도 알거니와 하나님이 이방인들로 내 입에서 복음의 말씀을 들어 믿게 하시려고 오래 전부터 너희 가운데서 나를 택하시고. "많은 변론이 있은 후에." 이 말씀을 통해 우리는 그때의 회의가 성령의 감동하심에 따라 일사천리로 진행된 것이 아니라 일반 신자들의 보편적인 지혜를 따라 진행되다가 마침내 사도들의 지도로 마감되었다는 것을 알 수 있다. 베드로는 이때에 사도의 권위를 가지고 전면에 나섰다. 이것이 사도행전에서 그의 마지막 등장이다(Bengel). 그는 주로 유대인들을 위한 사도였으나(갈 2:8) 또한 이방인을 위한 전도자로서도 이 회의 석상에서 주도적인 역할을 했던 것이다. 그는 여기서 스스로를 가리켜 이방인을 위해서도 세움을 받은 자라고 말한다(참조. 행 10:9-11:18).

이방인이 할례를 받지 않고 오직 복음을 믿음으로만 구원 얻는다는 사실에 대해 베드로는 인간의 추측이나 지혜를 앞세워 말하는 대신에 하나님이 그 일(이방인을 구원하시는 일)을 위하여 자기를 택하셨다는 확실한 사실로써 논증한다. 하나님께서 그렇게 역사하셨다면 우리는 더 이상 반론할 것이 없다. 누가 하나님께 항거하겠는가! 이방인이 할례 받을 필요 없이 오직 그리스도를 믿음으로써 구원 얻는다는 사실을 의심하는 자는 하나님께 저항하는 어리석은 자다. 또한 만일 예수 그리스도의 피 외에 다른 무엇을 구원의 조건으로 내세우는 자가 있다면 그 역시 하나님께 항거하는 자다.

8 또 마음을 아시는 하나님이 우리에게와 같이 그들에게도 성령을 주어 증언하시고.

"마음을 아시는 하나님." 하나님은 사람을 외모로 판단하시지 않고 마음 속에 있는 것을 다 아시기 때문에 사람을 아는 일에 실수가 없으시다. 그는 이와 같은 밝음을 통해 유대인과 이방인이 똑같은 죄인임을 보신다. "성령을 주어 증언하시고." 이 말씀은 하나님께서 이방인들에게도 동일한 성령을 주셔서 그들도 유대인과 다름없이 그리스도를 믿음으로 구원 얻게 하신 사실을 확증하셨다는 뜻이다.

9 믿음으로 그들의 마음을 깨끗이 하사 그들이나 우리나 차별하지 아니하셨느니라. 이것은 "마음을 아시는 하나님"께서 행하시는 둘째 역사다(첫째는 성령을 부어주신 일이다). 그는 우리의 마음을 감찰하시는 분이시기 때문에 오직 믿음으로만 그것이 깨끗해질 수 있다는 것을 아셨다. 믿음으로 깨끗해진다는 말은, ① 사람이 믿음으로 그리스도를 영접하는 때 그리스도께서 그 사람의 의가 되어주신다는 것이며, ② 그리스도께서 그 사람의 마음속에 역사하심으로 그의 성결한 생활이 실현되어 가도록 만들어주신다는 것이다.

"그들이나 우리나 차별하지 아니하셨느니라." 이 말은 하나님께서 유대인과 이방인을 차별대우하지 않으셨다는 뜻이다. 이 말씀대로 구원은 인간 자신의 선이나 의에 의한 것이 아니고 다만 처음부터 끝까지 하나님이 값없이 주신 선물일 뿐이다. 구원 문제에서 누구든지 자신의 의를 신뢰하거나 자랑하는 자가 있다면, 그는 예수 그리스도의 보혈이 구원을 위한 충분한 공로가 될 수 없다고 생각하는 자다. 그런 자는 경건의 모양은 가지고 있으나 실상은 가장 경건하지 못한 자며 주님의 보혈을 무시하는 자다.

설교 ▶ 마음을 깨끗이 함에 대하여(15:9)

1. 마음이 깨끗하다는 것은 믿음 자체를 의미한다.

누구든지 믿음만 있으면 설사 완전한 정결을 이루지 못했다 하더라도 정결하다는 일컬음을 얻는다. 히브리서 11:6에 말하기를 "믿음이 없이는 하나님을 기쁘시게 하지 못하나니"라고 하였고, 로마서 14:23에는 "믿음을 따라 하지 아니하는 것은 다 죄니라"라고 하였다. 믿음이란, 하나님과 사람 사이를 가로막고 있는 인간의 죄를 도말하심으로써 둘 사이에 참된 관계를 맺어 주시기 위해 우리 죄를 다 담당하신 그리스도를 믿는 것이다. 그러므로 그와 같은 믿음을 가진 자는 하나님 앞에서 깨끗한 자로 인정된다.

2. 마음이 깨끗하다는 것은 잡념과 더불어 싸우는 상태를 의미한다.

사람의 마음속에는 잡념이 없을 수 없다. 그러므로 하나님은 인간이 잡념과 더불어 싸우는 것을 만족스럽게 여기신다. 생명이라는 것은 싸움을 통해 이루어진다. 우리 인생들의 육체도 몸 안에 있는 무수한 백혈구가 몸 속으로 침투해 들어오는 세균과 싸워서 그것을 잡아먹어야만 건강을 유지할 수 있다. 우리는 모든 악한 생각과 싸워 이겨야 한다. 베드로전서 2:11에 말하기를 "영혼을 거슬러 싸우는 육체의 정욕을 제어하라" 하였고, 골로새서 3:5에는 "땅에 있는 지체를 죽이라"고 하였다.

10 그런데 지금 너희가 어찌하여 하나님을 시험하여 우리 조상과 우리도 능히 메지 못하던 멍에를 제자들의 목에 두려느냐. "하나님을 시험"한다는 것은 다음과 같은 뜻이다. 그리스도 신자도 할례를 받아야 하고 모세의 율법을 지켜야만 구원을 얻는다고 주장하는 것은, 예수 그리스도를 믿음으로만 구원을 얻도록 정해 놓으신 하나님의 뜻을 거스르는 일이다. 다시 말해 그것은 하나님이 세우신 은혜의 구원 계획을 문제시하고 의심하는 일이 되는 것이다.

예수님이 이 땅에 오신 것은 우리의 짐을 대신 져주시기 위함인데(마 11:28) 예수 그리스도를 믿는 자에게 여전히 율법의 짐을 지우는 것은 지극히 모순된 일이다. 인류 역사상 누가 율법의 짐을 감당할 수 있었는가? 옛날 사람들("조상")도 이것을 감당하지 못하였고, 현재 우리도 감당할 수 없다. 그러므로 하나님께서 그리스도를 이 세상에 보내셔서 그로 하여금 이 짐을 대신 담당하도록 하신 것이다. 이것은 우리 마음을 아시고(행 15:8) 그 연약함을 감찰하시는 분이 행하신 지혜로운 처사다(참조. 시 103:13-16).

11 그러나 우리는 그들이 우리와 동일하게 주 예수의 은혜로 구원 받는 줄을 믿노라 하니라. "우리"는 유대인을 가리키고, "그들"은 이방인을 가리킨다. 헬라어 원문에는 "주 예수의 은혜로"(διὰ τῆς χάριτος τοῦ κυρίου Ἰησοῦ)라는 문구가 11절 첫머리에 나오면서 강조체를 이룬다. 인류의 구원은 하나님의 은혜로만 성립되는 것이며, 인종이나 민족, 또는 개인의 육체적 자격과 같은 그 어떤 조건과도 무관하다. 그러므로 여기에는 유대인과 이방인의 차별이 없다(참조. 롬 3:21-22; 골 3:10-11).

12 온 무리가 가만히 있어 바나바와 바울이 하나님께서 자기들로 말미암아 이방인 중에서 행하신 표적과 기사에 관하여 말하는 것을 듣더니. 이때 바나바와 바울은 그들이 이방 선교에서 체험했던 일들, 곧 하나님께서 그들을 통해 행하신 표적과 기사를 보고하였다.

"온 무리가 가만히 있어." 여기서 "가만히 있어"(Ἐσίγησεν)라는 표현은 그들이 바나바와 바울의 보고 및 그들이 제시한 견해에 찬동한다는 의미였다. 그다음 이어지는 "듣더니"(ἤκουον)라는 동사는 오랫동안 듣고 있는 모습을 묘사하는데, 이것은 그들이 기꺼이 청종했음을 의미한다. 그러므로 예루살렘 공의회에서는 회중들의 의견도 존중했음이 확실하다. 예루살렘 공의회는 성격상 독재정치와는 거리가 멀었다.

13-14 말을 마치매 야고보가 대답하여 이르되 형제들아 내 말을 들으라 하나님이 처음으로 이방인 중에서 자기 이름을 위할 백성을 취하시려고 그들을 돌보신 것을 시므온이 말하였으니. "야고보가 대답하여 이르되." 여기서 "야고보"는 예수님의 형제 야고보인지, 혹은 알패오의 아들 야고보(마 10:3)인지 확실히 알려지지 않았다. 일반적으로는 그가 예수님의 형제 야고보라고 간주하는 것이 합당하다(참조. 행 12:2; 갈 1:19).

"그들을 돌보신 것을 시므온이 말하였으니." 여기서 "돌보신"(ἐπεσκέψατο)이라는 말은 방문(불쌍히 여겨 찾아봄)을 의미하기 때문에 "돌보신"보다는 "찾아오신"(visited)이라고 번역하는 것이 좋다.

"말하였으니." 이 말(ἐξηγήσατο)은 듣는 자들을 설득시키기 위해 "해명하는 것"을 의미한다. 사도행전 15:7-11의 말씀이 시몬 베드로가 해명한 내용이다.

15-18 선지자들의 말씀이 이와 일치하도다 기록된 바 이 후에 내가 돌아와서 다윗의 무너진 장막을 다시 지으며 또 그 허물어진 것을 다시 지어 일으키리니 이는 그 남은 사람들과 내 이름으로 일컬음을 받는 모든 이방인들로 주를 찾게 하려 함이라 하셨으니 즉 예로부터 이것을 알게 하시는 주의 말씀이라 함과 같으니라. 이 말씀은 아모스 9:11-12을 인용한 것이다.

"다윗의 무너진 장막을 다시 지으며." 이것은 하나님께서 무너진 다윗 왕가를 재건하실 것을 가리킨다. 이 예언은 예수 그리스도께서 다윗의 후손으로 오심으로써 성취되었다(참조. 눅 1:32-33).

"그 남은 사람들"(οἱ κατάλοιποι τῶν ἀνθρώπων)이라는 어구는 "사람들 중에 그 남은 자들"을 의미하는데, 인류 가운데 하나님의 택하심을 받은 자들을 가리킨다. 이 말씀은 유대주의의 편협한 사상을 초월하여 세계 인류를 대상으로 삼는 것이다. 하나님께서는 모든 열방 가운데서 자신의 백성을 택하여 소유하고 계신다(참조. 계 5:9-10). 곧 "내 이름으로 일컬음을 받는 모든 이방인들"이라는 문구가 그 같은 사실을 다시 설명해준다. 이처럼 이방인들도 하나님의 거룩한 자녀의 반열에 참여하게 된다는 것은 이미 오래전에 예언된 사실인데 이제 정한 때가 이르러 그들이 주님께로 돌아오게 된 것이다. 이것은 성경대로 이루어진 사실이니 누가 이것을 반대할 수 있겠는가?

19 그러므로 내 의견에는 이방인 중에서 하나님께로 돌아오는 자들을 괴롭게 하지 말고. "괴롭게 하지 말고." 이 말의 헬라어(μὴ παρενοχλεῖν)는 "짐 지우지 말라"

는 뜻이다(Grosheide, De Boor). 곧 구원 얻는 일에 예수 그리스도를 믿는 것 외에는 아무 조건도 부과하지 말라는 의미다. 만일 이방인들에게 다른 것을 추가로 부담시킨다면 이는 그들을 괴롭게 하는 것이다.

20 다만 우상의 더러운 것과 음행과 목매어 죽인 것과 피를 멀리하라고 편지하는 것이 옳으니. "우상의 더러운 것"은 우상 앞에 바쳤던 제물을 뜻하는데, 그것을 먹지 말라는 말씀은 요한계시록 2:14; 고린도전서 10:14-22에도 나온다. 또한 "음행을 멀리하라"는 말씀은 신약성경에서 종종 접할 수 있는 것이니 굳이 논할 필요도 없다.

"피를 멀리하라"는 말씀은 살인하지 말라는 뜻으로 이해될 수도 있다. 그러나 이것을 문자 그대로 받아들이는 해석도 가능하다. 피를 먹지 말라는 것은 구약의 사상이다(레 3:17; 7:26-27; 19:26; 삼상 14:33). "피"는 생명의 표상이니 생명을 귀중히 여기는 의미에서 그것을 먹지 말라고 규정한 것이다(창 9:4; 레 17:13-14; 신 12:16, 23-25). 더욱이 구약 시대에는 속죄제사를 드릴 때 그 제물의 피를 제단에 뿌려서 죄인의 생명을 속하게 하였기 때문에 피를 먹는 것을 금하였다(레 17:10-12). 초기 교회의 유대인 그리스도 신자들은 구약성경의 규례를 따라 피를 먹지 않았다. 그러나 이방인 신자들은 그렇게 하지 않았기 때문에 양자의 화합을 위하여 이방인들도 당분간 피를 먹지 않는 규례를 지킬 필요가 있었다.

21 이는 예로부터 각 성에서 모세를 전하는 자가 있어 안식일마다 회당에서 그 글을 읽음이라 하더라. 이 말씀은 앞절에 언급된 상황이 발생한 이유를 설명한다. 20절의 금령을 이방인 신자들에게 보내어 지키게 하는 이유는 유대인 그리스도 신자들이 그와 같은 의식들을 지켜오고 있기 때문이었다. 그들은 안식일마다 회당에서 이같이 모세의 글(율법)을 읽는다.

22 이에 사도와 장로와 온 교회가 그 중에서 사람들을 택하여 바울과 바나바와 함께 안디옥으로 보내기를 결정하니 곧 형제 중에 인도자인 바사바라 하는 유다와 실라더라. 이방 교회에 보낼 대표자를 정하는 일은 한두 사람의 임명으로 추진된 것이 아

니고 온 교회의 결정으로 이루어진 것인데, 이것은 후대 교회가 따라야 할 모범이다. 그리고 이때 선택된 "유다와 실라"는 "인도자"의 자격을 지닌 자들이다. 현대 교회에는 지도자의 자격을 갖추지 못한 자들이 지도자의 자리에 앉음으로써 도리어 하나님의 일을 그르치는 경우가 많다.

24 들은즉 우리 가운데서 어떤 사람들이 우리의 지시도 없이 나가서 말로 너희를 괴롭게 하고 마음을 혼란하게 한다 하기로. 유대주의에서 완전히 떠날 줄 모르는 유대인 그리스도 신자들은 예루살렘 교회의 사도들을 등에 업고 안디옥에서 거짓 교훈을 퍼뜨리고자 했을 것이다(갈 2:4-6). 그렇기 때문에 예루살렘 교회의 지도자들과 사도들은 그들에게 단호한 태도를 보였으며 그들의 배경이 되어주기를 거부하였다. 진리에 기반한 다스림은 이처럼 공정하다.

25 사람을 택하여 우리 주 예수 그리스도의 이름을 위하여 생명을 아끼지 아니하는 자인 우리가 사랑하는 바나바와 바울과 함께 너희에게 보내기를 만장일치로 결정하였노라. 이 말씀 중에서 특별히 "그리스도의 이름을 위하여 생명을 아끼지 아니하는 자인 우리가 사랑하는"이라는 문구가 우리의 눈길을 끈다. 예루살렘 교회는 주님을 위하여 생명을 아끼지 않는 자들을 사랑하였다. 그런데 현대 교회의 지도자들은 자기를 사랑해주는 자들을 사랑한다. 그들의 생활은 그만큼 그리스도 중심이 아니라는 것이다. 예수님을 위하여 생명을 아끼지 않는 자들이 얼마나 귀한가!

28 성령과 우리는 이 요긴한 것들 외에는 아무 짐도 너희에게 지우지 아니하는 것이 옳은 줄 알았노니. 예루살렘 교회는 이방 교회를 위한 이 같은 결정이 성령의 뜻이라고 확신하였다. 그 결정의 내용은 구원 문제에 관련된 것이 아니었고 다만 이방인 신자들과 유대인 신자들 간의 조화를 위한 행정적인 문제에 관한 것이었다. "아무 짐도… 지우지 아니하는 것"은 구원의 조건으로 예수 그리스도의 피를 믿는 일 외에는 아무것도 없음을 시사한다.

29 우상의 제물과 피와 목매어 죽인 것과 음행을 멀리할지니라. 이 말씀에 대하여는 20절의 해석을 참조하라.

30-35절. 이방 교회에 파송받은 사절단은 그들에게 주어진 사명대로 예루살렘 교회의 결정을 이방 교회들에 전하였다.

읽고 그 위로한 말을 기뻐하더라(31절). 안디옥 교회는 예루살렘 공의회가 결정한 내용을 읽고 기뻐하였다. 그들의 이와 같은 태도는 그들이 이미 사도와 장로들의 권위를 인정한다는 증거이며, 그 같은 결정을 성령의 뜻으로 받아들였다는 증거이기도 하다(참조. 28상).

가르치며 전파하니라(35하). 사도들은 복음을 전파하되 그것을 가르치면서 전하였다. 전도자는 상대방이 그가 전하는 말씀을 받아들일 마음을 가질 수 있도록 복음을 진리에 따라 차근차근 설명해줄 필요가 있다.

36-41절. 바울과 바나바가 2차 선교여행을 떠나기에 앞서 마가(요한)를 데리고 가는 문제로 인하여 서로 다투고 갈라선 행적이 여기에 기록되어 있다. 그들 각자의 주장이 일리가 있으나 두 사람이 서로 양보하지 않았기 때문에 화합할 수가 없었던 것이다. 여기서 두 사람이 갈라선 후에 서로를 원수로 대하지 않고 각자 자기에게 맡겨진 일을 감당했다면 그들의 갈라섬이 크게 문제 될 것은 없다. 과연 이후에도 바울은 바나바를 칭찬하였으며, 마가에 대해서도 긍정적인 태도를 보였다(골 4:10). 오늘날 교계에 수많은 교파가 존재하지만, 그들이 다 같이 복음주의에 속해 있다면 서로 도와주며 사랑하는 것이 주님의 뜻이다.

위대한 두 지도자가 작은 문제를 두고 서로 양보하지 못하여 심히 다투다가 갈라선 것은 유감스러운 일이다. 후대 교회들은 이 사건을 하나의 경고로 삼아 그런 일이 되풀이되지 않도록 주의해야 할 것이다. 마가는 예루살렘의 첫 사도들과 바울이 서로 멀어지지 않도록 중재하는 일에 진력했던 좋은 일꾼이었다. 그는 1차 선교여행에 바울과 함께 동고동락하며 복음을 전하였으니, 그것은 하나님께서 그에게 주신 큰 은혜였고 크나큰 영광이었다. 그런데 그가 밤빌리아에서 바울을 따르지 않고 선교여행을 중단한 것은 유감스러운 일이 아닐 수 없다. 바울이 바나바와 의견이 충돌했을 때 양보할 수도 있었을 것인데 어째서 끝까지 양보하지 않았는지 우리로서는 알기 어렵다. 칼빈은 이 사건을 경계로 삼아 다음과 같이 말하였다. "우리는 가장 중요한 일에서도 우리의 열심을 잘 조절하는 법을 배워야 한다. 우리의 열심을 스스로가 통제하지 못할 정도로 탈선해서는 안 된다."[142]

---

142) John Calvin, *The Acts of the Apostles II* (1965), 62.

제 16 장

↓ 개요

1. 바울의 너그러운 처세(1-3절)

바울이 디모데에게 할례를 행한 것은 그것이 복음에 본질적인 요소라고 여겼기 때문은 아니었다. 그는 유대인 신자들의 오해를 방지함으로써 복음을 더 널리 전파하기 위하여 그렇게 한 것이었다(고전 9:19-23).

2. 규례를 지킴과 교회의 부흥(4-5절)

예루살렘 공의회의 규례는 성령으로 말미암아 작성된 것이었다(15:28). 그것은 인위적이거나 정치적인 방책이 아니었다. 그렇기 때문에 그 규례를 지키는 교회들이 평안하고 또 흥왕하였다.

3. 바울의 여정 변경(6-10절)

바울이 복음을 가지고 나아가는 여정은 자기 마음대로 정한 것이 아니라 성령의 인도하심을 따라 정한 것이었다. 이를 통해 우리는 그가 전도사역의 모든 단계에서 주님과 동행하는 것을 우선시하였다는 것을 알 수 있다.

4. 바울이 오로지 힘썼던 일(11-13절)

그는 기도와 전도에 전적으로 힘을 기울였다(참조. 6:4).

5. 루디아의 믿음(14-15절)

1) 루디아는 옷감 장사로서 과거에는 그 마음이 장사에서 이윤을 남기는 일에 집중되어 있었을 것이지만, 하나님의 은혜로 말미암아 마음이 열려서 복음을 믿게 되었다(14절).

2) 그는 자기 자신만 아니라 온 가족이 복음을 믿고 세례를 받도록 하였다(15절). 이처럼 자기 가족 전부를 예수님께로 인도하는 일에 화급히 서둘렀던 것은 그가 복음을 가장 귀하게 여겼기 때문이었다.

3) 그는 겸손히, 그리고 진실한 마음으로 사도를 대접하였다(15절).

6. 귀신과 복음 전도자(16-18절)

1) 빌립보 성에서 귀신 들린 여종이 바울 일행을 가리켜 한 말이 "이 사람들은 지극히 높은 하나님의 종으로서 구원의 길을 너희에게 전하는 자"라고 하였다(17절). 이것은 바울 일행에 대한 바른 증거였다. 귀신들도 복음을 안다. 야고보도 말하기를 "네가 하나님은 한 분이신 줄을 믿느냐 잘하는도다 귀신들도 믿고 떠느니라"(약 2:19)라고 하였다. 그러나 그들은 일시 동안 광명의 천사로 가장하는 것일 뿐이다(고후 11:14).

2) 사도 바울도 예수님을 본받아(막 1:23-25) 귀신들이 복음을 증거하는 일을 허용하지 않았다(행 16:18). 귀신들이 복음 전하는 것을 무비판적으로 허용했다가는 나중에 그들이 우리를 거짓으로 미혹할 때 속아 넘어갈 수 있다. 그들은 사람들에게 처음에는 진리를 말하다가 점차 유인하여 결국은 흉악한 교훈으로 몰아넣는다. 그러므로 그들의 움직임을 처음부터 막아야 한다.

7. 핍박받는 중에 기뻐한 바울과 실라(19-25절)

그들은 옥중에서도 기뻐하면서 찬송하였다. 그들은 어떻게 그처럼 기뻐할 수 있었을까?

1) 그들은 복음을 믿음으로 죄 사함의 은총을 받은 자로서 그 복음을 전파하는 위치에 서게 된 것으로 기뻐했을 것이다. 마태복음 9:2에 예수님께서 말씀하시기를 "작은 자야 안심하라 네 죄 사함을 받았느니라"라고 하셨다.

2) 그들은 주님께서 그들과 동행해 주신다는 사실로 인해 기뻐했을 것이다. 예수님의 이름인 "임마누엘"은 하나님이 우리와 함께하신다는 뜻이다(마 1:23). 예수님은 풍랑을 만난 제자들에게도 말씀하시기를 "안심하라 나니 두려워하지 말라"(마 14:27)라고 하셨다.

3) 그들은 영원한 미래의 승리를 확보했다는 사실로 인해 기뻐했을 것이다. 예수께서 말씀하시기를 "이것을 너희에게 이르는 것은 너희로 내 안에서 평안을 누리게 하려 함이라 세상에서는 너희가 환난을 당하나 담대하라 내가 세상을 이기었노라"(요 16:33)라고 하셨다. 조지 뮬러(George Müller)는 은혜로 말미암은 기쁨이 마음속에서 솟아나기 전에는 설교하지 않았다고 한다. 모라비아 교도들이 항해 중에 풍랑을 만나서도 기뻐하는 모습을 본 존 웨슬리(John Wesley)는 감명을 받아 후에 위대한 전도자가 되었다. 아도니람 저드슨(Adoniram Judson)이 기쁨에 충만하여 길을 걸어가고 있을 때 그의 얼굴을 본 한 아이가 감동을 받아 후일에 목사가 되었다고 한다. 그가 바로 트럼불(H. C. Trumbull) 목사였다. 그는 『저드슨의 얼굴에서 한 아이가 본 것이 무엇인가?』라는 제목의 책을 저술하였다.

8. 지진으로 옥문이 열린 기적과 간수의 회개(26-34절)

죄 없이 죄수가 되었던 바울과 실라는 하나님의 권능으로 말미암아 의인으로 높임이 되고, 간수는 그들 앞에 꿇어 엎드려 구원받기를 구하였다.

9. 바울의 당당한 처신(35-40절)

그는 불의한 관리들의 잘못을 지적함으로써(37절) 풀려나게 되었는데, 마치 관리들 자신이 죄수가 되어 사도에게 정죄를 받는 것처럼 보였다(참조. 38-39절).

✤ 내용분해

바울의 2차 선교여행이 계속됨
1. 더베와 루스드라에서 일함(1-5절).
2. 바울이 마게도냐로 가서 전도하도록 성령의 지시를 받음(6-10절).
3. 빌립보에서 전도함(11-15절).
4. 바울과 실라가 핍박을 받아 옥에 갇힘(16-26절).
5. 간수와 그의 가족이 예수를 믿음(27-34절).
6. 바울과 실라가 석방됨(35-40절).

✤ 해석

1 **바울이 더베와 루스드라에도 이르매 거기 디모데라 하는 제자가 있으니 그 어머니는 믿는 유대 여자요 아버지는 헬라인이라.** "디모데"(Τιμόθεος)는 "하나님의 보배"라는 뜻이다. 그에 관한 기록이 신약성경 여러 곳에 나온다.[143] 그는 사도 바울이 가장 사랑하는 제자였다. 그러므로 사도행전의 저자는 여기서 그의

---

143) 행 17:14; 18:5; 19:22; 20:4; 롬 16:21; 고전 4:17; 6:10; 고후 1:1, 19; 빌 1:1; 2:19; 골 1:1; 살전 1:1; 3:2, 6; 살후 1:1; 딤전 1:2; 6:20; 딤후 1:2; 몬 1:1; 히 13:23.

내력에 대하여 특별히 언급하고 있다. 디모데는 그의 모친으로부터 신앙적 감화를 많이 받았기 때문에 여기서는 모친의 신앙에 대해서도 설명하고 있다(참조. 딤후 1:5).

2 **디모데는 루스드라와 이고니온에 있는 형제들에게 칭찬 받는 자니.** 그리스도 신자는 세상 사람들로부터 이해받지 못하더라도 진실한 신자들("형제들")에게는 칭찬을 받는다. 누구든지 마귀의 무리에게 칭찬을 받을 때는 그 자신이 마귀를 닮아가는 것으로 여기고 스스로를 경계해야만 한다. 그러나 그가 진실한 신자들에게 칭찬을 받는 때는 그 칭찬과 영광을 하나님께 돌려야 한다. 디모데는 "형제들"(그리스도 신자들)에게 칭찬을 받았으며, 그의 행동 원리는 하나님 앞에서는 물론 사람들 앞에서도 조심스런 태도를 취하는 것이었다(참조. 고후 8:21).

3 **바울이 그를 데리고 떠나고자 할새 그 지역에 있는 유대인으로 말미암아 그를 데려다가 할례를 행하니 이는 그 사람들이 그의 아버지는 헬라인인 줄 다 앎이라.** 그 당시 유대인들은 할례 받지 않은 이방인이 전도하는 것을 완강히 거부했다. 그러므로 디모데에게 할례를 행한 것은 장차 그가 유대인들에게 접근하는 일에 거리낌이 없도록 하기 위함이었다. 바울이 청년 디모데의 앞길을 이처럼 깊이 살펴준 것은 오늘까지도 모범이 된다. 그는 후배를 진심으로 사랑함으로써 선한 후계자를 얻게 되었다.

4 **여러 성으로 다녀 갈 때에 예루살렘에 있는 사도와 장로들이 작정한 규례를 그들에게 주어 지키게 하니.** "작정한 규례"는 15:20, 29에 기록되어 있다. 그것은 유대인 그리스도 신자들과 이방인 그리스도 신자들의 화목을 위한 것이었다. 바울이 각 교회에 그 규례를 전하여 주고 그것을 지키라고 권하였다. 그는 이처럼 교회들이 진정한 화평을 누리도록 힘을 기울였다.

5 **이에 여러 교회가 믿음이 더 굳건해지고 수가 날마다 늘어가니라.** 그때 교회들은 질적, 양적으로 부흥했다. 만일 교회가 믿음은 성장하지 않으면서 수적으로만 부흥한다면 그것은 정상이 아니며, 그리 귀한 일이라고 할 수도 없다.

6-7 성령이 아시아에서 말씀을 전하지 못하게 하시거늘 그들이 브루기아와 갈라디아 땅으로 다녀가 무시아 앞에 이르러 비두니아로 가고자 애쓰되 예수의 영이 허락하지 아니하시는지라. 성령께서 아시아 전도를 막으신 이유는 아시아 사람들을 버리고자 하신 것이 아니라, 다만 바울 일행이 먼저 유럽으로 건너가 전도할 필요가 있다고 성령께서 판단하셨기 때문이다. 그때 이방 선교에 헌신한 바울 일행은 성령의 지시와 인도를 따라 순종하였다. 그 당시 성령께서 어떤 방식으로 바울에게 지시하셨는지는 성경에 밝혀지지 않았으니 우리가 추측할 필요는 없다.

"예수의 영이 허락하지 아니하시는지라." 여기서 "예수의 영"이라는 표현은 "예수님께서 보내신 성령"을 가리킨다(참조. 롬 8:9; 갈 4:6; 빌 1:19; 벧전 1:11). 이 부분(6-7절)의 말씀을 보아도 그때 선교사역의 지도자는 성령이시다. 이것은 일찍이 예수님께서 땅에 계실 때에 하신 말씀대로 이루어진 것이다(요 14:16-17, 26; 15:26; 16:13). 하나님의 종들이 받은 특별한 축복 가운데 하나는 그들이 성령의 인도하심을 받았다는 사실이다(Ironside).

"무시아"는 소아시아의 서북쪽에 있고, "비두니아"는 무시아의 동쪽 해안에 있다. 이때 성령께서 바울이 비두니아로 가지 못하게 막으셨지만 그렇다고 비두니아 사람들을 버리신 것은 아니었다. 주후 70년에 비두니아 총독이었던 플리니우스(Pliny)가 로마 황제 트라야누스(Trajan)에게 보낸 편지에 기록된 대로, 플리니우스 통치 시대에 그곳에 수많은 그리스도 신자들이 있었다고 한다.[144] 그렇다면 바울이 그곳에 가고자 하였으나 가지 못했던 그때(AD 53년)를 기준으로 17년 후에는 그곳에 복음이 전파되어 있었던 것이 사실이다. 그러므로 이때에 하나님께서 바울의 발걸음을 그곳으로 인도하시지 않은 것은 다만 비두니아에 복음 전하는 일을 연기시키신 것뿐이다. 하나님의 일이 이루어지는 때와 장소도 그의 뜻 안에서 순서

---

144) James Ford, *The Acts of the Apostles* (1856), 453.

대로 진행되어 간다.

8-9 무시아를 지나 드로아로 내려갔는데 밤에 환상이 바울에게 보이니 마게도냐 사람 하나가 서서 그에게 청하여 이르되 마게도냐로 건너와서 우리를 도우라 하거늘. "드로아"는 마게도냐로 건너가는 관문이다. "환상"(ὅραμα)은 눈에 보이는 형상을 중점으로 하는 계시의 방식이다. 이런 일이 바울에게는 종종 발생했었다 (18:9; 23:11; 27:23; 고후 12:1).

"우리를 도우라." 이 말은 그들이 영혼의 구원을 위해 복음 전도를 기다린다는 뜻이다. 이 같은 호소는 온 인류의 울부짖음을 대변한다. 인류는 그리스도의 복음으로 말미암은 구원 외에는 아무런 도움의 길이 없다. 영혼을 구원할 수 있는 도움만이 진정한 도움이다. 세상의 철학이나 과학, 정치 같은 것들이 모두 나름대로 인류를 돕는다고 내세우지만 그렇다고 영생을 주는 것은 아니기 때문에 실상은 도움이 못 된다. 그것들은 마치 물에 빠진 사람을 육지로 건져 내겠다고 썩은 동아줄을 던져주는 것과 같은 헛된 노력에 불과하다.

10 바울이 그 환상을 보았을 때 우리가 곧 마게도냐로 떠나기를 힘쓰니 이는 하나님이 저 사람들에게 복음을 전하라고 우리를 부르신 줄로 인정함이러라. 여기서 "우리"라는 말이 나오는데 이것은 사도행전 저자가 이번 선교여행에 동참했다는 증거다. 그는 비로 의사 누가였다. 그렇게 여길 수 있는 이유는 본시에 의학 용어가 자주 등장하고, 또 바울의 동역자 누가는 의사라고 알려졌기 때문이다. 본 주석서 서론의 "저작자" 부분을 참조하라.

11-12 우리가 드로아에서 배로 떠나 사모드라게로 직행하여 이튿날 네압볼리로 가고 거기서 빌립보에 이르니 이는 마게도냐 지방의 첫 성이요 또 로마의 식민지라 이 성에서 수일을 유하다가. "사모드라게"는 드로아에서 네압볼리로 건너가는 바다 위의 섬이다. 어떤 학설에 의하면 "빌립보"를 마게도냐의 "첫 성"이라고 말한 사도행전 저자의 심리는 그곳이 그의 고향이기 때문에 자랑하고자 하는 의도로 그렇게 기록한 것이라고 하나 추측에 불과하다.

13 안식일에 우리가 기도할 곳이 있을까 하여 문 밖 강가에 나가 거기 앉아서 모인 여자들에게 말하는데. 바울 일행이 그들의 선교사역에 능력을 얻기 위한 방편으로 무엇보다도 기도를 중시했다는 사실을 여기서 알 수 있다. 기도의 장소를 찾기 위하여 애썼다.

사도들에게서 시작하여 주님의 모든 참된 종들은 기도의 인물들이었다. 칼빈은 말하기를 "기도하는 자는 하늘에 들어가는 자다."라고 하였다. 토마스 아 켐피스(Thomas à Kempis)는 기도할 때 용모가 변화되었으며, 마음을 하늘에 두어 그리로 날아갈 듯한 태도를 취하곤 하였다고 한다. 기도는 하늘의 은혜를 섭취하는 방편이기 때문에 그것이 끊어지면 신자의 영적 생명은 죽고 만다. 우리가 이 세상에서 살아가는 것은 마치 사망의 음침한 골짜기에 거하는 것과 같다. 수중에서 일하는 작업자가 산소를 공급하는 장비를 몸에 지니듯이 우리는 몸과 마음을 다해 깨어 기도함으로써 하나님의 은혜를 받는다. 이것이 없으면 우리는 죽는다.

말세에는 사람들이 깨어 기도하는 일을 등한시한다. 그 이유는 다음과 같다. ① 목사 중에 직업적인 목사들이 많아지기 때문이다. 오늘날은 목사들이 교회에서 기도와 영력으로 일하지 않고 인간적인 수단과 방법으로 교세를 유지하는 데만 급급하다. ② 신학자 중에 이론으로만 신학을 하는 체하는 이들이 있기 때문이다. 그들은 헌신하여 기도하지 않는다. ③ 평신도들이 육신 생활에 얽매이기 때문이다. 그들은 세상일에 분주하여 기도할 시간을 내지 못한다.

"거기 앉아서 모인 여자들에게 말하는데." 이 말씀을 보면 바울 일행은 전도할 기회를 놓치지 않는 부지런한 일꾼들이었다. 그들의 마음은 언제나 영혼 구원을 위하여 불타고 있었기 때문에 기회가 주어지는 대로 복음이 준비한 것으로 신을 신었다(참조. 엡 6:15). 그때도 그들은 강가에서 만난 여자들의 모임을 상대로 복음을 전하였다.

14 두아디라 시에 있는 자색 옷감 장사로서 하나님을 섬기는 루디아라 하는 한 여자가

말을 듣고 있을 때 주께서 그 마음을 열어 바울의 말을 따르게 하신지라. "자색 옷감"을 어떤 주석에서는 "자색 물감"으로 해석했다. 그러나 이 단어는 자색 물감을 들인 옷감을 가리킨다(R. J. Knowling).

"하나님을 섬기는 루디아." 루디아가 비록 예수를 메시아로 알지 못했지만 일찍이 유대인의 감화로 개종하고 여호와를 경외하는 사람이었던 것은 사실이다. 그가 이때에 바울의 전도를 들었는데, 주님께서 "그 마음을 열어" 주셨다. "마음"(καρδία)이라는 말은 두뇌를 의미하지 않고 심장으로 상징되는 "심령"을 가리킨다. 그것은 애정과 결단의 원천, 곧 인격의 중심이다. 그 마음이 성령으로 말미암아 열린 것은 큰 은혜다(참조. 엡 1:18). 모든 참된 회개는 주님께서 사람의 마음(καρδία)을 열어주심으로 이루어진다. 루디아는 유럽 전도에서 최초로 회개한 여성도. 그가 연결 고리가 되어서 그 땅에 교회가 서기 시작하였다.

예수님이 사마리아에서 전도하실 때도 우물가에 물 길으러 나왔던 한 여인이 그 지역 전도의 연결 고리가 되었던 적이 있다(요 4:39-42). 교회의 역사를 보면 하나님의 복음 사역은 종종 작은 인물로부터 시작하여 널리 확장되고 성장해간 것을 알 수 있다.

15 그와 그 집이 다 세례를 받고 우리에게 청하여 이르되 만일 나를 주 믿는 자로 알거든 내 집에 들어와 유하라 하고 강권하여 머물게 하니라. 루디아는 자신이 예수를 믿는 것에서 그치지 않고 그의 온 가족이 예수 그리스도를 믿도록 인도하였으니, 그는 많은 열매를 맺은 신자다.

"나를 주 믿는 자로 알거든." 이 말은 그의 겸손을 나타낸다.

"내 집에 들어와 유하라." 그는 바울 일행을 "강권하여" 자기 집에 머물게 하였는데, 주님을 믿게 된 사실로 인해 감사하는 마음이 불타올랐다.

"강권하다"(παραβιάζομαι)라는 동사는 억지로 붙잡아서 권면하는 것을 가리킨다(눅 14:23; 24:29).

16 우리가 기도하는 곳에 가다가 점치는 귀신 들린 여종 하나를 만나니 점으로 그 주인

들에게 큰 이익을 주는 자라. "점치는 귀신 들린 여종." 이것은 그가 무당과 같은 여인이었다는 것이다. 그 당시 마게도냐 지역에서 점치는 귀신의 이름이 피톤(Python)이었다고 하며(Grosheide), 무당들이 신탁을 받았을 때는 무아지경에서 말하곤 했다고 한다.

17 그가 바울과 우리를 따라와 소리 질러 이르되 이 사람들은 지극히 높은 하나님의 종으로서 구원의 길을 너희에게 전하는 자라 하며. 사탄이 하나님의 진리를 어느 정도 아는 것처럼 보이지만(약 2:19), 실상 사탄의 진리 증거라는 것은 하나님의 진리를 왜곡하는 거짓말일 뿐이다. 이때도 그가 소리 높여 바울 일행에 대하여 증언하기를 그들은 "하나님의 종으로서 구원의 길을 너희에게 전하는 자라"고 하였는데, "구원의 길"(ὁδὸν σωτηρίας)이라는 표현에 "그"(τὸν)라는 정관사를 사용하지 않았으니 그것은 유일무이한 구원의 길을 의미하는 것이 아니었다. 따라서 그것은 "여러 가지 구원의 도리 중 하나"라는 의미다. 그것은 실상 다신론적인 관점에서 했던 발언이었으며, 그리스도의 구원 사역의 유일성, 곧 절대성을 부인하는 말이었다. 그러므로 점치는 여종이 그리스도에 대해 증거하는 것은 결국 사람들을 그리스도에게서 떠나게 만드는 일이 되었다. 이런 거짓된 말은 복음을 어둡게 만든다(Grosheide). 사탄의 목표는 언제나 사람을 속이는 것이므로 그가 혹시 약간의 진리를 말한다 할지라도 그것은 진리를 이용하려는 악한 목적으로 그리하는 것이다.

18 이같이 여러 날을 하는지라 바울이 심히 괴로워하여 돌이켜 그 귀신에게 이르되 예수 그리스도의 이름으로 내가 네게 명하노니 그에게서 나오라 하니 귀신이 즉시 나오니라. 귀신에게 "그에게서 나오라"고 명령했던 바울의 일차적인 동기는 그 여종을 귀신에게서 구원하는 것이라기보다는 복음의 영광을 위한 것이었다. 하나님은 마귀의 힘으로 복음이 전해지는 것을 원치 않으신다. 마귀로 말미암아 복음이 전파된다면 도리어 복음이 더럽혀진다. 그러므로 하나님의 종 바울은 점치는 귀신의 말로 인하여 심한 괴로움을 느끼기까지 하였다.

그리하여 그는 그 귀신에게 명령하기를 "예수 그리스도의 이름으로 명하노니 그에게서 나오라"고 하였다. 누가 귀신에게 이런 명령을 할 수 있겠는가!

바울은 눈에 보이는 세상을 표준으로 삼지 않고 영적인 세계에서 살아간 그리스도의 종이었다. 다시 말해 그는 하나님 앞에서 진실하게 살고 악한 영들을 실제로 미워하는 삶의 열매가 있는 사도였다.

"그리스도의 이름"은 즉시 악령을 물리칠 수 있는 권위와 힘을 가지고 있다. 다만 사람이 그리스도의 이름을 참되게 믿고 신뢰할 때 그렇게 될 수 있다.

19-20 여종의 주인들은 자기 수익의 소망이 끊어진 것을 보고 바울과 실라를 붙잡아 장터로 관리들에게 끌어 갔다가 상관들 앞에 데리고 가서 말하되 이 사람들이 유대인인데 우리 성을 심히 요란하게 하여. 이 세상에 속한 자들은 재물과 이익을 위해서만 움직이며, 영적 유익에 대하여는 생각해 보려고도 하지 않는다. 목회자들도 세상에 물들면 이처럼 타락한다. 그런 자들이 의지하는 전투력은 기도와 도리와 영력이 아니고 악독과 인간적인 수단이다. 또한 그들이 싸우는 목표는 실상 사욕을 위한 것이면서도 공익을 위하는 것처럼 표방한다.

21 로마 사람인 우리가 받지도 못하고 행하지도 못할 풍속을 전한다 하거늘. 이 사람들은 헬라인이면서도 스스로를 "로마인"이라고 칭한다. 그것은 그들이 로마 정권에 아부하는 태도다. 이 세상에 속한 자들은 사사로운 욕심을 채우기 위해서라면 권세에 아부하는 일을 마다하지 않는다.

"받지도 못하고 행하지도 못할 풍속." 이것은 바울이 전한 복음을 염두에 두고서 한 말이다. 하나님의 복음은 거듭나지 못한 이 세상 사람들이 깨달을 수도 없고 받아들일 수도 없는 것이다(고전 2:14). 그러나 거듭난 자들은 그것을 기쁘게 받아들이고 이에 순종한다. 이 세상에 속한 자들은 죄악된 사상을 따르는 일에는 높은 산에 기어오르기라도 할 것처럼 열심을 내지만, 복음을 따르는 일에는 지푸라기에도 걸려 넘어진다.

22-24 무리가 일제히 일어나 고발하니 상관들이 옷을 찢어 벗기고 매로 치라 하여 많이

친 후에 옥에 가두고 간수에게 명하여 든든히 지키라 하니… 그들을 깊은 옥에 가두고 그 발을 차꼬에 든든히 채웠더니. 바울 일행은 이때에 극심한 고초를 겪었다. 그들은 ① 군중들로부터 폭력적인 박해를 받았고, ② 합법적인 재판도 없이 옷이 벗겨지고 구타를 당하였으니 극단적으로 위법적인 학대를 받은 것이며, ③ 옥에 갇혔으니 잔인한 취급을 당한 것이다. 이때 바울이 겪었던 수난이 고린도후서 11:25에 함축적으로 기록되어 있다.

25 한밤중에 바울과 실라가 기도하고 하나님을 찬송하매 죄수들이 듣더라. 그들이 옥중에서 "기도"했던 이유는 그 같은 매임에서 풀려나기 위해서라기보다는 주님께 그 문제를 모두 내어 맡기기 위해서였다. 그리고 그들이 "찬송"했던 이유는 그들의 앞날을 주님께서 자신의 뜻대로 인도해 주실 것을 믿음으로 평안과 기쁨이 넘쳤기 때문이었다. 어쨌거나 그들은 맞닥뜨린 환경에 짓눌리지 않았고, 오히려 그 환경을 발아래 짓밟고 있었던 것이 확실하다. 그들이 그와 같이 행복하였던 이유는 그들에게 진정한 믿음이 있었기 때문이다. "예수께서 하나님의 아들이심을 믿는 자"는 세상을 이긴다(요일 5:4-5). 이 같은 믿음을 가진 자는 그 마음에 하나님의 아들을 모시고 있으니 어디서나 안심할 수 있다.

26 이에 갑자기 큰 지진이 나서 옥터가 움직이고 문이 곧 다 열리며 모든 사람의 매인 것이 다 벗어진지라. 하나님께서는 "지진"을 사용하시지 않고도 그들을 옥에서 건져내실 수 있다. 그러나 다만 사람들이 하나님의 임재의 위엄을 느끼게 하시기 위해 지진을 사용하셨다(Calvin). 지진이라는 장엄한 현상을 동반한 하나님의 구원의 능력도 위대하지만, 옥중에서도 흔들리지 않은 바울과 실라의 신앙도 위대하였다. 물론 신앙도 하나님이 주시는 선물이다(엡 2:8). 그 선물을 받은 것이 이미 이적이다.

27 간수가 자다가 깨어 옥문들이 열린 것을 보고 죄수들이 도망한 줄 생각하고 칼을 빼어 자결하려 하거늘. 그 당시 로마 형법에 죄수가 탈옥하면 당직 간수가 사형을 당하게 되어 있었다. 그러므로 그때 간수는 사형을 당하기보다는 자살

을 택하고자 했던 것이다. 이 세상에는 이처럼 절망 가운데 자살을 시도하는 자들이 많다. 그러나 자살은 회개할 기회조차 얻지 못하는 큰 죄악이다. 예수 그리스도는 이처럼 절망 가운데 처한 자를 구원하러 오셨는데 자살할 이유가 어디 있는가! 바울이 그를 만류한 것은 그런 의미에서였다.

28 바울이 크게 소리 질러 이르되 네 몸을 상하지 말라 우리가 다 여기 있노라 하니. 바울과 실라는 도망칠 사람들이 아니었다. 그들을 돕는 이는 "천지를 지으신 여호와"이신데(시 121:2) 무엇이 두려워 도망치겠는가! 그들은 오히려 간수에게 호의를 베풀어 죽임을 당할 처지에서 그를 구해주었다.

29-30 간수가 등불을 달라고 하며 뛰어 들어가 무서워 떨며 바울과 실라 앞에 엎드리고 그들을 데리고 나가 이르되 선생들이여 내가 어떻게 하여야 구원을 받으리이까 하거늘. 이 장면에서 바울과 실라는 그 간수의 목숨을 거둘 수 있는 권세를 가지게 된 셈이고, 그 간수는 그들의 발아래서 목숨을 구하는 형편에 처하게 된 것이다. 이것은 기묘하게 뒤바뀐 상황이었다. 하나님께서 함께해 주시는 사도들에게는 이런 일이 일어날 수 있다. 하나님께서는 필요하시면 그의 권능으로 인간들의 처지를 뒤바꿔 놓으신다.

31 이르되 주 예수를 믿으라 그리하면 너와 네 집이 구원을 받으리라 하고. 바울의 이 말씀은 복음을 간단명료하게 제시한 것이다. 여기는 교리에 대한 설명도 없고 특정 교파가 내거는 조건들도 없다. 이처럼 단순한 전도 문구는 듣는 자에게 단순한 신앙을 제시한다. 신앙은 언제나 단순성을 유지할 때 힘을 갖는다.

스미스 주교(Bishop John Taylor Smith)는 군종 장교들을 양성하는 책임자로서 후보들을 선발할 때 다음과 같은 질문을 던졌다고 한다. "당신은 전쟁터에서 부상을 당해 3분 후에는 죽게 될 장병에게 어떤 말씀을 전할 것인가?" 그가 원했던 답은 이 구절에 제시된 단순한 복음, 다시 말해 "주 예수를 믿으라 그리하면 네가 구원을 받으리라"는 말씀이었다.

32절. 하나님의 말씀을 가진 사람은 어떠한 자리에서든지 한 사람이라도 더 구원하고자 하는 불붙는 마음을 가지고 있다. 바울은 간수에게 전도한 것으로 만족하지 않고 그의 가족들에게도 복음을 전하였다.

33-34 그 밤 그 시각에 간수가 그들을 데려다가 그 맞은 자리를 씻어 주고 자기와 그 온 가족이 다 세례를 받은 후 그들을 데리고 자기 집에 올라가서 음식을 차려 주고 그와 온 집안이 하나님을 믿으므로 크게 기뻐하니라. 주 예수를 믿게 된 간수는 즉시 바울과 실라를 극진히 대접하고 그들에게 친절을 베풀었다. 하나님을 믿게 된 것은 천하보다 귀한 보배를 얻은 기쁜 일이다. 이러한 기쁨을 누리게 된 그는 전도자들을 후하게 대접하지 않을 수 없었다. 주님의 사랑을 깨닫고 감사하는 일이야말로 죄 사함을 받았다는 확실한 증거다(참조. 눅 7:47-50).

35-39절. 바울은 로마의 관리들의 불의를 지적하고 그들에게 경고하였다. 이것도 바울과 실라의 형편이 이전과 바뀐 또 다른 측면이다. 이제는 그들이 오히려 관리들과 그들 수하의 아전들을 견제한다. 바울이 그들에게 이같이 행한 이유는 그들에게 겸손한 자세를 가르치는 한편 하나님의 공의를 세우기 위해서였을 것이다.

로마법에 따르면 로마 시민권을 가진 사람을 합법적인 절차 없이 때리거나 가두지 못하게 되어 있다.[145] 그런데도 그들은 로마 시민인 바울을 위법하게 다루었던 것이다.

40 두 사람이 옥에서 나와 루디아의 집에 들어가서 형제들을 만나 보고 위로하고 가니라. 바울과 실라는 이때 수난을 당하는 처지였다. 그런데도 그들은 오히려 다른 형제들을 위로함으로써 하나님의 종으로서의 위상을 빛냈다.

---

145) Lex Valeria (BC 509); Lex Porcia (BC 248).

제 17 장

✤ 개요

1. 바울이 데살로니가와 베뢰아에서 일함(1-12절)

바울은 이 두 도시에서 성경을 가지고 강론하였다. 사도들은 어느 곳에 서든지 성경을 가지고 전도한 것이 확실하다. 그들은 구약성경을 하나님의 말씀으로 믿었으니, 그런 신앙은 예수 그리스도의 교훈에 의한 것이다.

구약성경에 대한 예수님의 견해는 다음과 같다.

1) 그는 구약성경을 인용하실 때 "그 성경"(ἡ γραφή)이라고 말씀하심으로써 그 책 전부가 하나님의 말씀이라는 사실을 드러내셨다(마 4:4; 21:42; 요 10:35).

2) 그는 구약성경을 인용하실 때 "기록되었으되"(마 4:4)라고 말씀하심으로써 그 책이 하나님의 말씀으로서 합당한 권위를 갖는다는 의사를 표명하셨다.

3) 그는 구약성경을 인용하실 때 "하나님이 이르셨으되"(마 15:4)라고 하시면서 그것이 바로 하나님의 말씀이라는 사실을 직접적으로 표현하셨다.

4) 그는 성경이 그리스도를 증거하는 글임을 지적하셨다(눅 24:25-27;

요 5:39).

5) 그는 성경의 기록들이 진정한 역사성을 갖는 말씀들임을 지적하셨다(마 11:13; 19:4-5; 22:45; 24:37-39; 눅 17:28-33).

사도들은 예수님께 친히 배운 자들이었고, 또 약속하신 말씀대로(요 14:26) 진리의 영감을 직접 체험한 자들이기 때문에 그들의 증거는 어느 시대에든지 표준이 된다. 그들은 한목소리로 구약성경이 하나님의 말씀이라고 증언하였다. 베드로는 말하기를 "먼저 알 것은 성경의 모든 예언은 사사로이 풀 것이 아니니 예언은 언제든지 사람의 뜻으로 낸 것이 아니요 오직 성령의 감동하심을 받은 사람들이 하나님께 받아 말한 것임이라"(벧후 1:20-21)라고 하였다. 바울이 구약성경에 대하여 언급한 말씀이 많은데, 그 중에서도 특히 디모데후서 3:16 말씀은 우리에게 큰 깨달음을 준다. 거기서 그는 "모든 성경은 하나님의 감동으로 된 것으로 교훈과 책망과 바르게 함과 의로 교육하기에 유익하니"라고 하였다. 이처럼 사도들은 성경이 하나님의 영적 감동과 계시로 기록된 하나님의 말씀임을 밝히 지적하였다.

2. 바울이 아덴에서 전도함(16-34절)

여기서 바울의 전도는 철학적 지식을 가진 사람들을 상대한 것이었기 때문에 변론(17절)과 비교종교학(22-31절)을 어느 정도 사용하였다. 아레오바고 설교에 나타난 그의 신관은 다음과 같은 내용을 포함하였다. 곧 하나님은 ① 만물을 창조하셨고(24절), ② 천지의 주재시며(24절), ③ 만민에게 생명과 호흡과 만물을 주시고(25절), ④ 모든 민족의 흥망성쇠를 주장하시며(26절), ⑤ 인생들 가운데 내재하시며(27-28절), ⑥ 예수 그리스도로 말미암아 천하를 심판하실 분이다(31절).

✣ 내용분해

1. 바울의 데살로니가 전도(1-9절).
2. 바울의 베뢰아 전도(10-14절).
3. 바울이 아덴에서 변론함(15-21절).
4. 바울이 아덴에서 설교함(22-31절).
5. 아덴 전도의 결과(32-34절).

✣ 해석

1-2 그들이 암비볼리와 아볼로니아로 다녀가 데살로니가에 이르니 거기 유대인의 회당이 있는지라 바울이 자기의 관례대로 그들에게로 들어가서 세 안식일에 성경을 가지고 강론하며. "암비볼리"는 군사 도시였고 빌립보에서 50킬로미터쯤 떨어진 곳인데 거기서 "아볼로니아"까지는 45킬로미터를 더 가야 한다. 그리고 아볼로니아에서 다시 60킬로미터를 더 가면 "데살로니가"에 도달한다.

"관례대로." 이 말은 바울이 어느 곳에 가든지 먼저 유대인들에게 복음을 전했다는 것을 가리킨다(롬 1:16). 바울은 "세 안식일"(세 주간)에 걸쳐 유대인의 회당에서 "성경을 가지고" 복음을 증거하였다.

"성경을 가지고"(ἀπὸ τῶν γραφῶν)라는 말은 "성경에서"라고 번역되어야 한다. 곧 성경에서 증거 자료들을 끌어내어 예수님이 메시아이시라는 사실을 증명하였다는 뜻이다. ① 기독교 복음은 구약성경의 성취로 나타난 것이니 바울의 설교는 성경을 중심으로 삼지 않을 수 없고, ② 성경만이 하나님의 말씀이니 그의 설교는 성경을 기준으로 삼아야 했으며, ③ 성경은 그리스도를 중심으로 하는 책이니 그리스도를 전하는 것을 목표로 삼은 그는 성경을 가지고 설교할 수밖에 없었다.

"강론하며"(διαλέγομαι)라는 말은 "변론한다"는 뜻인데, 바울이 유대인들을 상대로 질문하고 대답하면서 복음을 변증한 것을 가리킨다.

3 **뜻을 풀어 그리스도가 해를 받고 죽은 자 가운데서 다시 살아나야 할 것을 증언하고 이르되 내가 너희에게 전하는 이 예수가 곧 그리스도라 하니.** 그리스도께서 죽었다가 다시 살아나실 것을 예언한 것이 구약성경의 내용이다. 또한 그가 죽었다가 다시 살아나시는 것이야말로 그 백성을 구속하시는 하나님의 방편이었다. 그러므로 본문에서 "~해야 할 것"(ἔδει)이라는 말은 신적 필연성을 나타낸다. 그리스도께서 죽었다가 다시 살아나신 사건은 하나님께서 예언하셨고 하나님께서 이루실 일이니 그대로 이루어지지 않을 수 없는 필연적인 사건이었다. 예수님도 자신이 죽었다가 다시 살아나실 일에 대하여 성경으로 논증하셨다(눅 24:25-27).

4 **그 중의 어떤 사람 곧 경건한 헬라인.** 이들은 유대교에 입교한 헬라인을 가리킨다. 바울이 회당에서 전도하는 말씀을 듣고 회개한 유대인은 별로 없었으나, 다수의 경건한 헬라인이 회개하고 예수 그리스도를 믿었다. 유대인은 구약성경을 오랫동안 소유하고 있었음에도 마음이 완악해져서(고후 3:14) 외식하는 자들로 전락했고 영적 분별력이 어두워졌다. 따라서 그들은 성경이 예언한 메시아가 예수님이시라는 사실을 깨닫지 못했고, "예수가 곧 그리스도(메시아)"시라는 바울의 성경적인 주장을 받아들이지 않았다.

귀부인(γυναικῶν τῶν πρώτων). 이 말은 "중요한 사람들의 부인들"이라고 번역될 수 있다(Grosheide). 13:50을 참조하라.

설교▶ 그리스도의 죽으심과 부활에 대하여(17:1-4)

그리스도께서 죽었다가 다시 살아나셨다는 것은 기독교 전도의 핵심 메시지다. 누구든지 예수 그리스도에 관한 다른 사건들을 모두 전했다 해도 그가 죽었다가 다시 살아나신 사실을 전하지 않았다면 그는 기독교를 전한 것이 아니다. 바울은 말하기를 "내가 너희 중에서 예수 그리스도와 그가 십자가에 못 박히신 것 외에는 아무 것도 알지 아니하기로 작정하였음이라"(고전 2:2)라고 하였고, 또 말하기를 "그리스도께서 만일 다시 살아나지 못하셨으면 우리가 전파하는 것도 헛것이요 또 너희 믿음도 헛것이며"(고전 15:14)라고 하였다.

1. 그리스도께서 죽었다가 다시 살아나신 것은 성경적 진리다

사도행전 17:2-3에는 바울이 "성경을 가지고 강론하며 뜻을 풀어"라고 하였다. 그는 이처럼 예수 그리스도께서 죽었다가 다시 살아나신 사건이 성경에 기록된 대로 이루어진 것이라고 해석하였다. 그는 고린도 교회에 보내는 편지에도 "성경대로 그리스도께서 우리 죄를 위하여 죽으시고 장사 지낸 바 되셨다가 성경대로 사흘 만에 다시 살아나사"(고전 15:3-4)라고 하였다. 예수님 자신도 그의 죽으심과 다시 살아나심이 성경대로 이루어진 사건이라고 증거하셨다(눅 24:25-27).

"성경적" 진리라는 말은 어떤 중요성을 가지고 있는가? 성경적 진리는 참인 동시에 사랑에 속하는 진리다. 인간이 영원토록 속지 않는 길은 오직 성경 말씀을 그대로 믿는 것이다.

1) 성경 말씀은 참되다. 성경 그 자체가 거짓과 더불어 싸우는 사명을 가지고 있다. 성경이 문자로 기록된 목적도 인간의 거짓과 싸우기 위한 것이다. 만일 하나님의 말씀이 문자화되지 않았더라면, 거짓된 인간들이 여러 가지 방식으로 그 말씀들에 무언가를 더하고 뺐을 것이다.

2) 성경 말씀은 사랑이다. 성경은 약속과 계명, 이 둘을 포함할 뿐이다. 약속이라는 것은 하나님께서 신자들에게 구원의 복을 주시겠다고 하신 것이니 사랑이고, 계명이라는 것도 인간으로 하여금 옳은 길을 따르게 함으로써 하나님의 축복을 받도록 하는 것이니 역시 사랑이다. 슐라터는 말

하기를 "예수님은 하나님의 계명 중에서 사랑 없는 계명을 모르신다고 하셨다."라고 하였다.[146]

그러므로 성경은 우리의 신뢰를 독점할 만한 두 가지 근거를 가지고 있다. 하나는 그 말씀이 참되다는 사실이고, 다른 하나는 그 말씀이 인류에 대한 사랑을 담고 있다는 사실이다. 그러므로 바울은 하나님의 말씀을 가리켜 "진리의 사랑"(살후 2:10)이라고 하였다.

2. 그리스도께서 죽었다가 다시 살아나신 사실과 나의 관계

예수 그리스도께서 죽으신 것은 한 개인의 죽음이라는 의미만 가지는 것이 아니라, 모든 사람(하나님의 예정 안에 포함된 모든 사람)을 대신하는 죽음이라는 의미를 갖는 것이었다. 고린도후서 5:14에 말하기를 "그리스도의 사랑이 우리를 강권하시는도다 우리가 생각하건대 한 사람이 모든 사람을 대신하여 죽었은즉 모든 사람이 죽은 것이라"라고 하였다. 그러므로 그리스도의 죽음은 나 자신을 대신하신 속죄의 죽음이다. 이 같은 사실을 통해 나 자신이 얼마나 귀중한 사람인지가 확증된다. 이같이 큰 사랑을 받은 나는 어떠한 역경이나 고통 중에도 자포자기할 자가 아니고 주 예수의 그 사랑을 기억하고 항상 기뻐해야 할 자다.

더욱이 예수 그리스도는 나를 위하여 다시 살아나셨다. 그리하여 그는 영원토록 나를 위하시는 주님이 되시며, 나는 주님의 것이 되었다. 사도 바울은 말하기를 "우리가 살아도 주를 위하여 살고 죽어도 주를 위하여 죽나니 그러므로 사나 죽으나 우리가 주의 것이로다 이를 위하여 그리스도께서 죽었다가 다시 살아나셨으니 곧 죽은 자와 산 자의 주가 되려 하심이라"(롬 14:8-9)라고 하였고, 또 말하기를 "누가 우리를 그리스도의 사랑에서 끊으리요 환난이나 곤고나 박해나 기근이나 적신이나 위험이나 칼이

---

146) A. Schlatter, *Der Evangelist Matthäus*, 400: "Jesus kennt kein göttliches Gebot, das die Liebe verböte."

랴"(롬 8:35)라고 하였고, 또 "내가 확신하노니 사망이나 생명이나 천사들이나 권세자들이나 현재 일이나 장래 일이나 능력이나 높음이나 깊음이나 다른 어떤 피조물이라도 우리를 우리 주 그리스도 예수 안에 있는 하나님의 사랑에서 끊을 수 없으리라"(롬 8:38-39)라고 하였다.

5-9절. 하나님의 말씀에 기초한 참된 복음전도 운동의 결과로 신자들이 많이 생긴 반면에 유대인들의 시기로 말미암아 핍박도 일어났다.

이때 핍박하던 자들이 보여준 행동의 성격을 보면 다음과 같다.

1) 시기심(5상). 비진리를 따라 행동하는 자들은 시기와 질투심으로 가득하다.

2) 괴악한 자들을 내세움(5중). 악한 자들은 악당과 힘을 합하는 법이다.

3) 소동케 함(5하). 악한 자들은 혈기와 악독이 가득하기 때문에 소동을 일으킨다.

4) 관리들을 동원함(6상). 하나님의 복음을 핍박하는 자들은 언제나 이렇게 하는 습관이 있다.

5) 복음 전도자들을 가리켜 "천하를 어지럽게 하던" 자라고 비방함(6하). 복음은 세상에 속한 악인들에게 전혀 이해되지 못한다.

6) 예수를 따르는 도리가 세상 나라 정치를 거스른다고 비방함(7절) 등이다.

복음을 반대하는 무리들의 이러한 운동에서 우리가 특별히 주목할 것은 하나님의 능력을 배경으로 하지 않은 그들의 인간적인 발악이다. 그들의 방법은 "소동"(ἐθορύβουν), "소리지름"(βοῶντες), "놀래킴"(ἐτάραξαν) 등이다. 이런 것들은 연약한 인간들의 무모한 발악이다. 사도들을 박해하던 그들은 하나님의 사람들이 보여주는 평화롭고 여유 있으면서도 강력한 행동 원리와는 정반대로 행동하였다.

10 밤에 형제들이 곧 바울과 실라를 베뢰아로 보내니 그들이 이르러 유대인의 회당

에 들어가니라. "밤에··· 바울과 실라를 베뢰아로 보낸" 것은 그들을 피신시키기 위한 것이었다(Ironside). 신자들이 특별한 이유 없이 위태한 자리에 머물러 있거나 그런 자리에 뛰어드는 것은 잘하는 일이 아니다. 예수님도 말씀하시기를 "이 동네에서 너희를 박해하거든 저 동네로 피하라"(마 10:23)고 하셨다.

"유대인의 회당에 들어가니라." 바울이 이르는 곳마다 유대인의 회당을 먼저 찾아간 것은 그가 복음을 전할 때 지켜온 순서였다(행 13:5, 14; 14:1; 17:1- 2; 롬1:16).

11 베뢰아에 있는 사람들은 데살로니가에 있는 사람들보다 더 너그러워서 간절한 마음으로 말씀을 받고 이것이 그러한가 하여 날마다 성경을 상고하므로. 여기서 "너그럽다"(εὐγενέστεροι)는 말은 문자적으로 "귀족 출신"을 가리키는데, 이는 "심령의 고상함"을 뜻한다. 심령이 고상하다는 것은 테오도르 찬의 해석대로 "열심을 다하여 날마다 성경을 상고하는 태도"다.[147] 베뢰아 사람들의 그와 같은 심령은 성령으로 새로워진 결과였다.

성경을 상고하는 그들의 태도가 고상하다고 할 수 있는 이유는, ① 그들이 받은 전도의 말씀을 인간의 지식으로 비판하려 하지 않고 성경에 의지하여 끝까지 자기들의 의심을 극복하고자 했기 때문이며, ② 바울이 전해 준 말씀도 과연 성경에 부합하는 것인지 확인하고자 했기 때문이다. 빌렝가는 말하기를 "성경은 언제나 교회의 기초가 되며 신앙을 견고케 한다."라고 하였다.[148]

"간절한 마음으로 말씀을 받고." 여기서 "간절한 마음"(πάσης προθυμίας)이라는 말은 문자적으로 "모든 열심"이라는 뜻이다. 하나님의 복음은 그것

---

147) Theodor Zahn, *Die Apostelgeschichte des Lucas I/II*, KNT 5 (Erlangen, 31927), 593.
148) B. Wielenga, *Van Jerusalem Naar Rome II* (Kampen: Tweede Deel J. H. Kok, 1928), 351: "De Schrift is het fondament van de kerk, de vastigheid des geloofs."

을 귀히 여겨 간절히 사모하는 자에게 생명으로 임한다. 간절하지 않은 자들은 개나 돼지와 같이 복음의 귀중함을 모르는 자들이니, 그들에게 복음의 은혜가 임할 이유가 없다(마 7:6).

"이것이 그러한가 하여 날마다 성경을 상고하므로." 이 세상 책들은 영적인 심오함이 없는 것들로서 구원의 진리를 가르치지 못하지만, 성경 말씀은 깊고 구원의 진리를 확실히 가르쳐주기 때문에 "이것이 과연 그러한가?" 하고 깊이 탐구하는 자들을 환영한다. 성경은 깊이 탐구하지 않는 자들을 합당한 제자로 여기지 않으며 그런 자들에게는 문을 닫는다.

12 그 중에 믿는 사람이 많고 또 헬라의 귀부인과 남자가 적지 아니하나. 성경을 간절히 사모하는 자들에게는 믿음이 생길 수밖에 없다. 성경은 실패가 없으므로 성경을 간절히 상고하는 자들도 실패하지 않는다.

13 데살로니가에 있는 유대인들은… 거기도 가서 무리를 움직여 소동하게 하거늘. 5-9절에 대한 주석을 참조하라.

14 형제들이 곧 바울을 내보내어 바다까지 가게 하되 실라와 디모데는 아직 거기 머물더라. 여기서 "형제들"(οἱ ἀδελφοι)은 "그리스도 신자들"을 가리키고, "곧"(εὐθέως)이라는 부사는 그들의 "급속한 처사"를 묘사한다. 그곳 신자들은 유대인들의 박해가 미치기 전에 즉시 바울을 피신시켰다. 그들이 바울을 "바다까지 가게" 한 이유는 그로 하여금 해로를 이용하여 아덴으로 가도록 하려 했던 것인 듯하다. 그리고 실라와 디모데를 베뢰아에 머물게 한 목적은 그곳의 어린 교회를 돌보게 하려는 것이었다.

15 바울을 인도하는 사람들이 그를 데리고 아덴까지 이르러. "인도하는 사람들"(καθιστάνοντες)은 "안전한 곳으로 데려다주는 자들"이라는 뜻이다. 그러므로 이 사람들은 바울의 여행길을 안내했을 뿐만 아니라 그를 보호하는 역할을 담당하였던 것이다. 바울의 선교 활동에는 이같이 많은 협조자들이 필요하였다. 하나님의 교회를 건설하는 사역은 여러 지체들의 협력을 절대 필요로 한다. 이런 협력이 있어야만 지체들도 영적으로 참된 생명을

얻고 몸 된 교회도 진정한 성장을 맛볼 수 있다(참조. 고전 12:14-27).

16 바울이 아덴에서 그들을 기다리다가 그 성에 우상이 가득한 것을 보고 마음에 격분하여. 아덴은 예로부터 철학의 도시인 동시에 우상의 도시였다. 철학은 우상을 없애지 못한다. 그 이유는 철학 역시 우상종교와 마찬가지로 한낱 인간의 자율주의가 만들어낸 산물이기 때문이다. 우상은 신화를 종교적으로 표현한 것이며, 철학은 신화를 지적으로 표현한 것이다. 그만큼 이 둘은 밀접하게 관련되어 있다. 우상숭배를 타파하는 능력은 계시의 종교, 곧 기독교뿐이다.

"그 성에 우상이 가득한 것을 보고 마음에 격분하여." 여기서 "격분하여"(παρωξύνετο)라는 말은 흥분된 상태를 의미한다. 이런 심리는 원통한 마음과 분히 여기는 감정을 포함한다. 이는 ① 우상의 거짓됨에 대한 분노요, ② 하나님을 섬기도록 지음받은 인류가 우상을 섬기는 데로 타락한 데 대한 원통함이다.

17 회당에서는 유대인과 경건한 사람들과 또 장터에서는 날마다 만나는 사람들과 변론하니. 헬라어 원문에는 "그러므로"(οὖν)라는 접속사가 이 구절 첫머리에 있다. 그렇다면 바울의 변론이 그의 분한 마음(16절)에서 비롯되었다는 뜻이다. 그는 각계각층의 인사들에게 나름대로 적절한 방법으로 복음을 전한 것이다. 이것은 사도 바울의 행동 원리를 그대로 보여준다. 곧 "유대인들에게 내가 유대인과 같이 된 것은 유대인들을 얻고자 함이요 … 율법 없는 자에게는 내가 … 율법 없는 자와 같이 된 것은 율법 없는 자들을 얻고자 함이라"(고전 9:20-21)라고 말한 그대로다. 그는 유대인들을 회개케 하려고 "회당"에 찾아갔고, 아덴의 이방인들에게 복음을 전하기 위해서는 "장터"로 나가서 "변론"하였다.

여기서 "장터"는 도자기 시장(κεραμεικός)이었을 것이다. 그곳이 아덴의 상업 중심지였다. 아덴의 철학자들은 장터에서 가르치며 변론하는 전통이 있었다. 소크라테스(Socrates)는 시장에서 사람이 가장 많이 모인 시간에 가르쳤다고 한다(Knowling). 더욱이 복음을 전하는 자들은 복음을 부끄러워하지 말고 사람들이 많이 모이는 곳으로 찾아가야 한다. 일찍이 예수님께서 말씀하시기를, 천국 복음을 광명한 곳, 많은 사람이 들을 수 있는 곳에서 전파하라고 하셨다(마 10:26-27).

18 어떤 에피쿠로스와 스토아 철학자들도 바울과 쟁론할새 어떤 사람은 이르되 이 말쟁이가 무슨 말을 하고자 하느냐 하고 어떤 사람은 이르되 이방 신들을 전하는 사람인가보다 하니 이는 바울이 예수와 부활을 전하기 때문이러라. "에피쿠로스"(Ἐπικουρείων) 철학은 에피쿠로스(Epicurus, BC 341)라는 이름의 철학자가 세운 학파다. 그는 사모스(Samos) 섬에서 출생한 사람인데 열두 살에 그의 스승이 우주 창조에 대해 말해주면서 이르기를 "모든 것이 처음에는 혼돈체에서 나왔다"고 하니, 그가 묻기를 "혼돈체는 어디서 나왔습니까?"라고 하였다고 한다. 그의 윤리관은 쾌락 추구를 권장하는 것이었다. 그는 사람이 쾌락을 누리기 위해서는 ① "신들을 두려워해서는 안 되는데 신들은 인간계를 다스리지 않는다."라고 하였고, ② "사망을 두려워해서는 안 되는데 사망은 인간을 감미로운 잠으로 인도하는 것이다."라고 하였으며, ③ "먹으라. 그러나 남들과 함께 먹으라. 그리해야 더 큰 쾌락을 맛볼 수 있다."라고 하였다. 이런 윤리관은 하나님의 뜻을 모르는 인본주의에서 나온 것으로 반유신론이다.

그의 우주론은 그가 소년 시절부터 관심을 두고 있던 혼돈체의 문제를 해결하고자 하는 관심에서 발전한 것인데, 그는 혼돈체라는 것은 존재하지 않으며 세계는 원자의 우연적인 운동으로 발생한 진화체라고 주장하였다. 이것이 영원에 대한 그의 학설인데 이것은 창조론을 반대하는 그릇된 우주론이다. 그는 말하기를, 인간의 영혼은 원자들의 합성체인데 뜨거운 기운과 같은 것이며, 여기서 감각을 담당하는 부분은 이름 모를 물질이라고 하였고, 그것은 결국 파멸한다고 하였다. 이와 같은 그의 이론은 순전히 유물론이며, 반유신론이다.

"스토아"(Στοϊκῶν) 철학은 주전 340년경 구브로(Cyrus)에서 출생한 제논(Zenon)이라는 철학자로 말미암아 세워진 학파다. 세네카(Seneca), 마르쿠스 아우렐리우스(Marcus Aurelius) 등이 이 학파에 속한다. 이 학파의 지식론은 다음과 같다. 곧 우리의 지식은 감각에 의해 얻어지는 것인데, 그 진위의 표준은 우리가 감각한 것이 객관적 대상과 부합하는지(correspond) 확인하는 것이라고 하였다. 이것은 우리가 주관적으로 생각하여 말로 나타낼 수 있는 것이 참되다고 주장하는 유명론(Nominalism)의 일종이다.

유명론은 실재론에 반대되는 개념이다. 실재론은 추상적 방법을 동원하여 감각 세계의 본체를 탐구하는 반면, 유명론은 감각으로서의 감각 세계, 곧 현상 세계가 참되다고 간주하는 것이다. 이 같은 유명론은 지식과 관련하여 진위의 궁극적 판단을 사람의 주관성에 돌리고 마는 것이다. 그러나 이 같은 지식론은 궁극적인 차원에 이르러서는 해답을 줄 수 없다.

예를 들어 "소가 무엇이냐?"라고 물을 때 유명론자는 대답하기를 "그것은 동물이다."라고 할 것이며, 다시 "동물이 무엇이냐?"라고 물을 때는 이에 대답하기 위해서 생명이 무엇인지 알아야 할 것이다. 또한 생명이 무엇인지 알려면 그것과 무생물의 관계를 알아야 할 것이다. 그러기를 반복하다가 결국은 우주의 끝까지 이르게 될 것이며, 그런다 해도 결국 소가 무엇이냐라는 질문에 대한 궁극적 해답은 얻지 못한다.

소가 무엇인지에 대한 궁극적 해답은 결국 인간의 지식 행위를 통해서는 아무리 탐구하여도 그 해답을 얻을 수 없고 오직 절대적 지성의 소유자, 곧 우주를 창조하신 자(하나님)만이 아실 수 있다.

우주론에 있어서 스토아 철학은 물활론(物活論)을 주장한 것인데, 그것을 바꾸어 말하면 물심 일원론(物心一元論)이다. 그들은 또한 인간의 영혼이 우주 이성의 일부분을 받아서 생겨난 것이라고 가르친다. 이것은 일종의 범신론적 경향을 가진 영혼론이며, 창조주를 염두에 두지 않은 자율주의 학설이며 반유신론이다.

"이 말쟁이가 무슨 말을 하고자 하느냐." 이것은 바울을 업신여기는 모욕적인 언사다. "말쟁이"(σπερμολόγος)라는 것은, 어원으로 보아서 새가 낱알을 쪼아 먹듯이 "여기저기서 지식의 조각들을 얻어 가지고 남을 모방하여 말하는 자"라는 뜻이다. 이것은 바울을 오해한 그릇된 말이다. 바울의 설교는 철학이 아닌데 어찌하여 철학적인 기준에서 비판을 받겠는가? 바울의 설교는 모든 철학이 거짓이라고 판단하는 유일한 진리인 것이다.

"이방 신들을 전하는 사람인가보다 하니." 여기서 "이방 신들"(ξένων δαιμονίων)이라는 표현은 헬라 사람들이 섬기던 고유한 신들과는 다른 신들을 가리킨다. 이런 신들을 전하는 자는 사형에 처하도록 되어 있었다. 소크라테스는 이 같은 혐의를 받고 사형에 처해졌는데,[149] 이때에 바울도 그처럼 위험한 누명을 쓰게 될 위험에 처해 있었다고 여기는 학자들도 있다. 그러나 성경 본문에는 그렇게 생각할 만한 근거는 없다.

예수 그리스도께서 죽었다가 다시 살아나심으로 하나님과 사람 사이에 중보자가 되셨다는 바울의 전도는 아덴의 철학자들에게 새로운 말이었다(19절). 하나님의 복음을 이 세상 지혜로는 깨닫지 못한다. 그렇기 때문에 바울은 고린도전서 1:20에서 "지혜 있는 자가 어디 있느냐 선비가 어디 있느냐 이 세대에 변론가가 어디 있느냐 하나님께서 이 세상의 지혜를 미련하게 하신 것이 아니냐"라고 하였다.

19-21 그를 붙들어 아레오바고로 가며 말하기를 네가 말하는 이 새로운 가르침이 무엇인지 우리가 알 수 있겠느냐 … 그 무슨 뜻인지 알고자 하노라 하니 모든 아덴 사람과 거기서 나그네 된 외국인들이 가장 새로운 것을 말하고 듣는 것 이외에는 달리 시간을 쓰지 않음이더라. 아덴 사람들이 바울을 붙들어 "아레오바고"(전쟁의 신 아레스의 언덕)로 간 것은 그를 재판하기 위해서가 아니라 그가 주장하는 바를 자유롭게 강

---

149) Xen., *Memm* 1:1, Plato, *Apol.*, 24 B.

론할 수 있도록 기회를 주기 위해서였다. 이때에 아덴 사람들이 바울에게서 어떤 새로운 말을 듣고자 했던 것은 일종의 지식욕에서 그리한 것일 뿐이며 양심적인 요구나 종교적인 갈망에서 그리한 것은 아니었다. 그렇기 때문에 이때 바울의 설교는 별로 열매를 맺지 못했다(32절).

22-31절. 이 부분은 아덴에서 바울이 행한 설교의 내용이다. 그가 아덴의 아레오바고에서 설교한 것은 이방의 우상숭배와 어느 정도 타협한 것으로 비칠 수도 있다. 특히 22절 말씀이 그렇게 해석될 여지가 있다. 그러나 엄밀히 살펴보면 이때 바울은 우상숭배와 타협한 것이 아니었다.

1) 바울은 아덴의 온 성에 우상이 가득한 것을 보고 마음에 의로운 분노가 일었다(16절).

2) 바울이 전파하는 복음을 들은 자들은 그를 "새로운 가르침"(19절)을 말하는 사람, 혹은 "이상한 것"(20절)을 들려주는 사람으로 여겼는데, 이 말은 바울이 그들의 종교와는 전혀 다른 것을 가르쳤다는 뜻이다. 그들이 그와 같이 말한 이유는 이때에 바울이 "예수와 몸의 부활"(예수의 대속적인 죽음과 다시 살아나심)을 증거하였기 때문이다(18하). 바울의 전도는 사실상 이방인들의 우상숭배가 헛됨을 지적하여 그들로 하여금 그 헛된 일을 내버리게 만들려는 것이었다(참조. 14:14-15). 이처럼 바울은 아덴 사람들의 우상숭배와는 완전히 반대되는 참된 종교를 전파함으로써 그들과 자기 사이에 공통성이 없음을 명백히 한 것이다.

3) 바울은 하나님이 어떤 분이신지를 성경으로 증거하였으며(17:24-29), 하나님은 아덴 사람들이 섬기는 우상과 다르다는 점을 보여주었다. 특히 그는 사람이 자기 손으로 만든 물건을 가지고 만물의 창조주이신 하나님을 섬길 수는 없다는 것을 강조하였다(24-25절). 특히 29절이 이 같은 사실을 밝혀준다. 거기서 말하기를 "이와 같이 하나님의 소생이 되었은즉 하나님을 금이나 은이나 돌에다 사람의 기술과 고안으로 새긴 것들과 같이

여길 것이 아니니라"라고 하였다.

바울은 이처럼 아덴 사람들의 우상숭배를 책망하였다. 사람이 복음을 알게 된 이후로 그와 같이 우매한 일을 지속하는 것은 마땅치 않다는 진리가 여기서 강조된다.[150] 바울과 바나바는 루스드라에서 전도할 때도 그곳 사람들의 제사행위를 금지시킨 일이 있었다(14:11-15).

22 바울이 아레오바고 가운데 서서 말하되 아덴 사람들아 너희를 보니 범사에 종교심이 많도다. 여기 "종교심"(δεισιδαιμονεστέρους)이라는 말은 "미신"이라고도 번역할 수 있는 말이다. 그러나 여기서는 우리말 성경의 번역처럼 종교심을 의미한다(Grosheide). 다시 말해 선하거나 악한 것으로 판결이 내려지기 전의 종교적 본능 그 자체를 가리키는 표현이라는 것이다. 바울은 이미 아덴 사람들의 종교심이 잘못된 방향으로 나아간 것을 죄악으로 판단했다(16절). 그럼에도 불구하고 그가 이교도들과 대화를 위한 접촉점을 찾기 위해서 그들의 "종교심"을 화두로 삼은 것이다.

23 내가 두루 다니며 너희가 위하는 것들을 보다가 알지 못하는 신에게라고 새긴 단도 보았으니 그런즉 너희가 알지 못하고 위하는 그것을 내가 너희에게 알게 하리라. "알지 못하는 신"이라는 말은 어떤 학설에 의하면 아덴 사람들이 과거에는 알았지만 이제는 잊어버린 신을 의미한다고 하나 근거 없는 해석이다. "알지 못하는 신"은 불가사의한 신을 가리키는데(Bengel), "그가 나타내는 일들을 통하여 그가 존재한다는 사실은 알려졌지만 그의 이름은 사람들에게 알려지지 않은 신"이라는 뜻이다. 사도 바울은 아덴 사람들이 알지 못하는 그 신에 대하여 자세히 설명해준다.

24 우주와 그 가운데 있는 만물을 지으신 하나님께서는 천지의 주재시니 손으로 지은 전에 계시지 아니하시고. 만물을 창조하신 신은 아무것도 없는 가운데 우주 만물이 존재하게 하신 하나님이시다. 그러므로 사람의 손으로 지은 전당에

---

150) F. F. Bruce, *The Book of Acts* (1974), 361.

그를 머물게 할 수 있다는 생각은 어리석은 것이다. 창조주 하나님을 창조주답게 공경하는 방법은 믿음으로 그에게 나아가는 것이다(히 11:6). 창조주께서는 우리의 마음속에 신앙을 불러일으켜 주신다. 우주 만물은 우연히 이루어진 것이 아니기 때문에 그것을 창조하신 이가 반드시 계신다는 것이 진리다.

만일 우주 만물이 우연히 이루어진 것이라면 거기에는 아무런 법칙도 존재하지 않을 것이니 그 같은 세상을 다루는 과학도 존재할 수 없다. 만일 우연을 통해 이치와 법도를 따르는 대상물이 생겨날 수 있다면 그 같은 일이 오늘날에도 일어나야만 한다. 그런데 그런 일이 현재에는 전혀 일어나지 않고 있다. 그렇기 때문에 우주 만물이 우연히 만들어졌다는 주장을 받아들이는 것은 이적을 믿는 것보다 더욱 어려운 일이다. 우리는 창조의 진리를 믿으며 창조주의 권능을 기쁜 마음으로 받아들인다.

"손으로 지은 전에 계시지 아니하시고." 하나님께서는 그의 지시대로 건축된 성전에도 머물지 않으신다(왕상 8:27). 성전은 다만 그의 이름, 곧 그의 계시가 머무는 장소다. 그러므로 그곳에서 기도하거나 그곳을 향하여 기도하는 자들의 간구가 하늘에 계신 하나님께 상달되는 것이다(왕상 8:28-31). 신이 일정한 장소에 머문다는 관념은 우상숭배적인 것이다. 하나님은 천지에 충만하시므로 가까운 데도 계시고 먼 데도 계시며, 만유 안에 내재하시는 동시에 만유를 초월하여 계신다(렘 23:23-24). 그러므로 우리가 그의 말씀을 따라 그를 믿는 것이 곧 그를 섬기는 일이다(요 6:29; 행 17:31).

25 또 무엇이 부족한 것처럼 사람의 손으로 섬김을 받으시는 것이 아니니 이는 만민에게 생명과 호흡과 만물을 친히 주시는 이심이라. 이 말씀은 우상숭배자들의 제사 행위가 헛된 일이라는 뜻이다. 그들은 헌물을 우상에게 바침으로써 그에게 제사하고 스스로 위로를 얻는다. 그러나 창조주 하나님께서 무엇이 부족하여 인간에게 헌물을 요구하시겠는가!(시 50:7-15) 도리어 하나님은 친히

"만민에게 생명과 호흡과 만물"을 주신다. 바울은 여기서 하나님과 관련하여 대조적인 표현을 사용한다.[151] 다시 말해 하나님은 인간에게 요구하시는 것이 아무것도 없고 다만 모든 것을 주시는 분이라는 것이다. 인생 중에 어느 누가 무언가를 하나님께 드릴 수 있겠는가(참조. 롬11:35). 우리는 이 같은 사실을 통해서도 인간이 하나님을 섬기는 방법은 다만 그를 믿는 것밖에 없음을 깨닫게 된다(요 6:29).

"만민에게 생명과 호흡과 만물을 친히 주시는 이." 여기서는 하나님께서 인생들에게 주시는 것들 가운데서 특히 "생명과 호흡"이 중점적으로 진술된다. 현대 과학이 아무리 발달했어도 생명을 만들어내지 못하며, 숨을 거두어가는 사람에게 아무리 인공호흡을 시켜도 그의 생명을 연장시키지 못한다. "생명과 호흡"은 오직 하나님께서 주관하신다.

26 인류의 모든 족속을 한 혈통으로 만드사 온 땅에 살게 하시고 그들의 연대를 정하시며 거주의 경계를 한정하셨으니. 인류가 한 조상으로부터 발원하였다는 것은 인류학자들도 부인하지 못한다. 그 이유는 여러 가지다. 벤자민 워필드는 "모든 인종이 심리적 통일성을 공유하고 있으니, 곧 그들은 동물과 달라서 모두가 이성적 성품과 도덕적 성품을 가지고 있다. 그뿐 아니라 모든 인류가 공통적인 유전자를 소유하고 있는데, 이 같은 사실들은 모두 다 그들이 본래 동일한 근원에서 유래했다는 증거다."라고 하였다.[152]

헤르만 바빙크도 다음과 같이 말하였다. "바벨론과 앗수르의 문명을 연구하는 학자들뿐 아니라 다수의 인류학자들도 인류의 발원지가 중앙아시아라고 주장하는데 여기에는 그만한 이유가 있다. … 셈족과 아메리카 인디언 사이에 서로 유사점이 많기 때문에 과거의 어떤 인류학자들은

---

151) Hans Conzelmann, *Die Apostelgeschichte* (HNT 7). Tübingen: J. C. B. Mohr (1963), 98-99: "Gott nimmt nichts, er gibt alles."
152) B. B. Warfield, *Studies in Theology*, 255-256.

말하기를, 아메리카 인디언 중에서 이스라엘의 잃어버린 열 지파를 발견할 수 있다고 주장하였다."[153]

우리는 인종의 단일성과 관련하여 앞에 제시한 것과 같은 합리적 증거들을 중요하게 생각한다. 그러나 그보다도 성경 말씀에서 이 문제와 관련한 최종적인 해답을 찾아야 한다. 성경은 인류가 단일한 근원에서 유래했다고 말씀하는 한편 인류의 천성이 공통적이고 그들의 죄악도 공통적이며 구속에 대한 그들의 요구도 동일하다는 것을 강조한다.

"그들의 연대를 정하시며." 이 말씀은 하나님께서 모든 국가의 흥망성쇠와 기한을 주장하신다는 뜻이다. 시편 127:1에도 말하기를 "여호와께서 집을 세우지 아니하시면 세우는 자의 수고가 헛되며 여호와께서 성을 지키지 아니하시면 파수꾼의 깨어 있음이 헛되도다"라고 하였다.

"거주의 경계를 한정하셨으니." 이것은 각 나라들의 국경을 하나님이 정해주셨다는 뜻이다(참조. 신 32:8).

27 이는 사람으로 혹 하나님을 더듬어 찾아 발견하게 하려 하심이로되 그는 우리 각 사람에게서 멀리 계시지 아니하도다. 하나님께서 인류를 창조하시고 관할하신 역사는 그들에게 하나님이 어떤 분이신지를 알려주시는 일종의 계시다(다만 죄로 어두워진 인류가 효과적으로 깨닫지 못할 뿐이다).

"우리 각 사람에게서 멀리 계시지 아니하도다." 벵겔은 말하기를, 하나님은 우리 가까이에 계시지만 "패역한 이성에는 멀어 보인다."라고 하였다.

토마스(David Thomas)에 의하면, 이 말씀에서 다음과 같은 네 가지 결론을 유추할 수 있다고 한다. ① 하나님께서는 장소적으로 우리에게서 멀리 떨어져 계시지 않다(렘 23:24). ② 하나님은 우리와의 모든 관계에서 우리 가까이 계신다. 그는 우리의 주재시며 우리 생활의 모든 것을 관할하신다. ③ 하나님은 우리의 창조자시니 우리의 모든 세밀한 구조까지 다 아신

---

153) Herman Bavinck, *The Philosophy of Revelation*, 180.

다(시 139편). ④ 하나님은 우리를 깊이 동정하시니 우리와 친밀하시다(호 11:8).

특별히 하나님께서는 그를 간절히 찾는 자에게 더욱 가까이해 주신다. 시편 145:18에 말하기를 "여호와께서는 자기에게 간구하는 모든 자 곧 진실하게 간구하는 모든 자에게 가까이 하시는도다"라고 하였다.

28 **우리가 그를 힘입어 살며 기동하며 존재하느니라 너희 시인 중 어떤 사람들의 말과 같이 우리가 그의 소생이라 하니.** "우리가 그를 힘입어 살며 기동하며 존재한다"는 것은 "인간의 삶, 행동, 그리고 존재까지도 온전히 하나님의 은혜로만 성립된다"는 뜻이다. 이것은 하나님이 능력의 손길로 붙들어주시지 않으면 인간은 모두 실패할 수밖에 없다는 말씀과 같다.

"너희 시인 중 어떤 사람들." 여기서 말하는 "어떤 사람들"은 헬라의 아라투스(Aratus, BC 310년 길리기아의 솔로이에서 출생)나 클레안테스(Cleanthes, BC 300년 드로아의 아소스에서 출생)와 같은 사람들을 가리켰을 것이다. 그들이 "우리가 그의 소생이라"고 말한 것은 인간이 제우스(Zeus) 신의 소생이라는 뜻이었다. 이것은 헬라 신화의 사상이다.

바울이 여기서 헬라 신화의 한 구절을 인용한 것은 헬라의 인간관을 옳게 여겼기 때문이 아니라, 오히려 헬라의 시인들이 그들의 우상에 관하여 찬양했던 말이 사실상 (그들의 우상에게는 적합하지 않고) 여호와 하나님, 곧 참되신 신께만 적합하다는 것을 강조하기 위해서였다. 그러므로 크로샤이데는 말하기를 "이교도가 그들의 신에 대해 표현한 가장 고상한 사상은 오직 참되고 살아 계신 하나님께 적합한 것이다."라고 하였다.[154]

29 **이와 같이 하나님의 소생이 되었은즉 하나님을 금이나 은이나 돌에다 사람의 기술과 고안으로 새긴 것들과 같이 여길 것이 아니니라.** 여기서 바울이 "하나님의 소생"이라는 표현을 통해 가르치고자 했던 것은 사람이 하나님의 형상대로 창

---

154) F. W. Grosheide, *De Handelingen der Apostelen II* (1948), 154.

조되었다는 진리다. 이처럼 하나님께서는 사람을 일반 피조물과는 비교할 수 없이 고귀하게 지으셨다. 바울이 이 같은 사실을 여기서 제시하는 이유는 그와 같이 지음 받은 사람이 창조주 하나님을 섬길 때 금이나 은이나 돌에 새긴 신상으로 하나님을 대체할 수 없다는 것을 강조하기 위해서다. 즉 "천지의 주재"(24절)이신 하나님을 사람의 손으로 새긴 조각물과 동일시할 수 없다는 것이다.[155]

30 알지 못하던 시대에는 하나님이 간과하셨거니와 이제는 어디든지 사람에게 다 명하사 회개하라 하셨으니. "간과하셨거니와"(ὑπεριδών)라는 말은 예수님이 오시기 전 구약 시대에 행해진 이방인의 우상숭배라는 어두운 일들을 하나님이 죄로 여기지 않으셨다는 뜻이 아니다. 이 말씀의 의미는 예수님께서 오시기 전에는 하나님이 이방 세계에 그들이 우상을 섬긴 죄를 회개시키기 위해서 전도자를 보내신 적이 없었다는 뜻이다. 그러므로 이 말을 "간과하셨거니와"라고 번역할 것이 아니라 "그대로 내버려두셨거니와"라고 번역해야 한다.

"이제는 어디든지 사람에게 다 명하사 회개하라 하셨으니." 여기서 "이제는"이라고 번역된 헬라어(τὰ νῦν)는 "현재 상황으로 말하면"이라고 옮기는 편이 낫다. 이것은 시대적으로 중요한 새로운 일을 가리키는 것이다. 하나님께서 "사람에게 다 명하사 회개하라"고 하시는 것은 율법적인 명령이 아니라 은혜로운 부탁이다. 그 이유는 하나님께서 인류에게 "믿을 만한 증거"(31하)를 주시고 그 같은 요청을 하시기 때문이다. 이와 관련하여 슐라터는 다음과 같이 말하였다. "하나님은 인간이 하나님을 모르던 무지의 시대를 끝내셨다."[156]

31 이는 정하신 사람으로 하여금 천하를 공의로 심판할 날을 작정하시고 이에 그를 죽

---

155) 참조. 시 115:4-8; 135:15-18; 사 40:18-20, 25; 44:12-17; 46:5-7.
156) A. Schlatter, *Die Apostelgeschichte* (Stuttgart, 1962), 217.

은 자 가운데서 다시 살리신 것으로 모든 사람에게 믿을 만한 증거를 주셨음이니라 하니라.
여기서 "이는"(καθότι)이라는 말은 "이런 이유로"라는 뜻이다. 이것은 회개를 외치는 시대가 도래했다는 앞절 말씀을 뒷받침한다. 회개를 불러일으키는 동기는 무엇인가? 그것은 하나님이 정하신 심판자와 심판 날이 있음을 내다보는 데서 비롯된다. 이 심판자는 참 사람이신 동시에 부활하신 하나님의 아들이시다. 그가 단지 사람일 뿐이라면 그는 심판자가 되실 수 없다. 그러나 그는 부활하신 분이며 하나님의 아들이시기 때문에 심판자가 되실 수 있다는 확실한 사실이 모든 사람에게 밝히 드러난 것이다. 특별히 이 구절에서는 심판자이신 그리스도의 인간성을 강조한다. 그의 인간성은 우리의 연약함을 동정하시는 성품이며, 바로 그 성품으로 인해 사람들을 구속하실지 여부를 결정하시기에 적합한 분이 되신다(요 5:27).

32-34절. 아덴에서의 바울의 전도는 많은 열매를 맺지 못했다. 아덴 사람들과 같이 철학적 지식에만 치우치는 자들은 교만하여 단순한 복음을 받아들이지 않는다(참조. 고전 1:19-22). 그러나 그때에도 복음을 받은 소수의 무리가 있었다.

"그를 가까이하여"(κολληθέντες αὐτῷ)라는 문구는 "그에게 붙어서"(cleaving to him)라고 번역할 수도 있다. 다시 말해 그들이 많은 반대를 무릅쓰고 사도 바울 편에 가담하였으며 그를 떠나지 아니하고 그리스도를 믿었다는 뜻이다. 비록 소수였지만 그들은 아주 반갑고 귀한 열매였다.

제 18 장

↓ 개요

1. 바울의 자급 전도(1-4절)

교역자가 목회하면서 교회로부터 생활비를 받을 수도 있지만, 미약한 교회가 교역자의 생활비를 부담할 힘이 전혀 없을 경우에는 교역자가 생계를 직접 책임질 수도 있다. 그러나 이런 경우에 교역자가 주의할 것은, 필요한 정도의 생업을 하되 ① 재물에 대한 욕심으로 해서는 안 되며, ② 너무 많은 시간을 생업에 투자해서도 안 된다.

2. 부패한 도시와 하나님의 백성(5-11절)

고린도는 부패한 도시였다. 그러나 이런 도시에도 하나님의 택한 백성이 많았다(8, 10절). 바울은 그런 도시에서 복음을 전할 때도 인간적인 수단 방법을 동원하지 않고 하나님의 능력만 의지하였다(고전 2:1-5).

3. 아가야 총독 갈리오의 처사(12-17절)

총독 갈리오는 바울의 사건이 종교 문제일 뿐이며 로마 법률에 저촉되지 않는다고 판단하여 기각했다(14-16절). 이것은 종교와 정치를 혼동하지 않은 그의 지혜로운 처신이었다.

4. 바울이 고린도를 떠나 에베소를 경유하여 예루살렘에 갔다가 안디옥으로 돌아옴(18-23절)

그는 여행 도중에도 기회 있는 대로 복음을 전하였고(19절), 제자들을 굳게 하였다(23절).

5. 아볼로의 사역(24-28절)

아볼로는 성경학자였다(24절). 그러나 그는 예수 그리스도에 관한 지식이 아직 부족하였다. 이 부족한 부분을 브리스길라와 아굴라가 채워주었다(26절). 이들 부부가 예수님에 대해 잘 알 수 있었던 것은 그들이 일찍이 바울과 동업했기 때문이었다(3절). 그렇다면 결국 아볼로는 바울에게 배운 셈이다.

✣ 내용분해

1. 바울이 고린도에서 아굴라와 브리스길라 부부와 동업하며 전도함(1-4절).
2. 유대인들이 바울을 핍박함(5-6절).
3. 바울이 고린도의 이방인들에게 전도함(7-11절).
4. 유대인들이 바울을 총독 갈리오에게 고소하였으나 갈리오가 소송을 기각함(12-17절).
5. 바울이 에베소로 가서 전도하고 그 후에 안디옥으로 갔다가 다시 갈라디아와 브루기아에 가서 사역함(18-23절).
6. 아볼로가 에베소에서 전도하다가 후에 아가야로 가서 사역함(24-28절).

↓ 해석

1 그 후에 바울이 아덴을 떠나 고린도에 이르러. "고린도"는 아덴에서 80킬로미터쯤 떨어져 있다. 이 도시는 주전 146년에 반로마 운동을 전개하다가 로마 군대 뭄미우스(L. Mummius) 장군의 손에 파괴되어 한 세기 동안 폐허로 있었다. 그 후 주전 46년에 율리우스 카이사르(Julius Caesar)에 의해 재건되었다. "아덴"이 우상숭배로 이름을 날렸다면 "고린도"는 도덕적 부패로 유명했다. 이 도시의 부패가 얼마나 극심했던지 "고린도"라는 도시의 이름에서 유래한 "코린티아조마이"(κορινθιαζομαι, 창기노릇하다)라는 동사가 방탕을 의미하는 말이 되어버렸다. 전도자는 부패한 도시에도 찾아가서 그 같은 부패를 막을 능력이 있는 복음을 전해야 한다.

2 아굴라라 하는 본도에서 난 유대인 한 사람을 만나니 글라우디오가 모든 유대인을 명하여 로마에서 떠나라 한 고로 그가 그 아내 브리스길라와 함께 이달리야로부터 새로 온지라 바울이 그들에게 가매. "아굴라"와 "브리스길라"는 고린도로 오기 전부터 그리스도를 믿는 자들이었다(Zahn). 그들의 집에서 모였던 교회(고전 16:19)는 그들이 바울과 함께 동업하던 때에 시작되었을 것이다.

이들 부부의 이름이 사도행전 18:18; 로마서 16:3; 고린도전서 16:19; 디모데후서 4:19에 나오는데, 어떤 때에는 아내의 이름(브리스길라 또는 브리스가)이 남편의 이름(아굴라)보다 앞서 나온다. 그것은 브리스길라가 남편보다 먼저 그리스도를 영접했기 때문일 수도 있고, 아니면 복음 진리에 대한 그의 지식이 남편보다 뛰어났기 때문일 수도 있다. 이들은 바울의 전도 사역을 위해서라면 자기들의 목숨이라도 내놓을 각오가 되어 있었던 부부다(롬 16:4). 바울이 그들과 함께 거하게 된 사실에 특별한 관심을 기울일 필요가 있다. 성경은 외로운 나그네의 신분으로 복음을 위하여 충성하는 주님의 종을 수종드는 성도들을 칭찬한다(왕상 17:10-16; 왕하 4:8-16). 이 부부는 자신들도 방랑객처럼 이리저리 쫓겨 다니는 곤란한 형편이었음에도 불구하고 바울을 선대하였다.

"본도"는 흑해 연안 소아시아 지방에 위치한 도시다. 아굴라 부부가 로마에서 쫓겨난 이유는 클라우디우스 황제가 유대인들을 추방했기 때문이다. 클라우디우스 황제는 주후 41-51년에 로마 제국을 다스렸다. 그가 유대인들을 추방한 이유는 역사가 수에토니우스가 밝힌 대로 유대인들이 크레스투스("그리스도"를 지칭)의 주도하에 지속적으로 반란을 일으켰기 때문이라고 한다.[157] 여기서 수에토니우스가 말한 "크레스투스"(Chrestus)가 참으로 예수 그리스도를 가리키는지, 혹은 그런 이름을 가진 다른 유대인 지도자를 의미했는지는 확실히 알려지지 않고 있다.

오로시우스(Orosius)의 기록(Adv. Pagan., 7, 6, 15)에서도 로마에서 유대인을 추방한 사건(AD 49년 1월과 50년 1월 사이)이 있었다고 보고한다.[158] 그런데 카시우스 디오(Cassius Dio)는 그의 저서「로마 역사」에서 말하기를, 클라우디우스가 유대인을 추방하지 않고 다만 그들의 집회만 금지하였다고 한다(60, 6, 6). 하지만 그의 기록은 이와는 별개의 사건을 언급하는 듯하다.

3 생업이 같으므로 함께 살며 일을 하니 그 생업은 천막을 만드는 것이더라. 바울과 아굴라 부부는 외지에서 나그네로 살아간다는 점에서도 처지가 같았을 뿐 아니라 생업도 같았다. 무엇보다도 서로 뜻을 같이할 수 있었던 것은 그들이 동일한 주님 예수를 믿었기 때문이었다. 이로 인해 그들은 생사를 같이할 마음을 가지게 된 것이다.

"장막을 만드는 것"(σκηνοποιοί)은 가죽이나 염소 털로 짠 천으로 장막을 만드는 일을 뜻한다. 이것은 사람이 가지고 다니면서 사용할 수 있는 종류의 천막이었는데, 여행자, 목자, 상인들이 주로 사용하였다고 한다.

---

157) Suetonius, *Life of Claudius* 25:4: "Iudaeos impulsore Chresto assidue tumultuantes Roma expulit."
158) F. W. Grosheide, *De Handelingen der Apostelen II* (1948), 169.

4 안식일마다 바울이 회당에서 강론하고 유대인과 헬라인을 권면하니라. 바울은 가는 곳마다 회당을 찾아가서 복음을 전하였다. 그 이유는 유대인들이 먼저 구약 계시를 받았으며 구약성경에 약속된 메시아를 기다리는 자들이었기 때문이다.

"유대인과 헬라인을 권면하니라." 여기서 말하는 "헬라인"은 이방인 가운데 이미 개종하고 여호와 하나님께로 돌아와서 회당에 참여하는 자들을 가리키는 듯하다.

5 실라와 디모데가 마게도냐로부터 내려오매 바울이 하나님의 말씀에 붙잡혀 유대인들에게 예수는 그리스도라 밝히 증언하니. "하나님의 말씀에 붙잡혀"(συνείχετο τῷ λόγῳ)라는 말은 무엇을 의미하는가? 그것은 예레미야의 체험을 통해 잘 설명된다. 선지자는 말하기를 "내가 다시는 여호와를 선포하지 아니하며 그의 이름으로 말하지 아니하리라 하면 나의 마음이 불붙는 것 같아서 골수에 사무치니 답답하여 견딜 수 없나이다"(렘 20:9)라고 하였고, 또 "선지자들에 대한 말씀이라 내 마음이 상하며 내 모든 뼈가 떨리며 내가 취한 사람 같으며 포도주에 잡힌 사람 같으니 이는 여호와와 그 거룩한 말씀 때문이라"(렘 23:9)라고 하였다.

신자 가운데 누구든지 ① 하나님 말씀의 단맛에 끌리면 그것은 곧 말씀에 붙잡힌 것이고, ② 하나님 말씀이 옳다는 강렬한 느낌을 가지게 되는 것도 말씀에 붙잡힌 것이며, ③ 하나님 말씀을 두려워하게 되는 것 역시 그 말씀에 붙잡힌 것이다. 존 번연(John Bunyan)은 수만 명의 군대가 진격해 오는 것보다 하나님의 말씀 한마디를 어기는 것을 더 두려워했다고 한다. ④ 구원의 능력이 되는 복음의 위대함을 느끼는 자는 그것을 전하지 않을 때 자기에게 화가 미칠 줄 알게 된다. 그것 역시 말씀에 붙잡힌 것이다.

"유대인들에게 예수는 그리스도라 밝히 증언하니." 유대인들은 메시아(그리스도) 약속을 받은 민족이다. 그러므로 메시아가 오셨다는 소식은 그들에게 가장 기쁜 소식이었다.

구약성경에는 메시아에 대해 약속하는 다양한 말씀들이 있는데, 후프만(Huffman)은 이를 다음과 같이 정리하였다.[159]

여자의 후손	창 3:15	열국의 심판자	사 11:1-5
네(아브라함의) 자손	창 15:5	베들레헴에서 나실 자	미 5:2
유다 지파의 자손	창 49:8-10	만국의 보배	학 2:7
한 별	민 24:17	은 30에 팔릴 자	슥 11:12
선지자(그 선지자)	신 18:15(요 1:21)	찔릴 자	슥 12:10
다윗의 자손	삼하 7:12	열린 샘	슥 13:1
기름 (부음) 받은 자	시 2:2	깨끗케 하는 자	말 3:1-3
영원한 제사장	시 110:1-7	의로운 해	말 4:2
처녀에게서 나실 자	사 7:14	구약의 제사 제도와 의식	히 9:9-14, 24-26

이 밖에도 구약성경에는 여러 형태의 예언들이 존재한다. 일례로 고난 받는 종에 관한 약속이 대표적인 것이다(사 53장).

유대인은 하나님으로부터 이같이 귀한 약속들을 받았고 그 약속들의 성취로서 메시아께서 오셨다. 이 사건이야말로 유대 민족에게는 전무후무한 축복(영광)이요, 세계 인류를 밝혀주는 빛이나(눅 2:32). 그러므로 바울은 유대인들에게 "예수는 그리스도"라고 혀가 닳도록 외칠 수밖에 없었다. 그것이 바로 바울이 선포하는 케리그마(κηρύγμα), 곧 전도의 시작과 끝이었다.

"예수는 그리스도라"(εἶναι τὸν χριστὸν Ἰησοῦν)라는 문구는 "그 그리스도는 예수라"라고 번역되어야 한다. 여기서 주목할 것은 정관사 "그"가 강

---

159) J. A. Huffman, *The Progressive Unfolding of the Messianic Hope*, 79-80.

조의 의미로 쓰였고 어순상으로도 "그리스도"가 "예수"보다 앞서 나옴으로써 강조체를 이룬다는 사실이다(Grosheide).

"밝히 증언하니." 여기 사용된 헬라어 동사(διαμαρτυρόμενος)는 증인이 법정에서 증언하는 것을 가리키는 전문용어다. 이때 "그리스도는 예수라"라는 바울의 외침은 법정에 선 증인의 말처럼 확신과 권위를 가진 선언이었다. 사람들은 법정에서 증인이 증언하는 말을 믿고 받아들여야만 한다. 마찬가지로 하늘나라 법정의 증인으로서 외치는 바울 사도의 선언도 액면 그대로 받아들여야 하는 것이다.

6 그들이 대적하여 비방하거늘 바울이 옷을 털면서 이르되 너희 피가 너희 머리로 돌아갈 것이요 나는 깨끗하니라 이 후에는 이방인에게로 가리라 하고. 바울이 유대인들에게 "예수는 그리스도"라고 "밝히 증언"하였음에도 불구하고 그들은 바울의 말을 "대적"하였으니, 그들의 멸망에 대하여 바울에게는 책임이 없다.

"옷을 털어"버리는 것은 일종의 상징적인 행위로서 "나에게는 책임이 없다"는 선언이다. 바울이 어디서나 전도자로서 책임을 다한 것은 후대의 모든 전도자들에게 모범이 된다. 오늘날 교역자들도 어디서든지 목회하고 전도하다가 임지를 떠나게 될 때 바울처럼 "옷을 털어"버릴 수 있을 만큼 책임감 있게 일한다면 족할 것이다. 그러나 게으르고 무능한 교역자는 임지를 떠날 때 오히려 책임을 완수하지 못한 수많은 일들로 인해 고꾸라질 정도로 무거운 짐을 지고 떠나게 될 것이니 이 얼마나 비참한 일인가!

7 거기서 옮겨 하나님을 경외하는 디도 유스도라 하는 사람의 집에 들어가니 그 집은 회당 옆이라. 바울이 유대인들에게 박해를 받으면서도 그들로부터 도망치지 않고 회당 옆집으로 옮겨간 이유는, 많은 유대인들이 그를 박해하는 가운데서도 예수 그리스도께로 돌아오는 유대인들이 있었으며(8절), 앞으로도 더 많은 개종자가 생길 것이라는 소망이 있었기 때문이다(9-10절). 예수 그리스도의 사도는 언제나 성령님의 인도하심을 따라 처신하기 때문에 박해를 당할 때에 멀리 다른 곳으로 옮겨야 하는 경우도 있었고(9:25), 이때처

럼 박해하는 자들 가까이에 머물러야 하는 경우도 있었다.

"디도 유스도"는 이름으로 미루어볼 때 로마 사람인 듯하다. 바울이 여전히 아굴라와 친밀한 관계를 유지하고 있었지만 그럼에도 그의 집을 떠나 유스도의 집으로 옮겨 거주하였다. 그가 그렇게 했던 이유는 이방인들과 교제하면서 그들에게 복음을 전하기 위함이었을 것이다.[160]

8 또 회당장 그리스보가 온 집안과 더불어 주를 믿으며 수많은 고린도 사람도 듣고 믿어 세례를 받더라. "회당장"이 자기 가족들과 함께 주님을 믿게 된 것은 작은 사건이 아니다. 그는 많은 유대인들에게 영향력을 가진 인물이었을 것이다.

"주를 믿으며"(ἐπίστευσεν τῷ κυρίῳ)라는 표현은 문법적 구조로 볼 때 정황상 구원 얻는 믿음을 가리킨다(Cremer-Kögel).

"수많은 고린도 사람"은 헬라 민족을 가리킬 것이다. 왜냐하면 우리가 고린도전서를 통해 미루어 짐작할 수 있는 것처럼 고린도 교회는 주로 헬라인 신자들로 구성되어 있었기 때문이다(고전 1:22). 바울은 이렇게 많은 사람이 주님을 믿게 될 것을 내다보았기 때문에 박해를 받으면서도 다른 곳으로 옮겨가지 않았다. 이것은 성령님의 인도하심으로 말미암은 일이었다.

"듣고 믿어"(ἀκούοντες ἐπίστευον)라는 어구는 "들으면서 믿는 중이었으며"라고 번역되어야 한다. 이것은 과거 미완료 시제 동시로서 지속적인 행위를 가리킨다. 그때에 수많은 이방인들 가운데 회개 운동이 계속되고 있었다.

하나님의 복음을 전하는 진실한 사역자에게는 한편으로는 박해를 받는 괴로움도 있지만(행 18:6), 다른 한편으로는 놀라운 위로가 주어진다. 회당장 그리스보와 같은 중요한 인물이 온 가족과 더불어 간절한 마음으로 복음을 받아들인 일이나 고린도 사람들이 믿고 세례를 받은 일이 바로 그

---

160) Theodor Zahn, *Die Apostelgeschichte des Lucas I/II*, KNT 5 (Erlangen, 31927), 648-649.

러한 위로의 사건들이다. 복음 사역자는 이와 같은 귀한 열매들 때문에 절대적인 힘과 위로를 얻고 능히 박해를 감수하게 된다.

9 밤에 주께서 환상 가운데 바울에게 말씀하시되 두려워하지 말며 침묵하지 말고 말하라. 주님은 박해받는 바울에게 놀라운 위로를 주셨다. 주님은 "두려워하지 말며"라는 말씀만으로도 바울에게 백배의 용기를 주셨을 터인데, 이에 더하여 "침묵하지 말고 말하라"고 격려해 주셨다. 복음 전도로 말미암아 유대인들로부터 박해를 받고 있는 그때에 "두려워하지 말며" 담대히 "말하라"고 격려하시는 주님의 말씀은 전도자 바울에게 가장 큰 힘이 되었다.

"두려워하지 말며." 여기 사용된 동사 형태(μὴ φοβοῦ)는 현재형으로 지속적인 행동을 가리킨다. 따라서 이 말은 어떤 한 가지 사건으로 인해 순간적인 공포를 느끼는 일을 금하는 것이 아니라, 계속해서 두려움 없이 지내라는 명령이다. 구약 시대 선지자들도 하나님께로부터 이 같은 권고를 많이 받았다(참조. 출 3:12; 수1:6-7, 9; 사 43:5; 렘1:8).

"두려워하지 말라"는 말씀이 성경에 365회나 거듭 나온다고 한다. 이것은 "하나님 외에 다른 것을 두려워하지 말라"는 의미다. 그런데 사람들은 오히려 하나님은 두려워할 줄 모르고 다른 것들을 너무 두려워한다. 그것은 하나님을 가벼이 여기는 잘못이며, 유황불 못에 던져질 죄악이다(계 21:8상).

"침묵하지 말고 말하라." 우리는 하나님의 말씀을 사람들이 귀 기울이든지 혹은 외면하든지 개의치 말고 전파해야 한다(참조. 겔 2:7; 딤후 4:2). 왜냐하면 전파되는 하나님의 말씀은 헛되지 않고 반드시 열매를 맺기 때문이다(삼상 3:19; 사 55:10-11).

10-11 내가 너와 함께 있으매 어떤 사람도 너를 대적하여 해롭게 할 자가 없을 것이니 이는 이 성중에 내 백성이 많음이라 하시더라 일 년 육 개월을 머물며 그들 가운데서 하나님의 말씀을 가르치니라. "내가 너와 함께 있으매." 주님께서는 바울과 함께 계신 사실을 확인시켜 주시기 위해 "내가"(ἐγώ)라는 강조체 대명사를 사용하셨

다. 주님이 함께하신다는 사실은 바울이 고린도에서 선교해야 할 것과 또한 그 선교에 반드시 열매가 있을 것을 보증해준다(Grosheide). 구약 시대에는 선지자들이 주님께서 함께해 주신다는 약속을 받았다(출 3:12; 렘1:8).

"너를 대적하여 해롭게 할 자가 없을 것이니." 이것은 바울이 고린도에서 다시는 폭력을 동반한 박해를 당하지 않는다는 의미가 아니다. 이것은 그 어떤 박해가 찾아와도 그에게 해를 끼치지 못하게 하시겠다는 약속의 말씀이다. 하나님의 종이 반대와 난관에 부딪칠 때 그로 인해 해를 당하지 않는 것은 이적이다. 그것은 하나님께서 그를 도와주셔야만 가능한 결과다. 그 같은 환난이 찾아올 때 그는 한동안 답답함과 두려움을 느끼기도 할 것이다. 그러나 그런 와중에도 주님께 계속 부르짖으면 마침내 난관을 벗어나서 해를 당하지 않게 된다.

"이는 이 성 중에 내 백성이 많음이라." 여기서 "백성"(λαός)이라는 단어는 하나님께서 택하신 백 백성을 가리킨다. 하나님께서는 그가 세우신 종이 하나님의 백성 가운데서 일할 수 있도록 그를 보호해주신다. 고린도에 하나님의 백성이 많았기 때문에 바울은 "일 년 육 개월"이나 거기에 머물면서 가르쳤다.

12-13 갈리오가 아가야 총독 되었을 때에 유대인이 일제히 일어나 바울을 대적하여 법정으로 데리고 가서 말하되 이 사람이 율법을 어기면서 하나님을 경외하라고 사람들을 권한다 하거늘. "갈리오" 총독은 스토아 철학자 세네카의 형이다. 역사가들은 그가 성격이 온화하고 친절한 사람이었다고 전한다. 특별히 고린도의 델포이 신전 벽에 클라우디우스 황제의 명문이 새겨져 있는데, 거기에 갈리오의 이름이 등장한다('Ιούνιος Γαλλίων 'Ο φίλος μοῦ; "나의 친구 갈리오").[161] 그 당시 아가야 지역은 원로원령 속주가 아니라 황제령 속주였기 때문에 황제가 직접 관할했다.

---

161) F. W. Grosheide, *De Handelingen der Apostelen II* (1948), 178-179.

이때 유대인들이 갈리오의 권세에 의지하여 바울을 핍박하려고 하였다. 그러나 갈리오는 선량한 사람이었기 때문에 유대인들의 이 같은 요구를 들어주지 않았다. 이것은 주님의 약속(10절)이 이루어진 것인데, 하나님은 그의 종들을 이적적인 방법으로 보호하시는 경우도 있지만 때로는 일반섭리를 통해 그들을 보호하신다.

"율법을 어기면서 하나님을 경외하라고." 이것은 유대인들이 바울의 복음을 오해하여 전하는 말이다. 바울은 율법을 어기면서 하나님을 경외하라고 가르친 것이 아니라, 율법을 완성시키는 복음을 받아들임으로써 하나님을 경외하라고 가르쳤을 것이다. 복음은 율법과 선지자의 글을 성취한 것이며 율법 자체는 아니다. 그러나 복음은 율법(도덕률)을 폐하는 것이 아니라 오히려 완전케 한다(롬 3:31). 다만 의식적 율법은 복음의 시대가 시작되면서 점진적으로 폐지되었다(히 9:10). 바울이 전파한 사상은 이와 같은 것이다. 그런데 유대인들은 그것을 왜곡하여 바울이 "율법을 어기면서 하나님을 경외하라." 한다고 고소하였다. 의인을 대적하는 자들은 언제나 말을 바로 전하지 않고 과장하거나 진실하지 않은 수단을 사용한다(참조. 마 26:60-61).

14-16 바울이 입을 열고자 할 때에 갈리오가 유대인들에게 이르되 너희 유대인들아 만일 이것이 무슨 부정한 일이나 불량한 행동이었으면 내가 너희 말을 들어 주는 것이 옳거니와 만일 문제가 언어와 명칭과 너희 법에 관한 것이면 너희가 스스로 처리하라 나는 이러한 일에 재판장 되기를 원하지 아니하노라 하고 그들을 법정에서 쫓아내니. 갈리오는 이때 합당한 판단을 내렸다. 곧 법정에서는 불의하게 남을 해친 사건이나 혹은 불량한 행동만 다룬다는 것이다. 여기서 "부정한 일"이라고 번역된 단어(ἀδίκημά)는 "남을 해친 불의한 행동"을 가리키고, "불량한 행동"이라고 번역된 단어(ῥᾳδιούργημα)는 "바람직하지 않은 행동"을 가리킨다. 덧붙여서 총독은 종교적인 용어나 명칭에 관한 논쟁에서는 재판관 역할을 떠맡지 않겠다고 잘라 말한다.

"언어"(λόγον)는 "종교상의 교리"를 가리키며, "명칭"(ὀνομάτων)은 "예수는 그리스도"라는 이름을 가리킨다. 갈리오가 이때 유대인들 앞에 내세운 주장은 유대인과 바울 사이의 쟁점(13절)을 제대로 파악하고 했던 말이었다. 유대인들은 바울이 제시하는 종교적 주장에 반대하였다(Alford). "너희 법"이란 "유대인들의 율법"(로마법이 아님)을 가리킨다. 유대인들의 율법은 종교적인 것이므로 이와 관련한 논쟁에는 로마의 법관들이 관여하지 않았다.

설교▶ 바울이 고린도에서 받은 위로(18:1-17)

1. 바울은 아굴라와 브리스길라를 만나서 그들의 집에 함께 머물렀다(1-4절). 아굴라와 브리스길라도 삶의 터전에서 쫓겨나 망명한 자들이었기 때문에 복음을 전하기 위해 나그네로 살아가는 바울에게 동류의식을 느꼈을 것이다. 그들은 바울과 생업이 같았기 때문에 함께 동고동락할 수 있는 처지였다. 그들은 바울을 위하여 목숨이라도 내놓을 정도로 신실한 성도들이었으니(롬16:3-4), 바울에게는 크나큰 위로가 되었다.

2. 실라와 디모데가 마게도냐로부터 내려왔으므로 바울은 더욱 힘을 얻었다(5절). 전도자는 동지들(사랑하는 친구들)과 합심하여 사역할 때 영적으로 더욱 힘을 얻는 법이다. 참으로 바울은 이때 "하나님의 말씀에 붙잡혔다"고 한다.

3. 회당장이 온 가족과 함께 예수 그리스도를 믿고 세례를 받은 사실은 박해 가운데 있던 바울에게 큰 위로를 주었다(6-8절).

4. 주님께서 친히 바울에게 나타나셔서 신변의 안전을 보장하셨으니,

이것이 그에게 무엇보다도 큰 위로였다(9-10절).

5. 갈리오 총독이 유대인들에게 박해받는 사도 바울을 보호하였다(12-17절). 이것 역시 바울에게 큰 위로가 되었을 것이다.

18 바울은 더 여러 날 머물다가 형제들과 작별하고 배 타고 수리아로 떠나갈새 브리스길라와 아굴라도 함께 하더라 바울이 일찍이 서원이 있었으므로 겐그레아에서 머리를 깎았더라. "브리스길라"는 아굴라의 아내인데도 그의 이름이 남편의 이름보다 먼저 나온 것은 그 여자의 신앙이 남편보다 앞섰기 때문일 것이다(Bengel). 이들 부부가 바울을 따라 먼 길을 함께 떠났던 이유는 그들 세 사람이 그리스도를 사랑하는 뜨거운 마음으로 하나가 되어 서로 헤어질 수 없었기 때문이었을 것이다. 바울도 그리스도를 사랑했지만 이들 부부도 바울 못지않게 그러하여(롬 16:3-4), 그들 세 사람은 영적으로 친밀한 관계를 유지했다.

"서원"(εὐχήν). 바울은 고린도에서 위험한 일을 당했을 때 하나님의 은혜로 구원 받았던 일을 마음에 두고(행 18:12-17), 다시 하나님께 헌신하는 의미로 서원을 했던 것으로 생각된다. 하지만 어떤 학자들은 바울이 이제 멀고 위험한 여행을 계획하고 있었기 때문에(18상) 이를 앞두고 헌신을 다짐하는 의미에서 서원한 것이라고 주장한다. 그것은 일종의 나실인(נזיר, "나지르") 서원인데, 일정 기간 머리를 깎지 않다가 그 기한이 마치는 날에 머리를 깎는 것이다. 나실인 서원에 대하여는 민수기 6:1-21, 사사기 13:5을 참조하라.

"겐그레아"는 고린도 동쪽으로 15킬로미터쯤 떨어진 항구 도시다. 이 항구는 아시아와 교역이 빈번한 무역항이었다.

19 에베소에 와서 그들을 거기 머물게 하고 자기는 회당에 들어가서 유대인들과 변론하니. "에베소"는 소아시아의 가장 중요한 요충지로서 아데미(Artemis) 신전이

있는 도시였다. 바울은 이때 브리스길라와 아굴라를 이곳에 머물도록 하였다. 그는 나중에 이 도시를 다시 찾아와서 3년 동안이나 머물면서 복음을 전하기도 했다(20:31).

"자기는"(αὐτός)이라는 대명사를 사용한 것은 강조의 의미를 갖는데, 브리스길라 및 아굴라와 대비되는 바울의 처지를 말해준다. 다시 말해 브리스길라와 아굴라는 에베소에 오랫동안 거주할 것이지만 바울은 회당에서 전도한 후에 곧바로 그곳을 떠나야 할 처지라는 것이다. 바울이 회당에 들어가서 유대인들에게 복음을 전하기 위해 그들과 변론한 것은 그가 지켜오던 원칙에 따른 것이었다(13:5, 14; 14:1; 17:1-2, 10; 19:8). 동족을 구원하고자 하는 그의 열정은 이루 말할 수 없이 뜨거웠다(롬 9:1-5; 10:1).

20-21 여러 사람이 더 오래 있기를 청하되 허락하지 아니하고 작별하여 이르되 만일 하나님의 뜻이면 너희에게 돌아오리라 하고 배를 타고 에베소를 떠나. 몇몇 사본들(D H L p)에는 "작별하여 이르되"라는 말 다음에 "나는 어떠하든지 예루살렘에 있어 절기를 지켜야 하리라."라는 문구가 있다.[162] 바울의 에베소 방문은 그곳 신자들에게 큰 축복이었다. 사람들이 아무리 주님의 종을 강권하여 그들과 함께 머물게 하고자 할지라도 하나님께서 허락하시지 않으면 그 같은 일이 이루어질 수 없다. 바울은 그가 에베소에 다시 방문하는 기회도 하나님이 허락하셔야만 주어질 수 있다는 것을 알았다. 그는 범사에 하나님의 뜻을 분별하여 따르고자 하였으니, 그것이 참된 신자의 자세다.

22-23 가이사랴에 상륙하여 올라가 교회의 안부를 물은 후에 안디옥으로 내려가서 얼마 있다가 떠나 갈라디아와 브루기아 땅을 차례로 다니며 모든 제자를 굳건하게 하니라. 바울이 "가이사랴에 상륙하여 올라갔다"는 말은 예루살렘 교회로 올라갔다는 뜻이다.

"떠나 갈라디아와 브루기아 땅을 차례로 다니며." 이것은 바울의 3차

---

162) δεῖ με πάντως τὴν εορτὴν τὴν ἐρχομένην ποιῆσαι εἰς Ἱεροσόλυμα

선교여행의 시작을 알리는 말이다. 그의 1차 선교여행의 시작은 13:4에, 2차 선교여행의 시작은 15:36에 각각 기록되어 있다. 이번 3차 선교여행에서 그는 신자들을 가르치고 지도하여 그들의 믿음을 견고케 하는 사역을 감당했다. 그는 또한 전도 집회를 추진하여 많은 새 신자들을 얻었고(19:8-10), 더불어 많은 박해도 받았다(19:23-41; 21:27-36).

24 알렉산드리아에서 난 아볼로라 하는 유대인이 에베소에 이르니 이 사람은 언변이 좋고 성경에 능통한 자라. "알렉산드리아"는 아프리카 북쪽 해안에 자리한 고대 교육 도시였다.

"언변이 좋고"라고 번역된 헬라어(ἀνὴρ λόγιος)는 "말 잘하는 사람"이라고 번역될 수도 있다(참조. 14:12). 벵겔은 말하기를 "사람이 성취한 것은 무엇이든지 교만을 동반하지 않은 것이면 천국에 유용하다."라고 하였다.[163]

"성경에 능통한 자라." 이 말은 그가 성경을 잘 알 뿐만 아니라 거기 포함된 진리를 지혜롭게 활용하여 사탄의 계략을 능히 막기까지 했다는 뜻이다(Calvin).

25 그가 일찍이 주의 도를 배워 열심으로 예수에 관한 것을 자세히 말하며 가르치나 요한의 세례만 알 따름이라. 아볼로는 학문이 많고 예수님에 대해 어느 정도 알고 있었으나 예수님에 대한 그의 지식은 충분하지 못했다. 그는 세례 요한이 예수님을 알았던 정도의 지식을 가졌을 뿐이었다. 사실 세례 요한은 예수님의 사역이 완성되는 것을 보지 못하고 죽었기 때문에 예수님에 대한 그의 지식은 빈약한 것이라고 할 수 있다(마 11:11).

"요한의 세례만 알 따름이라." 이 말은 세례 요한이 예수님에 관하여 선포하고 증언했던 내용을 아는 정도라는 뜻이다.

26 그가 회당에서 담대히 말하기 시작하거늘 브리스길라와 아굴라가 듣고 데려다가 하나님의 도를 더 정확하게 풀어 이르더라. "브리스길라"는 아굴라의 아내임에도 불

---

163) J. A. Bengel, *Gnomon of the New Testament II* (1742); translated by C. T. Lewis and M. R. Vincent, 674.

구하고 여기에 그의 이름이 먼저 나온다. 이것은 그 여자가 신앙과 진리 지식에 있어서 남편보다 앞선 까닭이다(Lenski). 아마 브리스길라가 주도하여 아볼로를 가르쳤을 것이다. 그러나 그녀가 독단적으로 행하지 않고 남편과 동행한 것은 아내의 덕을 지키고자 했기 때문이었다. 아볼로 같은 대학자도 신령한 교리에 관하여는 먼저 배워서 바로 깨달은 자들로부터 가르침을 받을 필요가 있었다.

27 아볼로가 아가야로 건너가고자 함으로 형제들이 그를 격려하며 제자들에게 편지를 써 영접하라 하였더니 그가 가매 은혜로 말미암아 믿은 자들에게 많은 유익을 주니. 아볼로가 예수님을 온전히 알게 된 후에는(26절) 지식보다 은혜가 앞섰다. 그리하여 이제는 "은혜로 말미암아" 남들에게 유익을 끼치게 되었다.

28 이는 성경으로써 예수는 그리스도라고 증언하여 공중 앞에서 힘있게 유대인의 말을 이김이러라. 예수님이 바로 구약에서 예언한 메시아시라는 진리는 복음을 선포하는 곳이라면 어디에서나 증거되어야 할 말씀이다. 특별히 초기 교회 시대에는 이 같은 진리를 더욱 강조할 필요가 있었다. 왜냐하면 그 당시에는 유대인들에게 예수님과 성경의 관련성을 먼저 밝혀주어야 할 필요가 있었기 때문이다. 구약성경을 신봉하는 유대인들에게는 형식적으로나마 구약에 대한 가르침이 그들의 신앙의 근거가 되었다.

제 19 장

✙ 개요

1. 바울은 약한 신자들을 붙들어 주었다(1-7절). 그는 요한의 세례를 받은 자들에게 주 예수의 이름으로 세례를 베풀었다.

2. 바울이 에베소 회당에서 전도하던 중 반대자들 때문에 참된 제자들만을 분리하여 두란노 서원에서 2년 동안 따로 가르쳤다(8-10절). 이 기간에 많은 아시아 사람들이 복음으로 돌아왔다고 한다. 복음은 정화 운동을 통하여 널리 전파된다.

3. 큰 능력의 소유자인 바울을 모방한 자들은 실패하였다(11-16절). 하나님께서 각 사람을 쓰시는 방법이 각기 다르다. 누구든지 자기의 사명과 분수를 따라 일하지 않고 다른 사람을 모방하다가는 실패한다.

4. 바울은 영적인 권위가 있었으며 위엄이 당당하였다. 주님으로부터 받은 권능과 위엄으로 그는 많은 사람을 회개케 하고 예수님을 높이게 하였다(17-20절).

5. 바울이 선교여행에서 성공을 거두는 중에(21-22절) 로마까지 가기를 원했던 것은 인간적인 야망이 아니라 하나님의 뜻에 따른 소원이었다. 21절에 "작정하여"라고 번역된 헬라어(ἔθετο ἐν τῷ πνεύματι)는 "영으로 경영하여"라는 뜻이다. 이것은 "성령의 인도대로 작정"하는 것을 가리킬 것이다(Lake; 참조. 20:23; 21:4, 11). 우리말 성경에서 "영으로"(ἐν τῷ πνεύματι)라는 어구를 번역하지 않은 것은 유감스럽다.

6. 데메드리오의 박해(23-34절). 그가 바울 일행을 박해한 동기는 바울의 복음 운동이 아데미(다산을 관장하는 여신) 신상의 모형을 제조하여 판매하는 사업에 방해가 된다는 것이었다(에베소의 아데미 신전은 세계 7대 명물 중 하나였다). 영업에 손해를 초래한다는 이유로 복음을 배척하는 것은 육신에 속한 자들이 흔히 하는 일이다(참조. 16:16-21; 마 8:28-34). 육신에 속한 자들은 복음보다 생업을 사랑한다. 그리고 데메드리오가 바울을 박해한 또 한 가지 이유는 아데미 여신의 위엄과 영예가 실추될까 염려했기 때문이었다(행 19:27). 그는 부지중에 사태를 제대로 파악한 것이다. 그리스도의 복음이 전파되는 곳에서는 우상숭배가 폐지되는 법이다. 그가 우려했던 대로 에베소의 아데미 신전은 그 위엄이 추락했다. 그로부터 400여 년 뒤에 로마의 네로 황제가 아데미 신전을 헐고 그 건축재료를 가지고 자기의 궁전을 장식하였다.

7. 서기장이 데메드리오의 난동을 진정시켰다(35-41절). 서기장의 이 같은 처사는 법치 국가였던 로마의 위상을 잘 드러낸다.

✤ 내용분해

바울의 3차 선교여행(18:23-21:16)이 계속됨(에베소에서의 사역)
1. 바울이 안수할 때 성령이 임하심(1-7절).
2. 회당 전도의 결과로 비방이 일어남(8-9상).
3. 두란노 서원에서 2년간 진행된 복음전파의 결과(9하-41절).
    1) 아시아에 사는 사람들이 다 하나님의 말씀을 들음(10절).
    2) 희한한 능력이 나타남(11-17절).
    3) 많은 사람(신자와 불신자)이 죄를 자복함(18-20절).
    4) 바울이 마게도냐와 아가야로 다녀서 예루살렘에 가기로 작정함
       (그 후에 로마에까지 가기로 결심함)(21-22절).
    5) 데메드리오의 박해(23-41절).

✤ 해석

1-2   아볼로가 고린도에 있을 때에 바울이 윗지방으로 다녀 에베소에 와서 어떤 제자들을 만나 이르되 너희가 믿을 때에 성령을 받았느냐 이르되 아니라 우리는 성령이 계심도 듣지 못하였노라. "윗지방"은 갈라디아에서 서쪽 에베소로 이어지는 고지대를 가리킨다. 이것은 루카 골짜기와 메안데르 골짜기를 경유하는 저지대와는 다른 지역이다.

"어떤 제자들." 이들은 그리스도 신자이면서 예수님에 대한 지식이 빈약한 형제들을 가리킨다. 그들은 아마 아볼로에게 배운 사람들로서 예수님에 관하여 세례 요한의 증거 정도만 알았던 신자들이었을 것이다(18:25 해석 참조).

"우리는 성령이 계심도 듣지 못하였노라." 이 말은 그들이 "신약 시대

에 성령의 은사들(χαρίσματά γιφτσ)이 특수하게 임하였다는 사실"을 몰랐다는 뜻이다. 하지만 유대인인 그들이 성령에 대해 전혀 몰랐을 리는 없다(Calvin). 교회에는 종종 이런 불완전한 신자들도 있다. 그러므로 교역자들은 신도들 중 진리에 대한 지식이 빈약한 자가 누구인지 살펴서 그들에게 진리를 가르치기 위해 힘써야 한다. 바울이 여기서 에베소 사람들에게 질문을 던진 의도는 그들에게 진리를 가르치려는 것이었다.

3-4 **바울이 이르되 그러면 너희가 무슨 세례를 받았느냐 대답하되 요한의 세례니라 바울이 이르되 요한이 회개의 세례를 베풀며 백성에게 말하되 내 뒤에 오시는 이를 믿으라 하였으니 이는 곧 예수라 하거늘.** 바울은 진리에 대한 지식이 부족한 신자들에게 질문을 던지고 대답하게 하는 방식으로 깨우침을 주었다. 여기서 바울이 "세례"를 화두로 삼아 그들에게 접근한 이유는 그들을 성령 세례로 인도하기 위함이었다(참조. 1:5). 이때 그들은 자신들이 "요한의 세례"를 받았다고 대답하였다. 따라서 바울은 그들을 예수님께로 인도하기 위해 세례 요한도 예수님을 "메시아"로 증언했다는 사실을 가르쳐 주었다. 세례 요한이 예수님에 대해 증언했던 중요한 말씀은, "내 뒤에 오시는 그이"(요 1:27)가 "세상 죄를 지고 가는 하나님의 어린 양"이시며 "성령으로 세례"를 베푸실 "하나님의 아들"이시라는 것이었다(요 1:29-34). 바울은 이러한 사실을 지적함으로써 그들로 하여금 예수 그리스도를 전폭적으로 신뢰하도록 인도하였다.

6-7 **바울이 그들에게 안수하매 성령이 그들에게 임하시므로 방언도 하고 예언도 하니 모두 열두 사람쯤 되니라.** "안수"에 대해서는 6:6의 해석을 참조하라. 인간의 안수가 기계적으로 영적 은사를 전달해주는 것은 아니다. 그러나 여기에서 안수와 동시에 성령이 임하신 사실이 우리에게 보여주는 진리가 있다. 그것은 하나님께서 사람들에게 은혜를 베푸시는 과정에서 인간의 사역을 요구하신다는 것이다.

"방언도 하고 예언도 하니." 신자들이 방언을 하는 일은 먼저 오순절에 예루살렘에서 있었고(2:4), 그 후에는 가이사랴에서(10:45-46), 이번에는 에베소에서 있었다. 오늘날 일부 교파에서는 이 같은 사실에 근거하여 오순절뿐 아니라 오늘날의 신자들도 방언을 할 수 있다고 주장하면서 모든 신자가 방언을 해야 한다고 가르친다. 그런데 바울은 말하기를 "다 방언을 말하는 자이겠느냐"라고 하였다(고전 12:30). 바울의 이 같은 말이 의미하는 바가 무엇이겠는가? 샌더스(D. L. Sanders)는 말하기를 "바울의 말은 공적 사역에 사용되는 방언의 은사는 모든 신자가 받는 것이 아니라는 뜻이다. 그러나 바울이 여기서 신자가 개인적으로 자신의 영적 유익을 위하여 방언의 은사를 받을 수 있음을 부인한 것은 아니다."라고 하였다. 그러나 샌더스의 이와 같은 해석은 잘못된 것이다.

"다 방언을 말하는 자이겠느냐." 바울은 여기서 방언 문제로 과오를 범하고 있는 일반 회중을 상대로 이렇게 말하는 것이니 사람마다 방언을 하는 것은 아니라는 뜻이다. 오늘날에도 살아 계신 하나님께서 필요하다면 어떤 사람에게든지 방언의 은사를 주실 수 있다. 그런데 방언의 은사를 받은 자들 중에서 고린도전서 14장의 규례를 지키지 않는 이가 있다면 그는 방언하는 태도를 교정해야 한다. 고린도전서 14장에서는 방언하는 자가 홀로(사적으로) 해야 한다고 가르친다(고전14:2).

"예언"이라는 용어는 신자들이 장래 일을 예고하는 것을 가리키기도 하지만, 성경을 바로 깨닫고 교회를 가르쳐 유익하게 하는 것을 의미하기도 한다(행 11:28; 21:9-11; 고전 14:3).

8 바울이 회당에 들어가 석 달 동안 담대히 하나님 나라에 관하여 강론하며 권면하되. 여기서 "하나님 나라"는 하나님의 통치를 뜻하는데, 하나님께서 그리스도 안에서 은혜로써 신자들을 다스리시는 것을 가리킨다(Lenski). 그리스도의 초림으로 시작된 천국 운동은 그의 재림으로 완성된다.

칼빈에 의하면 천국 운동은 ① 우리를 하나님의 자녀로 삼으시는 사죄 운동이고, ② 우리를 하나님의 형상답게 만들어 가시는 지속적인 성화 운동이다. 이 두 가지가 천국 운동의 핵심이다. 천국 운동은 또한 일반은총의 측면에서도 확장되어 가는데, 그리스도의 은총이 문화 건설에 끼치는 영향이 바로 그것이다. 하지만 그것이 천국 운동의 핵심은 아니다.

바울이 천국에 대하여 담대히 말할 수 있었던 이유는 그가 그리스도의 초림으로 천국 운동이 이미 시작되었다고 확신했기 때문이다. 이 같은 확신은 그가 성경을 통해서 얻은 것이며 성령으로 말미암아 약동한다.

9 어떤 사람들은 마음이 굳어 순종하지 않고 무리 앞에서 이 도를 비방하거늘 바울이 그들을 떠나 제자들을 따로 세우고 두란노 서원에서 날마다 강론하니라. 복음이 전파되는 곳이라면 어디든지 복음을 반대하는 자들도 반드시 있는 법이다. 왜 그런가 하면 이 세상 모든 지역에는 하나님이 택하신 백성들이 있는 반면 택함을 받지 못한 자들도 있기 때문이다. 더욱이 하나님이 택하신 백성 중에도 어떤 이들은 진리를 깨닫기까지 오랜 세월이 걸려서 한동안 복음을 반대하는 경우가 있다. 신앙과 사상을 공유하지 않는 무리가 한자리에 모여서 교회생활을 할 수는 없다. 서로 신앙관이 다른 신자들이 자주 충돌하고 다투는 교회는 은혜가 없을뿐더러 점점 쇠퇴할 수밖에 없다. 그런 이유로 바울은 그의 "제자들을 따로 세우고" 두란노 서원에서 그들을 가르쳤다. "두란노"는 지역 이름인지 혹은 학파 지도자의 이름인지 확실히 알기 어렵다.

10-12 두 해 동안 이같이 하니 아시아에 사는 자는 유대인이나 헬라인이나 다 주의 말씀을 듣더라 하나님이 바울의 손으로 놀라운 능력을 행하게 하시니 심지어 사람들이 바울의 몸에서 손수건이나 앞치마를 가져다가 병든 사람에게 얹으면 그 병이 떠나고 악귀도 나가더라. 하나님께서 바울로 하여금 놀라운 능력을 행하게 하시니 큰 열매가 나타났다.

1) 이때 아시아에 사는 사람들이 다 "주의 말씀"을 들었다. 그들의 완고한 마음이 깨어져서 복음을 믿고 따르게 된 것은 이적 중의 이적이다. 육체의 병은 의사가 고칠 수 있지만 죽은 영혼(엡 2:1)은 오직 하나님만 살리실 수 있다.

2) 병을 고치며 악귀를 쫓아냈다. 그때 사람들이 가져갔던 바울의 수건이나 앞치마 자체가 어떤 능력을 전달한 것은 아니며, 우리는 이것을 다음과 같이 설명할 수 있다. 곧 하나님께서 사도 바울의 영적 권위를 높이시기 위하여 병자들을 고치실 때 그와 같은 방식을 사용하신 것이다. 하나님께서 바울을 높이신 목적은 그를 통하여 복음이 힘 있게 전달되도록 하시기 위함이었다.

13 이에 돌아다니며 마술하는 어떤 유대인들이 시험삼아 악귀 들린 자들에게 주 예수의 이름을 불러 말하되 내가 바울이 전파하는 예수를 의지하여 너희에게 명하노라 하더라. 고대 근동 지방에서 발견된 금석문 파편 중에는 귀신을 쫓아내는 마술 주문이 담긴 것들이 있다. 예컨대 "내가 히브리인의 신 예수 ⋯를 힘입어 명하노라. 피조물을 둘러싸고 날아다니는 귀신을 잡을지어다."와 같은 문구들이 발견되었다.[164] 유대인들은 솔로몬 왕의 이름으로 귀신을 쫓아내려고 시도하기도 하였다(Lenski). 그들이 귀신을 쫓아내고자 했던 의도는 하나님의 영광을 위해서가 아니라 다만 그들의 사욕을 채우기 위하여 예수님이나 솔로몬의 이름을 이용한 것뿐이다.

14 유대의 한 제사장 스게와의 일곱 아들도 이 일을 행하더니. 여기 "제사장"으로 번역된 헬라어(ἀρχιερέως)는 실상 "대제사장"을 의미한다. 이것은 에베소에 거주하였던 제사장들의 우두머리 역할을 했던 자를 가리킨 듯하다(Alford). "일곱 아들"이란 말은 일곱 제자를 의미한다는 해석이 있으나(Baur) 확실하지는 않다.

15-16 악귀가 대답하여 이르되 내가 예수도 알고 바울도 알거니와 너희는 누구냐 하며 악귀 들린 사람이 그들에게 뛰어올라 눌러 이기니 그들이 상하여 벗은 몸으로 그 집에서 도망하는지라. 이것은 악귀 들린 사람의 입을 빌려 악귀가 전하는 말이다. 그것이 실상은 악귀 들린 사람의 말이 아니라 악귀가 하는 말이기 때문에 저자 누

---

164) Adolf. Deissmann, *Light from the Ancient East* (new rev. ed), 260.

가는 여기서 "악귀가 대답하여 이르되"라고 기록한 것이다.

"내가 예수도 알고." 악귀가 예수님을 안다는 것은 그가 예수님을 사랑하거나 신뢰한다는 의미에서 안다는 말이 아니다. 그자는 언제나 예수님을 대적한다. 그럼에도 그는 영적 존재이기 때문에 현세에서는 영적 세계의 사리들을 사람들보다 잘 분별하기도 한다. 그자는 예수님이 하나님의 아들이시라는 사실을 알고 있다(막 1:24). 하지만 예수님께서는 그자들을 증인으로 세우시기를 원치 않으신다(막 1:25). 그렇기 때문에 우리도 그들을 증인으로 신뢰하지 않는다. 그러나 그들이 예수님에 대해 발설한 내용에 주의를 기울일 필요는 있다. 왜냐하면 그들이 현세에서는 어떤 영적 사리들에 대해 사람들보다 밝히 아는 부분이 있기 때문이다.

"바울도 알거니와 너희는 누구냐." 여기서 악귀가 던지는 말은 예수님을 진실하게 믿지 않는 자들에게 커다란 위협이 된다. 왜냐하면 악귀들에게도 진실한 신앙을 가지지 못한 자들을 분별하는 눈이 있기 때문이다. 그들은 참 신자가 누구인지도 분별할 줄 안다. 그러니 악귀의 조롱거리나 비방거리가 되지 않기 위해서는 예수 그리스도를 진실하게 믿어야 한다.

"그들에게 뛰어올라." 어떤 사본에는 "두 사람"(ἀμφοτέρων)이라고 되어 있는 반면 공인 성경(Textus Receptus)에는 단지 "그들"(αὐτῶν)이라고만 되어 있는데, 알포드는 "두 사람"이라고 기록된 사본들이 원본을 반영한 것으로 여긴다. 만일 알포드의 견해가 옳다면, 두 사람은 스게와의 일곱 아들 중 둘을 의미한다.

"그들이 상하여 벗은 몸으로 그 집에서 도망하는지라." 예수님을 참으로 믿지 않으면서 그의 권위를 이용하려 하는 자들은 이처럼 악귀들에게도 조롱과 모욕을 당한다.

17 에베소에 사는 유대인과 헬라인들이 다 이 일을 알고 두려워하며 주 예수의 이름을 높이고. "이 일"은 14-16절에 기록된 사건을 말하는데, 우리는 여기서 세 가지 사실에 주목할 필요가 있다. 첫째로 사람들이 그 사건(14-16절)을 알게

되었다는 점, 둘째로 그들이 두려워하였다는 점, 마지막으로 그들이 주 예수의 이름을 높였다는 점이다. 사람들이 복음의 진상을 바로 알기만 하면 기꺼이 복음에 순종하게 된다.

18 믿은 사람들이 많이 와서 자복하여 행한 일을 알리며. 죄를 "자복"했다는 것은 심령이 죄악의 통치에서 놓였다는 증표다. 죄를 자복하는 일은 그 시작이 힘들다. 그렇지만 일단 시작한 뒤에는 삶의 전반적인 분야에까지 어렵지 않게 확대되어 갈 수 있다(Bengel).

19 또 마술을 행하던 많은 사람이 그 책을 모아 가지고 와서 모든 사람 앞에서 불사르니 그 책 값을 계산한즉 은 오만이나 되더라. 마술사들의 회개 행위는 몇 가지 측면에서 강렬한 인상을 남길 수 있었다. ① 이것은 "모든 사람"이 보는 가운데서 행해진 고백이며, ② 과거의 악행을 원통히 여겨 "책을 불사름"으로써 그 같은 악행을 청산한 것이고, ③ "은 오만"이나 되는 막대한 희생을 감수하면서 회개의 열매를 맺은 것이었다. "은 오만"은 상당한 금액이다. 그들은 이처럼 재산상의 손해를 감수하면서까지 책을 태워버렸는데, 왜냐하면 그 책들이 남의 손에 들어감으로써 그들로 하여금 또다시 죄를 범하게 만들 것을 염려했기 때문이다.

20 이와 같이 주의 말씀이 힘이 있어 흥왕하여 세력을 얻으니라. "힘이 있음"은 모든 반대 세력을 극복하는 것을 가리킨다.

"흥왕하여 세력을 얻으니라"(ηὔξανεν καὶ ἴσχυεν). 여기 사용된 두 동사는 미완료 과거 시제로, "지속적으로 흥왕하여 세력을 얻는 중에 있다."라는 뜻이다.

설교 ▶ 세력 있는 신앙 (19:8-20)

바울이 에베소에 두 해 동안 머물면서 복음을 전했을 때 큰 열매가 나타났다. "아시아에 사는 자는 유대인이나 헬라인이나 다 주의 말씀을 듣더라"(10절)라고 하였다. 이런 사역을 가능하게 했던 바울의 신앙생활은 어떠한 것이었는가?

1. 하나님께서 바울의 사역에 세세히 간섭하시는 일을 가능케 했던 그의 참된 신앙적 헌신(11-12절)

"사람들이 바울의 몸에서 손수건이나 앞치마를 가져다가 병든 사람에게 얹으면 그 병이 떠나고 악귀도 나가더라"(12절). 그 당시 사람들이 바울의 손수건이나 앞치마를 통해서도 이적이 나타날 것이라고 기대했던 이유는 무엇이었는가? 다음과 같이 설명할 수 있다. 바울이 복음 전도를 위하여 자기 생명도 아끼지 않고 헌신하는 모습을 목격한 사람들은 그의 모든 움직임이나 심지어 소지품까지도 신성시하게 되었다. 소지품 자체가 병 고치는 효능을 지닌 것은 아니지만 하나님께서 바울을 높이시기 위하여 그런 효능이 나타나도록 하셨다. 이것은 마치 엘리사의 무덤에 시체를 던져 넣었을 때에 그 시체가 엘리사의 뼈에 닿는 순간 다시 살아난 것과 유사한 상황이다(왕하 13:21). 엘리사의 뼈 자체는 아무것도 아니었지만 하나님께서 영광 받으시기 위하여 그런 이적이 발생하게 하셨다. 하나님은 전심으로 헌신하는 종들을 인정하시고 기억하시며, 그의 능력으로 세밀하게 간섭하신다.

2. 악귀들도 알고 두려워하는 신앙(13-16절)

15절에 "악귀가 대답하여 이르되 내가 예수도 알고 바울도 알거니와 너희는 누구냐 하며"라고 하였다. 악귀가 바울을 안다는 말은 그자가 바울의 신앙을 알고 두려워한다는 의미일 것이다. 바울의 신앙은 살아 있는 믿음이었으니 예수님은 그런 신앙인과 함께 계신다. 악귀는 이런 신앙을 두려워한다. 개는 사자의 뼈까지도 무서워한다는 말이 있듯이 악귀는 예수님이 계신 곳에 침입하지 못한다. 그것은 마치 빛이 있는 곳에 어두움이 침범하지 못하는 것과 같은 이치다.

이 세상 교회에는 악귀에게 조롱받을 만한 거짓 신자들도 있다. 악귀는 인간의 마음속을 알기 때문에 진정한 신앙인과 그렇지 않은 자를 구별할 수 있다. 거짓 신자들은 악귀의 침노를 당할 수 있다.

3. 사람들도 아는 신앙(17-19절)

사람들도 누가 진실한 신자인지를 구분할 수 있는 경우가 있다. 하나님께서 권능으로 바울과 동행해주시는 것을 목격한 유대인이나 헬라인들은 모두 두려워하였다(17절). 그리하여 많은 사람들이 찾아와서 죄를 자복하였을 뿐 아니라 마술하던 자들도 마법책을 불사르며 회개하였다(19절). 이처럼 바울이 보여준 신앙적 권위는 많은 사람이 신앙의 열매를 맺도록 하는 자극제가 되었다.

콘스탄티노플 감독이자 고대의 유명한 설교자였던 크리소스토모스[165]가 황제로부터 박해를 받았다. 황제는 크리소스토모스를 극도로 괴롭힐 수 있는 악형을 고안하기 위해 그의 신하에게 물었다. "어떻게 하여야 크리소스토모스를 가장 괴롭게 할 수 있겠는가? 사형을 시키면 어떻겠는가?" 신하는 대답하기를 "크리소스토모스는 천당을 믿기 때문에 죽는 것을 좋아합니다."라고 했다. 황제가 다시 묻기를 "그러면 감옥에 가두어 두자."라고 하자 신하는 왕에게 대답하였다. "저 사람은 고요한 곳에서 기도하기를 좋아하므로 옥에 가두면 거기서 기도할 것입니다. 저 사람으로 하여금 죄를 범하도록 하십시오. 저 사람은 범죄하는 것을 가장 싫어합니다." 이처럼 크리소스토모스는 대적들에게도 인정을 받았다.

21 로마도 보아야 하리라. 바울은 복음을 전하기 위해 쉴 새 없이 달려왔

---

165) St. John Chrysostom(AD 347-407).

고, 이제는 멀리 "로마"에도 갈 계획을 품고 있었다. 그러나 그는 이 같은 소원을 인간적인 방법으로 이루려 한 것이 아니라 주님의 인도하심을 따라서 성취하고자 했다(참조. 롬 1:13).

22 **디모데와 에라스도 두 사람을 마게도냐로 보내고.** 바울은 그의 전도로 세워진 여러 교회들을 심방하고 붙들어주기 위해 사랑하는 제자들을 파송하였다. 예를 들면 고린도 교회에는 디도를 보냈고(고후 8:23), 빌립보 교회에는 에바브로디도(고린도 교회에 파송된 디도와는 다른 인물)를 파송했으며(빌 2:25), 골로새 교회에는 마가를(골 4:10), 데살로니가 교회에는 디모데를 보냈다(살전 3:2).

23-41절. 이 단락에는 데메드리오의 소동 사건이 기록되었다. 이 소동에 관련된 인물들은 각기 그 본색을 드러냈다.

1) 아데미 신상의 모형을 만드는 것을 생업으로 삼았던 데메드리오는 자신과 동업자들의 사업에 손해가 될 것을 염려하는 한편 아데미 신의 위엄이 추락할 것을 염려하여 이 같은 소동을 일으켰다(23-28절).

2) 바울이 위험에 처한 그의 동지 가이오와 아리스다고의 수난에 동참하기 위해 연극장으로 들어가려 했을 때 신자들이 그를 만류하였다(29-31절). 이처럼 바울은 복음 전선에서 동지들과의 의리를 충실히 지켰다.

3) 군중은 뚜렷한 소신 없이 다른 사람들의 행동을 따라 하고 있었다(28, 32, 34절).

4) 로마의 관리는 민중의 종교를 소중히 여기는 태도를 보여주는 동시에(35-36절) 로마법을 준수하는 자세를 그대로 드러내었다(37-41절).

23 **그 때쯤 되어 이 도로 말미암아 적지 않은 소동이 있었으니.** 여기서 "이 도"(τῆς ὁδοῦ)라는 말은 복음을 의미한다.

24 **즉 데메드리오라 하는 어떤 은장색이 은으로 아데미의 신상 모형을 만들어 직공들에게 적지 않은 벌이를 하게 하더니.** "아데미"(Artemis)는 제우스(Zeus)의 딸로서 달의 신으로 알려져 있기도 하고 자연계에 생명을 주는 풍요의 신으로 숭

배 받는다(Grosheide). "신상 모형"이란 은으로 만든 모조 신전을 가리킨다. 그 당시 헬라인들은 여행할 때 흔히 그것을 몸에 지니고 다녔다고 한다. 헬라의 "아데미" 신은 로마의 디아나(Diana)에 해당하는 여신이다. 다만 디아나는 활과 화살을 가진 여자의 형상을 하고 있는 반면, 아데미는 많은 유방을 가진 여자의 형상을 하고 있다. 이 두 여신은 농작물의 풍성한 결실을 관장하는 것으로 여겨지고 숭배되었다는 공통점을 가지고 있다.

25 그가 그 직공들과 그러한 영업하는 자들을 모아 이르되 여러분도 알거니와 우리의 풍족한 생활이 이 생업에 있는데. 데메드리오는 영업상의 이권 문제를 가지고 복음 운동을 방해하는 소동을 일으켰다. 그는 사사로운 이익 때문에 에베소 시내를 요란케 한 것이다. 인간은 이와 같이 육신적이고 세속적인 이익을 위해서는 목숨을 걸고 덤벼든다.

26 이 바울이 에베소뿐 아니라 거의 전 아시아를 통하여 수많은 사람을 권유하여 말하되 사람의 손으로 만든 것들은 신이 아니라 하니 이는 그대들도 보고 들은 것이라. 이것은 데메드리오의 말인데, 그의 말을 보아도 바울의 복음 운동이 어디까지나 다른 종교를 반대하는 것이었음을 알 수 있다. 명백히 바울은 그 당시 유행하던 종교 혼합주의의 경향에 맞서 복음의 순수성을 파수했던 것이다. 기독교의 특징 중 하나는 다른 종교와 타협하지 않는다는 점이다. 실상 기독교의 복음은 하늘에서 내려와 다른 모든 거짓 종교를 파괴하는 폭탄인 것이다. 다른 종교들이 신으로 모시고 섬기는 것들은 모두 다 하나님 앞에 가증한 것들이다.

27 우리의 이 영업이 천하여질 위험이 있을 뿐 아니라 큰 여신 아데미의 신전도 무시 당하게 되고 온 아시아와 천하가 위하는 그의 위엄도 떨어질까 하노라 하더라. 이것은 예수님이 가다라 지방에서 군대 귀신을 고치시면서 귀신들을 돼지 떼에 들어가도록 허락하셨을 때, 돼지를 잃은 주인들이 예수님께 그곳을 떠나시도록 간구했던 것과 동일한 심리에서 한 말이다(마 8:28-34). 이 세상에 속한 자들은 사람의 영혼을 구원하는 일보다 금전적인 이익을 더욱 중시하며,

영혼보다 돼지를 귀히 여긴다. 그들은 그들을 만드신 창조주보다 자신들이 만든 우상을 더 좋아하고 섬긴다.

28 그들이 이 말을 듣고 분노가 가득하여 외쳐 이르되 크다 에베소 사람의 아데미여 하니. 우상숭배자들은 그들이 섬기는 종교에 진리가 없음에도 불구하고 그들의 종교적 본능에 따라 그것을 보호하는 일에 한마음 한뜻이 된다.

29 온 시내가 요란하여 바울과 같이 다니는 마게도냐 사람 가이오와 아리스다고를 붙들어 일제히 연극장으로 달려 들어가는지라. "가이오"는 더베 사람이고(20:4), "아리스다고"는 데살로니가 사람으로서(20:4; 27:2) 바울의 일행이었다. 에베소의 "연극장"은 고대의 원형극장 가운데 규모가 가장 컸다고 한다.

30-31 바울이 백성 가운데로 들어가고자 하나 제자들이 말리고 또… 바울의 친구된 어떤 이들이 그에게 통지하여 연극장에 들어가지 말라 권하더라. 바울은 그의 일행과 함께 고난을 겪기 위해 연극장으로 들어가려 했으나 제자들과 친구들이 만류하자 이에 순응하였다. 그는 고난에서 면제된 것을 다행으로 여긴 것이 아니라 어찌하든지 복음과 함께, 또 그가 사랑하는 동지들과 함께 고난을 받고자 하였다. 그의 이 같은 행동 원리는 모든 전도자의 모범이다. 테오도르 찬은 이 문제를 조금 다르게 해석한다. 바울 자신이 로마 시민이었고 또한 고위층 관리들과의 교분도 있었기 때문에 동료들을 건져낼 수 있을 것이라는 희망을 품고서 무리 가운데로 들어가고자 했다는 것이다.[166]

32 사람들이 외쳐 어떤 이는 이런 말을, 어떤 이는 저런 말을 하니 모인 무리가 분란하여 태반이나 어찌하여 모였는지 알지 못하더라. 캠벨 모건은 이 구절에 대해 다음과 같이 개요하였다. "진리를 소유하지 않은 군중들이 떠들어대는 그러한 혼란에 직면하여 에베소 교회가 두려워할 이유는 없었다. 그 같은 종류의 반대는 하나님의 교회가 전진하는 것을 막지 못한다. 그런 반대가 교회에 위협이 되는 것이 아니라, 오히려 서기장이 그 소동을 만류시킨 것(35-41절)

---

166) Theodor Zahn, *Die Apostelgeschichte des Lucas I/II*, KNT 5 (Erlangen, 31927), 694.

이 위기의 시작이다."[167]

33 유대인들이 무리 가운데서 알렉산더를 권하여 앞으로 밀어내니 알렉산더가 손짓하며 백성에게 변명하려 하나. 테오도르 찬에 의하면 이 "알렉산더"는 구리 세공업자 알렉산더를 가리키는데(딤후 4:14) 그는 기독교로 회심했다가 다시 배교했던 인물이다(참조. 딤전 1:20). 또 다른 학설에 따르면 알렉산더는 구리 세공업자 알렉산더가 아니라 유대인 불신자 중 하나였다고 하는데, 그때 유대인들이 그를 "앞으로 밀어낸" 이유는 그들(유대인들)이 바울의 복음 운동에 동참하지 않았다는 것을 변론하고 그 사건에서 발뺌하기 위해 서였다는 것이다. 그러나 이 같은 학설은 추측에 불과하다.

34 그들은 그가 유대인 줄 알고 다 한 소리로 외쳐 이르되 크다 에베소 사람의 아데미여 하기를 두 시간이나 하더니. 그러나 군중은 유대인 알렉산더의 말을 들으려 하지 않았다. 왜냐하면 에베소 사람들은 유대인들이 우상숭배에 반대한다는 사실을 알고 있었고, 알렉산더도 유대인으로서 당연히 아데미 숭배를 반대할 것이라고 믿었기 때문이다. 군중은 아데미 신을 숭배해야 하는 근거는 제시하지 않은 채 다만 "크다 … 아데미여"라고 외치기를 두 시간 동안이나 계속하였다. 이것이야말로 폭도들의 위협을 통해 그들의 우상숭배를 존속시키려는 허세에 불과한 것이다. 우상숭배 사상은 어떤 진리 체계도 갖추지 못했으며, 진리와 공의에 의해 존재하는 것이 아니라 다만 숭배자들의 편견과 맹목적인 지지를 바탕으로 유지될 뿐이다.

35-36 서기장이 무리를 진정시키고 이르되 에베소 사람들아 에베소 시가 큰 아데미와 제우스에게서 내려온 우상의 신전지기가 된 줄을 누가 알지 못하겠느냐 이 일이 그렇지 않다 할 수 없으니 너희가 가만히 있어서 무엇이든지 경솔히 아니하여야 하리라. 에베소 사람들의 미신에 따르면, 아데미 여신은 하늘을 관장하는 제우스에게서 내려왔다고 한다. 플리니우스의 말에 의하면 옛날 에베소에 디아나(Diana, 아데

---

167) C. Morgan, *The Acts of the Apostles* (New York, 1924), 463.

미의 로마식 명칭) 목조 신상이 있었는데, 신전 건물을 일곱 번이나 보수했어도 그 신상만은 그대로 남아 있었다고 한다. 그러므로 사람들이 여기에 신화를 덧붙이기를, "그 목상은 하늘에서 내려온 것"이라고 하였다고 한다.[168]

이때 에베소의 관리였던 "서기장"은 이러한 미신을 인정하는 듯한 말로 군중을 진정시켰다. 그가 폭동을 "진정시킨" 동기는 바울의 복음 운동과는 무관하며, 다만 에베소의 질서와 안녕을 위한 행동이었다. 그의 처신으로 말미암아 복음에 대한 박해가 멈추어진 것이 얼핏 보기에는 교회에 유익을 주는 듯하지만, 실상 교회는 박해를 당하는 동안 순결해지고 강력해진다. 정치권의 비호를 받는 교회는 위태해지고 종종 마비 상태에 빠진다(Morgan).

37 신전의 물건을 도둑질하지도 아니하였고 우리 여신을 비방하지도 아니한 이 사람들을 너희가 붙잡아왔으니. 이 같은 증언을 통해 우리는 바울의 전도 활동이 어떤 모습이었는지를 미루어 짐작할 수 있다. 바울은 자신의 손으로나 혹은 다른 사람의 힘을 빌려서 우상의 전각을 폭력적인 방법으로 파괴한 일이 없었다. 그는 복음을 대적하는 단체나 시설 등을 물리적인 수단으로 직접 전복시키는 운동을 추진하지 않았다. 그는 다만 새로운 삶의 진리, 곧 복음을 사람들의 마음에 전하고 그것을 배양할 뿐이었다. 새순이 돋아나면 낡은 잎은 떨어지게 마련이다. 미국에는 특이한 도토리나무가 있는데, 이 나무는 겨울에도 잎이 떨어지지 않는다고 한다. 그러다가 봄이 되어 새잎이 나오면서 묵은잎이 떨어진다. 이와 같이 새 생명이 움트면 낡은 것은 떨어져 나가는 법이다. 에베소에서 바울의 복음 운동이 그런 방식으로 역사했다. 거기서는 우상숭배자들을 향한 시위도 없었고 다만 하나님과 참되게 교제하는 새 생명 운동을 전개했을 뿐이지만 그럼에도 바울이 전한 복음

---

168) J. Alexander, *A Commentary on the Acts of the Apostles* (1956), 677.

은 승리하였다.

38-41절. 이 단락에서는 에베소 시의 서기장이 군중심리에 이끌려 무질서하게 덤벼드는 민중에게 법적 절차를 가르쳐주어 질서를 바로잡는 모습이 드러난다.

제 20 장

↓ 개요

1. 바울의 선교 사역은 불신자들에게 복음을 전하는 것으로 그친 것이 아니라 더 나아가 회심한 신자들을 돌보는 목회 활동으로 이어졌다. 그는 신자들이 하나님의 말씀 위에 굳게 설 수 있도록 그들을 "권하는" 일로 동분서주하였다(1-2절).

2. 바울의 선교여행에 동참한 일행이 많았는데, 이처럼 인간적으로 고독했을 바울에게는 그들의 위로와 협력이 필요 불가결한 것이었다(3-6절). 하나님께서는 복음의 일꾼들이 영적 사역에 서로 협력하기를 원하신다.

3. 드로아에서는 주일에 밤이 깊도록 바울의 설교가 계속되었는데 유두고라는 청년이 삼층 창문에 걸터앉아서 졸다가 떨어져 죽는 사고가 있었다. 그렇다고 이때 바울이 길게 설교했던 것을 비난할 일은 아니다. 그의 설교가 길어졌던 이유는 그에게 영적 감화가 충만했기 때문이다. 영적 감화 없이 공연히 길게 설교한다면 그것은 원망받을 만하다. 바울이 즉시 내려가서 숨이 끊어진 유두고를 다시 살렸으니 그처럼 권능 있는 설교자의

말씀은 밤새도록 들을 만한 것이다(7-12절).

4. 바울은 드로아에서부터 앗소까지 홀로 걸어갔다(13절). 그는 지난밤에 밤새도록 설교하였기 때문에 잠을 한숨도 자지 못했을 터인데(11절) 그렇게 피곤한 몸으로 30킬로미터 넘는 거리를 걸어갔던 데는 그럴 만한 이유가 있었을 것이다. 아마도 바울은 일행들로부터 떨어져 홀로 걸으면서 한적한 가운데 주님과 교통하며 심령의 안식을 얻고자 했던 것으로 보인다. 주님도 제자들로부터 떨어져 홀로 기도하는 시간을 가지시곤 하셨다(막 6:45-46).

5. 바울 일행은 배를 타고 앗소에서 밀레도까지 가던 도중 육지에 자주 들르면서 다섯 장소를 방문하였다(행 20:14-15). 예수님도 복음을 각처에 두루 전하셨다(눅 8:1). 바울이 오순절 이전에 예루살렘에 도착하기를 원했던 이유도(행 20:16) 명절 때에 예루살렘에서 많은 사람들을 만나 전도하기 위해서였다.

6. 밀레도에 도착한 바울은 에베소 교회 장로들을 청하여 그들에게 설교하였는데, 이 설교에는 여러 가지 목회 원리가 담겨 있다.

1) 그는 아시아에 들어온 첫날부터 목회에 덕을 세웠다(18-19절). 무엇보다 교회에 모범을 보여줌으로써 신자들을 가르쳤다(참조. 딤전 4:12).

2) 그는 신자들에게 유익한 것이라면 공적 사안과 개인적인 사안을 가리지 않고 무엇이든지 가르쳐주었다(행 20:20-21). 그런데 오늘날의 교역자들은 신자들을 가르칠 때 그들에게 유익한 것이라도 그들의 귀에 거슬릴 법한 말은 하지 않으려 하니 유감스런 일이다.

3) 그는 하나님의 뜻이 무엇인지 분명히 깨달았을 때는 그가 나아가는 길이 비록 험하고 위태할지라도 머뭇거리지 않고 돌진하였다(22-25절).

4) 그는 자기가 맡은 양떼의 구원에 대한 책임을 완수하였다(26-27절).

5) 그는 에베소 교회의 장로들에게 주의하라고 경계하였다(28절). 왜냐하면 바울이 떠난 뒤로 거짓 선생들이 그 교회에 들어올 것이기 때문이다(29-31절).

6) 그는 자기가 사랑하는 교회를 주님과 그의 말씀에 부탁하였다(32절). 그는 자신이 떠난 후에 자기 못지않게, 아니 오히려 그보다 더 안전하게 교회를 붙들어 주실 "주님과 그의 말씀"을 의지하였다.

7) 마지막으로 그는 에베소 교회 장로들에게 권면하기를, 탐심 없이 언제나 남을 도와주기만 했던 자신을 본받으라고 하였다(33-35절).

↓ 내용분해

바울의 3차 선교여행(18:23-21:16)이 계속됨

1. 바울이 에베소에서 떠나 마게도냐로 가서 석 달 동안 유함(1-3절).
2. 드로아로 가서 전도함(4-12절).
3. 앗소에서 배를 타고 밀레도에 이르러 에베소 교회의 장로들을 청하여 가르침(13-38절).

↓ 해석

1-2 소요가 그치매 바울은 제자들을 불러 권한 후에 작별하고 떠나 마게도냐로 가니라 그 지방으로 다녀가며 여러 말로 제자들에게 권하고. 여기서 "작별하고"(ἀσπασάμενος)라는 말은 "작별 인사하고"라고 번역되어야 한다. 그 당시 작별 인사하는

방식은 일반적으로 서로 안고 입맞추는 것이었다(20:37).[169]

"권한 후에"(παρακαλέσας)라는 말은 "권면한다"(exhort)는 뜻이다. 바울은 가는 곳마다 신자들의 신앙을 굳게 하기 위하여 그들을 권면하였다. 인간의 권면에 성령님의 감동하시는 은혜가 동반한다면, 그것은 하나님의 권면과 동일시되어야 한다. 왜냐하면 하나님께서는 인간의 입을 통해 하나님의 뜻을 전하시기 때문이다.

3 거기 석 달 동안 있다가 배 타고 수리아로 가고자 할 그 때에 유대인들이 자기를 해하려고 공모하므로 마게도냐를 거쳐 돌아가기로 작정하니. 바울이 "석 달" 동안 헬라에 머물렀다고 했는데 구체적인 장소는 아마 고린도였을 것이다. 그리고 그가 로마서를 그곳에서 기록했을 것이다. 이후에 그가 거기서 떠나 "배 타고 수리아(안디옥)로 가고자" 했으나 그를 해치려는 유대인의 음모 때문에 경로를 변경하여 "마게도냐"를 경유하기로 하였다.

"유대인들이… 공모하므로." 여기서 "공모"라고 번역된 헬라어(ἐπιβουλῆς)는 단순히 "음모"(a plan against some one)라고 번역되어야 한다. 바울은 자기를 해치려는 유대인들의 음모를 알고 그곳을 피하였다. 그는 하나님의 뜻을 따라 나아가는 길에 있어서 불필요한 위험이나 박해는 피할 줄도 아는 지혜를 발휘하였다. 하나님의 종이 특별한 이유 없이 악한 무리들의 수중에 자기 몸을 내어줄 필요는 없다. 신자가 구차하게 환난을 면하고자 하는 것도 옳지 않지만, 일부러 위험한 자리에 들어가는 것도 지혜로운 일이 아니다.

4 이 구절에 기록된 일곱 사람, 곧 "소바더, 아리스다고, 세군도, 가이오, 디모데, 두기고, 드로비모"는 이방 교회들이 예루살렘 성도들을 위하여 드린 연보를 전달하는 사명을 받았다(롬 15:25-26; 고후 8:1-2; 9:1-2). 이 때 바울이 구제헌금을 직접 관리하지 않은 것은 지혜로운 처사였다. 그것

---

169) *Thayer's Greek-English Lexicon* (1962), 81.

은 초기 교회의 사도적 결정에 따른 행동이었다(행 6:1-6).

구제헌금을 전달한 일곱 위원 가운데 여섯 사람에 대한 기록은 신약성경 다른 곳에서도 발견되는데,[170] "세군도"에 대한 기록은 오직 여기에만 나타난다. 이 일곱 사람은 그 당시 이방 교회들을 대표하였으니, "소바더", "아리스다고", "세군도"는 마게도냐 교회를 대표하고, "가이오", "디모데"는 갈라디아 교회를, "두기고", "드로비모"는 아시아 교회를 각각 대표한다(F. F. Bruce). 이처럼 그때에는 공적인 일을 처리하기 위해 여러 지역 교회의 인사들이 공평하게 참여하여 협력하였다(참조. 고후 8:16-23). 어떤 학설에 의하면, 이 사람들이 바울과 동행한 목적은 그를 죽이려는 유대인들의 음모(행 20:3)에 맞서 바울을 보호하려는 것이었다고 한다. 하지만 그 같은 학설은 추측에 불과하다.

5 **그들은 먼저 가서 드로아에서 우리를 기다리더라.** 일곱 사람이 무슨 이유로 드로아에 먼저 갔는지는 알 수 없다. 어떤 학설에 의하면, 디아스포라 유대인들은 여행 중에도 절기를 지키는 전통이 있었기 때문에 바울도 무교절 절기를 지키기 위해 일곱 사람보다 늦게 드로아에 도착하는 것으로 여정을 짰던 것으로 추측된다(Lenski).

6 **우리는 무교절 후에 빌립보에서 배로 떠나 닷새 만에 드로아에 있는 그들에게 가서 이레를 머무니라.** "우리"라는 말이 여기 다시 등장하는 것으로 볼 때(한 번은 16:10-17) 사도행전의 저자인 누가는 빌립보에서 다시 바울의 선교여행에 가담한 듯하다. 아마도 그는 일찍이 5년 전에(16:40) 자기 고향인 이곳(빌립보)에 남아서 의사 영업을 하다가 이제 바울을 돕기 위하여 다시 고향을 떠난 듯하다(Lenski).

"닷새 만에." 빌립보에서 드로아까지 배편으로 이틀이면 도착할 수 있

---

170) "소바더"(롬 16:21), "아리스다고"(행 19:29), "가이오"(행 19:29), "디모데"(행 16:1), "두기고"(엡 6:21; 골 4:7; 딤후 4:12; 딛 3:12), "드로비모"(행 21:29; 딤후 4:20).

는데, 이때 바울이 닷새 만에야 도착한 것은 아마도 해류와 계절풍의 영향이었던 듯하다.

7 그 주간의 첫날에 우리가 떡을 떼려 하여 모였더니 바울이 이튿날 떠나고자 하여 그들에게 강론할새 말을 밤중까지 계속하매. 여기서 "그 주간의 첫날"(τῇ μιᾷ τῶν σαββάτων)이라는 표현은 주일(주의 날)을 가리킨다(참조. 마 28:1; 눅 24:1; 요 20:1, 19; 고전 16:2). 이날에 신자들이 "떡을 떼려 하여 모였다"고 했는데, 그것은 아마도 초기 교회에서 사도들이 제정한 모임 날짜에 따라 신자들이 가졌던 식탁 교제 겸 성찬을 가리킬 것이다(Alford). 이것을 보면 이미 사도 시대부터 일요일을 주일, 곧 예배일로 정한 것이 분명하다.

8-9 우리가 모인 윗다락에 등불을 많이 켰는데 유두고라 하는 청년이 창에 걸터 앉아 있다가 깊이 졸더니 바울이 강론하기를 더 오래 하매 졸음을 이기지 못하여 삼 층에서 떨어지거늘 일으켜보니 죽었는지라. "윗다락"(ὑπερῴῳ)은 3층에 있는 다락을 말한다(9절).

"등불을 많이 켰는데." 여기서 "많이"라고 번역된 헬라어(ἱκαναί)는 "넉넉히"라고 옮겨야 한다. 이처럼 "등불을 많이 켜" 놓은 목적은 누구나 높은 다락에서 사방을 잘 보도록 하여 사고를 미연에 방지하기 위함이었을 것이다. 그처럼 잘 방비되었음에도 사람이 다락에서 떨어진 데 대하여는 건물주 측에 책임이 없을 것이다.

바울이 전하는 놀랍고 참된 말씀을 듣는 자리에서도 유두고는 졸고 있었으니, 그는 삼층 다락에서 떨어져 마땅하다. 그는 졸다가 떨어졌기 때문에 책임이 온전히 자신에게만 있다. 이와 마찬가지로 교회가 복음의 등불을 이 땅 어디든지 밝히 켜두었는데도 사람들이 어두움으로 떨어진다면 그 책임이 교회에 있지 않다. 교회들이여! 진리의 빛을 유감없이 비추고 있는가?

10 바울이 내려가서 그 위에 엎드려 그 몸을 안고 말하되 떠들지 말라 생명이 그에게 있다 하고. 바울이 유두고 위에 엎드려 그의 몸을 안은 것은 엘리야와 엘리사

가 취했던 행동이다. 그것은 유두고의 생명을 회생시키고자 하는 마음에서 우러나온 간절한 기도 행위였다(참조. 왕상 17:21; 왕하 4:34). 이 같은 행동은 그 청년을 향한 바울의 사랑이 얼마나 강렬한지를 보여준다. 믿음과 사랑이 있는 곳에서 하나님의 권능이 나타난다(참조. 마 14:14; 15:32-38).

"떠들지 말라"(μὴ θορυβεῖσθε)는 것은 걱정하지 말라는 뜻인데, 우리말 성경처럼 떠들지 말라는 의미도 가지고 있다. 한마디로 이것은 걱정스러운 마음으로 떠드는 것을 금하는 말이다. 중대한 일을 앞에 두고 떠드는 것은 금물이다(참조. 출 14:13). 전쟁 시에도 백성들은 안정을 유지하는 것이 중요하다(Bengel).

"생명이 그에게 있다." 이것은 유두고가 아직 죽지 않았다는 말이 아니라 죽었던 그의 생명이 회복되었다는 뜻이다(참조. 행 20:12). 하나님께서 이런 이적을 나타내신 것은 드로아 교회의 신자들에게 영적 위로를 주시기 위함이다.

11-12 올라가 떡을 떼어 먹고 오랫동안 곧 날이 새기까지 이야기하고 떠나니라 사람들이 살아난 청년을 데리고 가서 적지 않게 위로를 받았더라. 그날 밤 바울은 피로를 잊은 채 말씀 전파에 집중하였다. "이야기하고"(ὁμιλήσας)라는 말은 "서로 신뢰하는 친밀한 관계 속에서 담화를 나눔"을 의미한다.[171] 그가 날이 새기까지 이야기하였으니, 영혼을 사랑하는 신령한 교사는 시간에 매이지 않는다. 왜냐하면 영적 생명은 기계적인 것이 아니므로 그것을 돌보는 사역자도 때로는 기계적인 방식을 초월하여 활동할 필요가 있기 때문이다.

13-16절. "앗소"는 드로아의 항구인데 드로아에서 40킬로미터쯤 거리이고, "미둘레네"는 레스보스(Lesbos) 섬의 주요 도시다. "기오"와 "사모"는 섬들이고, "밀레도"는 에베소에서 멀리 떨어져 있는 항구다.

---

171) H. H. Wendt, *Die Apostelgeschichte*. KEK 3 (Göttingen, ³1913), 286.: "ὁμιλεῖν wird von der vertraulichen Unterhaltung gebraucht."

바울이 드로아에서 앗소까지 "도보로" 간 이유는 알기 어렵다. 그가 전날 밤에 잠잘 시간도 없었는데도 이처럼 걷는 수고를 마다하지 않은 것은 아마도 홀로 걸어가면서 한적한 시간에 주님과 교제하기 위해서였을 것이다.

17-18 바울이 밀레도에서 사람을 에베소로 보내어 교회 장로들을 청하니 오매 그들에게 말하되 아시아에 들어온 첫날부터 지금까지 내가 항상 여러분 가운데서 어떻게 행하였는지를 여러분도 아는 바니. 바울이 에베소 교회의 장로들에게 그가 목회생활을 어떻게 감당해왔는지에 대해 이야기한 것은 피차간에 아무런 장벽 없이 사랑하는 관계였기 때문에 가능했던 일이었다. 이처럼 심령이 서로 통하는 사이는 부모 자식 관계에 견줄 수 있다. 이것이야말로 교역자와 양떼 사이에서 발견할 수 있는 가장 이상적인 관계다.

19 곧 모든 겸손과 눈물이며 유대인의 간계로 말미암아 당한 시험을 참고 주를 섬긴 것과. 바울은 자신이 주님을 어떻게 섬겼는지를 사실 그대로 전해준다. 곧 "겸손과 눈물" 그리고 유대인의 간계로 말미암은 "시험을 참고" 주를 섬겼다고 말한다..

바울은 주님을 섬기는 종으로서 겸손을 최우선적인 덕목으로 삼았다. 그리스도 신자, 특히 사역자는 자신이 주님의 종이라는 사실을 항상 의식하고 있어야 한다. 그리할 때 그는 겸손하지 않을 수 없다. 그가 지켜야 할 덕 가운데 겸손은 처음과 끝이다. 우리가 겸손한 마음을 소유하지 못하면 주님의 종으로서의 자격을 상실하고 만다. 종 된 자가 어떻게 한 순간이라도 자신을 높일 수 있겠는가! 또한 우리가 하나님의 은혜를 받는 비결도 겸손에 있고, 그것을 유지하는 비결도 겸손에 있다.

바울의 "눈물"은 개인주의나 이기주의에서 비롯된 눈물이 아니었으며 다른 사람들의 영혼을 사랑하는 애끓는 표현이었다. 바울은 사람들이 주님을 믿지 않고 배척한다는 사실로 인해 눈물을 흘렸을 것이고(참조. 롬 9:1-3), 또한 신자들이 영적으로 병들었을 때 눈물을 흘렸을 것이다.

"유대인의 간계로 말미암아 당한 시험." 이것은 유대인들이 바울을 죽이기 위해 계략을 꾸몄던 사건을 가리킨다. 성도가 받는 시험 중에서도 특히 사람들의 흉계로 말미암아 당하는 시험은 그 괴로움이 심하다. 그 같은 시험을 당하는 자는 고독의 쓴잔을 마시지 않을 수 없다. 그러나 고독이야말로 그것을 당하는 자로 하여금 주님만을 바라보게 하며 주님만 믿도록 해 주는 양약이다.

20 유익한 것은 무엇이든지 공중 앞에서나 각 집에서나 거리낌이 없이 여러분에게 전하여 가르치고. 여기서 "유익한 것"($\tau\hat{\omega}\nu\ \sigma\upsilon\mu\phi\epsilon\rho\acute{o}\nu\tau\omega\nu$)은 구원에 도움이 되는 것을 가리킨다.[172] 프로이셴(Preuschen)이라는 학자는 이것이 세속적인 유익을 가리킨다고 주장하지만 그것은 잘못된 해석이다. 바울은 성도들에게 영적으로 유익이 되는 것이라면 공적으로나 사적으로나 가르치기를 힘썼다. 그는 이와 같은 의미에서 디모데후서 4:2에 말하기를 "너는 말씀을 전파하라 때를 얻든지 못 얻든지 항상 힘쓰라"라고 하였다.

21 유대인과 헬라인들에게 하나님께 대한 회개와 우리 주 예수 그리스도께 대한 믿음을 증언한 것이라. "하나님께 대한 회개"는 "인생이 하나님께로 돌아가는 태도"를 의미한다.

"우리 주 예수 그리스도께 대한 믿음." 예수 그리스도는 우리의 믿음의 대상이 되시기에 합당하시다. 다음과 같은 이유에서 그러하다. ① 그는 계시되신 하나님이시기 때문이다. ② 하나님과 모든 사람들 사이의 중보자이시기 때문이다. ③ 언약의 성취자로서 아멘(고후 1:20)이시고 진리이시기 때문이다. ④ 우리를 대신하여 십자가에 죽으셨다가 다시 살아나신 주님이시기 때문이다. ⑤ 우리에게 지혜와 의로움과 거룩함과 구속함이 되시기 때문이다(고전 1:30).

22 보라 이제 나는 성령에 매여 예루살렘으로 가는데 거기서 무슨 일을 당하는지 알지

---

[172] E. Haenchen, *Die Apostelgeschichte*, [14]1965.

못하노라. "심령에 매여." 이것은 성령의 인도로 말미암아 바울의 심령이 확정되었음을 가리킨다. 그는 앞으로 위험한 일들을 당하게 될 줄 알면서도 예루살렘으로 올라가기로 마음이 확정되었다(참조. 시 57:7).

23 오직 성령이 각 성에서 내게 증언하여 결박과 환난이 나를 기다린다 하시나. "성령"의 지시가 언제 바울에게 주어졌는지 알 수는 없지만, "각 성에서… 증언"하셨다고 고백한다. 예컨대 가이사랴에서 아가보가 예언했던 일을 가리킬 수도 있고(21:10-14), 혹은 바울이 친히 이런 일에 대하여 성령의 지시를 받았을 수도 있다.

바울이 그의 앞길에 "결박과 환난"이 기다리고 있음을 알면서도 그 길을 가는 이유는 그가 하나님의 뜻을 확실히 깨달았기 때문이다. 하나님께서 미리부터 그에게 이런 고난이 있을 것을 예고해 주셨기 때문에 그가 실제로 선교 현장에서 그런 고난을 당할 때도 놀라지 않았으며, 그것이 하나님께서 허락하신 고난인 것을 알았기 때문에 넉넉히 견딜 수 있었다. 하나님의 종들은 고생이 겹겹이 쌓여 있는 길이라 해도 그것이 하나님께서 인도하시는 길이라는 것을 깨달을 때는 서슴지 않고 가야 한다.

24 내가 달려갈 길과 주 예수께 받은 사명 곧 하나님의 은혜의 복음을 증언하는 일을 마치려 함에는 나의 생명조차 조금도 귀한 것으로 여기지 아니하노라. 사도 바울은 ① 복음을 전하는 자신의 사역을 달음질(δρόμον)에 비유하였다. 이 비유의 요점은 달음질하는 자가 단 하나의 목표만 바라보고 전력 질주하는 것처럼 그도 일편단심 주님만 위하여 전심전력한다는 것이다. 또한 그는 ② 복음 전하는 것이 자신의 사명이라고 하였다. 여기서 "사명"으로 번역된 헬라어 (διακονία)는 "수종든다"는 의미를 가지고 있다. 복음 사역자는 자기 자신을 높이는 것과는 전혀 무관한 일, 다시 말해 주님과 그의 말씀을 수종드는 일을 수행하는 자다.

"은혜의 복음"이란 인간이 그의 어떠한 공로를 가지고도 구원을 얻을 수 없으며, 오직 예수 그리스도의 보혈의 공로로만 구원을 얻을 수 있다는 진리를 말한다(고후 5:21-6:2). 바울의 사명은 이러한 복음을 전하는 것이었다.

"나의 생명조차 조금도 귀한 것으로 여기지 아니하노라." 바울은 은혜의 복음을 전파하는 일을 위해서라면 언제든지 죽을 각오를 하고 있었다(행 21:13; 빌 1:20-21).

25 보라 내가 여러분 중에 왕래하며 하나님의 나라를 전파하였으나 이제는 여러분이 다 내 얼굴을 다시 보지 못할 줄 아노라. "하나님의 나라"에 대해서는 1:3을 참조하라. 이 나라는 예수 그리스도의 오심으로 실현되기 시작하며 복음 운동을 그 핵심으로 삼는다. 천국 운동은 주님의 재림으로 완성된다. 바울은 이때 에베소 교회 장로들과 만나면서 그것이 마지막 만남이 될 것을 알고 피차간에 석별의 정을 나누었다. 그는 장로들로 하여금 그가 전하는 마지막 교훈을 한층 더 명심하도록 간절한 마음으로 권면하였다.

26 그러므로 오늘 여러분에게 증언하거니와 모든 사람의 피에 대하여 내가 깨끗하니. "모든 사람의 피에 대하여··· 깨끗하니." 이는 바울이 에베소의 모든 사람에게 은혜의 복음을 증거하는 일에 책임을 완수했으므로 그들의 멸망에 대하여 자기로서는 책임질 일이 없다는 뜻이다. 그만큼 맡은 일에 책임을 다했던 바울은 대대로 모범이 된다.

27 이는 내가 꺼리지 않고 하나님의 뜻을 다 여러분에게 전하였음이라. 여기서 "하나님의 뜻"(τὴν βουλὴν τοῦ θεοῦ)이라는 표현은 "인류 구원에 관한 하나님의 계획"을 의미한다. 이것은 한마디로 하나님께서 예수 그리스도를 세상에 보내신 사건과 그리스도께서 죽으시고 다시 살아나신 사건을 전파하는 것이다.

28 여러분은 자기를 위하여 또는 온 양 떼를 위하여 삼가라 성령이 그들 가운데 여러분을 감독자로 삼고 하나님이 자기 피로 사신 교회를 보살피게 하셨느니라. "여러분"은 장로들을 가리킨다. 거룩한 직분을 맡은 장로들 자신이 더러운 자가 되면 양떼를 다스릴 능력을 상실한다. 따라서 장로는 먼저 자기 자신을 삼가야 한다.

부흥사 찰스 피니(C. Finney)가 교역자들에게 몇 가지를 경고했는데, 그 중에 장로들에게도 해당하는 것들을 소개한다. ① 그대들은 죄인이 하나님 앞에서 위태한 자들임을 느끼고 그들을 구원하고자 하는가? ② 그대들은 죄인들을 위하여 죽기까지 할 만큼 사랑을 가졌는가? ③ 그대들은 때를 얻든지 못 얻든지 맡은 바 사명에 힘쓰는가? ④ 그대들의 습관 가운데 고쳐야 할 것이 없는가? ⑤ 그대들은 혀에 재갈을 물려 헛된 말을 하지 않도록 조심하는가? ⑥ 그대들은 특별히 이성 문제에 극도로 조심하는가? ⑦ 그대들은 자신을 쳐서 복종시키는가?

설교▶ 그리스도의 피(20:28)

우리가 받은 구원은 우리가 가진 의를 지불하고 얻을 수 있을 만큼 값싼 것이 아니다. 사람의 의는 무가치한 것이며, 우리는 오직 그리스도의 피로만 구원을 얻는다. 이사야 64:6에 말하기를 "우리의 의는 다 더러운 옷 같으며"라고 하였다. 예수님의 보혈은 얼마나 귀한 것인가? 하나님의 공력이 거기에 가장 많이 들어 있으니 가장 귀한 것이다.

우리는 하나님께서 천지 만물을 창조하신 능력의 위대하심에 감탄하지 않을 수 없다. 천지 만물을 창조하신 바로 그 하나님께서 예수 그리스도를 세상에 보내시고 우리 죄인들을 위하여 보혈을 흘리도록 하심으로써 우리 죄를 사해주시는 구원 역사는 천지 만물을 창조하신 역사와는 비교할 수 없이 더욱더 위대한 사건이며 말로 형용할 수 없는 은혜가 담긴 사건이다. 창조 사역은 엿새 동안에 그의 말씀과 능력으로 수행하신 것이지만, 속죄 사역은 창세전부터 경영하시고, 여러 천 년 동안 여러 선지자를 통하여 계시하시다가 마침내 독생자 그리스도를 보내심으로 실현하셨으며, 또한 재림 때까지 성령으로 역사하심으로써 완성하신다. 창조 사역에 관련된 말씀은 성경 중에서 주로 창세기 1-2장에 기록되어 있지만, 예수 그리스도의 보혈에 관한 말씀은 성경 전반에 걸쳐 기록되어 있다. 예수님의 피는 그만큼 중요하다.

그러므로 사도 바울은 말하기를 "내가 너희 중에서 예수 그리스도와 그가 십자가에 못 박히신 것 외에는 아무 것도 알지 아니하기로 작정하였음이라"(고전 2:2)라고 하였다. 또한 그는 사람이 율법으로 구원 얻을 수 없음을 확증하고 오직 그리스도의 보혈로만 구원 얻을 수 있음을 강조하기 위하여 "내가 율법으로 말미암아 율법에 대하여 죽었나니"(갈 2:19)라고 하였다. "율법에 대하여 죽었다"라는 말은 사람이 율법으로 구원을 얻을 수 없음을 표현하는 가장 강력한 방식이다.

여러 해 동안 아우구스티노 수도회 수사로 고행을 하면서 인간의 행실을 통해 구원을 얻으려 했던 루터는 "하나님의 아들이 나를 사랑하셔서 자기 자신을 나에게 주셨으니, 그것은 율법과 인간 행위로 말미암은 의에 대하여 발하신 뇌성벽력과 같은 반대다. 만일 당신이 하나님의 아들을 그 무엇과도 비교할 수 없는 지극히 귀한 보화로 여긴다면, 당신의 모든 종교적 예전, 행위, 그리고 공로를 지옥으로 던져라! 왜냐하면 하나님의 진노를 멈추게 하고 죄인을 하나님과 화해시키는 길은 오로지 하나님의 아들이 당하신 죽음밖에 없기 때문이다."라고 하였다.

이처럼 귀한 예수님의 보혈을 인간이 발견하지 못하는 이유는 그들이 무감각하여 자신들의 죄가 얼마나 크고 무거운지를 깨닫지 못하며, 그들의 심령이 죄로 말미암아 어두워졌기 때문이다. 맹인이 맑은 하늘을 보지 못하는 것과 마찬가지로 죄에 대한 감각이 없는 자는 예수님의 십자가 보혈을 깨닫지 못한다.

29 **내가 떠난 후에 사나운 이리가 여러분에게 들어와서 그 양 떼를 아끼지 아니하며.** 여기서 "떠난다"(ἄφιξίν)는 말은 사도 바울의 죽음을 가리킨다(Grosheide). 바울은 자신이 죽은 후에 교회 밖에서 거짓 스승들이 양의 탈을 쓰고 교

회 안으로 침투할 것이라고 예언했다. 거짓된 자들은 언제나 교회의 허약한 틈을 타고 침입해 들어온다(참조. 요 10:12).

"이리가 여러분에게 들어와서 그 양 떼를 아끼지 아니하며." 이리와 양 사이에는 공통성이 전혀 없다. 그래서 이리는 양에게 해를 끼치되 끝까지 해친다. 그와 마찬가지로 거짓 스승은 그 심령 속에 그리스도의 성령을 받지 아니하였으므로 성령을 받은 그리스도 신자들을 끝까지 대적하며 해친다.

30 **또한 여러분 중에서도 제자들을 끌어 자기를 따르게 하려고 어그러진 말을 하는 사람들이 일어날 줄을 내가 아노라.** "여러분 중에서도"(καὶ ἐξ ὑμῶν)라는 말은 앞절에 언급된 교회 밖에서 침투해 들어오는 원수와 대조된다.

"자기를 따르게 하려고." 거짓 스승은 교회 안에서도 일어난다. 그들은 신자들을 미혹하여 그리스도를 따르기보다 그들을 지지하고 따르도록 유도한다.

"어그러진 말"(διεστραμμένα)은 참과 거짓이 뒤섞인 말을 가리킨다. 바울의 예언대로 과연 후메내오와 알렉산더(딤전 1:20), 부겔로와 허모게네(딤후 1:15), 또한 데마(딤후 4:10)와 같은 자들이 일어났다.

31 **그러므로 여러분이 일깨어 내가 삼 년이나 밤낮 쉬지 않고 눈물로 각 사람을 훈계하던 것을 기억하라.** 바울의 이와 같은 목회는 대대에 모범이 된다. ① "일깨어" 있었다는 것은 양떼를 해롭게 할 일들이 발생하지 않도록 파수했다는 것이고, ② "밤낮 쉬지 않고" 일했다는 것은 참 목자가 가져야 할 근면성을 보여주며, ③ "눈물로 각 사람을 훈계"했다는 것은 참 목자가 가져야 할 사랑을 보여준다. 사랑이 없으면 무엇에든지 유익이 없다(고전 13:1-3). 바울이 "각 사람"(ἕνα ἕκαστον)을 훈계했다고 하였는데, 그의 훈계는 모든 사람을 자상하게 대하고 개별적으로 참된 사랑을 보여주는 것으로 표현되었다.

"기억하라." 다시 말해 에베소 교회 장로들도 바울의 목회 생활을 본받아 이와 같이 양떼를 돌보라는 뜻이다.

32 지금 내가 여러분을 주와 및 그 은혜의 말씀에 부탁하노니 그 말씀이 여러분을 능히 든든히 세우사 거룩하게 하심을 입은 모든 자 가운데 기업이 있게 하시리라. 바울은 에베소를 떠나지만 주님과 그의 말씀은 계속해서 그들과 함께한다. 그러므로 바울은 주님과 그의 말씀에 그들을 부탁한다.

1) "그 은혜의 말씀"(τῷ λόγῳ τῆς χάριτος αὐτοῦ)은 그리스도께서 일하실 때 사용하시는 도구로서 죽은 것이 아니라 살아 역사한다. 하나님의 말씀이 실패하지 않는다는 사실을 깨우쳐 주기 위하여 이사야는 말하기를 "이는 비와 눈이 하늘로부터 내려서 그리로 되돌아가지 아니하고 땅을 적셔서 소출이 나게 하며 싹이 나게 하여 파종하는 자에게는 종자를 주며 먹는 자에게는 양식을 줌과 같이 내 입에서 나가는 말도 이와 같이 헛되이 내게로 되돌아오지 아니하고 나의 기뻐하는 뜻을 이루며 내가 보낸 일에 형통함이니라"(사 55:10-11)라고 하였으며, 바울은 말하기를 "하나님의 말씀은 매이지 아니하니라"(딤후 2:9)라고 하였다.

역사가 존 리처드 그린(John Richard Green)은 "영국에서 도덕적으로 가장 위대한 변화가 이루어졌던 때는 영국 사람들이 하나님의 말씀(성경)에 속해 있을 때였다."라고 하였고, 맹인 헬렌 켈러(Helen Keller) 여사는 "나는 40년 동안 하나님의 말씀을 사랑해왔는데, 그 말씀은 나의 걸음을 인도하는 지팡이와 같았다."라고 하였다.

2) "그 은혜의 말씀"은 신자들이 하늘의 기업(영생의 분깃)을 얻을 수 있도록 하기 위해 그들을 신앙 위에 든든히 세운다. 하나님의 말씀과 기업은 이처럼 밀접한 관계를 가지고 있다. ① 하나님의 말씀을 들어야만 기업을 얻을 믿음이 생기고(롬 10:17), ② 영혼의 양식인 하나님의 말씀을 먹어야만 믿음이 자라나며(참조. 벧전 2:2; 히 5:11-14), ③ 하나님의 말씀과 믿음을 화합하는 자가 안식(기업)에 들어갈 수 있다(히 4:2-3).

33-35 내가 아무의 은이나 금이나 의복을 탐하지 아니하였고 여러분이 아는 바와 같이

이 손으로 나와 내 동행들이 쓰는 것을 충당하여 범사에 여러분에게 모본을 보여준 바와 같이 수고하여 약한 사람들을 돕고 또 주 예수께서 친히 말씀하신 바 주는 것이 받는 것보다 복이 있다 하심을 기억하여야 할지니라. 주님의 종들이 재물에 욕심 내지 말아야 한다는 것은 성경이 강조하는 교훈이다(딤전 3:3하; 딛 1:7하). 바울은 자신의 손으로 수고하여 물질적 필요를 직접 채웠으며, 그것으로 동료들에게까지 도움을 주었다. 그것은 전도자로서 감당하기 쉽지 않은 일이다. 하지만 그는 이처럼 자급하여 전도하기를 힘썼다. 바울이 여기서 그와 같은 전도 방식을 밝히는 것은 모든 사역자가 그의 방침을 따라야 한다고 명령하는 것이 아니다. 그는 오히려 교역자가 교회에서 생활비를 받는 것이 당연한 일이라고 가르쳤다.[173]

주님께서도 전도자가 물질적 보수를 받는 것을 용납하셨다(마 10:10). 그럼에도 불구하고 교역자가 명심해야 할 것은, 그가 보수를 사람에게서 받는 것이 아니라 하나님께로부터 받는 줄 알고 하나님의 뜻에 합당한 바른 목회를 해야 한다는 것이다. 만일 교역자가 이러한 마음가짐을 갖는다면 그는 어떤 경우에도 사람을 원망하지 않고 하나님 앞에서 자신의 부족한 사역을 되돌아보고 회개하게 될 것이다.

특수한 경우에 교역자가 생활비를 받을 수 없는 상황에 처할 때는 부득이 자급 전도를 할 수도 있다. 그런 상황에서 그가 주의할 것은 복음 전도보다 생계 사업에 치중해서는 안 된다는 점이다. 그가 만일 생계를 위한 사업을 전도보다 중요하게 여기고 거기에 힘을 집중한다면 사람들이 그에게서 복음의 은혜를 받지 못하게 될 것인데, 그렇게 되면 그는 전도자로서 위신을 잃는다.

"주는 것이 받는 것보다 복이 있다"(μακάριόν ἐστιν μᾶλλον διδόναι ἢ λαμβάνειν). 본 절에서는 이것이 예수님께서 친히 하신 말씀이라고 소개하

---

[173] 고전 9:14; 고후 9:8; 갈 6:6; 빌 4:10, 16; 딤전 5:18; 딤후 2:6.

는데, 복음서에는 이런 말씀이 기록되지 않았다. 그러므로 이 말씀은 구두 전승을 통해 사도행전의 저자에게 전달된 것이라고 생각된다.

하나님은 오로지 주시기만 하는 분이다. 그는 독생자를 세상에 주셨으며, 독생자와 함께 만물을 신자들에게 주신다(롬 8:32).

하나님의 아들이신 예수님도 주시기만 하는 복된 분이시다. 지상에서의 그의 생애는 온 인류에게 은혜를 주시는 삶이었으며, 최후에는 그의 생명까지 주셨다.

바울도 그의 삶 가운데서 "가난한 자 같으나 많은 사람을 부요하게"(고후 6:10) 하는 사랑을 실천하였다. 주님의 제자가 된 신자들도 이웃에게 베풀기를 힘써야 한다.

설교 ▸ 교역자가 삼가야 할 일들에 대하여 (20:17-35)

1. 삼간다는 것은 무슨 의미인가

28절에서 "삼가라"(προσέχετε)고 번역된 헬라어는 "깨어 지키며 조심하라"는 뜻이다.

1) 자신을 위하여 삼갈 것. "자기를 위하여 삼가라"는 것은 무엇보다도 자신의 구원을 위하여 삼가는 것(결국 하나님의 종으로서 삼가는 것)을 가리킨다. 사람은 두 가지 일을 하기에는 언제나 힘이 모자란다. 그리스도 신자가 직분을 받은 때부터 남의 구원 문제에 힘을 기울이다 보면 자신의 구원 문제에 대해서는 등한시하기 쉽다. 그러므로 바울은 말하기를 "내가 내 몸을 쳐 복종하게 함은 내가 남에게 전파한 후에 자신이 도리어 버림을 당할까 두려워함이로다"(고전 9:27)라고 하였다.

교역자는 이것을 알아야 한다. 곧 자기를 위하여 삼가는 것이 결국 목회를 잘하기 위한 기초 단계라는 것이다. 자기 자신이 영적으로 바르지 못하고서는 하나님의 일을 바로 할 수 없으며, 자신이 영적으로 살아 있지 않고서는 남을 살릴 수 없으며, 자신이 영적으로 부요하지 못하고서는 남을 영적으로 부요하게 만들 수 없다. 리처드 백스터(Richard Baxter)는 말하기를 "많은 사람이 남들을 가르쳐 지옥에 가지 말라 하면서 정작 자기 자신은 지옥으로 간다."라고 하였다.

2) 양떼를 위해서 삼갈 것. 그는 언제나 까다로운 양들로부터 비판을 받는다. 일반 신자에게 어떤 허물이 있을 때는 교회가 그것을 문제시하지 않으면서도 만일 교역자에게 그런 허물이 있으면 용서하지 않고 그것을 드러낸다. 그러므로 교역자는 조심하여 양떼들보다 훨씬 높은 신앙과 삶의 수준을 유지해야 한다.

2. 삼가는 삶을 유지하는 구체적인 방법

사람이 무엇을 기준으로 삼아 자기를 살피며 조심해야 하는가? 바울이 에베소 교회의 장로들에게 말하기를 "지금 내가 여러분을 주와 및 그 은혜의 말씀에 부탁하노니 그 말씀이 여러분을 능히 든든히 세우사 거룩하게 하심을 입은 모든 자 가운데 기업이 있게 하시리라"(행 20:32)라고 하였는데, 이때 그들에게 주어진 것은 하나님의 말씀, 곧 성경이다. 하나님의 말씀은 신자들을 견고케 할 수 있다. ① 하나님의 말씀은 거울과 같으므로(약 1:23) 그것으로 우리는 자신의 허물을 볼 수 있고, ② 하나님의 말씀은 지혜 중의 지혜이니(시 119:98-100) 그것으로 우리는 다른 모든 경험 많은 자들보다 지혜롭게 처신할 수 있으며, ③ 하나님의 말씀은 생명의 능력이니(요 6:63) 그 말씀을 가까이하는 자는 정결해진다(요 15:3; 엡 5:26).

신명기 6:6-9에 말하기를 "오늘 내가 네게 명하는 이 말씀을 너는 마음에 새기고 네 자녀에게 부지런히 가르치며 집에 앉았을 때에든지 길을 갈 때에든지 누워 있을 때에든지 일어날 때에든지 이 말씀을 강론할 것이며 너는 또 그것을 네 손목에 매어 기호를 삼으며 네 미간에 붙여 표로 삼고 또 네 집 문설주와 바깥 문에 기록할지니라" 하였다.

루터는 "하나님의 말씀이 순수하게 전파되는 곳에 진정한 교회가 있다."라고 하였다. 그는 또 말하기를 "교역자들은 하나님의 말씀을 증거하는 일을 맡았다는 것 외에는 일반 신자들과 다를 것이 없다."라고 하였고,[174] 또 말하기를 "교역자의 직무는 하나님의 말씀을 증거하는 사역이 전부다."라고 하였다.[175]

3. 교역자가 삼가야 하는 이유

1) 성직을 임명하신 분이 성령님이시기 때문이다. 교역자의 직분을 사람이 세운 것이라면 사람의 눈에 들도록 일하면 그만일 것이다. 그러나 성직은 눈에 보이지 않는 성령께서 세우신 것이므로 성직자는 눈에 보이지 않는 성령님을 기쁘시게 해드려야 한다. 사도 바울은 말하기를 "이제 내가 사람들에게 좋게 하랴 하나님께 좋게 하랴 사람들에게 기쁨을 구하랴 내가 지금까지 사람들의 기쁨을 구하였다면 그리스도의 종이 아니니라"(갈 1:10)라고 하였다. 교역자는 흔히 주님을 기쁘시게 하기보다 눈에 보이는 사람들을 기쁘게 하고자 하는 유혹에 빠져 보이지 않는 성령을 무시하는 죄를 범하기 쉽다. 그러므로 그는 조심해야 한다.

2) 성직자는 하나님께서 그리스도의 피로 사신 교회를 목양하는 자니 조심해야 한다. 하나님께서 그리스도의 피로 사신 교회가 얼마나 소중한가! 그리스도의 피는 인류의 속죄를 위해 치러진 유일한 대가다. 히브리서 9:22에 말하기를 "율법을 따라 거의 모든 물건이 피로써 정결하게 되나니 피 흘림이 없은즉 사함이 없느니라"라고 하였다. 요한계시록에 보면 영광을 얻은 영혼들은 그들 자신의 선행이나 수고, 혹은 그들이 주님께 충성했던 일들은 거론하지도 않고 다만 어린양 예수의 피를 찬송할 뿐이다(계 7:10-12).

---

174) Martin Luther, *A Compend of Luther's Theology*, 37.
175) Ibid., 138.

그런데 성직자가 마음을 살펴 삼가지 않으면, 자기 자신의 노력이나 수고로 말미암아 교회가 성장하는 것처럼 착각하기 쉽다. 그러므로 성직자는 인류를 구원하는 공로를 전파할 때 예수의 피 외에 다른 것을 더하지 않도록 조심해야 한다. 매클라렌(Maclaren)은 그의 임종 시에 자신이 작성해놓은 원고들을 전부 불태웠다고 한다. 그가 그렇게 한 이유는 마지막 순간에 예수님의 피 외에 자신의 공로 같은 다른 것을 의지하지 않기 위해서였다.

36-38 이 말을 한 후 무릎을 꿇고 그 모든 사람들과 함께 기도하니 다 크게 울며 바울의 목을 안고 입을 맞추고 다시 그 얼굴을 보지 못하리라 한 말로 말미암아 더욱 근심하고 배에까지 그를 전송하니라. 이때 바울이 "무릎을 꿇고" 기도한 이유는, 그가 자신의 무력함을 깊이 느끼고 하나님 앞에서 참된 겸손과 하나님만을 신뢰하는 간절한 마음을 가지고 있었기 때문이다. 예수님도 겟세마네 동산에서 "무릎을 꿇고" 간절히 기도하셨다(마 26:39; 눅 22:41-42; 히 5:7). 벵겔은 이 점에 대하여 말하기를 "여기에서 우리는 가장 부드러워진 마음이 역사하는 것을 볼 수 있다. 성경은 이처럼 눈물을 귀히 여긴다는 점에서도 모든 책 가운데 으뜸이다. 눈물이 점점 사라져가는 것도 이후의 세대들이 점점 부패해간다는 증거다. 과거에는 남녀노소 할 것 없이, 심지어 영웅들도 자주 눈물을 흘렸다. 하지만 오늘날은 눈물이 여자와 아이들만의 것이 되었다."라고 하였다.[176]

---

176) J. A. Bengel, *Gnomon of the New Testament II* (1742); translated by C. T. Lewis and M. R. Vincent, 692.

제 21 장

↓ 개요

1. 바울은 예루살렘으로 올라가는 여정에 방문했던 모든 장소에서 신자들의 따뜻한 대접을 받았다. 그때 신자들은 그를 전송하기 위하여 먼 거리를 내왕하였다(1-7절). "작별"(1절), "전송"(5절), "작별"(6절), "안부를 묻고"(7절)와 같은 표현들에서 우리는 이때 전도자에 대해 교회가 가졌던 뜨거운 사랑을 엿볼 수 있다.

2. 하나님께서는 성도들의 예언을 통해 바울이 예루살렘에서 박해를 당할 것을 예고해주셨다(참조. 4, 10, 11절). 그러나 하나님께서 그 같은 일을 예고하신 이유는 바울이 예루살렘에 올라가지 못하도록 막으시려는 것이 아니라 그러한 사실을 미리 알려주심으로써 후일에 그 일이 이루어질 때 바울이 하나님의 신실성과 주권을 믿게 하시려는 것이었다. 하나님께서 예고하신 대로 만사가 이루어지는 것을 보는 자는 하나님이 살아 계셔서 그 사건을 주재하시고 계심을 믿게 된다.

3. 새로이 믿기로 작정하고 믿음을 든든히 가지는 자도 귀하지만, 이미

믿음을 가지고 주님의 일에 동참하는 자는 더욱 귀하다. 이런 의미에서 저자 누가는 "나손"이라는 성도를 "오랜 제자"라고 특별히 소개하였다(16절).

4. 바울은 율법을 반대한 것이 아니라 그리스도로 말미암아 성취된 율법, 곧 복음에 합당한 율법을 지킨 것이다. 그러나 그 당시 유대인 그리스도 신자들은 바울을 오해하여 그가 율법을 전적으로 반대하는 것으로 여기고 그를 미워했다. 그리하여 바울은 이러한 마찰을 피하기 위해서 야고보의 제안대로 결례를 행하였다(24절 해석 참조). 바울은 이때 결례를 행할 의무가 없었지만 교회의 화목을 위하여 결례를 행한 것이다(고전 9:19-23). 바울의 이 같은 처신은 외부의 강요에 의한 것이 아니라 자발적인 사랑의 표현이었다(참조. 행 21:17-26).

5. 바울이 불신 유대인들로부터 박해를 당할 때(27-30절) 로마 군대가 관여하여 바울을 체포하였다(31-40절). 이것은 바울을 보호하시기 위한 하나님의 섭리에 따라 이루어진 일이었다. 만일 그 당시에 바울이 로마 군대에 체포되지 않았다면 유대인 폭도로 인해 생명의 위협을 당했을 것이다(참조. 31-32, 35-36절).

✢ 내용분해

바울의 3차 선교여행(18:23-21:16)이 종료된 후에 예루살렘에서 이루어진 일들
1. 바울이 에베소 장로들과 작별한 후 두로, 돌레마이, 가이사랴를 경유하여 예루살렘으로 올라감(1-16절).
2. 바울이 예루살렘에서 네 사람을 데리고 결례를 행함(17-26절).

3. 유대인들이 바울을 죽이려 했을 때 천부장이 군대를 거느리고 와서 바울을 체포함(27-40절).

✣ 해석

1-3 우리가 그들을 작별하고 배를 타고 바로 고스로 가서 이튿날 로도에 이르러 거기서부터 바다라로 가서 베니게로 건너가는 배를 만나서 타고 가다가 구브로를 바라보고 이를 왼편에 두고 수리아로 항해하여 두로에서 상륙하니 거기서 배의 짐을 풀려 함이러라. "고스"는 밀레도에서 약 60킬로미터 거리에 있는 섬인데 술을 빚는 사업으로 유명하다. "로도"는 고스에서 남동쪽으로 80킬로미터쯤 떨어진 곳에 있는 섬이고, 거기서 다시 60킬로미터쯤 동쪽으로 항해하면 해안 도시 "바다라"가 있다. 이처럼 상세히 지리적 상황을 기록한 저자는 바울의 일행이었음이 틀림없으며, 더불어 여기 기록된 여행도 실제 일어났던 역사적 사건이었음이 분명하다. 그 당시 "두로"는 선지자 에스겔의 예언(겔 26:1-28:19)대로 적막한 도시로 변해 있었다.

4 제자들을 찾아 거기서 이레를 머물더니 그 제자들이 성령의 감동으로 바울더러 예루살렘에 들어가지 말라 하더라. 여기서 "제자들"(μαθητάς)이라는 헬라어 단어는 그리스도 신자들을 가리킨다. 제자라는 이름으로 불릴 수 있는 자격 요건은 복음 진리의 말씀을 힘써 배우는 것이다. 예수님께서는 승천하시기 전에 사도들에게 전도의 사명을 위임하시면서 그들의 사역으로 말미암아 태어나게 될 새로운 신자들을 가리켜 제자라고 부르셨는데(마 28:19-20), 그 말씀에 근거하여 이후에도 초기 교회에서 신자들을 가리켜 "제자"라고 불렀던 것으로 보인다. 이로 볼 때 그리스도 신자들은 계속적으로 복음 진리를 배우는 일을 그들에게 부여된 책임으로 여겨야 한다.

"찾아"(ἀνευρόντες)라는 말은 "찾아내어 만남"(found by searching)을 의

미한다. 이 말은 두로의 신자들이 소수였다는 사실을 알려준다. 바울은 이와 같이 소수의 신자들도 참으로 반갑게 여겨서 그들을 찾아가 만나는 것을 즐거움으로 여겼다.

두로에 복음이 처음 전해진 때가 언제인지 확실히 알 수 없지만, 박해로 인하여 흩어진 신자들이 베니게 지방으로 가서 전한 복음이 두로에까지 전해졌던 것으로 보인다(참조. 행 11:19; 15:3). 바울이 두로에 도착했을 때 그곳의 교회가 규모는 크지는 않았을지 모르지만 내실 있게 성장하여 그 가운데는 성령의 감동으로 예언하는 신자들도 있었음을 볼 수 있다. 그들이 바울더러 "예루살렘에 들어가지 말라"고 한 이유는 그가 거기서 위험에 처할 줄 미리 알았기 때문이다. 그들이 위험을 예감한 것은 성령의 역사였지만, 예루살렘에 올라가지 말라고 바울을 만류한 것은 그들 자신의 인간적인 동정심이었다(참조. 21:12-14).

5-6 이 여러 날을 지낸 후 우리가 떠나갈새 그들이 다 그 처자와 함께 성문 밖까지 전송하거늘 우리가 바닷가에서 무릎을 꿇어 기도하고 서로 작별한 후 우리는 배에 오르고 그들은 집으로 돌아가니라. 이 말씀을 보면 초기 교회 성도들의 삶에 사랑이 얼마나 깊었는지를 알 수 있다. 두로의 모든 신자들이 바울을 전송하기 위해 "처자"와 함께 "성문 밖까지" 나간 것은 교역자를 귀히 여기고 사랑하는 그들의 열정이 대단하였다는 증거다. 또한 그들이 "바닷가에서 무릎을 꿇어 기도"한 것을 보면 그들의 사랑이 혈육에 속한 것이 아니고 영적인 것이어서 하나님 중심이었음을 알 수 있다. 신자들이 서로의 장래를 하나님께 부탁하는 일은 친구의 형통을 위하는 가장 확고한 비결이 된다.

7 두로를 떠나 항해를 다 마치고 돌레마이에 이르러 형제들에게 안부를 묻고 그들과 함께 하루를 있다가. "돌레마이"는 두로에서 50킬로미터쯤 되는 곳인데 그곳에 빌립이 교회를 세운 것으로 여겨진다.

"형제들에게 안부를 묻고." 이 말은 단순하게 형식적인 인사를 주고받았다는 뜻이 아니라, 그 당시 초기 교회 신자들 사이에서 넘치는 사랑을 이처럼 표현했다는 뜻이다. 그와 같은 문안인사 한마디가 상대방에게 위로와 용기와 소망을 줄 수 있었다.

8 **이튿날 떠나 가이사랴에 이르러 일곱 집사 중 하나인 전도자 빌립의 집에 들어가서 머무르니라.** "돌레마이"에서 "가이사랴"까지는 40-60킬로미터 거리다. 빌립이 "가이사랴"에 들렀다는 기록은 8:40에 나온다. 그를 "전도자"(εὐαγγελιστής)라고 한 것은 그가 사도 빌립이 아니었음을 밝히는 동시에 그가 전도에 열매를 맺은 사역자였음을 알려준다(참조. 8:5-13, 26-40; 6:5).

사도 시대에 존재했던 "전도자"(εὐαγγελιστής)(행 21:8; 딤후 4:5)라는 직분도 사도의 직분처럼 교회의 기초가 되는 항구적인 직무였는가? 칼빈은 사도 시대의 전도자 직분이 특수한 것이었으며 사도 시대 이후에는 사라졌다고 주장하는데,[177] 교회정치학자 푸치우스(G. Voetius)의 견해도 칼빈과 일치한다.[178] 그리고 보우만(H. Bouwman)은 사도 시대의 "전도자"가 교회의 정규적인 직분이 아니었으며 다만 은사(χάρισμα)를 따라서 사도들을 보조한 것일 뿐이며, 그 직분이 오늘날까지 내려오는 것은 아니라고 말한다.[179] 사도 시대 이후의 기독교 문헌에는 더 이상 "전도자"라는 명칭이 나타나지 않는다. 현대 교회의 전도사 직분은 사도 시대의 "전도자"와는 다른 것이다.

9-11 **그에게… 여러 날 머물러 있더니 아가보라 하는 한 선지자가 유대로부터 내려와 우리에게 와서 바울의 띠를 가져다가 자기 수족을 잡아매고 말하기를 성령이 말씀하시되 예루살렘에서 유대인들이 이같이 이 띠 임자를 결박하여 이방인의 손에 넘겨 주리라 하거늘.** "아가보"는 전에도 흉년을 예언한 바 있었다(11:28). 그가 띠를 가지고 자기 손발을 묶으면서 예언한 것은 하나의 행동 예언이다(참조. 왕상 22:11; 사 20:2;

---

177) J. Calvin, *Institutes of Christian Religion* IV, 3, 4.
178) G. Voetius, *Politica Ecclesiastica*, II, 364.
179) H. Bouwman, *Gereformeerde Kerkrecht*, I, 1928, 355.

렘 13:1-7; 겔 4:1-17). 성령께서 이처럼 예언자를 통하여 바울의 앞길에 찾아올 환난에 대하여 예고하신 목적은, 그러한 예언이 성취되어 환난이 임할 때 바울로 하여금 하나님이 그와 동행하시는 신실하신 하나님이심을 확신케 하려는 것이다. 이 같은 예언의 성취를 통해 바울은 하나님이 모르시는 것이 없음을 확신하고 환난 중에도 위로와 힘을 얻게 될 것이다.

13 바울이 대답하되 여러분이 어찌하여 울어 내 마음을 상하게 하느냐 나는 주 예수의 이름을 위하여 결박 당할 뿐 아니라 예루살렘에서 죽을 것도 각오하였노라 하니. "상하게 한다"(συνθρύπτοντές)라는 동사의 본래 의미는 "깨뜨린다"는 뜻이다. 마음을 깨뜨린다는 것은 마음을 약하게 만드는 것을 가리킨다(Knowling).

"각오하였노라." 이 동사구(ἑτοίμως ἔχω)는 준비된 상태를 가리킨다. 바울은 예루살렘으로 올라가지 말라는 친구들의 권고에 탄식으로 대답하면서, 그 어떠한 환난을 만날지라도 예루살렘으로 가는 것이 하나님의 뜻인 줄 이미 확신하고 있음을 밝힌다. 하나님의 뜻이라고 해서 그것을 성취하는 과정이 언제나 평탄하기만 한 것은 아니다. 사람들은 잘못 생각하여 일이 순조롭지 않으면 하나님의 뜻이 아닌 줄로 안다.

14 그가 권함을 받지 아니하므로 우리가 주의 뜻대로 이루어지이다 하고 그쳤노라. 이 점에 대하여 캠벨 모건은 다음과 같이 말하였다. "바울에게 예루살렘으로 올라가지 말라고 했던 권면에도 부분적인 진실이 있는가 하면, 그러한 권면을 듣지 않고 거절한 데도 부분적인 진실이 있다. 그러나 양편 모두 주님의 뜻을 찾는 데 있어서는 서로 일치하여 보조를 맞추었다."[180]

17-22절. 바울은 예루살렘 교회의 지도자들을 만났다. 그때 그들은 바울로부터 이방 전도(복음) 사역에 대하여 보고를 받고 하나님께 영광을 돌렸다. 이것을 보면 그들의 생각도 바울이 전한 복음의 내용과 일치하였던 것이 명백하다. 바울은 그들에게서 배운 것이 없었고 다만 계시에 의하여

---

180) C. Morgan, *The Acts of the Apostles* (New York, 1924), 482.

예수님의 복음을 알게 되었는데(갈 1:16), 그러한 지식이 그들의 복음과 일치하였던 것이다(갈 2:6-8). 이것은 처음 사도들(예수님의 생전에 부름받은 예루살렘의 사도들)에게 역사하신 성령께서 바울에게도 동일하게 역사하셨음을 우리에게 알려준다. 온 인류를 죄에서 구원하여 영생을 얻게 하는 진리는 오직 하나뿐이다.

그럼에도 불구하고 예루살렘 교회의 지도자들이 바울에게 하나의 근심거리를 전해주었다. 그것은 유대인 그리스도 신자들이 바울의 주장을 이해하지 못하고 있다는 사실이었다. 유대인들은 바울이 "모세를 배반하고 아들들에게 할례를 행하지 말고 또 관습을 지키지 말라"(행 21:21)고 가르쳤다는 소문을 들었다는 것이다. 이것은 그의 주장을 오해한 그릇된 선전이었으며 예루살렘 교회 지도자들은 이 일에 관한 해결책을 그에게 제시하였다(23절).

23 **우리가 말하는 이대로 하라 서원한 네 사람이 우리에게 있으니.** "서원"이란 사람이 하나님의 도우심을 얻기 위해서, 혹은 받은 은혜에 대해 감사하는 마음을 표현하기 위해서 일정한 기간을 정하여 술을 마시지 않으며 주검을 만지지 않고 머리를 깎지 않는 제도를 가리킨다. 이것은 민수기 6:1-21에 따른 규례다. 서원의 기간을 성공적으로 끝마친 후에는 머리털을 깎아 제단 위에서 불태웠다. 이때 서원한 사람들의 머리를 깎는 비용을 담당하는 자는 그들의 서원 행위에 찬동하는 것으로 인정되었다. 요세푸스 사기에 의하면, 아그립바 왕이 서원자들의 머리 깎는 비용을 부담한 일이 있다고 한다.[181]

24 **그들을 데리고 함께 결례를 행하고 그들을 위하여 비용을 내어 머리를 깎게 하라 그러면 모든 사람이 그대에 대하여 들은 것이 사실이 아니고 그대도 율법을 지켜 행하는 줄로 알 것이라.** 그 당시 예루살렘 교회는 흉년으로 말미암아 경제적으로 매우 곤궁

---

[181] Josephus, *Ant.* 19:1, 6.

한 상태였으므로 서원자들의 머리 깎는 비용을 보조해줄 필요가 있었다. 만일 이때 바울이 그들에게 이런 방식으로 도움을 준다면 유대인들도 바울이 모세의 율법에 따른 제도를 무시하지 않는 것으로 인정할 수 있었을 것이다.

25 주를 믿는 이방인에게는 우리가 우상의 제물과 피와 목매어 죽인 것과 음행을 피할 것을 결의하고 편지하였느니라 하니. "이방인" 그리스도 신자들에 대하여는 공의회의 결정(15:20, 29)을 지키도록 기대할 뿐이라는 뜻이다. 15:29에 대한 해석을 참조하라.

26 바울이 이 사람들을 데리고 이튿날 그들과 함께 결례를 행하고 성전에 들어가서 각 사람을 위하여 제사 드릴 때까지의 결례 기간이 만기된 것을 신고하니라. "결례 기간"은 사람이 머리털을 밀지 않고 주검을 만지지 않으면서 "나실인" 서원을 지키는 기간을 뜻한다(참조. 민 6:6).

이때 바울이 이런 규례를 준수한 것은 얼핏 보면 가식적인 행동 같지만 실상은 ① 겸손이고, ② 화평을 위해 힘쓰는 행위였으며, ③ 죄가 되지 않는 행동에 동참함으로써 할 수만 있으면 사람들의 마음을 얻고자 하는 적응성을 보여준 것이었다(고전 9:19-23).

27-31상. 여기서는 아시아에서 온 유대인들이 바울을 박해한 장면을 보여준다. 박해자들에게 공통되는 행동 방식이 이때도 나타났다. ① "무리를 충동함"(27절). ② 거짓 선전을 간교하게 꾸밈(28절). ③ 바울의 행사를 오해함(29절). ④ 폭력을 사용함(30절). ⑤ 죽이려고 함(31상) 등이다. 이 박해자들은 아시아로부터 온 불신 유대인들이었다(27절).

31하-36절. 바울이 백성에게 에워싸여 매를 맞고 있을 때(32절) 그가 로마 군대의 개입으로 오히려 보호를 받은 사실은 그의 생명을 해치려는 유대 백성을 막으신 하나님의 섭리적 간섭이었다. 이때 ① 바울을 치던 유대인들은 동원된 로마 군대를 보고 두려워서 구타 행위를 멈추었으며(32절), ② 바울은 로마 군인에게 붙잡힘으로써 오히려 폭도들이 가하는 상해를 면하였고(33절), ③ 군인들은 바울을 영문 안으로 호송해감으로써 그를 안전하게 보호했다(34-36절).

38 **그러면 네가 이전에 소요를 일으켜 자객 사천 명을 거느리고 광야로 가던 애굽인이 아니냐.** 여기 언급된 "애굽인"은 로마 정부를 전복하기 위해 무장봉기를 일으켰다가 벨릭스(Felix) 총독에 의해 패퇴했다. 이 사건은 요세푸스 사기에도 기록되어 있다.[182]

39 **바울이 이르되 나는 유대인이라 소읍이 아닌 길리기아 다소 시의 시민이니 청컨대 백성에게 말하기를 허락하라 하니.** 바울은 이 점에 대해서 스스로를 변호하기를 주저하지 않았다. 그는 자신이 로마에 반역했던 애굽인이 아니라는 사실을 분명히 하고자 했다. 그는 정치적 반역자로 고난받기를 원하지는 않았기 때문에 이같이 스스로를 변호했을 것이다. 그는 자신이 "유대인"이며 자랑스러운 "다소 성의 시민"이라고 말하였다. 그러면서도 그는 복음을 위해서라면 어떠한 고난과 죽음도 무릅쓰고 전진했으며 결코 후퇴하지 않았다. 그는 자기를 죽이려는 폭도들에게도 복음 전하기를 진심으로 소원하였다(참조. 19:30).

40 **천부장이 허락하거늘 바울이 층대 위에 서서 백성에게 손짓하여 매우 조용히 한 후에 히브리 말로 말하니라.** 바울이 로마 군대에 체포된 것이 도리어 그에게는 복음 전할 좋은 기회가 되었다. 그러므로 벵겔은 이 점에 대하여 말하기를 "바울이 붙잡힌 것이 그에게 얼마나 커다란 유익을 가져다주었던가! 붙잡힌 바로 그 순간부터 말이다!"라고 하였다.[183]

---

182) Ibid., XX, 8, 5-8, *Wars* II, 13, 15, 16.
183) J. A. Bengel, *Gnomon of the New Testament II* (1742); translated by C. T. Lewis and M. R. Vincent, 696.

설교▶ 환난 중에 확신을 가진 바울(21:27-40)

바울은 선교여행 중에 여러 차례 환난을 당했다. 그중에서도 특히 예루살렘 방문 시에 유대인들에게 당한 고난은 혹독한 것이었다. 이 같은 환난을 바울은 어떤 자세로 맞이하였는가? 그는 로마 군대에 체포되어 끌려가면서도 대중을 향해 전도하고자 하는 마음이 간절하였다. 그가 천부장에게 말하기를 "청컨대 백성에게 말하기를 허락하라"(39절)고 하였는데, 그는 자기를 죽이려 했던 민중에게도 복음을 전하고자 하는 마음을 품었다. 그가 이처럼 일말의 두려움도 없이 전도열에 불탔던 원인이 무엇인가? 그것은 그가 가진 확신이었다. 그는 확신의 소유자였기 때문에 환난 중에도 동요하지 않았다. 그렇다면 그가 가진 확신의 근거는 무엇인가?

1. 하나님의 말씀으로 확신을 얻음

바울은 예루살렘에서 당할 위험에 대하여 예언자들로부터 몇 차례 경고를 받았다. 두로에서도 그러했고(4절), 가이사랴에서도 마찬가지였다(10-14절). 그는 이처럼 여러 번에 걸쳐 하나님의 예언자들로부터 경고를 받았는데 이제 모든 일이 예언대로 이루어지는 것을 경험하게 되었을 때 하나님께서 그의 길에 동행해 주심을 확신하지 않을 수 없었다. 말씀의 성취는 언제나 우리에게 확신을 주는 법이다(요 13:19). 본래 하나님의 말씀은 그 자체가 믿음을 주는 것이며(롬 10:17), 누구든지 그 말씀을 소유한 자는 확신 위에 견고히 서게 된다.

2. 순종함으로 확신을 얻음

우리는 하나님의 말씀에 순종함으로써 확신을 얻게 된다. 바울은 예루살렘에 올라가면 고난을 받게 될 것을 미리 알고 있었음에도(20:25) 주님의 뜻에 순종하여 그곳으로 갔다(20:22; 21:13-14). 하나님께서는 우리에게 진리를 주시면서 우리가 순종으로 반응하기를 기대하신다. 우리가 순종할 때 하나님은 기뻐하신다(참조. 삼상 15:22-23).

3. 경험에서 확신을 얻음

바울은 여러 차례 하나님의 권능의 손길로 죽음의 위협에서 건짐을 받았다(14:19-20; 18:12-17; 19:23-41). 사람은 경험을 통해서 깨우침을 얻는다. 우리는 수많은 기도를 통해 하나님께서 우리의 기도에 응답하시는 것을 체험하며 또 그로 말미암아 기도생활에 확신을 얻는다. 하나님이 인생들 가운데서 선한 일에 보상하시고 악한 일에 보응하신다는 사실도 우리가 세상사를 자세히 살펴봄으로써 깨달을 수 있다. 일례로 교황 요한 21세는 자신이 세운 비테르보(Viterbo) 교황궁의 빌라를 자랑하던 순간 지붕이 무너져 죽임을 당하였다. 이처럼 지난 역사에서 때때로 하나님의 상벌이 인간에게 임했던 것을 우리는 목격할 수 있다. 다만 인생사의 모든 사건들에 대해 상벌이 시행되지 않은 이유는 아직 최후 심판의 날은 아니기 때문이다.

우리는 지난 세월의 경험과 역사를 통해 신앙의 확신을 얻게 된다. 폴리카르포스는 86세의 고령에 박해자들에게 붙잡혔을 때, 예수를 부인하기만 하면 방면해주겠다는 그들의 말에 대답하기를 "86년 동안 나에게 해를 끼친 일이 단 한 번도 없었고 오직 유익만 주신 예수님을 내가 어떻게 부인할 수 있겠느냐?"라고 하였다. 이같이 86년 동안 그리스도와 함께한 그의 경험은 그에게 확신을 가져다주었다.

바울은 확신의 사람이었다. 그는 말하기를 "이로 말미암아 내가 또 이 고난을 받되 부끄러워하지 아니함은 내가 믿는 자를 내가 알고 또한 내가 의탁한 것을 그 날까지 그가 능히 지키실 줄을 확신함이라"(딤후 1:12)라고 하였고, 또 말하기를 "그가 이같이 큰 사망에서 우리를 건지셨고 또 건지실 것이며 이 후에도 건지시기를 그에게 바라노라"(고후 1:10)라고 하였다.

제 22 장

개요

바울이 예루살렘에서 유대인들의 핍박을 받던 중 로마 군대에 의해 체포되었다(21:27-39). 그는 천부장의 허락을 받아 유대인 군중을 대상으로 자신의 내력을 해명하였다.

1. 그는 자신도 과거에는 유대인들과 동일한 관점을 가지고 동일한 처지에 있었음을 말하였다(3-5절). ① 그 자신이 유대인이었고, ② 그들처럼 유대 조상들의 율법에 따라 엄한 교훈을 받았으며, ③ 그들처럼 하나님께 대하여 열심이 있는 자였고, ④ 그들처럼 예수교를 박해하였다고 한다.

2. 그러나 이제 그는 주님의 초자연적인 간섭에 의하여 회개하고 예수를 믿게 되었다. 여기서 초자연적 간섭이란 다음과 같은 사건들을 가리킨다. ① 그의 앞에 빛이 나타났으며(6절), ② 음성이 들렸고(7-8, 10절), ③ 그와 동행한 자들도 그때 나타난 빛을 보았다(9절). 그만큼 그때 나타난 광경은 객관적 현상이었다. 그리고 ④ 아나니아가 그에게 찾아오게 된 일도 초자연적으로 이루어진 것이었고(12-13절), ⑤ 바울이 예루살렘 성전에서 기

도할 때 이방인에게로 가라는 사명을 받은 것도 초자연적인 사건이었다(17-21절).

바울은 자신이 이처럼 확실한 계시를 받고 개종하였다고 해명했지만, 그럼에도 유대인들은 그를 죽이려고 발악하였다(22-23절). 이로 인해 천부장은 부하를 명하여 바울을 영문 안으로 데려가게 하였다(24절).

⚜ 내용분해

1. 바울이 유대인들 앞에서 그가 그리스도 신자가 된 내력을 말함(1-21절).
2. 유대인들의 소동과 천부장의 처사(22-30절).

⚜ 해석

1 부형들아 내가 지금 여러분 앞에서 변명하는 말을 들으라. "부형들"(ἀδελφοὶ καὶ πατέρες)이라는 헬라어 문구를 분석하면 "형제들과 아버지들"이라는 뜻이다. "아버지"라는 표현은 그 무리에 대한 존중을 드러내는 것이며, "형제들"이라는 표현에 대해 테오도르 찬은 "동포"라는 의미와 아울러 "종교적으로 같은 신앙을 가진 자"라는 의미를 내포한다고 설명했지만,[184] 단순히 "동포"라는 의미로 보는 것이 타당하다. 바울은 이때 자기를 죽이려 하는 군중을 사랑하는 마음으로 그들을 "부형들"이라고 불렀다.

2 그들이 그가 히브리 말로 말함을 듣고 더욱 조용한지라 이어 이르되. 유대인들은

---

[184] Theodor Zahn, *Die Apostelgeschichte des Lucas I/II*, KNT 5 (Erlangen, ³1927), 750: "Als seine Brüder, d. h. als seine Volksgenossen, c. 2, 14. 22. 29. 37, aber auch als Männer gleichen Glaubens, c. 1, 16; 15, 7. 13."

바울이 헬라어로 말할 줄 알았는데 뜻밖에도 히브리어로 말하는 것을 듣고 놀랐으며 그로 인해 그들은 일순간 조용해졌다. 그가 히브리어를 사용한 이유는 그의 변론 상대가 로마 군인이 아니라 유대인들이었기 때문이다. 그는 로마인들에게 자신을 이해시키는 것보다 유대인들의 영혼을 구원하는 일을 급선무로 생각하였던 것이다. 그는 유대인들에게 복음을 전하고자 하는 소원을 가지고 있었다.

3 나는 유대인으로 길리기아 다소에서 났고 이 성에서 자라 가말리엘의 문하에서 우리 조상들의 율법의 엄한 교훈을 받았고 오늘 너희 모든 사람처럼 하나님께 대하여 열심이 있는 자라. 바울이 비록 이방인의 도시였던 "다소"에서 출생하였으나 그는 줄곧 예루살렘에서 신앙 교육을 받았으며 그중에서도 열심이 특출한 유대주의자(율법에 매여 하나님을 섬기는 자)였다. 그는 그를 박해하는 군중 가운데 그 누구보다도 열정적인 율법주의자였다. 그는 이 같은 사실을 그들에게 밝힘으로써 그와 청중 사이에 공통점이 있음을 부각시키고자 했다.

4-5 내가 이 도를 박해하여 사람을 죽이기까지 하고 남녀를 결박하여 옥에 넘겼노니 이에 대제사장과 모든 장로들이 내 증인이라 또 내가 그들에게서 다메섹 형제들에게 가는 공문을 받아 가지고 거기 있는 자들도 결박하여 예루살렘으로 끌어다가 형벌 받게 하려고 가더니. 여기서 "이 도"(ταύτην τὴν ὁδόν)라는 표현은 기독교를 가리킨다. 사도행전 26:10 말씀에 비추어 생각해보면 바울이 "사람을 죽이기까지" 하였다는 말은 스데반이 순교하던 당시에 그가 찬성 편에 섰던 일을 가리키는 듯하다(7:57-58).

"다메섹 형제들"은 그곳에 거하는 유대인들을 가리킨다. 바울은 그들과 공모하여 다메섹에 있는 그리스도 신자들을 붙잡으려고 하였던 것이다. 그는 이처럼 커다란 죄를 범하였음에도 불구하고 주님의 긍휼을 입었다(딤전 1:13-14). 이 같은 사실은 기독교 복음이 의인을 부르지 않고 죄인을 불러 회개시키는 은혜의 복음이라는 것을 확증한다. 그러므로 바울은 고백하기를 "미쁘다 모든 사람이 받을 만한 이 말이여 그리스도 예수께서 죄인을 구원하시려고 세상에 임하셨다 하였도다 죄인 중에 내가 괴수니라 그러나 내가 긍휼을 입은 까닭은 예수 그리스도께서 내게 먼저 일체 오래 참으심을 보이사 후에 주를 믿어 영생 얻는 자들에게 본이 되게 하려 하심이라"(딤전 1:15-16)라고 하였다.

바울이 이처럼 그리스도 신자들을 핍박하던 중에 회개하고 예수님께로 돌아오게 된 사실은 기독교 복음이 지극히 참되다는 것을 확증한다. 그가 그토록 원수로 여기던 복음이 진리와 사실로 드러났을 때 그는 복음에 의해 정복당한 것이다. 그는 부활하신 예수님의 임재로 말미암아 그리스도 사건(그리스도의 죽음과 부활)의 절대적 사실성을 받아들이게 되었으며, 복음에 대한 그의 격렬한 반항심은 눈 녹듯이 녹아내렸다.

6-8절. 이 구절들에 대해서는 9:3-5에 대한 주석을 참조하라.

9 나와 함께 있는 사람들이 빛은 보면서도 나에게 말씀하시는 이의 소리는 듣지 못하더라. "소리는 듣지 못하더라." 사도행전 9:7에서는 바울과 동행하던 자들이 소리만 들었다고 했으니 이 두 구절의 기록이 서로 모순된 듯이 보인다. 그러나 헬라어 원문에 의하면, 이 구절의 표현(τὴν φωνὴν οὐκ ἤκουσαν)은 그 소리의 내용을 알아듣지 못했다는 뜻이고, 9:7의 표현(ἀκούοντες μὲν τῆς φωνῆς)은 일종의 소리를 들었다는 사실을 의미한다. 그러므로 이 두 가지 표현은 결국 같은 내용을 전달한다.

10-11절. 이 구절들에 대해서는 9:6, 8의 해석을 참조하라.

12 율법에 따라 경건한 사람으로 거기 사는 모든 유대인들에게 칭찬을 듣는 아나니아라 하는 이가. 바울은 이러한 사실을 밝힘으로써 다메섹 도상에서의 개종 사건이 박해자들도 신임할 만한 것임을 암시한다. 다시 말해 그의 개종 사건에는 박해자들과 동일하게 율법주의자였던 "아나니아"도 관련되었다는 것이다. 바울은 여기서 아나니아가 율법을 따르는 경건한 유대인이었으며 동료 유대인들도 그의 경건한 삶을 인정한다는 사실을 내세운 것이다.

13 내게 와 곁에 서서 말하되 형제 사울아 다시 보라 하거늘 즉시 그를 쳐다보았노라. 아나니아에게 바울은 박해자였으며 그를 체포하여 예루살렘으로 끌어가려던 자였다. 그러나 이제는 동일한 그리스도 신앙으로 말미암아 서로 "형제"가 되었다. 이것은 주님의 은혜로 말미암아 기적적으로 이루어진 관계다. 바울은 자기 눈이 "즉시" 열려 다시 보게 된 것도 주님의 은혜임을 증거한다(참조. 9:18).

14 그가 또 이르되 우리 조상들의 하나님이 너를 택하여 너로 하여금 자기 뜻을 알게 하시며 그 의인을 보게 하시고 그 입에서 나오는 음성을 듣게 하셨으니. "조상들의 하나님." 이러한 호칭은 "이스라엘의 조상들에게 메시아를 약속하신 하나님"이라는 뜻을 내포한다. 하나님께서는 이 같은 구원의 약속을 성취하셨고, 이제 그 약속을 완성하시기 위하여 바울을 택하셨다. 이것이 "자기 뜻", 곧 하나님의 뜻이다.

벵겔에 의하면 아나니아가 예수 그리스도를 "그 의인"(τὸν δίκαιον)이라고 부른 것은 몇 가지 의미를 내포한다. ① 그리스도 자신이 언제나 의로우시며, ② 부활 승천 후에는 그가 우리를 대신하여 담당하셨던 죄의 짐도 그에게서 벗겨졌으며, ③ 그가 친히 하나님의 뜻을 성취하셨고 우리 가운데서도 하나님의 뜻을 이루신다. 바울이 이러한 예수님을 보았던 것은 크나큰 은혜다.

15 네가 그를 위하여 모든 사람 앞에서 네가 보고 들은 것에 증인이 되리라. 헬라어 원문에는 이 구절 앞에 "왜냐하면"(γάρ)이라는 원인 접속사가 있어서 이 구절이 앞절에 대한 이유임을 보여준다. 다시 말해 바울이 이처럼 큰 은혜를 받은 이유가 "모든 사람"에게 그리스도를 증거하기 위함이라는 것이다. 이 증거 사역은 커다란 수고를 동반한다.

"모든 사람"(πάντας ἀνθρώπους)은 특별히 "모든 이방인들"을 가리킨다. 대중을 상대하는 일에는 극심한 고생이 뒤따른다. 사람이 은혜를 받는 것은 복음과 함께 수고하기 위함이다(참조. 고후 11:23-27; 살후 1:5; 딤후 1:8;

2:3; 4:5).

16 이제는 왜 주저하느냐 일어나 주의 이름을 불러 세례를 받고 너의 죄를 씻으라 하더라. "이제는 왜 주저하느냐"(καὶ νῦν τί μέλλεις)라는 문구는 고대 헬라어로 "이제 왜 지체하는가?"라는 의미다. 이 말은 바울과 같은 중한 죄인에게 위로를 준다. 과거에 신자들을 잡아 가두던 막중한 죄를 범한 바울일지라도 죄를 사하시는 그리스도의 보혈의 은혜 앞에서는 아무 문제될 것이 없었다. 그러니 그는 이제 그리스도 앞에서 더 이상 지체하거나 머뭇거릴 필요가 없다.

"주의 이름을 불러 세례를 받고 너의 죄를 씻으라." 이 말씀은 얼핏 보면 세례의 외형적 요소인 물이 죄를 씻을 수 있다는 말처럼 여겨질 수도 있다. 그러나 실상은 그렇지 않으며 "주의 이름을 불러"라는 말씀을 전제 조건으로 제시함으로써 주님의 이름이 죄를 씻는다는 사실을 밝히고 있다. 우리는 주님의 이름(권위와 공로)을 힘입어서만 죄 사함을 받는데, 그 이름으로 말미암아 우리의 죄는 물로 씻은 것처럼 깨끗이 해결된다.

17 후에 내가 예루살렘으로 돌아와서 성전에서 기도할 때에 황홀한 중에. 바울은 예수님을 만나는 사건을 체험한 후에도 성전을 멸시한 것이 아니라 도리어 그곳을 찾아가서 기도하였다. 이것은 그를 박해하던 유대인들이 생각했던 것과는 다른 모습이었다(28절). 그들의 오해를 풀어주는 것도 그들을 주님께로 인도하는 방법일 수 있다. 그가 주님을 만나는 중대한 사건을 체험한 후에 무엇보다 먼저 기도하는 자를 찾아갔다는 것은(9:11) 의미심장하다. 바울은 그가 여러 편지들에서 "쉬지 말고 기도하라"(살전 5:17; 골 4:2)라고 가르친 것처럼 기도를 그의 신앙생활에서 가장 중요하고 우선적인 과업으로 삼았다.

**18-21 보매 주께서 내게 말씀하시되 속히 예루살렘에서 나가라 그들은 네가 내게 대하여 증언하는 말을 듣지 아니하리라 하시거늘 내가 말하기를 주님 내가 주를 믿는 사람들을 가두고 또 각 회당에서 때리고 또 주의 증인 스데반이 피를 흘릴 때에 내가 곁에 서서 찬성하고

그 죽이는 사람들의 옷을 지킨 줄 그들도 아나이다 나더러 또 이르시되 떠나가라 내가 너를 멀리 이방인에게로 보내리라 하셨느니라. 이때 나타나신 분은 예수님이었다. 그는 바울에게 예루살렘에 머물지 말고 이방인들에게 가서 복음을 전하라고 부탁하셨다. 그때 바울은 대답하기를 유대인들이 그리스도 신자들에 대한 자신의 박해 행위를 알고 있다고 하였다. 이 말의 의미는 복음의 원수였던 그가 이제는 복음을 찬성하는 자로 변모했으니 이 같은 정황을 아는 유대인들이 그의 전도에 귀를 기울일 것이라는 뜻이었다. 그러나 주님은 두 차례나(18, 21절) 바울에게 "이방인에게로" 가라고 강력하게 말씀하셨다.

어떤 때에는 인간이 옳다고 생각하는 이론도 주님의 뜻에 부합하지 않다. 주님의 말씀에 의하면 유대인들이 바울이 전하는 복음에 응종하지 않으리라는 것이다(18절하). 바울은 주님의 이와 같은 계시를 따라서 이방의 사도로 사역하게 되었다. 여기서 우리는 한 가지 원칙을 발견한다. 그것은 전도자는 그 임지를 택함에 있어서 어디까지나 자기의 판단을 버리고 오직 주님의 인도하심을 따라 전진해야 된다는 것이다.

22-23 이 말하는 것까지 그들이 듣다가 소리 질러 이르되 이러한 자는 세상에서 없애 버리자 살려 둘 자가 아니라 하여 떠들며 옷을 벗어 던지고 티끌을 공중에 날리니. 이때 유대인들이 갑자기 발악한 이유는 바울이 이방인과 유대인을 동등하게 대우했기 때문이었다. 그들은 율법을 자랑하면서(롬 2:23) 율법 없는 이방인들을 멸시하여 왔는데, 이방인도 메시아의 구원에 참여한다는 바울의 말을 더 이상 들을 수 없었던 것이다. ① 그들이 "소리 지른" 것은 바울의 말을 중단시키기 위해서였고, ② "옷을 벗어 던진" 것은 그를 돌로 치기 위해 준비한 것이었다(참조. 7:58). 이처럼 그들은 극단적인 인종차별주의자들이었고, 따라서 모든 인류를 동일시하는 복음(골 3:10-11)을 받아들일 수 없었다.

진리를 거부하는 일에 선한 방법이란 존재하지 않으며, 그들의 행동에는 혈기와 악독이 가득하였다. 이는 주님께서 일전에 바울에게 "그들은 네가 내게 대하여 증언하는 말을 듣지 아니하리라"(행 22:18)라고 하셨던 예고가 바울의 설교 도중에 이루어진 것이었다. 하나님의 말씀은 언제든지 이루어지게 마련이니 그 말씀은 진리요 사실 그 자체다.

24-29절. 바울은 자신이 로마 시민권을 가졌다는 사실을 밝힘으로써 스스로를 변호하였다. 로마법에 의하면 로마 시민권을 가진 사람에게는 임의로 폭력을 가하지 못하도록 되어 있었다(Calvin). 바울이 이러한 법률에 의지하여 스스로의 안전을 도모한 것은 무법한 자들에게 정의를 가르치고자 하는 목적도 가졌을 것이다. 그러나 그보다도 그는 합법적으로 면할 수 있는 폭행을 일부러 당할 필요는 없다고 생각했을 것이다. 그리스도 신자는 하나님의 영광을 훼손하지 않는 범위에서 법률의 보호를 받을 수 있다. 다만 세상의 법과 천국의 법(성경)이 언제나 일치하는 것은 아니므로 어떤 때는 그리스도 신자가 세상의 시민법을 활용하는 일에 제한을 받게 된다. 모든 것이 우리에게 가능하지만 모두 다 유익한 것은 아니다(고전 6:12). 아무리 합법적으로 사용할 수 있는 권리라고 하더라도 그것을 사용하는 일이 신령한 은혜와 건덕에 손상을 입힌다면 우리는 세속법의 보호를 포기할 수도 있다.

30절. 천부장이 바울의 사건이 종교 문제에 관한 것임을 알고 이에 대한 공의회의 해결책을 들어보고자 한다.

제 23 장

↓ 개요

1. 바울을 둘러싸고 소란해진 공의회(1-10절)

1) 바울은 예루살렘 공의회 앞에서 먼저 자신이 양심껏 하나님을 섬겼다고 선언하였다(1절). 바울의 선언을 들은 당시 대제사장은 당장 바울의 입을 치라고 명하였다(2절). 이것은 그 시대의 종교가 얼마나 부패했는지를 여실히 보여준다. 제기된 사건의 정황을 공정하게 조사해보기도 전에 당사자를 구타하라고 명령하는 것은 한낱 폭행에 불과하다.

2) 바울은 자신이 죽은 자의 부활을 전하다가 심문을 받게 된 것이라고 말하였다(6절). 이로 인해 회의석상에서 공의회 회원들 간에 폭력 사태가 발생하여 바울은 찢겨 죽을 뻔하였다(7-10절). 이 같은 사태는 부패한 종교의 말기에 일반적으로 나타나는 현상이다.

2. 하나님께서 바울을 격려하심(11절)

1) 하나님은 핍박받는 성도들을 찾아오셔서 그들을 위로하시고 격려해 주신다.

2) 또한 하나님은 성도를 박해하는 세력까지도 이용하셔서 그의 뜻을

이루신다. 바울을 박해하는 세력은 결국 그를 로마로 파송하고자 하신 하나님의 계획에 이용되었다. 바울이 로마에서도 복음을 증거하는 것이 하나님의 뜻이었다.

3. 유대인들의 음모와 실패(12-35절)

유대인들은 무리를 지어 다수의 폭력과 계교로 바울을 죽이고자 하였다(12-15절). 그러나 하나님은 바울의 조카 한 사람을 통해 수많은 악당들이 꾸민 간계가 수포로 돌아가게 만드셨다(16-21절). 하나님께서는 한 사람을 사용해서 대중을 이기신다. 그뿐 아니라 하나님은 그가 택하신 바울이라는 성도 한 사람을 보호하시기 위하여 군인 470명을 동원하셨다(22-24절). 이 사건들을 통하여 우리는 하나님께서 사용하시는 개인 한 사람의 중요성을 알 수 있다.

천부장 루시아가 바울을 보호하기 위해 친절을 베푼 것은 우연한 일이 아니었다. 그의 친절은 그가 벨릭스 총독에게 보낸 편지에서 드러난다(25-31절). 이방 군대의 장교가 이같이 행한 것은 하나님의 감동으로 말미암은 일이었다.

✣ 내용분해

1. 대제사장과 관련된 변론(1-5절).
2. 부활에 대한 논쟁(6-9절)과 로마 군대의 관여(10절).
3. 주님께서 바울을 위로하심(11절).
4. 유대인 40여 명이 바울을 죽이고자 하였으나 천부장이 바울을 위험에서 건져냄(12-35절).

↓ 해석

1 **바울이 공회를 주목하여 이르되 여러분 형제들아 오늘까지 나는 범사에 양심을 따라 하나님을 섬겼노라 하거늘.** "주목하여"(ἀτενίσας)라는 말은 "힘 있게 쳐다봄"을 의미하는데, 양심에 거리낌이 없는 자가 아니고서는 회중을 힘 있게 쳐다보기 어렵다. 설교자가 이처럼 회중을 힘 있게 쳐다볼 수 있어야 그들의 양심을 자극하도록 힘 있게 말할 수 있다. 바울이 이같이 회중을 주목했던 것은, ① 그가 부끄러움 없는 일꾼으로서 담대했기 때문이고(딤후 2:15), ② 회중을 자기 자신처럼 사랑하여 그들의 영혼을 불쌍히 여겼기 때문이다(유 1:22-23).

"양심을 따라"라고 번역된 헬라어 어구(συνειδήσει ἀγαθῇ)는 "선한 양심대로"라고 번역해야 한다. "선한 양심"이란 거듭난 자의 양심이니(딤전 1:5, 19; 3:9), 하나의 말씀대로 행하려는 진실한 양심을 가리킨다. 선한 양심은 무엇이나 사실대로 다루는 진실성을 특징으로 한다. 그러므로 이런 양심의 소유자는 혹시 죄를 범한다 해도 그 사실을 인정하고 즉시 회개하게 된다. 바울의 양심이 이같이 작용한 것 역시 "선한" 일이다. 이런 양심으로만 하나님을 섬길 수 있다(참조. 딤후 1:3). 하나님의 말씀(성경)은 우리 인간의 양심을 대상으로 두 가지를 꾸짖는다. ① "어찌하여 너는 하나님을 믿지 않는가?" ② "어찌하여 너는 사랑을 실천하지 않는가?" 우리가 이 두 가지 꾸짖음 앞에서 진실하게 답변하고 회개하는 것이 곧 하나님을 섬기는 것이다. 그것이 바로 선한 양심의 작용이다.

2 **대제사장 아나니아가 바울 곁에 서 있는 사람들에게 그 입을 치라 명하니.** 여기 "아나니아"는 헤롯 아그립바의 동생(칼키스의 헤롯이라고 불림)의 후원으로 대제사장직을 받았으며(AD 47년) 11년 동안 그 자리에 있었다. 그는 친로마 성향을 가졌기 때문에 유대주의자들에게 미움을 받아왔다. 그는 반로마 전쟁(AD 66년) 당시 하수도에 숨었다가 발각되어 죽임을 당했다.

아나니아는 바울의 설교를 중단시키기 위해 사람을 시켜 "그 입을 치라"고 명령하였는데 이것은 성직자로서는 물론이거니와 일반 인간으로서도 할 일이 아니다. 사람은 영적 권위를 가져야만 참으로 힘 있는 자인데, 아나니아는 폭력적인 방법으로 바울의 영적 권위를 제지하려고 한 것이다. 그것은 짐승의 힘을 동원하여 하나님을 대적하는 것과 마찬가지다. 교권을 탐하는 자들은 모두 다 이런 과오를 범한다. 그것은 그들에게 진리에 대한 진정한 지식과 영적 감화력이 없기 때문이다.

3 바울이 이르되 회칠한 담이여 하나님이 너를 치시리로다 네가 나를 율법대로 심판한다고 앉아서 율법을 어기고 나를 치라 하느냐 하니. "회칠한 담"은 겉만 깨끗하고 속은 더러운 것이니, 곧 겉과 속이 다름을 가리킨다. 아나니아를 가리켜 회칠한 담이라고 한 것은 ① 그 자신이 극히 악하고 불의함에도 불구하고 거룩한 대제사장이라는 영광스런 직임을 얻었으니 그것이 바로 겉과 속이 다른 것이고, ② 그 자신이 율법대로(공의로) 사람을 판단할 지위에 있으면서도 도리어 무죄한 바울을 "치라"는 불공정한 명령을 내렸으니 그것도 겉과 속이 다른 행동이다.

바울이 여기서 대제사장 아나니아를 꾸짖었던 것은 자기 자신을 위한 변호라기보다는 교권을 차지한 사악한 자들을 책망함으로써 하나님을 기쁘시게 해드리고자 했던 의로운 행동이었다. 권세를 가진 악인을 꾸짖기 위해서는 자기 자신을 돌보고자 하는 생각을 포기해야 한다. 수많은 관리들이 연약하고 권세 없는 자들은 잘 책망하면서도 권세 있고 지위가 높은 자들에게는 아첨한다. 그러나 그리스도 신자들은 그럴 수 없다. 예수 그리스도께서는 헤롯을 "여우"라고 하셨고(눅 13:32), 그 시대의 악한 교권자들이었던 바리새인들을 꾸짖어 "화 있을진저 외식하는 서기관들과 바리새인들이여"라고 하셨다(마 23:13, 15, 16, 23, 25, 27, 29). 세례 요한은 바리새인과 사두개인들을 향하여 "독사의 자식들아"라고 책망하였다(마 3:7).

5 바울이 이르되 형제들아 나는 그가 대제사장인 줄 알지 못하였노라 기록하였으되 너

의 백성의 관리를 비방하지 말라 하였느니라 하더라. 어떤 학설에 의하면 이 구절은 바울이 사과하는 뜻으로 했던 말이라고 한다. 다시 말해 그는 아나니아가 대제사장인 줄 모르고 그를 가리켜 "회칠한 담"이라고 꾸짖었는데 이에 대해 그가 잘못을 인정하고 사과했다는 것이다.

그러나 칼빈은 바울의 발언이 일종의 풍자라고 하였다. 다시 말해 바울은 아나니아가 폭력을 부추기는 것을 보고 그를 대제사장으로 인정할 수 없었기 때문에 그를 꾸짖은 것이라는 말이다. 바울은 분명히 말하기를 자기로서는 "관원(대제사장도 지도자이므로 일종의 관원이다. 그러나 그 당시 타락한 대제사장은 참된 관원이 아니었다)을 비방하지 말라"(출 22:28)라는 성경 말씀을 명심한다고 하였다. 이 말의 의미는 그가 타락한 대제사장 아나니아를 꾸짖은 것은 출애굽기의 말씀에 저촉되지 않는다는 것이다. 그는 하나님의 대언자인 사도로서 구약 시대 선지자와 동등한 지위를 가졌기 때문에 불의한 권력자들을 꾸짖을 수 있다.

6 바울이 그 중 일부는 사두개인이요 다른 일부는 바리새인인 줄 알고 공회에서 외쳐 이르되 여러분 형제들아 나는 바리새인이요 또 바리새인의 아들이라 죽은 자의 소망 곧 부활로 말미암아 내가 심문을 받노라. "일부는 사두개인이요 다른 일부는 바리새인인 줄 알고 공회에서 외쳐 이르되." 이것은 바울이 두 당파를 분열시키기 위해 잔꾀를 부렸다는 뜻이 아니다. 그는 다만 부활 신앙의 진리에서 멀지 않은 일파, 곧 바리새인들을 자신이 주장하는 부활의 진리로 인도하고자 했을 뿐이다.

바울은 자신이 법정에서 심문을 받게 된 이유가 그리스도 신자의 부활 소망을 전했기 때문이라고 하였다. 그가 주장한 부활은 단순한 이론이 아니라 현실 세계에서 생사 문제를 내걸고 전파해야 할 역사적인 그리스도 사건이다.

7-10 그 말을 한즉 바리새인과 사두개인 사이에 다툼이 생겨 무리가 나누어지니 이는 사두개인은 부활도 없고 천사도 없고 영도 없다 하고 바리새인은 다 있다 함이라 크게 떠들새

바리새인 편에서 몇 서기관이 일어나 다투어 이르되 우리가 이 사람을 보니 악한 것이 없도다 혹 영이나 혹 천사가 그에게 말하였으면 어찌 하겠느냐 하여 큰 분쟁이 생기니 천부장은 바울이 그들에게 찢겨질까 하여 군인을 명하여 내려가 무리 가운데서 빼앗아 가지고 영내로 들어가라 하니라. 바울이 전한 메시지의 내용은 언제나 그리스도의 부활에 관한 것이었다. 그럼에도 불구하고 바울은 부활을 믿는 바리새인들로부터 동정을 받은 일이 없었다. 그런데 이번에는 그들이 부활을 믿지 않는 사두개인들과 충돌하면서까지 어느 정도 바울을 동정하는 것처럼 보인다. 사태가 이렇게 진행되어간 것도 하나님의 특별한 섭리로 말미암은 것이다.

사두개인과 바리새인의 역사는 각각 다음과 같다.

1) 사두개파는 그 당시 유대인 당파들 중 하나로서 소수당이었다. 그 당원들은 지성인으로서 부유하고 지위 있는 계층의 사람들이었으며, 다윗 시대의 대제사장이었던 사독의 계파를 따르는 자들이었다. 사두개파의 신앙 교리를 살펴보면 다음과 같다. ① 그들은 구약성경을 있는 그대로 믿는다고 하면서도 각기 자유롭게 해석할 수 있다고 주장하였다.[185] ② 그들은 부활과 내세와 영혼의 존재를 부인하였다. ③ 그들은 점점 타락하여 페르시아와 헬라 시대에는 종교보다 정치를 중시하였다. 안디오코스 4세 에피파네스[186]의 통치 기간에는 사두개파 출신의 많은 제사장들이 헬라의 문화와 풍속을 무분별하게 수용하였으며 마침내 정치적인 성향을 띠게 되었다. 로마 통치 시대에도 이들은 정권과 타협하였다.

2) 바리새파는 마카비 전쟁(Maccabaean War) 시대에 헬라 문화의 침투를 막고자 했던 열정적인 종교인들로 구성되었다가 점차 탈선하여 율법주의로 기울어진 당파다. "바리새"(Φαρισαίοι)라는 이름은 대제사장 히르카누스(John Hyrcanus) 시대(BC 135-105)에 정식으로 사용되었다. 히르카누

---

185) Josephus, *Ant*. XVIII, 1, 4.
186) Antiochus IV Epiphanes (BC 175-163).

스는 바리새인이었다가 후에 사두개파로 전향하였으며, 그의 아들 얀나이우스(Jannaeus)는 바리새파를 진멸하려는 계획을 세우기도 했다. 그러나 후에 그의 아내 알렉산드라(Alexandra)가 바리새 운동을 후원했으므로 이 당파는 유대 종교계에서 큰 세력을 가지게 되었다. 이 당파의 교리는 사두개파와 반대로 부활, 내세, 영혼의 존재를 인정한다.

본문(7-8절)에 기록된 두 당파 간의 분쟁은 부활과 천사와 영(사람의 영혼)의 존재에 관한 논쟁에서 시작되었다. 이것은 어떤 의미에서는 보수주의와 자유주의 간의 분쟁이다(Grosheide). 바울을 박해하는 일에 단합해왔던 두 당파가 이 시점에 서로 갈라져 분쟁하게 된 것도 하나님의 간섭에 따른 것이었다. 이 두 당파는 서로 다른 교리를 신봉하면서도 복음을 핍박하는 일에는 의기투합했던 것이다(참조. 4:1-3).

그러나 바울의 발언을 계기로 두 당파는 태도를 바꾸어 서로 심히 반목하게 되었다. 그들이 바울을 사이에 두고 난투를 벌이자 천부장은 그들 사이에 끼어 위태해진 바울을 "빼앗아 가지고" 군영으로 옮기라고 명령하였다. 여기서 우리는 성도를 보호하시는 하나님의 섭리를 볼 수 있다. 바울이 그때 박해자들의 틈바구니에 빠진 것도 결국은 하나님이 예비하신 보호자였던 천부장의 수중에 바울이 들어가도록 인도하신 하나님의 오묘한 방법이다.

11 그 날 밤에 주께서 바울 곁에 서서 이르시되 담대하라 네가 예루살렘에서 나의 일을 증언한 것 같이 로마에서도 증언하여야 하리라 하시니라. "바울 곁에 서서"(ἐπιστὰς αὐτῷ) 이르셨다는 것은 음성만으로 그렇게 느껴지도록 하셨다는 뜻도 아니고, 환상으로 그렇게 보여주셨다는 뜻도 아니다. 이것은 꿈 가운데 그 같은 광경을 보여주셨다는 의미다(Jacquier). 성도에게 닥친 위험이 극에 달하면 주님께서는 그를 위로하시기 위하여 특별한 방식으로 나타나신다. 사람이 위험이라고 느끼는 것이 하나님의 눈에는 아무것도 아니다. 하나님은 바울로 하여금 마침내 로마에까지 가서 복음을 증거하도록 만드실

것이기 때문에 그가 앞으로 당할 위험들도 모두 다 피하게 해주실 것이다 (Bengel). 주님이 이때 보여주신 계시는 난관에 봉착한 바울에게 큰 힘이 되었다. 바울이 주님의 임재를 느낀 것만으로도 큰 힘을 얻었을 터인데, 하물며 "로마에서도" 복음을 증언하도록 인도해 주시겠다는 약속까지 받았으니 무슨 말이 더 필요하겠는가!

12-15절. 유대인들이 서로 맹세하여 바울을 죽이기로 동맹하였다(12절). 주님께서는 바울을 로마에까지 보내셔서 복음을 전하게 하시겠다고 이미 말씀하셨는데(11절), 유대인들은 주님을 대적하면서까지 바울을 죽이려고 동맹하였다. 이같이 하나님을 대적하는 자들은 실패할 수밖에 없다. ① 그들이 헛되이 "맹세"한 것을 볼 때 그들은 진리를 저버린 부패한 무리다(마 5:33-37). ② 그들은 "대제사장들과 장로들"의 권위를 이용하여 바울을 군영에서 빼내어 도중에 그를 암살하려고 모의했다. 그들이 유대교의 교권을 통하지 않고서는 천부장에게서 바울을 빼낼 수 없었으므로 그와 같은 간교한 계획을 꾸민 것이다.

16-22절. 바울을 암살하려는 유대인들의 음모가 바울의 "생질"이었던 한 청년의 역할로 말미암아 천부장에게 알려지고 말았는데, 이것은 단순하면서도 자연스러운 방식으로 행해진 일이었다. 하나님은 큰일을 행하실 때 매번 이적적인 방법만을 사용하시는 것은 아니다. 하나님은 일반적인 자연스러운 방법을 통해서도 얼마든지 큰일을 이루신다. 성도들이 남을 해치려는 음모는 꾸며서는 안 되지만, 악한 자의 간계를 정당하게 방어하는 일에는 적극적으로 힘써야 한다. 이 일을 위하여 그들은 정보를 이용하기도 한다. 그 당시 백부장이나 천부장은 바울을 보호하는 데 전력하였는데(17-19, 22절) 그것은 하나님의 특별한 간섭으로 말미암은 것이었다.

23-30절. 하나님께서는 바울을 구출하시기 위하여 천부장의 마음을 감동하셔서 470명의 군대와 짐승들을 동원하게 하셨으며, 엄중한 호위 아래 바울을 벨릭스 총독에게로 보내게 하셨다.

여기서 우리는 바울을 도와준 천부장의 공로를 기억할 필요가 있다. ① 그는 사회 질서를 유지하는 일에 성실하였고 자신에게 맡겨진 책임을 신속하게 이행하였다(21:32). ② 그는 군중들이 소동일 일으킬 빌미를 주지 않았다(21:34-36; 23:24). ③ 그는 준법정신이 강한 인물이었다(22:29). ④ 그는 한 사람의 생명을 구하기 위해 많은 군사를 동원하였다(23:10). ⑤ 그는 겸손하고 친절하였다(23:19). ⑥ 그는 무죄한 사람을 보호하기 위해 최선을 다한 의로운 군인이었다(23:22-30). 그는 470명이라는 많은 수의 군인을 동원하여 바울을 호송하였는데, 그의 치밀한 계획은 놀랄 만하다.

천부장이 벨릭스 총독에게 보낸 편지의 내용을 보아도 그가 어디까지나 순전한 마음으로 바울을 보호하고자 했던 것을 알 수 있다. 그는 바울을 변호하는 대변인의 입장에서 말하였는데, ① 그는 바울이 로마 시민권을 소지한 자임을 알리면서 그를 특별히 취급하도록 암시하였고(27절), ② 그에게 제기된 고소의 혐의가 사형에 해당하는 죄목은 아니라고 해명하였으며(29절), ③ 그를 죽이려는 유대인들의 계획이 옳지 않다고 판단하였다(30절).

31 보병이 명을 받은 대로 밤에 바울을 데리고 안디바드리에 이르러. "명을 받은 대로"라는 표현은 23-24절에 기록된 지시 사항을 가리킨다. "안디바드리"라는 도시는 헤롯 대왕이 아버지(안티파테르 1세)의 이름을 따라 부른 별장의 소재지였다. 이곳은 예루살렘에서 가이사랴로 가는 길에 위치해 있는데, 예루살렘에서 60킬로미터쯤 되고, 거기서 가이사랴까지는 40킬로미터쯤 된다.

32 이튿날 기병으로 바울을 호송하게 하고 영내로 돌아가니라. 이 말은 보병들이 바울을 안디바드리까지 호송한 후에 예루살렘에 있는 군영으로 돌아갔다는 말이다. 안디바드리에서부터는 유대인들의 위험이 적기 때문에 보병들은 예루살렘으로 되돌아간 것이다. 로마 군대가 동원되어 바울을 보호한 것은 하나님의 섭리적 간섭이었다.

34 총독이 읽고 바울더러 어느 영지 사람이냐 물어 길리기아 사람인 줄 알고. 그 당시 로마의 영지는 둘로 나뉘어 있었다. 일부는 로마 황제가 직접 관할하는 지역이었고, 일부는 총독들이 관할하는 속주였다. "길리기아"는 황제가 직접 다스리는 지역에 속해 있었다.

35 이르되 너를 고발하는 사람들이 오거든 네 말을 들으리라 하고 헤롯 궁에 그를 지키라 명하니라. "헤롯 궁"은 헤롯 대왕이 지은 궁전인데 후에 로마 총독이 이 궁전을 점령하고 거기서 거주하였다. 바울은 헤롯 궁내에서 부속실 가운데 하나에 감금되어 있었을 것이다.

제 24 장

✤ 개요

1. 부패한 종교지도자들은 의인을 없애버리려고 최후의 발악을 한 것이다. 대제사장 아나니아와 장로들은 바울을 정죄하여 죽이려고 예루살렘에서 가이사랴까지 내려와 총독 앞에서 그를 고소하였다(1절).

2. 변호사 더둘로는 불의한 세력을 대변하는 자였으며 그의 변론은 진리와 사실에 바탕을 둔 것이 아니었다. 그가 벨릭스 총독 앞에서 변론한 내용을 보면 아첨하는 말이 전체의 절반에 달한다(3-4절). 또한 그의 변론에는 피고소인이었던 바울에게 퍼붓는 욕설도 포함되어 있었다(5절). 이것은 대적을 향해서라도 인신공격이나 욕설을 사용하지 않는 성도의 자기변호와는 대조적이다.

3. 바울의 자기변호는 어디까지나 진리와 사실에 근거한 것이었다. 그는 자신이 행한 일을 사실대로 진술하였다(11-20절). 그는 자신이 죄인 아닌 죄인으로서 심문의 대상이 된 유일한 이유가 부활의 복음을 전한 것임을 뚜렷이 밝혔다(21절).

4. 벨릭스 총독은 바울이 무죄함을 알면서도 그를 놓아주지 않고 계속 가둬두었다(22-27절). 그는 부패한 행정관의 표본이었으니 직무에 태만한 관리요, 뇌물을 좋아하는 관리요, 공정하지 않은 관리였음이 드러났다.

⚜ 내용분해

1. 대제사장 아나니아와 어떤 장로들이 변사 더둘로를 세워 바울을 고소함(1-9절).
2. 바울의 변론(10-21절).
3. 총독 벨릭스의 직무 태만(22-27절)

⚜ 해석

1 닷새 후에 대제사장 아나니아가 어떤 장로들과 한 변호사 더둘로와 함께 내려와서 총독 앞에서 바울을 고발하니라. 유대교의 종교지도자들은 하나님의 참된 종이었던 바울을 추격하여 가이사랴에까지 와서 그를 총독에게 고소하였다. 그들은 변호사까지 동원하였는데, 그럴 수밖에 없었던 이유는 선을 악이라고 우기기 위해서는 궤변에 능한 자가 필요했기 때문이다.

2-4 바울을 부르매 더둘로가 고발하여 이르되 벨릭스 각하여 우리가 당신을 힘입어 태평을 누리고 또 이 민족이 당신의 선견으로 말미암아 여러 가지로 개선된 것을 우리가 어느 모양으로나 어느 곳에서나 크게 감사하나이다 당신을 더 괴롭게 아니하려 하여 우리가 대강 여짜옵나니 관용하여 들으시기를 원하나이다. 변호사 더둘로는 악인이었던 벨릭스 총독을 향하여 선한 정치가라고 칭찬하며 아첨하였다. 더둘로가 "태평을 누린다"라고 말했던 것은 벨릭스 총독이 많은 강도를 잡아서 십자가에

못 박아 죽인 일로[187] 유대 민족이 어느 정도 평안을 누린 사실을 염두에 둔 것이었다. 하지만 그 일을 제외하면 그는 유대인들에게 악정을 행하였다.[188] 그가 다스리던 시기에 유대인들의 반란이 끊이지 않았다고 한다.

"당신의 선견으로 말미암아." 여기서 "선견"(προνοίας)이라는 용어는 황제나 신의 예지를 가리키는 말인데, 더둘로가 이러한 표현을 벨릭스 총독에게 사용한 것도 일종의 아첨이다.

5-6 우리가 보니 이 사람은 전염병 같은 자라 천하에 흩어진 유대인을 다 소요하게 하는 자요 나사렛 이단의 우두머리라 그가 또 성전을 더럽게 하려 하므로 우리가 잡았사오니. 더둘로는 네 가지 죄목을 들어 바울을 고소하였다. ① 그는 "전염병"(λοιμόν) 같은 자요, ② "소요하게 하는 자"(κινοῦντα στάσεις)이며, ③ "나사렛 이단의 우두머리"(πρωτοστάτην τε τῆς τῶν Ναζωραίων αἱρέσεως)요, ④ "성전을 더럽게 하려" 하는 자(ὃς καὶ τὸ ἱερὸν ἐπείρασεν)라고 하였다.

바울을 가리켜 "전염병"이라고 한 것은 그가 불평을 퍼뜨려서 평화를 깨뜨리는 자라는 의미였다. 그다음으로 "소요하게 하는 자"라는 말이 뒤따른 것은 자연스러운 순서인데, 구약 시대부터 세상 사람들은 그들의 죄와 허물을 폭로하는 선지자들을 가리켜 "소요하게 하는 자"라고 불러왔다(왕상 18:17; 계 11:10).

바울을 가리켜 "이단의 우두머리"라고 한 것도 더둘로의 궤변이다. 어찌하여 예수님의 진리를 "이단"이라고 했는가? 바울이 "성전을 더럽게 하려" 했다는 것도 사실에 입각한 고소가 아니었다. 바울은 성전을 더럽히려 한 일이 없었다. 그는 다만 예수님의 말씀처럼 신약 시대에는 하나님 아버지께서 장소와 무관하게 영과 진리로 예배하는 자들을 찾으신다는 견해를 밝혔을 뿐이다(요 4:23; 롬 7:6). 이러한 사상은 성전을 더럽히는 것이 아

---

[187] Josephus, *B. J.* II, 13, 2; idem, *Ant.* XX, 8, 5.
[188] Ibid., 6.

니라 도리어 구약 성전의 의미를 바로 설명한 것뿐이다.

8 당신이 친히 그를 심문하시면 우리가 고발하는 이 모든 일을 아실 수 있나이다 하니. 서방 사본(Western Text)에는 이 문구 앞에 천부장과 관련하여 다음과 같은 기록이 있다. "천부장 루시아가 와서 폭력으로 그를 우리 손에서 빼앗아 가면서 고소하는 자들에게 당신 앞에 가라고 명령하였나이다."[189]

"이 모든 일을 아실 수 있나이다." 이것은 더둘로가 총독에게 아첨하는 말이다. 권세 잡은 자 앞에서는 사람들이 이처럼 가증스러워지기 쉽다.

10-13절. 바울은 답변하면서 벨릭스 총독의 마음을 기쁘게 할 만한 말은 한마디도 사용하지 않았다. 이것은 사람을 의지하지 않고 오직 하나님만 신뢰함으로 문제를 해결해 가려는 신앙인의 태도다.

바울은 변호사 더둘로가 고소한 처음 두 가지 죄목, 곧 소요 사건과 관련하여 자신에게 죄가 없음을 솔직하게 해명하였다. ① 바울은 벨릭스가 유대의 총독으로 여러 해(6년) 동안 재임하였으니(10절) 유대의 풍습을 잘 알 것이고, 따라서 그의 행동이 정치적 성격을 띠지 않았음을 충분히 간파했을 것이라고 주장했다. ② 또한 그 자신이 유대 땅에 머물지 않고 다른 지방을 돌아다니며 선교하다가 예루살렘에 온 지 열이틀밖에 되지 않았기 때문에 그 짧은 시일 동안에 유대에서 소요 사건을 일으킬 만한 시간적 여유가 없었다고 해명했다(11-12절). 결국 ③ 유대인들은 고소인으로서 피고에 대해 확실한 증거 자료를 제출하지 못했다는 것이다(13절).

바울은 자신이 복음과 무관한 이 세상일에 대하여 국법에 저촉되는 일이 전혀 없었음을 변증하였다. 이것은 전도자로서 당연히 해야 할 자기변호였다. 그 같은 변호는 하나님의 영광을 위한 것이다. 전도자가 복음과 관계없는 세상일로 인하여 오해를 사거나 고난받을 필요는 없다.

---

189) παρελθὼν δὲ Λυσίας ὁ χιλίαρχος μετὰ πολλῆς βίας ἐκ τῶν χειρῶν ἡμῶν ἀπήγαγε κελεύσας τοὺς κατηγόρους αὐτοῦ ἔρχεσθαι ἐπὶ σέ

14-15 그러나 이것을 당신께 고백하리이다 나는 그들이 이단이라 하는 도를 따라 조상의 하나님을 섬기고 율법과 선지자들의 글에 기록된 것을 다 믿으며 그들이 기다리는 바 하나님께 향한 소망을 나도 가졌으니 곧 의인과 악인의 부활이 있으리라 함이니이다. 바울은 더둘로가 제기한 세 번째 죄목("이단의 우두머리")에 대하여 해명한다. 다시 말해 더둘로와 유대인들이 "이단"이라고 정죄한 가르침이 실상은 이단이 아니며, 바울이 전한 부활의 소망은 이스라엘이 조상 때부터 믿어왔던 참된 신앙임을 밝힌 것이다. 그는 이 문제에 대하여 벨릭스 총독 앞에서 "이것을 당신께 고백하리이다"라고 엄숙히 맹세함으로써 그가 제시한 사안의 중대성을 나타내었다. 벵겔은 이 문구에 사용된 "고백"(ὁμολογῶ)이라는 표현과 관련하여 "이것은 법정 용어로서 성스러운 일에 관하여 사용하는 것인데(Verbum forense idemque sacrum) 이곳에서 적절하게 사용되었다."라고 지적하였다.

바울이 자신의 신앙과 전도(κερύγμα)의 내용을 간추린 이 구절들(14-15절)을 분석하면 다음과 같다. 그는 이단자가 아니라 ① 조상들의 하나님(이스라엘의 조상들에게 주어진 언약을 통해 알려지신 참 하나님)을 섬기는 자다. ② 그는 율법과 선지자들의 글에 기록된 것을 믿는다. ③ 마지막으로 그는 의인과 악인의 부활이 있음을 믿는다.

칼빈은 바울의 이 같은 세 가지 신조가 사실상 서로 관련성을 가진다는 것을 다음과 같이 표현하였다. "바울이 율법과 선지자들의 글에 기록된 것을 다 믿는다고 말한 것은 사실상 바로 앞에 있는 문구("조상의 하나님을 섬기고")를 이어받아서 해설한 셈이었다. 다시 말하면 그는 단순히 하나님을 섬긴다고(14상) 말하는 데서 그치지 않고 어떻게 섬기는지를 밝혔는데, 곧 율법과 선지자들의 글을 기준 삼아 섬긴다는 것이다. 그리고 그는 이같이 율법과 선지자, 곧 성경을 믿는다고 밝힌 후에 부활의 소망을 말하였다. 이는 부활의 소망이 육체적 지식에 기원을 둔 것이 아니라 하나님의 말씀("율법과 선지자의 글")에 근거한다는 의미다."[190] 바울이 전하는 부활 소망이 진리인 이유는 그가 가진 신관이 이스라엘 조상들의 신관과 일치하기 때문이다.

설교 ▶ 바울의 참된 신앙 (24:14-15)

바울은 참된 믿음을 지키는 일에 악인들이 훼방하는 것을 두려워하지 않았다. 악인들의 선동은 선을 가리켜 악이라고 말한다. 그러므로 올바른 신앙을 가진 성도들은 악인들의 근거 없는 저주를 두려워하지 않는다(참조. 잠 26:2). 루터는 로마 가톨릭교회에서 추방될 때 "간음한 자"라는 비방을 당했다. 종교개혁자 기욤 파렐(Guillaume Farel)은 "루터파의 개"라는 말을 들었고, 중세 시대의 수많은 순교자들이 "이단자"라는 누명을 썼다. 그러면 바울의 참된 믿음은 어떤 것인가?

1. 조상의 하나님을 섬김 (14절)

이스라엘이 조상 때부터 섬겨오던 하나님은 절대적으로 믿을 만한 분이시다. 그 하나님은 이스라엘의 조상들에게 믿음의 증거를 제공해주셨다. 히브리서 11:2에 "선진들이 이로써(믿음으로) 증거를 얻었느니라"라고 하였다. 히브리서 12:1에서는 하나님이 살아 계신 증거를 받은 허다한 조상들(구약 성도들)을 가리켜 "구름 같이 둘러싼 허다한 증인들"이라고 불렀다. 그러므로 우리도 구약 성도들의 믿음을 본받아야 한다. 우리는 엘리야의 기도에 응답하신 하나님께 기도하기를 힘써야 한다. 야고보서 5:17-18에서는 "엘리야는 우리와 성정이 같은 사람이로되 그가 비가 오지 않기를 간절히 기도한즉 삼 년 육 개월 동안 땅에 비가 오지 아니하고 다시 기도하니

---

190) John Calvin, *The Acts of the Apostles II* (1965), 348.

하늘이 비를 주고 땅이 열매를 맺었느니라"라고 하였다. 엘리야의 하나님이 곧 나의 하나님이시다.

2. 율법과 선지자들의 글을 믿음(14절)

율법과 선지서에는 그리스도의 오심에 대해 직·간접적으로 언급하는 수많은 예언이 있다. 헤르만 바빙크는 구약성경에 그리스도의 초림에 대한 예언이 456회나 있다고 하였는데, 그 모든 예언이 그리스도의 성육신과 지상에서의 행적으로 말미암아 다 이루어졌다. 이것만 보더라도 선지자의 글은 절대로 믿을 만하다는 것을 알 수 있다.

3. 부활을 믿음(15절)

사람의 육체가 죽음을 맞이하는 것은 불가피한 일이고 죽은 후에 부패하는 것도 분명한 사실이다. 그런데 우리가 어떻게 부활을 믿을 수 있을까? 부활 신앙은 사람이 시신을 대할 때 생기는 것이 아니고 하나님을 신뢰하는 믿음, 곧 그의 말씀인 성경에 대한 믿음을 통해 생기는 것이다.

죽은 자가 다시 살아나는 일이 사람의 힘으로는 불가능하지만 하나님은 그 같은 일을 이루실 수 있다. ① 아무것도 없는 가운데 천지 만물을 창조하신 하나님께서 죽은 사람을 다시 살리지 못하시겠는가! ② 예수 그리스도를 다시 살리신 하나님께서 죽은 사람을 살리지 못하시겠는가! ③ 우리의 영혼을 거듭나게 하신 능력의 하나님께서 우리의 죽은 몸을 다시 살리지 못하시겠는가!

16 이것으로 말미암아 나도 하나님과 사람에 대하여 항상 양심에 거리낌이 없기를 힘쓰나이다. 바울은 부활 소망으로 말미암아 하나님 앞에서나 사람 앞에서 양심에 거리낌이 없기를 힘쓴다고 말한다.

"양심에 거리낌이 없다"(ἀπρόσκοπον συνείδησιν ἔχειν)는 것은 그가 하나

님 앞에서 잘못된 것을 그대로 덮어두지 않고 회개했다는 뜻이다. 양심은 인간에게서 발견되는 윤리의식이며 하나님의 음성 자체는 아니다. 그렇지만 그것은 하나님의 음성을 받아들이는 기관이라고 할 수 있다. 인간이 죄를 범한 후에는 이 기관도 어두워져서 하나님의 음성을 바로 받아들이지 못하게 되었다. 그러나 성경 말씀을 믿는 신자의 양심은 그 말씀을 따라 순종하거나 회개함으로 거리낌 없이 작용한다.

설교▶ 믿음과 생활(24:14-16)

바울은 무죄한 자로서 대제사장에게 고소를 당하여 벨릭스 총독 앞에서 재판을 받게 되었으며, 이때 더둘로라는 변호사로부터 "전염병"이라는 욕을 듣기까지 하였다(5절). 그러나 그는 그 자리에서도 동요하지 않고 복음을 증거하였다.

1. 믿음(14절)

1) 믿음은 흔들리지 않는 것을 특징으로 한다("고백하리이다"[14상]라는 표현은 공적인 자리에서 확신 있게 말하는 것을 의미한다). 바울은 그 당시 남들이 이단으로 여기는 예수의 도를 굳게 믿고 흔들림이 없었다. 그가 흔들리지 않을 수 있었던 이유는 그의 마음 중심에서 인생사의 모든 문제가 예수님으로 해결된다는 것을 알았기 때문이다. 그는 고린도 교회 신자들에게 말하기를 "흐트러짐이 없이 주를 섬기게 하려 함이라"(고전 7:35)라고 하였다. 흐트러짐과 믿음은 서로 반대되는 감정이다. 우리가 주님만을 온전히 신뢰하고 의지하면 마음속의 산란함이 없어진다. 마음의 동요(의심)는 믿음에 해롭다.

2) 믿음은 조상들의 하나님을 섬기는 것이다(14중). 그리스도 신앙은 일시적으로 나타난 현상을 믿는 것이 아니다. 이 신앙은 예로부터 진실하게

("양심"을 따라) 행하는 자들에게 참된 것으로 알려져왔다. 예수 그리스도는 어제나 오늘이나 영원토록 동일하시다(히 13:8).

3) 믿음은 율법과 선지자들의 글대로 믿는 것이다(14하). 부활에 대한 "소망"(15절), 곧 율법과 선지자들의 글에 예언된 말씀들은 우리의 신앙을 강화한다. 우리는 국민으로서 국가의 법을 믿고 안심한다. 그렇다면 하나님께서 그의 거룩한 율법을 통해 우리의 부활을 보증하셨다는 사실은 얼마나 우리에게 안심을 주는가! 우리는 진실한 사람을 신임한다. 그런데 구약의 예언자들은 거룩하고 진실하였다.

2. 생활(16절)

신앙은 진실을 토대로 하고 있는 만큼 이에 합당한 생활은 양심을 따르는 것이어야 한다. 양심이란 무엇인가? 그것은 죄악과 거짓을 용납하지 않으려는 심리다. 특별히 성경의 말씀을 받은 양심이 그러하다. 예전에 신문에 보도된 대로 어떤 운전자가 사람을 치어 중상을 입히고 뺑소니쳤으나 양심에 가책을 받아 경찰서로 찾아가서 자수하였다. 그의 말에 따르면 양심에 가책을 받아 그대로는 계속 핸들을 잡을 수 없었다고 한다.

특별히 성경 말씀을 받은 자가 양심을 따라 회개할 때 믿음이 굳세어지고 하나님과 교제하는 길이 열린다. 로마 황제 테오도시우스는 암브로시우스 감독으로부터 징계를 받아 8개월 동안이나 울면서 회개하였으며 임종 시에 암브로시우스 감독의 품에 안기기를 원하여 그의 품에서 숨을 거두었다. 히포의 감독 아우구스티누스는 임종 시에 시편 51편(회개의 시편)을 기록하여 벽에 붙여놓고 열흘 동안 그 말씀을 읽으면서 회개하다가 숨을 거두었다고 한다. 바울은 자신의 과거를 철저히 회개하며 말하기를 "죄인 중에 내가 괴수니라"(딤전 1:15)라고 하였다.

17-20 여러 해 만에 내가 내 민족을 구제할 것과 제물을 가지고 와서 드리는 중에 내가 결

례를 행하였고 모임도 없고 소동도 없이 성전에 있는 것을 그들이 보았나이다 그러나 아시아로부터 온 어떤 유대인들이 있었으니 그들이 만일 나를 반대할 사건이 있으면 마땅히 당신 앞에 와서 고발하였을 것이요 그렇지 않으면 이 사람들이 내가 공회 앞에 섰을 때에 무슨 옳지 않은 것을 보았는가 말하라 하소서. 바울은 더둘로가 제기한 네 번째 죄목("성전을 더럽게 하려" 하였다는 것; 6절)에 관해서도 자신은 그런 죄를 범하지 않았다고 변호한다. 그는 다음과 같이 논증하였다. ① 자신을 대적하는 유대인들이(21:27) 지금 재판을 진행하는 벨릭스 총독 앞에 나타나 고발하지 않는 것만 보아도 그들이 자신에게서 성전을 더럽히려 하는 잘못을 발견하지 못했다는 증거라고 내세운다. ② 그리고 만일 그들이 최근에 공회 앞에 소환되었던 자신에게서(23:1) 무슨 잘못이라도 발견했다면 벨릭스 앞에서 그 증거를 제시하도록 하라고 도전한다. 이것은 그가 자신에게 허물이 없음을 확신하였기 때문에 제시할 수 있었던 변론이다.

21 오직 내가 그들 가운데 서서 외치기를 내가 죽은 자의 부활에 대하여 오늘 너희 앞에 심문을 받는다고 한 이 한 소리만 있을 따름이니이다 하니. 바울은 자신이 이처럼 끌려 다니며 심문받는 이유가 무슨 죄 때문이 아니라 다만 부활 신앙을 전파했기 때문이라고 밝힌다. 그는 부활 신앙을 전하는 일에 그의 일생을 바쳤다. 법정에서도 그가 전할 말은 그것뿐이었다. "죽은 자의 부활"이란 다시 살아나신 예수 그리스도를 믿는 자가 영생의 부활에 참여한다는 것을 가리키는 말이다. 예수 그리스도를 믿지 않는 자는 이같이 복된 부활을 맛보지 못한다.

22-24절. 이 단락에서는 총독의 나약한 인격을 다음과 같이 보여준다. ① 그는 바울에게 법정에서 정죄 받을 만한 혐의가 없음을 잘 알면서도 ("아는 고로"라고 번역된 에이도스[εἰδώς]는 "알면서도"라고 번역되어야 한다) 천부장 루시아를 만난 뒤에 처결하겠다고 핑계한다(22절). ② 그는 바울에게 사소하게나마 친절을 베풀었다(23절). ③ 그는 그리스도 예수에 관한 도를 들어보고자 했다(24-25절). ④ 그는 바울에게서 뇌물을 받고자 했다(26

절). ⑤ 그는 유대인의 마음을 얻고자 하여 바울을 구류하여 두었다(27절). 벨릭스의 이와 같은 처신들을 보면 그는 공의를 굳게 붙잡지 못하는 나약한 자로서 부패한 관리의 표본임을 알 수 있다.

25 바울이 의와 절제와 장차 오는 심판을 강론하니 벨릭스가 두려워하여 대답하되 지금은 가라 내가 틈이 있으면 너를 부르리라 하고. 바울은 벨릭스에게 복음을 전하였고(24절) 복음을 믿는 사람이 행해야 할 도덕("의와 절제")에 대해서도 말하였다. "절제"는 자신의 욕망을 극복하는 것이다. 로마의 역사가 타키투스(Tacitus)의 말대로 벨릭스는 노예근성을 가진 자로서 잔인함과 방탕함으로 왕에 버금가는 권세를 부렸다고 한다(Morgan).

바울은 이런 인물에게 "의와 절제"를 말하지 않을 수 없었다. 더불어 그는 "심판"에 대해서도 말하였는데 그 말씀은 불의하고 포학한 벨릭스의 마음에 두려움을 불러일으켰다. 진리가 바로 전파될 때는 악인이라도 두려움을 느낀다. 이때 벨릭스는 회개의 결단을 내리지 못하고 그 일을 뒤로 미루었기 때문에 그가 바울의 전도를 듣고 느꼈던 두려움은 이내 사라지고 말았다. 그는 옳은 일이 무엇인지 깨닫고도 그것을 실행에 옮기기를 뒤로 미루는 나약한 심령의 소유자였다(22, 25절). 그가 바울을 놓아줄 수 있었음에도 구류하여 둔 것(27절) 역시 공의를 행하는 일에 결단을 내리지 못하는 나약한 처사였다.

26절. 이 구절에 대하여는 24장 첫머리의 개요 4를 참조하라.

27 이태가 지난 후 보르기오 베스도가 벨릭스의 소임을 이어받으니 벨릭스가 유대인의 마음을 얻고자 하여 바울을 구류하여 두니라. "벨릭스"는 유대인들의 마음을 얻고자 하여 바울을 놓아주지 않고 계속 구류하여 두었는데, 하나님을 모르는 부패한 정치가는 이처럼 자신의 입지를 굳히기 위해서라면 다른 사람이 억울함을 당하는 일을 문제시하지 않는다(참조. 마 27:11-26).

제 25 장

↓ 개요

1. 부패한 유대인과 로마의 관리

바울 시대에 유대의 최고 종교지도자들과 함께 행동했던 유대인들이 얼마나 불의한 자들이었는지 여기서 알 수 있다. 그들은 실상 그 당시 불신자였던 로마의 법관들보다 더욱 부패한 자들이었다. 그들은 불의하게 바울을 죽이려고 음모를 꾸미고 있었고(3절), 바울에게서 아무런 허물도 찾지 못했음에도 그를 정죄하려고 하였다(7절).

그러나 로마의 베스도 총독은 법률에 따라 다스리기를 힘썼다. 그는 ① 유대인들이 바울을 죽일 기회를 얻고사 그를 예루살렘으로 이송해달라고 청원했을 때(3절) 이에 응하지 않고 다만 그들에게 정당한 소송을 진행하라고 요구하였다(5절). 16절에 기록된 그의 말도 그가 정당한 법 조항을 존중하는 정의로운 관리였음을 보여준다. ② 그는 법률에 따라 판결할 수 있는 사건에 대해서만 법정에서 소송을 진행할 수 있다고 주장하였다(18-19절). ③ 그는 가이사 황제에게 상소하겠다는 피고의 청원을 수락하는 것은 법률에 보장된 권리라고 주장하였다(20-21절; 참조. 26:32). ④ 또한 그는 명백한 죄목을 제시하지 않은 채로 죄수를 상급 재판정에 보내는 것은 무리한 일이라고 주장하기도 하였다(27절).

2. 전도자 바울과 정당방어

사랑은 공의를 배제하는 것이 아니며, 따라서 바울은 필요한 경우에 공의를 주장하였다. 그는 덕을 세우고 사랑을 지키기 위해서라면 공의를 주장할 권리를 기꺼이 포기하였으나(고전 6:12), 그 밖의 경우에는 공의에 따른 권리를 주장하였다. 예를 들어, 복음을 전해야 할 사명이 아직 남아 있었던 그는 유대인들의 계략대로 예루살렘으로 이송되는 것을 허용하지 않고 가이사에게 상소하겠다고 선언하였다(행 25:9-10). 8, 10, 11절에 보면 바울은 자신이 정죄 받을 허물이 없음을 강경하게 밝히면서 공의로운 법률의 보호를 요청하였다.

✣ 내용분해

1. 베스도가 벨릭스의 후임으로 예루살렘에 옴(1절).
2. 바울을 죽이려는 유대인들의 음모(2-3절).
3. 베스도가 바울을 보내달라는 유대인들의 청원에 응하지 않음(4-5절).
4. 베스도의 재판(6-12절).
5. 베스도가 바울에 대한 송사 건을 아그립바 왕에게 고함(13-22절).
6. 아그립바 왕이 재판석에 앉음(23-27절).

✣ 해석

1-3 베스도가 부임한 지 삼 일 후에 가이사랴에서 예루살렘으로 올라가니 대제사장들

과 유대인 중 높은 사람들이 바울을 고소할새 베스도의 호의로 바울을 예루살렘으로 옮기기를 청하니 이는 길에 매복하였다가 그를 죽이고자 함이더라. 바울에 대해 유대인들이 꾸며낸 음모를 보면 그들은 하나님을 떠난 지 이미 오래된 자들임을 알 수 있다. 그들은 죄가 없는 의로운 사람을 암살하려고 하였다. "베스도"는 벨릭스의 뒤를 이어 총독으로 부임한 후 임기를 2년도 채우지 못하고 죽었다 (AD 60-62년).

그 당시 "대제사장"은 아그립바가 세운 이스마엘이란 사람이었다. "높은 사람들"은 장로들을 가리킨다. 베스도의 "호의"(χάριν)란 문자적으로 베스도의 "은혜"를 의미한다. 유대인들은 적법한 수단으로는 도저히 바울을 잡을 수 없게 되자 이제는 베스도 개인의 은혜에 호소하여 바울을 잡으려고 하였는데, 그것은 그야말로 불의한 방법으로 의인을 해치고자 하는 것이었다. 이 일에 "유대인 중 높은 사람들"이 가세했던 것만 보아도 베스도에게 접근하는 그들의 방법이 공정한 법률에 따른 것이 아니라 사람들의 권력을 배경으로 한 것임을 알 수 있다.

4-5 베스도가 대답하여 바울이 가이사랴에 구류된 것과 자기도 멀지 않아 떠나갈 것을 말하고 또 이르되 너희 중 유력한 자들은 나와 함께 내려가서 그 사람에게 만일 옳지 아니한 일이 있거든 고발하라 하니라. 베스도는 유대인들의 청원에 응하지 않고 그들에게 가이사랴로 내려와서 소송을 진행하도록 권고하였다. 하나님을 모르는 베스도도 끝까지 바울을 보호하는 방향으로 처신한 깃이다. 이것은 우연한 일이 아니고 하나님의 선하신 섭리로 이루어진 것이다. 하나님께서는 바울이 이번 기회에 로마까지 갈 수 있도록 모든 환경을 이끌어가신다.

헬라어 원문에는 4절 첫머리에 "그러나"(μέν)라는 접속사가 있어서 베스도의 결정이 유대인들의 청원에 반대되는 것임을 시사한다. 그는 관리로서 의리와 준법정신을 굳게 지닌 모범적인 인물이었다. 그는 무언중에 그 당시 바울을 고소한 유대인들을 책망하는 듯하였다. 하나님을 공경한다는 사람들이 부패하면 이 세상에 속한 자들에게 부끄러움을 당할 정도로 비열해진다.

"옳지 아니한 일." 이 말은 헬라어로 "무엇"을 뜻하는 말(τί)을 의역한 것이다. 차라리 헬라어 원문대로 "무엇"이라고 번역하는 것이 나을 것이다.

6-7 베스도가 그들 가운데서 팔 일 혹은 십 일을 지낸 후. 유대인들이 바울을 고소하였으나 그들은 그를 고발한 죄목들에 대하여 믿을 만한 증거를 제시하지 못하였다. 이 같은 행태는 악인들이 의인을 해하려 할 때 언제나 보여 왔던 태도다. "팔 일 혹은 십 일"이라고 한 것은 베스도가 예루살렘에 온전히 체류한 날수만 계산하면 "팔 일"이고, 그가 도착한 날과 떠난 날을 포함하여 계산하면 "십 일"이다.

이튿날 재판 자리에 앉고. 베스도는 성실하게 재판을 처리하고자 하는 의도에서 가이사랴로 돌아온 다음 날 법정에 앉았다. 이런 점에서 베스도는 자신의 직무에 태만했던 벨릭스와 대비된다. 벨릭스는 부패한 관리였으므로 억울함을 당한 바울을 동정하지 않았을 뿐 아니라 마땅히 처리했어야 할 사안들도 지연시켰던 것이다(참조. 24:22-27). 이제 그가 떠나고 베스도가 그의 후임으로 오게 된 것도 하나님께서 간섭하신 일이 아닐 수 없다.

8-11절. "변명"할 기회를 얻은 바울은 자신의 무죄를 강력히 변증하는 동시에 예루살렘에 가서 심문 받을 이유가 없고 황제 가이사에게 호소하겠다고 하였다. 이때 그가 상소하겠다고 한 것은 법정 소송과 관련한 그리스도 신자의 처신을 보여주기도 한다. 그는 신자이지만 그가 상대한 유대인들은 신자가 아니므로 억울함을 당한 그가 소송을 제기할 수 있다. 고린도전서 6:1-7 말씀은 신자가 신자를 상대로 세상 법정에서 소송하지 말라는 것이다.

오늘날 일부 신자들은 바울이 가이사에게 상소한 일을 거론하면서 "바울도 하나님을 공경하는 유대인들을 대상으로 가이사에게 상소하였으니, 그리스도 신자도 믿는 형제를 대상으로 세상 법정에 소송을 진행할 수 있다."라는 잘못된 주장을 펼친다. 그런데 그 당시 바울을 먼저 고소했던 유대인들은 그리스도를 믿는 형제들이 아니었다. 그들이 하나님을 공경한다고 자처하면서도 예수를 그리스도로 믿지 않고 도리어 그리스도 신자들을 박해하였으니, 그들을 어떻게 하나님을 공경하는 자로 간주할 수 있겠는가? 그때 바울을 박해한 유대인들은 기독교를 노골적으로 반대하는 원수들이었다.

바울은 유대인들의 모함에 의해 법정에 피소되었을 때 어디까지나 복음을 위해 자신의 신분을 변호하려고 하였다. 그는 유대인들의 농간에 의해 고난을 당할 필요가 없음을 알았다. 캠벨 모건은 말하기를 "일부러 순교할 자리를 찾아 구해서 순교하는 것은 참된 순교가 아니다. 일부러 고난 구덩이에 뛰어드는 사람은 실상 고난의 진리를 모르는 자다."라고 하였다. 바울은 로마에 가서 가이사에게 복음을 전할 목적으로 상소한 것이었고, 결코 자기 민족을 고소하려는 것이 아니었다(참조. 행 28:19).

유대인의 율법이나 성전이나 가이사에게나 내가 도무지 죄를 범하지 아니하였노라(8절). 바울은 "율법"을 무시한 적이 전혀 없었고, 도리어 율법이 그리스도 신앙을 통해 완성된다고 주장했을 뿐이었다(롬 3:31). 더욱이 "성전"을 무시한 적이 없을 뿐만 아니라 나실인의 서원을 완수하기 위해 성전에서 결례를 행하기도 하였다(행 21:26). 이처럼 그는 성전을 존중했다.

또한 그는 "가이사"에 대하여 거스르는 말을 한 적이 없었고 도리어 신자들이 그에게 순종해야 한다고 가르쳤다(롬 13:1). 그런데도 그가 가이사를 대적하여 소요를 일으켰다고 한 것은 유대인들의 거짓된 선전에 불과하였다(행 24:5). 사실상 소요 사건은 유대인들이 바울을 반대하기 위하여 일으켰던 것이다(21:27-28).

여기서 우리가 배울 것은 불의를 대항하는 그리스도 신자의 처세 원리다. 그리스도 신자는 그를 해치려고 공격해 오는 불의한 자들의 훼방에 대하여 스스로를 변호할 수 있다는 것이다. 그런데 이 같은 변호의 목적은 오직 복음을 증거하기 위한 것이어야 한다. 바울이 만일 위의 세 가지(율법, 성전, 가이사)에 대하여 죄를 범한 자로 판명된다면 복음을 전하는 그의 신분에 손상이 가해졌을 것이고 결과적으로 그가 전하는 복음에도 치명적인 상처를 주었을 것이다. 전도자는 그에게 주어진 신분까지도 복음을 순전하게 드러내기 위한 도구로 삼아야 한다.

내가 가이사의 재판 자리 앞에 섰으니 마땅히 거기서 심문을 받을 것이라(10상). 바울은 여기서 어디까지나 사법질서에 호소하였다. 그는 정당한 자기방어권을 행사하기 위해 법률상으로 그에게 주어진 권리에 호소하였다. 그가 지금 베스도 앞에 선 것은 "가이사의 재판 자리에" 선 것이니(6절), 그는 "거기서"(베스도 앞에서) 재판 받는 것을 옳게 여긴다. 그가 유대인들의 간악한 계교를 물리치고 그들의 교만을 꺾기 위해서는 가이사의 법정에 서야만 했다. 그들의 교만이 꺾이지 않는다면 그들은 회개할 소망이 없었다. 그러므로 바울의 주장은 결국 유대인들에게 해를 끼치는 것이 아니고 오히려 그들에게 유익을 주는 일이기도 했다.

12절. "배석자"(συμβουλίου)라는 말은 재판을 보조하는 배심원들의 모임을 가리킨다. 가이사에게 상소하겠다는(10절) 바울의 소원이 배심원들의 회의에서도 통과되었으니, 이제 바울은 그를 예루살렘으로 송치해달라는 원수들(유대인들)의 손에 빠지지 않게 되었다. 일이 이처럼 풀려간 것도 하나님의 섭리적 간섭에 의한 것이었다.

13 수일 후에 아그립바 왕과 버니게가 베스도에게 문안하러 가이사랴에 와서. "아그립바 왕"은 아그립바 2세를 가리키는데 그는 헤롯 대왕의 손자이며, 사도 야고보(세베대의 아들)를 죽인 헤롯 아그립바 1세의 아들이다. "버니게"는 그의 누이였는데(Morgan) 아그립바는 자기 누이와 불륜 관계를 맺고 있었다. 버니게가 그 당시에는 자기 오라비와 함께 살고 있었지만 이 밖에도 그녀는 여러 사람과 불륜 관계를 맺었다고 한다. 그가 아주 어렸을 때에는 칼키스의 왕자였던 그녀의 삼촌 헤롯과 결혼했던 일도 있었다.

그런 사람들이 바울을 재판하는 자리에 앉았다는 사실도 우리에게 중요한 영적 교훈을 준다. 이렇게 타락한 사람들조차도 바울에게서 죄를 찾지 못했는데(26:30-32), 간악한 유대인들은 하나님을 공경한다고 자처하면서도 바울을 죽일 죄인이라고 고소한 것이다(21:31; 22:22; 23:15; 25:15). 믿음이 있다고 하면서도 스스로를 의롭게 여기는 자들은(눅 18:9) 점점 더 어두움 가운데 빠지고 만다. 잠언 26:12에 말하기를 "네가 스스로 지혜롭게 여기는 자를 보느냐 그보다 미련한 자에게 오히려 희망이 있느니라"라고 하였고, 예수님은 스스로 의롭다고 여기는 자(혹은 "스스로 지혜롭게 여기는 자")에게 말씀하시기를 "내가 진실로 너희에게 이르노니 세리들과 창녀들이 너희보다 먼저 하나님의 나라에 들어가리라"(마 21:31)라고 하셨다.

15-16 내가 예루살렘에 있을 때에 유대인의 대제사장들과 장로들이 그를 고소하여 정죄하기를 청하기에 내가 대답하되 무릇 피고가 원고들 앞에서 고소 사건에 대하여 변명할 기회가 있기 전에 내주는 것은 로마 사람의 법이 아니라 하였노라. 베스도 총독은 이때 아그립바와 버니게 앞에서 바울을 변호하는 듯이 말하였지만, 그러면서도 어디까지나 로마의 사법질서라는 틀을 벗어나지 않았다. 이 점에서 그는 바울을 고소하는 유대인들의 법률적인 허점을 지적한 것이다.

18 원고들이 서서 내가 짐작하던 것 같은 악행의 혐의는 하나도 제시하지 아니하고. "짐작하던 것 같은 악행"이란 황제 가이사에 대한 반역 행위를 의미한다. 베스도는 그 자리에서 로마의 법률에 의하여 바울을 보호하는 판결을 내린 것이다. 이것도 하나님의 섭리적 간섭에 의해 이루어진 일이었다.

그리스도의 복음과 세속 정치를 구분해주는 것도 유대인들을 다스리는 집권자들에게 주어진 중요한 임무였다. 베스도 총독은 유대인들에게 이것을 구분해주되 어떤 문서나 웅변을 통해서가 아니라 재판에 대한 판결을 통해 더욱 현실적이고 실감 있게 구분해준 것이다. ① 그때에 이러한 구분이 유대 사회에 명백하게 드러나게 됨으로써 복음 전파에 많은 도움을 줄 수 있었다. ② 이것은 또한 집권자들이 복음을 이해할 수 있는 기회가 되었다. 바울을 법정에 세우신 하나님은 그를 통하여 복음이 전파되게 하신 것이다. 그 당시에 집권자들에게 복음을 전할 수 있는 길은 재판정에 서는 것밖에 없었다. 그러므로 바울이 죄 없는 죄수로서 재판을 받게 된 것도 하나님께서 계획하신 일이었다. 하나님은 이처럼 거룩하시고 지혜로우시다.[191]

19 **오직 자기들의 종교와 또는 예수라 하는 이가 죽은 것을 살아 있다고 바울이 주장하는 그 일에 관한 문제로 고발하는 것뿐이라.** 유대인들은 자기들의 종교를 옹호하면서 바울이 전파하는 새로운 신앙이 잘못된 것이라고 로마 법정에까지 고소하였다. 바울도 과거에 유대인들의 종교를 가졌던 사람이었고, 심지어 대단한 충성심을 보이기도 했었다(빌 3:5). 그런데 그가 이제 개종하고 기독교로 전향하니 유대인들이 그를 박해하기 시작한 것이다. 이런 상황에서 만일 바울이 그가 받아들인 새로운 신앙에 대해 확신을 가지지 않았다면 이처럼 굳게 서서 수많은 고난을 헤쳐 나갈 수 없었을 것이다. 새로운 종교에 대한 바울의 신앙은 너무도 확고했다. 그는 예수 그리스도가 죽었다가 다시 살아나신 그 한 가지 사실을 그가 전하는 메시지의 핵심으로 삼았다(고전 2:2). 심지어 불신자 아그립바도 이 같은 사실을 파악하고 있었다.

베스도의 말에서 "예수라 하는 이"(τινος Ἰησοῦ)라는 표현은 어느 정도 업신여김과 무관심을 반영하는 말투였다. 그가 비록 공정한 재판장이기는 했으나 예수 그리스도를 받아들이기에는 아직 마음의 준비가 되어 있지 않았다. 그는 후에 바울의 긴 설교를 듣고 바울이 미쳤다고 하였다(26:24). 다만 재판장으로서 그를 칭찬할 점은 그가 종교와 정치를 분리시켜 판단함으로써 바울은 정치적으로 처벌받을 죄가 없다고 밝힌 것이었다. 이런 점에서 그는 간접적으로 복음에 대한 증인이라고 할 수 있다(B. Wielenga).

20-21 **내가 이 일에 대하여 어떻게 심리할는지 몰라서 바울에게 묻되 예루살렘에 올라가서 이 일에 심문을 받으려느냐 한즉 바울은 황제의 판결을 받도록 자기를 지켜 주기를 호소**

---

191) B. Wielenga, *Van Jerusalem Naar Rome I-III* (Kampen: Tweede Deel J. H. Kok, 1928), 313.

하므로 내가 그를 가이사에게 보내기까지 지켜 두라 명하였노라 하니. 베스도는 바울의 사건이 정치적인 범죄와는 무관하다는 것을 확실히 알고 있었다(18절). 그러므로 종교적인 문제(19절)에 대하여는 자신의 무지를 인정하고 그 사건을 예루살렘으로 송치하여 처리하고자 했던 것이다. 만일 상황이 그렇게 전개되었다면 바울을 죽이기로 작정한 유대인들의 음모(3절)가 실현될 뻔하였다. 그러나 베스도는 그런 방향으로 마음을 굳히지 않았고 가이사의 판결을 받겠다는 바울의 청원(21절)을 들어주었다. 베스도가 이런 결정을 내린 것도 하나님의 간섭으로 말미암은 것이었다(참조. 잠 21:1).

23 이튿날 아그립바와 버니게가 크게 위엄을 갖추고 와서 천부장들과 시중의 높은 사람들과 함께 접견 장소에 들어오고 베스도의 명으로 바울을 데려오니. 아그립바 왕의 이와 같은 태도는 그의 허영심을 드러낸 것이다. 그는 의복이나 외모를 화려하고 위엄 있게 꾸밈으로써 자신의 위상을 높여보려 한 것이다. 여기서 "위엄"(φαντασίας)이라는 말은 내용 없는 장식을 가리킨다. 아그립바는 그의 부친이 그처럼 가식적으로 위엄을 드러내며 스스로를 신처럼 높이다가 천벌을 받아 죽임을 당했던 사실(12:21-23)을 기억하지 못한 채 동일한 죄를 범하고 있다. 세속주의로 어두워진 자들은 이처럼 죄의 전철을 밟으며 멸망을 향해 달리고 있다.

24-25절. 베스도는 유대인들의 주장과 자신의 주장을 대립시킬 정도로 확신과 담력을 가진 인물이었다. 바울에 대하여 유대의 모든 무리가 크게 외치기를 이 사람은 "살려두지 못할 사람이라"(24절)고 주장하였으나, 베스도는 그들의 주장을 반박하여 말하기를 "내가 살피건대 죽일 죄를 범한 일이 없더이다"(25절)라고 하였다. 여기서 "내가"(ἐγώ)라는 대명사는 문장 첫머리에서 강조의 역할을 한다. 이것은 그의 주장을 강력히 내세우는 어법이다.

26-27절. 베스도가 바울의 사건을 가이사 앞에 상소하기로 작정하였으나 제출할 자료가 없는 것이 문제가 되었다. 이제 그는 아그립바 왕이 바울

을 재판하게 함으로써 상소할 자료가 마련되기를 기대했다. 이러한 그의 처사로 말미암아 아그립바 왕과 베스도 총독을 비롯하여 많은 고위층 인사들이 그리스도의 복음을 듣게 되었다. 하나님은 사람들의 처사를 이용하셔서 선을 이루기도 하신다.

제 26 장

↓ 개요

1. 바울은 자신이 본래 히브리 종교와 다른 사상을 가진 것이 아니며 조상들로부터 물려받은 하나님의 약속을 근거로 죽은 자의 부활을 믿는다고 고백하였으며(4-7절), 그렇기 때문에 유대인들은 그를 반박할 정당한 근거를 찾을 수 없다고 주장하였다.

2. 바울은 자신이 예수 그리스도를 믿게 된 것이 결코 주관적인 소원으로 말미암은 것이 아니라고 증언한다. 다시 말해 그가 예수 믿는 도리를 반대하여 그리스도 신자들을 박해하는 일에 매진하던 중에 하나님께서 객관적 계시를 보여주심으로 말미암아 불가항력적으로 믿게 되었다는 것이다. 이런 배경에서 그는 자신의 개종 체험을 소개하였다(9-18절). 여기 26장에서 진술한 그의 개종 체험에는 다른 본문(9:2-19; 22:4-16)에서 찾아볼 수 없는 자세한 내용들(26:11, 14하, 18절)도 포함되어 있다. 바울이 개종하고 복음을 전하는 자가 된 것은 이처럼 초자연적인 사건들로 말미암아 이루어진 일이었다. 다시 말해 그는 "하늘에서 보이신 것을… 거스르지 아니하고"(19절) 순종하였다는 것이다.

3. 결론적으로 바울은 자신이 전한 내용이 예언대로 이루어진 사건, 곧 그리스도께서 죽었다가 다시 살아나신 사건뿐이라고 선언한다(22-23절). 그 사건이야말로 성경적 진리다(고전 15:3-4). 기독교는 이처럼 영원한 소망이 있는 생명의 종교(부활을 전하는 종교)이기 때문에 기독교 복음을 전하는 전도자는 바울처럼 죽음의 위험도 무릅쓴다.

4. 바울은 베스도 총독과 아그립바 왕에게 그리스도를 믿으라고 권면하였다(행 26:24-32). 그는 자신이 가진 복된 믿음을 귀하게 여겼기 때문에 그들을 향해 "당신들도 나와 같이 되기를 원한다"라고 간곡히 말하였다(29절). 모든 사람은 죄인이므로 예수를 믿어야 구원을 얻는다. 이 점에 있어서는 왕이나 총독이나 평민이나 모두 동일하다. 따라서 전도자는 언제 어디서나 전도할 책임이 있다(참조. 1:8).

↓ 내용분해

1. 바울이 아그립바 왕 앞에서 자기의 출신 및 그가 체험하고 믿는 바에 대해 말함(1-23절).
2. 바울이 고관들에게 그리스도 사건에 대한 그의 확신을 증거함(24-32절).

↓ 해석

1-3 오늘 당신 앞에서 변명하게 된 것을 다행히 여기나이다(2하). 바울은 "아그립바 왕" 앞에서 자신의 신상 문제를 말하게 된 것을 "다행히" 여겼다. 하지

만 그것은 유대인의 풍습을 잘 아는 아그립바가 바울의 변론을 잘 이해하여 이번 재판에서 그에게 유리한 판결이 내려질 것이라는 기대 때문이 아니라, 재판정에 둘러앉은 사람들에게 복음을 전할 기회가 생겼기 때문이었다. 바울도 그리스도를 본받아서 자신의 존재가 오직 사람들의 영혼 구원을 위해 필요한 것이라고 생각했던 것이다(참조. 빌 1:23-24). 그는 이때 수많은 고위층 인사들 앞에 섰음에도 그들을 기쁘게 하는 말은 한마디도 하지 않았으며, 오로지 하나님만 의지하고 담대히 서서 복음만을 전하였다.

4-5 내가 처음부터 내 민족과 더불어 예루살렘에서 젊었을 때 생활한 상황을 유대인이 다 아는 바라 일찍부터 나를 알았으니 그들이 증언하려 하면 내가 우리 종교의 가장 엄한 파를 따라 바리새인의 생활을 하였다고 할 것이라. "일찍부터 나를 알았으니." 바울의 이 같은 발언은 유대인들이 종교적으로 자신을 정죄할 아무런 흠도 찾아내지 못할 것이 분명하다는 바울의 자기변호다. 곧 유대인들이 그가 개종하기 전의 생활에 대해 밝혀주는 것처럼 그는 인생 초기부터 이스라엘 전체 사회 앞에서, 더욱이 이스라엘의 중심 도시인 예루살렘 공동체 앞에서 율법에 충성하는 "바리새인"이었다는 것이다. 그는 이만큼 유대인들에게 높이 평가받을 자격이 있었다. 만일 유대인들이 바울에 대하여 증언할 말이 있다면, 그가 엄격한 바리새파의 원칙에 따라 살아왔다는 것밖에 없었을 것이다. 그리고 이 같은 증언은 그들에게 기뻐할 만한 일인데도 도리어 그들은 바울을 박해하고 있는데, 도대체 그 이유가 무엇인가라는 바울의 의문에 대하여 유대인들은 답변할 말이 없을 것이라는 뜻이다. 그러므로 이 시점에서 베스도나 아그립바도 바울을 죽이고자 하는 유대인들의 간계와 소송을 부당하게 볼 수밖에 없었다(30-32절).

6-7 이제도 여기 서서 심문 받는 것은 하나님이 우리 조상에게 약속하신 것을 바라는 까닭이니 이 약속은 우리 열두 지파가 밤낮으로 간절히 하나님을 받들어 섬김으로 얻기를 바라는 바인데 아그립바 왕이여 이 소망으로 말미암아 내가 유대인들에게 고소를 당하는 것이니이다. 하나님이 아브라함과 여러 족장들에게 약속하신 것은 메시아(그리스

도)에 대한 "소망"(ἐλπίς)이었다. 바울은 여기서 그 소망을 죽은 자의 부활로 해석하였다. 메시아이신 예수가 죽었다가 다시 살아나셨으므로 그를 믿는 신자들도 마침내 죽었다가 다시 살아나는 축복에 참여하게 된다. 그러므로 메시아는 우리에게 부활이요 생명이 되신다 (요 11:25).

바울은 여기서 자신이 당하는 소송이 부당하다고 주장하는 이유도 진술한다. 곧 자신은 이스라엘 선조들이 지켜온 신앙의 노선을 성실하게 파수하였음에도 불구하고 유대인들이 박해한다는 것이다. 여기서 바울이 지켜온 신앙의 노선은 한마디로 "약속"과 "소망"의 노선이다. "약속"(ἐπαγγελία)이라는 명사와 "바라는"(ἐλπίζειν)이라는 동사는 서로 관련되어 있다. 인간은 하나님의 "약속"(메시아께서 오시리라는 약속)을 받았기 때문에 "소망"(바라는 바)을 가진다는 것이다. 다시 말하면 신자들은 메시아로 말미암아 세상 끝날에 부활할 소망을 가진다.

"조상들"이라는 말과 "열두 지파"라는 말도 중요하다. 부활 소망은 바울 혼자서 가진 것이 아니고 옛날부터 조상들과 열두 지파, 곧 하나님의 택하심을 받은 이스라엘 전체가 함께 가진 것이라는 말이다. 바울은 자신이 이스라엘의 전통적인 소망에 근거한 신앙의 노선을 따르는데도 유대인들이 그를 박해하고 소송하는 것은 부당하다고 주장한다.

설교 ▶ 종교와 언약 (26:6-7)

바빙크는 말하기를 "진정한 종교는 언약 이외의 다른 것이 아니다. 진정한 종교는 하나님께서 자신을 낮추시고 인간에게 찾아오셔서 언약을 맺으시는 은덕에 근원을 둔다. 진정한 종교의 이 같은 성격은 인류의 조상이 타

락하기 이전이나 이후에나 동일하다."라고 하였다.[192]

인간은 피조물에 불과할뿐더러 타락한 죄인이기 때문에 하나님에 대하여 말할 자격과 권리를 가지고 있지 않다. 그런데 하나님께서 그 자비의 은덕으로 인간에게 찾아오셔서 말씀(언약)하실 때 비로소 신인 간에 진정한 교통이 시작되고 언약 관계가 성립된 것이다. 이것이 바로 성경이 말하는 신인 관계다. 바빙크는 다시 다음과 같이 말하였다. "이성적, 도덕적 존재들(사람들) 가운데 나타나는 모든 고귀한 삶의 양식은 언약의 형태를 지닌다. … 사랑, 우애, 혼인 및 기타 모든 사회적 유대관계, 그리고 산업, 과학, 예술은 결국 언약의 토대 위에 성립된다. 다시 말해 그것들은 상호 간의 신뢰 또는 일반적으로 알려진 도덕적 의무관념을 바탕으로 한다는 것이다. 그러므로 인간의 삶을 가장 고상하고 풍요롭게 만들어주는 요소, 곧 종교라는 것이 언약의 성격을 지닌다고 해서 놀랄 일은 아니다."라고 하였다.[193]

기독교 이외의 다른 종교들은 엄밀하게 따져 보면 모두 다 자연신론 아니면 범신론에 근거한 것이다. 자연신론에서 말하는 신은 인간과 소통하지 않는 존재이기 때문에 사실상 진정한 종교적 대상이라고 할 수 없다. 유교의 신관은 부분적으로는 자연신론에 가깝지만 때로는 범신론과 유사한 모습을 보이기도 한다. 다시 말해 유교 역시 인간과 더불어 말씀하시는 하나님을 알지 못하는 것이다.

불교는 일종의 범신론이다. 그것은 불교의 핵심적인 주장인 불성(佛性)이 인간의 마음에 자리 잡는 것이라는 사실로 분명해진다. 불교에서 수행하는 참선은 결국 자신의 마음에 자리 잡은 불성을 깨치려는 자율주의적

---

192) Herman Bavinck, *Gereformeerde Dogmatiek II* (Kampen: J. H. Bos, 1908), 613; (Kampen: J. H. Kok, 1967), 531: "De ware religie kan daarom niets anders zijn dan een verbond, ze heeft haar oorsprong in de nederbuigende goedheid, in de genade Gods. Dat karakter draag de religie zoowel vóór als na den val."

193) Ibid., 611, 530.

수련에 불과하다. 엄격한 의미에서 불교는 언어 세계에 갇힌 수양 방법에 불과하고 인격적 실존과 맺는 언약을 통해 성립되는 종교가 아니다. 불교가 자율주의적 종교라는 사실은 그들의 경전을 보든지 불자들의 증언을 보든지 의심할 수 없는 사실이다.

미국 육군 대령이었던 헨리 스틸 올코트(Henry Steel Alcott)가 불교로 개종하게 된 동기는 다음과 같다. 그는 열두 살 때 어머니와 함께 교회에 가서 예배 시간에 목사의 설교를 듣던 중 "참 아버지는 하늘에 계신다."라는 말을 들었다. 그는 그 말을 이해하지 못하여 집으로 돌아와 어머니와 대화를 나누었다. "우리의 참 아버지는 하늘에 계십니까?" "그렇단다." "그러면 어머니는 참 아버지를 만나본 적이 있습니까?" "나는 목사가 말한 대로 믿을 뿐이다."

올코트는 어머니의 대답이 이해되지 않아 의심에 잠겨 있다가 마침내 종교의 근원을 캐내기 위하여 인도로 가서 승려를 만나 신의 존재에 대한 의심을 표현하기를 "부처는 어디에 있습니까? 그리스도처럼 하늘에 있습니까?"라고 하니, 승려가 대답하기를 "부처는 하늘에도 있지 않고 땅에도 있지 않으며, 부처가 어디 있느냐고 질문하는 사람의 마음 자체가 곧 부처니라."라고 하였다. 이 말을 들은 올코트는 그 말을 수긍하고 불교로 귀화했다고 한다.[194]

이것을 보아도 불교는 어디까지나 자율주의를 근간으로 하고 있음을 알 수 있다. 불교도들은 실상 자신의 마음을 깨치기 위해 독자적으로 노력하는 것이 전부다. 올코트는 자기보다 높으신 존재인 하늘에 계신 하나님을 믿지 못해서 결국 자신의 마음을 종교의 대상으로 삼는 낙관주의에 빠지고 만 것이다.

피조물인 인간은 자신의 마음을 탐구하는 것만으로는 창조주 하나님

---

194) 高橋北堂, 「參神入門」, 74-77.

을 알 수도 없고 믿을 수도 없다. 그러나 우리가 하나님을 믿을 수 있도록 하나님과 인간 사이에 놓인 다리가 있다. 그 다리는 일찍이 하나님께서 불순종한 아담에게 찾아오셔서 그와 맺으신 언약을 성취하러 오신 그리스도시다. 올코트는 이러한 복음을 깨닫지 못하였기 때문에 자기 마음을 종교의 권위로 삼는 어리석은 낙관주의에 빠지고 말았다. 기독교 이외의 다른 종교들은 하나님의 언약을 소유하지 못하였기 때문에 거짓 종교에 불과하다.

결론적으로 생각할 것은 하나님께서 언약을 통해 그의 구속 사역을 이루어가시는 것에 대해 우리가 가져야 할 태도다.

1) 그가 언약하신 대로 독생자를 보내셔서 구속 사역을 이루셨음을 아는 우리는 그 언약이 성취되었음을 확신하는 믿음으로 살아가게 된다. 구속에 대한 언약의 성취는 현재뿐만 아니라 미래에 그리고 영원토록 우리에게 주어지는 복을 담고 있다. 그것은 우리에게 꼭 필요한 복이다. 그렇기 때문에 우리는 그 복에 대하여 믿음과 소망을 가지지 않을 수 없다.

2) 우리는 구원에 대한 언약이 성취된 사건을 하나님이 주신 계시의 말씀으로 여기며 그 말씀을 통하여 거룩해지는 은혜를 받는다. 베드로후서 1:4에 말하기를 "이로써 그 보배롭고 지극히 큰 약속을 우리에게 주사 이 약속으로 말미암아 너희가 정욕 때문에 세상에서 썩어질 것을 피하여 신성한 성품에 참여하는 자가 되게 하려 하셨느니라"리고 하였다. 언약의 말씀이 성취된 것은 성령의 능력으로 말미암은 것이기 때문에 그 말씀은 믿는 영혼은 성령으로 말미암아 성화된다. 그러나 이방 종교에서는 자신들의 경전을 하늘에서 주어진 약속으로 여기지 않는다. 따라서 이교도들은 그들의 경전이 영적인 능력을 가져온다고 생각하지 않는다. 예컨대 불교와 같은 종교가 그러하다.

3) 언약의 성취로서 이루어지는 구원은 신자들에게 위로를 가져다주며, 환난의 시대나 시험의 시기에 우리의 심령을 기쁨으로 충만케 하여 끝

까지 견딜 수 있게 해 준다. 왜냐하면 구원에 포함된 막대한 축복들은 하나님께서 친히 약속하신 진실한 것들이고, 또한 그리스도로 말미암아 흔들림 없이 성취되기 때문이다. 하나님께서 계획하신 일에는 변함이 없으며 어떤 우연적 사태로 말미암아 방해를 받을 일도 없다. 하나님의 약속은 우리 자신의 조건에 따라 좌우되지도 않는다. 그것은 하나님께서 그리스도 안에서 마침내 완성하시는 것이다.

8-16절. 바울은 여기서 베스도와 아그립바에게 어째서 죽은 자를 다시 살리시는 하나님의 능력을 믿지 못하는지 반문한 후에(8절), 자신이 부활 신앙에 이르게 된 경위를 말한다. 바울 자신도 예수의 부활에 대한 가르침을 반대하고 철저하게 기독교를 박해하던 자였으나 다시 살아나신 예수를 만난 이후로 회개하고 믿는 자가 되었다고 설명한다.

가시채를 뒷발질하기가 네게 고생이니라(14하). 9:3-4에 대한 해석 참조. 이것은 바울의 박해 행위를 밭 가는 소가 가시채로 맞을 때 뒷발질하는 것에 비유한 예수님의 말씀이다. 소가 뒷발질을 하면 가시채에 더욱 심하게 찔릴 수밖에 없다. 그처럼 그리스도를 박해하는 자는 그 자신이 손해를 당할 뿐이라는 것이다.

일어나 너의 발로 서라 내가 네게 나타난 것은 곧 네가 나를 본 일과 장차 내가 네게 나타날 일에 너로 종과 증인을 삼으려 함이니(16절). 주님께서 바울을 거꾸러뜨리신 목적은 그를 겸손케 만드시기 위함이었다. 이제 그는 주님으로부터 일어서라는 명령을 받았다. 누구든지 주님께 거꾸러뜨림을 당한 자는 그로 말미암아 일으켜질 소망이 있다. 왜냐하면 그를 거꾸러뜨리신 이가 살아 계시기 때문이다. 우리의 소망은 오직 주님께만 있다.

"네가 나를 본 일과 장차 내가 네게 나타날 일." 부활하신 주님을 본 것은 사도가 될 수 있는 자격 중 하나다(고전 15:8-9). 주님은 약속하신 대로 바울에게 다시 나타나셨다(고후 12:1).

17 이스라엘과 이방인들에게서 내가 너를 구원하여 그들에게 보내어. 이것은 주님께서 바울을 "이스라엘"과 "이방인들"의 박해로부터 구출하셔서 그가 반드시 복음을 전하게 하실 것이라는 약속의 말씀이다.

18 그 눈을 뜨게 하여 어둠에서 빛으로, 사탄의 권세에서 하나님께로 돌아오게 하고 죄 사함과 나를 믿어 거룩하게 된 무리 가운데서 기업을 얻게 하리라 하더이다. 복음을 통해 듣는 자의 심령의 눈을 여는 것은 오직 하나님께서만 하실 수 있는 일이다. 하나님께서는 사람들의 사역을 통해 이 같은 일을 하시기 때문에 그들은 복음을 전해야 한다(참조. 롬 10:14-15). 복음의 말씀은 듣는 자를 "사탄의 권세에서" 놓이게 하여 "하나님께로 돌아오게" 만들어준다. 그만큼 복음은 능력 있는 말씀이다.

그리고 이 본문에서 또 한 가지 주목할 점은, 사람이 영생의 기업을 누리는 자리에 이르게 되는 비결이 사죄(ἄφεσιν ἁμαρτιῶν)와 신앙(πίστις)이라는 것이다. 이 두 가지 항목에 "거룩하게 된다."라는 말이 첨부되었으나 사실상 그것은 사죄와 신앙의 결과다. 사죄와 신앙에 이르게 하는 구원 운동이야말로 전적으로 하나님께서 은혜로 이루어가시는 사역이다.

19-20 아그립바 왕이여 그러므로 하늘에서 보이신 것을 내가 거스르지 아니하고 먼저 다메섹과 예루살렘에 있는 사람과 유대 온 땅과 이방인에게까지 회개하고 하나님께로 돌아와서 회개에 합당한 일을 하라 전하므로. 어떤 사상을 극도로 반대하던 자가 돌변하여 그가 지금까지 반대해왔던 사상을 변호하고 전파한다는 것은 그가 새로운 세계에 대하여 확신을 얻었다는 증거다. 바울이 확신을 가지게 된 계기는 다메섹 도상에서 그가 경험했던 객관적 사태였다. 그는 지금까지 경험해보지 못했던 밝은 빛과 공중에서 들려온 예수님의 음성 때문에 확신을 얻었다. 햇빛보다 밝은 그 빛은 바울만 아니라 그와 함께했던 일행들도 보았으며 그들 모두 땅에 엎드러졌다. 이와 같은 현상은 주관적 심리의 산물일 수 없다. 그것은 바울이 "거스르지" 못할 진리이자 사실이었다. 여기서 이른바 "거스르지 아니하고"(οὐκ ἐγενόμην ἀπειθής)라는 말은 "복종하

지 않을 수 없었다."라는 뜻이다. 이것은 그 순간까지 예수님을 거부하고 대적하던 그가 이제는 저항할 수 없는 초자연적인 계시로 말미암아 정복을 당하게 되었다는 말이다. 이같이 주님으로 말미암아 확신을 얻게 된 그는 "다메섹"과 "예루살렘"과 "유대"와 "땅끝까지" 가서 복음을 전하게 된 것이다(20절). 그는 복음을 전하지 않고는 견딜 수 없게 되었다(고전 9:16).

21-23 유대인들이 성전에서 나를 잡아 죽이고자 하였으나 하나님의 도우심을 받아 내가 오늘까지 서서 높고 낮은 사람 앞에서 증언하는 것은 선지자들과 모세가 반드시 되리라고 말한 것밖에 없으니 곧 그리스도가 고난을 받으실 것과 죽은 자 가운데서 먼저 다시 살아나사 이스라엘과 이방인들에게 빛을 전하시리라 함이니이다 하니라. 유대인들이 "성전에서" 바울을 "죽이고자" 하였던 사건은 21:27-30에 자세히 기록되어 있다. 그리고 그가 "하나님의 도우심"을 받았던 사건은 21:31-36에 기록되어 있다. 그 당시 하나님께서는 천부장을 도구로 사용하셔서 바울을 구원해 주셨다.

"증언하는 것은 선지자들과 모세가 반드시 되리라고 말한 것밖에 없으니." 신약은 예언이 성취된다는 사실을 최고의 진리로 전하고 있다. 신약성경 저자들은 그리스도의 복음과 관련된 사건들을 소개한 후에 이에 대한 확증으로 그것이 예언의 성취라는 사실을 말해준다. 우리는 예언의 성취로 이루어진 사건들이 인간 차원의 진리가 아니라 신적인 진리이자 극한의 진리임을 믿어야 한다.

예수님께 이루어진 예언 중에서 한 가지 예를 들자면, 그가 당하실 속죄의 죽음에 대해 예언한 이사야 53:1-9의 말씀이 얼마나 놀랍게, 그리고 세밀하게 성취되었는지 상기해볼 필요가 있다. 예언 성취에 있어서 특별히 놀라운 점은 그것이 세세하게 이루어진다는 사실이다. 또한 애굽에 대한 하나님의 예언을 보더라도 그것이 얼마나 세세하게 예언되고 성취되었는지 확인할 수 있다. 에스겔서에 따르면 그 나라는 외국인이 다스릴 것이라고 하였는데(겔 30:12-15), 이 예언의 말씀이 그대로 성취되어서 그 나라는 과연 바벨론, 바사, 헬라, 로마, 아랍, 튀르크, 프랑스, 영국 등의 지배를 받아왔다.

24 **바울이 이같이 변명하매 베스도가 크게 소리 내어 이르되 바울아 네가 미쳤도다 네 많은 학문이 너를 미치게 한다 하니.** 베스도의 이러한 말은 현대 자유주의의 표본이다. 예수 그리스도의 부활과 같은 초자연적인 사건을 믿지 않으려는 것이 자유주의자들의 성향이다. 현대의 과정신학(Process Theology)도 자연과 구별되는 초자연적인 사건은 없다고 주장한다. 지금까지 정통주의가 변호해온 기적이라는 사건은 사실상 기적이 아니라 자연현상의 일종일 뿐이라는 것이다. 과정신학자 판넨베르크(Wolfhart Pannenberg)는 말하기를, 모세가 호렙산에서 목격했다는 떨기나무의 불은 나무에 붙었음에도 나무가 타서 없어지지 않았다고 했지만(출 3:2-3) 그러한 불도 그 시대에 존재했던 일종의 자연적인 불이라고 말하면서, 자연을 초월하는 기적이란 존재하지 않는다고 주장하였다. 이런 사상의 소유자들은 옛날이나 지금이나 성경이 명백히 말하는 기적들, 곧 사람의 힘으로도 자연을 힘으로도 할 수 없는 일들이 존재한다는 사실을 부인한다.

베스도는 바울의 부활 신앙이 미친 사상이라고 오해했다. 이 세상에 속한 자들은 하나님의 진리를 어리석게 여기는 법이다(고전 1:18). 그러나 실상은 하나님의 진리가 진정한 지혜다(참조. 고전:25).

26-27절. 여기서 바울은 두 가지 부인할 수 없는 사실을 내세우면서 아그립바 왕의 승인을 요청하였다. 곧 ① 예수 그리스도에게 일어난 일들은 유대인들에게 두루 알려진 것이니 왕도 부인할 수 없다는 점과(26절) ② 선지자의 예언이 성취되었다는 사실에 대해 아그립바도 모른다고 부인할 수 없다는 점이었다(27절). 예수님의 부활은 예언의 성취로 일어난 사건이다. 선지자들을 믿는 자라면 그들이 예언한 예수 그리스도의 부활을 사실로 믿지 않을 수 없다.

"이 일"(τοῦτο)이라는 표현은 그가 앞서 언급했던 그리스도의 부활 사건을 가리킨다. 아그립바 왕은 그의 조부 헤롯 대왕 때부터 유대 땅에 커다란 화젯거리가 되어 온 그리스도 예수의 사건에 대하여 모른다고 말할 수 없는 처지였다.

28 아그립바가 바울에게 이르되 네가 적은 말로 나를 권하여 그리스도인이 되게 하려 하는도다. 아그립바 왕은 바울의 전도에 냉담한 반응을 보였다. 그는 바울의 간곡한 전도를 무시했다. 바울은 죄인의 신분으로 법정에 섰음에도 아그립바와 거기 둘러앉은 많은 사람의 영혼을 불쌍히 여기는 불타는 마음으로 복음을 전하였다. 그러나 아그립바는 바울의 심정을 이해하지 못하였고 그의 간곡한 전도를 "적은 말"로 치부하며 비웃었다. "그리스도인"(Χριστιανόν)이라는 표현에 대해서는 11:26의 해석을 참조하라.

29 바울이 이르되 말이 적으나 많으나 당신뿐만 아니라 오늘 내 말을 듣는 모든 사람도 다 이렇게 결박된 것 외에는 나와 같이 되기를 하나님께 원하나이다 하니라. 이 구절은 바울의 간절한 소원이 무엇이었는지 보여준다. 그는 짧은 말로든지 많은 말로든지 그리스도의 복음을 전하여 사람들을 주님께로 인도하려는 일념뿐이었다. 또한 그는 사람이 주님께로 돌아오게 되는 일이 전적으로 하나님의 주권적인 역사라는 것을 알고 있었다. 그래서 그는 모든 사람이 자기와 같이 되기를 "하나님께 원한다"(εὐξαίμην ἂν τῷ θεῷ)라고 하였다.

설교 ▶ 베스도와 아그립바에게 전도하는 바울(26:24-29)

1. 미쳤다고 하는 베스도의 말에 대한 바울의 답변(24-27절)

베스도는 예수의 부활을 증거하는 전도자 바울을 가리켜 미쳤다고 하였다. 이에 대해 바울은 답변하기를 예수 그리스도의 사건이 한편 구석에서 발생한 일이 아니라고 하였다. 어떤 사람이 미쳤다고 말하기 위해서는 그가 역사적 사실과 어긋나는 주장을 펼친다는 것을 입증해야 한다. 그러나 바울의 전도는 역사적 사실에 부합한 말을 전하는 것이었다. 이런 의미에서 바울은 주장하기를 "내가 미친 것이 아니요 참되고 온전한 말을 하나이다 왕께서는 이 일을 아시기로 내가 왕께 담대히 말하노니 이 일에 하나라도 아시지 못함이 없는 줄 믿나이다 이 일은 한쪽 구석에서 행한 것이 아니니이다"라고 하였다. 바울은 여기서 예수의 부활이 역사적 사실이라고 주장하는 것이다. 바울은 주관적이고 내면적인 사색을 통해 그리스도께서 다시 살아나셨다는 신앙적 결론에 도달한 것이 아니고 역사적 사실로 말미암아 그러한 신앙에 이르렀다. 이와는 대조적으로 사색을 중심으로 하는 근래의 위기신학은 잘못된 것이다.

예수님의 행적은 역사적 사실로서 충분한 근거를 갖추었다.

1) 그의 이적들은 대중 앞에서(특별히 원수들 앞에서) 행해진 것이었다. 그의 죽음도 원수들의 손에서 이루어진 일이기 때문에 그 누구도 부인할 수 없다.

2) 예수님은 죽으신 지 사흘 만에 부활하셔서 "40일"이라는 짧지 않은 기간 동안 제자들과 직접 만나시되 여러 차례 여러 장소에서 모습을 드러내셨다. 이처럼 그의 부활은 확실한 역사적 사실이었기 때문에 그것을 믿는 신자들의 전도는 강하고 담대하였으며 수많은 이적과 기사를 동반했다 (히 2:4).

3) 권세 잡은 자들은 예수님의 제자들을 박해하는 과정에서 예수의 부활에 대하여 믿을 만한 증거를 여러 번 들었다. 그들은 당연히 그러한 증거를 통해 믿음을 가졌어야 했다. 그들은 교회를 박해하면서 예수님의 제자들이 보여준 진실성과 담력, 그리고 권능을 많이 경험했다. 그런 의미에서 바울은 "왕께서는 이 일을 아시기로 내가 왕께 담대히 말하노니 이 일에 하나라도 아시지 못함이 없는 줄 믿나이다"라고 하였다.

베스도가 바울에게 미쳤다고 했을 때 바울이 그 말을 부인하면서 제시한 또 한 가지 논거가 있다. 그것은 예수 그리스도 사건이 선지자의 예언대로 이루어졌다는 점이었다. 그는 말하기를 "아그립바 왕이여 선지자를 믿으시나이까 믿으시는 줄 아나이다"(행 26:27)라고 하였는데, 이는 선지자들의 글이 공인된 진리의 권위를 가지기 때문에 사람이라면 누구든지 인정하지 않을 수 없는 것인 만큼 아그립바 왕도 당연히 믿을 것이라는 추론이다. 예수 그리스도의 부활은 선지자들이 예언했던 사건이었다. 그렇다면 선지자들의 예언대로 이루어진 그리스도 사건을 증거하는 바울은 미친 자가 아니다. 바빙크가 말한 대로 예수 그리스도의 첫 번째 강림에 대해 구약성경은 456회나 예언하였으며[195] 그 예언들이 모두 다 이루어졌다. 한마디의 예언만 이루어졌다 해도 믿을 만한 것인데 하물며 456번의 성취야 말해 무엇하겠는가!

그뿐 아니라 선지자의 글은 사랑의 말씀이기 때문에 우리는 그것을 믿어야 한다. 선지자들의 글은 우리를 위하여 기록되었다. 로마서 15:4에 "무엇이든지 전에 기록된 바는 우리의 교훈을 위하여 기록된 것이니 우리로 하여금 인내로 또는 성경의 위로로 소망을 가지게 함이니라"라고 하였으며, 베드로전서 1:10-12에는 "이 구원에 대하여는 너희에게 임할 은혜를 예언하던 선지자들이 연구하고 부지런히 살펴서 자기 속에 계신 그리스도의 영이 그 받으실 고난과 후에 받으실 영광을 미리 증언하여 누구를 또는 어떠한 때를 지시하시는지 상고하니라 이 섬긴 바가 자기를 위한 것이 아니요 너희를 위한 것임이 계시로 알게 되었으니"라고 하였다. 이처럼 선지자들의 글은 사랑의 진리인데 이 말씀의 성취로 나타나신 예수 그리스도의 부활을 믿는 것은 미친 일이 아니고 정당한 반응이다.

2. 아그립바 왕의 풍자적 질문에 대한 바울의 답변(28-29절)

바울의 전도를 들은 아그립바는 "네가 적은 말로 나를 권하여 그리스도인이 되게 하려 하는도다"라고 하면서 기독교에 대해 냉담한 반응을 보

---

195) H. Bavinck, *Gereformeerde Dogmatiek III* (Kampen: J. H. Bos, 1910), 256.

였고 그리스도 신자가 되는 일을 경멸했다. 그러나 바울은 그리스도 신자가 되는 일을 중차대하게 여기고 말하기를 "말이 적으나 많으나 당신뿐만 아니라 오늘 내 말을 듣는 모든 사람도 다 이렇게 결박된 것 외에는 나와 같이 되기를 하나님께 원하나이다"(29절)라고 하였다.

1) 바울은 이 같은 말로 그리스도인 되는 것이 참으로 중요함을 보여준다. "나와 같이" 되기를 원한다는 것은 그리스도인으로서 누리는 행복에 대한 그의 체험적 확신을 보여준다. 그는 그리스도인이 되는 일보다 큰 행복은 없다는 사실을 체험하고 있다. 바울은 그것을 제외한 모든 것이 헛될 뿐더러 불행이라고 확신한다(빌 3:7-9).

2) 여기서는 "결박된 것"이 우리가 추구해야 할 행복의 길에서 제외되는 요소인 것처럼 표현되어 있다. 그러나 그리스도인 중에는 바울처럼 결박되지 않는 자들도 있으니 이것 역시 하나님의 뜻이다. 그러므로 여기서 바울은 결박되는 일을 모든 사람에게 보편화시키지 않는다. 바울의 언사는 언제나 진리에 부합하게 표현된다.

바울은 언제 어디서나 그리스도만 자랑하였다(고전 1:31; 갈 6:14). 그에게는 그리스도 외에는 귀중한 것이 없었다(고전 2:2). 이런 의미에서 그는 모든 사람이 자기와 같이 되기를 원하였으니, 그것은 교만이 아니라 귀중한 확신이었다. 그리스도에 대해 이처럼 확신을 갖지 않고서는 전도자가 될 수 없다.

30-32절. 바울의 진술을 들은 베스도와 아그립바 왕과 모든 사람이 그의 무죄를 인정하였다. 그런데도 그들이 바울을 석방하지 않은 이유는 바울이 가이사에게 호소하겠다고 말했기 때문이다. 그 당시 바울의 중심은 로마에 가서 가이사 황제에게 복음을 전하고자 하는 거룩한 열정이 불타올랐을 것이다.

제 27 장

✥ 개요

1. 바울은 죄 없이 죄인이란 명목으로 죄인들의 틈에 끼었다(1절). 그가 죄수들을 이송하는 배에 실려 로마로 보내진 것은(2-8절) 괴로운 여행이었지만, 하나님께서 그와 함께해 주셨기 때문에 이 여행은 그에게 영광스러운 것이었다. 그는 하나님만으로 만족하였다.

2. 이 세상 사람들은 하나님의 말씀을 전하는 성도를 업신여긴다(9-13절). 그리하여 그들은 환난과 풍파를 만나기도 한다(14-20절). 파선의 위기에 처하여 뱃사람들은 배를 가볍게 하려고 배에 실린 짐과 기구들을 바다에 버렸다(18-19절; 참조. 38절). 이와 마찬가지로 그리스도 신자들은 이 세상을 지나는 동안 모든 무거운 것과 얽매이기 쉬운 죄를 벗어 버려야 한다(히 12:1).

3. 하나님의 말씀을 믿는 사람은 근심 중에 빠진 사람들을 능히 위로할 수 있는 소망과 확신을 소유했다(행 27:22, 25, 33-38). 그리스도 신자는 이 세상 사회에 대하여 무관심해서는 안 된다. 그는 이 세상에서 위기에 처한 인생들을 구원하기 위해 어떤 경우에도 대처할 수 있어야 한다(30-32절).

✣ 내용분해

1. 아드라뭇데노 배로 루기아의 무라 성에 도착함(1-5절).
2. 무라 성에서 알렉산드리아 배를 타고 그레데 미항에 도착함(6-8절).
3. 바울이 백부장에게 그레데 미항에서 겨울을 보내자고 권고하였으나 백부장이 거부함(9-13절).
4. 유라굴로라는 광풍 때문에 파선의 위험을 만남(14-20절).
5. 바울이 배에 있는 무리를 위로함(21-26절).
6. 사공들이 도망하려는 것을 바울이 막음(27-32절).
7. 바울이 무리를 다시 안심시킴(33-38절).
8. 배가 움직일 수 없게 되자 군인들이 죄수들을 죽이려 했으나 백부장이 만류하여 모든 사람을 안전하게 상륙시킴(39-44절).

✣ 해석

1-5절. "아구사도 대"라는 부대는 죄수들을 인솔하여 로마로 가는 데 투입된 호송대였다. "아드라뭇데노"는 소아시아의 항구 이름인데 배의 이름이 되었다. 여기 27장에서도 "우리"라는 말이 계속 등장하는 것으로 볼 때 사도행전의 저자 누가가 바울과 함께 배에 동승했던 것이 확실하다. 그리고 "아리스다고"도 동행하였다. 그는 바울이 로마 감옥에 있는 내내 바울을 시중들었다(골 4:10; 몬 1:24).

누가와 아리스다고가 죄수로서 로마로 가는 바울과 동행했으니, 바울이 그들을 통해 받은 위로가 컸을 것이다. 성도는 쓸쓸하고 고독한 때에도 하나님이 보내주시는 위로를 끊임없이 받는다. 백부장 "율리오"도 항해 중에 처음부터 끝까지 바울을 후대하였다(행 27:3, 42-43). 바울 일행을 태운

배는 "루기아의 무라 성"에 도착하였다.

6-8 알렉산드리아 배를 만나(6중). 이 배는 그 당시 흔하게 볼 수 있었던 무역선인 듯한데 애굽에서 로마로 곡식을 운반하는 수송선이었을 것이다. 이 배에는 승객들도 많이 탔다(37절). 무라 성에서 "니도"까지는 20킬로미터쯤 된다. 여기서 "간신히"(μόλις)라는 표현이 7절과 8절에 반복해서 사용된 것은 바람이 순조롭지 못하여 항해가 힘겨웠다는 사실을 보여준다.

풍세가 더 허락하지 아니하므로(7중). 여기서 순조롭지 않은 풍세는 하나님의 일을 막으려는 마귀의 방해 공작을 의미할 수도 있다. 바울이 로마로 가게 된 것은 하나님의 뜻인데(23:11), 가는 길은 평탄하지 못하였다. 하나님의 뜻이 이 세상에서는 역경과 파란을 경유하면서 실현되는 때도 있다.

9 여러 날이 걸려 금식하는 절기가 이미 지났으므로 항해하기가 위태한지라 바울이 그들을 권하여. 9월 중순부터 11월 초순까지는 지중해 항해가 위험한 시기다. 이 기간에 "금식하는 절기"(참조. 레 23:26-32)가 끼어 있었다.

10-13절. 그때 바울은 출항을 만류하였으나 백부장이 그 말을 듣지 않았으므로 그 배는 결국 출항하게 되었다. 그 배가 출항하게 된 원인은 다음과 같다.

1) 백부장이 선장과 선주의 말을 바울의 말보다 더 신뢰했기 때문이다(11절). 물론 항해의 경험이나 기술 면에 있어서는 선장이나 선주가 바울보다 나을 것이다. 그렇지만 경험이나 기술을 가지고도 예측할 수 없는 파선의 위험이 있는데 이는 하나님께서만 아시는 것이다. 인간이 경험이나 기술을 가지고 만사를 해결할 수는 없는 것이다. 그는 하나님의 말씀에 순종함으로써 모든 난제를 올바로 해결해야 한다.

2) 항해를 주관하는 자들이 다수의 의견을 따라 결정하였기 때문이다(12절). 무슨 일을 올바로 결정하는 데 있어서 다수의 의견을 채택하는 것은 있을 법한 일이다. 그러나 다수도 잘못 생각할 수 있다는 점을 기억하

고, 언제나 사도들이 대언하는 하나님의 말씀을 따르는 것이 안전하다.

3) 항해를 주관하는 자들이 그 당시 풍세가 순조로운 것만을 보았기 때문이다(13절). 이 세상 사람들은 흔히 이런 조건에 끌려가다가 실패한다. 그리스도 신자는 무슨 일에 있어서나 현재의 일시적인 순조로운 조건만 보지 말고 하나님의 뜻을 깨닫고 움직여야 한다.

14-17 얼마 안 되어 섬 가운데로부터 유라굴로라는 광풍이 크게 일어나니(14절). "유라굴로"(Εὐρακύλων)는 동풍이나 동북풍으로서 파도를 일으키는 바람이다.

배가 밀려 바람을 맞추어 갈 수 없어 가는 대로 두고 쫓겨가다가(15절). 바람이 너무 거세기 때문에 배가 목표한 항로대로 가지 못하고 바람 부는 대로 떠밀려 갔다는 것이다.

"가우다"(Καῦδα)라는 섬은 그레데에서 36킬로미터쯤 거리에 있는 삼각형의 작은 섬이다. 선원들이 거루를 갑판 위로 끌어 올리고 밧줄로 선체를 둘러 감아 선체가 쉽사리 깨어지지 않도록 하였다(Erdman).

"스르디스"(Σύρτις)는 모래 언덕을 말한다. 특별히 카르타고(Carthage)와 키레네(Cyrene) 사이에 있는 스르디스를 선원들이 무서워하였다고 한다.

18-19 우리가 풍랑으로 심히 애쓰다가 이튿날 사공들이 짐을 바다에 풀어 버리고 사흘째 되는 날에 배의 기구를 그들의 손으로 내버리니라. 사공들은 생명을 구원하기 위해서 배에 실었던 귀중한 물자를 바다에 내버렸다. 이와 마찬가지로 사람도 영혼의 구원을 위해서는 이 세상에 속한 것들을 가볍게 여기고 때로는 버리기까지 해야 한다.

21 여러 사람이 오래 먹지 못하였으매 바울이 가운데 서서 말하되 여러분이여 내 말을 듣고 그레데에서 떠나지 아니하여 이 타격과 손상을 면하였더라면 좋을 뻔하였느니라. 바울은 사실 죄가 없음에도 죄수의 신분으로 그 배에 탔으며 하나님은 이런 그와 함께해 주셨다. 그 배에 탄 276명 중 275명은 파선의 위험 앞에서 공포에 사로잡혀 음식도 먹지 못하고 초조한 가운데 있었다.

그런 상황에서 그들에게 소망을 줄 수 있는 사람은 오직 바울뿐이었다.

그가 "가운데 서서" 말하였다는 것은 배에 탄 수많은 사람 한가운데 서서 확신 있게 자신의 주장을 펼쳤다는 것이다. 여기서 "가운데"(ἐν μέσῳ αὐτῶν)라는 말은 "그들 가운데"라고 번역되어야 한다. 그는 먼저 그 배를 그레데에서 출항시킨 책임자들의 잘못을 부드러운 말로 상기시켰다. 바울이 이같은 사실을 상기시킨 이유는 그가 일찍이 그들에게 출항하지 말자고 권고한 적이 있었고(9하-10절), 더욱이 그가 했던 말이 하나님의 뜻을 전달한 것이었기 때문이다.

22 내가 너희를 권하노니 이제는 안심하라 너희 중 아무도 생명에는 아무런 손상이 없겠고 오직 배뿐이리라. 바울은 출항 당시에 자신의 제안(9-10절)이 받아들여지지 않았던(11절) 일을 회상하고도 분노하지 않았다. 그는 과거를 깨끗이 씻어버리고 도리어 배에 있는 사람들을 위로하여 말하기를 "안심하라"라고 하였다.

23 내가 속한 바 곧 내가 섬기는 하나님의 사자가 어제 밤에 내 곁에 서서 말하되. 하나님께 "속하였다"라는 말은 높은 수준의 신앙생활을 가리킨다. 거기에는 믿음, 소망, 사랑이 포함되어 있다(Bengel). 그는 하나님께 속하였으니 하나님의 소유이며, 따라서 하나님을 섬기는 것이 마땅하다.

24 바울아 두려워하지 말라 네가 가이사 앞에 서야 하겠고 또 하나님께서 너와 함께 항해하는 자를 다 네게 주셨다 하였으니. 이런 항해를 통하여 바울을 가이사 앞에 세우시는 것이 하나님의 뜻이었다. 그러므로 바울의 생명은 파선의 위험 속에서도 하나님으로 말미암아 안전하게 보호받을 수 있었다. 이와 더불어 의인 한 사람이 하나님의 보호를 받은 덕분에 많은 다른 사람이 혜택을 입게 되었다.

그 당시 바울이 탔던 배는 이 세상을 비유한다고 할 수 있다. 이 세상 사람들은 자기들도 모르게 하나님의 자녀들로 말미암아 덕을 입는다. 그러면서도 이 같은 사실을 깨닫지 못한 그들이 도리어 참된 교회를 박해하는 일이 많다.

25 그러므로 여러분이여 안심하라 나는 내게 말씀하신 그대로 되리라고 하나님을 믿노라. 바울의 신앙은 하나님의 말씀을 토대로 세워진 것이었다. "사람은 다 거짓되되 오직 하나님은 참되시다 할지어다"(롬 3:4)라는 말처럼 하나님의 말씀은 진리이니 그대로 이루어질 뿐이다. 그러므로 그리스도 신앙은 하나님의 말씀에 근거하여 살아 계신 하나님을 믿는 것이다. 다시 말하면 그것은 하나님의 말씀을 믿는 것으로 끝나지 않고 그것을 발판으로 하여 하나님을 의지하는 것이다.

26 그런즉 우리가 반드시 한 섬에 걸리리라 하더라. 바울의 예언이 이처럼 자세한 내용을 담고 있었기 때문에 그것을 듣는 자들에게 더욱 믿음을 줄 수 있었다. 후에 그들은 이런 자세한 내용이 그대로 성취되는 것을 보았을 때(41절) 또다시 주님의 말씀이 놀랍다는 사실을 느낄 수밖에 없었을 것이다. 하나님이 우리에게 신앙을 주시는 방법은 무엇보다도 그의 말씀이다. 빌렝가는 이 장면에서 바울에 대하여 말하기를 "여기 모든 이방인 중에 참으로 위대한 한 사람이 있다. 그는 하나님만 두려워하였기 때문에 다른 아무것도 두려워하지 않는 자였으며, 또한 그는 하나님을 섬겼기 때문에 다른 모든 사람을 섬기는 자였다."라고 하였다.[196]

27-29절. "아드리아 바다"는 멜리데 섬과 이탈리아와 헬라와 그레데 사이에 있는 바다를 가리킨다. 사공들은 수심을 두 번 재어 보고서 물이 점점 얕아짐을 알고 암초에 걸릴까 하여 고물로 닻 넷을 내려 배를 정박시켰다. 이것은 사공들의 지혜였다. 그러나 그들이 지혜롭기는 했으나 의리 있는 자들은 아니었으니(30절) 사람들이 신뢰할 만한 지도자는 되지 못한다. 지도자는 지혜와 의리를 겸해야 한다.

30-31 사공들이 도망하고자 하여 이물에서 닻을 내리는 체하고 거룻배를 바다에 내려놓거늘 바울이 백부장과 군인들에게 이르되 이 사람들이 배에 있지 아니하면 너희가 구원을

---

[196] B. Wielenga, *Van Jerusalem Naar Rome I-III* (Kampen: Derde Deel J. H. Kok, 1928), 426.

얻지 못하리라. 사공들도 얼마 전에 바울을 통하여 하나님의 말씀을 들었다. 그럼에도 불구하고 그들은 그 말씀을 믿지 않고 이제 와서 자기들의 힘으로 자기들끼리만 도망하여 살고자 하였다. 그들이 배를 버리고 달아나면 배에 남은 수다한 사람들의 목숨은 어떻게 될 것인가? 사공들의 비겁한 행위는 승객들을 구원하려고 나선 바울의 희생적인 자세와 대조된다. 바울은 사공들의 불신행위를 급속히, 그리고 지혜롭게 제지했다. 그가 그들의 행위를 군인들에게 알려준 것은 지혜로운 처사였다. 그의 지혜는 하나님의 말씀을 믿고 평안해진 마음에서 나온 열매이다. 신자가 위기에 직면했을 때 그의 믿음이 요동하지 않아야만 지혜롭게 처신할 수 있다.

우리는 바울이 사공들의 행동을 제지했다는 사실에서 배울 점이 있다. 하나님께서 그 배에 탄 모든 사람을 구원하시겠다고 약속해 주셨음에도 그는 인간 편에서 취해야 할 적절한 행동을 등한시하지 않았다는 사실이다. 하나님의 예정을 믿는 자는 자연법칙을 무시하지 않으며, 인간 편에서 해야 할 일들을 성실히 수행한다.

33-37 **날이 새어 가매 바울이 여러 사람에게 음식 먹기를 권하여… 떡을 가져다가 모든 사람 앞에서 하나님께 축사하고 떼어 먹기를 시작하매 그들도 다 안심하고 받아 먹으니 배에 있는 우리의 수는 전부 이백칠십육 명이더라.** 바울이 다시 무리를 위로하면서 음식을 권했다. 그 배에 타고 있던 사람들은 모두 "이백칠십육 명"이었는데 그들은 공포와 낙심으로 14일 동안 굶어왔다. 이때 바울이 그들에게 "음식 먹기를 권"한 이유는 그 사람들이 모두 풍랑에서 구원받게 되었기 때문이다.

바울이 친히 떡을 가져다가 "하나님께 축사하고" 사람들에게 나누어 준 것은 그들에게 행동을 통해 하나님을 알리고자 했던 전도의 방법이었다. 그는 풍랑 중에도 하나님께는 오직 감사할 일밖에 없다는 의미에서 하나님께 축사하였다. 이 같은 신앙이 참으로 능력 있는 신앙이다. 그는 환난 중에도 하나님으로 인해 안심하였을 뿐만 아니라 감사하는 심령을 소유하였다. 그는 파선의 위험 앞에서도 남들을 위로하고 지도할 수 있는 신앙의 대장부였다.

"배에 있는 우리의 수는 전부 이백칠십육 명이더라." 사도행전의 저자 누가가 여기서 인원수를 밝힌 목적은 그같이 많은 사람이 풍랑으로 위태로운 상황에서 한 사람도 상하지 않고 전부 구원 얻게 된 것이 하나님의 은혜임을 찬양하기 위해서였다.

42-44 군인들은 죄수가 헤엄쳐서 도망할까 하여 그들을 죽이는 것이 좋다 하였으나 백부장이 바울을 구원하려 하여 그들의 뜻을 막고… 마침내 사람들이 다 상륙하여 구조되니라. 하나님을 믿지 않는 자들은 은혜를 입고도 그것이 은혜인 줄을 모른다. 배에 있는 사람 모두가 바울을 통해 하나님으로 말미암은 구원의 소식을 듣고서 위로와 소망을 얻었음에도 군인들은 이제 바울을 포함한 모든 죄수를 죽이고자 한다. 이것은 은혜를 입고도 감사할 줄 모르는 배은망덕한 태도다. 이처럼 사람들은 하나님의 뜻을 깨닫지 못한 채 잘못된 계획을 세우지만, 그럼에도 하나님께서는 끝까지 섭리 가운데 역사하셔서 바울을 보호하실 뿐만 아니라 약속하신 대로 276명 모두 구원을 얻게 하셨다.

설교 ▸ 위로자 바울 (27:22-44)

예수님 자신이 위로자시다. 그는 상한 갈대를 꺾지 아니하시며 꺼져가는 심지도 끄지 아니하신다(마 12:20). 이것은 멸망을 향해 나아가는 인생을 아끼시는 그의 긍휼을 나타내는 말씀이다. 그는 세상을 떠날 때가 임박했을 때 제자들을 향하여 말씀하시기를 "너희는 마음에 근심하지 말라 하나님을 믿으니 또 나를 믿으라"(요 14:1) 하셨고, "세상에서는 너희가 환난을 당하나 담대하라 내가 세상을 이기었노라"(요 16:33)라고 하셨다.

예수 그리스도를 전파하는 사도 바울도 위로의 사람이었다. 그는 자신의 복음 사역이 위로하는 일이라는 의미에서 다음과 같이 말하였다. "찬송하리로다 그는 우리 주 예수 그리스도의 하나님이시요 자비의 아버지시요 모든 위로의 하나님이시며 우리의 모든 환난 중에서 우리를 위로하사 우리로 하여금 하나님께 받는 위로로써 모든 환난 중에 있는 자들을 능히 위로하게 하시는 이시로다 그리스도의 고난이 우리에게 넘친 것 같이 우리가 받는 위로도 그리스도로 말미암아 넘치는도다 우리가 환난 당하는 것도 너희가 위로와 구원을 받게 하려는 것이요 우리가 위로를 받는 것도 너희가 위로를 받게 하려는 것이니 이 위로가 너희 속에 역사하여 우리가 받는 것 같은 고난을 너희도 견디게 하느니라 너희를 위한 우리의 소망이 견고함은 너희가 고난에 참여하는 자가 된 것 같이 위로에도 그러할 줄을 앎이라"(고후 1:3-7)라고 하였다. 이 말씀 가운데 "위로"라는 단어가 열 번 나온다. 그는 또 말하기를 "마음이 약한 자들을 격려하고 힘이 없는 자들을 붙들어 주며"(살전 5:14)라고 하였다.

1. 위로의 필요성

아무리 강한 지도자라도 때로는 낙심하고 넘어질 수 있는데, 이때 그의 지도하에 있던 큰 무리도 함께 낙심하게 된다. 이런 상황에서 그의 상한 심령을 일으켜 세우는 위로야말로 낙심한 자들을 구출하는 양약이다.

마르틴 루터는 종교개혁의 거장이었으나 그도 낙심하여 기쁨을 잃어버리는 일이 있었다. 한번은 너무나 낙심이 되어 어디로든 가서 기쁨을 회복하려고 집을 떠났다. 그런데 그가 다녀와서도 여전히 우울한 기분과 낙심한 모습을 떨쳐버리지 못하자 그의 아내 카타리나 폰 보라(Katharina von Bora)가 상복을 입고 들어와 앉았다. 그것은 그녀가 루터의 낙심을 경계하기 위해서 취한 행동이었다. 그녀는 루터가 낙심하는 것은 마치 하나님이 죽으시기라도 한 것처럼 여기는 일이라고 풍자한 것이다. 그로 인해 루터는 "하나님은 죽지 않으신다."라고 하며 큰 힘을 얻었다고 한다. 위로는 위인들만 할 수 있는 것이 아니며 미약한 사람들도 얼마든지 할 수 있다.

캠벨 모건은 위대한 설교가로서 전 세계적으로 은혜를 끼쳤는데 그에게 위로자는 아내였다고 한다. 그의 아들 하워드(Howard)는 자기 어머니를 가리켜 "최고의 설교자"(위로를 잘한다는 의미에서)라고 하였다고 한다.

따뜻한 위로에서 커다란 힘이 나오는 법이다. 교회에도 위로가 필요하다는 사실을 다양한 성경 구절에서 교훈한다. 사도행전 16:40에 "두 사람이 옥에서 나와 루디아의 집에 들어가서 형제들을 만나 보고 위로하고 가니라"라고 하였으며, 빌립보서 2:19에는 "내가 디모데를 속히 너희에게 보내기를 주 안에서 바람은 너희의 사정을 앎으로 안위를 받으려 함이니"라고 하였고, 골로새서 4:11에는 "유스도라 하는 예수도 너희에게 문안하느니라 그들은 할례파이나 이들만은 하나님의 나라를 위하여 함께 역사하는 자들이니 이런 사람들이 나의 위로가 되었느니라" 하였으며, 데살로니가전서 4:18에는 "그러므로 이러한 말로 서로 위로하라"라고 하였다. 지상의 교회는 언제나 환난 중에 거하기 때문에 참된 위로야말로 교회가 힘을 얻는 원천이다.

2. 참 위로의 근원

바울은 로마로 항해하던 도중 지중해에서 조난한 모든 승객을 위로하였다. 그도 그들과 마찬가지로 조난자였는데 어디서 그 같은 힘을 얻은 것인가? 그는 하나님의 말씀에서 남들을 위로할 힘을 얻었다. 그는 생사의 갈림길에서 낙심한 대중을 향하여 "이제는 안심하라 너희 중 아무도 생명에는 아무런 손상이 없겠고 오직 배뿐이리라 내가 속한 바 곧 내가 섬기는 하나님의 사자가 어제 밤에 내 곁에 서서 말하되 바울아 두려워하지 말라 네가 가이사 앞에 서야 하겠고 또 하나님께서 너와 함께 항해하는 자를 다 네게 주셨다 하였으니 그러므로 여러분이여 안심하라 나는 내게 말씀하신 그대로 되리라고 하나님을 믿노라 그런즉 우리가 반드시 한 섬에 걸리리라"(22-26절)라고 하였다. 그는 하나님의 말씀에 의지하여 배에 탄 사람들에게 주어진 소망을 확실히 내다보고서 그같이 권고하였다.

오늘날 우리에게 임한 하나님의 말씀은 성경이다. 성경은 우리가 인생의 문제와 우주의 문제를 밝히 내다볼 수 있게 해 준다. 그러므로 로마서 15:4에 말하기를 "무엇이든지 전에 기록된 바는 우리의 교훈을 위하여 기록된 것이니 우리로 하여금 인내로 또는 성경의 위로로 소망을 가지게 함이니라"라고 하였다.

1) 하나님의 말씀이 기록된 이유는 그 말씀이 그것을 직접 받은 족장이나 선지자 혹은 사도 자신만을 위한 것이 아니라 모든 인류를 위한 계시이기 때문이다. 그러므로 성경을 읽는 자는 그 말씀이 자신을 위한 말씀인 것을 깨닫고 믿어야 한다. 3대 칼빈주의 신학자 중 한 사람인 아브라함 카이퍼(A. Kuyper)는 성경에 대하여 말하기를 "내가 홀로 성경을 읽을 때 그 말씀은 모세나 사도 요한에게 주어진 옛 말씀이 아니고 하나님께서 지금 나에게 주시는 말씀이다."라고 하였는데 이는 옳은 말이다.

2) 하나님의 말씀이 기록된 또 한 가지 이유는 그것을 정확하게 후세에 전달하기 위해서다. 만일 하나님의 말씀이 문서로 기록되지 않고 구전으로 내려왔다면, 지금 우리에게는 대부분의 말씀이 와전되었을 것이다.

크로샤이데가 말한 것처럼 하나님께서 그 말씀을 기록하게 하신 이유는 세상과 싸우시기 위함이었다. 다시 말해 세상 사람들은 진리를 왜곡하여 전달하는 악한 속성을 가지고 있으므로 그것을 방지하기 위해서는 진리가 고정된 기록으로 전승되어야 한다는 것이다. 성경의 기록은 성령으로 영감된 것이기 때문에 거기에는 오류가 없다. 그러므로 예수님은 말씀하시기를 "성경은 폐하지 못하나니"(요 10:35)라고 하셨다.

이같이 정확하게 기록된 하나님의 말씀은 우리에게 영원한 소망을 가져다준다. 이 말씀을 통해 우리는 환난 많은 이 세상에서 위로와 힘을 얻는다.

무디 선생도 한번은 파선을 당하여 죽을 뻔한 적이 있었다. 그런데 그 순간에 그도 하나님의 말씀으로 위로와 힘을 얻었다. 안개가 많기로 악명 높은 런던에서 때마침 좋은 날씨를 만나 미국으로 돌아가는 배를 탔는데, 대서양에서 3일 동안의 뱃길을 그는 하나님께 감사하는 마음으로 보내고 있었다. 그런데 그때 배가 암초에 부딪히는 요란한 소리가 들렸다. 그의 아들이 갑판에 나가 보고 그에게 전하는 말이 배가 가라앉는 중이라고 하였다. 그때 무디가 갑판에 나가 보니 700명의 승객들이 모두 두려워 떨고 있었다. 어떤 두 사람은 권총을 가지고 물에 빠지기 전에 자살하려고 시도하기도 했다. 그때 무디 선생은 모든 승객을 모아 기도회를 시작하였고 시편 91편을 읽었다. 그는 특별히 "그가 너를 위하여 그의 천사들을 명령하사 네 모든 길에서 너를 지키게 하심이라"라는 11절 말씀이 마음에 와 닿았다. 이후로 그는 공포심이 완전히 사라져서 평안히 잠을 잤는데 그렇게 단잠을 잔 것은 그의 평생에 처음이었다고 한다. 얼마 후에 레이크 휴런(Lake Huron)이라는 이름의 배가 나타나서 승객들을 구출해 주었기 때문에 그가 탔던 스프리(Spree) 호의 승객들은 안전하게 미국에 도착하였다.

제 28 장

↓ 개요

1. 바울이 멜리데 섬에 상륙한 후 각 방면으로 위로를 받음(1-15절)

속담에도 "고생 끝에 낙이 온다."라는 말이 있는데 성경은 더더욱 이와 같은 진리를 가르치고 있다. 바울이 지중해에서 파선의 위험으로 많은 고생을 당한 후에 이제는 이 모양 저 모양으로 위로를 받았다.

1) 멜리데 섬의 토인들이 불을 피워 바울 일행을 위로했다(1-2절).
2) 독사가 바울의 손을 물었는데도 그는 조금도 상하지 않았다(3-6절).
3) 그곳 추장 보블리오가 바울 일행을 친절히 대접했다(7절).
4) 병 고침 받은 사람들이 바울 일행을 후대하였다(9-10절).
5) 석달 후에는 보디올에 이르러 믿는 형제들의 영접을 받았다(13-14절).
6) 로마에 가서는 그곳 교회 형제들의 환영을 받았다(15절).

2. 바울이 로마의 유대인들을 청하여 자신의 처지를 해명함(17-22절)

그는 자기가 로마로 오게 된 경위를 말하였다.

1) 그는 자기가 유대 민족 반대자가 아님을 밝히 변증하였다(17, 19절).
2) 또한 그는 자신이 로마에까지 쇠사슬에 매여 오게 된 것은 이스라엘

의 소망, 곧 메시아께서 오신 사실을 증거했기 때문이라고 밝히 말하였다(20절).

바울이 이같이 유대인들에게 자신의 처지를 밝힌 것은 현명한 처신이었다. 그가 동족들로부터 민족의 반역자라는 공연한 오해를 받는다면, 복음 전도에 많은 지장을 초래하게 될 것이다. 그러므로 그는 로마 땅에 발을 딛는 날에 무엇보다 먼저 로마에 거류하는 유대인들과 접촉하기 위해 힘을 기울였고 그들과 우호적인 관계를 유지했다. 전도자는 어디서든지 전도의 문을 열기 위해 그 지역 사람들과 회합이나 접촉을 가질 필요가 있다.

3. 바울이 로마에서 복음을 증거함(23-31절)

많은 유대인들이 날짜를 정하여 바울을 찾아왔으므로 그는 그들에게 복음을 전하였다. 복음 운동의 열매로 믿는 자들도 있었고 믿지 않는 자들도 있었다. 그는 2년 동안 하나님 나라와 예수 그리스도의 복음을 증거하였는데 그 일을 금하는 자가 없었다.

1) 그는 부지런히 전도하였다(23절).

2) 그는 구약(율법과 선지자)의 말씀에 근거하여 예수가 메시아라고 증거하였다(23절).

3) 그는 유대인들이 그의 전도를 받아들이지 않는 것 역시 예언의 성취라고 말하였다(24-27절).

4) 그는 로마에서도 이방 전도의 사명을 감당하였다(28절).

↯ 내용분해

1. 멜리데 섬에서 나타난 이적(1-10절).
2. 멜리데를 떠나 로마에 도착함(11-16절).

3. 바울이 로마에 있는 유대인들에게 복음을 증거함(17- 31절).

⚜ 해석

1 우리가 구조된 후에 안즉 그 섬은 멜리데라 하더라. 바울이 하나님의 계시를 받아 예언한 대로 그 배는 멜리데 섬에 걸렸다. "멜리데"는 현재의 몰타(Malta) 섬인데 그 이름의 뜻은 "피난처"다.

이 섬은 시칠리아섬의 남쪽에 있고, 둘레가 100킬로미터 정도 되는 작은 섬이다.

2 비가 오고 날이 차매 원주민들이 우리에게 특별한 동정을 하여 불을 피워 우리를 다 영접하더라. "원주민"(βάρβαροι)이라는 표현은 그 섬에 사는 사람들을 낮게 평가하기 위해 사용된 것은 아니고, 그들의 방언이 이해하기 어렵다는 사실을 지적하는 것뿐이다. 그들의 친절은 인간 본성의 발로라고 할 수도 있으나, 하나님의 간섭으로 일어난 것이라고 이해하는 것이 더욱 타당할 것이다.

3 바울이 나무 한 묶음을 거두어 불에 넣으니 뜨거움으로 말미암아 독사가 나와 그 손을 물고 있는지라. 학자 중에는 현재 몰타섬에 독사가 없다는 이유로 이 구절의 진정성을 의심한다. 그러나 1853년에 류윙(Lewing)이라는 학자는 이 섬에서 독사를 보았다고 증언하였다(Lenski). 설령 지금 이 섬에 독사가 없다 해도 이 문제는 다음과 같이 해결할 수 있다. 어떤 지역에서 인구가 증가하면 거기 살던 짐승들은 점차 소멸하거나 다른 곳으로 이동하여 자취를 감추는 일이 종종 발생한다. 랜즈버러(Landsborough)는 아란(Arran)이라는 섬에서 오랜 시간을 보냈는데, 거주민의 숫자가 많아짐에 따라 독사들이

점차 사라졌다고 말한다.[197] 빌렝가는 여기 언급된 독사가 상징적 의미도 가진다는 의미로 다음과 같이 말하였다. "독사가 바울을 물었던 사건은 옛 뱀(마귀)과 교회(회복된 낙원) 간의 전투를 상징한다."[198]

4-6 원주민들이 이 짐승이 그 손에 매달려 있음을 보고 서로 말하되 진실로 이 사람은 살인한 자로다 바다에서는 구조를 받았으나 공의가 그를 살지 못하게 함이로다 하더니 바울이 그 짐승을 불에 떨어 버리매 조금도 상함이 없더라 그들은 그가 붓든지 혹은 갑자기 쓰러져 죽을 줄로 기다렸다가 오래 기다려도 그에게 아무 이상이 없음을 보고 돌이켜 생각하여 말하되 **그를 신**이라 하더라. 원주민들이 처음에는 바울이 살인죄를 저지른 것으로 여겼다가 이후에 그에게 나타난 이적을 보고서는 그를 신이라고 하였다. 그들이 그를 살인자로 여긴 것도 잘못이고 신이라고 생각한 것도 잘못이다. 사람이 사람을 너무 낮게 여기는 것도 잘못이지만 너무 높게 여기는 것도 죄를 범하는 일이다.

마르틴 디벨리우스(Martin Dibelius)는 이 구절에 대하여 설명하기를 "이것은 바울을 높이기 위하여 누가가 꾸민 이야기(eine freie lunkanische Bildung)에 불과하다."라고 하였다.[199] 추측하기로 디벨리우스는 만일 이 기록이 역사적 사실이라면 바울은 그 당시 틀림없이 자기를 신으로 높이는 토인들의 말을 시정했을 것이 분명한데 그 같은 기록이 없는 것으로 보아 이것은 역사적 사실이 아니라고 여긴 것 같다.

그러나 디벨리우스의 추론을 증명하는 어떤 증거도 존재하지 않는다. 우리가 그 낭시에 일어난 일을 세세히 다 알기는 어렵다. 사실은 바울이 그들의 말을 시정했는데도 그것이 기록되지 않았을 수도 있다. 혹은 원주민들이 바울을 신이라고 한 것이 사적인 담화였다면 바울이 그들의 말을 시

---

197) H. B. Hacket, *Commentary on Acts* (1858), 446.
198) B. Wielenga, *Van Jerusalem Naar Rome I-III* (Kampen: Tweede Deel J. H. Kok, 1928), 426.
199) E. Haenchen, *Die Apostelgeschichte* (1965), 649.

정하지 않고 지나쳤을 수도 있다. 선지자 엘리사도 나아만의 잘못된 발언을 시정하지 않고 그냥 지나쳤던 일이 있다(왕하 5:18-19).

7-10절. 이때 바울은 예수님이 가르쳐주신 원칙(눅 10:8-9)대로 자원하여 영접하는 "보블리오"의 집에 머물면서 그 섬에 사는 사람들의 병을 고쳐 주었다.

보블리오의 부친이 열병과 이질에 걸려 누워 있거늘(8상). 한때는 학자들이 이 기사에 대하여 의문을 품고 말하기를 그 지방의 기후가 건조하기 때문에 "이질"(δυσεντερία) 같은 병은 없었을 터인데 이질에 대해 말하는 것을 볼 때 이 기록은 신빙성이 적다고 하였다. 그러나 오늘날 그 섬에서도 이질이 실제로 발병하는 것으로 증명되었다(Hacket).

11-15절. 이 부분의 말씀을 보면 바울은 "보디올"에서 믿는 "형제"들로 말미암아 위로를 받았고, 또 로마에 있는 신자들이 환영 나온 것으로 인하여 담력을 얻었다. 그는 이런 일들로 말미암아 험난한 항해 길에 지친 심신의 피로를 잊어버렸을 것이다. 우리의 한평생에는 태산 같은 고난이 찾아오기도 하지만 그것을 잊어버리게 만드시는 하나님의 위로도 간간이 주어지는 법이다.

"디오스구로"(Διοσκούροις)는 "제우스(Zeus) 신의 아들들"이라는 뜻이다. 그 당시의 미신 사상에서 디오스구로는 선원들의 수호신으로 알려져 있었다.

"수라구사"는 시칠리아섬의 동편에 있고, "보디올"은 이탈리아 남부의 주요 항구인데 알렉산드리아의 곡물 운반선이 많이 드나드는 곳이었다. 여기서 로마까지는 200킬로미터쯤 된다. "압비오"는 로마에서 60킬로미터쯤 되고, "삼관"(Tres Tabernae)은 "압비오"를 지나서 여행자들을 접대하는 여관이 많은 지방인데, 여기서 "로마"까지는 더욱 가깝다.

16 우리가 로마에 들어가니 바울에게는 자기를 지키는 한 군인과 함께 따로 있게 허락하더라. 바울은 다른 죄수들과 달리 공동 수용되지 않고 "따로" 셋집에 있

게 되었다(30절). 그것은 백부장 율리오의 주선으로 그렇게 된 듯하다.

17-19절. 로마에 도착한 바울은 그곳에 있는 "유대인 중 높은 사람들을 청하여" 자기가 로마로 호송된 이유를 그들에게 설명하였다. 그는 어느 고을을 방문하든지 먼저 유대인들에 대한 자기의 책임(전도의 책임)을 이행하려고 하였다. 그것은 자연스러운 순서이며 또한 하나님의 계시에 대한 그의 순종이었다. 다시 말해 ① 그가 자기 혈족에게 먼저 복음을 전하는 것은 자연스런 일이다. 더욱이 ② 구약 시대에 하나님께서 특별히 유대 민족에게 메시아에 대한 약속을 주셨으므로 그 약속의 성취인 복음은 그들에게 먼저 전해지도록 정해져 있었다(롬 1:16). 그러므로 이와 같은 전도 순서는 계시에 순응하는 것이었다.

내 민족을 고발하려는 것이 아니니라(19하). 바울은 로마의 유대인들이 자기를 오해하지 않도록 이같이 말하였다. 그가 가이사에게 호소하여 이방 로마에까지 재판을 받으러 오게 된 것이 얼핏 보면 자기 민족을 상대로 송사하는 민족적 반역행위로 오해받을 수 있다. 그러나 사실은 그런 것이 아니며 바울은 개인적인 누명을 벗기 위하여 가이사에게 호소한 것뿐이었다. 그러므로 그의 재판은 로마에 있는 유대인들에게 어떠한 불이익도 초래하지 않을 것이다(Grosheide). 25:8-11 해석 참조.

20-21절. 사도행전의 저자인 누가가 이 부분을 기록한 목적은 단순히 사도 바울이 로마에 도착했다는 사실을 알리려는 데 있지 않았으며, 로마에 도착한 그가 그곳에서 전도한 사실을 증언하기 위함이었다.

이스라엘의 소망으로 말미암아 내가 이 쇠사슬에 매인 바 되었노라(20절). "이스라엘의 소망"이라는 말은 "하나님께서 이스라엘 민족에게 약속하신 메시아가 바로 예수"시라는 뜻이다. 바울은 이같이 실현된 소망, 다시 말해 예수 그리스도, 천국, 영생을 전파한다는 이유로 쇠사슬에 매여 끌려다녔다.[200] 바울의 마음속에는 이러한 소망이 깊이 뿌리박혀 있었기 때문에 사슬에 매이는 고난 같은 것은 문제도 되지 않았다.

22 이 파에 대하여는 어디서든지 반대를 받는 줄 알기 때문이라. 일찍이 시므온은 예수님에 관하여 예언하기를 그는 장차 "비방을 받는 표적"이 될 것이라고 하였다(눅 2:34). 그같이 예수의 복음이 불신자들 앞에서는 비방을 받을 뿐이다. 예수를 진실하게 믿을수록 반대 받는 일도 많아진다(Gossner).

23절. 이 구절은 바울의 부지런함에 대해 말해준다. 하나님께서 은혜를 주시되 특별히 힘써 일하는 자들에게 주신다.

모세의 율법과 선지자의 말을 가지고 예수에 대하여 권하더라. 유대인들은 "율법과 선지자의 말"을 익히 알고 있다. 그러므로 바울은 예수님이 바로 율법과 선지자가 예언한 말씀의 성취로 오신 분이라고 증거하였다.

24-25절. 바울의 전도를 들은 유대인들이 신자와 불신자로 나뉘었다. 이 세상에서 복음이 전파되는 곳마다 사람들이 이처럼 두 갈래로 나뉘진다. 이때 바울은 불신앙으로 마음이 굳어진 유대인들에 관하여 이사야 6:9-10의 말씀이 성취되었다고 증거하였다. 예수님께서도 복음을 배척하는 무리를 보시고 이 성구를 인용하신 적이 있다(마 13:14; 막 4:12; 눅 8:10). 이 인용구는 복음을 듣고도 믿지 않는 자들은 이전보다 더욱 완악해진다는 사실을 지적한다. 같은 비를 맞더라도 살아 있는 나무는 더 크게 자라지만 죽은 나무는 더 심하게 썩는다. 하나님의 은혜로 거듭난 성도는 하나님의 말씀을 들을 때 더욱 생명이 풍성해진다. 그러나 거듭나지 못한 자는 같은 하나님의 말씀을 듣고 오히려 더욱 완악해진다.

26-27절. 이 부분에 인용된 예언은 이사야 6:9-10의 말씀이다. 이 말씀

---

200) A. Schlatter, *Erläuterungen zum Neuen Testament I*, 1051: "Der Grund, weshalb er gefangen ist, ist die Hoffnung Israels : Gottes Reich, Christus, das ewige Leben."

은 유대인들이 복음을 듣고도 믿지 않는 것이 우연한 일이 아니라 그들이 하나님의 택하심을 받지 못했기 때문에 발생하는 일이라고 지적한다. 선지자 이사야의 이 같은 예언은 신약성경에 여섯 번이나 인용되었다(마 13:14-15; 막 4:12; 눅 8:10; 요 12:40; 롬 11:8).

28-31절. 이 부분은 사도행전 전체가 강조하는 요점을 다시 보여준다. ① 첫째, 복음이 전파되는 곳마다 유대인들은 대체로 이에 반대하지만 이방인들은 그 복음을 받아들인다. ② 둘째, 유대인들의 반대에도 불구하고 복음은 온 세계에 전파되고 있다.

설교▶ 구금된 사도 바울의 자유(28:30-31)

사도 바울은 죄수로서 로마까지 이송되었지만 실상 그는 거기서 참된 자유를 누렸다. 전적으로 예수만을 위하여 사는 자는 어디서나 자유로운 행복을 누린다(참조. 요 8:31-32).

1. 셋집에서 모든 사람을 접대하였음

30절에 보면 바울이 "자기 셋집"에 머물렀다고 하는데, 그는 자신의 셋집에서 로마 관원의 감시를 받고 있었기 때문에 자유가 제한되어 있었다. 바울은 그런 환경에 매여 있으면서도 자기에게 찾아오는 사람들을 모두 영접하였다. 여기서 "영접하고"(ἀπεδέχετο)라는 표현은 친절과 사랑으로 그들을 접대한 사실을 가리킨다. 그의 친절과 사랑은 형식적인 예의가 아니라 심령에서 솟아나는 간절한 것이었다. 주님의 고난에 참여한 성도의 마음은 남을 사랑하는 일에 더욱 풍성해지고 깊어진다. 주님의 고난에 참여하게 되면 그의 마음속에서는 사랑이 자유롭게 역사하며, 결과적으로 육체적인 이기주의의 쇠사슬을 끊게 된다.

2. 담대히 하나님 나라를 전파하였음

신자들이 몸을 아끼고 평안을 구하고자 할 때는 비겁해지기 마련이다. 그러나 일단 그리스도를 위하여 고난의 불도가니에 들어가기만 하면 그들은 복음을 위하여 담대해진다. 담대함은 평안한 형편에서 얻어지는 것이 아니고 그리스도의 고난 자리에 동참함으로써만 받을 수 있는 하나님의 은혜다. 바울 서신 가운데 고난을 찬미하고 기쁨을 장려하며 소망으로 가득한 편지들(에베소서, 빌립보서, 골로새서, 빌레몬서)은 로마의 셋집에서 보낸 것들이다.

3. 금하는 사람이 없었음

그리스도를 위하여 고난받는 것을 각오할 뿐 아니라 도리어 고난을 찬미하며 나아가는 성도의 기세는 온 인류가 합세해도 저지하지 못한다. 이런 성도는 고난과 역경 중에서도 자신에게 맡겨진 중대한 역할을 해낸다. 이 같은 사실을 아는 마귀는 이런 성도를 해하지 못한다.

특주
방언에 대하여

여기서 다루고자 하는 "방언"은 오순절 성령 강림 때에 사도들이 받았던 방언(그들이 전도할 때 각국 사람들이 자신의 모국어로 알아들을 수 있었던 방언)이 아니라, 이후에 일반 신자들이 받았던 은사로서의 방언이다. 이 방언은 말하는 자나 그것을 듣는 자들이 통역 없이는 무슨 뜻인지 이해할 수 없었다. 그리하여 고린도전서 14:2에서는 "방언을 말하는 자(ὁ λαλῶν γλώσσῃ)는 사람에게 하지 아니하고 하나님께 하나니 이는 알아 듣는 자가 없고 영으로 비밀을 말함이라"라고 하였다.

"영으로 비밀을 말한다"(πνεύματι δὲ λαλεῖ μυστήρια) 함은 무슨 뜻인가? 이에 대하여 두 가지 해석이 있다. 첫째, 영적 은혜로 남들이 알아듣지 못하는 외국어를 기적적인 방식으로 구사한다는 해석이 있고(Calvin) 둘째, 듣는 자들이 깨달을 수 없는 영적인 언어를 사용하여 일정한 내용을 전달한다는 것이다(F. W. Grosheide).

둘 중 어느 해석이 옳든지 간에 그것이 기적적인 방식으로 이루어진다는 것만은 틀림없다. 고린도전서 14:22에서도 그것을 가리켜 "표적"(σημεῖ ὀν)이라고 하였으니 이는 "기적"이라는 뜻이다. 그러면 이런 이적이 교회 시대에도 여전히 발생하는 것일까?

교회 시대라는 명칭은 계시 시대, 곧 사도 시대와 구분되는 이름이다. 사도 시대에는 표준적인 이적과 계시가 있었다. 그 시대에는 하나님께서 교회를 세우시기 위하여 이처럼 터를 닦는 기초적인 사역을 수행하셨다. 그 시대의 이적이나 계시는 사실상 주님의 재림 때까지 자라가야 할 교회의 뿌리와 터전을 이루는 것이었다. 이런 의미에서 바울은 사도의 사역을 터 닦는 일에 비유하여 말하기를, 교회의 "터를 닦아" 두었다(고전 3:10) 하였고, "이 닦아 둔 것 외에 능히 다른 터를 닦아 둘 자가 없으니 이 터는 곧 예수 그리스도라"(고전 3:11)라고 하였다. 이 말씀은 사도가 그리스도를 전파할 계시와 능력을 받아 복음을 나타낸 것을 의미한다. 교회는 이 터 위에 세워진다(엡 2:20; 계 21:14).

그러므로 사도의 사역은 나무에 비유하자면 뿌리와 같은 것이다. 뿌리는 일정한 장소에 굳게 자리 잡도록 만들어준다. 거기서 돋아나온 나무는 구성 요소에 있어서는 뿌리와 유사하지만, 외형적 모습에 있어서는 뿌리와 다른 점들이 많이 있다. 하나님은 변치 아니하시며 그 능력도 언제나 동일한 것이지만 그의 사역의 경륜은 사도 시대에는 그러했고, 교회 시대에는 이러하다. 그가 이스라엘 백성을 광야에서 인도하실 때는 하늘에서 만나를 내려 그들을 먹이셨지만, 그들이 가나안 땅에 들어간 다음에는 만나 내리기를 그치셨다(출 16:35; 수 5:12). 그렇다고 해서 하나님이 변하신 것은 아니다.

이제 우리가 교회 시대에 대해 생각해 보자면 이는 마치 뿌리에서 돋아난 나무와 같은데, 자라나는 도중에 다시금 뿌리의 형태로 되돌아갈 필요는 없는 것이다. 이같이 교회는 그 뿌리와 같은 사도들의 사역을 되풀이하지 않는다. 다만 우리가 여기서 기억할 점이 있는데, 교회 시대에 비록 사도적 증표를 보여주는 이적은 없다고 할지라도 특별 섭리는 존재한다는 것이다(L. Berkhof). 특별 섭리라는 요소가 계시 역사에 속한 것은 아니지만 그것 역시 하나님의 특수한 간섭에서 비롯되었다는 점에서 그가 행하신 놀라운 일이라고 할 수 있다. 예를 들면 병자를 위하여 기도할 때 하나님의 은혜로 병자가 고침을 받는 것과 매한가지다. 그러나 이것이 예수님의 메시아 신분과 사도들의 성품에 속한다고 할 수는 없다.

가령 병 고침 받는 실례들을 비교하자면, ① 예수님과 사도들의 이적에서는 함께 모인 병자들이 모두 다 치유되었으나 교회 시대의 신유 사역이라는 것은 그렇지 못하며, 병자를 위해 기도할 때 하나님의 은혜로 치유되는 경우도 있지만 그렇지 않은 경우도 있다. ② 그리고 예수님과 사도들의 이적으로 말미암아 치료받은 병은 재발하는 법이 없지만, 교회 시대의 신유는 그 병이 재발하는 경우도 있다. ③ 예수님과 사도들이 고친 병자들의 몸은 즉석에서 완전해졌지만, 교회 시대의 신유는 일반적으로 그렇지 못하다.

이 세 가지 사실은 교회 시대 신유의 특징들을 보여준다. 이러한 특징들이 나타나는 이유가 하나님의 능력이 교회 시대에 들어서 약해졌기 때문은 아니다. 하나님의 권능은 여전히 역사하신다. 그런데 그 사역의 경륜에 이와 같은 차이점이 생기는 이유는 특별히 교회의 터가 되는 계시 시대(예수님과 사도의 시대)의 표준성을 드러내기 위한 것이다. 우리의 신앙은 언제든지 예수 그리스도와 사도들이 선포한 내용(성경)을 표준으로 하고, 거기서 안식을 찾아야만 한다. 만일 교회 시대에 어떤 사람들이 예수 그리스도나 사도들처럼 표준적인 이적을 수행한다면, 그들 역시 성경 말씀과 같은 권위 있는 계시를 받는다고 해야 할 것이다. 만일 그렇게 된다면 예수님과 성경만을 기초로 삼는 기독교 신앙이 무너진다.

우리는 현대에 성령의 역사로 말미암은 참된 방언이 없다고 단언할 수 없다. 그러나 오늘날 교회 시대의 방언을 초기 교회 시대에 사도들의 사역에 나타났던 것과 동등한 수준의 방언이라고 할 수는 없다. 현대의 방언

운동에서는 수많은 그릇된 방언들도 드러난다. 그런 방언들은 물론 금해야 한다. 또한 방언을 함으로써 스스로 유익을 얻는 신자들도 고린도전서 14장의 교훈을 따라서 방언에 중점을 두지 말아야 한다.

특주
동양 종교에 속죄제도가 존재하는가?

속죄제도는 기독교에만 있는 독특한 것이다. 속죄제도의 핵심은 속죄자의 자격과 속죄제물이 갖는 가치다. 다시 말해 속죄를 성취하는 구원자가 과연 많은 사람의 죄를 담당할 만한 자격을 가지는지, 그리고 죄를 대속하기 위하여 바치는 제물이 과연 그 죄를 담당할 만한 가치가 있는 것인지 같은 문제들이 반드시 고려되어야 한다.

우리가 기억해야 할 것은 인류의 죗값을 담당할 만한 자격을 가진 자가 인생 중에는 없다는 사실이다. 시편 49:7-8에 말하기를 "아무도 자기의 형제를 구원하지 못하며 그를 위한 속전을 하나님께 바치지도 못할 것은 그들의 생명을 속량하는 값이 너무 엄청나서 영원히 마련하지 못할 것임이니라"라고 하였다. 인간은 인간의 죄를 대속할 수 없으나 하나님은 하실 수 있다. 인류를 구속할 수 있는 자격을 가진 이는 오직 하나님뿐이시다.

워필드(B. B. Warfield)는 말하기를 "성경에서 구속이라는 용어를 사용할 때 구속하는 힘은 오직 하나님께 속한 것으로 여겨졌다. 그 구속이 이스라엘을 위한 것이든지 혹은 개인을 위한 것이든지, 육체에 관한 것이든지 영혼에 관한 것이든지 간에 그러하다. 그 대상이 이스라엘이든 개인이든 혹은 어떤 종류의 것이든 오직 하나님만 구속자시다."라고 하였다.[201]

또한 대속은 대속자가 피를 흘림으로써만 성립되는 것이다. 히브리서 9:22에 말하기를 "피흘림이 없은즉 사함이 없느니라"라고 하였다. 그러므로 바빙크는 말하기를 "십자가는 복음의 중심에 서 있다(고전 1:23; 2:2; 갈 6:14). 그리스도께서 흘리신 피는 다음과 같은 사실들을 밝히 증거한다. 곧 그가 즐거운 마음으로 하나님께 자기 생명을 드리셨다는 것과 그가 그의 생명을 제물로 바치셨다는 것과 그것으로 말미암아 화목과 평화를 가져 왔다는 것이다(마 26:27-28; 행 20:28; 롬 3:25; 5:9; 엡 1:7; 골 1:20; 히 9:12, 22)."라고 하였다.[202]

1. 유교

유교의 창시자라고 할 수 있는 공자(孔子)는 도덕적 스승일 뿐이다. 그는 어떤 의미에서도 인간의 죄 짐을 담당해 준다는 말은 하지 않았다. 그는 예수님처럼 "수고하고 무거운 짐 진 자들아 다 내게로 오라 내가 너희를 쉬게 하리라"(마 11:28)라고 말할 수 있는 자격을 갖추지 못했다. 공자 자신이 직접 증언한 것처럼 그는 다른 사람들처럼 실수하고 죄를 범하는 사람이었다. 그는 말하기를 "나는 오십 세가 되어서 사십구 세 때의 허물을 깨닫는다"(吳伍十而知四十九年之非)라고 하였다. 그뿐 아니라 공자는 인생 문제에서 현세만을 알았을 뿐이고 내세에 대해서는 알지 못하였다. 그의 제자 계로(季路)가 그에게 죽음에 대하여 물었을 때 그는 대답하기를 "삶에 대해서도 알지 못하는데 어찌 죽음에 대해 알 수 있겠는가."라고 하였다.[203] 그

---

201) B. B. Warfield, *Biblical Doctrines* (1929), 349.
202) Herman Bavinck, *Gereformeerde Dogmatiek* (Kampen: J. H. Bos, 1910), 459.
203) 孔子,「正本論語集註」, 韓國 圖書株式會社, 6: "未知生, 焉知死"

러므로 공자는 인류의 속죄자가 되기에는 너무도 거리가 멀다.

그러면 공자의 교훈이나 혹은 일반 유교 문헌이 속죄제물에 대해 일말의 교훈이라도 지니고 있는가? 어떤 학자는 옛날에 중국의 천자(天子)가 드렸던 천제(天祭)에 속죄의 의미가 있는 듯하다고 말하였다. 그러나 그것은 천제의 의미를 잘 모르고 한 말이다.

천제의 법규는 「예기(禮記) 제 10권」에 기록되어 있다. 천제를 지내는 시기는 해가 길어지기 시작하는 동지 계절이며, 제사하는 날에 왕은 곤룡포를 입는다. 그 제사에 사용될 소를 제우(帝牛)라고 하는데, 그 제우가 좋지 못하면 직우(稷牛)로 대신하도록 되었다(제우는 상제[上帝]에게 제사하기 위함이고, 직우는 후직[后稷]에게 제사하기 위함). 제우는 만 3개월 동안 깨끗한 외양간에서 정성 들여 사육한 후에 제물로 사용했다. 그런데 이 제사는 상제께 크게 감사하는 뜻으로 거행되었다.[204]

이 제사는 예기(禮記)에 기록된 대로 어디까지나 상제께 감사하는 취지에서 행한 것이었고 죄를 대속한다는 의미는 전혀 내포하지 않았다. 그뿐 아니라 유교에서 행한 제사는 다신론을 바탕으로 행해진 것이었다. 바빙크는 말하기를 "이교에서 가르치는 소위 진리라는 요소들도 실상은 거짓된 것이다. 그 이유는 이교들을 체계적으로 관찰해 보면 소위 진리의 요소라고 하는 것도 진리 아닌 다른 뜻을 지녔고, 또 다른 방향으로 향하기 때문이다."라고 하였다.[205] 유교의 다른 경전에도 상제에게 속죄제사를 느리는 일에 대한 언급이 전혀 없는 것으로 보아 유교에는 속죄사상이 없음을 알 수 있다.

더욱이 유교의 인생관 자체가 속죄사상을 필요로 하지 않는다. 유교는

---

204) 孔子,「禮記」第十卷, 18-22: "郊之祭也 迎長日之至地...祭之日王 被袞以象天...帝牛不吉以爲 稷帝牛.必在滌三月... 郊之祭也 大報本反始也."

205) H. Bavinck, *The Impact of Christianity*, 26.

인간의 삶에서 "수신제가 치국평천하"(修身齊家 治國平天下)의 이념을 성취하는 것으로 족하다고 가르친다. 또한 그와 같은 이념은 도덕 교육을 통하여 가능한 것으로 여겼다. 그러므로 유교에서는 인생의 근본 문제를 생각해보지도 않았고 따라서 모든 인생이 전적으로 부패한 죄인이라는 사실을 깨닫지도 못했다. 또한 인생에 대해 낙관주의적인 시각을 가지고 있었기 때문에 외부에서 주어지는 타자에 의한 속죄 사역을 필요하게 여기지도 않았다. 왜냐하면 유교에서는 인간이 자력으로 선을 행할 수 있다고 믿기 때문이다.

예를 들면 맹자(孟子)는 "백성이 착한 데로 돌아가는 것은 마치 물이 아래로 내려가는 것과 같다."라고 하였으며,[206] "사람은 선하지 않음이 없다." 하였고,[207] 또한 "모든 사람이 불쌍히 여기는 마음을 가지며, 모든 사람이 부끄러워하는 마음을 가지고, 모든 사람이 공경하는 마음을 가지며, 모든 사람이 분별하는 마음을 가지는데, 불쌍히 여기는 마음이 착한 마음이요, 부끄러워하는 마음이 의요, 공경하는 마음이 예요, 분별하는 마음이 지혜다. 이와 같은 인의예지(仁義禮智)는 밖으로부터 안으로 들어오는 것이 아니고 내가 본래 가지고 있는 것이다."라고 하였다.[208]

앞에 인용한 구절들을 보면 유교에서 말하는 선악이라는 것은 신본주의에 바탕을 둔 것이 아니고 인본주의적인 사상이기 때문에, 유교의 가르침으로는 선을 행하지 못하는 자의 영원한 죽음이라는 것을 깨달을 수 없는 것이다. 인생의 영원한 멸망은 그가 하나님 앞에서 죄인이라는 사실을 인정할 때만 이해될 수 있는 것이다. 인본주의 도덕에서는 영원한 심판의 주재자라는 개념도 납득할 수 없는 것이니, 영원한 멸망도 생각할 수도 없

---

206) 孟子,「原本 備旨 孟子集註」上卷, 七, 26: "民之歸仁也 猶水之就下."
207) 孟子,「위의 책」下卷, 十一, 3: "人無有不善."
208) 孟子,「위의 책」, 19: "惻隱之心 人皆有之 羞惡之心 人皆有之 恭敬之心 人皆有之 是非之心 人皆有之 惻隱之心 仁也 羞惡之心 義也 恭敬之心 禮也 是非之心 智也 仁義禮智 非由外鑠 我也 我皆有之也"

다. 그뿐 아니라 유교에서는 성선설(性善說)을 주장하여 인간이 인본주의적인 관점에서 선을 행할 수 있는 것처럼 가르치는데, 그런 낙관주의적인 관점으로는 인생이 속죄받지 못하면 멸망할 수밖에 없는 참혹한 실상을 상상할 수도 없을 것이다.

2. 불교(佛敎)

불교의 창시자 석가모니는 단지 사람일 뿐이다. 그가 스스로 증언한 말에 의하면, 그도 죄의 대가로 늘 두통을 앓았다고 한다. 이 말 한마디만 보아도 그가 일개 죄인에 불과함을 알 수 있으니, 그는 만민을 대신하여 속죄를 성취할 만한 자격을 갖추지 못하였다. 그리고 죄에 대한 그의 관점도 잘못된 것이다. 그는 진정한 의미에서 죄가 아닌 것을 죄라고 단정하였다. 그의 말에 따르면 그가 살아 있는 물고기의 머리를 두들긴 것 때문에 죄업을 받았다고 하였는데,[209] 그는 인간의 원죄나 자범죄에 대해서는 올바른 지식을 가지지 못했던 것이다.

죄를 대속하기 위해서는 무죄한 제물이 필요했으며 또한 그 제물 자신이 하나님이어야만 한다. 그런데 석가모니는 죄인으로서 죄에 대한 바른 지식도 가지지 못한 채 자기를 위해 살다가 사망한 것뿐이다.

그리고 불교에서는 멸도(滅度)를 주장하는데, 그것은 존재로부터의 해탈을 도모하는 것이다. 그것은 하나의 심리적인 사색에 불과할 뿐이며 기독교의 구원과 같은 것이 아니다. 그리스도로 말미암은 종말론적인 구원은 세계와 우주 전체를 포괄하는 구체적인 사건이다. 다시 말해 이 구속은 죄로 말미암아 부패한 세계를 하나님께로 회복시키는 것을 의미한다.[210]

불교가 가르치는 죄에 대한 교훈이 참되지 못하기 때문에 그들이 죄악

---

209) 「佛敎 要義經」, 內藏寺, 133-134.
210) Herman N. Ridderbos, *Paulus en Jezus* (1966), 28.

문제의 해결책으로 제시하는 것도 당연히 참되지 못하다. 불교의 죄악 사상에서 한 가지 예를 들자면, 어떤 음식물은 사람의 복덕(福德)을 해롭게 한다고 하였다. 석가모니가 말하기를 "중생들이 삼마디(마음을 한 경역에 머물도록 하여 산란치 않게 하는 정신 통일)를 구하려거든 세간에 있는 다섯 가지 매운 채소를 끊어야 하느니라. 이 다섯 가지 매운 채소는 그것을 익혀 먹을 때 음란한 마음을 돕고, 날로 먹으면 성내는 마음을 돕느니라. 이 세상에서 다섯 가지 매운 채소를 먹는 사람이 아무리 십이분경을 말하더라도 십방의 천상 사람이나 신선들은 그 냄새를 싫어하여 멀리 떠나고, 아귀(餓鬼)들은 그 사람이 밥 먹을 때 입술을 핥아 먹으므로 항상 귀신들과 함께 있게 되어 복덕이 날로 감해지고 길이길이 이익이 될 것이 없느니라."라고 하였다.[211]

여기서 이른바 천상의 신들이 매운 음식물을 싫어하므로 사람이 그것을 먹는 것이 합당치 않다고 하는 것은 영적인 세계를 물리적인 관점에서 생각하는 그릇된 사상이다. 이 밖에도 불교가 죄의 본질에 관하여 잘못 생각하는 것이 많다. 죄에 대한 관점이 잘못되었으니 죄악 문제를 해결하는 방법에 있어서도 진리를 따르지 못할 것은 물어보나 마나다. 불교에는 진리의 종교인 기독교가 가르치는 속죄 사상이 없다.

3. 천도교(天道敎)

천도교의 교조 최수운(崔水雲)이 받았다고 하는 영부(靈符)라는 것은 그의 우주관을 드러내는데, 그 우주관은 범신론적인 것으로서 결국 인내천(人乃天, 사람이 곧 하나님) 사상으로 귀결될 수밖에 없다. 천도교는 한마디로 인내천주의를 표방한다. 최수운이 신을 만나 대화하는 중에 들었던

---

211) 「首楞嚴經」第八卷, 釋龍夏譯, 通度寺, 242.

말도 "내 마음이 곧 네 마음"(吾心則 汝心也)이라는 말이었다고 하니,[212] 이와 같은 사상 체계는 인간 지상주의(至上主義)이므로 진정한 의미에서의 죄악 개념이 성립될 수 없다. 왜냐하면 인간을 지존자로 자리매김한 이상 그를 다스릴 자도 없고, 그 지존자를 통제할 입법자나 심판자도 없을 것이기 때문이다. 진정한 의미에서 죄악이 성립되지 못하는 사상 체계에 속죄라는 개념이 들어설 자리는 없다. 범신론은 그 어떤 종류의 속죄 사상도 용납하지 않는다.

카널(E. J. Carnell)은, 범신론을 진정한 종교 사상으로 보기에는 모순이 많다는 사실을 다음과 같이 지적하였다. "① 진정한 종교는 신인 간의 교제를 중요한 요소로 여긴다. 그런데 양자 사이에 이루어지는 진정한 교제라는 것은 그 둘이 각기 개성을 가지고 존재할 때만 가능하다. 만일 그 둘이 서로 혼동된다면 양자 간의 교제는 성립될 수 없는 것이다. 범신론은 그 둘을 혼동한다. ② 만일 인간인 내가 하나님의 일부분이라면 하나님도 나처럼 오염되어 있다는 것을 의미하게 된다. 그것은 참된 신관이 아니다. ③ 하나님은 인간에 비할 수 없이 초월적인 신이시면서 인간을 구원하신다. 만일 역사와 동일시되는 신이라면 그는 인생을 구원할 수 없을 것이다."라고 하였다.[213]

4. 신도(神道)

일본의 신도는 속죄 문제와 관련하여 거론할 가치조차 없다. 신도는 다신종교이므로 질서 정연하게 죄 문제를 논할 만한 계율을 가지고 있지 못하다. 따라서 사람들에게 죄에 대한 종교적인 깨달음을 주지 못한다. 그러므로 이런 종교에 속죄 사상이 전혀 없다는 것은 당연한 일이다.

---

212) 「天道教 經典」, 天道教 中央總本部, 30.
213) E. J. Carnell, *A Philosophy of the Christian Religion*, 292-293.

특주
공산주의와 기독교

칼 마르크스(Karl H. Marx)에 의하면, 역사는 기계적으로 그 형태를 변화시키는 것인데, 그것은 단순히 경제적 조건에 따른 일정한 작용에 의한 것이라고 한다. 그리고 인류 사회에 사유재산 제도가 정착된 이래 사회는 두 계급으로 나누어졌으니, 하나는 유산 계급이요 다른 하나는 무산 계급이라고 한다. 그는 또한 역사를 하나의 투쟁으로 이해했다. 다시 말해 한편은 부자요 다른 한편은 가난한 자인데 이 둘 사이의 투쟁이 곧 역사의 진행이라는 것이다. 이러한 역사철학은 마르크스주의의 근본을 이루는 것이다.

마르크스는 헤겔(Hegel)의 역사철학을 추종하면서도 그것을 자기 나름대로 전용하였다. 다시 말해 헤겔은 자신의 변증법적 역사철학에서 국가를 진리의 최고 형태로 간주하였던 반면 마르크스는 헤겔의 국가 지상주의를 거부하였으며, 국가를 단지 계급의 권리를 옹호하기 위해 효용가치가 있는 존재로만 여기고 국가를 "당연히 있어야 할" 전체성을 띤 것으로 여기지는 않았다.

그는 한 시대의 사상이 경제적 생산과 교환의 방법에 좌우된다고 주장하였는데 이는 공산주의 사상과 일맥상통한다. 그는 말하기를 중세 시대의 철학과 정치는 농부들의 생산 방법에 기준하여 발생한 결과들이고, 현대의 인생관은 부르주아적 생산 방법에 따라 결정된 것이라고 하였다. 마르크스의 이와 같은 학설은 인류 사회의 모든 것을 지배하는 요인이 경제 사정, 곧 물질이라고 주장하는 것이다.

우리는 마르크스주의가 내포한 다음과 같은 잘못된 사상들을 지적한다
1. 우리는 경제적 요소들이 어느 정도 문화 발전에 기여한다고 본다. 경제가 입법이나 도덕 혹은 세계관에 어느 정도 영향을 주는 것은 사실이다. 그러나 우리는 인류 생활의 모든 것이 경제적 요소로 발생하고 결정된다는 마르크스의 잘못된 가르침을 반대한다. 인류의 생활 형태가 전적으로 경제적 생활 형태에 따라 좌우된다는 사고방식은 착각에 불과하다.

칼빈주의 철학자 헤르만 도예베르트(Herman Dooyeweerd)는 마르크스주의를 다음과 같이 비평하였다. "우주의 질서에 따르면, 시간적으로 유한한 세계의 존재를 절대화하여 그것들 자체가 독립적인 의미를 가지는 것처럼 여기는 것은 잘못이다. 마르크스는 절대적이지 않고 상대적인 물질(혹은 경제적 여건)을 절대화하여 그것에 의해 모든 상층 문화가 지배되고 형성된다고 주장하는 잘못을 범하였다. 어떤 존재가 자체적으로 의미를 가진다고 주장하는 것은, 그 존재 자체가 절대성을 지닌다고 주장하는 셈이다. 따라서 그런 주장은 성립될 수 없다. 우리는 유한한 시간 세계의 모든 구성체가 시간의 배후에서 의미를 가지는 것으로 이해해야 한다. 다시 말해 그것들을 창조하신 하나님으로 말미암아 그것들이 의미를 갖는다는 것이다."[214]

---

214) Herman Dooyeweerd, *A New Critique of Theoretical Thought II*, 30.

2. 마르크스주의자들은 프롤레타리아의 이상사회를 실현하기 위해 공산주의 문화를 제외한 기존의 모든 문화를 원수로 여기고 무조건적인 파괴를 일삼는다. 그들은 공산주의 사상과 문화에 부합하지 않는 모든 것을 죄악시한다. 그러므로 그들에게는 기존의 사회나 문물을 파괴하는 것이 곧 선이요, 진리요, 해방이다. 그들은 기존 사회나 문화를 파괴하는 일에 도움이 되는 모든 것을 정당하게 여긴다. 그들은 인류의 죄악성을 이 같은 파괴 운동에 동참시킬 수만 있다면, 그것을 총동원하여서라도 목적을 달성하고자 한다. 그러므로 그들은 하나님의 말씀이 금하는 죄악을 동원하여 기성사회를 파괴하는 일을 정당하게 여긴다. 왜냐하면 그들은 공산주의 사회나 문물을 제외한 모든 것을 파괴하는 것이 하루 속히 이상사회를 가져오는 길이라고 믿기 때문이다.

우리는 여기서 그들의 모순을 어렵지 않게 지적할 수 있다. 다시 말해 그들은 헤겔 철학을 수용하여 시간 세계의 역사는 상대적인 것이라고 주장하면서 어찌하여 소위 프롤레타리아 이상사회는 불변하는 종말론적 사회라고 믿는지 납득할 수 없다. 그들이 생각하는 대로 계급투쟁이 없는 종말론적 이상사회가 부동의 것이요 불변하는 최종적인 것이라면 그 같은 사회는 절대화된 존재이니, 이것은 공산주의 철학의 원리인 상대주의에 모순되는 것이다. 여기서 마르크스는 자신의 상대주의를 절대화하는 모순을 범하였다.

3. 공산주의자들은 그리스도인들을 현혹하기 위하여 성경 구절들을 인용하여 그 말씀이 공산주의와 일치하는 것처럼 주장한다. 그들은 사도행전 4:32-35에 나타나는 성도들의 유무상통한 생활이 공산주의와 일맥상통하는 것이라고 말한다. 그러나 초기 교회의 그 같은 생활 방식은 공산주의 원리를 따른 것이 아니라 오히려 정반대다. 초기 교회의 성도들이 물질을 서로 공유한 것은 신령한 은혜를 충만히 받은 그들이 서로를 사랑하고 아끼는 의미에서 그리했던 것이지, 결코 사유재산 제도를 파괴하고자

했던 것은 아니었다.

물론 성경에는 가난한 자들을 옹호하는 말씀도 있고(신 15:7-11; 잠 14:21; 19:7; 22:9; 28:27; 갈 2:10), 부자들을 꾸짖는 말씀도 있다(약 5:1-6). 그런데 가난한 자들의 물질적인 빈곤을 안타깝게 여기는 말씀들도 공산주의가 주장하는 것처럼 사유재산 제도를 정죄하거나 빈부격차를 무조건 나쁘게 여기는 의미의 말씀은 아니다. 그 말씀은 다만 그 가난한 자의 육체적 곤란을 긍휼히 여기는 것뿐이다. 마찬가지로 성경이 부자들을 꾸짖는 경우에도 단지 재산을 악용하며 가난한 자들을 천대하는 그들의 죄악 자체를 공격한 것뿐이다.

4. 앞에서 이미 거론한 것처럼 공산주의에는 일종의 종말관도 존재한다. 그들은 이 세계의 종말에는 프롤레타리아 계급이 승리하고 최후 행복을 누리게 된다고 믿는다. 그러나 이러한 사상은 성경의 가르침과 판이하다. 성경의 가르침은 요한계시록이 예언한 종말이 성취되는 시대에 사회의 특정 계급이 정죄를 면한다는 것이 아니며, 모든 사람은 신분이나 계층과 무관하게 누구든지 그리스도를 믿지 않으면 정죄를 받는다는 것이다. 요한계시록 6:15-17에 "땅의 임금들과 왕족들과 장군들과 부자들과 강한 자들과 모든 종과 자유인이 굴과 산들의 바위 틈에 숨어 산들과 바위에게 말하되 우리 위에 떨어져 보좌에 앉으신 이의 얼굴에서와 그 어린 양의 진노에서 우리를 가리라 그들의 진노의 큰 날이 이르렀으니 누가 능히 서리요 하더라"라고 하였다.

공산주의의 종말관과 성경(요한계시록)의 종말관은 근본적으로 다르다. 이 문제와 관련하여 스킬더(K. Schilder)의 논평을 참고할 필요가 있다. 스킬더는 『요한계시록과 사회생활』이라는 책에서 요한계시록의 종말관과 마르크스의 종말관을 대조하고 마르크스주의의 그릇된 점을 지적하였다. 그는 말하기를, ① 마르크스의 가르침에 따르면 종말의 이상적 세계가 사회적 진화의 결과라고 한다. 그러나 요한계시록에 예언된 새 하늘과 새 땅은 하나님의 직접적인 간섭으로 말미암아 나타날 이적을 통해 이루어진다.[215] ② 마르크스는 자신과 같은 사회의 선각자가 세계의 종말을 내다볼 수 있다고 주장한다. 그러나 요한계시록의 종말관은 하나님의 계시로만 알려진 것이다.[216] ③ 마르크스는 심판이 무산 계급에 의해 자본주의자들에게 내려진다고 하였다. 그러나 요한계시록은 하나님의 심판이 모든 사람들에게 (무산자들에게도) 임할 것이라고 경고한다.[217] ④ 마르크스는 요한계시록이 무산 계급에게만 주어진 위로의 책이라고 오해하였다. 그러나 요한계시록은 모든 인류의 영적 문제를 다루는 책이지, 자본주의자나 무산 계급의 문제를 다루는 책이 아니다.[218] ⑤ 마르크스는 모든 사회적 위기가 경제 문제에서 발생한다고 잘못 생각하였다. 그러나 요한계시록에서는 모든 사회적 위기가 이미 하나님께서 정하신 것이라고 가르친다.[219]

---

215) K. Schilder, *De Openbaring van Johannes en het Sociale Leven*, 37.
216) Ibid., 78.
217) Ibid., 133-134.
218) Ibid., 136-137.
219) Ibid., 140-141.

참고문헌

Alexander, J. A Commentary on the Acts of the Apostles. 2 vols in 1. Grand Rapids: Zondervan Publishing House, 1956(reprint).
Althaus, P. "Unser Herr Jesus", Neue Kirchliche Zeitschrift 26 (1915).
Anderson, J. N. D. The World's Religions. Grand Rapids: Eerdmans, 1976.
Barth, K. Church Dogmatics. Edinburgh: T. & T. Clark, 1975.
―――. Der Römerbrief. Zürich: Theologisher Verlag, 1948.
―――. The Resurrection of the Dead. translated by H. J. Stenning.
Baumgarten. Commentaries on the Old Testament: Pentateuch I.
Bavinck, H. Gereformeerde Dogmatiek I-IV. Kampen, J. H. Bos, 1910/1929.
―――. Gereformeerde Dogmatiek I-IV. Kampen: Uitgave van J. H. Kok, 1958.
―――. The Impact of Christianity.
―――. The Philosophy of Revelation. Grand Rapids: Baker Book House.
Bengel, J. A. Gnomon of the New Testament I-II, 1742; trans] ated by C. T. Lewis and M. R. Vincent.
Berkouwer, G. C. Dogmatische Studiën (De Algemene Openbaring). Kampen: J. H. Kok, 1949.
―――. The Person of Christ. Grand Rapids: Eerdmans, 1954.
Boettner, L. Immortality. Phillisbury, NJ: The Presbyterian and Reformed Press, 1956.
Boor, W. de. Die Apostelgeschichte. Stuttgart/Berlin, 1965.
Bouwman, H. Gereformeerde Kerkrecht I.
Bruce, A. B. "The Synoptic Gospels", in: The Expositor's Greek Testament. London: Hodder and Stoughton.
Bruce, F. F. The Book of Acts, 1974.
Calvin, J. Commentaries on Genesis I. Edinburgh: The Banner of Truth Trust, 1954.
―――. Harmony of Matthew, Mark, Luke I. Grand Rapids, MI: Eerdmans, 1965.
―――. Institutes of the Christian Religion. Philadelphia: Westminster Press, 1960.
―――. The Acts of the Apostles I-II, Grand Rapids, MI: Eerdmans, 1965.
Carnell, E. J. A Philosophy of the Christian Religion. Grand Rapids, MI: Baker Book House, 1952.
Conzelmann, H. Die Apostelgeschichte (HNT 7). Tübingen: J. C. B. Mohr, 1963.
―――. Die Mitte der Zeit. Tübingen: J. C. B. Mohr, 1954.
Deissmann, A. Light from the Ancient East (new rev. ed). Translated by Lionel R. M. Strachen. New York: George H. Doran Company, 1927.
Delitzsch, F. Commentaries on the Old Testament: Pentateuch I. Grand Rapids, MI: Eerdmans.
Dibelius, M. Apostelgeschichte, 1956.
―――. Studies in the Acts of the Apostles. Edited by H. Greenen. New York: Charles Scribner's sons, 1956.
Dodd, C. H. The Apostolic Preaching and its Developments. London, 1936.
Dooyeweerd, H. A New Critique of Theoretical Thought I-III. Trans. by David Freeman. Ontario: Paideia Press.
Edersheim, History of the Jewish People.
Fairbairn, P. Typology of Scripture I-II. Grand Rapids, MI: Kregel Publications.
Ford, J. The Acts of the Apostles, 1856.
Gispen, W. H. Commentaar op het Oude Testament: Leviticus, Kampen: J. K. Kok.
Greijdanus, S. Lucas II, Kampen: J. H. Kok.
Grosheide, F. W. De Eenheid der Nieuwe Testamentische Godsopenbaring, Kampen: J. H. Kok.
―――. De Handelingen der Apostelen II, 1948.
―――. Kommentaar Op Het Nieuwe Testament V1 (Handelingen), 1-14.
Haenchen, E. Die Apostelgeschichte. Göttingen: Vandenhoeck & Ruprecht, 141965; translated into English, Basil Blackwell, 1971.

Hamburger, Real – Enzyclopädie des Judentums I.
Harnack, A. v. Luke, the Physician. London, 1907.
Hobart, W. K. The Medical Language of St. Luke. Dublin University Press, 1882.
Holtzmann, O. Neutestamentliche Zeitgeschichte.
Hort, Judaistic Christianity. Grand Rapids, MI: Baker Book House.
Huffman, J. A. The Progressive Unfolding of the Messianic Hope.
Ironside, H. A. Lectures on Acts.
Klausner, J. From Jesus to Paul. Translated from the Hebrew by W. F. Stinespring. New York: Macmillan Company, 1943.
Kraemer, H. The Christian Message in a Non-Christian World. London: The Edinburgh House Press, 1938.
Knowling, R. J. "The Acts of the Apostles", in: The Expositor's Greek Testament. London: Hodder and Stoughton, 1912.
Lange, Commentary on the Holy Scriptures: Acts. Grand Rapids, MI: Zondervan Publishing House.
Lenski, R. C. H. The Interpretation of The Acts of the Apostles. Columbus, O: Wartburg Press, 1944.
Luther, M. A. Compend of Luther's Theology.
Machen, J. G. The Origin of Paul's Religion, Grand Rapids, MI: Eerdmans, 1921.
Meyer, H. A. W. Critical and Exegetical Handbook to the Acts of the Apostles. Translated from the 4th German ed. by Paton Gloag. Revised and edited by W. P. Dickson. Am. ed. by William Ormiston. New York: Funk & Wagnalls, 1883.
Morgan, C. The Acts of the Apostles. New York: Fleming H. Revell Company, 1924.
Murray, J. Christian Baptism. Phillisburg N. J. Presbyterian and Reformed Publishing Company.
Neander, Alford's Greek Testament II.
Ramsay, W. St. Paul: The Traveller and Roman Citizen. Grand Rapids: Baker Book House, 1966.
──────. The Cities of St. Paul: Their Influence on his Life and thought. London: Hodder & Stoughton, 1907.
──────. The Bearing of Recent Discoveries on the Trustworthiness of the Bible. 1925.
Ridderbos, H. N. De Apostolische Kerk, 1954.
──────. De Komst Van Het Koninkrij k.
──────. Paulus en Jezus, 1966.
──────. The Speeches of Peter in the Acts of the Apostles. London: The Tyndale Press, 1962.
──────. Zelfopenbaring en Zelfverberging.
Ritschl, A. Marcion and the Gospel of Luke. 1846.
──────. The Rise of the Old Catholic Church. 1850.
Rogers, C. F. Baptism and Christian Archaeology. Oxford: Clarendon Press.
──────. Paulus en Jezus.
Schilder, K. De Openbaring van Johannes en het Sociale Leven.
Schippers, Getuigen van Jezus Christus.
Schlatter, A. Die Apostelgeschichte. Stuttgart, 1962.
──────. Der Evangelist Matthäus.
Spier, J. M. An Introduction to Christian Philosophy.
Stonehouse, N. B. Paul Before the Areopagus. London: The Tyndale Press, 1957.
Suetonius, Life of Claudius.
Thomas, D. The Acts of the Apostles. Grand Rapids: Eerdmans, 1965.
Voetius, G. Politica Ecclesiastica II.
Vos, G. Biblical Theology. Grand Rapids: Eerdmans, 1948.
──────. "The Continuity of the Kyrios – Title in the N. T.", in Princeton Theological Review (1915).
Warfield, B. B. Biblical Doctrines. 1929.
──────. Studies in Theology.
Wendt, H. H. Die Apostelgeschichte (KEK 3). Göttingen, 91913.
Wielenga, B. Van Jerusalem Naar Rome I-III, Kampen: J. H. Kok, 1928.
Young, E. J. Isaiah 53. Grand Rapids: Eerdmans, 1952.
Zahn, T. Die Apostelgeschichte des Lucas I/II (KNT 5). Leipzig/Erlangen, 1919/31927.